Martin van Creveld

HITLER IN HELL

ARES VERLAG

Umschlaggestaltung: DSR – Werbeagentur Rypka, A-8143 Dobl, www.rypka.at
Umschlagabb. Vorderseite: Bundesarchiv
Titel der englischen Originalausgabe: Martin van Creveld: *Hitler in Hell,* Castalia House 2017. © Martin van Creveld

Aus dem Englischen ins Deutsche übertragen von Nils Wegner

Bibliographische Information der Deutschen Nationalbibliothek
Die Deutsche Nationalbibliothek verzeichnet diese Publikation in der Deutschen Nationalbibliographie; detaillierte bibliographische Daten sind im Internet unter http://dnb.d-nb.de abrufbar.

Hinweis: Dieses Buch wurde auf chlorfrei gebleichtem Papier gedruckt. Die zum Schutz vor Verschmutzung verwendete Einschweißfolie ist aus Polyethylen chlor- und schwefelfrei hergestellt. Diese umweltfreundliche Folie verhält sich grundwasserneutral, ist voll recyclingfähig und verbrennt in Müllverbrennungsanlagen völlig ungiftig.

Auf Wunsch senden wir Ihnen gerne kostenlos unser Verlagsverzeichnis zu:
ARES Verlag
Hofgasse 5 / Postfach 189
A-8011 Graz
Tel.: +43 (0)316/82 16 36
Fax: +43 (0)316/83 56 12
E-Mail: ares-verlag@ares-verlag.com
Weitere Informationen finden Sie im Internet unter:
www.ares-verlag.com

ISBN 978-3-99081-000-2

Layout: Ecotext-Verlag, Mag. G. Schneeweiß-Arnoldstein, A-1010 Wien
Gesamtherstellung: Christian Theiss GmbH, A-9431 St. Stefan
Printed in Austria

Martin van Creveld

HITLER IN HELL

Was er noch zu sagen hätte …

ARES VERLAG

Inhalt

Dritter Teil:

Die Kriegsjahre

Vorwort des Verlegers

Es ist hoffentlich überflüssig zu betonen, dass die im Buch geschilderte Weltsicht weder vom Autor noch vom Übersetzer oder dem Verlag geteilt wird. Dennoch scheinen mir einige begleitende Worte zur rechten Lektüre sinnvoll zu sein.

Martin van Creveld hat eine ungewöhnliche, aber umso erhellendere Form der Darstellung gewählt: die einer fiktiven Autobiografie. Dies impliziert, dass es Stellen in diesem Buch gibt, die manche Leserinnen und Leser als anstößig empfinden werden, weil Hitler in ihnen seine Weltsicht so zum Ausdruck bringt, wie er sie selbst manchmal im kleinen Kreis formuliert hat. Wenn sich solche Leser fragen, warum der Autor an diesen Stellen nicht den mahnenden Zeigefinger des Historikers erhoben und seine moralische Verurteilung geäußert hat, mögen sie bedenken, dass dies dem Wesen einer fiktiven Autobiografie widersprochen hätte.

Das ist aber noch nicht alles: Martin van Crevelds Absicht war es, zu zeigen, inwieweit Hitler ein Kind des „Zeitgeistes“ war, der damals in Deutschland (und nicht nur dort) herrschte, inwieweit er Antworten auf die Probleme der Menschen seiner Zeit hatte oder zu haben vorgab, und welche dieser Fragen noch heute aktuell sind. Es muss Gründe gegeben haben, deretwegen er so erfolgreich werden konnte. Dennoch haben Antisemitismus und Rassismus den entscheidenden Kern von Hitlers Weltanschauung ausgemacht, wenngleich er ihr wahres Ausmaß aus politischer Klugheit immer wieder zu verschleiern versuchte. Der Kunstgriff der fiktiven Autobiografie hat dem Autor nun die Möglichkeit gegeben, Hitler die bestimmenden Momente seiner Weltanschauung offen und ungeschminkt aussprechen lassen zu können und damit im Sinne Leopold von Rankes Geschichte so zu schildern, „wie es eigentlich gewesen“ ist. Darüber hinaus hat sich der Autor in seinem Nachwort ausführlich zu seiner Sicht- und Herangehensweise geäußert. In diesem Sinne muss auch die Lektüre des vorliegenden Buches erfolgen.

Mag. Wolfgang Dvorak-Stocker

Prolog

Ich, Adolf Hitler, bin in der Hölle. Dem Platz, den die Sieger ihren toten Gegnern zuweisen. Und nicht nur den toten, aber das ist ein anderes Thema. Die Hölle, das lasst euch gesagt sein, ist weder „ein furchtbarlich Gefängniß" noch „nur endlos grimme Pein", wie sie sich John Milton vorstellte, den ich nach meinem Tod in deutscher Übersetzung gelesen habe. Weit gefehlt! In gewisser Weise erinnert sie mich an das Landsberger Gefängnis, in dem ich den Großteil des Jahres 1924 zugebracht habe. Der Hauptunterschied ist, dass mich hier niemand besuchen kommt und ich keine Geschenke entgegennehmen kann. Davon abgesehen ähneln sich die Bedingungen sehr. Nicht luxuriös, aber einem Menschen wie mir angemessen, der bescheidene materielle Ansprüche stellt und immer ziemlich asketisch gelebt hat.

Es gibt keine Fenster, und meinem Geist – oder was auch immer es ist – steht es nicht frei, das Gelände zu verlassen, wenn es überhaupt eines ist. Von daher habe ich keine Ahnung, wo es liegt oder wie es von außen aussieht. Das heißt, sofern es denn ein „außen" *gibt*. Das Licht, künstlich und immer eingeschaltet, verändert sich nie. Es scheint aus allen Richtungen gleichzeitig zu kommen, deshalb gibt es keine Schatten. Und es gibt auch keine Geräusche, abgesehen von den wenigen, die wir paar Insassen machen, wenn wir wie Geister herumflattern. Selbst die scheinen auf eine eigenartige, unheimliche Weise gedämpft zu sein. Für jeweils acht von 24 Stunden werde ich von Wachteufeln in meiner Zelle eingeschlossen. Niemals, niemals antworten sie auf meine Fragen; andererseits tun sie mir auch nichts Böses an. Das ist mehr, als man über viele Erdenbewohner sagen kann. Außerhalb dieser Zeit kann ich weitgehend tun, wozu ich Lust habe. Wen interessiert's? Ich habe keine Bedürfnisse, ich habe keine Sorgen, und ich habe niemanden, den ich bekämpfen könnte. Ich schätze, das ist der Grund für meine verhältnismäßig milde Gestimmtheit.

Am meisten fehlen mir zwei Seelen: die meiner Schäferhündin Blondi und die von Eva Braun. Was Erstere angeht: Es scheint in der Hölle keine Hunde zu geben. Das deprimiert mich ein wenig, weil ich sie immer sehr gemocht habe. Die Szene in einem gewissen Film, in der ich rücksichtslos einen kleinen Hund erschieße, bloß weil er mir ein wenig auf die Nerven gegangen ist, ist frei erfunden. Mein erster Hund war ein weißer Terrier. Ich fand ihn in den Schützengräben, wo er eine Ratte jagte. Ursprünglich hatte er einem englischen Offizier gehört und verstand kein Wort Deutsch. Ich nannte ihn Fuchsl, und wir blieben ungefähr eineinhalb Jahre zusammen, bis ihn jemand stahl, was mich sehr traurig machte. Danach kamen etliche andere. Ich war stolz auf sie und brachte ihnen alle möglichen Kunststücke bei; wenn man sie fragte, was junge Mädchen machen, rollte sich Blondi – die letzte der Schar – auf den Rücken und streckte ihre Beine in die Luft. Was Letztere angeht: Es war lange Zeit ihr sehnlichster Wunsch gewesen, dass ich sie heiraten sollte. Unglücklicherweise erlaubte meine Verpflichtung gegenüber meinem Volk es nicht, dass wir so viel Zeit miteinander verbrachten, wie ich – und sie noch viel mehr – gern gewollt hätte. Was aber, wenn ich ihrem Wunsch gefolgt wäre? Während des Krieges lebte ich vor allem in meinen verschiedenen militärischen Hauptquartieren. Dort wäre sie arg deplatziert gewesen und hätte den ganzen Tag lang nichts zu tun gehabt. Ringsherum wären hunderte Männer gewesen, viele von ihnen sexuell ausgehungert, die sie angestarrt hätten. Und getratscht. Und gekichert.

Ich blieb mit ihr durch ein tägliches Telefonat und durch Briefe in Kontakt. Aber ich achtete darauf, dass unsere Korrespondenz nicht in die falschen Hände fiel. Im Gegensatz beispielsweise zu Napoleons Briefen an Josephine und den Telefonaten zwischen Prinz Charles und Camilla, wodurch deren intime Geheimnisse offengelegt wurden, sodass jedermann sie begeifern konnte. Mein Chefadjutant Julius Schaub, dessen persönliche Loyalität mir gegenüber bis in die Anfangstage der Partei zurückging, und Evas Schwester Gretl waren in dieser Hinsicht eine große Hilfe. Kurz vor Kriegsende widersetzte sich Eva zum ersten und einzigen Mal meinen Wünschen. Sie ließ ihrem Wagen einen Tarnanstrich verpassen, verließ Berchtesgaden und überrumpelte uns alle, indem sie unerwartet in Berlin auftauchte – mit dem ausdrücklichen Ziel, gemeinsam mit mir zu sterben. Das war ein Akt des Muts und der Liebe. Damals machte mich der bloße Gedanke an sie glücklich; das ist noch immer so. Die arme Frau … Bei meinen bescheidenen Bedürfnissen wusste sie nie, was sie mir schenken sollte! Ich habe keinen blassen Schimmer, wo sie ist und ob sie ist.

Wir alle hier scheinen nicht zu altern. Wir sind unzerstörbar. Nie wird jemand krank, nie stirbt jemand. Nie passiert überhaupt irgendetwas. Um zu verstehen, was für eine furchtbare Qual *das* ist, muss man es entweder selbst erlebt haben oder Gulliver auf seiner Reise ins Land der Unsterblichen begleitet haben. Ich bin am Leben und doch tot; ich bin tot und doch am Leben. Das Hauptproblem ist, was ich mit meiner Zeit anfangen soll. Das ist ein sehr wichtiger Grund, weshalb ich dieses Buch schreibe. Jetzt wie schon 1924 hilft mir der treue und schlichte, wenn auch manchmal launische Rudolf Heß bei meiner Arbeit. Aber es gibt ein paar Unterschiede. Als ich *Mein Kampf* schrieb, war ich noch ein relativer Neueinsteiger in der politischen Szene. Im Gefängnis hatte ich nur sehr wenige persönliche Unterlagen zur Hand. Deshalb musste vieles von dem, was ich in Band I (der im Gegensatz zu Band II weitgehend autobiografisch ist) schrieb, in erster Linie auf meinem Gedächtnis beruhen. Das übrigens, wenn ich das so sagen darf, wirklich ausgezeichnet ist.

Hier in der Hölle laufen die Dinge ganz anders. Um mich auf dem Laufenden zu halten, habe ich ein paar der weltweit führenden Experten für das Weltnetz bei mir, einschließlich des sogenannten „Schwarzen Weltnetzes". Deutsche natürlich, und treue Anhänger. Die sind besser als diese beiden Rebellen Julian Assange und Edward Snowden zusammen! Sie versorgen mich mit Zugang zu *allem*. Wirklich allem, das jemals geschrieben, gefilmt, auf Ton- und Videoband oder sonst wie aufgezeichnet worden ist, bis in die unmittelbare Gegenwart. Damit können sie mir helfen, mein Leben und meine Zeit viel gründlicher und wahrheitsgetreuer zu dokumentieren, als ich es seinerzeit konnte.

Der Zufluss an Material ist so gigantisch, dass es zu seiner völligen Bewältigung vielleicht tatsächlich die unbegrenzte Zeit braucht, die vor mir liegt. Jeden Tag kommt noch viel, viel mehr dazu. Es gibt Bücher über meine Jugend, Bücher über meine Frauen, Bücher über meine angeblichen geistigen und körperlichen Gebrechen, Bücher über die Filme, die ich mochte, und die, die ich nicht mochte, Bücher über meine Medikamente, Bücher über meine Einstellung gegenüber den Juden und Bücher über meine Hauptquartiere und meine Leistungen als Feldherr. Es gibt sogar ein Buch darüber, wie schwer es ist, irgendetwas Neues über mich zu schreiben! Ganz zu schweigen von einer Lawine an Büchern (und Fernsehsendungen) über meine angebliche Nachkriegsflucht nach Südamerika. Man sagt mir, dass ich zu Beginn dieses Unterfangens hier, im Frühjahr 2015, ungefähr hundert Millionen „Treffer" hatte. Stalin hatte nur 33 Millionen, Mao Zedong eine kümmerliche Million.

Aber es gibt noch einen anderen, wichtigeren Grund, weshalb ich schreibe. Die Geschichte ist, wie Schopenhauer geschrieben hat, „mit der Lüge so durch und durch inficirt wie eine Gassenhure mit der Syphilis". Ich bin fest entschlossen, in diesem Buch meine Seite der Geschichte zu erzählen, die Dinge richtigzustellen und mit meinen Feinden abzurechnen – sowohl meinen zeitgenössischen als auch denen, die später von meiner Legende gelebt haben. Und während ich das tue, werde ich diese Bande nichtsnutziger Lügner in den Schatten stellen, die zahllosen „Historiker", die ihr Bestes getan haben, um mich als das schlimmste Ungeheuer der gesamten Menschheitsgeschichte darzustellen. Ich werde sie „zu Brei und Brühe schlagen", wie Goebbels früher sagte. Das ist meine Pflicht und mein Recht. Ist es nicht letzten Endes das, was Menschen in Positionen wie meiner immer getan haben? Denken Sie nur an Julius Caesar, dessen Lebenserinnerungen Schulkinder bis heute lernen müssen. Oder an diesen verlogenen Säufer Winston Churchill. Er hat für seine Mühen sogar einen Nobelpreis bekommen.

Zu guter Letzt habe ich mein ganzes Leben lang an den „unbesiegbaren Willen" (nochmals Milton) geglaubt. Auch wenn ich in der Hölle bin: „Kniebeugend um Gnade flehen" – diese Genugtuung werde ich meinen Feinden niemals bereiten. „Denn Geist und Seele bleibt unüberwindlich." Bis zum letzten Atemzug habe ich mit all meiner Kraft für das deutsche Volk gekämpft. Seitdem ist, wie ich höre, etwas namens „Godwin's law" entstanden. Es besagt: Je länger sich zwei Leute streiten, desto unausweichlicher wird es, dass zumindest einer von beiden den anderen als „Hitler" bezeichnen wird. Abgesehen von unzähligen weniger bedeutenden Menschen sind unter anderem folgende Persönlichkeiten (fälschlich) mit meinem Namen bedacht worden: der ägyptische Staatspräsident Gamal Abdel Nasser, der sowjetische Ministerpräsident Nikolai Bulganin, der irakische Diktator Saddam Hussein, der iranische Präsident Mahmud Ahmadinedschad (in seinem eigenen Land als „der Affe" bekannt), der russische Präsident Wladimir Putin, der amerikanische Präsident Donald Trump … Eine *Reductio ad Hitlerum*, könnte man sagen. Die Israelis, die immer behaupten, ein Sonderrecht auf Leid zu haben, spielen dieses Spiel besonders gern. Es bereitet mir allerdings große Befriedigung, dass ihre Feinde aufgeholt haben und die gleiche Taktik gegen *sie* einsetzen, wenn beispielsweise jemand ein Plappermaul wie den Ministerpräsidenten Netanjahu „Hitler" nennt. Sie wünschten, sie hätten nur einen Bruchteil meines Formats. Jeder Einzelne von ihnen.

Unglücklicherweise haben wir hier in der Hölle keine Möglichkeit, zu denen Kontakt aufzunehmen, die wir zurückgelassen haben. Deshalb kommt es momentan scheinbar nicht in Frage, sie auf den rechten Weg zu führen. Aber ich habe nicht vor, das Handtuch zu werfen. Ich nicht! Seit die ersten Menschen über das Antlitz der Erde streiften, haben sie stets auf die ausgefallensten Weisen versucht, die Toten zu erreichen und zu erfahren, was sie zu sagen hatten. Heutzutage gibt es einen ganzen Wissenschaftszweig, wenn man es so nennen will, der genau das zum Ziel hat. Sie können sich darauf verlassen, dass im Fall der Fälle und zu gegebener Zeit meine Stimme zu vernehmen sein wird. Laut und deutlich.

ERSTER TEIL:

Der Weg an die Macht

1. Im Elternhaus

Ich wurde am 20. April 1889 in Braunau am Inn geboren. In den 1930er Jahren wurde mein Geburtstag mit Fahnen, Zeremonien und Umzügen gefeiert, als ob ich irgendein Heiliger gewesen wäre. Das ist natürlich heute nicht mehr so – aber man hat ihn auch nicht vergessen. Mein Vater Alois wusste nicht sicher, wer sein Vater gewesen war. Das hat zu endlosen Mutmaßungen geführt, die Jahrzehnte nach meinem Tod noch immer anhalten. Einige haben sogar behauptet, dass er der Sohn eines Juden namens Frankenberger oder Frankenreiter oder so ähnlich gewesen sei! Wie sich daran zeigt, dass niemals eine Person dieses Namens ausfindig gemacht werden konnte, sind das alles bloß Lügen. Ursprünglich wurden sie von meinen politischen Gegnern verbreitet, die nichts lieber getan hätten, als mich mit diesem ganz speziellen Pinsel anzuschwärzen.

Dieser Umstand war es (und nicht etwa irgendwelche Sorgen, die ich diesbezüglich gehabt hätte), weshalb ich unmittelbar nach meinem Amtsantritt als Reichskanzler meinen ehemaligen Rechtsanwalt Hans Frank damit beauftragte, alle verfügbaren Informationen über meine Ahnen zu sammeln und sicherzustellen. Hat nicht schließlich einmal jemand gesagt, dass Wissen Macht sei? Frank war ein fähiger, wenn auch manchmal kleinkarierter Jurist, der die Partei oft vor Gericht vertreten hatte. Nach unserer Machtergreifung 1933 ernannte ich ihn zum bayerischen Justizminister sowie zum Leiter des Nationalsozialistischen Deutschen Juristenbunds und der Akademie für Deutsches Recht. Er erfüllte seine Aufgaben zu meiner Zufriedenheit, ebenso wie er es im besetzten Polen tat, wo er als unser Generalgouverneur diente. Später, als er als einer der sogenannten Hauptkriegsverbrecher in seiner Nürnberger Zelle saß, schrieb er ein Buch namens *Im Angesicht des Galgens*, in dem er einige der Gerüchte wiederholte. Vielleicht versuchte er, sich bei seinen Fängern anzubiedern.

Abgesehen von der angeblichen jüdischen Verbindung spielte es ohnehin keine Rolle. Manche Historiker haben behauptet, dass mein Vater nicht der Sohn von Johann Georg Hiedler gewesen sei, sondern von dessen Bruder Johann Nepomuk Hiedler. Das erinnert mich an die Geschichte eines gewissen Sprachwissenschaftlers – selbstverständlich eines Deutschen. Er verbrachte sein ganzes Leben mit dem Versuch, herauszufinden, wer die homerischen Epen geschrieben habe. Nach 30 Jahren kam er zu dem Schluss, dass es nicht Homer gewesen sei, sondern ein anderer Dichter, dessen Name ebenfalls Homer gewesen sei. Wen interessiert so etwas? Wir alle wissen, dass nicht einmal die strengsten Maßnahmen und die schlimmsten Strafen die weiblichen Angehörigen unserer Spezies jemals davon abgehalten haben, hier und da ein wenig Spaß zu haben. Schon gar nicht diejenigen, die mit Blaublütern verheiratet sind, diesen verweichlichten Wichtigtuern. Ich habe erst kürzlich gelesen, dass selbst die britische königliche Familie einige interessante Brüche in ihrem Erbgut hat. Das Gleiche gilt für die Juden. Die ganze Menschheitsgeschichte hindurch hat kein anderes Volk sich so sehr darum bemüht, rein von fremdem Blut zu bleiben. So gesehen waren eine ganze Menge von ihnen viel „rassistischer“ als ich! Doch die jüdischen Frauen scheinen kein bisschen besser zu sein als alle anderen. Das ist der Grund, weshalb es kein einziges Gen gibt, das alle Juden gemeinsam hätten, wie wissenschaftliche Erkenntnisse unlängst gezeigt haben.

Sollen die Professoren, die sich immer so wichtig nehmen, ruhig herumschwätzen, so viel sie wollen. Was wirklich zählte, war die Tatsache, dass ich im Gegensatz zu so vielen anderen Herrschern – einschließlich der meisten deutschen – nicht in einem Palast geboren wurde. Ich trug kein „von“, „zu“ oder „und“ in meinem Familiennamen. „Hitler“, manchmal auch „Hietler“ oder „Hüttler“ geschrieben, bedeutet „Häusler“. Meine Vorfahren kamen aus dem Waldviertel, das weit weg von Wien lag und als ärmste Region Österreichs bekannt war. Genauso wenig war ich ein *Herr Doktor*. Ich war ein Mann des Volkes. Und das blieb ich auch, soweit es mir meine Amtspflichten erlaubten, bis ans Ende meines irdischen Daseins. Ich war „unser Hitler“, wie es Goebbels gern ausdrückte. Was meinen Vornamen angeht, so ist er eine Verbindung aus den zwei uralten deutschen Wörtern „Adal“ und „Wulf“ – edler Wolf. Ich mochte Wölfe und zeichnete sie oft vor mich hin. Während der Kampfzeit benutzte ich den Decknamen Wolf; eine von denen, die mich zuerst unter diesem Namen kennenlernten, war Eva Braun. Später benannte ich mehrere meiner Hauptquartiere danach.

Mein Vater lernte meine Mutter, Klara Pölzl, im Jahre 1876 kennen, als sie als Dienstmädchen in seinen Haushalt kam. Neun Jahre später, nachdem er zum zweiten Mal verwitwet war, heirateten sie. Er war 47, sie war 25. Von ihren sechs Kindern erreichten nur meine Schwester Paula, die sieben Jahre jünger war als ich, und ich selbst das Erwachsenenalter. Alle anderen starben in sehr jungen Jahren. Zum Haushalt gehörten auch noch zwei ältere Nachkommen der früheren Ehen meines Vaters, mein Halbbruder Alois jr. und meine Halbschwester Angela. Schließlich war da noch die alte Jungfer Johanna, die Schwester meiner Mutter. In der Familie wurde sie Hanitante genannt.

Ein paar Psychiater – zu meiner Zeit nannte man sie Irrenärzte – haben die absurdesten Vermutungen über meinen geistigen Zustand angestellt. Einer von ihnen, ein amerikanischer Jude namens David Luck, hat geschrieben, dass ich an einer „malignen Oralität" (was auch immer *das* bedeuten soll) gelitten hätte, ebenso wie an einer Sexualität, die „entweder vollständig narzisstisch oder prägenital pervers" gewesen sei. Ein anderer, Robert Waite, behauptete, dass ich meine Eltern beim Geschlechtsverkehr beobachtet und mich daraufhin in einen „psychopathischen Gott" verwandelt hätte. All das und noch viel mehr ist reine Erfindung, die einzig den Zweck hat, mich als irgendeinen Geistesgestörten erscheinen zu lassen. Viel von diesem Unsinn lässt sich ebenso zu meinem Gegner Otto Strasser zurückverfolgen wie zu diesem Vollidioten Ernst „Putzi" Hanfstaengl, meinem ehemaligen Auslandspressechef. Der feine Herr mit dem Rauschmittelnamen stammte aus einer künstlerisch veranlagten Familie und hatte in Harvard eine amerikanische Bildung genossen. Putzi war ein Snob und verübelte mir meine Verbundenheit zu einigen Leuten in meinem Umfeld – der „Chauffeureska", wie er sie zu nennen pflegte – sehr, die nicht so kultiviert waren, wie er selbst zu sein glaubte. Er war derart aufgeblasen, dass ich mich 1937 dazu entschloss, ihm einen Streich zu spielen. Dabei stellte sich heraus, dass er nicht nur ein Feigling, sondern auch ein Esel war. Kurze Zeit später verließ Putzi Deutschland, veröffentlichte ein Buch, in dem er alle möglichen schrillen Geschichten über mich verbreitete, und hoffte, auf meine Kosten Geld verdienen zu können.

Die Theorie hinter all diesen Spekulationen entstammte dem kranken Hirn des idealtypischen Juden Sigmund Freud, der sich die genauso jüdische Psychoanalyse ausdachte und die Frechheit besaß, sie als Wissenschaft zu bezeichnen. Eine Behauptung übrigens, die auch von seinen jüdischen Glaubensbrüdern an der Hebräischen Universität Jerusalem zurückgewiesen worden ist, wo man sich weigerte, die Psychoanalyse in den Lehrplan aufzunehmen. Freud behauptete, dass die meisten, wenn nicht sogar alle geistigen Störungen ihren Ursprung in sexuellen Problemen hätten. Es war seine Idee, dass die Beobachtung der eigenen Eltern bei ihrem „Urakt" zu allen möglichen Geisteskrankheiten führen könnte. Wenn man sich seine Veröffentlichungen anschaut, dann spricht er dabei ziemlich sicher aus eigener Erfahrung! Als Nächstes drehten er und seine Bande, von denen fast alle ebenfalls Juden waren, diesen Unsinn seinen unglücklichen Patienten an und machten damit vermutlich viele von ihnen sogar noch verrückter, als sie sowieso schon waren.

Was die selbsternannten „Analytiker“ übersahen, war die simple Tatsache, dass nicht jeder Mensch ein so guter Spießbürger war wie sie. Genauso wenig verbrachten die meisten Menschen ihr Leben in einer geräumigen Wiener Wohnung. Die ganze Menschheitsgeschichte hindurch haben die meisten Kinder stets zusammen mit ihren Eltern in einem einzigen Zimmer oder in einer Hütte gelebt. Eine ganze Menge von ihnen wuchs in Zelten auf. Ob es einem gefiel oder nicht, praktisch von ihren ersten zaghaften Schritten an bekamen sie alles mit – alles. Ganz zu schweigen von dem, was sie ringsum in der Natur und auf ihren Höfen mitansehen konnten! Und doch wurden sie beinahe alle zu völlig normalen Menschen. In der Tat sind es oft die Ärzte und nicht ihre Patienten, die völlig irre sind.

Auch andere verbrachten ihre Zeit damit, geradezu besessen nach allen nur denkbaren Absonderlichkeiten an meinem Körper, in meinem Geist, in meiner Familie und sonst wo zu suchen. Der amerikanische Psychologe Walter Langer kritisierte im Auftrag des OSS, des Vorläufers der CIA, mein strenges Hygieneverhalten und meinen wählerischen Kleidergeschmack. Als ob es eine Tugend sei, ungewaschen in einem schmutzigen Mantel mit fleckigem Kragen herumzulaufen, und als ob ich, der arm und obdachlos gewesen war, nicht viel besser als er gewusst hätte, was es bedeutete, sich nicht waschen und nicht die Kleider wechseln zu können. Ich könnte immer und immer weiter über dieses Thema sprechen. Aber sollen die vergangenen, heutigen und zweifelsohne auch zukünftigen Psychologen ruhig in ihren krankhaften Fantasien schwelgen.

Tatsächlich war die Familie, in der ich aufwuchs, kein bisschen ungewöhnlich für die damalige Zeit. Einerseits aufgrund des Altersunterschieds und andererseits aufgrund der gesellschaftlichen Stellung meines Vaters (dazu gleich mehr) war es unvermeidlich, dass er versuchte, seine Frau zu beschützen, zu führen und, ja, bis zu einem gewissen Grad auch zu beherrschen und zu erziehen. Das Gleiche taten damals – in einer Zeit, in der es selbstverständlich war, dass Frauen ihre Ehemänner zu lieben, zu schätzen und ihnen zu gehorchen hatten, und in der der große feministische Aufstand noch Jahrzehnte weit entfernt lag – unzählige andere. Mein Vater war nicht frei von Fehlern. Nichtsdestoweniger führte er einen intakten Haushalt. Er und meine Mutter ließen sich nicht voneinander scheiden, so wie es in den „entwickelten“ Ländern der heutigen Welt 40 Prozent der Ehepaare tun. Er übernahm Verantwortung und kümmerte sich um seine Familie, so gut er konnte. Ich bin auch nicht mit Stiefeltern aufgewachsen, oder mit lesbischen „Eltern“, schwulen „Eltern“, transsexuellen „Eltern“, Ersatz„eltern“, oder was auch immer für „Eltern“ die moderne Gesellschaft ihrer bedauernswerten Brut noch antut.

Gesellschaftlich und finanziell gehörten wir zur unteren Mittelschicht. Mein Vater hatte seine bescheidene Herkunft ebenso überwunden wie seine mangelnde Schulbildung und sich hochgearbeitet. Am Ende bekleidete er die angesehene Stellung eines kaiserlichen und königlichen Zollbeamten. Wie viele meiner Biografen angemerkt haben, zog mein Vater einige Male mit seiner Familie um, zum Teil deshalb, weil sein Dienstherr ihn immer wieder versetzte, zum Teil deshalb, weil er es wollte. Damit soll offensichtlich angedeutet werden, dass in seinem Leben irgendetwas grundlegend falsch gelaufen sei und dieser „Umstand“ mein eigenes Leben maßgeblich beeinflusst habe. Aber auch das ist Schwachsinn. Auf der ganzen Welt zogen Familien viel häufiger um als meine. Dazu zählen auch Soldatenfamilien, in denen es bis heute so ist. Und fangen wir erst gar nicht an von Unternehmensleitern, die mit wenig Vorlaufzeit und noch weniger Mitspracherecht von einem Ende der Welt an ein anderes „versetzt“ werden. Trotzdem lässt sich aufgrund solcher Umzüge wenig, wenn überhaupt irgendetwas, über das spätere Leben ihrer Kinder aussagen.

Es ist auch nicht wahr, dass mein Vater „wie ein Schlot“ geraucht habe, wie der englische Historiker Ian Kershaw im Stil eines Taschenspielertricks und ohne auch nur den geringsten Beweis behauptet hat. In Wahrheit war er nicht abhängiger von dieser Unsitte, als es die meisten Männer zur damaligen Zeit und am damaligen Ort waren. Damals hielten Männer das Rauchen für ein Zeichen von Reife und Männlichkeit. Sie waren stolz darauf und ließen sich oft mit einer Zigarette im Mund porträtieren oder fotografieren. Franz Joseph, der erste österreichische Kaiser, der rauchte, gab das Vorbild dazu ab. Viele Bibliotheken und Salons, die ihren Besuchern bis ungefähr 1860 das Rauchen verboten hatten, erlaubten es ihnen danach ganz selbstverständlich. Es war den Mitgliedern jeder Art von Ausschuss und Gremium erlaubt, während der Geschäftszeiten zu rauchen – es wurde sogar von ihnen erwartet. Wenn man nicht rauchte, dann war man nichts wert. Das galt sogar mehr und mehr auch für Frauen; sie äfften die Männer nach und fingen mit dem Rauchen an, um ihre „Unabhängigkeit“ zu beweisen.

Mein Vater ging auch hin und wieder in die Kneipe und trank sein Glas Wein oder Bier. Hin und wieder mag er auch ein wenig zu viel getrunken haben. Wie so viele andere war er aufbrausend. Wie so viele andere mochte er es nicht, wenn man ihm widersprach. Ich war zu Hause sein Hauptgegner, und manchmal schlug er mich. Aber er hat mich niemals ernsthaft verletzt. So oder so war auch das nichts Besonderes, sondern für so gut wie jedermann völlig selbstverständlich. Wie es im Alten Testament, das ich in der Schule lesen musste, heißt: „Wer seine Rute schont, der hasst seinen Sohn." Wenn ich aus der Hölle auf die westliche Gesellschaft hinabblicke, wie sie sich seit meiner Zeit entwickelt hat, dann bin ich geneigt, dem zuzustimmen.

Wie ich in *Mein Kampf* umfänglich dargelegt habe, ging es in den meisten Streitigkeiten zwischen meinem Vater und mir um seine Erwartungen. Er selbst hatte sein Leben im Dienst des Kaisers Franz Joseph verbracht, dem er sowohl treu als auch sehr, sehr dankbar war. Angesichts seiner Herkunft, der Anstrengungen, die er in seine Laufbahn investiert hatte, und seines letztendlichen Erfolgs ist es wenig überraschend, dass er wollte, dass ich in seine Fußstapfen trat. Ich sollte Regierungsbeamter werden. Das aber lehnte ich ab. Einmal nahm er mich mit zu seiner Arbeitsstelle und führte mich herum, um mich umzustimmen. Die Wirkung war jedoch das genaue Gegenteil von dem, worauf er gehofft hatte. Ich sollte mein Leben als Affe in einem Käfig verbringen und Formulare ausfüllen? Niemals.

Stattdessen beschloss ich im Alter von zwölf Jahren und aufgrund meiner zeichnerischen Begabung, die bereits damals offensichtlich wurde, Künstler zu werden – Maler. *Maler?* Mein Vater glaubte, ich hätte den Verstand verloren. Das war um die Jahrhundertwende. Künstler waren für ihren unbürgerlichen Lebenswandel berühmt – oder berüchtigt, je nach Standpunkt –, ebenso wie für ihre Unfähigkeit, zuverlässig zu arbeiten und Arbeitszeiten einzuhalten. Angeblich brauchten sie freie Zeit und ein gewisses Maß an Unordnung, um ihre schöpferischen Fähigkeiten zu entfalten. Eine Sichtweise, der ich übrigens voll und ganz zustimme. In diesem Sinne standen sie für das genaue Gegenteil von allem, wofür mein Vater stand: Pflichtbewusstsein, Gewissenhaftigkeit, Fleiß, Vorschriftsmäßigkeit und Pünktlichkeit. Ganz abgesehen davon, dass es damals ebenso wie heute für einen unbekannten jungen Mann alles andere als einfach war, als Künstler über die Runden zu kommen.

Er und ich gerieten über dieses Thema oft aneinander, was bis zu seinem Tod so blieb. Wenn es so weit kam, tat meine Mutter ihr Bestes, um mich zu beschützen. Sie war jedoch nicht immer erfolgreich. Sie war tiefgläubig, bescheiden, fromm, fürsorglich und so lieb, wie man nur sein konnte. Sie trauerte um die vier Kinder, die sie verloren hatte, und tat alles, um meine Schwester und mich zu verwöhnen. Auch das passte zum Zeitgeist. Mein Zuhause war bei weitem nicht das einzige, in dem Frauen und Mütter, die ihr Los bereitwillig annahmen und zweifellos einiges im Stillen erduldeten, als Familienheilige handelten.

Der spätere amerikanische Präsident Richard Nixon beispielsweise sagte das Gleiche über *seine* Mutter (die ebenfalls den Tod einiger ihrer Kinder zu beklagen hatte). Seiner Biografie nach zu urteilen, war der Einfluss seiner Mutter auf ihn anscheinend kein bisschen geringer als der meiner Mutter auf mich. Nichtsdestoweniger war meine Mutter die beste von allen. Ich liebte sie mehr als meinen Vater; meine Gefühle ihm gegenüber lassen sich besser als Respekt bezeichnen.

Wegen der häufigen Umzüge meiner Familie besuchte ich mehrere verschiedene Volksschulen, doch in keiner von ihnen war ich ein mehr als durchschnittlicher Schüler. Wie Sie sich sicher denken können, lag das nicht daran, dass ich Schwierigkeiten gehabt hätte, zu verstehen oder mir zu merken, was uns beigebracht wurde. Ganz im Gegenteil, der Großteil des Stoffs und der Aufgaben, die wir bekamen, war lächerlich einfach. Ich halte Schulen so oder so für eine stark überbewertete Institution, wie ich später oft feststellte. Es ist richtig, dass eine Gesellschaft nicht ohne sie auskommt. Immerhin braucht sie Menschen, die lesen, schreiben und rechnen können. Aber vieles von dem, was sie lehren, war und ist Unsinn. Braucht es beispielsweise alte Sprachen? Davon abgesehen, sind Lehrer wohl kaum die erfolgreichsten Mitglieder der Gesellschaft. Ich erinnere mich, dass sich meine vor allem durch verdreckte Hemden und ungepflegte Bärte auszeichneten. Kein Wunder, dass sie – mit wenigen Ausnahmen – kaum etwas taten, um ihre Schüler auf den Ernst des Lebens vorzubereiten.

Mein schulisches Betragen, das einer meiner Lehrer als „wechselhaft" beschrieb, spiegelte zwei Faktoren wider. Erstens war es, wie ich gerade erläutert habe, ein Aufbegehren gegen die Pläne meines Vaters für mich – ich vernachlässigte einfach alles, was mich nicht interessierte. Zweitens spielte ich viel lieber draußen, als meine Hausaufgaben zu machen. Es gab eine Bande von uns jungen Schuften, die immer nach neuen Spielmöglichkeiten Ausschau hielt. Und bei vielen dieser Spiele war ich der Anführer. Viele unserer Anregungen stammten von Karl May, dem Autor zahlloser Bücher über den Wilden Westen, von denen ich alle las und wieder las, die ich in die Hände bekommen konnte. Sie waren so einfach zu verstehen, so anschaulich, so bunt und so voller Abenteuer und Fantasie – ich war überwältigt! Wir teilten uns in Gruppen auf, verteilten Rollen und „kämpften" gegeneinander.

Ein anderer Einfluss war ein Bilderbuch über den Deutsch-Französischen Krieg von 1870/71, das ich in der Bibliothek meines Vaters gefunden hatte. Noch ein anderer waren Zeitungsberichte – es gab damals noch keine „Medien" – über den Burenkrieg von 1899 bis 1902. Wir Kinder lasen sie begierig. Was auch immer einige meiner Biografen geschrieben haben mögen: Daran war überhaupt nichts

Außergewöhnliches. Überall auf der Welt spielen Kinder noch heute ähnliche Spiele, sofern sie nicht an ihren Rechnern, iPhones und sonst nicht was kleben.

Mein bei weitem bester Lehrer und der einzige, der einen bleibenden Eindruck auf mich hatte, war Leopold Pötsch. Ich würde sogar sagen, dass er dabei half, mein gesamtes zukünftiges Leben zu bestimmen. Pötsch war ein ausgezeichneter Redner, so wie es nur jemand sein kann, der von einer Sache begeistert ist. Er verfügte über die Gabe, uns junge Schüler in die Vergangenheit zurückzuversetzen und diese für uns lebendig werden zu lassen. Und während er das tat, machte er mich zu einem Nationalisten. Mir wurden die endlosen Kämpfe auf Leben und Tod zwischen den Deutschen und den Anderen bewusst: den Römern, den Hunnen, den Ungarn, den romanischen Völkern, den Mongolen, den Mohammedanern – die zweimal Wien belagert hatten – und nicht zuletzt den Slawen. Teils aufgrund seiner geografischen Lage in der südöstlichen Ecke des Reiches und teils wegen seines eigenen Wesens als Vielvölkerstaat war Österreich eine entscheidende Rolle in diesen Kämpfen vorherbestimmt – viel entscheidender, als es den meisten Reichsdeutschen der damaligen Zeit lieb war.

Seit dem Jahr 962 und Kaiser Otto dem Großen hatte es immer ein Deutsches Reich irgendeiner Art gegeben. Erst 1806 hatte dieses Reich aufgehört, in dieser Form zu bestehen, nachdem es von einem ausländischen Eroberer – Napoleon – unterworfen worden war. Zu einem weiteren Schlag für die deutsche Einheit kam es 1866, als Österreich gegen Preußen in den Krieg zog und verlor. Später, 1918/19, waren es die siegreichen Alliierten, die sich über den ausdrücklichen Willen des österreichischen Volkes hinwegsetzten und drohten, Gewalt anzuwenden, wenn sich die beiden Teile unserer Nation vereinigen sollten. Vor dem Hintergrund ihrer erklärten Prinzipien muss ich wohl kaum darauf hinweisen, wie verlogen *diese* Entscheidung war.

Um 1900 lag das jedoch alles noch in der Zukunft. Wir jungen Menschen waren davon überzeugt, dass die deutsche Nation in einem einzigen Staat wiedervereinigt werden müsse, so wie sie es beinahe neun Jahrhunderte lang gewesen war. Wir spürten auch, dass das größte Hindernis auf dem Weg dahin das Haus Habsburg mit seiner langen völkerübergreifenden Tradition und seiner Entschlossenheit zur Herrschaftswahrung war. Wir taten, was wir in unserem Alter tun konnten, um die Interessen des Deutschtums gegen die gewaltigen Massen der nichtdeutschen Völker zu vertreten, die das Reich bewohnten, sich wie die Karnickel vermehrten und es zu überschwemmen drohten, indem wir die entsprechenden Abzeichen trugen, die entsprechenden Fahnen schwenkten, Kleingeld sammelten und so weiter.

Was mir Pötsch auch noch beibrachte, war mit dem eben Genannten eng verbunden: die überragende Wichtigkeit, die Geschichte zu studieren, zu verstehen und angemessen zu verwenden. Wie ich später in *Mein Kampf* schreiben sollte: „Geschichte ‚lernen' heißt die Kräfte suchen und finden, die als Ursachen zu jenen Wirkungen führen, die wir dann als geschichtliche Ereignisse vor unseren Augen sehen." Mit anderen Worten: Wir sollten nicht nur auswendig lernen, was vor langer Zeit geschehen ist; so etwas mag vielleicht unterhaltsam sein, aber es ist auch nutzlos. Das wahre Ziel ist es, mit Hilfe von Beispielen aus der Vergangenheit die Gegenwart zu erhellen und daraus Lehren für die Lebenspraxis zu ziehen.

Viel später habe ich einmal gesagt, dass ein Mann, der die Geschichte nicht kennt, wie ein Mann ist, der kein Gesicht hat. Wie kann er (oder, Herrgott nochmal, meinetwegen auch sie) ohne Wissen über die Vergangenheit zu einem wohlüberlegten Urteil über die Gegenwart und die Zukunft gelangen? Das gilt umso mehr, je wichtiger die Position ist, die er bekleidet. Dieser Ansicht bin ich nach wie vor. Tatsächlich ist eines der größten Defizite der Hölle gerade, dass die Abläufe hier eintönig und unveränderlich sind. Es gibt weder eine Zukunft noch eine Vergangenheit, die man studieren und aus denen man Schlüsse ziehen könnte, was das Ganze zu einem gänzlich uninteressanten Ort macht, an dem nie irgendetwas passiert. Allein schon deshalb verdient er den Namen Hölle.

Zur Jahrhundertwende lebten wir in Linz, einer reizenden Stadt an der Donau, die ich seitdem immer als die Stadt meiner Jugend betrachtete und mit der mich viele schöne Erinnerungen verbinden. Die Streitereien mit meinem Vater hielten noch immer an und führten dazu, dass meine Noten noch schlechter wurden. Ich wollte einfach nicht den Weg beschreiten, den er für mich auserkoren hatte; es war einer, auf dem man nicht nachdenken musste, wie er selbst einmal gesagt hatte. In meinem 13. Lebensjahr wurde er uns genommen. Er war noch bei bester Gesundheit, als ein Hirnschlag seinem irdischen Dasein ein schmerzloses Ende bereitete und uns alle in tiefer Trauer zurückließ. Es war sein größter Wunsch gewesen, seinem Sohn dabei helfen zu können, eine Laufbahn anzutreten, und mir die schweren Prüfungen zu ersparen, die er selbst hatte durchmachen müssen. Doch es schien ihm, als seien all seine Sehnsüchte vergeblich gewesen. Und doch hatte er den Grundstein für eine Zukunft gelegt, die keiner von uns beiden damals vorhersehen konnte, auch wenn es ihm nicht bewusst war.

Nachdem mein Vater gestorben war, hatte ich nur wenige Schwierigkeiten, meine Mutter davon zu überzeugen, dass ich wirklich Maler werden sollte. Ich besuchte weiterhin die Unterrealschule. Weil sie weder Griechisch noch Latein anbot, galt sie gegenüber dem Gymnasium als minderwertig. Sie endete nicht mit der Matura und war für diejenigen gedacht, die keine Universität besuchen wollten. Ich machte mehr oder weniger unermüdlich weiter. Gelegentlich musste ich Prüfungen wiederholen oder die Schule wechseln. Ich schlug mich gut genug, um zur Oberrealschule zugelassen zu werden. Trotzdem interessierte mich die Schule zu jener Zeit nicht mehr als vorher.

1905 wurde ich schwer krank – irgendein Lungenleiden, das meine Mutter fast zu Tode ängstigte. Nachdem ich mich erholt hatte, ließ ich meine Schulzeit endlich hinter mir. Das tun außergewöhnlich begabte Menschen oft. Steve Jobs, Bill Gates und zu meinen eigenen Lebzeiten Josef Stalin haben nie eine Hochschule abgeschlossen und erst recht keinen Doktortitel erworben, wie es heutzutage so gut wie jeder tun muss, der es zu etwas bringen will. Mindestens einer, nämlich Richard Branson, der Gründer des Unternehmens Virgin, hat nicht einmal die Oberschule abgeschlossen. Der Grund dafür ist einfach. Erfolg bedarf der Originalität und des Einfallsreichtums. In der Schule kann man aber nur das lernen, was die Lehrer 25 Jahre zuvor gelernt haben. Kinder gegen ihren Willen in der Schule festzuhalten, bis sie 18 Jahre alt sind, wie es heutzutage schon fast üblich geworden ist, hat keinen Sinn. In nicht wenigen Fällen verhindert es sogar, dass sie erwachsen werden und ihre Begabungen entfalten. Ich bin dem Schicksal dankbar dafür, dass es zu meiner Zeit noch nicht so weit gekommen war. Gott allein weiß, was ich sonst aus reiner Langeweile heraus vielleicht getan hätte.

Die folgenden zwei Jahre zählen zu den glücklichsten in meinem Leben. Sie zählen auch zu den am wenigsten belegten, weil ich nicht zur Schule ging, keine Klassenkameraden hatte und keine Noten bekam. Das hat es Historikern möglich gemacht, ihrer Fantasie freien Lauf zu lassen und nach Herzenslust alle möglichen gestörten Geschichten über mich zu erfinden. Die Wirklichkeit hingegen war prosaisch genug. Ja, ich führte in der komfortablen Wohnung, die meine verhältnismäßig wohlhabende Mutter gemietet hatte, „ein Leben des parasitären Müßiggangs", wie Kershaw es genannt hat. Ja, ich hatte „noch immer nicht einen einzigen Tageslohn verdient". Ja, ich führte „das Leben einer Drohne ohne Berufsaussichten". Ich war immerhin noch ein Heranwachsender und nicht schon über 30, so wie viele der sogenannten „Bumerangkinder", die heute, Anfang des 21. Jahrhunderts, Leben führen, die sich nicht deutlich von meinem in der damaligen Zeit unterscheiden.

Ja, ich zog mich gern gut an und ging durch die Stadt. Ja, ich besuchte oft das Theater und die Oper. Ich verliebte mich – eine jugendliche Liebe, gewiss – in ein Mädchen namens Stefanie. Und ja, ich hatte nicht den Mut, sie anzusprechen. Tatsächlich hat sie nie erfahren, dass es mich gab. Was ist daran so ungewöhnlich? Haben meine Biografen in der Schule nicht gelernt, dass ein Schelm ist, wer Böses dabei denkt?

Mein Begleiter zu diesen Anlässen war mein Freund August „Gustl" Kubizek. Kubizek war knapp neun Monate älter als ich und der Sohn eines Tapezierers. Sein Traum war es, Musiker zu werden. Nach dem Ende jeder musikalischen Darbietung, die wir besuchten, unterhielt ich mich mit ihm darüber, was wir gerade gesehen und gehört hatten. Um ehrlich zu sein, übernahm ich den Großteil des Redens, während er den Großteil des Zuhörens übernahm, was uns zu einem guten Gespann machte! Sein späterer Bericht über jene Jahre liegt in verschiedenen Fassungen vor. Einige Stellen darin sind auch direkt aus *Mein Kampf* abgeschrieben. Trotzdem ist er insgesamt korrekt. Ich langweilte mich nicht ein einziges Mal in dieser ganzen Zeit. Langeweile ist etwas, was nur Menschen verspüren, die zu dumm sind, um selbst denken zu können. Weil mir nie langweilig war, geriet ich auch nie in irgendwelche nennenswerten Schwierigkeiten.

Im Frühjahr 1906 besuchte ich zum ersten Mal Wien – immerhin die Hauptstadt eines großen, wenn auch bereits gebrechlichen Reiches. Wie so viele andere, die es damals besuchten und noch heute besuchen, wollte ich die Straßen, die Plätze, die Gebäude, die Museen und die Paläste sehen. Außerdem wollte ich die berühmte Hofoper besuchen, die viel mehr zu bieten hatte als ihr armer Ableger in der provinziellen Stadt Linz. Die Hauptattraktion bestand jedoch immer aus den prächtigen Gebäuden entlang der Ringstraße. Es wäre kaum eine Übertreibung, zu sagen, dass sie eine magische Wirkung auf mich hatten.

Meine Begegnung mit Wien belebte meine Hoffnungen, Künstler zu werden, aufs Neue. Im Oktober 1907 kehrte ich in die Stadt zurück, um an der Aufnahmeprüfung für die Akademie der bildenden Künste teilzunehmen. Es gab 113 Bewerber, und nach etlichen Prüfungen wurden nur 28 ausgewählt. Ich zählte nicht dazu. Das war ein furchtbarer Schlag, umso mehr, weil er völlig unerwartet kam. Aber auch hier gilt: War es in irgendeiner Weise ungewöhnlich? Sehen Sie sich nur die Statistiken an.

Nachdem ich gescheitert war, bat ich den Rektor der Akademie um ein Gespräch. Er war ehrlich zu mir und sagte, die Arbeit, die ich eingereicht hatte, zeige, dass mir eine Laufbahn als Architekt mehr liege als die Malerei. Dieser Weg stand mir jedoch nicht offen, weil ich keinen Schulabschluss besaß. Das war eine Tatsache, die mir zu jener Zeit großen Kummer machte. Dementsprechend lag mein Traum, eine Künstlerlaufbahn zu verfolgen, in Trümmern.

Im Dezember desselben Jahres starb meine Mutter an Brustkrebs einen überaus qualvollen Tod. Johanna, meine kleine Schwester Paula und ich pflegten sie. Sie wurde von unserem Hausarzt behandelt, Eduard Bloch, einem der sehr wenigen anständigen Juden, von denen ich jemals etwas gesehen oder gehört habe. Er tat für sie, was er konnte. In letzter Zeit hat es eine Flut von Geschichten gegeben, wonach er sie angeblich falsch behandelt und der Familie zu viel berechnet habe, woraufhin ich zum Antisemiten geworden sein soll. Ich möchte diese Gelegenheit nutzen, um mit allem mir möglichen Ernst eines klarzustellen: Das alles sind nichts als Lügen. Warum sonst – außer wenn Sie mich für tatsächlich sehr dumm halten – hätte ich es ihm und seiner Familie 1938 ermöglichen sollen, in die Vereinigten Staaten auszureisen? Nachdem er dort angekommen war, sagte und schrieb er einige sehr freundliche Worte über mich. Er versicherte, dass er nie einen anderen jungen Mann gesehen habe, der auf so berührende Art und Weise an seiner Mutter hing, wie ich es tat. Ich hatte tatsächlich mein Bestes für sie versucht. Später ließ ich ihr Foto in jeder meiner Hauptwohnungen aufhängen: in Berlin, in München und in Berchtesgaden.

Nachdem sie tot und begraben war, Letzteres übrigens für eine ganze Menge Geld, gab es nichts mehr, was mich in Linz gehalten hätte. Dementsprechend zog ich nach Wien. Ich werde im nächsten Kapitel mehr über mein Leben dort sagen. Vorher aber will ich das Offensichtliche betonen: Wenn die Familie, aus der ich stammte, und die Erziehung, die ich erhielt, in irgendeiner Weise einzigartig gewesen sein sollten, dann ist das auch jede andere Familie und jede andere Erziehung, die es jemals gab und jemals geben wird.

Wenn man Zeit und Ort mitbedenkt, dann haben Millionen andere Menschen Erfahrungen gemacht, die sich nicht allzu sehr von meinen unterscheiden. Väter, die – abgesehen von den sehr armen – die alleinigen Versorger waren, neigten dazu, ihre Ehefrauen herumzukommandieren. Das mussten sie auch tun, vor allem, wenn sie wie meiner viel älter als ihre Gattinnen waren. Auseinandersetzungen zwischen Vätern und Söhnen waren häufig, wie sie es immer gewesen sind und noch heute sind. Das Gleiche gilt für die Liebe zwischen einer Mutter und ihrem Sohn. Hat nicht der bereits erwähnte Freud irgendwo in einem seiner umfangreichen, aber oft abstrusen Werke geschrieben, dass diese Liebe die stärkste Bindung von allen darstellt? Und damals hatte noch niemand von der Vorstellung gehört, dass es schädlich – geschweige denn ein Verbrechen – sein könnte, seine Kinder mit Schlägen zu züchtigen.

Genauso wenig war ich der einzige Knabe, der die Schule gehasst hätte. Heute werden viele amerikanische Schulen mit Metalldetektoren, bewaffneten Wächtern, die auf dem Gelände Streife gehen, und was nicht noch alles geschützt. Eine oder zwei erlauben es den Lehrern sogar, bewaffnet zu unterrichten, und stellen ihnen Waffen zur Verfügung! Und selbst unter diesen Umständen vergehen kaum zwei Monate, in denen *nicht* irgendein gestörtes Kind sich ein Sturmgewehr schnappt – in den Vereinigten Staaten kommt man leicht an diese Waffen – und jeden in Sichtweite umlegt, bevor es sich selbst erschießt. Meine Gefühle der Schule gegenüber wurden und werden überall geteilt; nichtsdestoweniger hat sich von Millionen und Abermillionen zeitgenössischer Jugendlicher nicht ein einziger so entwickelt wie ich oder könnte auch nur ansatzweise ähnlich große Errungenschaften vorzeigen. Die Wege der Vorsehung sind schon immer unergründlich gewesen. Sie sind es noch heute.

2. Wien

Meine Biografen sind eine kleinliche Bande. Manche scheinen zu glauben, dass ich selbst zu meiner Zeit als unbekannter junger Mann mit wenig Geld und noch weniger Aussichten bereits jede einzelne Minute meines Lebens so betrachtet hätte, als sei sie von einer Bedeutung, die die Welt zum Erzittern bringen würde. Deshalb nennen sie mich jedes Mal sogleich einen Schwindler und einen Lügner, sobald sie einen unbedeutenden Fehler in irgendetwas finden, das ich geschrieben oder gesagt habe. Wenn das Wissenschaft sein soll, dann will ich nichts damit zu tun haben. Jedenfalls behaupten sie, dass ich irgendwann zwischen dem 14. und 17. Februar 1908 in Wien eingetroffen sei. Es war leicht, ein Dach über dem Kopf zu finden; die Straßen der ärmeren Bezirke quollen über vor kleinen Zetteln mit der Aufschrift „Zimmer zu vermieten". Ich quartierte mich in der Stumpergasse 31 ein, unweit des Westbahnhofs. Meine Vermieterin, eine gewisse Frau Zakreys, war eine Tschechin, wie meine Biografen ausdrücklich hervorheben. Wahnsinnig wichtig.

Am 18. stieß mein Freund Kubizek zu mir. Er hatte den Zug aus Linz genommen und kam völlig erschöpft an. Meine Begeisterung für die Stadt war aber zu groß, um ihm seine Ruhe zu lassen. Stattdessen nahm ich ihn sofort mit, um ihm die wichtigsten Sehenswürdigkeiten zu zeigen, was der unermüdliche Kershaw als weiteren „Beweis" dafür ansieht, was für ein unausstehlicher Mensch ich gewesen sei. Ursprünglich hatten Kubizek und ich geplant, an getrennten Orten zu leben. Es gelang mir aber schnell, ihn umzustimmen. Wir wohnten zusammen in der bescheidenen Wohnung von Frau Zakreys, tauschten aber mein kleines Zimmer gegen ein größeres und zahlten dementsprechend doppelt so viel. Ein paar Monate unterhielt ich Briefverkehr mit dem Rest meiner Familie. Im August 1908 besuchte ich die Hanitante, die zurück ins Waldviertel zu Verwandten gezogen war. Danach verlor ich den Kontakt zu ihr.

Es hat viele Spekulationen über meine Einkünfte zu jener Zeit gegeben. Hier also die Tatsachen: Erstens bekam ich als Waisenkind eines k.u.k. Beamten eine armselige Rente von 25 Kronen im Monat – die übrigen 25 Kronen gingen an meine Schwester Paula. Zweitens unterstützte meine Familie mich mit ein wenig Geld. Alles in allem war ich nicht übel dran. Ich hatte genug zum Leben und konnte sogar in die Oper gehen, sofern ich mich mit den billigsten Stehplätzen zufriedengab. Aber ich war ganz sicher weit entfernt davon, reich zu sein. Wer auch immer etwas anderes sagt oder schreibt, der lügt.

Wenige Tage nach seiner Ankunft erhielt Kubizek den Bescheid, dass er als Student zum Wiener Konservatorium zugelassen worden sei. Daraufhin mietete er einen Konzertflügel in Feigls Klaviersalon in der Liniengasse gleich um die Ecke, wie Kershaw pedantisch anmerkt. Noch so eine ganz wichtige Sache. Kubizek begann, regelmäßig zu üben, und erfüllte unser Zimmer mit seiner Musik. Ab und an stritten wir uns ein wenig, vor allem, weil er darauf bestand, auf seinem Klavier zu spielen, wenn es mir gerade ungelegen kam. Wir lagen jedoch nie auch nur annähernd so sehr über Kreuz, dass wir getrennte Wege gegangen wären.

Als ich in Wien angekommen war, hatte ich einen Vorstellungsbrief in meiner Tasche. Er war an Professor Alfred Roller gegangen, einen sehr bekannten Bühnenbildner, Maler und Grafiker. (Heß sagt, er habe das bei Wikipedia gefunden.) Geschrieben hatte ihn Rollers Bruder. Der wiederum war von der Mutter einer Bekannten von mir, die ihn zufällig kannte, angeschrieben und um eine Empfehlung gebeten worden. Selbstverständlich bedankte ich mich überschwänglich, wie es die Höflichkeit verlangte. Auch wenn ich manche schlechte Eigenschaft gehabt haben mag, Undankbarkeit war niemals eine davon. Tatsächlich willigte Roller ein, mich zu empfangen, obwohl er zweifellos ein vielbeschäftigter Mann war. Ich nahm die Einladung jedoch nie an. Rückblickend betrachtet, war ich vermutlich zu schüchtern.

Im Großen und Ganzen ist Kubizeks Beschreibung unseres Lebens in Wien korrekt. Warum sollte sie das auch nicht sein? Ja, unsere Mietwohnung war sehr beengt. Es gab dort nur sehr wenig Platz für mich, um auf und ab zu laufen, wie es die Menschen schon im alten Griechenland getan haben, wenn sie in Gedanken versunken waren, und wie ich es mein ganzes Leben lang tun sollte. Ja, ich ließ mich oft mitreißen und begann viele fantastische Projekte, die sich schnell als jenseits meiner Fähigkeiten entpuppten. Aber ist es denn nicht ein wesentlicher Bestandteil der Jugend, „Luftschlösser" zu bauen, wie es so schön heißt? Wenn ich daran zurückdenke, dann glaube ich, dass jeder, der so etwas in der entsprechenden Zeit seines Lebens *nicht* getan hat, niemals wirklich jung gewesen ist. Ja, ich redete viel. Ich war überwältigt von der großartigen Stadt, in der ich nun lebte und die einen so gewaltigen Eindruck auf mich machte. Ich brauchte jemanden, der meinen Gedanken zuhörte, und Kubizek war der Einzige, der das tat. Ja, mein Selbstbewusstsein litt unter meinem scheinbaren Versagen darin, im Leben „voranzukommen". Auf lange Sicht aber machte es mich nur noch entschlossener, es doch zu schaffen. Ja, ich ging spät schlafen und stand spät auf. Ich hörte, dass Churchill in seiner Zeit als Premierminister das Gleiche getan habe – aber natürlich würde ich ihn niemals als Beispiel für irgendetwas anführen.

Und ja, ich las sehr viel. Wie viel, das wurde erst kürzlich offenkundig, als die Historiker vom Institut für Zeitgeschichte in München *Mein Kampf* untersuchten und auf die zahlreichen Texte hinwiesen, bei denen ich mich bedient hatte oder die eindeutig einen Einfluss auf mich ausgeübt hatten. Kubizek ist so weit gegangen, zu sagen, dass er sich nicht erinnern könne, mich jemals ohne einen Stapel Bücher im Arm gesehen zu haben. Früher hatte ich *Robinson Crusoe*, *Gullivers Reisen* und *Onkel Toms Hütte* gelesen. Nun waren als Nächstes Dante, Herder, Ibsen und Nietzsche an der Reihe. Sehr viel später hat meine Schwester Paula behauptet, dass ich ihr nach meinem Wegzug nach Wien *Don Quijote* empfohlen hätte, aber daran kann ich mich nicht mehr erinnern.

Zu jener Zeit las ich auch die deutschen Klassiker – Lessing, Goethe und Schiller. Allerdings gefielen sie mir nicht besonders. Sie waren zu weltbürgerlich, typische Vertreter der sogenannten Aufklärung und ihrer Träume von einer Bruderschaft aller Menschen, aber sie verstanden einfach nicht die zerstörerische Rolle, die die Juden immer schon in der Geschichte gespielt haben. Ganz besonders Lessing kam in seinem Drama *Nathan der Weise* dem Verrat an seiner eigenen Rasse sehr nahe. Warum konnten sie nicht mehr wie Shakespeare sein, der der Welt nicht nur *Julius Caesar* und *Hamlet*, sondern auch *Der Kaufmann von Venedig* beschert hat? Während des Dritten Reiches wurde Shakespeare in Deutschland häufiger aufgeführt als in England. Nach Ausbruch des Krieges sorgte ich persönlich dafür, dass seine Bühnenstücke weiterhin von uns inszeniert werden konnten. Der Autor aber, der mir am besten gefiel, war Schopenhauer. Sehen Sie sich nur einmal den Titel *Die Welt als Wille und Vorstellung* an, dann verstehen Sie auch, warum.

In den vergangenen Jahren haben viele Historiker die Mühe auf sich genommen, das, was eine von ihnen „Hitlers Wien" genannt hat, lang und breit zu ergründen – in der Hoffnung, damit den Schlüssel zu meiner Persönlichkeit zu finden. Dafür bin ich ihnen zwar dankbar, aber es scheint mir doch, dass ihre Anstrengungen weitgehend vergeblich waren. Natürlich hatte meine Umgebung Auswirkungen auf meine Entwicklung. Selbst mein Geburtsort Braunau, der so dicht an der uns jungen Leuten verhassten Grenze zwischen Deutschland und Österreich lag, mag von der Vorsehung ausgewählt worden sein. Andererseits zeichnen sich große Männer gerade durch den Umstand aus, dass sie sich – anders als Millionen andere – eben *nicht* von äußeren Bedingungen formen lassen. Stattdessen erheben sie sich über sie und machen sich absichtsvoll daran, sich selbst zu formen *und* die fraglichen Bedingungen zu verändern. So, wie es beispielsweise Julius Caesar, der an Muskelzittern litt, und Friedrich II., der als Jugendlicher schwach und verträumt war, getan haben.

Wir Deutsche haben große Achtung vor Bildung, worin Ausbildung, Wissen und Gelehrsamkeit gleichermaßen eingeschlossen sind. Wir fragen immer danach, welchen Abschluss jemand hat, nicht danach, was er konkret kann. Dabei übersehen wir oft, dass eine noch so umfassende Bildung als reiner Selbstzweck nutzlos ist. Wie die Lebensgeschichten zahlreicher berühmter Professoren beweisen, wird sie ab einem bestimmten Punkt sogar zu einem Hemmnis, das vom Handeln abhält. Um einen Nutzen zu haben, muss sie angemessen geordnet und registriert werden. Vor allem muss das Wesentliche vom Unwesentlichen geschieden werden; Letzteres ist zu verwerfen, Ersteres muss bewahrt und erinnert werden. Sobald man zu Verständnis gelangt ist, kann alles folgende Lesen entweder zur Korrektur oder zur Verstärkung dienen. Besonders in meinen Wiener Jahren habe ich mir selbst beigebracht, auf diese Weise zu lesen. Alle anderen Arten des Lesens mögen vielleicht dabei helfen, die Zeit totzuschlagen. Sie sind aber kein Ersatz für die Methode, die ich gerade beschrieben habe.

Wer wissen will, was ich in meinen Wiener Jahren gelernt habe, der muss lediglich *Mein Kampf* aufschlagen. Das ist kein Problem, weil das Buch heutzutage in dutzende Sprachen übersetzt vorliegt und eine recht ansehnliche Nachfrage danach vorherrscht. Ich will deshalb hier nur einen knappen Überblick liefern. Erstens erkannte ich, wie kriecherisch, wie gänzlich rückgratlos und feige und unaufrichtig die sogenannte „große" Wiener Presse in Wahrheit war. An der Oberfläche war sie „tolerant", „liberal" und „progressiv". Man konnte immer auf sie zählen, wenn es darum ging, edle Ansinnen zu unterstützen – Brot für alle, Gleichheit, Freiheit, was immer Sie wollen. Und das sowohl in der Heimat als auch auf der ganzen Welt. In Wirklichkeit aber tat sie nichts anderes, als auf Schritt und Tritt vor den Habsburgern zu katzbuckeln. Kein Ausmaß an Bauchpinselei schien zu viel zu sein. Wenn diese Presse „weltoffen" war, wie einige ihrer lautstärksten Verfechter behaupteten, dann in erster Linie in dem Sinne, dass sie alles bewunderte, ja geradezu anbetete, was französisch war. Angeblich sei alles Gute in der Welt aus Paris gekommen. Vor allem versagte sie völlig dabei, das deutsche Wesen des Staates zu verteidigen, so wie sie es durch die Forderung nach einer Vereinigung mit Deutschland und durch Widerstand gegenüber den Ansprüchen der unterschiedlichen

Volksgruppen, aus denen die Donaumonarchie bestand, hätte tun sollen.

Zweitens lernte ich, wie die Demokratie aussah. Aus nächster Nähe! Eine Zeitlang besuchte ich das Parlament beinahe täglich, mal mit, mal ohne den kleinen Kubizek im Schlepptau. Allein schon die Tatsache, dass die Abgeordneten vielen verschiedenen Volksgruppen angehörten, genügte, um einen Deutschnationalen wie mich abzustoßen. Und außerdem: Was für eine Bande armseliger Gauner sie waren! Immer redeten und redeten sie nur – oder besser: schrien und schrien. Immer lagen sie sich über alle nur möglichen Themen in den Haaren, darunter viele, die außer für sie selbst für überhaupt niemanden von Bedeutung waren.

Einer Zählung zufolge gab es nicht weniger als 15 unterschiedliche Parteien, große wie kleine. Aber selbst die größte von ihnen vereinigte kaum 20 Prozent der Sitze auf sich. Dadurch waren sie niemals in der Lage, irgendetwas zu bewerkstelligen. Wahrscheinlich hätten es die meisten von ihnen gar nicht anders gewollt. Immerhin kommt mit Taten auch Verantwortung, und Verantwortung war eindeutig das Allerletzte, was diese Leute wollten. Sie hörten nie auf, zu zanken und einander zu bekämpfen. Mehr als einmal kam es sogar zu Schlägereien. Kaum verwunderlich, dass der arme alte Franz Joseph einmal sagte, dass er nichts mit ihnen zu tun haben wolle – als ob er eine Wahl gehabt hätte. Nicht von ungefähr wurden Regierungen und Minister aufgestellt und umgeworfen wie Kegel auf der Bowlingbahn. Wenn das, was ich da sah, die Demokratie war, dann konnte sie mir gestohlen bleiben.

Drittens wurde ich zum Antisemiten. In Linz gab es damals nur wenige Juden (von insgesamt 60.000 Einwohnern gerade einmal 700), und niemand schenkte ihnen große Beachtung. Es ist ganz einfach nicht wahr, dass ich – wie behauptet worden ist – meinen Antisemitismus im Elternhaus aufgesogen hätte. Immerhin hatte mein Vater seine Jugend auf dem Lande verbracht, wo die Juden sogar noch rarer gesät waren als in Linz. Später hatte er zu viel mit seinem Steckenpferd zu tun, der Imkerei, um sich um die paar Vertreter des „auserwählten Volkes" zu kümmern, die ihm vielleicht begegnet waren. Was meine Mutter anbetraf, so war sie zu gutmütig und, um ehrlich zu sein, zu einfach gestrickt, um sich um solche Angelegenheiten zu kümmern. Die Vorstellung, dass mein Antisemitismus irgendetwas mit einer angeblichen Begegnung mit diesem verwirrten jüdischen Philosophen Ludwig Wittgenstein zu tun gehabt haben könnte, ist ebenfalls falsch. Es scheint, als habe er tatsächlich die gleiche Realschule besucht wie ich. Aber ich habe ihn nie getroffen oder von ihm gehört. Was mich anging, so gab es ihn überhaupt nicht.

In Wien hingegen waren aus einer Gesamtbevölkerung von fast 1,8 Millionen nicht weniger als 147.000 Juden. Einige wenige von ihnen waren stinkreich, vor allem die Rothschilds. Sie äfften das Verhalten des städtischen Adels und des gehobenen Bürgertums nach, oder versuchten es zumindest. Viele – besonders die von der liberalen Politik Kaiser Franz Josephs angelockten Neuankömmlinge aus Osteuropa – waren sehr arm. In ihre Kaftane gehüllt, oft schmutzig und ungewaschen, waren sie unübersehbar. Man konnte ihre Anwesenheit einfach nicht ausblenden. Ihre größte Ansammlung befand sich in der Leopoldstadt und der Brigittenau, auf der Insel zwischen Donau und Donaukanal. Die Anwohner nannten den Bezirk „Mazzesinsel". Die Geburtenrate dort war sehr hoch, was dazu führte, dass die Universitäten von jüdischen Studenten überschwemmt wurden. Auch wenn ich es zu jener Zeit noch nicht wusste, machten sie zwei Fünftel der Medizinstudenten, ein Drittel der Rechtsstudenten und ein Drittel der gesamten Studentenschaft aus. In meinem Geburtsjahr 1889 praktizierten in Wien 681 Rechtsanwälte, von denen mehr als die Hälfte Juden waren.

Ich habe meine erste Begegnung mit diesen Kreaturen in *Mein Kampf* beschrieben. Damals wie später fand ich sie ekelerregend, aber sie weckten auch meine Neugierde. Deshalb beschloss ich, mehr über sie herauszufinden. Je mehr ich dazulernte, umso unangenehmer erschienen sie mir. Nicht nur wegen ihres Erscheinungsbilds und Geruchs, die schon schlimm genug waren, sondern aufgrund dessen, was sie waren und wofür sie standen. Bis dahin hatte ich die verbreitete Vorstellung akzeptiert, dass sie einfach Menschen seien, die einem anderen Glaubensbekenntnis als dem der Mehrheitsgesellschaft anhingen. Nun verstand ich, dass sie insgesamt einem völlig anderen Volk angehörten. Die Juden sahen das selbst ganz genauso. Hatten sie nicht ab den 1860er Jahren eine Bewegung namens Zionismus herausgebildet, die auf genau diese Feststellung pochte?

Wenn überhaupt irgendetwas anwuchs, dann war es die Macht der Juden. Einer Quelle zufolge befanden sich im Jahr 1934 73 Prozent aller Textilfabriken und -geschäfte, 75 Prozent der Banken, 82 Prozent der Wirtschaftsauskunfteien, 96 Prozent der Anzeigenbüros und 100 Prozent (!) aller Schrott- und Metallhandlungen in ihrer Hand. Und das sind nur ein paar Geschäftsbereiche unter vielen anderen mehr. Abgesehen davon, dass ihnen die Presse gehörte, in der sie die deutschfeindlichen Ansichten von sich gaben, die mich so wütend gemacht hatten, beherrschten die Juden auch das Kunst- und Filmgewerbe. Sie benutzten ihren Einfluss, um Shows aufführen zu lassen, die die obszönsten, verderbtesten Inszenierungen waren, die man sich nur vorstellen kann. Die Juden steuerten auch die Arbeiterbewegung, verführten Zehntausende, wenn nicht sogar Hunderttausende von einfachen, hart arbeitenden Seelen zum Sozialismus und wendeten sie gegen ihr eigenes Volk.

Die jüdische Vorstellung vom Sozialismus richtete sich gegen die Natur an sich. Sie selbst waren das Allerunterste. Und weil ihnen das sehr wohl bewusst war, verleugneten sie das aristokratische Prinzip, das ewige Vorrecht von Macht und Tatkraft. An seine Stelle setzten sie und ihre Kriecher die zahlenmäßige Masse und das tote Gewicht. Auf diese Weise ebneten sie den Weg für ihren eigenen Sieg über den Rest der Menschheit und dessen Zerstörung. Und das Schlimmste daran war: Die Juden zogen alle am gleichen Strang. Die zahlreichen scharfen Trennungen, die es unter ihnen zu geben schien, waren nichts als Fassade, um leichtgläubige Gojim in die Irre zu führen und sie noch besser ausnutzen zu können. In Wahrheit verfolgten sie einen Plan, der ebenso wohldurchdacht wie teuflisch war. Manche Menschen – so auch Goebbels – hielten die *Protokolle* für eine Fälschung. Vielleicht waren sie das auch. Doch es kann keinen Zweifel daran geben, dass sie weitgehend mit den Zielen und Methoden der Juden übereinstimmten.

Natürlich erfasste ich das nicht alles auf einmal. Erst viel später fanden all die vielen Puzzleteile endlich ihren Platz und bildeten ein vollständiges Bild. Deshalb habe ich in *Mein Kampf* die Empfehlung ausgesprochen, dass man keine politische Tätigkeit aufnehmen sollte, bevor man 30 Jahre alt ist. Zufällig ist das auch genau das Alter, in dem römische Bürger erstmals in ein öffentliches Amt gewählt werden durften. Und ich fuhr trotzdem fort, mich weiterzubilden. Jetzt gerade etwa nutze ich meinen Platz hier in der Hölle, um mich mit allem vertraut zu machen, was mich interessiert; das Gleiche habe ich in meiner Landsberger Zeit getan. Wie so viele andere vor und nach mir machte ich das Gefängnis zu meiner Universität. Zu dem Zeitpunkt, als ich meinem irdischen Dasein ein Ende bereitete, bestand meine private Bibliothek aus 16.000 Büchern, die auf Berlin, München und Berchtesgaden verteilt waren. Im Laufe der Zeit habe ich sie fast alle gelesen oder zumindest durchgeblättert. Dazu entwickelte ich meine ganz eigene Methode. Ich fing jedes Buch in der Mitte an und arbeitete mich in beide Richtungen vor, um zu prüfen, ob sich darin etwas Wertvolles fand.

Zusammen mit meinen eigenen Beobachtungen dessen, was um mich herum vorging, ermöglichte meine Lektüre mir, meine Weltanschauung zu formen. Damit meine ich meine – die Betonung liegt auf: meine – spezielle Weise, die Geschichte zu verstehen, und dadurch mein Verständnis davon, wie die Welt funktioniert und immer weiter funktionieren wird. Meine Weltanschauung war die felsenfeste Grundlage, die ich bei meinem Eintritt in die Politik bestmöglich umzusetzen versuchte. Später wurde sie in ihren Grundzügen von Millionen meiner deutschen Volksgenossen und, wie ich ohne falsche Bescheidenheit sagen kann, auch nicht wenigen Nichtdeutschen geteilt. Aber es versteht sich von selbst, dass ich damals, als ich sie herauszuformen begann, keinen blassen Schimmer davon hatte, dass es so kommen würde oder könnte.

Ich will nicht behaupten, dass alle meine Eindrücke von Wien schlecht gewesen wären. So groß die Schattenseiten der Stadt auch waren, brachte sie mir doch auch eine Menge bei. Gewiss, ich hatte schon in sehr jungen Jahren nicht mehr an den Unsinn geglaubt, den die Pfaffen ununterbrochen auftischten. In der Schule machte ich mich über unsere Religionslehrer lustig und ließ sie oft sprachlos zurück. Was mich aber *sehr wohl* beeindruckte, war die Art und Weise, wie die Kirche Prunk und Gepränge benutzte, um die Massen anzuziehen. So sehr, dass ich zu meiner Zeit in Linz sogar einmal im Kirchenchor sang! Wien vervollständigte mit seinen zahlreichen eindrucksvollen barocken Kirchen sowie deren aufwendigen Verzierungen und brillanten Zeremonien meine diesbezügliche Bildung. Vor allem anderen durchschaute ich die Mischung aus Heuchelei und Geschäftssinn, auf der die Kirche beruht. Hallelujas und Ablasshandel, was für eine Kombination! Eine Organisation, die es geschafft hat, 2000 Jahre lang zu überleben, muss viele Lehren anzubieten haben. Der Gegensatz zum rückgratlosen und führerlosen Protestantismus könnte größer nicht sein. Deshalb hat dieser sich in zehntausende verschiedene Sekten aufgespalten.

Ebenso aufschlussreich wie die katholische Kirche war ihr Rivale, die Arbeiterbewegung. Ich war ganz sicher kein Sozialist. Die talmudischen Lehren des Karl Marx, seine zahllosen jüdischen Glaubensbrüder und seine verblendeten Anhänger machten niemals Eindruck auf mich, ebenso wenig wie seine Vorstellung, dass die Geschichte von materiellen Verhältnissen bestimmt sei, die den Willen austilgt und dadurch Menschen auf das Niveau von Amöben erniedrigt. Aber weil ich nun einmal aus einer verhältnismäßig einfachen Familie ohne erwähnenswertes Vermögen stammte, hatte ich *tatsächlich* Mitgefühl mit der großen Masse der arbeitenden Menschen, deren Los, wie ich wusste, oft ein sehr schweres war. Umso mehr, weil ich schon bald zu einem von ihnen werden sollte.

Einmal sah ich mir voller Faszination einen riesigen Arbeiterumzug an, der mehrere Stunden dauerte. Die Teilnehmer mögen grob und ungebildet gewesen sein. Viele von ihnen waren auch ungewaschen; wer wollte es ihnen verdenken, angesichts der Tatsache, dass fließendes Wasser, ganz zu schweigen von heißem Wasser, das den eiskalten Wintern in Wien angemessen gewesen wäre, ein Luxusgut war, das sich nur sehr wenige von ihnen leisten konnten? Doch sie waren aus tadellosem Holz geschnitzt. Wenn sie nur irgendjemand von den Unmengen schwülstiger „internationalistischer" Ideen, die ihre Anführer ihnen ihrem eigenen Volk gegenüber aufgedrängt hatten, ab- und zurück auf unsere Seite bringen könnte, dachte ich bei mir. In diesem Fall wäre wirklich alles möglich.

Zu guter Letzt war da noch Wiens großartiger Bürgermeister Karl Lueger. Anfangs hatte ich gedacht, er und seine Bewegung, die Christlichsozialen, seien nichts weiter als Reaktionäre. Später, als ich sie besser verstand, musste ich meine Meinung ehrlicherweise ändern. Seine Errungenschaften in sämtlichen Bereichen des städtischen Lebens, sowohl wirtschaftlicher wie auch kultureller Art, waren so immens, dass es ihm beinahe gelungen wäre, das Habsburgerreich im Alleingang wieder erstarken zu lassen. Er verfügte über die seltene Gabe, die menschliche Natur zu durchschauen, und war stets sehr sorgfältig darauf bedacht, niemanden für besser anzusehen, als er wirklich war. Dadurch unterschied er sich deutlich von vielen anderen, etwa dem Führer der Alldeutschen Vereinigung Georg von Schönerer. Schönerers Grundgedanken drehten sich um die Notwendigkeit, Österreich deutsch zu halten und es wieder mit Deutschland zu vereinigen, und sie waren ausgezeichnet. Doch er hatte nicht, was es brauchte, um wirklich große Massen von Menschen zu führen.

Lueger war zugegebenermaßen ein Antisemit. Aber er sah den Antisemitismus als ein politisches Werkzeug, nicht als ein zentrales Thema, um das herum sich ein Volk und ein Staat ausrichten lassen könnten. Was auch immer er gesagt haben mag, unter seiner Amtsführung hatten die Juden wenig zu erleiden. Er gestattete sich selbst sogar, einige jüdische Freunde zu haben! Seine wichtigste Erkenntnis war eine ganz andere, nämlich dass der Adel und das gehobene Bürgertum politisch nutzlos waren. In ihrer jeweiligen Zeit hatten sie eine Menge dazu beigetragen, das Habsburgerreich aufzubauen, und ebenso großartige kulturelle Leistungen erbracht, an die man sich auf ewig erinnern wird. Anfang des 20. Jahrhunderts aber waren ihre Kräfte erschöpft. Die betroffenen Menschen waren sich ihres Niedergangs bewusst, und wenn sie überhaupt auf etwas erpicht waren, dann darauf, das Unvermeidliche so lange wie möglich hinauszuzögern.

Eine wahrhaftige Massenpartei, die in der Lage sein würde, die Macht zu ergreifen und letztendlich die ganze Welt zu erschüttern, konnte nur durch die Inanspruchnahme der Mittelschicht aufgebaut werden. Dazu gehörten Menschen wie Ladenbesitzer, Lehrer, kleine Beamte und Angestellte sowie Kaufleute. Sie und nicht ihre gesellschaftlichen Oberen verfügten über die notwendige Ausdauer und Opferbereitschaft, die jeder große Kampf erfordert. Um all diese Menschen hinter sich zu versammeln, musste Lueger ihnen die Verheißung eines besseren Lebens präsentieren. Indem er das tat, schaffte er es sogar, die jüngeren Angehörigen des Klerus für sich zu gewinnen. Am Ende war sein Erfolg tatsächlich so groß, dass selbst deren Vorgesetzte entweder den Weg freimachten oder aber ihren Stolz überwanden und sich ihm anschlossen. Zu all diesen Erkenntnissen kam noch seine Fähigkeit als ausgezeichneter Taktiker hinzu. Er hatte alles, was ein wirklich großer politischer Führer brauchte, um Erfolg zu haben. Doch das Habsburgerreich, zerrissen von den zahlreichen Volksgruppen seiner Bürger und zu schwach, um sie unter Kontrolle zu bringen, war längst nicht mehr zu retten. Zumindest das war ein Punkt, in dem Schönerer richtig und Lueger falsch lag.

Im September 1908 versuchte ich ein weiteres Mal, zur Akademie der bildenden Künste zugelassen zu werden. Dieses Mal ließen mich die zuständigen Idioten nicht einmal an der Aufnahmeprüfung teilnehmen. Darüber hinaus verschlechterte sich meine finanzielle Lage. Die passend benannte Stumpergasse, in der ich mir mit Kubizek ein Zimmer teilte, war schäbig genug. Nun begann mir das Geld von meiner Familie auszugehen, sodass ich weniger und weniger zum Leben hatte. Ich wollte meine Sorgen nicht mit Kubizek teilen. So gutherzig, wie er war, hätte er mich vielleicht beschämt und mir angeboten, an seinen eigenen kargen Mitteln teilzuhaben. Wie hätte ich, der ich immer versucht hatte, ihn mit meinen verschiedenen Vorhaben zu beeindrucken, mich vor ihm derart erniedrigen können? Deshalb verließ ich unsere Wohnung und das Leben, das ich mir nicht länger leisten konnte, ohne ein Abschiedswort und ohne eine Nachsendeanschrift, als er über die Sommerferien bei seinen Eltern in Linz war. Aber ich vergaß ihn nicht. Beim Anschluss Österreichs 1938 bat ich meine Leute, ihn ausfindig zu machen. Das bereitete ihnen keinerlei Probleme, und es kam zu einer kurzen Begegnung, die uns beiden viel Freude bereitete.

Meine Biografen sind sich gegenseitig dabei auf die Füße getreten, jeden Stein umzudrehen, um herauszufinden, wie ich in dieser Zeit gelebt und was ich getan habe. Dabei haben sie alle möglichen fragwürdigen Leute aufgetrieben, die behaupteten, auf die eine oder andere Weise mit mir bekannt gewesen zu sein. Einige von ihnen waren es wahrscheinlich auch; immerhin lebte ich nicht in einer Einöde. An andere kann ich mich nicht erinnern. Manchmal habe ich das Gefühl, dass diese Bluthunde mich besser kennen, als ich mich selbst kenne. Das ist natürlich nur ein weiteres Beispiel für ihre Neigung, aus nichts eine Menge zu machen – oder es zumindest zu versuchen. Und all das im Namen der „objektiven" Wissenschaft! Ich zog in die Felberstraße, die ebenfalls in der Nähe des Westbahnhofs lag und in der ich glücklicherweise eine annehmbare Unterkunft gefunden hatte. In der Nähe befand sich eine dieser Buden, die Zeitungen und Tabak verkaufen. Ich nutzte die Gelegenheit, um einige der zahllosen kleinen Schriften von allen möglichen Gruppen und Parteien zu kaufen, und las sie. Im August 1909 zog ich in noch bescheidenere Verhältnisse in der nahegelegenen Sechshauser Straße, blieb dort jedoch nur einen Monat lang.

Die folgenden Monate waren die schwersten in meinem Leben. In jenem Jahr war der Herbst windig, nass und kalt. Zuerst versuchte ich, auf der Straße zu schlafen, aber ich fand schnell heraus, dass es nur einen Weg gab, am Leben zu bleiben: von einem billigen Kaffeehaus zum nächsten zu ziehen und dort zu bleiben, bis sie mich hinauswarfen. Zur Weihnachtszeit war meine Lage wirklich schlimm geworden. Mein Körper war von Läusen befallen und meine Kleidung, die ich immer peinlich sauber gehalten hatte, bestand nur noch aus Fetzen. Es war nicht so, dass ich verhungerte – aber der Hunger, der hartnäckige Hunger, war gewiss mein ständiger Begleiter.

Wie viele andere in meiner Situation wandte ich mich an eine große Obdachlosenunterkunft im Stadtteil Meidling. Damals gab es so etwas in jeder europäischen Stadt, oft sogar mehrere solcher Einrichtungen. Sie boten Suppe und Brot, eine Dusche sowie ein Bett an. Die Zustände waren so arg, dass ich mir meine Schuhe beim Schlafen unter den Kopf stecken musste, um zu verhindern, dass sie gestohlen wurden! Und es kam noch schlimmer: Sobald der Morgen graute, wurden die Bewohner auf die Straße getrieben. Die Türen wurden hinter uns abgeschlossen, und wir mussten sehen, wie wir uns durchschlugen. Hier und dort versuchte ich mich an körperlicher Arbeit, Schneeschaufeln oder Gepäcktragen für Bahnreisende, musste jedoch feststellen, dass ich ohne Mantel und so hager, wie ich war, dazu nicht imstande war. Ich lernte auch, dass es keine Freude bereitete, ein einfacher Arbeiter in einer hart umkämpften kapitalistischen Welt zu sein.

In dieser Unterkunft lernte ich Reinhold Hanisch kennen. Hanisch war ein Sudetendeutscher, ein Herumtreiber und Kleinkrimineller mit Vorstrafen. Er hatte gleichwohl auch einige Zeit in Berlin verbracht und erzählte mir eine Menge über diese Stadt. Hanisch war es auch, der mich – nachdem er erfahren hatte, dass ich malen konnte – dazu überredete, damit anzufangen und ihn die Ergebnisse verkaufen zu lassen. Der Gewinn sollte unter uns beiden aufgeteilt werden. Hanisch war nicht unbedingt der angenehmste Zeitgenosse auf Erden. Viel später, nachdem ich bekannt geworden war, begann er, seine eigenen Malereien zu verhökern, und behauptete, sie seien von mir. Dafür und für andere Kleinigkeiten wurde er mehrmals eingesperrt.

Vor seinem Tod 1937 erzählte er einigen Journalisten, dass ich – im Gegensatz zu dem, was ich in *Mein Kampf* geschrieben hatte – zu der Zeit, als wir miteinander zu tun hatten, noch kein harter Antisemit gewesen sei. Er behauptete, dass ich es tatsächlich vorgezogen hätte, mit jüdischen Kunden Geschäfte zu machen, weil sie zuverlässiger gewesen seien. Von den zwei anderen Menschen, die meine Bilder verkauften, soll einer, Josef Neumann, laut Hanisch selbst Jude gewesen sein. Als ob man auch nur ein Wort davon glauben könnte, was jemand wie Hanisch erzählt, und als ob ich angesichts meiner Umstände eine Wahl gehabt hätte.

Im Februar 1910 aber war er immer noch mein Geschäftspartner. Nachdem ich mir das notwendige Zubehör angeschafft hatte, begann ich, einen mehr oder weniger konstanten Strom von Ansichten Wiens hervorzubringen. Mit Hilfe der Pfennigbeträge, die ich auf diese Weise verdiente, ebenso wie eines kleinen Geschenks von der Hanitante zog ich in ein Männerwohnheim in der Meldemannstraße. Die Anstalt, die gerade erst ihre Tore geöffnet hatte, wurde von den Zeitungen gelobt und als beispielhaft für Institutionen ihrer Art angesehen. Für nur 50 Heller bekam man dort eine eigene Zelle für die Nacht. Es gab auch einige öffentliche Einrichtungen, die tagsüber genutzt werden konnten: eine Kantine (wo man sich seine Mahlzeiten selbst zubereiten konnte), Waschräume, Schließfächer, eine Wäscherei, eine kleine Bücherei und dergleichen. Was mir am besten gefiel, war eine Art von Gemeinschaftsraum, in dem einige von uns gesellschaftlich Ausgestoßenen zusammenkamen, um Zeitung zu lesen und über Politik zu diskutieren. Selbst an diesem Tiefpunkt meines Lebens war ich vor allem daran interessiert, dazuzulernen. Deshalb schuf ich nur so viele Bilder, wie es brauchte, um über die Runden zu kommen – auch wenn Hanisch dagegen Widerspruch einlegte.

Einmal versuchte er, mich übers Ohr zu hauen und mir etwas von dem Geld vorzuenthalten, das mir zustand. Ich zeigte ihn bei der Polizei an, die ihn festnahm. Er verbrachte ein paar Tage im Gefängnis, dann tauchte er unter. Ich blieb in der Meldemannstraße, malte und hoffte auf zukünftige bessere Zeiten. Das Leben war längst nicht mehr so verzweifelt, wie es Ende 1909 gewesen war, doch es blieb sehr hart. Auch wenn ich es versuchte: Diese Umstände blieben nicht ohne Auswirkungen auf mein Erscheinungsbild und mein Verhalten. Trotzdem schaffte ich es irgendwie immer, inmitten all der Schwierigkeiten meinen Kopf über Wasser zu halten. Obwohl ich bei weitem keine Bedrohung der gesellschaftlichen Ordnung war, zu der so viele andere in meiner Lage wurden, lief ich doch immer Gefahr, von ebendieser Ordnung zermalmt zu werden. So blieb es bis zum Frühjahr 1913.

In Anbetracht der unappetitlichen Natur der österreichischen Politik, der widerwärtigen Rassenmischung, die Wien befallen hatte, und meiner eigenen unangenehmen Erlebnisse in dieser Stadt wird man mir wohl vergeben, dass ich sie nicht besonders mochte. Das hielt übrigens die Wiener nicht davon ab, mir einen großen Empfang zu bereiten, als ich 1938 zurückkehrte. Die Heilrufe hielten stundenlang an, bis unsere Ohren von ihnen widerhallten! Wichtiger noch: Wenn ich zurückblicke, wie ich es nun aus einem sicheren Abstand tue, dann kann ich nicht mit Bestimmtheit sagen, dass ich das Leben bereue, das ich als armer Mann auf den Straßen dieser Stadt geführt habe. Ich lernte insbesondere die einfachen Menschen kennen – Menschen, die die meisten Politiker, die aus einem weit „besseren“ Umfeld als ich kommen und ihr ganzes Leben darin verbringen, niemals treffen und deshalb nicht verstehen können. In solchem Lichte besehen, war diese Erfahrung sowohl für Deutschland als auch für mich unersetzlich. Ohne sie wäre Deutschland kommunistisch geworden, daran habe ich keinerlei Zweifel.

Vor allem anderen diente mein Leben als Obdachloser in Wien dazu, mich hart zu machen. Viel härter, wie ich später herausfinden sollte, als die meisten derjenigen, die niemals eine derartige Zeit hatten durchmachen müssen, sich auch nur vorstellen konnten.

3. München

Am Vorabend dessen, was man später den Großen Krieg nennen sollte, war das Habsburgerreich eindeutig im Wanken. Durchlöchert von seinen unzähligen zerstrittenen Völkern und geführt – soweit davon überhaupt die Rede sein konnte – von einer Bande seniler Hofschranzen, war es gelähmt vom demokratischen System, das es erst unlängst angenommen hatte. In der Folge war es unfähig, in irgendeinem Bereich rigoros durchzugreifen. Für einen Deutschnationalen wie mich war die Atmosphäre drückend geworden, ja sogar bedrohlich. Ich sah auch keinen Hoffnungsschimmer am Horizont. Schönerers Alldeutsche Vereinigung war ideologisch vernünftig, doch sie war nicht fähig, die Unterstützung der Masse zu erlangen. Das konnten die Christlichsozialen besser. Aber nach dem Tod ihres großen Führers Lueger 1910 kamen sie vom Weg ab. Anstatt eine klare Stellung zu beziehen, besonders in der hochwichtigen Judenfrage, schwankten sie hin und her. Wie ich später feststellen sollte, gab es im ganzen Habsburgerreich nur einen einzigen Mann, der wusste, was zu tun war, und der dazu bereit war, es zu tun, nämlich den Generalstabschef General Conrad von Hötzendorf. Doch man ließ ihn nicht so handeln, wie er es für richtig hielt, und der Rest ist Geschichte.

Diese gesamte Frage betraf mich auch in einer unmittelbaren Weise. Wie die meisten anderen Staaten verließ sich auch Österreich-Ungarn damals auf die allgemeine Wehrpflicht, um mobilmachen zu können. Als ich an der Reihe war, eingezogen zu werden, beschloss ich: Verdammt nochmal, nein, ich würde nicht gehen. Ich wollte keinen Militärdienst leisten und möglicherweise mein Leben aufs Spiel setzen, nur um die (aller Wahrscheinlichkeit nach verlorene) Sache der Habsburger, dieser adeligen Speichellecker, und ihrer jüdischen Helfer zu verteidigen. Ich fühlte mich in die Enge getrieben und entschied mich, in die bayerische Hauptstadt München zu ziehen.

Auf einer persönlichen Ebene stellte sich diese Entscheidung als eine der glücklichsten heraus, die ich je traf. Für mich fühlte sich die Stadt ab dem ersten Moment so an, als hätte ich sie schon ewig gekannt. Gewiss hatte der Stadtteil Maxvorstadt, in dem ich mich aus wirtschaftlichen Gründen niederließ, seinen Teil an „künstlerischen“ Spinnern abbekommen. Vieles von dem, was dort vor sich ging, hatte mehr mit Schmutz und Pornografie (das erst kürzlich aufgekommene Wort war in aller Munde) zu tun als mit anständiger, gesunder deutscher Kunst. Einige nannten sich Expressionisten, manche Kubisten. Andere bildeten Zusammenschlüsse mit seltsamen Namen wie „Brücke", „Der Blaue Reiter" oder was auch immer. Je absurder, desto besser. Was sollte man zu Menschen sagen, die rote Bäume und einen grünen Himmel malten? Oder die versuchten, alles auf Würfelform zu reduzieren? Oder die ihre Zeit damit verbrachten, nach allen möglichen Abartigkeiten zu suchen, um sie dann auszustellen? Oder die menschliche Rümpfe ohne Köpfe und Gliedmaßen modellierten? Später sollten ich und das deutsche Volk, das durch mich handelte, die Gelegenheit beim Schopfe ergreifen, um mehr als deutlich klarzumachen, was wir von derartiger „Kunst" hielten. Trotzdem war München, das weitab von Berlin lag und mit diesem wetteiferte, eine echt *deutsche* Stadt. Was für eine Erleichterung nach den wimmelnden, rassisch durchmischten und oft bastardisierten Massen Wiens!

Am Tage, an dem ich in München ankam, dem 25. Mai 1913, war das Wetter schön; ein gutes Vorzeichen für die Zukunft. Ich mietete ein Zimmer in der Schleißheimer Straße, in einer verhältnismäßig armen Gegend im Norden der Stadt. Wenn Sie die genaue Hausnummer und das Stockwerk wissen wollen, sollten Sie einen meiner Biografen fragen. Dann fing ich als Maler an. Immerhin träumte ich immer noch davon, Architekt zu werden. Da mir ein angemessener Schulabschluss fehlte, wusste ich jedoch noch nicht, wie ich meine Zielsetzung verwirklichen sollte. In der Zwischenzeit malte ich öffentliche Gebäude, so wie ich es zuvor bereits in Wien getan hatte. Darunter waren das Alte Rathaus, die Residenz, der Alte Hof, die Propyläen und das Hofbräuhaus, kurz: die wichtigsten Sehenswürdigkeiten Münchens. Wie schon in Wien zog ich es vor, sie von Postkarten abzuzeichnen, nicht vom echten Objekt – eine Technik, die auch andere Künstler oft nutzten. Meine Werke verkauften sich gut genug, um recht anständig am Leben zu bleiben. Das ist keine geringe Leistung, wie viele junge angehende Künstler aus eigener Erfahrung bestätigen können.

Ich malte ungefähr zwei Bilder in der Woche. Natürlich hätte ich mehr schaffen können, wenn ich höhere materielle Bedürfnisse gehabt und mich der Aufgabe ganz verschrieben hätte. Aber ein Künstler – und als ein solcher habe ich mich mein ganzes Leben lang betrachtet – braucht Zeit, um nachzudenken, um sich auszuruhen und, ja, um zu faulenzen. Kurz gesagt: um das Gegenteil des Lebens meines Vaters zu führen. Ist nicht letzten Endes *scholé*, „Muße", die Quelle aller Weisheit? Ich könnte eine ganze Reihe von berühmten Künstlern nennen, die ihre größten Inspirationen nicht hatten, als sie in ihre Arbeit vertieft waren, sondern in den unerwartetsten Augenblicken. Manche waren gerade mit irgendetwas ganz anderem beschäftigt, vorzugsweise etwas, das kein Nachdenken erforderte, etwa einem Spaziergang. Einer von ihnen war Nietzsche, der seine besten Einfälle auf einsamen Wanderungen durch das Engadin hatte. Man soll „keinem Gedanken Glauben schenken, der nicht im Freien geboren ist“, hat er geschrieben! Andere taten gerade gar nichts Besonderes, als sie plötzlich von Gott weiß woher die Muse küsste.

Davon abgesehen sah ich meine bescheidene Kunst nur als ein Mittel zum Zweck, nicht als Selbstzweck. Ich wollte mich in den Bereichen weiterbilden, die mich am meisten interessierten, nämlich Geschichte und Politik. Eine Bildung, die diesen Namen wirklich verdient und nicht nur auf eine bloße Halbbildung hinausläuft, braucht Zeit und Mühe. Und was vielleicht sogar noch wichtiger ist: Sie braucht Widerstand – Menschen, die als Resonanzboden dienen und sich nicht zu schade sind, einem die Gedanken wegzunehmen und sie zu zerpflücken, wenn man ihnen die Möglichkeit dazu gibt. Wer glaubt, dass Vorlesungen, die ein Professor – mag er noch so brillant sein – vor zehntausenden Menschen hält, von denen jeder einzelne in seinem eigenen kleinen Zimmer vor seinem eigenen kleinen Bildschirm sitzt, auch nur im Ansatz echte Bildung vermitteln können, der belügt sich selbst. Und er belügt auch seine Studenten, was noch viel schlimmer ist.

Ich studierte auch weiterhin die Architektur und fertigte Skizzen an. Oft arbeitete ich bis tief in die Nacht hinein, sodass mein Mitbewohner, ein gewisser Rudolf Häusler, auszog und sich im gleichen Haus ein anderes Zimmer nahm. Ich verstand mich gut mit meinem Vermieter, einem Schneider namens Popp, und führte viele politische Diskussionen mit ihm und seiner Familie. Ich besuchte aber auch Kaffeehäuser und Gaststätten, von denen es in München mehr gab als in jeder anderen Stadt auf der Welt. Dort, üblicherweise in den mäßig teuren Läden, die ich mir leisten konnte, unterhielt ich mich. Ich stritt mich. Und wenn es mich überkam, dann hielt ich auch Reden. Hin und wieder wurde ich sehr wütend auf Menschen, die nicht wussten, wovon sie sprachen, oder die Meinungen äußerten, die die nationale Sache Deutschlands verrieten. Und sie wurden ebenso wütend auf mich.

Natürlich ist es nicht gerade die erhabenste Berufung auf Erden, ein „Stammtischphilosoph“ zu sein, wie Kershaw mich abfällig genannt hat. Wie oft haben sich selbsternannte intellektuell Überlegene nicht über solche Figuren lustig gemacht! Aber verschätzen Sie sich nicht. Vor einem solchen Publikum zu sprechen, und zwar in einer solchen Weise, dass man seine Aufmerksamkeit erregt und behält, ist nicht gerade einfach. Die Strafe für ein Versagen ist, hinausgeworfen zu werden und die Tür hinter sich zuschlagen zu hören. Das sollen mal die Herren Professoren versuchen, von denen die meisten nie etwas Ehrgeizigeres getan haben, als im Seminarraum vor einer eingesperrten Schar schüchterner Studenten zu sprechen, nur fünf Minuten lang! Ich habe gehört, dass die berühmte Speakers' Corner in London noch bis vor ein paar Jahren keinen Mangel an fesselnden Rednern hatte, die regelmäßig über jedes nur erdenkliche Thema sprachen. Fesselnd mussten sie sein, andernfalls hätte ihnen niemand zugehört. Kurz: Es waren die oft verächtlich behandelten Kaffeehäuser und Gaststätten, die mir den Anstoss gaben, jene Redekunst zu entwickeln, die mich später weltberühmt machen sollte. Zu jener Zeit jedoch hatte ich noch nicht die geringste Vorstellung davon, wohin sie mich einmal führen würde.

Unterdessen suchte die kaiserlich-österreichische Bürokratie nach mir. Viele Menschen sahen sie als Inbegriff österreichischer Schlamperei. In Wahrheit war sie eine der effizientesten in ganz Europa, zweifellos dank Legionen aufopferungsvoller Beamter wie meinem Vater. Die Hartnäckigkeit, mit der die Bürokraten mich – eine unbedeutende Einzelperson – suchten, war beeindruckend. Als Erstes kamen sie zu meinen Verwandten in Linz und im Waldviertel und im Anschluss zur Wiener Polizei. (Dort hatte ich mich bei meiner Ankunft in der Stadt melden müssen, wie jeder andere auch.) Dann gingen sie ins Männerheim in der Meldemannstraße. Zuletzt wandten sie sich an die Münchener Polizei, bei der ich mich ebenfalls gemeldet hatte. Am 18. Januar 1914 klopfte einer von deren Beamten an meine Tür. Auf den Nichtantritt des Militärdienstes stand eine saftige Geldstrafe, während man für das Verlassen des Landes, um ihm zu entgehen, sogar eingesperrt werden konnte. Kein Wunder, dass ich entsetzt war.

Ich wurde aufgefordert, mich zwei Tage später in Linz mustern zu lassen, 200 Kilometer weit entfernt. Um sicherzustellen, dass ich mich fügte, nahm die Münchener Polizei mich in Haft. Später stellte sich heraus, dass ihnen die Vorladung schon einige Zeit vorgelegen hatte – sie hatten sie nur nicht bearbeitet. Das verschaffte mir einen Vorteil, denn so konnte ich argumentieren, dass die mir gesetzte Frist zu kurz sei, um meine Angelegenheiten zu regeln. Ich beschwerte mich beim österreichischen Konsulat, wo man ein gewisses Verständnis für meine Lage zeigte. Dann bat ich die Zuständigen in Linz um einen Aufschub, nur um eine Absage zu bekommen. Ihr Antworttelegramm traf jedoch erst am Morgen des 21. Januar ein, dem Tag nach meinem geplanten Termin. Dementsprechend bat ich um die Erlaubnis, mich erst am 5. Februar mustern zu lassen. Diesmal wurde meiner Bitte entsprochen und der Ort in Salzburg umgeändert, das viel näher an meinem Wohnort lag.

Um zu erklären, was geschehen war, schickte ich den Behörden einen dreieinhalbseitigen Brief. Natürlich konnte ich ihnen nicht den wahren Grund für meine Entscheidung nennen, Österreich und mit ihm seine Armee zu verlassen, denn das hätte meine Lage nur noch schlimmer gemacht. Stattdessen gab ich vor, dass meine Nichtmeldung im Jahr 1909 durch meine bitteren Lebensumstände zu jener Zeit begründet gewesen sei; außerdem hätte ich ihnen nachträglich bereits im Februar 1910 geschrieben. Weil ich keine Antwort bekommen hätte, sei ich davon ausgegangen, dass alles seine Richtigkeit habe, und die Angelegenheit schon fast vergessen. Ich erinnerte sie daran, dass ich nie irgendeines Vergehens beschuldigt worden sei und meinen Namen sauber gehalten hätte, obwohl ich Waise und in einer schwierigen Lage gewesen sei. Meine bescheidenen Bemühungen sollten sich jedoch als überflüssig erweisen. Am 5. Februar nahm ich – auf Kosten des Konsulats – den Zug nach Salzburg und ließ mich wie befohlen mustern. Ich wurde untersucht und für waffenunfähig befunden, woraufhin ich glücklich nach München und in mein gewohntes Leben zurückkehrte.

Ich kann nicht dafür bürgen, dass jeder Satz, den ich später in *Mein Kampf* niederschreiben sollte, schon damals in meinem Geist keimte. So funktioniert das menschliche Gedächtnis einfach nicht, und meines bildet da keine Ausnahme. Ich interessierte mich jedoch mehr und mehr für außenpolitische Belange. Das war allerdings auch keineswegs überraschend. Das österreichische Kaiserhaus hatte seine Feinde. Der wichtigste davon war Russland, das ebenfalls tief in die Gemengelage auf dem Balkan verwickelt war. Ein weiterer Feind war Italien, das zwar ein formaler Verbündeter war, aber immer nach einer Gelegenheit Ausschau hielt, Südtirol, Dalmatien und Gott weiß was für andere territoriale Bröckchen an sich zu reißen. Wie ich schon schrieb, lagen die wichtigsten Probleme, an denen Österreich litt, jedoch im Innern.

Die Lage im Deutschen Reich war gänzlich anders, oder zumindest schien es so. Bis zum heutigen Tage gibt es Menschen, die die Wilhelminische Ära für die glücklichste der ganzen deutschen Geschichte halten. Das hochverräterische Gedankengut des Multikulturalismus lag so weit in der Zukunft, dass es sich niemand vorstellen konnte. Abgesehen von den Juden sah man noch fast keine Ausländer. Das Land war erstklassig gepflegt, wohlhabend und platzte vor lauter Wachstum aus allen Nähten. Seine Armee war die um Längen beste der Welt, und sein Stellenwert in Wissenschaft und Technik war weithin anerkannt.

Hier in der Hölle ist mir ein Katalog von Sears, Roebuck & Co. aus dem Jahre 1903 in die Hände gefallen. Als ich ihn durchblätterte, stellte ich schnell fest, dass man damals in den Vereinigten Staaten jedes beliebige Produkt am besten damit bewerben konnte, dass man das Wort „German" vor seinen Namen setzte. Zum Beispiel im Falle des sogenannten „Heidelberg-Gürtels", der die Manneskraft erneuern sollte, indem er Strom durch die Leistengegend leitete! Oder werfen Sie einen Blick in das Buch *Das Rätsel der Sandbank* von Erskine Childers, das im gleichen Jahr erstmals erschien. Sie werden nicht lange brauchen, um zu bemerken, wie sehr der Schriftsteller den Kaiser verehrte, den er tatsächlich einen „prächtigen Burschen" nannte. Viele andere Engländer sahen das genauso.

Es gab Schwachstellen, insbesondere den Reichstag, der unaufhörlich schnatterte und Wilhelm behinderte, wo er nur konnte. Aber das wurde erst im Weltkrieg und nach seinem Ende wirklich schwerwiegend. An dieser Stelle möchte ich festhalten, dass die Außenpolitik ein brutaler Überlebenskampf ohne Anfang und Ende ist, ob sie nun auf dem Wege der Diplomatie oder mit Waffengewalt betrieben wird. Zu glauben, dass dieser Kampf allein auf dem Feld des Handels geführt oder gar gewonnen werden könne, wie es viele Zeitzeugen des wilhelminischen Wohlstands taten, ist ein Hirngespinst, und noch dazu ein sehr gefährliches. Diese Tatsache wird durch nichts besser veranschaulicht als durch den Aufstieg zuerst Englands und dann der Vereinigten Staaten. Gewiss waren und sind beide aufgrund der Vorzüge ihrer geografischen Lage große Handelsnationen. Aber es ist ebenso wahr, dass sie beide nie auch nur einen Augenblick lang zögerten, Waffengewalt einzusetzen, wann immer sie es für nötig hielten. Wie die Engländer von sich selbst sagten: Der Handel folgt der Flagge. Für jeden Versuch, diese Wahrheit zu leugnen, gibt es nur ein einziges Wort: absurd.

Während die Notwendigkeit des Kampfes einen wesentlichen Teil meiner Weltanschauung darstellt, bin ich nicht derjenige, der sie sich ausgedacht hat. Sie ist ein grundlegendes Naturgesetz. Das hat mindestens schon Heraklit im fünften vorchristlichen Jahrhundert entdeckt. War er es nicht, der als Erster sagte, der Krieg sei der Vater aller Dinge? Er ist so allgegenwärtig, dass die Völker, jedes einzelne Volk, das je existiert hat oder existieren wird, ihn willentlich oder unwillentlich führen *muss*. Er ist sozusagen die Weise, in der die Natur ihre Gerechtigkeit durchsetzt. Langfristig gesehen, ist es immer die stärkere Partei, die überlebt und gedeiht. Die schwächere hingegen wird im besten Falle besiegt und im schlimmsten Falle unterworfen und vielleicht vernichtet. Natürlich besteht Stärke aus zahlreichen Faktoren.

Dazu zählen die rassische Zusammensetzung (das, was die Menschen heute, 100 Jahre später, so schönfärberisch „ethnischen Hintergrund" nennen), Bevölkerungszahlen, Geografie, Wirtschaft, industrielle und technische Entwicklung und so fort. Und doch liegt im Herzen des Ganzen der Wille, wie uns Schopenhauer gelehrt hat. Er ist die eine Sache, die sich nicht ersetzen lässt und ohne die alles Übrige mehr oder weniger wertlos ist.

Die erste Säule der deutschen Außenpolitik, die ich nach meinem Umzug nach München zu kritisieren begann, war das Bündnis mit Österreich. Ich muss wohl kaum wiederholen, dass ich – als jemand, der praktisch von Geburt an ein Deutschnationaler gewesen war – nichts lieber gesehen hätte als die Vereinigung der Deutschen in meinem Geburtsland mit ihren Brüdern im Reich. Womit ich nicht gerechnet hatte, war das Ausmaß, in welchem die Menschen im Letzteren die Habsburgerdynastie missverstanden. Eine Vereinigung mit dem Deutschen Reich war das Letzte, was die herrschende Klasse in Österreich wollte. Ganz im Gegenteil, ihr Überleben hing von ihrer Fähigkeit ab, die beiden Länder so lange wie möglich voneinander getrennt zu halten. Einzig und allein ihre Furcht vor Russland, die an sich völlig berechtigt war, trieb sie dazu, sich mit Deutschland zu verbünden. Die Reichsdeutschen waren auch nicht in der Lage, die Schwäche der Monarchie zu erfassen, vor allem nicht die der deutschen Volksgruppe darin. Aufgrund ihrer viel niedrigeren Geburtenrate büßte diese Jahr um Jahr an Einfluss ein. Eine Nation, die auf diese Weise Selbstmord begeht, ist zum Untergang verurteilt, und wer auch immer sich mit ihr zusammenschließt, der wird leiden.

Im Gegensatz zu den Deutschen in Österreich platzten die Reichsdeutschen nur so vor Lebenskraft. Die Bevölkerung, die 1871 noch 41 Millionen betragen hatte, hatte mittlerweile 68 Millionen erreicht und wuchs noch immer rapide an. Wie sollte man die Hunderttausende ernähren, die jedes Jahr hinzukamen? Durch eine Senkung der Geburtenrate? Es wäre wohl möglich gewesen, das zu tun. Aber nur um den Preis, dem Land dabei zusehen zu müssen, wie es aus dem Kreis der Großmächte herausfiel und sich in eine Art größere Schweiz verwandelte. Wir hätten sehr wahrscheinlich die Kontrolle über unser Schicksal verloren und wären ein Schützling Russlands geworden, dessen auf 166 Millionen geschätzte Bevölkerung sogar noch rascher wuchs als unsere. Zufällig war es genau das, was Reichskanzler Bethmann Hollweg, der „Philosoph von Hohenfinow", wie er nach seinem brandenburgischen Gut genannt wurde, glaubte und fürchtete. Selbst zu jener Zeit konnte man die Wonnen eines solchen „Schutzes" nur allzu deutlich in Polen sehen, das sie über 100 Jahre lang genossen hatte. Nach 1945 sollten ganz Osteuropa sowie Teile von Deutschland selbst sie kennen und schätzen lernen.

Eine weitere oft diskutierte Möglichkeit war die Binnenkolonisation, etwa durch die Erschließung neuen Ackerlandes, die Ankurbelung unserer Industrie sowie durch Ausfuhr und Einfuhr. Unsere Nachbarn, die Niederlande, stellten ein sehr gutes Beispiel für diese Vorgehensweise dar. Eine solche Kolonisation mag tatsächlich eine Lösung darstellen – zumindest für einen gewissen Zeitraum. Umso mehr, als sie gut zur angeborenen Friedfertigkeit unseres Volkes und seiner Vorliebe für ein Dasein im Halbschlaf passt. Nicht umsonst machen sich Ausländer oft über unsere Schlafmützen lustig. Aber es gab eindeutig Grenzen und gibt sie noch immer. Man kann nicht jeden Boden dazu bringen, dass er die Früchte abwirft, die die Menschen brauchen. Und der Boden, mit dem das machbar ist, wird früher oder später ausgelaugt sein.

Von 1914 bis 1918 hatte der Umstand, dass wir von unseren Düngemittelquellen in Chile abgeschnitten waren, furchtbare Folgen für die Gesundheit unseres Volkes. Schätzungen haben die Zahl der Todesopfer aufgrund der englischen Hungerblockade irgendwo zwischen 424.000 und 763.000 angesiedelt. Viele von ihnen waren Kinder und alte Menschen. Wenn das jemanden an die Schwierigkeiten erinnert, die wir in regelmäßigen Abständen mit unserer Erdgaszufuhr aus Russland haben, dann hat das durchaus seine Richtigkeit. Darüber hinaus kommt ein Staat, der zu solchen Mitteln greift, in die gleiche Situation wie ein Mann in einer Tretmühle. Das liegt daran, dass nicht nur die Anzahl der Menschen konstant wächst, sondern, was ebenso wichtig ist, auch ihre Forderungen nach besseren Lebensbedingungen zunehmen. Das Endergebnis können nur Arbeitslosigkeit, Armut und Hunger sein – oder, wie man es heute lieber nennt, eine „Wirtschaftskrise". Auf die Krise von 1929 bis 1932 werde ich später eingehen. Hier möchte ich nur sagen, dass eine solche mehr als in der Lage ist, das Land bis in seine Grundmauern zu erschüttern. Wenn man sich nicht in weiser Voraussicht übt und angemessene Vorkehrungen trifft, kann sie durchaus zum Ausbruch von Seuchen und drastischen Hungersnöten führen. Ganz zu schweigen von Bürgerkrieg.

Aufgrund seiner Mittellage in Europa hatte Deutschland immer eine kontinentale – manche würden sagen: provinzielle – Sichtweise gepflegt. Das galt sowohl für das Alte Reich als auch für die beiden wichtigsten späteren deutschen Staaten, Österreich und Preußen. Sicher, Friedrich II. interessierte sich für die Neue Welt. Doch es gab wenig, was er oder auch seine habsburgische Gegnerin Maria Theresia dort erreichen konnten. Hamburg, über lange Zeit ein bedeutendes

Handels- und Schifffahrtszentrum, bildete eine Ausnahme. Gleichwohl war es nicht immer eine willkommene Ausnahme, weil seine Bürger dem Weltbürgertum zuneigten. Später hatten sie einige Schwierigkeiten, zu begreifen, warum der Antisemitismus so essenziell für unser Wohlergehen war, wie er es nun einmal war. In jedem Fall stellte Hamburg nur ein Steinchen im deutschen Mosaik dar. Von den Staaten in diesem Gesamtbild baute kein einziger jemals eine anständige Marine auf oder zog aus, um Kolonien in Übersee zu erwerben, wie es Spanien, Frankreich, England und selbst das kleine Portugal, die Niederlande und Belgien allesamt getan hatten.

Um die Jahrhundertwende änderte sich das alles. Alle fingen an, von Welt- oder Geopolitik zu sprechen. Der Begriff und die dazugehörige Wissenschaft tauchten erstmals in den 1890er Jahren auf. Ihr wichtigster Vertreter war kein Deutscher, sondern ein Engländer namens Halford Mackinder. Von Mackinder, der auf seine eigene Weise ein echtes Genie war, ließen sich alle anderen anregen. Zu ihnen zählten unser eigener, ihm ebenbürtiger Karl Haushofer und dessen zeitweiliger Schüler Rudolf Heß.

In den Jahren kurz vor dem Krieg sowie während des Krieges selbst war das Wort Weltpolitik in aller Munde. Nach 1918 verschwand es völlig aus den Büchern. Später, in meiner Zeit als Reichskanzler, kehrte es verhalten zurück. Nach dem Zweiten Weltkrieg verschwand es erneut, nur um nach 1960 eine zweite Wiederkehr zu erleben. Bis dahin hatte sich jedoch seine Bedeutung grundlegend gewandelt. Es bezog sich nicht mehr auf Deutschland. Besiegt, erniedrigt und zerstückelt hatte unser armes Land kaum noch die Macht, um überhaupt irgendeine Form von Außenpolitik zu betreiben. Seine beiden Teile waren zu einem Dasein als Kettenhunde verdammt, die nichts anderes tun konnten, als sich gegenseitig anzubellen, während sie sich hinter ihren jeweiligen Herren versteckten, den Vereinigten Staaten und der Sowjetunion. Dementsprechend gab die Häufigkeit, in der Autoren den Begriff benutzten, und die Art, in der sie es taten, ebenso getreu die „deutsche“ Außenpolitik wieder wie die nicht allzu ehrenvolle Stellung Deutschlands in der Welt.

Weltpolitik fasste die Außenpolitik Wilhelms II. gleichermaßen zusammen und bestimmte sie. Wilhelm war hochintelligent und sehr schwungvoll. Vor allem aber war er jung. Und eigenwillig, und großtuerisch, und – wie manch einer sagen würde – unberechenbar. Er redete ständig von „Hunnen“ (gerade diese Bezeichnung sollte uns im Weltkrieg immens schaden), scharfen Schwertern und schimmernden Rüstungen. Aber er meinte es nicht so. Er liebte Manöver, in denen er glänzende Auftritte hinlegen konnte, viel mehr als den Krieg. Außerdem lehnte er die klugen Ratschläge von Bismarck ab, den er sich vom Hals schaffte, gleich nachdem er den Thron bestiegen hatte. Er teilte unterschiedslos in alle Richtungen aus und strebte danach, die Macht Deutschlands in jedem Winkel der Welt zu vermehren, so weit entfernt und bedeutungslos er auch sein mochte. Wie er jedem zu sagen pflegte, ob der es hören wollte oder nicht: „Unsere Zukunft liegt auf dem Wasser." Auch wenn er – laut Reichskanzler Bernhard von Bülow, der ihm oft auf der kaiserlichen Yacht Gesellschaft leistete – an Seekrankheit litt.

Ich dachte damals und weiterhin bis zum letzten Tag meines Daseins auf Erden, dass diese Politik falsch war. Erstens gebot die Geografie höchstselbst, dass unsere Hauptrivalen und -feinde die Franzosen – die *Grande Nation*, wie es so schön heißt – auf der einen und die Russen auf der anderen Seite sein sollten. Ab 1892, als sie eine Militärkonvention unterzeichneten, begannen sie damit, Deutschland von Westen und Osten her einzukreisen, und drohten stets, es zu überwältigen. Sicher, wir standen nicht gänzlich ohne Verbündete da. Abgesehen von Österreich-Ungarn gehörten noch Italien und die weit schwächeren Staaten Rumänien, Bulgarien und die Türkei dazu. Italien und Rumänien sollten uns am Ende verraten und die Seiten wechseln. Die übrigen waren keinen Pfifferling wert. Nicht sie halfen uns, sondern wir mussten ihnen helfen. Letzten Endes standen einige unserer Einheiten bis hinein in den Irak im Kampf.

Unter derartigen Umständen war es schierer Wahnsinn, auf Überseekolonien zu schielen und dadurch auch noch England und später die Vereinigten Staaten, die zur Unterstützung ihrer ehemaligen Herrin eilten, zu unseren Feinden zu machen. Das ganze Zweite Reich hindurch brachte diese Politik uns nichts weiter ein als ein paar wertlose Flecken Land in Afrika und Ostasien. Anstatt unsere Ressourcen zu vermehren, zehrten sie sie auf. Und so weit, wie sie entfernt lagen, konnten sie im Notfall nicht mit Waffengewalt verteidigt werden. Als dieser eintrat, war der heldenhafte Widerstand einiger unserer dort stationierten Leute – vor allem der von General Paul von Lettow-Vorbeck in Deutsch-Ostafrika – vergebens. Sogar noch schlimmer war der größenwahnsinnige Versuch, sich einen gleichzeitigen Rüstungswettlauf sowohl mit Frankreich und Russland (zu Lande) als auch mit England (zur See) zu liefern. Eine derartige Politik widersprach den einfachsten Grundregeln der Strategie. Sie konnte nur in einer Katastrophe enden, was sie letztlich auch tat.

Kurz gesagt: Die einzige Lösung unseres Problems, eine, der sich Staaten und Völker schon immer bedient haben, war die territoriale Erweiterung. Nicht in Übersee, wie Wilhelm und seine Berater hofften, sondern genau hier, in Europa. Östlich von uns lagen die riesigen Räume, die von den Slawen bewohnt wurden, in erster Linie von Polen, Balten sowie natürlich Russen und Ukrainern. Sie mochten viele sein, aber sie waren auch rassisch minderwertig, schwach, unterentwickelt und schlecht regiert. Um sich davon überzeugen zu können, musste man nichts weiter tun, als einen Blick auf den Unterschied zwischen dem wohlhabenden West- und Ostpreußen auf der einen und den als „Kongresspolen" bekannten Ländereien auf der anderen Seite zu werfen. Nicht von ungefähr sprachen wir Deutschen von „polnischer Wirtschaft" und „polnischen Versagern". Im heutigen Deutschland sind solche Ausdrücke streng verboten. Hier in der Hölle jedoch sind sie und einige andere völlig in Ordnung. Satan sei Dank!

Unsere gesamte Außenpolitik, unsere Auswahl an Verbündeten und unsere Rüstung hätten diese Notwendigkeit widerspiegeln sollen. Stattdessen taten wir in vielerlei Hinsicht das genaue Gegenteil von dem, was erforderlich gewesen wäre. Einige wenige Leute, etwa der damalige Oberst Erich Ludendorff, hinterfragten die Politik, auf die wir uns versteift hatten, und verlangten eine Vergrößerung des Heeres, um mit unseren beiden wichtigsten Feinden Schritt halten zu können. Bei all dem Hurrageschrei, das für die Wilhelminische Zeit so typisch war, beachtete ihn jedoch niemand. Stattdessen wurde er aus dem Großen Generalstab wegversetzt, wo er Leiter der hochwichtigen Aufmarschabteilung gewesen war, und zum Kommandeur eines Infanterieregiments ernannt! Wäre es nach dem Reichstag gegangen, wäre die militärische Laufbahn eines der größten deutschen Oberbefehlshaber aller Zeiten damit und dort zu Ende gewesen. Ludendorff selbst war überzeugt davon, dass es so kommen würde.

Kershaw und andere haben große Mengen Tinte bei dem Versuch vergossen, herauszufinden, wann, wo und warum genau sich die verschiedenen Aspekte meiner Weltanschauung herausbildeten. Lassen Sie mich deshalb wiederholen: Ich kann nicht beschwören, dass jeder einzelne dieser Gedanken schon vor dem Ausbruch des Weltkriegs in meinem jungen Geist herangereift war, ganz zu schweigen davon, dass all die einzelnen Puzzleteile sich bereits zusammengefügt und jenes felsenfeste, nahtlose Ganze geschaffen hätten, zu dem sie später wurden. Das dauerte noch bis zu meiner Haftzeit in Landsberg oder sogar noch länger. Ich hatte jedoch – so sehr es mir mein beschränktes Wissen gestattete – bereits begonnen, ernsthaft über diese Fragen nachzudenken, und war zu gewissen Schlüssen gelangt. Vom Blickwinkel der Jahre nach 1918 aus betrachtet, schien es mir, als ob die Vorsehung selbst uns gelockt habe, in diese Richtung zu marschieren. Darüber werde ich später noch mehr sagen.

4. Der Weltkrieg

Es ist durchaus interessant, dass nur wenige – wenn überhaupt einer – meiner „seriösen“ Biografen jemals unter feindliches Feuer gekommen sind. Das galt schon für den Allerersten von ihnen, einen Mann, der nicht nur ein Jude, sondern obendrein auch noch ein Lügner war. Doch seine offensichtliche Unzuverlässigkeit verhinderte nicht, dass sein Buch, das vor Unwahrheiten überquillt, von allen anderen gegen mich verwendet wurde. Ganz im Gegenteil, sie wurden davon angezogen wie Fliegen von einem Sack fauligen Abfalls.

Von meinen beiden bekanntesten deutschen Nachkriegsbiografen hatte einer, Sebastian Haffner, sein Mutterland verraten, indem er sich 1937 nach England davongestohlen hatte, gerade als er an der Reihe gewesen wäre, seinen Wehrdienst anzutreten. Der andere, Joachim Fest, war zu spät geboren, um noch eingesetzt zu werden. Das Gleiche galt für einen dritten, Peter Longerich. Ob es nun Zufall ist oder nicht: Auch keiner meiner beiden wichtigsten englischen Biografen, Allan Bullock und der bereits erwähnte Kershaw, hat gedient. Genauso wenig wie ein anderer sehr bekannter englischer Historiker, Richard Evans, der nicht weniger als drei Bände über das Dritte Reich verfasst hat. John Toland, der amerikanische Verfasser einer angeblich „sehr lesenswerten“ Biografie, verbrachte sieben Jahre in der Uniform eines Hauptmanns, wurde aber in den kritischen Jahren von 1942 bis 1945 nie außerhalb des amerikanischen Festlands eingesetzt. Ein anderer Autor, der Australier John Williams, widmete meinem Kriegsdienst ein ganzes Buch, hat aber niemals einen echten Schützengraben aus der Nähe gesehen. Da ist es nur wenig verwunderlich, dass das, was sie und viele andere, die in ihre Fußstapfen traten, über mich zu sagen haben, oft irreführend ist. Vor allem hat keiner von ihnen wirklich verstanden, welche Wirkung der Krieg auf mich und so viele andere Frontsoldaten meiner Generation hatte.

Das Gefühl, dass ein Krieg bevorstand, war bereits etliche Jahre vor 1914 in Europa weitverbreitet gewesen – wenn auch kein Weltkrieg, so doch zumindest ein kleinerer (der Begriff „Weltkrieg“ tauchte erst 1911 zum ersten Mal auf). Der Kontinent war ein Pulverfass, wie man so schön sagt, das nur auf den Funken zur Explosion wartete. Als der Funke dann kam, traf er glücklicherweise zuallererst Österreich. Wäre es anders gewesen, wäre Deutschland gänzlich ohne Verbündete in den unausweichlichen Krieg eingetreten. Das soll nicht heißen, dass ich Österreich die Schuld zuschieben will. Wie jeder weiß und das unlängst erschienene Buch *Die Schlafwandler* von Christopher Clark noch einmal bestätigt, hatten die Serben mit Unterstützung durch die Russen der Wiener Regierung schon seit langem so viele Schwierigkeiten gemacht, wie sie nur konnten. Die Ermordung von Franz Ferdinand trieb den Kaiser in Wien lediglich – sehr gegen seinen Willen – so weit, dass er handeln *musste*. Jede Regierung, die etwas taugt, hätte gewiss das Gleiche getan.

Wissenschaftler, die veröffentlichen oder verhungern müssen, versuchen immer, ihre Vorläufer zu widerlegen. Deshalb haben einige von ihnen versucht, nachzuweisen, dass 1914 niemand den Krieg gewollt habe. Aber das ist Blödsinn. Er wurde den Menschen nicht nur nicht aufgezwungen – die meisten von ihnen hatten ihn gewünscht und sehnten ihn sogar herbei. Sie hofften, er würde dem allgemeinen Gefühl der Unsicherheit ein für alle Mal ein Ende bereiten. Als er dann tatsächlich ausbrach, öffnete er der Nation die Augen und ermöglichte es ihr, frei in die Zukunft zu blicken. Das allein erklärt, warum sich mehr als zwei Millionen deutsche Männer und Knaben freiwillig zur Fahne stellten und bereit waren, ihren letzten Blutstropfen für die Sache zu vergießen. Das Gleiche geschah übrigens auch in anderen Ländern, nirgendwo mehr als in England, dessen kleine Berufsarmee von so vielen Freiwilligen überschwemmt wurde, dass sich bald ihr ganzes Wesen veränderte. Ich wiederhole deshalb noch einmal: Wer behauptet, dass der Krieg den Massen aufgezwungen worden sei, hat schlicht und ergreifend keine Ahnung, wovon er spricht.

Was mich selbst angeht, so hatte mich in den ausgelassenen Jahren meiner Jugend nichts so sehr betrübt wie der Gedanke daran, gerade in einer Zeit geboren zu sein, in denen die einzigen ehrenwerten Männer Geschäftsleute waren. Manchmal schien es so, als würde sich die ganze Welt in ein einziges riesiges Warenhaus verwandeln, das – wie es so oft der Fall war – den Juden gehörte. Wie ich bereits sagte, interessierte ich mich, so sehr es mir mein junger Verstand erlaubte, lebhaft zuerst für den Burenkrieg und dann für den Russisch-Japanischen Krieg, die ich beide aufmerksam in den Zeitungen verfolgte. Ich hatte jedoch bereits alle Hoffnung aufgegeben, einmal selbst an solch großen Ereignissen teilhaben zu dürfen. Als der Augenblick gekommen war, sank ich deshalb in die Knie und dankte dem Himmel aus vollem Herzen für den Segen, in einer solchen Zeit leben zu dürfen. Wie die berühmte Fotografie der Menschenmenge auf dem Münchener Odeonsplatz zeigt, war ich nicht der Einzige.

Am 3. August ersuchte ich Seine Majestät, den König Ludwig III. von Bayern um die Erlaubnis, in seine Armee eintreten zu dürfen. Den

Positivbescheid erhielt ich gleich am nächsten Tag; eine Geschwindigkeit, mit der nur wenige moderne Postzusteller trotz all der um Längen verbesserten Technik, die ihnen zur Verfügung steht, mithalten können. Die sogenannte Rohrpost in München und anderen damit ausgestatteten Städten funktionierte sogar so gut, dass man einen Brief versenden und noch am gleichen Tag eine Antwort bekommen konnte. Sehr bald fand ich mich in einer deutschen Uniform bei der Grundausbildung wieder. Wie unzählige andere in ähnlichen Lagen vor und nach uns fürchteten wir Rekruten nur eine einzige Sache: dass wir zu spät eingesetzt werden könnten, um noch etwas von den Kämpfen mitzuerleben. Das war der Grund, weshalb wir auf unserem Weg von München an die Front beim Überqueren des Rheins im Zug spontan die „Wacht am Rhein" anstimmten.

Und dann, als sich nach einer feuchten, kalten, durchmarschierten Nacht in Flandern die Morgensonne aus dem Nebel hob …

„… da zischt plötzlich ein eiserner Gruß über unsere Köpfe uns entgegen und schlägt in scharfem Knall die kleinen Kugeln zwischen unsere Reihen, den nassen Boden aufpeitschend; ehe aber die kleine Wolke sich noch verzogen, dröhnt aus zweihundert Kehlen dem ersten Boten des Todes das erste Hurra entgegen. Dann aber begann es zu knattern und zu dröhnen, zu singen und zu heulen, und mit fiebrigen Augen zog es nun jeden nach vorne, immer schneller, bis plötzlich über Rübenfelder und Hecken hinweg der Kampf einsetzte, der Kampf Mann gegen Mann. Aus der Ferne aber drangen die Klänge eines Liedes an unser Ohr und kamen immer näher und näher, sprangen über von Kompanie zu Kompanie, und da, als der Tod gerade geschäftig hineingriff in unsere Reihen, da erreichte das Lied auch uns, und wir gaben es nun wieder weiter: Deutschland, Deutschland über alles, über alles in der Welt!

Nach vier Tagen kehrten wir zurück. Selbst der Tritt war jetzt anders geworden. Siebzehnjährige Knaben sahen nun Männern ähnlich.

Die Freiwilligen des Regiments List hatten vielleicht nicht recht kämpfen gelernt, allein zu sterben wußten sie wie alte Soldaten."

Das war nur der Beginn. Während der Tod sich auf uns niedersenkte und uns mit seiner Sense niedermähte, dauerte es nicht lange, bis sich unsere Begeisterung in Entsetzen und Furcht verwandelt hatte. Erst später – bei manchen von uns erst viel später – wich die Furcht wiederum einer stählernen Entschlossenheit, durchzuhalten. Koste es, was es wolle. Für mich endete dieses innere Ringen im Winter 1915/16. Ab diesem Zeitpunkt triumphierte mein Wille und ließ mich ruhig und entschlossen werden. Und er trug auch viel dazu bei, mich gegen das Leid meiner Kameraden ebenso abzuhärten wie gegen jenes der feindlichen Soldaten, die wir nach unserem besten Vermögen töteten oder verwundeten. Männer mit herausquellenden Gedärmen und um Hilfe bettelnd im Stacheldraht hängen zu sehen und zu hören, ist alles andere als eine angenehme Erfahrung. Erst schreien sie. Dann schluchzen sie, dann stöhnen sie, und dann werden sie still. All das, während über ihnen die Krähen kreisen und manchmal sogar schon angreifen, wenn sie noch am Leben sind. Und all das inmitten des unentrinnbaren Gestanks des Schlachtfelds, den ich sogar jetzt noch im Schlaf riechen kann. Eine grauenerregende Mischung aus Kordit, verwesendem Fleisch und Kot. Tag um Tag, Monat um Monat, Jahr um Jahr. Die Hölle ist angenehm dagegen, zumindest meiner Erfahrung nach. Ich musste unempfindlich werden, sonst wäre ich verrückt geworden.

Seit 1945 ist wahrscheinlich kein einziges Buch über mich erschienen, das nicht versucht hätte, mich so sehr zu verleumden wie nur irgend möglich. Dementsprechend kann ich voller Stolz sagen, dass sie alle, ohne eine einzige Ausnahme, darin übereinstimmen, dass ich ein tapferer Soldat gewesen sei. Wie sollte es auch anders sein? Eigenlob stinkt, wie wir Deutschen sagen. Aber nicht wenige meiner Waffenbrüder haben meine Tüchtigkeit und Leistung bezeugt. Der wichtigste von ihnen war Max Amann, Vizefeldwebel in meiner Kompanie, der später ein Verlagsmogul werden sollte. Ein weiterer war Fritz Wiedemann, Adjutant im Regimentsstab und mein direkter Vorgesetzter; er diente später als mein eigener Adjutant, bis ich ihn als Generalkonsul nach San Francisco schickte.

Dann waren da noch Hans Mend, ein Meldegänger-Kamerad und nach dem Krieg ein kleinkrimineller Galgenvogel, Balthasar Brandmayer, ein Kamerad, der neu zu uns gestoßen war und über den wir uns anfangs lustig machten, und Ernst Schmidt, mit dem ich am meisten zu tun hatte und der später eine wichtige Stellung in der Münchener NSDAP einnehmen sollte. Was auch immer danach geschah, während des Krieges standen wir einander so nahe, wie nur der Krieg es Männern möglich macht. Ich tat für sie, was ich konnte. Und sie taten das Gleiche für mich. Wir setzten füreinander das Leben ein, ohne zu zögern. Wäre das anders gewesen, hätten sicherlich noch weniger von uns überlebt.

Für meine Verdienste wurde ich mit dem Eisernen Kreuz II. und I. Klasse ausgezeichnet. Auch wenn ich es nicht in *Mein Kampf* erwähnt habe: Ersteres wurde mir tatsächlich vom Kaiser persönlich übergeben, der sich gerade auf einem Frontbesuch befand. Krieg, vor allem ein langer Krieg, führt zwangsläufig dazu, dass immer mehr Orden verliehen werden, während ihr Wert sich vermindert. Der Große Krieg, wie er anfangs genannt wurde, bildete da keine Ausnahme. Als Oberster Befehlshaber der Wehrmacht versuchte ich im Zweiten Weltkrieg, diese Entwicklung möglichst einzudämmen. Leider ohne großen Erfolg, wie ich fürchte. Ungeachtet der Ordensschwemme war es für einen einfachen Landser in der damaligen Zeit eher ungewöhnlich, das Eiserne Kreuz I. Klasse zu erhalten. Einige Gauner haben in der Hoffnung, mich unglaubwürdig zu machen, alle möglichen Lügen darüber verbreitet, wie ich es bekommen haben soll. Ich kann dazu nur sagen: Lesen Sie die offizielle Widmung, die mit der Auszeichnung einherging – sie ist problemlos einsehbar.

Ich liebte das Soldatenleben heiß und innig. Vier Jahre lang diente ich als Meldegänger, brachte Meldungen vom Hauptquartier an die Front und wieder zurück. Das war eine gefährliche Aufgabe, umso mehr, weil ich mich oft für Aufträge freiwillig meldete, die nur wenige andere erledigen wollten und von denen meine Vorgesetzten mich nicht wirklich zurückerwarteten. Wie es ging, lernte ich auf die einzig mögliche Weise – indem ich es tat. Ich brachte mir selbst das Kartenlesen bei und plante meine Wege sorgfältig. Auch entwickelte ich ein scharfes Gehör für die verschiedenen Arten feindlicher Geschosse und ein ebenso waches Auge für jede Deckung, die sich mir auf meinem Weg anbot. Gleichzeitig hielt ich ununterbrochen nach feindlichen Soldaten Ausschau, die plötzlich aus irgendeinem Granattrichter auftauchen mochten, und gewöhnte mich daran, wie ein Wurm auf meinem Bauch voranzukriechen.

Meine Kameraden nannten mich den „Glücklichen Linzer“. Ich wurde zweimal verwundet, einmal 1916 am linken Bein und einmal, in den letzten Kriegstagen, durch Senfgas (damals nannte man es Gelbkreuz). Wie so viele andere auf beiden Seiten der Front, die einem solchen Angriff ausgesetzt waren, wurde ich blind davon. Glücklicherweise war die Wirkung in meinem Fall nur vorübergehend. Die Behauptung, dass meine Blindheit die Folge von Hysterie gewesen sei, ist dermaßen lächerlich, dass ich ihr nichts zu entgegnen brauche. Lassen Sie mich nur eines sagen: Von all den Schwachköpfen, die über diese Angelegenheit spekuliert und ihre Mutmaßungen hingekritzelt haben, hat kein einziger das durchgemacht, was ich zusammen mit so vielen meiner Kameraden durchgemacht habe.

Anders als die meisten Soldaten hatte ich keine Menschen in der Heimat, mit denen ich Briefe wechseln und von denen ich Pakete empfangen konnte. Ebenfalls anders als sie wollte ich meinen Körper und Geist rein halten, trotz der schwierigen Umstände. Das war immer mein Ziel. Ich hatte nichts mit den Ausschweifungen am Hut, die in Belgien und Nordfrankreich schon kurz hinter der Front leicht zu haben waren. Deshalb hielten mich meine Kameraden für einen Sonderling. Umso mehr, weil ich ihnen aus meinem fortwährenden politischen Interesse heraus von Zeit zu Zeit Vorträge hielt. Manchmal hatte ich Erfolg, und sie stimmten meinen Ansichten zu; manchmal scheiterte ich, und sie lachten mich aus. Sei's drum. In dieser Hinsicht lautete mein Motto: Leben und leben lassen. Damals wie später mischte ich mich niemals in das Privatleben anderer Menschen ein, solange es nicht um etwas Politisches ging. Und ich erwartete von anderen, dass sie mit mir ebenso umgingen.

Oft wird gefragt, warum ich, der ich in jeder Hinsicht ein guter Soldat war, es nicht einmal bis zum Feldwebel gebracht habe. Diese Frage ist deplatziert. Immerhin wurden auch Millionen andere, die ebenso wie ich den Krieg erlebten, genauso wenig befördert. Davon abgesehen gab es drei Gründe. Erstens, wie Wiedemann später in Nürnberg aussagen sollte, schien es mir an dem zu mangeln, was die Preußen Schneid nannten: einem Verhalten, das Entschlossenheit und Durchsetzungswillen ausstrahlt. Zweitens war ich kein deutscher Staatsbürger. Drittens wollte ich nicht befördert werden. Ich war mit meiner bescheidenen, wenn auch gefährlichen Stellung zufrieden. Meine Kommandeure verhielten sich nicht immer verantwortungsbewusst. Manches Mal schickten sie mich und andere Meldegänger ins Feuer, nur um eine Postkarte von Angehörigen zu überbringen. Nichtsdestoweniger blieb mir im Dienst einige Freizeit. Ich nutzte sie, wie schon in Wien und München, zum Zeichnen und Nachdenken.

Auf der anderen Seite vergingen die vier Jahre nicht, ohne dass ich einiges gelernt hätte. Dazu gehörte grundlegende Taktik. Im deutschen Heer wurden, ebenso wie in allen anderen Armeen der damaligen Zeit, die Offiziere normalerweise nicht unter den Mannschaften ausgewählt. Stattdessen wurden sie nach dem Hochschulabschluss vorsortiert und durchliefen eine besondere, langwierige Ausbildung, die in Kriegszeiten unter Umständen eine gewisse Zeit an der Front einschließen konnte. Danach wurden sie auf ihre Untergebenen losgelassen, unterstützt von ihren Vizefeldwebeln, die oft viel mehr Ahnung hatten als sie selbst. Vieles davon ist bis heute so. Seltsamerweise habe ich gehört, dass ausgerechnet die israelische Armee die eine große Ausnahme bilden soll, weil dort die meisten Offiziere direkt aus den Reihen der einfachen Soldaten ausgewählt würden. Aber wer hätte je behauptet, dass die Juden trotz all ihrer Unzulänglichkeiten nicht schlau seien? Das sind Schwindler oft.

Jedenfalls verstand ich nach vier Jahren im Feld deutlich mehr von Taktik als viele höhere Offiziere. Einige von denen, besonders Artilleristen auf der einen und die mit den rotgestreiften Hosen des Generalstabs auf der anderen Seite, sahen die Front überhaupt nur selten. Zum Teil lag das an der speziellen Natur des Grabenkriegs. Hinzu kam, dass sie nicht dort sein wollten. Diese feinen Herren verbrachten den Krieg unter komfortablen – teilweise wirklich sehr komfortablen – Bedingungen und waren in kaum größerer Gefahr als zu Friedenszeiten. Sie schrieben und schrieben immer nur, anstatt zu führen und zu führen. Der spätere Oberbefehlshaber des Heeres, Generaloberst Werner von Fritsch, der Generalstabschef des Heeres, Generaloberst Franz Halder, und Halders Nachfolger Generaloberst Kurt Zeitzler fielen alle unter eine dieser Kategorien – wenn nicht sogar unter beide. Das Gleiche galt für die drei leitenden Offiziere des Oberkommandos der Wehrmacht, Generalfeldmarschall Wilhelm Keitel, seinen Stellvertreter Generaloberst Alfred Jodl und Jodls eigenen Stellvertreter General Walter Warlimont. Jodl war von ihnen mit Abstand der beste Mann. Aber selbst er hatte nicht annähernd so viel Kampferfahrung wie ich. Und das war ihm stets bewusst.

Die andere – und sogar noch wichtigere – Fertigkeit, die ich erwarb, war ein tiefes Verständnis für den einfachen Soldaten. Dabei war es wiederum von Vorteil, *nicht* aus betuchten Verhältnissen zu kommen, keinen Abschluss zu haben, nicht die Kadettenanstalt besucht zu haben und kein Offizierspatent zu besitzen. Ich wusste besser als jeder andere, wie das arme Frontschwein fühlte und dachte. Ich kannte die Ursprünge seines Verhaltens, seiner Hoffnungen, seiner Enttäuschungen, seines Missmuts und seiner Ängste. Ich wusste weit besser als viele Offiziere, vor allem die im Generalstab, was der Soldat leisten konnte und was nicht, was er leisten würde und was nicht, unter welchen Umständen und zu welchen Zwecken. Als ich später die Wehrmacht durch jenen Krieg führte, der der größte Krieg der Geschichte war und wahrscheinlich bleiben wird, erwiesen sich diese meine Erfahrungen als mit Gold nicht aufzuwiegen.

Damals wie später strebte ich danach, mein Wissen über das Militärwesen durch Lernen zu vertiefen. Zu den Büchern, die ich las, gehörte Ernst Jüngers *In Stahlgewittern*. Es ist allgemein anerkannt als eine der besten Beschreibungen des Lebens an der Front, die je geschrieben wurden. Da ich das meiste davon bereits kannte, machte es jedoch keinen übermäßigen Eindruck auf mich. Dann waren da noch die zahlreichen Werke Friedrichs des Großen, Ernst Moritz Arndts berühmter *Katechismus für den teutschen Kriegs- und Wehrmann*, *Die Eroberung der Luft* von Graf Ferdinand von Zeppelin, das *Taschenbuch der Tanks* von Fritz Heigl, eine Biografie Generalfeldmarschall Schlieffens, des Autors des gleichnamigen Plans, sowie Oberst Charles de Gaulles *Frankreichs Stoßarmee: Das Berufsheer, die Lösung von morgen*. Ganz zu schweigen von Büchern über die Flotten der ganzen Welt: das englische Standardwerk *Jane's*, sein deutsches Gegenstück, der *Flotten-Kalender*, sowie das jeweils aktuelle *Jahrbuch der deutschen Kriegsmarine*. Mein Wissen über die Kriegsschiffe der Welt war so genau, dass ich meine Admiräle oft in Verlegenheit bringen konnte, indem ich ihnen Fragen stellte, auf die sie keine Antwort wussten. Es heißt, dass meine Ausgabe der *Schriften* von Clausewitz, die sich heute in der amerikanischen Library of Congress befindet, nie aufgeschlagen worden sei. Das mag sein, aber das bedeutet nicht, dass ich ihn nicht gelesen hätte. Tatsächlich konnte ich ihn ellenlang auswendig zitieren (und kann es noch heute), im Gegensatz zu vielen meiner Generäle, die sich nicht für Philosophie und Politik interessierten und für deren Geschmack Clausewitz zu theoretisch war.

Der Kriegsausbruch veranlasste das deutsche Volk dazu, sich hinter seinen Kaiser zu scharen. Niemand hätte sich mehr wünschen können. Vor 1914 hatte er oft eine lächerliche Figur abgegeben, wenn er herumstolziert war, Schultern geklopft und seinen Untergebenen Streiche gespielt hatte. Diesmal aber zeigte er sich der Situation gewachsen. Seine Erklärung, dass er keine Parteien mehr kenne, nur noch Deutsche, war überwältigend. Inmitten der gewaltigen Begeisterung war jeder eifrig darauf bedacht, seine Pflicht und Schuldigkeit zu tun. Diese Stimmung hielt ungefähr zwei Monate an und wurde von den großen Siegen Hindenburgs und Ludendorffs in den Schlachten bei Tannenberg und bei den Masurischen Seen angeheizt. In der ersten Septemberwoche aber gelang es unseren Feinden, Paris zu retten, was später als „Wunder an der Marne" bezeichnet wurde. Sie zwangen uns sogar dazu, Gelände wieder aufzugeben, das wir überrannt hatten. Was viel schlimmer war: Es wurde jeden Tag klarer, dass der Krieg nicht zu Weihnachten vorüber sein würde.

Während die Armeen heldenmütig weiterkämpften und schwerere Verluste erlitten als in jedem Krieg zuvor, wurden in der Heimat misstönende Stimmen laut. Wie so oft übernahmen gewisse Teile der Presse die Führung. Einige dieser feinen Herren, die so taten, als hätten sie bloß das Wohl der Nation im Auge, begannen damit, Zweifel zu säen, ob wir unsere Siege wirklich feiern sollten. Sie glaubten, dass Mäßigung unsere lieben Feinde einem Friedensschluss gegenüber aufgeschlossener werden lassen würde. Andere waren Marxisten. Für sie war die Tatsache, dass sich zu Kriegsbeginn der deutsche Arbeiter erhoben und bereit erklärt hatte, alles für sein Mutterland zu geben, eine tiefe Enttäuschung gewesen. Es hatte sich gezeigt, dass all ihre Theorien über das „internationale" Wesen der Arbeiterklasse völliger Müll waren. Das warf ihnen einen Knüppel zwischen die Beine, über den sie nicht leicht hinwegkamen. Trotzdem gaben sie nicht auf. Tropfen für Tropfen verbreiteten sie weiterhin ihr Gift. Und Tropfen für Tropfen zeigte es seine Wirkung.

Eine ordentliche Regierung hätte diese Gesellen an ihren langen Ohren gepackt und sie aufgehängt. Die kaiserlich-deutsche Regierung aber war ein Produkt der monarchistischen Vergangenheit. Ihre Verwurzelung im Volk war immer schwach gewesen. Beispielsweise wurden zu nationalen Ereignissen wie der Einweihung eines Denkmals oder dem Stapellauf eines Kriegsschiffs niemals Arbeitervertreter eingeladen. Zu solchen Anlässen sah man immer nur ein Meer von Zylinderhüten! Die Regierung war schwach und wagte es deshalb nicht, die notwendigen drastischen Maßnahmen zu ergreifen. Sie richtete keine wirksame Zensur ein. Sie schaffte die Parteien nicht ab. Sie brachte den Reichstag, in dem die Sozialdemokraten seit 1912 die stärkste Fraktion stellten, nicht zur Vernunft. Vergleichsdaten darüber, wie diese Dinge in anderen Ländern gehandhabt wurden, scheinen nicht einmal in der Hölle zur Verfügung zu stehen. Wie auch immer, die Statistiken zeigen, dass das deutsche Heer ungleich weniger Soldaten hinrichten ließ als das französische und das englische. Ganz zu schweigen von den Russen, natürlich.

So oder so ist die Feder mächtiger als das Schwert, wie schon Napoleon gesagt hat. Manchmal sind Verfolgungen und Hinrichtungen notwendige Regierungsinstrumente, umso mehr in einem totalen Krieg, wenn jeder Muskel angespannt sein muss, um den Sieg zu erringen. Nichtsdestoweniger stellen sie keine Möglichkeit dar, um eine mächtige Weltanschauung mit einer starken Verwurzelung im Volk niederzuwerfen. Das ist etwas, das nur eine ebenso mächtige gegensätzliche Weltanschauung zu erreichen vermag. Der größte Fehler des Kaiserreichs war, dass es niemals eine solche Weltanschauung hervorbrachte. Tatsächlich versuchte es das nicht einmal. Gleich von Beginn des Krieges an unternahm es so gut wie keine Anstrengungen, Propaganda einzusetzen, um den Kampfgeist der Nation aufrechtzuerhalten. Die kümmerliche Propaganda, die es gab, war meist zaghaft und rechtfertigend. Nachdem Bethmann Hollweg unseren Feinden zuerst eine glänzende Vorlage verschafft und Belgiens Neutralität einen „Fetzen Papier" genannt hatte – wie oft hatte er sich nicht dafür entschuldigt, dass wir in dieses Land einmarschiert waren, und sogar versprochen, dass wir Reparationen zahlen würden? Während rings um uns ein Kampf auf Leben und Tod um Deutschlands blanke Existenz tobte, gab unsere liebe Regierung alles, was ihre Mittelmäßigkeit hergab, um humanitär zu bleiben – humanitär! Als ob der Krieg in seinem Wesen selbst nicht das exakte Gegenteil von „humanitär" wäre. Und als ob Propaganda irgendeine Form der Hochkultur wäre anstatt ein Instrument, dessen einziger Zweck es ist, die Menschen zu mobilisieren und unter Strom zu setzen.

Wenn man diese Maßstäbe anlegt, dann ist die Wahrheit, dass weder unsere Regierung noch das Oberkommando überhaupt jemals irgendeine nennenswerte Propaganda betrieben haben. Das bisschen, was sie hervorbrachten, richtete sich weder an den kleinen Mann auf der Straße noch an die einfachen Soldaten, sondern an die Intellektuellen, diese ewigen Zweifler. Beispielsweise, indem die Anschuldigungen der Alliierten nachgedruckt wurden und man dann versuchte, sie zu entkräften. Meistens war das vergeblich. Und schon damals wollte ich mir darüber die Haare raufen.

Ich kann hier wie so oft nur wiederholen, was ich später in *Mein Kampf* geschrieben habe. Das Erste, was gute Propaganda leisten muss, ist es, die Massen zu erreichen. Um das zu schaffen, muss sie auf einem guten Verständnis der Massen aufbauen. Die Vorstellung, dass diese zu abstraktem Denken in der Lage wären, ist reine Illusion. Insofern es das Ziel der Propagandisten ist, sie nicht aufzuklären, sondern sie zu verführen und zu begeistern, ist das vielleicht auch besser so. Das Wesen der Massen ist weiblich, sie reagieren auf Gefühle, nicht auf Intellekt. Ich habe den starken Verdacht, dass das alles so geblieben ist, auch wenn sich der Anteil unserer Volksgenossen, die die Matura ablegen, in den letzten 100 Jahren mehrmals vervielfacht hat. Ganz abgesehen von dem riesigen Anstieg der Zahl derjenigen, die eine Universität besucht haben. Kurz gesagt: Das alte geflügelte Wort *Vox populi vox dei* ist falsch. Passender wäre *Vox populi vox porci.*

In Anbetracht dieser Tatsachen ist die wichtigste Qualität, über die erfolgreiche Propaganda verfügen muss, die Einfachheit. Sie sollte sich auf einige wenige grundlegende Themen konzentrieren und sich dann immer wieder und konsequent an ihnen abarbeiten. Und sie sollte damit so lange weitermachen, bis selbst die Dummköpfe, die in jeder Menschenmenge oder Bevölkerung die Mehrheit stellen, die Botschaft endlich verstanden haben. Aber selbst das ist noch nicht genug. Wenn man nur eine Minute lang nachlässt, dann vergessen diese Trottel ganz schnell, was sie gelernt haben. Bei alldem gibt es keinen Platz für Spitzfindigkeiten oder Ironie; Sarkasmus hingegen, der sich zur Ironie so verhält wie eine Trompete zu einer Piccoloflöte, kann gelegentlich zum Einsatz kommen. Man sollte nicht versuchen, seine Sache ausgewogen darzustellen – bitte keine Graustufen! Alles muss im harten Kontrast von Schwarz und Weiß gemalt werden, ohne irgendetwas dazwischen. Auch Plakate sollten so einfach, direkt und leicht verständlich wie nur irgend möglich sein. Das war der Grund, weshalb wir ganz von Anfang an viele von ihnen in Rot gestalteten.

Propaganda muss nicht wahr sein, um erfolgreich zu sein. Vielleicht ist eher das Gegenteil der Fall. Den meisten Menschen mangelt es völlig an Vorstellungsvermögen. Wenn man sie mit einer wirklich großen Lüge konfrontiert, nehmen sie folglich an, dass sie wahr sein *müsse*. Sehen Sie sich nur die Unmengen an Lügen an, die der Feind sich ausdachte, um uns damit zu überziehen! Im Gegensatz dazu warf die deutsche Propaganda der Kriegsjahre alle diese Regeln mit Schwung über den Haufen. Einer der schlimmsten Fehler, der uns Soldaten an der Front unmittelbar betraf, war der Versuch, den Feind zu verspotten und lächerlich zu machen. Wir wussten aus erster Hand, dass unsere Gegner stark, mutig und oftmals grausam waren. Das Gegenteil zu behaupten, hieß, unsere Leistungen ebenso herabzuwürdigen wie das Blut, das wir so freigiebig vergossen.

Einige der Dinge, die wir Deutschen taten oder nicht taten, waren – offen gesagt – geradezu töricht. So stolzierte der Kaiser, obwohl er kaum noch Einfluss auf den alltäglichen Verlauf des Krieges hatte, weiter mit seinem glänzenden Gefolge umher. Er hätte gut daran getan, es so zu halten, wie ich es später im Zweiten Weltkrieg tun sollte, also eine einfache Uniform anzulegen und zusammen mit seinen Soldaten aus der Feldküche zu essen. Aber nein, Seine Majestät war sich zu fein dafür. Oder war es möglich, dass er nach ein paar Monaten das Gefühl hatte, nicht mehr willkommen zu sein? So oder so zog er es vor, die Zeit damit zu verbringen, in seinem luxemburgischen Hauptquartier Holz zu hacken.

Währenddessen ging der Bau der Residenz des Kronprinzen, Schloss Cecilienhof in Potsdam, den Großteil des Krieges hindurch weiter. Dieses riesige Gebäude, das nicht weniger als 176 Zimmer umfasst, wurde im Stil eines englischen Landhauses gehalten. Eines *englischen* Landhauses! Glücklicherweise war dieser spezielle Fehltritt nicht allzu vielen Menschen bewusst. Er zeigte jedoch die halbherzige Einstellung, mit der der Kaiser, der immerhin der Enkel von Königin Victoria war, gegen seine englische Verwandtschaft in den Krieg zog. Selbst als er endlich seiner Marine gestattete, ihre Zeppeline auszuschicken und London zu bombardieren, befahl er, dass der Buckingham-Palast und andere Bauten verschont werden sollten. All das, während unsere Soldaten zu Hunderttausenden starben und ihre Familien in ungezählten Fällen buchstäblich verhungerten.

Die englische Regierung und später auch die der Vereinigten Staaten verstanden dies alles nur allzu gut. Von Beginn an zeichneten sie uns Deutsche in den schrecklichsten Farben. Ihre Lügen fingen beim

Kaiser an, den sie die „Bestie von Berlin" und den „Gott des Gemetzels" nannten, und endeten (wenn überhaupt) bei den einfachsten Soldaten und Bürgern. Anfangs war dafür vor allem ein gewisser Lord Bryce verantwortlich. Er war eine wandelnde Lügenfabrik und erfand Geschichten über belgische Nonnen, die vergewaltigt worden und/oder denen die Brüste abgeschnitten worden seien. Er schuf Legenden von Säuglingen, die zum Spaß mit Bajonetten aufgespießt worden seien, und gekreuzigten alliierten Soldaten. Er erzählte von Kunstschätzen wie der Bibliothek von Löwen, die absichtlich zerstört worden seien. Wenn man englischen Karikaturen aus dieser Zeit Glauben schenkte, dann war selbst deutscher Stacheldraht irgendwie grausamer und unmenschlicher als der, den die Alliierten benutzten! Und es funktionierte – zumindest so lange, wie der Krieg andauerte. Wie die Engländer später selbst zugaben, stellten sich beinahe alle dieser Geschichten nach seinem Ende als die Lügen heraus, die sie waren. Aber da hatten sie ihren Schaden bereits angerichtet.

Wie selbst der Jude und Erzzionist Nahum Goldmann zugegeben hat, war das kaiserlich-deutsche Heer in vielerlei Hinsicht eine erstklassige Organisation. Es gab keine bessere! Vier Jahre lang kämpfte es so gut wie allein gegen die ganze Welt. Schlacht um Schlacht teilte es mehr Verluste aus, als es einstecken musste. Es warf unsere Feinde einen nach dem anderen nieder. 1916 Rumänien, das die Seiten gewechselt hatte. 1917 Russland. Im gleichen Jahr hätte es mit Unterstützung der Österreicher beinahe Italien aus dem Krieg herausgeworfen. 1918 hätte es sehr wohl auch noch die Engländer und die Franzosen besiegen können, wenn die Amerikaner nicht gewesen wären. Selbst der Feind konnte in seltenen Momenten der Wahrheit nicht anders, als die Kampfkraft unserer Soldaten anzuerkennen.

Als der Krieg endlich ein Ende fand, kämpften an jeder einzelnen Front noch immer deutsche Einheiten auf fremdem Boden. Gleichwohl hatte der Zahn der Zeit an ihnen genagt. Je länger der Krieg dauerte, desto knapper war der Nachschub an Menschenmaterial geworden. Das bisschen Ersatz, mit dem die Heimat noch aufwarten konnte, erwies sich meist als von minderer Qualität als diejenigen, deren Plätze aufzufüllen waren. Die jungen Soldaten waren nur halbausgebildet und starben wie die Fliegen – das ist einer der wenigen Punkte, in denen dieser pazifistische Charakterlump Erich Maria Remarque die Wahrheit geschrieben hat. Die Disziplin verfiel, teils aufgrund der feindlichen Propaganda, teils aufgrund des zunehmenden Verpflegungsmangels und teils, weil den Soldaten die gigantische materielle Überlegenheit des Feindes bewusst geworden war.

Trotzdem kämpfte das Heer weiter. So lange, bis ihm schließlich ein Dolchstoß einen Schlag versetzte, der vernichtender war als alles, was Millionen feindlicher Soldaten und vier Jahre Todeskampf hatten anrichten können.

5. Die Revolution

Um es nochmals zu wiederholen: Letzten Endes gibt es nur einen Weg, um eine Weltanschauung zu besiegen, und zwar, ihr eine genauso mächtige entgegenzustellen. Genau an dieser Stelle war das Wilhelminische Reich trotz all seines Glanzes, seines wirtschaftlichen Erfolgs und seiner militärischen Stärke am schwächsten. Wir Frontsoldaten begannen schon 1915, die Auswirkungen zu spüren, als der Feind damit begann, über unseren Stellungen Flugblätter abzuwerfen. Anfangs lachten wir über sie und benutzten sie zu allen möglichen interessanten Zwecken. Allmählich jedoch veränderte sich die Einstellung einiger von uns. Besonders wirksam waren die Zettel, die die Schuld am Krieg auf „die Preußen" schoben und so versuchten, einen Keil zwischen diese und uns Bayern zu treiben. Es gab aber auch noch andere.

Im September 1916 wurde unsere Division in der Schlacht an der Somme eingesetzt, einem wahrhaftigen Inferno. Später erfuhr ich, dass allein am ersten Tag der Offensive 60.000 – 60.000! – englische Soldaten getötet oder verwundet worden waren. Sie waren wirklich Löwen, die von Eseln geführt wurden, wie Ludendorff über sie geschrieben hat. Auf uns wiederum waren allein während des vorbereitenden Trommelfeuers eineinhalb Millionen – eineinhalb Millionen! – Granaten abgefeuert worden. Die Bedingungen in unseren befestigten Stollen, in denen wir unentwegt Gefahr liefen, verschüttet zu werden, kann man sich nicht vorstellen. Trotzdem mussten einige von uns wochenlang dort bleiben. Je nachdem, was man unter „Verlusten" versteht, wie man zählt und welchem Historiker man Glauben schenkt, beliefen sich die Gesamtzahlen auf bis zu 660.000 Engländer und Franzosen und 600.000 auf unserer Seite.

In dieser Schlacht wurde ich zum ersten Mal verwundet. Ich konnte kaum noch laufen und hatte Glück, es zurück zu unseren Linien zu schaffen. Von dort brachte mich ein Lazarettzug zusammen mit den anderen zurück nach Deutschland oder, um genau zu sein, in ein Lazarett nach Beelitz, unweit von Berlin. Die Beelitz-Heilstätten, die erst ein paar Jahre zuvor erbaut worden waren, waren großartig – der Wechsel vom Schlamm, Dreck und Blut der Front zu dem sauberen weißen Linnen, das uns dort erwartete, war allerdings am Anfang ein Schock, an den man sich erst gewöhnen musste. Während meines Aufenthalts in Beelitz fiel mir zum ersten Mal die Kluft auf, die sich immer tiefer zwischen Front und Heimat auftat.

Der englische Historiker John Keegan hat einmal geschrieben, das Einzige, was auf dem Schlachtfeld zähle, sei die Tapferkeit. Ich brauchte ihn, der dank einer Kinderkrankheit niemals die Uniform seines Landes zu tragen brauchte, allerdings nicht, um das zu wissen. In Wahrheit ist der Grund, dass viele selbsternannte Militärhistoriker überhaupt mit dem Daherschreiben anfangen, ihr Bedürfnis, auszugleichen, dass sie selbst gerade *nicht* die Erfahrungen gemacht haben, die sie zu beschreiben versuchen. Keegan hatte jedoch recht: Wer keinen Mut besaß, hatte unter uns Frontkämpfern nichts als Verachtung zu erwarten.

Hier im Lazarett lagen die Dinge ganz anders. Die Leute scheuten sich nicht, mit ihrer Feigheit zu prahlen, ob sie sich nun selbst verletzt hatten oder dem Dienst ganz entronnen waren. Später, nachdem meine Verwundung hinreichend verheilt war, fand ich diese Erfahrungen in Berlin bestätigt. Das war mein erster Besuch in der Hauptstadt, und der Eindruck, den ich von ihr gewann, war ein trauriger. Überall war die bittere Not spürbar, und die riesige Stadt litt Hunger. Hausfrauen standen jeden Tag stundenlang für die grundlegendsten Bedarfsgüter an. Im Folgejahr würden mehr Berliner an Krankheiten gestorben als an der Front gefallen sein. Wenig später schickten die Militärbehörden mich nach München, wo mein Regiment ausgehoben worden war und sich sein Ersatzbataillon befand. Dort war die Lage ähnlich, aber noch schlimmer. Sich vor dem Dienst zu drücken, wurde nicht als Verbrechen angesehen. Stattdessen hatte es sich zu einer Art von Kunst entwickelt.

Bei alldem war nicht zu übersehen, welche Rolle die Juden spielten. Jetzt weiß ich, was mir damals nicht bekannt war, nämlich dass Ludendorff – nachdem ihm Beschwerden vorgelegt worden waren – im Mai 1916 befohlen hatte, eine sogenannte „Judenzählung“ durchzuführen. Entgegen den Erwartungen ergab diese, dass jüdische Soldaten entsprechend ihrem Anteil an der Gesamtbevölkerung kämpften und starben. Dieses erstaunliche Ergebnis führte dazu, dass die Statistik zurückgehalten wurde. Und das mit sehr gutem Grund. Ich kann mir keinen Reim darauf machen, wie diejenigen, die für die Durchführung zuständig waren, zu ihren Schlussfolgerungen gelangten. Oder vielleicht, wenn ich noch einmal darüber nachdenke, nur allzu gut. Ich kann dazu nur aus meiner eigenen Erfahrung aus erster Hand sowohl in Berlin als auch in München sagen, dass beinahe jeder Beamte ein Jude und jeder Jude ein Beamter war. Ganz sicher überstieg ihre Präsenz in den Städten die an der Front bei weitem.

In der Finanzwelt war die Lage sogar noch schlimmer. Wie in allen anderen Krieg führenden Staaten auch, führte der Krieg zu einer stärkeren Zentralisierung der deutschen Wirtschaft. Große Unternehmen, denen die erforderlichen Mittel zur Verfügung standen, schluckten kleinere Konkurrenten mit Haut und Haaren. Dabei wurden sie oftmals vom Staat unterstützt, dem es einfacher schien, mit einigen wenigen der Erstgenannten umzugehen, als mit vielen der Letzteren.

Wie so oft waren es die Juden, die am meisten profitierten. Die Studie eines deutschen Wissenschaftlers, die erst sehr viel später, 2011, im Rahmen einer anderen Arbeit veröffentlicht wurde, ergab, dass die Juden 1914 ein Viertel der Geschäftsmänner gestellt hatten, aus denen das „dichte Unternehmensnetzwerk" bestand, durch das die großen deutschen Firmen miteinander verbunden waren. Ein Viertel – das bedeutet, dass sie im Verhältnis zu ihrem Bevölkerungsanteil um nicht weniger als 2500 Prozent überrepräsentiert waren! Noch viel interessanter ist, dass der Verfasser der Studie, Paul Windolf, kein antisemitischer Miesepeter aus den Restbeständen des Dritten Reiches war. Er war 1946 geboren, also zu spät, um noch von unserer Propaganda beeinflusst zu sein, und Professor für Wirtschaftssoziologie an der Universität Trier, die als eine der linkesten und politisch korrektesten in ganz Deutschland bekannt ist. Mehr brauche ich dazu nicht zu sagen.

Der Tiefpunkt kam mit dem sogenannten Steckrübenwinter von 1916/17. Im Sommer 1917 belief sich die offizielle tägliche Lebensmittelzuteilung auf nur 1560 Kilokalorien. Das war kaum die Hälfte dessen, was es brauchte, um einen Erwachsenen bei guter Gesundheit zu erhalten. Trotzdem schafften wir es irgendwie, durchzuhalten. Ende 1917 wurden durch den Zusammenbruch Russlands große Truppenkontingente frei, um andere Fronten zu verstärken, was die Moral in einem gewissen Ausmaß wiederherstellte. Die Zwölfte Isonzoschlacht im Oktober des Jahres, die beinahe Italien aus dem Krieg hinausgedrängt hätte, trug ebenfalls ihren Teil dazu bei. Beim Blick auf den Frontverlauf konnte man den Eindruck gewinnen, dass die Alliierten nun in der Klemme saßen, was sich auch in den endlosen Konferenzen widerspiegelte, die sie in Paris abhielten. Sie hatten allen Grund, sich Sorgen zu machen. Mehr als drei Jahre lang hatten sie jeden Muskel angespannt und jeden Winkelzug versucht, um dem Reich das Rückgrat zu brechen, nur um dabei zuzusehen, wie jede einzelne ihrer Offensiven unter riesigen Verlusten zurückgeschlagen wurde. Nun war für uns die Zeit gekommen, ihnen den Rest zu geben und, wie in Deutschland jeder felsenfest hoffte und glaubte, endlich den langersehnten Sieg und damit das Ende des Krieges zu erringen.

Es sollte nicht sein. Im Januar 1918 bereitete sich unser Heer eifrig auf die größte Offensive der bisherigen Geschichte vor. Ihre neuartigen Infanterie- und Artillerietaktiken werden noch heute an Militärakademien und Kriegsschulen auf der ganzen Welt studiert. Genau zu diesem Zeitpunkt brach der Munitionsarbeiterstreik aus. Er begann in Berlin, wo 400.000 Arbeiter die Arbeit niederlegten. Von dort griff er auf Kiel, Hamburg, Mannheim, Augsburg und andere Industriestädte über. Die Gesamtzahl derer, die sich unter der Forderung nach „Frieden und Brot" den Behörden und dem Staat widersetzten, könnte bis zu einer Million betragen haben.

Glücklicherweise dauerte er nicht sehr lange, sodass die unmittelbaren Auswirkungen auf die Produktion von Kriegsmaterial begrenzt waren. Der psychologische Schaden, den er auf unserer Seite anrichtete, sowie seine Ermunterung unserer Feinde lassen sich jedoch kaum überschätzen. Das sollte das monumentale Reich sein, gegen das sie so lange erfolglos gekämpft hatten? Der erklärte Rädelsführer des Streiks, Kurt Eisner, war Jude, ebenso wie seine Handlangerin, die Agitatorin Rosa Luxemburg. Als typische Ostjüdin war das ihre Art, dem Land zu danken, das ihr Unterschlupf gewährt hatte! Die Übrigen waren eine Bande von Sozialdemokraten. 1914 hatten sie eine krachende Niederlage erlitten, als sich die Arbeiter geweigert hatten, ihren verräterischen Aufrufen zu folgen. Nun nahmen sie ihre hochverräterischen Umtriebe praktisch ungehindert wieder auf. Sie waren entschlossen, alles in ihrer Macht Stehende zu tun, damit Deutschland den Krieg nicht gewann, und gingen sogar so weit, sich mit feindlichen Abgesandten zu treffen.

Im Sommer 1918 verschlechterte sich die ohnehin angespannte Stimmung an der Front rapide. Von März bis Juli begannen wir ganze drei Offensiven, jede von ihnen unter Einsatz aller Mittel, über die wir noch verfügten. Die letzte von ihnen, bekannt als Zweite Schlacht an der Marne, brachte uns so nahe an Paris heran wie noch nie seit September 1914. Durch die Einführung des riesigen „Paris-Geschützes" mit seiner Reichweite von 130 Kilometern regte sie auch die öffentliche Fantasie so sehr an wie wenige andere. Letzten Endes liefen sich alle Offensiven fest und mussten abgebrochen werden. Auch der Umstand, dass wir Frontsoldaten auf unseren Vorstößen Gelegenheit hatten, die riesige materielle Überlegenheit des Feindes und die hervorragende Verpflegung seiner Truppen mit eigenen Augen zu sehen, war nicht gerade hilfreich.

In der Zwischenzeit kamen mit jedem Monat, der verstrich, mehr und mehr amerikanische Soldaten, um ihre Verbündeten zu retten. Ihre Kompanien vereinigten sich zu Regimentern, die Regimenter zu

Divisionen und die Divisionen zu Korps, bis es zwei Millionen von ihnen geworden waren. Es mangelte ihnen an Zusammenhalt und Erfahrung; sie und ihre Kommandeure waren nicht unbedingt die besten Soldaten der Welt. In einem fairen Kampf Mann gegen Mann hätten wir sie zu Hackfleisch verarbeitet. Trotzdem waren sie gesund, stark, wohlgenährt und gut ausgerüstet. Und sie waren einfach *da*.

Die Oberste Heeresleitung war sich dessen sehr wohl bewusst. In seinen Lebenserinnerungen sollte Ludendorff später den 8. August als den „schwarzen Tag des deutschen Heeres“ bezeichnen. Das war der Tag, an dem sich zum ersten Mal ganze Einheiten absetzten und vor den Panzern davonliefen, die die Engländer gegen sie zusammengezogen hatten. Angesichts der Überforderung unserer Wirtschaft hatten wir nichts, was wir diesen hätten entgegensetzen können. Während sie rannten, wurden sie aus der Luft angegriffen. Zu jener Zeit war die Überlegenheit des Feindes in diesem Bereich überwältigend geworden. Und so konnten die armen Kerle nichts anderes tun, als wie die Affen auf Bäume zu klettern!

Im September und Oktober begannen die Engländer eine Reihe von Großangriffen gegen unsere Linien – übrigens die gleichen Linien, die meine Division schon im Herbst 1914 und nochmals im Sommer 1917 gehalten hatte. Die Stärke des Feindes war jedoch derart überwältigend, dass er zeitgleich eine Offensive an der Maas eröffnen konnte, Hunderte von Kilometern südöstlich, in der nicht weniger als eine Million Soldaten eingesetzt wurden. Das war der Punkt, an dem die zuvor vereinzelten und weit verstreuten Auflösungserscheinungen allmählich bitterer Ernst wurden. Die ersten roten Fahnen erschienen über den Schützengräben. Streikende Matrosen aus Wilhelmshaven, Hamburg und Kiel beschlagnahmten Lastwagen und fuhren zu uns an die Front. Angeführt von der üblichen Horde an Judenjungen riefen sie uns dazu auf, unsere Waffen niederzulegen – und das, wie sie behaupteten, im Namen der Freiheit, Schönheit und Würde unseres Volksdaseins!

Am 11. November, dem Tag des Waffenstillstands, befand ich mich in einem Lazarett in der pommerschen Stadt Pasewalk, wohin ich geschickt worden war, um mich von Gasverletzungen an meinen Augen zu erholen. Ich hatte gerade begonnen, mich ein wenig besser zu fühlen, als die Nachricht hereinkam. Sie wurde uns Patienten von einem alten Pfarrer überbracht, der zu diesem Zweck geschickt worden war. Er erklärte uns, dass der Kaiser abgedankt habe, es eine neue Regierung gebe und Deutschland nun eine Republik sei. An dieser Stelle brach er in Tränen aus. Später fügte er hinzu, dass wir der Gnade unserer Feinde nun hilflos ausgeliefert seien und eine finstere Zukunft vor uns liege.

Auch ich brach zusammen. Als ich zurück in meinen Krankensaal schwankte, wurde mir schwarz vor Augen. Ich vergrub meinen schmerzenden Kopf unter Kissen und Decken. Es war das erste Mal seit dem Tod meiner Mutter elf Jahre zuvor, dass ich weinte. Unser Heldentum und die beispiellosen Opfer, die wir gebracht hatten, das unbeschreibliche Leid, das sowohl wir Soldaten als auch die Zivilbevölkerung durchgestanden hatten, und die Millionen Toten, die niemand wieder zum Leben erwecken würde – alles war also umsonst gewesen.

Im Laufe der nächsten paar Jahre, in denen ich meine politische Tätigkeit begann, hatte ich viele Gelegenheiten, über die Gründe für den Zusammenbruch nachzudenken. Tatsächlich tat ich das, bis ich schwarz wurde, und sprach bei zahlreichen großen und kleinen öffentlichen Auftritten darüber. Einige meiner Schlussfolgerungen führten einfach nur Gedanken weiter aus, die ich bereits während des Krieges und sogar schon vor seinem Ausbruch gehabt hatte. Die übrigen waren unmittelbar mit unserer Niederlage verknüpft.

Das Zweite Reich, wie es weitläufig genannt wurde, war im Donner siegreicher Schlacht unter einem verheißungsvollen Stern geboren worden. Das hatten wir Bismarck zu verdanken, und direkt nach ihm Generalstabschef Helmuth von Moltke sowie Kriegsminister Albrecht von Roon. Nichts versinnbildlichte die damalige Lage besser als die Siegessäule in Berlin. Sie war ursprünglich 60,5 Meter hoch und vollständig mit erbeuteten feindlichen Kanonen umhüllt. 1939 ließ ich sie als Teil meiner Pläne, die Stadt zu sanieren und zur Hauptstadt Europas zu machen, um sechseinhalb Meter erhöhen. Außerdem wurde sie von ihrem ursprünglichen Standort am Königsplatz (der heute bizarrerweise Platz der Republik heißt) unweit des Reichstags auf den Großen Stern versetzt. Aber zurück zum Reich. Während der ersten 43 Jahre seines Bestehens erfreute es sich immensen Reichtums und wirtschaftlichen Wachstums. Die einfachen Leute, die immer und überall die große Mehrheit bilden, waren von diesem Wohlstand ebenso beeindruckt wie von der offensichtlichen militärischen Stärke des Reiches, die bei entsprechenden Gelegenheiten zur Schau gestellt wurde.

Aus diesem Grund führten sie den plötzlichen Zusammenbruch der Struktur allein auf den Krieg zurück, der ihnen so viel Not gebracht hatte. Doch das ist aberwitzig. Tatsächlich förderte der Zusammenbruch lediglich Schwachstellen zutage, die schon seit langer Zeit bestanden. Die wichtigste davon war das allgemeine Wahlrecht, das Deutschland noch vor England, das irrtümlich als „Mutter der Demokratien“ bezeichnet wird, eingeführt hatte. Direkt dahinter kamen die Wahlen und die Demokratie an sich. Alle drei waren undeutsche Staatselemente. Anfangs waren sie uns von den Professoren von 1848 angedreht worden, die nichts lieber wollten, als die „Ideale“ der Französischen Revolution nachzuäffen. Nachdem sie einmal etabliert worden waren, verwandelten sie sich schnell in einen Sumpf aus sinnlosem Geschnatter und Korruption.

Als Nächstes folgte die Unfähigkeit, angemessen mit den befreiten Ländern Elsass und Lothringen umzugehen. Diese wurden dadurch niemals wirklich ein fester Bestandteil des Reiches. Noch einmal: Die Außenpolitik Wilhelms II. war von Grund auf fehlgeleitet. Um dem Ganzen die Krone aufzusetzen, war sie auch noch oft schwach und wankelmütig.

Zu guter Letzt gab es noch die lange geübte Duldsamkeit gegenüber diesen widerwärtigen marxistischen Verrätern, den Sozialdemokraten. Schon lange vor dem Krieg und mit verdoppelten Anstrengungen während des Krieges taten sie alles, was in ihrer Macht stand, um die Unzufriedenheit zu schüren und das Volk gegen Armee und Regierung aufzuhetzen. Dass sie das zu tun vermochten, lag an der Unfähigkeit oder dem Unwillen der Regierung, die Presse im Zaum zu halten. Nicht, dass die nichtsozialistische Presse unbedingt besser gewesen wäre. Nur Teile von ihr unterstützten die Kriegsanstrengungen der Regierung, und ein Großteil tat sein Bestes, um diese zu untergraben.

Obwohl der Krieg zu Ende war, ging die englische Blockade noch immer weiter. Sie wurde erst Mitte 1919 endlich aufgehoben, sodass wir unsere Ein- und Ausfuhren wiederaufnehmen konnten. Das geschah jedoch nur in einem sehr begrenzten Maße. Zum Teil aufgrund von Fahrlässigkeit im August 1914, zum Teil aufgrund von feindlichen Angriffen und zum Teil, weil während des Krieges keine neuen Handelsschiffe gebaut worden waren, hatten wir beinahe unsere gesamte Handelsflotte verloren. Von dem, was uns noch geblieben war, mussten wir einen Großteil als Reparationen abgeben. So oder so hatte der Feind den Krieg genutzt, um uns unsere Märkte in Übersee wegzunehmen. Das führte zu einem Stocken der Produktion und einem Hochschnellen der Arbeitslosigkeit. Die Demobilisierung der Armeen, die bei Kriegsende noch immer mehrere Millionen Mann gezählt hatten, verschärfte das Problem. Ganz zu schweigen von den Hunderttausenden verstümmelter und verkrüppelter Männer, um die sich irgendjemand kümmern musste.

Unsere Feinde waren entschlossen, sich an uns zu rächen, und trennten große Teile von Preußen und Schlesien vom Reich ab, die seit Jahrhunderten oder länger deutsch gewesen waren. Das veranlasste Hunderttausende unserer Volksgenossen, die verständlicherweise nicht unter polnischer (Miss-)Herrschaft leben wollten, ihr Zuhause zu verlassen und in den Westen zu ziehen, wo niemand darauf vorbereitet war, sie unterzubringen. Außerdem lief die neue Grenzziehung keineswegs friedlich ab. Das ganze Jahr 1919 hindurch kämpften zahlreiche als Freikorps bekannte Freiwilligenverbände ebenso wie die Schwarze Reichswehr an vielen Orten heldenhaft, wenn auch letztendlich erfolglos, um den Erhalt der fraglichen Länder.

In ganz Deutschland froren und hungerten die Menschen, wohin man nur sah. Ich muss wohl nicht gesondert erwähnen, dass ich den selbsternannten Künstler und dreckigen Pornografen George Grosz verabscheue. Es war sein Glück, dass er das Land 1933 überstürzt verließ, sonst hätte ich ihn in ein Konzentrationslager werfen lassen! Gleichwohl muss ich zugeben, dass viele seiner Zeichnungen ein wahres, wenn auch einseitiges und verzerrtes Abbild der Wirklichkeit in jener Zeit zeigten – ausgemergelte Arbeiter, fette, gemein dreinschauende Kapitalisten mit großen Haufen Geld, aufgetakelte Prostituierte. Sehr viel später erfuhr ich, dass der englische Ökonom John Maynard Keynes die Ursprünge dieses Elends in seinem Buch *Die wirtschaftlichen Folgen des Friedensvertrages* von 1919 eingehend untersucht hat. Er hätte es kaum besser machen können.

Die politischen Bedingungen spiegelten naturgemäß die wirtschaftliche Lage wider. Die neue sozialdemokratische Regierung war nicht in der Lage, den alliierten Forderungen entgegenzutreten. Die „Staatsmänner", die die sogenannte „Revolution" an die Macht gebracht hatte, waren so schwach, dass sie den berühmten Kriegsschuldartikel unterschrieben, mit dem Deutschland die Verantwortung für den Krieg auf sich nahm. Gewiss ist die Geschichte voll von Beispielen, in denen die Besiegten nicht nur ausgeplündert, sondern auch noch erniedrigt wurden. Die Sache mit der Kriegsschuld war jedoch etwas Neues und Beispielloses. Abgesehen davon, dass sie die „rechtliche" Grundlage der Reparationsforderungen bildete, traf sie mitten in die Seele der Nation – und natürlich war sie zu genau diesem Zweck ersonnen worden.

Im Innern war die politische Lage sogar noch schlimmer. Die Sozialdemokraten hatten erfolgreich die öffentliche Ordnung untergraben und waren nun nicht dazu imstande, sie wiederherzustellen. Überall spuckten Arbeiter, aufgehetzt von ihren oft jüdischen Anführern, Offiziere an, rissen ihnen die Achselstücke von den Schultern und schlugen sie zusammen. Die Zustände waren so übel, dass viele Orte in Anarchie verfielen. Dazu gehörten insbesondere Bayern und München, wo ich zu jener Zeit stationiert war und wo die Juden eine „Räterepublik“ ausgerufen hatten. Die Dummheit dieser Leute war wirklich erstaunlich. In den wenigen Tagen, die die „Republik“ bestand, erklärte ihr Volksbeauftragter für Äußeres, Franz Lipp, zu dessen Laufbahn mehrere Aufenthalte in Irrenanstalten gehörten, allen Ernstes der Schweiz den Krieg. Der Grund dafür war, wie er erklärte, dass die Schweizer sich geweigert hatten, ihm 60 Lokomotiven zu leihen! Ich musste einmal selbst mit dem Gewehr in der Hand drei Halunken vertreiben, die in mein Quartier gekommen waren, um mich zu verhaften.

Am Ende nahm die Reichswehr zusammen mit Freikorpseinheiten München wieder ein und übte verdiente Vergeltung. Eugen Leviné, der jüdische Kommunist, der den Aufstand angeführt hatte, wurde getötet. Anders erging es seinem pöbelhaften Handlanger und Mitjuden Erich Mühsam. Er wurde festgenommen, vor Gericht gestellt und zu 15 Jahren Festungshaft verurteilt. Dort musste er jedoch nicht lange bleiben; 1924 gab es eine Amnestie, und er wurde freigelassen. Nach dem Reichstagsbrand in der Nacht auf den 28. Februar 1933 ließ ich ihn festnehmen und in ein Konzentrationslager bringen, wo unsere Männer nach Rache dürsteten und dafür sorgten, dass er ums Leben kam. Gut so! Wie diese beiden sauberen Herren so schön verdeutlichen, steckten hinter ausnahmslos jedem dieser Probleme die Juden.

Im Mittelpunkt der Wirren stand Erich Ludendorff. Ludendorff war 1865 geboren worden und, wie man am fehlenden „von“ erkennt, der Sprössling einer bürgerlichen Familie. Er war in einer Kadettenanstalt erzogen worden, einer von mehreren derartigen Einrichtungen. Sie waren so gut darin, Offiziere hervorzubringen, dass der Feind ihnen im Versailler Vertrag ein besonderes Kompliment machte, indem er auf ihrer Schließung bestand. Nachdem er sein Offizierspatent erhalten hatte, machte Ludendorff sich durch seine mathematischen Fähigkeiten und, mehr noch, durch seine unglaubliche Befähigung zu harter Arbeit einen Namen. Es waren diese Qualitäten, durch die er 1911 als Oberst an die Spitze der Aufmarschabteilung aufstieg. 1914 war er Generalmajor und Kommandeur einer Brigade.

Es war Ludendorff, der die schwerbefestigte belgische Zitadelle von Lüttich, die unserem Einmarsch in Frankreich im Wege stand, zur Aufgabe zwang. Dafür wurde ihm der Pour le Mérite verliehen. Nur ein paar Tage später wurde er nach Ostpreußen berufen, um mit dem russischen Einmarsch in diese Provinz fertigzuwerden. Er war der Stabschef von Paul von Hindenburg, damals ein älterer Generaloberst ohne besondere Verdienste, den man gerade aus dem Ruhestand zurückgeholt hatte. Zusammen errangen sie die berühmten Siege von

Tannenberg und den Masurischen Seen und trieben die Armeen des Zaren nach Polen zurück.

1915 schlossen sich mehr Siege an, die es uns ermöglichten, in Polen ebenso wie in den baltischen Provinzen Russlands riesige Gebiete zu besetzen. Auch wenn Hindenburg das meiste Ansehen abbekam, war doch in jedem dieser Fälle Ludendorff der wahre Planer dahinter. Hindenburgs wichtigste Eigenschaft waren seine stahlharten Nerven. Darüber erzählte man sich nach dem Krieg den folgenden Witz: Ludendorffs Stellvertreter, Oberst Hoffmann, führte Besucher über das Schlachtfeld. An einer Hütte blieb er stehen und sagte: „Hier hat Hindenburg vor der Schlacht geschlafen." An einer anderen sagte er: „Hier hat Hindenburg nach der Schlacht geschlafen." Zum Ende des Rundgangs sagte er: „Und hier hat Hindenburg *während* der Schlacht geschlafen."

Im Sommer 1916 wurde Ludendorff, immer noch mit Hindenburg im Schlepptau, zum Ersten Generalquartiermeister ernannt. In dieser Funktion vollbrachte er weiterhin beinahe übermenschliche Leistungen, darunter eine riesige Vermehrung der Rüstungsproduktion sowie den Sieg über Russland. Doch selbst er konnte trotz all seiner titanischen Anstrengungen Deutschland nicht retten. An der Front sah er sich einer erdrückenden Übermacht an Menschen und Material gegenüber. In der Heimat hatte er unentwegt gegen unzählige Menschen anzukämpfen, die ihre eigenen Interessen denen des Staates vorzogen. Dazu zählten nicht nur die Parteien und große Teile der Presse, sondern allzuoft auch die Großindustriellen und die Gewerkschaften. Groß- und Kleinbauern verursachten weitere Schwierigkeiten, indem sie alles in ihrer Macht Stehende taten, um ihre Produkte zu hohen Preisen verkaufen zu können, selbst wenn das bedeutete, die Städte auszuhungern. Der Kaiser tat nichts, um Abhilfe zu schaffen – er hatte sich selbst zu einer reinen Repräsentationsfigur erniedrigt, indem er sich weigerte, Machtworte zu sprechen. Mehr als zwei Jahre lang stand Ludendorff, der im Krieg zwei Söhne verlor, wie ein Fels in der Brandung. Das machte ihn zu einem Sinnbild, nicht nur für all das, was die Verräter zu zerstören versuchten, sondern auch für all das, wofür Deutschland, das ewige Deutschland, jemals gestanden hatte.

Irgendwie gelang es, das Schlimmste abzuwenden. Das hatten wir zu einem guten Teil unseren Feinden zu verdanken. Einer, Russland, steckte in einem blutigen Bürgerkrieg. Er brachte das Land in die zartfühligen Hände der Juden und der Bolschewiken und hinterließ es in einem noch schlimmeren Zustand als dem, in dem es 1917/18 gewesen war. Ein anderer, die Vereinigten Staaten, wandte Europa den Rücken zu und zog seine Truppen rasch dorthin zurück, von wo sie gekommen waren – das war allerdings nicht weit genug, wie sich 1941 zeigen sollte. Ein weiterer, Italien, hatte in der Vergangenheit nicht viel gegolten und tat es auch jetzt nicht. Die zwei wichtigsten, England und Frankreich, waren fast genauso kriegsmüde wie wir. Wie zur damaligen Zeit noch nicht klar war, aber es später wurde, waren beide in das Endstadium ihrer Macht eingetreten. Sie begannen auch, sich untereinander zu streiten. Hin und wieder waren die Engländer auf ihrer Insel, die wie in den vergangenen Jahrhunderten versuchten, das „Gleichgewicht der Kräfte" zu erhalten, beinahe so weit, die Franzosen für eine größere Gefahr zu halten als uns. Damit blieben nur noch die Versuche der Polen, unser Land zu stehlen. Letztlich wurden sie zurückgeschlagen, und die Kämpfe im Osten fanden ein Ende.

Am Ende überlebte Deutschland, wenn auch zusammengestutzt, verwüstet, verarmt und erniedrigt. Das Land wurde nicht von ausländischen Armeen überrannt, so wie es 1945 geschehen sollte. Der Separatismus, der besonders auch in Bayern seine Unterstützer fand, wurde überwunden und der Staat vor dem Zerfall bewahrt. Die Ordnung wurde wiederhergestellt, wenn auch nur unter großen Schwierigkeiten und niemals vollständig. Selbst während der sogenannten „Goldenen Zwanziger" der Weimarer Republik wurden jedes Jahr rund 40 Menschen bei politischen Demonstrationen und anderen gewaltsamen Auseinandersetzungen getötet. Die Lebensbedingungen blieben ausgesprochen schwierig. Arbeitslosigkeit, Armut, Krankheit und Tod suchten die Bevölkerung in einer Weise heim, wie es mindestens seit den Freiheitskriegen und vielleicht sogar seit dem Dreißigjährigen Krieg nicht mehr gewesen war. Wie man damals sagte: Deutschland war „wehrlos, ehrlos, heerlos".

Das waren die Umstände, gegen die ich mich auflehnte und die den Hintergrund meiner ersten Versuche einer politischen Betätigung bildeten. Damals hatte ich noch keine Ahnung, wohin sie mich und mein Land am Ende führen sollten.

6. Beginn meiner politischen Tätigkeit

Wie gesagt: Was mich dazu veranlasste, in die Politik zu gehen, war die Niederlage meines Landes. Entgegen dem, was einige meiner weniger intelligenten Biografen geschrieben haben, soll der kleine Satz, in dem ich meine Entscheidung zusammengefasst habe, nicht bedeuten, dass ich sie in dieser Situation oder überhaupt in einem einzigen Moment getroffen hätte. Geschweige denn, dass ich gelogen hätte, als ich ihn niederschrieb. In Wirklichkeit trifft man solche Entscheidungen immer Schritt für Schritt, Stück für Stück. Das eine führt zum anderen. Und wie sollte es auch anders sein, frage ich Sie? Es sind so viele Faktoren daran beteiligt, von denen nicht wenige unerwartet kommen und widersprüchlich sind. Man hat irgendeine undeutliche Vorstellung. Man probiert etwas aus. Man zögert, man erlebt einen Rückschlag, man zieht sich zurück, man geht wieder voran. Und mit einem Mal stellt man fest, dass man ein Künstler geworden ist, oder ein Politiker, oder was auch immer.

Das ist ein Punkt, den ich betonen möchte. Seit 1945 hat kaum ein einziger der tausenden Historiker in Deutschland und im Ausland, die über mein Leben und meine Zeit geschrieben oder referiert oder Dokumentationen gedreht haben, Mitgefühl mit mir gezeigt. Genau so soll es sein. Es soll so sein, weil nur ein Niemand keine Feinde hat. Hinzu kommt, dass sie – die Historiker – keine andere Wahl hatten. Wer auch immer den Mut gehabt hätte, etwas anderes zu schreiben, wäre ganz sicher gekreuzigt worden. So erging es schon der Handvoll, die sich an einer etwas ausgewogeneren Darstellung versuchte, beispielsweise David Hoggan in seinem Buch *Der erzwungene Krieg*. Dazu muss ich sagen: Ich bewundere zwar Hoggans Mut, aber seine These ist falsch. Der Zweite Weltkrieg wurde mir, wenn überhaupt, nur in dem Sinne aufgezwungen, dass ich langfristig keine andere Möglichkeit sah. Entweder würde das deutsche Volk neuen Lebensraum gewinnen, oder es würde zum Untergang verdammt sein. Auf kurze Sicht war jedoch immer ich derjenige, der die Initiative ergriff. Und nein, ich bereue nichts.

Um es kurz zu machen: Die wichtigste Eigenschaft jedes guten Biografen ist seine Fähigkeit, sich in seine Zielperson hineinzuversetzen. Das wollten oder konnten meine aus offensichtlichen Gründen nicht tun. Das Ergebnis spricht für sich: eine Menge schlechter Geschichtsschreibung. Einige Autoren haben mir eine derart lange Liste von Geisteskrankheiten diagnostiziert, dass man sich wundert, wie ein solcher Mensch überhaupt überlebt und erst recht so viel Erfolg gehabt haben soll, wie ich ihn hatte. Sie führen Hysterie ins Feld, ebenso wie Schizophrenie, Paranoia und eine sogenannte „Dangerous Leader Disorder", um nur einige wenige zu nennen. Jedes Mal, wenn Psychiater irgendeine neue Geisteskrankheit „entdecken", wird sie sofort mir unterstellt! Andere gingen davon aus, dass ich einfach nur böse, böse, böse gewesen sei. Unter sich behandelten sie so gut wie alles, was ich jemals gesagt oder geschrieben habe, entweder als Produkt meiner angeblichen Verdrehtheiten oder schlicht als einen Haufen Lügen. Es wäre gut für sie und für die Welt, wenn sie ihre Herangehensweise ändern und die Wahrheit zugeben würden, nämlich dass *Mein Kampf* und meine anderen Werke nichts weiter tun, als die Wahrheit so wiederzugeben, wie ich sie damals sah und in weiten Teilen auch noch heute sehe.

Ich will gar nicht bestreiten, dass das Buch einige kleinere Ungenauigkeiten enthält. Immerhin hatte ich keinen Zugriff auf Wikipedia. Wenn man mich auf Fehler aufmerksam machte, kümmerte ich mich darum, sie in Folgeauflagen zu korrigieren oder andere das für mich tun zu lassen. Es kommt noch hinzu, dass *Mein Kampf* ein ziemlich langes Buch ist. *Jedes* Buch dieser Länge kommt auf ein paar Fehler. Nehmen Sie etwa die *Ilias*, auch wenn die viel kürzer ist. Und die Bibel enthält genug Fehler, Missverständnisse und Widersprüche, um Tausende von Priestern über Tausende von Jahren hinweg zu beschäftigen. Wie jemand, der das nicht versteht, es wagen kann, sich einen Wissenschaftler zu nennen, ist mir schleierhaft.

Nachdem ich aus dem Lazarett entlassen worden war, schickte man mich über Berlin zurück nach München. Als ich am 21. November in meine Kaserne zurückkehrte, traf ich einige meiner Kameraden und Vorgesetzten wieder. Ich hoffte sehr darauf, in der Armee bleiben zu dürfen. Wohin hätte ich, mittlerweile 29 Jahre alt und eine namenlose Gestalt in der Masse, ohne Familie, ohne Zuhause, ohne anerkannten Beruf, ohne Einkommen und ohne Zukunftsperspektive, denn auch sonst gehen sollen? Ringsum gab es Arbeitslosigkeit und Elend zuhauf. Die Armee bot eine geregelte Arbeit, ein gewisses Einkommen, eine Unterkunft, Bekleidung und Heilfürsorge. In gewisser Weise war sie, wie zu jener Zeit auch andere bemerkten, der reinste sozialistische Traum! In meiner Hoffnung, in den Genuss all dessen zu kommen, unterschied ich mich kein bisschen von Millionen anderen sowohl damals als auch quer durch die Geschichte hindurch.

Jedenfalls klappte es. Für eine Weile wurde ich abgestellt, um bei der Bewachung eines Lagers für russische Kriegsgefangene in Traunstein im Südosten von Bayern zu helfen, ganz in der Nähe von Braunau auf der anderen Seite der Grenze. Mitte Februar – nicht, wie ich in *Mein Kampf* versehentlich geschrieben habe, im März – war meine Einheit zurück in München, wo sie demobilisiert werden sollte. Man ließ uns tagelang alte Gasmasken überprüfen, eine Art von Beschäftigungsarbeit, die sich nur das Militär in all seiner Weisheit einfallen lassen kann. In meiner nicht zu knappen Freizeit fand ich heraus, dass die Stadt und eigentlich ganz Bayern ein brodelndes Chaos voller Verschwörungen war, sowohl von echten als auch von eingebildeten. Nicht nur in der zivilen Welt, sondern auch innerhalb der Armee wurden „revolutionäre" Versammlungen abgehalten, rote Fahnen geschwenkt und Räte gegründet, die man mit diesem widerwärtigen russischen Wort auch „Sowjets" nannte.

Meine Vorgesetzten mussten wissen, was vor sich ging, um die nächsten Entwicklungen voraussehen und ihre eigenen Schritte planen zu können. Warum sie ausgerechnet mich für diese Aufgabe auswählten, weiß ich nicht. Solche Dinge teilt einem die Armee nicht einfach mit, oder? Ich nehme an, dass sie von meinem Interesse an Politik und meiner Einstellung wussten. Jedenfalls ernannten sie mich zu einem Vertrauensmann, halb Spitzel, halb Propagandist. Ich hatte an allen möglichen Veranstaltungen teilzunehmen und über sie Bericht zu erstatten. Wenn sich die Gelegenheit bot, sollte ich aber auch versuchen, die Teilnehmer so zu beeinflussen, wie es die Behörden für wünschenswert erachteten.

Um mich und meine Mitpropagandisten vorzubereiten, schickte man uns zu einigen Vorträgen über die drei großen politischen Bewegungen der damaligen Zeit, also den Autoritarismus, die Demokratie und den Bolschewismus. Ich muss wohl kaum erwähnen, dass ich persönlich schon seit langer Zeit vor allem gegen die letzteren beiden eingestellt war. Aber ich war auch nicht besonders glücklich mit dem Erstgenannten gewesen, vor allem nicht in den letzten Kriegsjahren; darüber hinaus gab es ihn nicht mehr. Kein Wunder, dass ich ein wenig verwirrt war. Immerhin waren das auch Millionen andere. Zusammen mit meinen Mitpropagandisten probierte ich Verschiedenes aus. Einige meiner Biografen, die sich auf schriftliche Aussagen von allerlei Menschen stützten, von denen ich nie gehört habe, versuchten, mich möglichst unglaubwürdig erscheinen zu lassen, indem sie behaupteten, ich hätte kurzzeitig mit der Sozialdemokratie geliebäugelt. In der Hoffnung, *irgendeinen* Weg hinaus aus der furchtbaren Lage zu finden, in der sich mein Land befand, habe ich das vielleicht sogar.

Mir gefiel die Arbeit. Zum ersten Mal konnte ich meine umfangreiche politische Bildung zu etwas gebrauchen. Sie ermöglichte es mir, Menschen in die Richtung zu bewegen, die mir sinnvoll erschien – natürlich die nationale Richtung. Sie half mir auch, meine rednerischen Fähigkeiten zu entwickeln. Meine Auftritte wurden geschätzt, was sich darin niederschlug, dass Menschen Kontakt zu mir aufnahmen und mich um meine Meinung zur Judenfrage baten. Meine Antwort an einen von ihnen, einen gewissen Herrn Gemlich, lautete: „Sein [des Juden] Wirken wird in seinen Folgen zur Rassentuberkulose der Völker." Der Weg, ihn loszuwerden, führe nicht über Pogrome; dieses Vorgehen führte zu nichts, wie die Jahrtausende gezeigt hätten. Was es bräuchte, seien systematische Gesetzesmaßnahmen, um ihm seine Sonderrechte zu entziehen. Später wurde dieser nur eine Seite lange Brief als meine „erste antisemitische Schrift" bezeichnet. Ich erfuhr, was viel wichtiger war, dass mein direkter Vorgesetzter, Hauptmann Karl Mayr, dem ich über mehrere Monate hinweg täglich Meldung gemacht hatte, sehr zufrieden mit mir war. Seiner Meinung nach war ich „eine ernstzunehmende Kraft, ein erstklassiger Volksredner".

Es muss wohl im September 1919 gewesen sein, dass ich den Befehl erhielt, mir eine Splitterpartei anzusehen, die mir zuvor völlig unbekannt gewesen war. Sie nannte sich selbst die Deutsche Arbeiterpartei. In Anlehnung an das sowjetische Modell hatte die „Revolution" den Soldaten das Recht zugestanden, sich politisch zu betätigen. Deshalb interessierten sich meine Vorgesetzten für diese und ähnliche Gruppierungen. Also besuchte ich eine ihrer Versammlungen. Ich hörte mir zwei Stunden lang die Rede eines gewissen Gottfried Feder an, der Ökonom war und eine Broschüre über die Brechung der dem deutschen Volk von der Hochfinanz aufgezwungenen Zinsknechtschaft veröffentlicht hatte, worüber er jetzt auch sprach.

Es waren vielleicht zwischen 20 und 25 Zuhörer anwesend. Feder war kein besonders guter Redner, und ich langweilte mich sehr. Ich wollte gerade gehen, als es hieß, es folge noch eine Diskussion. Anfangs wurde über alle möglichen nebensächlichen Themen gesprochen. Dann aber stand irgendein Professor auf und trat dafür ein, dass Bayern sich vom Reich abspalten müsse. Stattdessen, sagte er, solle es sich Österreich anschließen! Als ich das Wort erhielt, machte ich den Kerl fertig.

Was als Nächstes geschah, habe ich bereits in *Mein Kampf* geschildert. Etwa eine Woche später erhielt ich eine Postkarte, mit der man mir mitteilte, dass ich in die Partei aufgenommen worden sei. Das war eine merkwürdige Art der Mitgliederwerbung, die mich bis heute amüsiert. Nichtsdestotrotz nahm ich die Einladung an und ging auf ihre nächste Versammlung. Eine spießbürgerlichere und uninteressantere Veranstaltung kann man sich nicht vorstellen. Sie hatten weder ein Programm noch irgendein Heftchen, um darzulegen, wer sie waren und was sie wollten; genauso wenig gab es Mitgliedsausweise oder Kennzeichen. In gewisser Weise sprachen ihr heilloses Durcheinander und ihre Bedeutungslosigkeit aber auch für sie. Damit spiegelten sie nämlich die Lage unzähliger Menschen wider, mehr oder weniger auch meine. Davon abgesehen schien es mir ein angemessener Ort zu sein, an dem ich, der ich unbekannt war und über keinerlei Rücklagen irgendeiner Art verfügte, mich einbringen könnte. Ich beschloss also, zu bleiben und zu sehen, was ich tun konnte.

Von da an trafen sich die sieben Parteimitglieder – ich war das siebte – jeden Mittwochabend in irgendeinem Kaffeehaus. Unsere erste Aufgabe war es, die Zahl der Teilnehmer zu steigern. Zu diesem Zweck entschied ich, dass wir jeden Monat eine öffentliche Versammlung abhalten würden. Wenn es so weit war, verteilte ich persönlich Einladungen auf der Straße oder überbrachte sie an bestimmte Adressen – so gut wie erfolglos, muss ich dazu sagen. Nachdem wir uns auf vervielfältigte Flugblätter verlegt hatten, lief es ein wenig besser. Erst hatten wir elf Zuhörer, dann 13, dann 23 und dann 34. Bis dahin hatten wir genug Geld angesammelt, um eine Anzeige in den *Münchener Beobachter* zu setzen. Es funktionierte. Bei der nächsten Versammlung waren 111 Teilnehmer anwesend. Was für ein überragender Erfolg! Das war auch das erste Mal, dass ich vor einem größeren Publikum redete. Dabei bestätigte sich, was ich bereits gemutmaßt hatte, nämlich dass ich ein Talent dafür besaß und die Herzen der Menschen erreichen konnte.

Außenstehende, die sich nie an politischen Dingen beteiligt haben, halten dies alles vielleicht für lustig. Und es war wirklich irgendwie lustig. Wir waren ein Haufen skurriler Niemande, die versuchten, Antworten auf Probleme zu finden, die so riesig waren, dass sie völlig unlösbar schienen. Diese Lästerer haben keine Ahnung davon, wie schwer es ist, Menschen anzulocken und bei der Stange zu halten. Vor allem mussten wir sie dazu bringen, sich nicht länger zu beschweren, sondern zu handeln! Sie wissen auch nicht, wie viel Willensstärke und Geld es braucht, so etwas zu leisten. Wir – meine Kameraden und ich – hatten die Willensstärke. Aber wir hatten praktisch nichts anderes.

Mit neuem Mut erhöhten wir die Anzahl unserer Versammlungen auf eine alle zwei Wochen. Mal funktionierte es, mal funktionierte es nicht. Wir machten Fehler, etwa wenn wir Räumlichkeiten in den falschen Gegenden anmieteten, und bemühten uns, sie nicht zu wiederholen. Nachdem wir den Namen der Partei in Nationalsozialistische

Deutsche Arbeiterpartei, NSDAP, geändert hatten, fühlten wir uns am 24. Februar 1920 stark genug, um unsere erste Massenveranstaltung abzuhalten, auf der wir unser Programm verkünden wollten. Es bestand aus 25 Punkten, und meine Kameraden hielten mich für den geeignetsten Mann, um es vorzustellen. Und genau das tat ich dann auch vor 2000 jubelnden Menschen.

Die wichtigsten Punkte des Programms lauteten wie folgt: 1. Zusammenschluss aller Deutschen auf Grund des Selbstbestimmungsrechts der Völker zu einem Großdeutschland. 2. Gleichberechtigung des deutschen Volkes gegenüber den anderen Nationen, Aufhebung der Friedensverträge von Versailles und St. Germain. 3. Land und Boden (Kolonien) zur Ernährung unseres Volkes und Ansiedlung unseres Bevölkerungsüberschusses. 4. Staatsbürger kann nur sein, wer Volksgenosse ist. Kein Jude kann Volksgenosse sein. 5. Selbstverpflichtung des Staates, in erster Linie für die Erwerbs- und Lebensmöglichkeit der Bürger zu sorgen. 6. Gleiche Rechte und Pflichten für alle Staatsbürger. 7. Abschaffung des arbeits- und mühelosen Einkommens und restlose Einziehung aller Kriegsgewinne. 8. Verstaatlichung aller Trusts und Gewinnbeteiligung an Großbetrieben. 9. Bodenreform, Abschaffung des Bodenzinses und Verhinderung jeder Bodenspekulation. 10. Schaffung und Erhaltung eines gesunden Mittelstands. 11. Der Staat hat für einen gründlichen Ausbau unseres gesamten Volksbildungswesens Sorge zu tragen. Und 12. Schaffung einer starken Zentralgewalt des Reiches. Unbedingte Autorität des politischen Zentralparlaments über das gesamte Reich und seine Organisationen im allgemeinen.

Parteiprogramme sind immer problematisch, wie eigentlich alle Programme. Nichts schreckt Menschen schneller ab, als sich ein Programm Punkt für Punkt anhören oder durchlesen zu müssen. Ein bekannter Psychologe hat behauptet, dass man sich maximal sieben Punkte merken könne. Ich habe in dieser Hinsicht einige Erfahrung und würde sagen, dass es zumindest im Hinblick auf die Massen eher drei Punkte sein dürften. Wenn ein Programm erst einmal festgelegt worden ist, beziehen sich nur sehr wenige Leute jemals wieder darauf. Dennoch muss man über ein Programm verfügen, sonst wird einen niemand ernst nehmen. Dass wir unser Programm für „unabänderlich“ erklärten, diente ebenfalls dem Zweck, ernst genommen zu werden. In dieser Hinsicht hielten wir, wie in vielen anderen auch, unser Wort. Im Rückblick denke ich, dass unser Programm so gut war, wie es in jener Zeit nur sein konnte. Das beweist auch die Tatsache, dass wir die meisten unserer Vorstellungen umsetzten, was die große Mehrheit der Parteien – ob nun vor oder nach uns – nicht geschafft und oft nicht einmal versucht hat.

Es war auch etwa in dieser Zeit, dass wir das Hakenkreuz als unser Zeichen wählten. Das Hakenkreuz ist ein altes germanisches Symbol, das tausende Jahre zurückreicht. Es steht sinnbildlich für die Sonne, und man findet es an vielen Orten überall auf der Welt, wo germanische Völker gelebt und kulturellen Einfluss entfaltet haben. Während des Krieges und unmittelbar danach hatten diverse Gruppen und Einheiten es zu ihrem Zeichen erkoren. Wie das Leben so spielt, war darunter auch eine deutsche Jagdstaffel, die in Palästina stationiert war! Nachdem ich beschlossen hatte, dass wir das Gleiche tun würden, bediente ich mich meiner Erfahrung als Künstler, um darum herum unsere Fahne zu entwerfen. Die rechnergestützte Bildgestaltung gab es damals noch nicht, deswegen kostete die Arbeit Zeit und Mühen, aber – was für ein gewaltiger Erfolg ihr beschieden war!

Die Farben der Fahne waren die des untergegangenen Deutschen Reiches und in diesem Sinne eine Verneigung vor der ruhmreichen Vergangenheit. Der rote Hintergrund stand für das sozialistische Ideal unserer Partei, der weiße Kreis für den Nationalismus. Das schwarze Hakenkreuz versinnbildlichte den ewigen arischen Überlebenskampf gegen die übrigen Rassen. Dass unsere Fahne nach 1945 verboten wurde und es an sehr vielen Orten noch immer ist, beweist nur, wie überragend erfolgreich mein Entwurf war, wie unwiderstehlich.

An dieser Stelle sollte ich etwas über ein paar meiner frühesten Weggefährten sagen, mit denen ich zu jener Zeit zusammenarbeitete. Zwei von ihnen, ein Schlosser namens Anton Drexler, der die Partei gegründet hatte, und der bereits erwähnte Gottfried Feder, blieben bald auf der Strecke. Drexler war ein Vereinsmeier und noch in einer Vielzahl anderer Organisationen Mitglied. Er nahm am Putsch im November 1923 nicht teil und wurde für eine andere Partei in den Bayerischen Landtag gewählt. Als die Partei nach meiner Haftentlassung neu gegründet wurde, war er wieder dabei, aber zu dieser Zeit hatte ich keine Schwierigkeiten mehr, ihn beiseitezudrängen.

Feders großes Problem war, dass er ein Ideologe war. Weil ihm die rednerische Begabung fehlte, die er so dringend gebraucht hätte, schrieb er immer neue Broschüren über wirtschaftliche Angelegenheiten. Viele davon waren ziemlich undurchsichtig. Das hielt ihn jedoch nicht davon ab, als der maßgebliche Wirtschaftsfachmann der Partei angesehen zu werden. Er behielt diesen Posten bis zur Reichstagswahl vom September 1930, die uns unvermittelt zur zweitgrößten Partei des Landes machte. An diesem Punkt zwangen mich seine linksextremen sozialistischen Ansichten, mich von ihm zu distanzieren, um die Unterstützung – und das Geld – einiger der größten Industriellen Deutschlands zu gewinnen.

Zwei andere, die damals eine Rolle spielten, waren Max Erwin von Scheubner-Richter und Dietrich Eckart. Scheubner-Richter kam aus dem Baltikum, wo er den Großteil seines Lebens verbracht und zu denen gehört hatte, die sich der Bolschewisierung seines Landes entgegenstellten. Bei unserem Marsch auf die Feldherrnhalle am 9. November 1923 ging er in der ersten Reihe, Arm in Arm mit mir. Er bekam einen Lungenschuss und starb sofort; im Fallen zog er mich mit sich auf das Pflaster. Ich habe ihm und den anderen 15 Gefallenen jenes Tages den ersten Band von *Mein Kampf* gewidmet.

Eckart war ein erfolgreicher Theaterdichter, der die deutsche Sprache so hervorragend beherrschte, wie es für einen derartigen Erfolg erforderlich war. 1912 hatte er Ibsens *Peer Gynt* für die deutsche Bühne bearbeitet – eine der meistbesuchten Inszenierungen der damaligen Zeit, die allein in Berlin 600 Aufführungen erlebte. Er half uns finanziell, brachte mich dazu, mich in Redekunst und -stil ausbilden zu lassen, und stellte mich zahlreichen wichtigen Leuten vor. Nach dem Putsch wurde er gemeinsam mit mir verhaftet. Er wurde krank, man ließ ihn gehen, und er starb kurze Zeit später. Ihm habe ich den zweiten Band von *Mein Kampf* gewidmet.

Weitere Kameraden aus jenen Tagen waren Alfred Rosenberg und Julius Streicher. Rosenberg stammte wie Scheubner-Richter aus dem Baltikum. Wie Feder war er vor allem anderen Ideologe. Er war Chefredakteur der Parteizeitung *Völkischer Beobachter* und schrieb zahlreiche Flugschriften sowie ein Buch, *Der Mythus des 20. Jahrhunderts*. Anfangs konnte er nicht einmal die Erstauflage vollständig verkaufen. Später, nachdem das Buch auf den Index der katholischen Kirche gesetzt worden war, kam es auf eine Gesamtauflage von über 1,2 Millionen Exemplaren. 1941 ernannte ich ihn zum Reichsminister für die besetzten Ostgebiete, ein Posten, für den er aufgrund seiner Herkunft bestens geeignet schien. Vielleicht ist hier die richtige Stelle, um anzumerken, dass der Wert von Zeitungen und – noch deutlich mehr – von Büchern aus propagandistischer Sicht begrenzt ist. Er beträgt gewiss nicht null, sonst hätte ich mich nicht mit ihnen beschäftigt. Aber wie meine gesamte Laufbahn zeigt, können sie nicht mit dem gesprochenen Wort mithalten. Das Fernsehen, das zu meiner Zeit noch in den Kinderschuhen steckte, aber seither zusammen mit seinen zahllosen Ablegern zum mächtigsten Propagandainstrument der Geschichte geworden ist, bestätigt meine Einschätzung.

Streicher war Franke und der tollwütigste Antisemit, dem ich je begegnet bin. Er war nach seiner eigenen Aussage zum Nationalsozialismus konvertiert, nachdem er mich reden gehört hatte. Ab diesem Moment kämpfte er wie ein Stier für uns. Daneben brachte er auch noch die Mitglieder seiner Deutschsozialistischen Partei zu uns und verdoppelte damit unsere Mannstärke. Wäre er nicht gewesen, hätten wir niemals die Stadt Nürnberg für unsere Zwecke gewonnen. Später wurde er Gauleiter von Mittelfranken. Er war ein brillanter Journalist, und seine Zeitung *Der Stürmer* half uns mehr als alle anderen Blätter. Niemand war besser als er darin, die Massen auf die jüdische Gefahr aufmerksam zu machen! Er war ein unersättlicher Weiberheld und überschritt oft die Grenze des „guten Geschmacks", indem er Material hervorbrachte, das nur als pornografisch bezeichnet werden kann. Deshalb und aufgrund seiner endlosen Frauengeschichten mochten ihn gewisse Parteimitglieder nicht und drängten mich, ich solle ihn loswerden. 1940 wurde er der Korruption angeklagt und für schuldig befunden. Daraufhin war ich gezwungen, ihn seines Gauleiteramtes zu entheben. Aber ich vergaß ihm nie, dass er beim Putsch mit mir marschiert war. Er war auch einer der sehr wenigen Menschen, denen ich erlaubte, mich zu duzen. Deshalb ließ ich ihm seine Zeitung und unternahm keine weiteren Schritte gegen ihn.

Es tat sich viel, und für mich war die Zeit gekommen, die Armee zu verlassen und mich ganz der Parteiarbeit zu widmen. Am 31. März 1921 wurde ich entlassen. Ich verbrachte die nächsten zweieinhalb Jahre damit, zu organisieren und zu reden, zu reden und zu organisieren. Nicht nur auf öffentlichen Versammlungen, die insgesamt immer größer und größer wurden, sondern auch auf privaten Treffen. Besonders wichtig waren in dieser Hinsicht einige ältere, in der Regel wohlhabende Damen von jener Sorte, die immer nach jungen Talenten Ausschau hält, um sie unter ihre Fittiche zu nehmen. Zum Teil aufgrund von Eckarts Bemühungen zu meinen Gunsten luden sie mich in ihre Salons ein, servierten mir Tee und versorgten mich mit Zuhörerschaften, die aus Menschen bestanden, die so waren wie sie. Ich fühlte mich in meinem billigen blauen Anzug, der alles war, was ich mir leisten konnte, wie ein Affe im Zoo, aber was blieb mir anderes übrig?

Eine meiner ersten Unterstützerinnen war die Witwe eines Studiendirektors, Carola Hoffmann. Sie war so eingenommen von mir, dass sie sich um meine Wäsche kümmerte und für mich backte. Außerdem stellte sie uns ihr Haus zur Verfügung, das wir für Versammlungen nutzten. Eine weitere war Viktoria von Dirksen, die ab 1922 ihren Salon nutzte, um mich mit der sogenannten „besseren Gesellschaft" zusammenzubringen. Sie spielte eine so zentrale Rolle dabei, uns durch die schwierigen Jahre nach dem Putsch zu helfen, dass sie den Spitznamen „Mutter der Revolution" bekam. Andere waren Elsa Bruckmann, die Ehefrau des gleichnamigen Münchener Verlegers, Helene Bechstein, die Ehefrau des berühmten Klavierfabrikanten, sowie

Winifred Wagner, deren glühende Verehrung für ihren Schwiegervater Richard Wagner ich teilte. Ihr Ehemann Siegfried notierte, dass sie „wie eine Löwin" für mich gekämpft habe.

Diese Frauen unterstützten uns vor allem mit Bargeld, von dem wir wenig besaßen, aber nie genug haben konnten. Außerdem schenkten sie uns Juwelen und andere Wertgegenstände, die ich für gewöhnlich verpfändete. Meine Unterkünfte, meine Kleidung und die Häuser, in denen ich speiste, verbesserten sich um einiges. Ich wurde mittlerweile sogar in einem gebrauchten Selve mit 24 PS herumgefahren, einem der zahllosen Fahrzeugmodelle, die seitdem aufgegeben und vergessen worden sind. Der Wagen war so alt, dass das Seegras der Polsterung aus den Sitzflächen herausspross! Einige Zeit später tauschte ich ihn gegen einen Mercedes, den mir Frau Bechstein geschenkt hatte. Aber ein Leben im Luxus? Niemals. Noch 1928 lebte ich in einer kleinen Mietwohnung in München, in der Thierschstraße 41, falls es irgendjemand ganz genau wissen will.

Viel wichtiger als meine persönlichen Lebensumstände war die Tatsache, dass die Partei und ich mitnichten die einzigen auf weiter Flur waren. Wie es im Nachgang einer Niederlage so oft passiert, suchte Deutschland zur damaligen Zeit verzweifelt nach Führung – beinahe jeder Art von Führung, die den Menschen sagen würde, was zu tun war, ihnen aus ihren Schwierigkeiten heraushalf und ihnen eine Zukunft wies. Ein Mann, der das voll und ganz verstanden hatte, war Eckart. Er war der Erste, der daran glaubte, dass ich die notwendigen Fähigkeiten hätte, zu führen. Er war es auch, der sagte, dass Deutschlands künftiger Führer ein Junggeselle sein müsse. Nur auf diese Weise, so erklärte er, könne dieser die weibliche Hälfte des Volkes für sich gewinnen, deren Herz immer stärker sei als ihr Verstand. Wie sich herausstellen sollte, hatte er damit durchaus recht.

Ein anderer war Kurt Hesse, ein hochdekorierter Offizier der Reichswehr, von dessen Existenz ich allerdings erst später erfuhr. 1922 veröffentlichte er *Der Feldherr Psychologos. Ein Suchen nach dem Führer der deutschen Zukunft*. Es war eines der wenigen Bücher von einem deutschen Offizier, das sich nicht auf strategische Feinheiten beschränkte, etwa ob innere Linien äußeren vorzuziehen seien oder umgekehrt. Stattdessen wies es ein echtes Verständnis auf, was die psychologischen Bedürfnisse sowohl der Truppe als auch der Nation insgesamt anbelangte. Hesse griff Ludendorffs bürokratischen Führungsstil an, ohne ihn beim Namen zu nennen, und erklärte, warum die Menschen in Deutschland einen Führer brauchten und nach ihm suchten, ebenso wie die Charakterzüge, die ein zukünftiger Führer haben müsse. Kurz: Das Feld, auf das ich mich gestellt hatte und auf dem ich mich messen wollte, war wirklich dicht bevölkert. Einer Statistik zufolge hatte Deutschland 73 verschiedene völkische Bewegungen, deren Programme allesamt dem unseren mehr oder weniger ähnelten. Allein in München gab es mindestens 15 davon.

Ich will mich nicht damit aufhalten, all die unzähligen Reden aufzuführen, die ich in jenen Jahren gehalten habe. Genauso wenig will ich mich zu den ebenso unzähligen kleinlichen Intrigen äußern, die ich erdulden und überstehen musste. Diese Aufgabe überlasse ich meinen eher pedantisch veranlagten Biografen, die darin zu schwelgen scheinen. Schritt für Schritt – und nicht ohne gelegentliche Rückschläge – hinterließ ich in München und den umliegenden ländlichen Gegenden einen bleibenden Eindruck. Im Juli 1921 wurde ich offiziell zum Parteivorsitzenden ernannt. Mit meinem Schicksal besserte sich auch das der NSDAP.

Mein wichtigstes Instrument war meine Stimme. Weil das so war, will ich ein paar Worte darüber verlieren, wie ich meine Reden vorbereitete und hielt. Ich nahm jede einzelne von ihnen sehr ernst und bereitete mich sorgfältig auf sie vor. Das soll nicht heißen, dass ich jedes einzelne Wort im Voraus aufgeschrieben und dann dem Publikum einfach vorgelesen hätte. Vorzulesen, statt zu sprechen, ist das Vorrecht der Professoren – insbesondere, wenn auch keinesfalls ausschließlich, das der deutschen Professoren, denen es völlig gleich ist, ob ihnen irgendjemand zuhört oder nicht. Ich redete mit Hilfe von knappen Notizen, von denen einige erhalten geblieben sind. Sie sollten mich an die wichtigsten Argumente erinnern, die ich vorbringen wollte, und mir helfen, vom einen zum nächsten überzuleiten. In Deutschland wurde diese Vortragsweise zur damaligen Zeit als verwegene Neuerung angesehen. Viel später sollte mir die Reichsfrauenführerin Gertrud Scholtz-Klink in einer ihrer Reden ausdrücklich dafür danken, „uns" beigebracht zu haben, wie man ohne Aufzeichnungen sprach. Recht hatte sie.

Die meisten meiner Reden dauerten um die zwei Stunden. Oft hielt ich zwei in der Woche, gelegentlich auch mehr. Die blanke körperliche Anstrengung, die oft mit ausgedehnten Reisen verbunden war, kann man sich kaum vorstellen. Wenn ich geendet hatte, war ich jedes Mal schweißgebadet und musste meine Kleidung wechseln. Ich verlor dadurch auch an Gewicht. Ich versuchte, mögliche Widerworte vorauszusehen, und achtete deshalb immer sehr darauf, zu welcher Art von Publikum ich sprechen würde. Ich bedachte auch den Zuschnitt des Saales und meinen Platz darin – wichtige Einzelheiten, die zu viele Redner oft übersehen oder vernachlässigen. Sie scheinen nicht zu verstehen, welche Rolle die Inszenierung spielen kann und muss. Mit fortschreitender Zeit entwickelte ich mein Repertoire weiter, indem ich meine Reden vor einem Spiegel übte. Ich gewöhnte mir auch an, mit Verspätung aufzutreten, um die Spannung zu steigern und dafür zu sorgen, dass die Menge unter Strom stand. In der Zwischenzeit unterhielten wir sie mit Musik, ließen sie Parolen rufen und so weiter.

Man hat mir oft vorgeworfen, ein jähzorniger Mensch zu sein. Ja, ich war zornig. Oder vielleicht sollte ich sagen: rasend vor Wut! Rasend vor Wut über die Art und Weise, wie mein Volk in Österreich vor 1914 und danach verraten worden war. Rasend vor Wut über die Art und Weise, wie wir Deutsche von Feinden eingekreist worden waren, die unsere Vernichtung planten. Rasend vor Wut über den Tod von so vielen meiner Kameraden im Großen Krieg. Rasend vor Wut auf die Verräter, die uns Frontsoldaten einen Dolchstoß versetzt und die Niederlage unseres Landes verursacht hatten. Rasend vor Wut über die Art und Weise, in der die Sieger uns Deutsche behandelt hatten, erst durch die Fortsetzung der Hungerblockade nach dem Waffenstillstand vom November 1918 und dann im Versailler Vertrag und die 1920er Jahre hindurch. Rasend vor Wut über die Art und Weise, wie unsere Volksgenossen in so gut wie jedem der neu geschaffenen Staaten Osteuropas ausgeraubt, misshandelt und manchmal ermordet wurden. Rasend vor Wut auf unsere Feinde im Inland und Ausland. Vor allem rasend vor Wut auf die Juden! Sie standen hinter allem Widerwärtigen und allem Bösen in dieser Welt. Mich für meine Raserei entschuldigen? Niemals. Es war mein Zorn, der mich zu dem überragend wirksamen Redner machte, der ich war. Und das so sehr, dass ich ihn einstudierte. Und das wiederum so sehr, dass ich ihn vortäuschen konnte, wenn ich aus dem einen oder anderen Grund in Stimmung dazu war.

Von Anfang bis Ende war es mein Zorn, der mich vorantrieb. Das soll nicht heißen, dass ich *immer* wütend gewesen wäre. Ganz und gar nicht. Sowohl in Deutschland als auch im Ausland verdanken Millionen Menschen die Vorstellung, die sie von mir haben, meinen rednerischen Leistungen auf Massenveranstaltungen, Leistungen, die sie entweder mit eigenen Augen oder auf einem Bildschirm gesehen haben. Sie sind jedoch sehr irreführend. Der meisten der Versammlungen, auf denen ich während meiner Laufbahn sprach, waren privater Natur und verhältnismäßig klein. In der Frühzeit bestand das Publikum meist aus ausgewählten Gefolgsleuten und Damen der Gesellschaft. Später stießen Professoren, hohe Beamte, Offiziere und Geschäftsleute hinzu. Wenn man solche Leute anbrüllt oder gar seine Feinde mit Flüchen belegt, werden sie einen nur als vulgär abstempeln.

Ich brauchte eine Weile, um den Kniff zu lernen. Nachdem ich es geschafft hatte, redete ich bei solchen Anlässen ruhig, aber freundlich, um sie auf meine Seite zu bringen und zu begeistern. Als Waffen dienten mir mein umfassendes Allgemeinwissen, das Ergebnis von Jahren des Lesens, und ein gelegentliches Aufblitzen von Humor. Und natürlich Charme. Ich wusste sehr gut, wie man Menschen lockte, indem man sich für etwas interessierte, was sie sagten oder taten. Ich tat auch so, als würde ich Geheimnisse mit ihnen teilen; so bediente ich ihre Eitelkeit und machte sie zu meinen Komplizen. Ein gutes Beispiel ist mein Treffen mit dem betagten und hochangesehenen finnischen Marschall Carl Gustaf Mannerheim am 4. Juni 1942. Es ist eines der sehr wenigen, von denen es eine Tonbandaufnahme gibt; sie zeigt mich in einem ganz anderen Licht als dem, mit dem die meisten Menschen vertraut sind.

Ich begann, Aufmerksamkeit zu erregen. Nachdem er mich im November 1922 reden gehört hatte, schrieb ein Deutsch sprechender amerikanischer Offizier, Hauptmann Truman Smith, der seinem Land später als Militärattaché in Berlin dienen sollte: „Ein sagenhafter Agitator! Habe selten einem so logischen und fanatischen Mann zugehört.“ Ein frühes Parteimitglied, mein späterer persönlicher Fotograf Heinrich Hoffmann, erzählte mir damals, dass die Rechte an der Veröffentlichung einer Fotografie von Reichspräsident Friedrich Ebert für fünf Dollar zu haben seien. Für ein Foto von mir hingegen könne er das Zwanzigfache in Rechnung stellen! Je weiter meine Bekanntheit anstieg, desto zahlreicher wurden auch die Störer, die mich unterbrechen oder vom Reden abhalten wollten. Es war klar, ich brauchte irgendeine Art von Schutz. Zuerst fiel diese Aufgabe meinem Fahrer Emil Maurice zu. Er war keineswegs der erste oder der letzte Mann auf jenem Posten, der diese zu seinen anderen Pflichten hinzubekam. Die Versammlung am 20. Februar 1921 war besonders hitzig, und bei dieser Gelegenheit zeigten ein paar meiner Männer, bewaffnet mit Gummiknüppeln, zum ersten Mal, was sie draufhatten. Das war die bescheidene Geburtsstunde unserer Sturmabteilung, der SA. Über sie werde ich später noch mehr sagen.

Über meine Ideologie zur damaligen Zeit ist so viel geschrieben worden, dass ich sie hier nicht noch einmal ausbreiten werde. Ich möchte allerdings etwas hinzufügen, das die meisten Historiker übersehen haben. Das Ganze hat nämlich zwei Seiten. Die eine ist die grundlegende Weltanschauung, deren Bedeutung gar nicht überschätzt werden kann. Wie der Untergang des Zweiten Reiches verdeutlichte, steht selbst das prunkvollste und mächtigste Staatswesen ohne sie auf tönernen Füßen. Ihre alltägliche Auslegung für und durch die Massen ist eine andere Sache. Die Massen mögen keine langen und gewundenen ideologischen Reden, noch weniger Bücher. Was sie wollen und brauchen, sind greifbare Ziele, auf die sie ihre Wut richten können.

Wenn ich zu ihnen sprach, wählte ich meine Ziele stets mit Bedacht aus. Eines von ihnen war der Versailler Vertrag, der erniedrigendste Friedensvertrag, den man einer großen, zivilisierten Nation jemals aufgezwungen hat. Andere waren die erbärmliche Wirtschaftslage und die Verräter, die sie uns eingebrockt hatten. Wieder andere waren die Juden und die Notwendigkeit, sie gnadenlos und bis aufs Letzte zu bekämpfen. Oft verband ich mehrere Themen miteinander, indem ich sie verflocht und verschmolz, um sie wirksamer bearbeiten zu können. Nochmals: Unterschiedliche Zuhörerschaften müssen unterschiedlich angesprochen werden. Mit Kapitalisten redet man nicht so wie mit Arbeitern und mit Arbeitern nicht so wie mit Kapitalisten. Auch das übersehen viele Professoren, die immer auf der Suche nach „wissenschaftlicher" Wahrheit sind.

Ich werde nicht so tun, als könnte ich Italienisch. Nichtsdestotrotz ließ ich zu, dass einige unserer Vorgehensweisen von Benito Mussolini inspiriert waren. Immerhin war er praktisch ununterbrochen in den Nachrichten und in den Wochenschauen. Er war zweifellos ein großer Mann. Er zeigte uns, was getan werden konnte, und gab uns Hoffnung. Seine rednerischen Fähigkeiten kamen deutlich genug herüber, auch wenn man kein Wort von dem verstand, was er sagte. Das Gleiche galt für die Uniformen, die Dolche, die Grüße, die Paraden und vieles mehr.

Eine seiner besten Ideen, die wir Nationalsozialisten nur zu gern übernahmen, war, seine Partei *Movimento* zu nennen, eine Bewegung. Dadurch betonte er (und später wir), nicht diese oder jene Klasse zu vertreten, wie es Parteien normalerweise taten, sondern über und jenseits der Klassenpolitik zu stehen. Der „Marsch auf Rom" der Faschisten, der am 28. Oktober 1922 seinen Höhepunkt erreichte und es ihnen ermöglichte, die Regierung zu übernehmen, gab uns Hoffnung. Wir glaubten, dass trotz unserer anfänglichen Schwäche der Tag kommen würde, an dem wir es ihnen gleichtun könnten. Wie sich zeigen sollte, war die deutsche Regierung aus härterem Holz geschnitzt als die italienische – was, wie man zugeben muss, nicht schwer war.

1923 schrieb ich an den neuen *Duce*. Ich erklärte ihm, wer wir waren, gratulierte ihm zu seinem Erfolg und wünschte ihm alles Gute für die Zukunft. Er antwortete nicht. Erst 1931, nachdem ich zum Führer der zweitmächtigsten Partei in Deutschland geworden war, ließ er sich endlich dazu herab, mir ein signiertes Foto zu schicken. Unsere beiden Regime hatten vieles gemeinsam. Es gab aber auch einige Unterschiede. Erstens war der Katholizismus mit dem Papst an der Spitze in Italien eine viel stärkere Macht als in Deutschland. Zweitens, und das war noch wichtiger, schaffte Mussolini es nie, sich vom Haus Savoyen zu befreien, diesen aristokratischen Hampelmännern. Das führte unter anderem dazu, dass er bei vielen Staatsakten nur die Nummer zwei war und sich hinter dem König einreihen oder ganz fernhalten musste. Das muss ihn sehr getroffen haben, umso mehr, als der König ein Winzling war. Wenn er stand, sah er aus, als würde er knien. Vor allem in Anwesenheit der Königin, Prinzessin Elena von Montenegro, die die Statur eines Gardegrenadiers hatte und für die Ehe ausgesucht worden war, um das Haus Savoyen großzuzüchten (wie sie zu sagen pflegte). Eine weitere, schwerer wiegende Folge war, dass sein Volk und vor allem die Streitkräfte immer ein alternatives Objekt für ihre Treue hatten, dem sie sich zuwenden konnten und es am Ende auch taten. Und, was vielleicht das Schlimmste war: Während des Zweiten Weltkriegs verriet uns Prinz Umberto – „Beppo“, wie ihn seine in ihn vernarrte Mutter zu nennen pflegte – und leitete fortwährend Informationen an die Alliierten weiter.

1923 aber war all das noch Zukunftsmusik.

7. Der Putsch und seine Folgen

Wenn die Jahre von 1919 bis 1922 schlimm für Deutschland waren, dann war 1923 in vielerlei Hinsicht noch schlimmer. Unser armes Land taumelte unter den Nachwirkungen des größten und blutigsten Krieges in der bisherigen Geschichte. Als ob das nicht genug gewesen wäre, plünderten unsere Feinde unser erschöpftes Volk bis auf das letzte Hemd aus – wenn es ein solches überhaupt gab. Im Dezember 1922 wurde die deutsche Regierung aus der blanken Not heraus vertragsbrüchig und blieb eine Reparationsleistung von 135.000 Metern an Telegrafenmasten säumig. Aufgemerkt: Das ist beinahe genug, um die gesamte Strecke von Magdeburg nach Berlin oder von Philadelphia nach New York abzudecken. Im Folgemonat benutzten die französischen und belgischen Regierungen dies als Vorwand, um Truppen zu schicken und das Ruhrgebiet zu besetzen, unseren bei weitem wichtigsten Industriebezirk. Unterwegs ermordeten sie schätzungsweise 130 deutsche Zivilisten, die es gewagt hatten, zu protestieren. Militärischer Widerstand war unmöglich, schließlich hatten wir keine Armee mehr. Stattdessen wurde ein Generalstreik ausgerufen.

Die Besetzung ging nicht ohne Folgen für den Rest des Landes vonstatten. Vor dem Krieg hatte der Wert der Mark gegenüber dem Dollar bei 4,20 gelegen. Ende 1919 lag dieser Wert bereits bei 32 und stieg innerhalb der folgenden zweieinhalb Jahre bis auf 800 an. Mit der Ruhrbesetzung kamen alle Bemühungen, den Absturz zu verlangsamen, zum Erliegen. Im November 1923 brauchte man 4.210.500.000 Mark, um einen einzigen Dollar zu kaufen. Unzählige anständige Menschen, die ihr ganzes Leben lang gearbeitet und gespart hatten, waren ruiniert. Die Lebenserhaltungskosten stiegen so rasant an, dass ein am Morgen ausgezahlter Wochenlohn schon am Nachmittag nicht mehr ausreichte, um einen Laib Brot zu kaufen. Die Menschen benutzten Banknoten, um ihre Wände zu tapezieren oder ihre Öfen anzufachen. Weil sie nicht mehr in der Lage waren, sich auf das Reich zu verlassen, begannen viele Gemeinden, ihr eigenes Notgeld zu drucken. Es bestand aus handbedruckten Geldscheinen und „Münzen“ aus Karton, von denen etliche übrigens ziemlich witzig waren. Alles andere als witzig waren allerdings die Zahlen an Menschen, die ihre Arbeit verloren, die Kälte und Hunger litten und die dazu gezwungen waren, Tauschhandel zu treiben, um zu überleben. Inmitten all dieses Elends gab es einige wenige, die das Glück hatten, ausländische Währungen zu besitzen. Ob Deutsche oder Ausländer, sie gaben Kupfergeld aus und lebten wie die Könige – auf Kosten aller anderen.

Zum wirtschaftlichen Zusammenbruch gesellte sich die künstlerische Entartung. Die sogenannten Avantgardisten von 1914 waren die großen Helden. Sie nannten sich selbst Rebellen. Will heißen: Rebellen gegen alles Schöne, Gesunde und Saubere. Sie griffen die bestehende Gesellschaftsordnung an und überzogen sowohl München als auch andere Städte mit ihrem Schmutz. Bildhauer, Bühnendichter und Musiker – die die amerikanische Neger-„Musik“ nachäfften, die man Jazz nannte – beteiligten sich an der Orgie. Anständige Bürger, anständige Deutsche erkannten ihre eigenen Städte nicht mehr wieder. Mir wurde damals davon so schlecht, wie mir heute wird, wenn ich die Horden von kriminellen „Flüchtlingen“ sehe, die aufs Neue Deutschland überfluten.

Das wiederum trug zu den vorherrschenden inneren Unruhen bei, auch wenn es sie gewiss nicht verursacht hat. Wo auch immer man hinblickte, wurden Truppen ausgerüstet, Waffen gehortet und Verschwörungen ausgeheckt. Manche entstanden auf der Linken, manche auf der Rechten. Niemand wusste, was geschehen sollte. Dass aber etwas geschehen *musste*, wusste jeder – oder glaubte, es zu wissen. Der Mann, auf den sich die Hoffnungen der meisten Menschen in diesem Zusammenhang richteten, war einmal mehr Ludendorff. Er war bereits im Februar 1919 aus Schweden zurückgekehrt, wohin er sich nach dem Waffenstillstand in Sicherheit gebracht hatte. Nun lebte er in München, wo sich alle nur denkbaren rechten Bewegungen redlich Mühe gaben, ihn vor ihren Karren zu spannen. Es war Heß, der mich ihm 1921 vorstellte. Er war jedoch nicht mehr der Mann, der er einmal gewesen war. Eines der Probleme war seine Freundin und spätere zweite Ehefrau, Mathilde. Sie war eine Feministin (sie glaubte, die Zukunft werde erweisen, dass Männer und Frauen in intellektueller Hinsicht gleichwertig seien), ebenso wie eine studierte Irrenärztin und selbsternannte Philosophin. In ihrem zeltartigen Chiffonkleid gab sie einen merkwürdigen Anblick ab. Doch das hinderte ihn nicht daran, sich mit ihr abzufinden und sich von ihr in alle möglichen skurrilen Richtungen (fehl-)leiten zu lassen. Ein noch drängenderes Problem war, dass Herr General Ludendorff wie so viele deutsche Offiziere überhaupt keine Ahnung von Politik hatte. Er war zu unbeweglich und zu sehr um seine persönliche Ehre als einstmaliger Feldherr besorgt. Sein Name war nützlich und brachte uns einige Unterstützer ein. Aber nicht viele. Immerhin war er ein Preuße. Und in Bayern hatte man für die „Saupreußen“ nicht allzu viel übrig.

Ludendorff hin oder her, inmitten des allgemeinen Chaos blühte unsere Partei auf. Ende 1923 hatten wir 55.000 eingeschriebene Mitglieder. Anfang September konnten wir in Zusammenarbeit mit einigen Soldatenbünden sogar einen Aufmarsch abhalten, an dem nicht weniger als 100.000 Menschen teilnahmen. Kein Wunder, dass ich nicht zu Unrecht als „König von München“ bekannt wurde. Damals wie später unterschieden wir uns von den traditionellen Parteien dadurch, dass wir uns an Menschen aus allen Klassen des Volkes wandten und sie für uns begeistern konnten. Meinen Schätzungen zufolge bestand etwa ein Drittel unserer Leute aus Arbeitern. Das waren raue Kerle – auf die Frauen werde ich später zu sprechen kommen – mit harten Fäusten, die sie bereitwillig einsetzten, wenn es nötig war. Ungefähr die Hälfte kam aus dem kleinbürgerlichen Milieu: Handwerker, Ladenbesitzer, Lehrer, Angestellte und Bauern. Und etwas mehr als ein Zehntel gehörte der oberen Mittel- und der Oberschicht an.

Ein prominenter Angehöriger der Letztgenannten war Hermann Göring. Göring war der Sohn des ersten Reichskommissars für Deutsch-Südwestafrika und hatte seine Kindheit auf der Burg Mauterndorf unweit von Salzburg verbracht. Er war ein ehemaliger Jagdpilot, Kriegsheld und Träger des Pour le Mérite. Außerdem verfügte er über Verbindungen zur „besseren Gesellschaft“, die für uns sehr nützlich wurden. Später wurde er auf dem Papier mein Stellvertreter. Es gab bei uns sogar einige wenige echte blaublütige Adlige. Wenn es proportional deutlich weniger waren als ihr Anteil an der Gesamtbevölkerung, dann aufgrund der Tatsache, dass ich sie aus Prinzip nicht mochte. Der bekannteste von ihnen war unser zukünftiger Reichsjugendführer und Gauleiter von Wien, Baldur von Schirach. Ein weiterer war Wolf-Heinrich Graf von Helldorff, der Polizeipräsident von Berlin, der sich später an der Verschwörung vom 20. Juli 1944 beteiligte und den wir zum Dank für seine Mühen aufhängten.

Wer als Erster die Idee aufbrachte, einen Putsch durchzuführen, weiß ich nicht mehr. Es spielt auch keine Rolle, denn am Ende war ich allein es, der die Verantwortung übernahm und die maßgeblichen Befehle gab. Der damalige bayerische Ministerpräsident war Eugen von Knilling, ein Staatsbeamter und Parlamentsabgeordneter, der lange dem Hause Wittelsbach gedient hatte. Er wiederum hatte Gustav Ritter von Kahr zum Generalstaatskommissar mit nahezu diktatorischen Vollmachten ernannt. Diese Vollmachten konnte er – und sollte er – nutzen, um jede Form von Aufruhr niederzuschlagen. Um ihn dabei zu unterstützen, unterstellte die Berliner Regierung die bayerische Reichswehrdivision mit Generalleutnant Otto von Lossow an der Spitze seinem Befehl. Oberst Hans von Seißer, der Chef der schlagkräftigen Bayerischen Landespolizei, war der dritte Mann in diesem unheiligen Triumvirat.

Lossow hatte den Ruf eines „starken Mannes", der jeden Widerstand gnadenlos zermalmen würde. Er bemühte sich, ihn auszufüllen, und eine seiner ersten Amtshandlungen war es, 14 Versammlungen zu verbieten, die wir für den Abend des 27. Septembers geplant hatten. Das war eine Kampfansage, die wir Nationalsozialisten einfach nicht hinnehmen konnten. Meine engsten Mitarbeiter, darunter Scheubner-Richter und der Führer der jungen Münchener SA, Wilhelm Brückner, berichteten mir, dass ihre Männer nach dem Befehl zum Handeln riefen. Sie könnten sich aber auch von der Partei abwenden und sich davonstehlen, wenn nichts unternommen würde – vielleicht würden sie sogar zu den Kommunisten übergehen, die zur damaligen Zeit sehr geschäftig waren. Wer wollte es ihnen angesichts der furchtbaren wirtschaftlichen Lage verdenken?

Unser erster Plan, den Rosenberg vorgeschlagen hatte, sah folgendermaßen aus: Am 4. November sollte es einen Umzug zu Ehren der Kriegstoten geben. Daran würde sich auch ein SA-Bataillon beteiligen, was mehr oder weniger alles war, was wir hatten. Zur Abnahme der Parade würde neben Kahr auch Kronprinz Rupprecht anwesend sein, der im Krieg eine Heeresgruppe befehligt hatte und als Bayerns überragendster Soldat angesehen wurde, ebenso wie etliche andere hochrangige Offiziere. Wir würden unseren treuen SA-Männern befehlen, sich frühzeitig zu versammeln und sie festzusetzen. Anschließend würde es meine Aufgabe sein, mit ihnen zu sprechen und sie davon zu überzeugen, mit uns auf Berlin zu marschieren, die dortige Regierung zu stürzen und eine neue auszurufen. Die SA trat tatsächlich an, musste jedoch feststellen, dass die Ehrengäste von einer starken Polizeitruppe geschützt wurden. Wir konnten nichts weiter tun, als uns zähneknirschend zurückzuziehen. Der Fehlschlag war so gründlich, dass unsere Ziele nicht einmal mitbekamen, dass wir es auf sie abgesehen hatten.

Den nächsten Versuch legten wir auf den Abend des 10. November fest. Dieses Datum bot sich an, weil es ein Wochenende war, an dem alle Beamten zu Hause sein und die Regierungsarbeit stillstehen würde. Doch unsere Pläne wurden erneut zunichtegemacht, als Kahr ankündigte, dass er zwei Tage zuvor eine große Ansprache halten würde. Gerüchteweise hieß es, dass er darin Bayerns Unabhängigkeit vom Reich verkünden wolle. Wir konnten nicht zulassen, dass das geschah. Deshalb verlegten wir unser Handeln auf den Abend des 8. November vor. Die abschließende Besprechung fand in Rosenbergs Haus statt, doch diesmal gingen wir auf Nummer sicher und ließen ihn nicht an der Planung teilnehmen. Seinen Platz nahm Hauptmann Ernst Röhm ein. Röhm war ein ungehobelter, aber sehr fähiger Offizier, der unter anderem bei Verdun gekämpft hatte. In einer dieser Schlachten war ihm das Nasenbein weggeschossen worden. 1923 führte er eine paramilitärische Vereinigung, die als Bund Reichskriegsflagge bekannt war.

Röhms Verbindungen zur Reichswehr erwiesen sich als unersetzlich für uns. Indem er seine Kameraden beschwatzte und betrog, schaffte er es, an genug Waffen und Munition für seine und unsere Männer zu kommen. Wir waren sogar in der Lage, eine Schwere Maschinengewehrkompanie unter Görings Befehl aufzustellen. Insgesamt konnten wir ungefähr 4000 Bewaffnete aufbieten, darunter 1500 SA-Männer. Die übrigen kamen aus anderen Organisationen. Kahrs Ansprache sollte um 20 Uhr beginnen. Sie fand im Bürgerbräukeller statt, dem größten seiner Art in München. Er bot genug Platz für 3000 Menschen.

Als der Abend kam, war die Örtlichkeit bis zum Bersten überfüllt. Darüber hinaus versammelten sich viele Menschen in der Erwartung, dass etwas Dramatisches passieren würde, in den umliegenden Straßen. Kahr hatte bereits eine halbe Stunde lang in seinem lustlosen Stil gesprochen, als meine Leibwache mit Göring an der Spitze in den Saal eindrang. Ein wildes Durcheinander brach los, und um das Podium erreichen zu können, musste ich zuerst auf einen Stuhl steigen und mit meiner Pistole in die Luft schießen. Das verschaffte mir die ungeteilte Aufmerksamkeit, und alles wurde still.

Ich bediente mich meiner gesamten Schauspielkunst und verkündete, dass die nationale Revolution ausgebrochen sei. Wir und die Reichswehr seien unter einer gemeinsamen Fahne vereint. Gemeinsam würden wir marschieren, zuerst mit den Verrätern in München abrechnen und dann nach Berlin ziehen, um dort das Gleiche zu tun. Ich bat die drei feinen Herren Kahr, Lossow und Seißer persönlich, sich mit mir in einem Nebenraum zu treffen. Dort lud ich sie ein, sich uns anzuschließen, wovor sie jedoch zurückschreckten.

In der Zwischenzeit wurde die Menge draußen unruhig und verlangte nach Taten. Daraufhin ließ ich das Triumvirat unter Bewachung zurück, ging wieder in den Saal und hielt eine Rede, in der ich erläuterte, was wir als Nächstes tun würden. Anfangs waren die Menschen betroffen und wussten nicht, wie sie sich verhalten sollten. Später, nachdem sie unter den Einfluss meiner Worte geraten waren, unterbrachen sie mich immer wieder mit donnerndem Applaus. Der Lärm muss bis zu den Herren der Regierung durchgedrungen sein. Als ich jedenfalls zu ihnen zurückkehrte, gaben sie mir ihr Ehrenwort, dass sie den Staatsstreich unterstützen würden. Ich war misstrauisch, konnte jedoch nicht bleiben, weil meine Anwesenheit anderswo benötigt wurde. Ludendorff, dem ich die Verantwortung übertrug, wollte nicht zulassen, dass irgendjemand die Ehre eines deutschen Offiziers in Zweifel zog. Er ließ sie gehen, was sich schnell als größter Fehler der gesamten Unternehmung erwies.

Währenddessen hatten unsere Kommandeure in der ganzen Stadt ihre Männer mobilisiert. Nachdem sie ihre versiegelten Befehle geöffnet hatten, begannen sie, auf ihre vorbestimmten Ziele vorzurücken. Einige wurden eingenommen, andere nicht. Unter Letzteren waren als wichtigste die Pionier- und die Infanteriekaserne. Hier lag es daran, dass beide Seiten zögerten, aufeinander zu schießen. Immerhin waren sie doch Waffenbrüder. Am Ende stand eine Pattsituation, die sich – wie üblich – zugunsten der Verteidiger auswirkte. Trotzdem gab es zwei Lichtblicke in dieser kalten, feuchten Nacht. Zum einen entschloss sich eine vollständige Reichswehreinheit mit rund 1000 Mann und unter voller Bewaffnung, zu uns überzulaufen. Sie marschierten schneidig vor dem Bürgerbräukeller auf, mitsamt einer Marschkapelle und wehenden Hakenkreuzfahnen. Zum anderen gelang es einem unserer Unterstützer, Dr. Wilhelm Frick, der der Polizei angehörte, diese am Vorgehen gegen uns zu hindern.

Als der Morgen kam, wurde aus bei mir eingehenden Meldungen klar, dass wir noch keineswegs besiegt waren. Wir machten allerdings auch keinerlei Fortschritte. In der Zwischenzeit war Lossow nicht untätig gewesen. Er war aus dem Bürgerbräukeller geradewegs in die Infanteriekaserne gegangen. Dort hatte er sich davon überzeugen können, dass die Kommandeure der örtlichen Reichswehreinheiten entschlossen hinter der Regierung standen und bereit waren, auf Befehl den Putsch zu unterdrücken. Gegen eine solche Macht hatten wir keine Chance. Später in der Nacht traf er sich mit Kahr und Seißer, um das gemeinsame Vorgehen zu besprechen. Dabei traf ein Telegramm vom Chef der Heeresleitung in Berlin ein, Generaloberst Hans von Seeckt. Er befahl ihnen, den Putsch niederzuschlagen; andernfalls würden sie als Landesverräter angeklagt werden.

Am Morgen stand die Lage auf Messers Schneide, als zusätzliche Reichswehrkräfte auf die Stadt vorrückten. Das muss ich Ludendorff lassen: Er war derjenige, der vorschlug, dass wir „marschieren“ sollten. Sein Aufruf erwies sich fürs Erste als verheerend. Langfristig betrachtet jedoch rettete er uns und legte den Grundstein für die Zukunft. Es brauchte Zeit, die verschiedenen Kampfgruppen zu informieren und sie zusammenzurufen. Erst am späten Vormittag standen endlich 3000 Mann zum Abmarsch bereit.

Wir zogen mit Ludendorff, mir selbst und einigen anderen an der Spitze durch die Stadt. Auf dem Weg wechselten wir mehrmals die Marschrichtung, um nicht mit der Polizei zusammenzustoßen, die viele Straßen abgeriegelt hatte. Wo immer wir erschienen, säumten Menschenmengen den Straßenrand, die jubelten und uns alles Gute wünschten. Schließlich erreichten wir den Odeonsplatz, auf dem uns ungefähr 100 Polizisten und Soldaten erwarteten. Es kam zu einer Rauferei mit Fäusten und Schlagstöcken; irgendjemand gab einen Schuss ab. Daraufhin rissen die Polizisten ihre Gewehre hoch und schossen eine Salve in uns hinein. Wie es in solchen Fällen immer ist, schien es wie eine Ewigkeit. Doch in Wahrheit dauerte es nur eine halbe Minute. Dann waren 16 unserer Leute und vier Polizisten tot.

Als unsere Leute in Deckung gingen oder in alle Richtungen davonliefen, hatte der Putsch beinahe sofort ein Ende gefunden. Ich selbst wurde vom sterbenden Scheubner-Richter mit zu Boden gerissen und schlug hart auf. Meine Schulter wurde ausgekugelt; eine Verletzung, die so schmerzhaft ist, wie es sich nur jemand vorstellen kann, der es durchgemacht hat. Irgendwie schaffte ich es, Hanfstaengls Landhaus zu erreichen, das nicht weit entfernt lag. Er war nicht zu Hause; um der Verhaftung zu entgehen, hatte er sich nach Österreich abgesetzt. Das tat auch Göring, der schwer am Oberschenkel verwundet worden war und sogar noch mehr zu leiden hatte als ich.

Die Tür wurde mir von Helene geöffnet, Hanfstaengls schöner amerikanischer Frau. Später verbreitete er Geschichten, wonach ich einen hysterischen Anfall gehabt hätte, damit gedroht hätte, mich zu erschießen, dass sie mir die Waffe aus der Hand genommen hätte und so weiter. Ein andermal behauptete er, dass ich sie angefleht hätte, sich von ihm scheiden zu lassen und mich zu heiraten. Das ist alles reine Erfindung. Wahr ist allerdings, dass sie mir zur Aufmunterung sagte, ohne mich würde die Partei zusammenbrechen. Das gab mir zumindest die Kraft, mich der Zukunft zu stellen.

Zwei Tage später stellte ich mich der Polizei und wurde verhaftet. Drei Monate danach wurden meine Mitverschwörer und ich vor Gericht gestellt. Zu diesem Zeitpunkt war meine Verletzung verheilt. Ich fühlte mich hervorragend, wie es Menschen oft geht, wenn die Dinge schwierig werden und es Hindernisse zu überwinden gibt. Ich verteidigte mich selbst und erklärte dem Gericht, dass wir Idealisten seien und in bester Absicht gehandelt hätten. Darüber hinaus übernahm ich die volle Verantwortung für alles, was geschehen war. Ich verkündete: „Mögen Sie uns tausendmal schuldig sprechen, die Göttin des ewigen Gerichts der Geschichte wird lächelnd den Antrag des Staatsanwalts und das Urteil des Gerichts zerreißen; denn sie spricht uns frei."

Der Prozess verschaffte mir zum ersten Mal die Gelegenheit, Zuhörer nicht nur in Bayern, sondern in ganz Deutschland zu erreichen. Auch eine große Abordnung ausländischer Journalisten nahm an den Verhandlungen teil. Und es funktionierte. Ich wurde lediglich zu fünf Jahren Festungshaft verurteilt, die nach weniger als einem Jahr zur Bewährung ausgesetzt werden konnte. Meine Gefährten erhielten geringere Strafen. Ludendorff, der Einzige aus unseren Reihen, der sich nicht auf den Boden geworfen hatte, sondern geradewegs in das Polizeispalier hinein- und durch es hindurchgeschritten war, wurde freigesprochen. Er tobte und schimpfte, behauptete, dass der Freispruch eine Beleidigung sei, und verlangte, wieder eingesperrt zu werden, doch vergebens. Er hatte den schlimmsten Fehler des ganzen Vorfalls begangen, indem er das Triumvirat hatte gehen lassen. Von diesem Moment an schwand sein Einfluss rasant, und er trat von der geschichtlichen Bühne ab. Um ihn zu trösten, bot ich ihm 1935 den Rang des Generalfeldmarschalls an. Er aber stand anscheinend immer noch unter dem Einfluss der verrückten Ideen seiner Frau und lehnte ab.

Ich werde hier nicht auf die Einzelheiten meiner Haftzeit in Landsberg eingehen. Wie bereits erwähnt, war sie meinem Leben hier in der Hölle nicht unähnlich. Damals wie heute gab es keine Hunde. Sehr schade, aber offenbar findet man die treuen Geschöpfe nur im Paradies. Die Wärter waren allesamt sehr freundlich, und ich trage ihnen nichts nach. Später traten einige von ihnen sogar in unsere Bewegung ein. Meine Zelle wurde ein Wallfahrtsort für Hitlerjungen und andere. Es gibt da allerdings noch eine amüsante Kleinigkeit, die ich erwähnen möchte. Die Gefängnisleitung gestattete mir, so viele Besucher zu empfangen, wie ich wollte. Viele von ihnen waren Frauen. Tatsächlich war es eine Frau, Winifred Wagner, die mir das Papier gab, auf das ich zuerst Maurice und später Heß *Mein Kampf* diktierte. Wenn man sie fragte, wer sie waren und was sie wollten, dachten sich die Damen alle möglichen an den Haaren herbeigezogenen Blutsverwandtschaften aus. Angeblich soll einer der Wärter bemerkt haben, er habe nie jemanden getroffen, der so viele Mütter gehabt habe.

Haben Sie sich schon einmal die Ouvertüre aus Beethovens Schauspielmusik zu Goethes Trauerspiel *Egmont* angehört? Ich habe das viele Male getan, sowohl während meines irdischen Aufenthalts als auch hier in der Hölle. Die Geschichte handelt von einem niederländischen Adligen des 16. Jahrhunderts, Lamoral Graf von Egmond. Er hatte sich erhoben, um sein Land vom spanischen Joch zu befreien, wurde gefangengenommen und starb 1568 auf dem Schafott. Sein Geist jedoch starb nicht mit ihm. Stattdessen stieg er aus dem Grabe auf und wurde viel mächtiger und einflussreicher, als er zu Lebzeiten jemals gewesen war. All das hat Beethoven, unser urdeutscher Beethoven, in seiner Musik eingefangen. Nicht umsonst ließ ich ihm in Bonn ein neues Denkmal errichten! In ganz ähnlicher Weise wurde unser Putsch zu einem Sinnbild und einer Legende, eben gerade weil er fehlgeschlagen war und einige unserer Männer ihr Leben für die Sache geopfert hatten und gefallen waren.

Legenden haben ihre ganze eigene Weise der Entfaltung. Nachdem unsere erst einmal in der Welt war, schmückten unsere eigenen Propagandisten und andere sie Jahr für Jahr weiter aus und erweiterten sie. Die Hakenkreuzfahne, die wir bei uns gehabt hatten, konnte gerettet werden. Später kam jemand auf die Idee, sie als Blutfahne zu bezeichnen. Jedes Jahr, wann immer eine neue SA-Einheit ihre Feldzeichen erhielt, wurden diese von mir als dem Führer geweiht, indem ich sie mit der einen und die Blutfahne mit der anderen Hand berührte. Danach blickte ich den Kommandeuren fest in die Augen, um sie die Feierlichkeit des Moments spüren zu lassen, und reichte ihnen die Hand. Nach unserer Machtergreifung wurde der Marsch jedes Jahr nachvollzogen, und ich sprach im Bürgerbräukeller zu meinen alten Kameraden, so wie ich es 1923 getan hatte.

Der Putsch lehrte uns – zumindest mich – auch einige wichtige Dinge. Einige Historiker haben meine SA-Männer, wie sie damals waren, als eine hochdisziplinierte, schwerbewaffnete Truppe beschrieben. In Wahrheit waren sie weder das eine noch das andere. So, wie sie aussahen, hätten sie aus einem Konzentrationslager geflüchtet sein können! Gewiss, Röhm hatte ihnen dank seiner Verbindungen zur Reichswehr Waffen besorgen können. Damit wurde jedoch kein einziges Mal das Feuer auf die Vertreter der öffentlichen Ordnung eröffnet. Davon abgesehen waren viele der Männer raubeinige Jugendliche, um es deutlich zu sagen: Raufbolde, die niemals eine echte militärische Ausbildung durchlaufen hatten. Nicht wenige von ihnen hätten gar nicht gewusst, was sie mit einem Gewehr anfangen sollten, wenn man ihnen eines gegeben hätte. Bis auf das eine Mal auf dem Odeonsplatz, das für uns alle wegweisend werden sollte, setzte auch die Polizei ihre Waffen nicht ein. Immerhin wurde so ein Bürgerkrieg verhindert.

Im größeren Zusammenhang betrachtet, wurde klar, dass wir die Stärke der Republik unterschätzt hatten. Sie mochte vielleicht nicht besonders tief im Volk verwurzelt sein, das zu großen Teilen sehnsüchtig auf die Vergangenheit blickte. Wie hätte es das auch nicht tun sollen, wo es doch – frei nach Dietrich Eckart – von einer Bande von Verrätern und verlogenen Demokraten geführt wurde, die immer nur in ihren nassen Hosen zitterten? Auf der anderen Seite war das Volk aber auch nicht bereit, zu kämpfen, geschweige denn das Leben einzusetzen, um diese Regierung durch irgendeine andere zu ersetzen.

Ein Grund dafür war die schiere Erschöpfung. Neun Jahre nach dem Ausbruch des Ersten Weltkriegs und fünf Jahre nach seinem Ende war das Einzige, was die meisten unserer Landsleute wollten, genug Stabilität, um endlich an die Behebung des gewaltigen Schadens gehen zu können, den sie erlitten hatten. Ein weiterer Grund war das Ergebnis der Reichspräsidentenwahl, die erstmals im März 1925 abgehalten worden war. Dabei war Generalfeldmarschall Paul von Hindenburg ins Amt gewählt worden, der Mann, der seit 1915/16 in ganz Deutschland wie kein anderer verehrt worden war.

Ich will damit nicht sagen, dass Hindenburg irgendein überragendes Genie gewesen wäre. Das war er nicht. Während des Weltkriegs war in Berlin eine riesige Statue von ihm aufgestellt worden. Für ein paar Pfennige konnten die Leute dort einen Hammer nehmen und Nägel in ihn einschlagen. Das brachte einen seiner englischen Biografen, John Wheeler-Bennett, dazu, ihn den „hölzernen Titan" zu nennen, was ein sehr passender Spitzname war. Er war im Herzen Monarchist, hatte nie geglaubt, dass er einmal eine solche Rolle spielen würde, und nahm es den Menschen für immer übel, dass sie ihn dazu genötigt hatten. Das war auch beileibe kein Wunder, war er doch bei seinem Amtsantritt bereits 78 Jahre alt. Seine großen Stärken waren stählerne Nerven, Unerschütterlichkeit und jener Mut, den ein Mann in seiner Stellung brauchte, um ohne Leibwächter in der Öffentlichkeit aufzutreten. Noch wichtiger war seine Bereitwilligkeit, Verantwortung zu übernehmen. Gleichwohl war er stets etwas begriffsstutzig und nie eine intellektuelle Leuchte.

Um zum eigentlichen Thema zurückzukehren: Ich persönlich lernte aus dem Putsch, dass Deutschland nicht Italien war. Als die Schwarzhemden auf Rom marschiert waren, hatten die italienische Armee und die Polizei danebengestanden und nichts getan. In unserem Fall war das anders gewesen. Ich folgerte daraus, dass wir uns in Zukunft auf legale Maßnahmen würden beschränken müssen. Viele meiner Kameraden waren mit dieser Entscheidung nicht einverstanden. Das galt insbesondere für die Kämpfer der SA. Sie betrachteten uns als revolutionäre Bewegung und lechzten immer danach, loszuschlagen. Nach der Parole der Französischen Revolution nannten mich einige spöttisch „Adolf Legalité", und Goebbels notierte: „Nun sind wir streng legal, egal legal." Ich aber blieb stur. Wie ich meinen Gefährten sagte, mussten wir uns nun eben die Nasen zuhalten und in den Reichstag einziehen, natürlich immer mit dem Ziel, diese Einrichtung zuerst zu unseren Zwecken auszunutzen und dann in die Luft zu jagen. Es gab einfach keinen anderen Weg.

Und zuletzt, bei aller Bescheidenheit, lehrten mich der Putsch, der Prozess und meine Zeit in Landsberg auch eine Menge über mich selbst und über die Rolle, die ich in der Geschichte meines Landes spielen könnte. Ich stammte immerhin aus einfachen Verhältnissen. Auch wenn ich immer das Gefühl gehabt hatte, dass etwas Besonderes an mir sein könnte, hielt ich mich selbst während des auf den Putsch folgenden Prozesses noch immer lediglich für einen „Trommler". Wie ich dem Gericht erklärte, war es meine Aufgabe, die Seelen zusammenzurufen und sie auf den kommenden großen nationalen Führer vorzubereiten. Eine Zeitlang hatte ich sogar geglaubt, dass der Name dieses Führers Erich Ludendorff lauten könnte. Das war einer der Gründe gewesen, weshalb ich ihn so sehr umworben hatte.

Doch Ludendorff erwies sich als eine tiefe Enttäuschung, wie bereits gesagt. Er war ein großer Soldat gewesen. Aber er war ganz sicher kein großer Volkstribun, der die Massen hinter sich vereinen konnte. Vielleicht war er, der 1865 Geborene, auch mittlerweile einfach zu alt für die Rolle, die er so gerne gespielt hätte, aber nicht spielen konnte. In Landsberg kam mir zum ersten Mal der Gedanke, dass vielleicht ich selbst es war, den die Vorsehung auserwählt hatte, um sein Volk in dieser Krisenzeit zu führen. Die folgenden Jahre sollten diese Auffassung vollumfänglich bestätigen.

8. Meine glücklichsten Jahre

Wie Nietzsche so schön geschrieben hat: Was mich nicht umbringt, macht mich stärker. Wie sich herausstellte, war das bei mir der Fall. Ich verließ Landsberg viel stärker und selbstbewusster, als ich jemals zuvor gewesen war. Die Monate, die ich in Haft verbracht hatte, boten mir nach den vorangegangenen zehn Jahren der Aufregung, der Strapazen und der Gefahren eine willkommene Gelegenheit, zur Ruhe zu kommen. Sie verschafften mir auch die Muße, die man braucht, um nachzudenken und vorauszuplanen.

Ich verließ das Landsberger Festungsgefängnis am 20. Dezember 1924, 13 Monate, nachdem ich es zum ersten Mal betreten hatte. Zuvor hatte ich mein gesamtes Bargeld, 282 Mark, den Kameraden übergeben, die dort zurückbleiben mussten. Endlich wieder frei – was für ein Gefühl! Ich brauchte einige Wochen, um mich wieder daran zu gewöhnen, dass sich nicht jeden Moment eine harte Hand auf meine Schulter senken konnte. Mein erstes Ziel war Hanfstaengls brandneue Münchener Villa. Sein Sohn, der dreijährige Egon, freute sich, mich wiederzusehen. Früher einmal hatte ich für ihn die Geräusche aller Arten von Artillerie nachgeahmt. Nun erfüllte ich ihm den Wunsch und tat es erneut. Ich bat Hanfstaengl, der ein recht ordentlicher Pianist war, für mich zu spielen. Es entspannte mich, mir „Isoldes Liebestod" anzuhören. Das war genau die Art von Musik, die mir Tränen in die Augen steigen ließ! In Landsberg hatte ich etwas zugenommen, weil unsere wohlhabenden Besucher so viel gutes Essen mitgebracht hatten, dass unser Speisezimmer an ein Feinkostgeschäft erinnerte. Noch am gleichen Abend, als das Abendessen serviert wurde, verkündete ich Hanfstaengl meinen Entschluss, kein Fleisch mehr zu essen und keinen Alkohol mehr zu trinken. Diese Entscheidung hielt ich bis ans Ende meiner Tage ein.

Während ich mich noch an die ungesiebte Luft gewöhnte, musste ich feststellen, dass die Partei, die ich fast im Alleingang aufgebaut und in die ich so viel Herzblut gesteckt hatte, mehr oder weniger zerfallen war. Ich hatte Rosenberg zum Nachfolger für die Zeit meiner Abwesenheit ernannt. Immerhin waren die meisten anderen entweder im Gefängnis oder ins Ausland geflohen. Unglücklicherweise hatte er sich als völlig unfähig erwiesen, das zu tun, was getan werden musste. Er war schon immer in erster Linie ein Mann der Worte und nicht des Handelns gewesen. Auch sein hochmütiges Verhalten und seine Neigung zur Besserwisserei schreckten viele Unterstützer ab. Die Führer der verschiedenen Ortsverbände hielten sich damit auf, einander mit Zähnen und Klauen zu bekämpfen. In der Zwischenzeit schwanden die wenigen Mittel, die wir gehabt hatten, dahin. Am Ende waren es die Frauen – Frau Bruckmann, Frau Bechstein und ein paar andere –, die das Schlimmste irgendwie abwenden konnten. Dafür sind die Partei und ich persönlich ihnen auf ewig dankbar.

Offiziell war ich ein ehemaliger Festungshäftling mit Vorstrafen. Dementsprechend ging es mir zuallererst darum, meinen Ruf wiederherzustellen. Ich war in der Lage, mich einige Male mit dem bayerischen Ministerpräsidenten Heinrich Held von der Zentrumspartei zu treffen, der die Nachfolge Knillings angetreten hatte. Ich überzeugte den betagten Herrn davon, dass ich von nun an nur mit legalen Mitteln nach der Macht streben würde. Auch das war ein Versprechen, das ich eisern einhielt. Sicher, die Vorgehensweise unserer SA im Umgang mit politischen Gegnern war nicht immer wirklich feinfühlig. Wie hätte es angesichts des Treibens unserer roten Feinde auch anders sein sollen? Aber niemand konnte mich in der Folgezeit bezichtigen, irgendetwas Ähnliches wie die Affäre von 1923 zu planen, ganz zu schweigen vom Versuch der Durchführung.

Die Gespräche verliefen gut, was sich daran zeigte, dass kurze Zeit später die meisten meiner noch inhaftierten Kameraden ebenfalls freigelassen wurden. Die Partei, die nach dem Putsch verboten worden war, wurde wieder zugelassen und konnte offen arbeiten. Mit Hoffmanns Hilfe mietete ich eine Wohnung an, die als unser Hauptquartier diente. Bereits am 16. Februar konnte sogar unser *Völkischer Beobachter* wieder erscheinen, dessen Titelkopf ich selbst entworfen hatte, um ihn von allen anderen Zeitungen zu unterscheiden. Er schuf ein Betätigungsfeld für Rosenberg, zu dem er sich besser eignete als für die Führung irgendeiner Organisation. Der nächste Schritt war, meine Kontrolle über die Partei wiederherzustellen. Ich war immerhin bei weitem ihr größter Aktivposten und der Einzige, der in der Lage war, große Zuhörerscharen anzuziehen und für unsere Sache zu begeistern. Ich hielt die Trumpfkarte, und ich sorgte dafür, dass die anderen es nicht vergaßen.

Gleichwohl war es noch immer alles andere als einfach. Mit der vielfältigen Bande fertigzuwerden, die meine Abwesenheit genutzt hatte, um in trüben Wassern zu fischen, verlangte all meine Energie und Überzeugungskraft. Die Tatsache, dass es mir bis 1927 in ganz Deutschland und bis 1928 in Preußen als dem mit Abstand größten deutschen Staat verboten war, vor Versammlungen von Nichtparteimitgliedern zu sprechen, machte es nicht gerade einfacher. In Berlin ebenso wie anderswo meinten die herrschenden feinen Herren, wenn sie von Freiheit sprachen, nur ihre eigene! Ich schluckte meine Wut über diese Beleidigung herunter und tat, was Politiker eben tun. Ich gewann Unterstützer. Ich bedrängte, ich beschwor, und ja, ich umschmeichelte politische Führer. Ich schloss Bündnisse. Ich entledigte mich einiger Kameraden, die – oft unter Berufung auf dieses oder jenes verrückte Programm – mich nicht anhören oder meine Autorität als Führer nicht anerkennen wollten. Übrigens habe ich keine Ahnung, wer diesen Titel erstmals verwendet hat. Er war einfach so in Umlauf, bis mehr und mehr Menschen ihn benutzten.

Der Höhepunkt meines Einsatzes kam am 27. Februar 1925 während einer Versammlung im Bürgerbräukeller, an genau dem Ort, wo wir unseren Putsch begonnen hatten. Einige meiner wichtigsten Mitarbeiter weigerten sich, teilzunehmen, oder waren nicht dazu in der Lage. Einer von ihnen war Rosenberg, der die Hosen voll hatte. Weitere waren Göring, der sich noch von seiner Verwundung erholte, und Röhm, der versuchte, seine eigene Nationalsozialistische Freiheitspartei zusammenzuhalten. Der alte Wirrkopf Drexler war anwesend und versuchte noch immer, zu beweisen, dass er wichtig sei. Letztendlich übernahm mein zuverlässiger Geschäftsführer Max Amann den Vorsitz. Bereits drei Stunden vor meinem Eintreffen war der Saal brechend voll. Weitere Menschenmengen standen draußen auf der Straße. Ich sprach zwei Stunden lang, erläuterte die Gründe für die Not, in der sich Deutschland befand, verlangte von den Anwesenden, dass sie ihre Streitereien beilegten und sich zusammenschlossen, um die Nation zu retten, und sagte voraus, dass der kommende Weg lang und hart werden würde. Außerdem verlangte ich die volle Entscheidungsgewalt – ich würde keine Opposition dulden – und schloss damit, dass ich all die vielen Bereichsleiter vortreten und mir als Parteiführer ihre unverbrüchliche Treue schwören ließ. Nachdem diese Zeremonie vorüber war, fand der Applaus einfach kein Ende.

Die Wahl, die Hindenburg die Präsidentschaft einbrachte, erledigte gleichzeitig Ludendorff. Unter dem Einfluss seiner lieben Mathilde hatte er einen mehr und mehr antikatholischen Standpunkt bezogen. Das im katholischen Bayern zu tun, war eine idiotische Entscheidung, die ihm nichts einbringen konnte. Es war kaum überraschend, dass er nur ein Prozent der Stimmen erhielt. Er warf sofort das Handtuch und zog sich in eine Villa in Tutzing bei München zurück, von wo aus er und Mathilde weiter ihr Geschwafel verbreiteten. Unsere eigenen Ergebnisse waren kaum besser, doch ich nahm mir das nicht zu sehr zu Herzen. Meine Hauptaufgabe war es nun, die Partei weiter auszubauen. Auch das war alles andere als einfach. Das größte Hindernis war Otto Strassers älterer Bruder Gregor. In Bayern geboren und von Beruf Apotheker, war dieser Strasser ein begabter Redner, der beinahe an mich heranreichte. In der Vergangenheit hatte er als Mitglied eines Freikorps aktiv an der Niederschlagung des Kommunismus in München teilgenommen, ebenso wie auch an unserem Putsch. Nachdem er angeklagt und zu einer Gefängnisstrafe verurteilt worden war, hatte man ihn für den Völkischen Block in den Reichstag gewählt. Im Mai 1924 war er freigelassen worden.

Als die Partei wiedergegründet wurde, machte ich Strasser zum Leiter unserer Propagandaabteilung und schickte ihn in den Norden, um unsere Organisation dort aufzubauen. Dabei hatte er beträchtlichen Erfolg. Tatsächlich war er so erfolgreich, dass sein Teil der Partei zeitweilig mehr Mitglieder zählte als meiner. Das Problem bei Strasser war, dass er sich schon damals und auch später nicht allzu streng an die Parteilinie hielt. Zusammen mit vielen SA-Männern entwickelte er ein radikal sozialistisches Gedankengut, das ich nicht hinnehmen konnte und durfte. Er wollte sogar unser 25-Punkte-Programm ersetzen! Es bedurfte einer Führertagung unserer Partei, die im Februar 1926 in Bamberg stattfand, um die Streitpunkte mehr oder weniger auszuräumen. Wenn auch die Zukunft zeigen sollte, dass meine Schwierigkeiten mit ihm keinesfalls beendet waren, so gelang es mir doch, seinen Mitarbeiter Dr. Joseph Goebbels, einen – damals – jungen Mann mit einer herausragenden propagandistischen Begabung, auf meine Seite zu ziehen. Es war ganz einfach; ich brauchte nur meinen Mercedes samt Fahrer loszuschicken, um ihn vom Bahnhof abzuholen. Auch später sollte er wenig mehr verlangen als ein gelegentliches Schulterklopfen.

Damit war die Sache vorerst geklärt. Die nächsten zwei Jahre über lebte ich für die Partei. 24 Stunden am Tag redete und organisierte, organisierte und redete ich. Während ich meine Reden stets sorgfältig an die Gegebenheiten und das Publikum anpasste, konzentrierte ich mich doch mehr und mehr auf die wesentlichen Punkte. Das waren in unbestimmter Reihenfolge die Notwendigkeit, die Revolution vom November 1918 rückgängig zu machen, uns mit aller Macht gegen den Marxismus zu stemmen, den Juden Einhalt zu gebieten, indem wir sie entrechteten und aus allen öffentlichen Ämtern entfernten (ungeachtet einzelner Sätze in *Mein Kampf* kam die Idee, dass man sie alle umbringen müsse, erst viel später auf), das Erfordernis, die Fesseln von Versailles abzuschütteln und unsere Streitkräfte wiederaufzubauen, sowie zu guter Letzt die Notwendigkeit, zusätzlichen Lebensraum zu gewinnen, um unser täglich Brot sicherzustellen. Ich präsentierte diese Vorstellungen, wie es mir gerade angemessen erschien, mal auf die eine und mal auf die andere Weise, und fügte jedes Mal neue Beispiele hinzu, um sie zu veranschaulichen. Anscheinend wirkte ich recht überzeugend, denn mit der Zeit entstand ein regelrechter Kult um mich. Goebbels, der zur Heldenverehrung neigte, fachte ihn an, so gut er nur konnte.

Führungsgewalt ausüben zu können, ist eine Gabe, mit der man geboren worden sein muss. Es ist aber ebenso eine Kunst, die man erlernen und meistern muss. Abgesehen von Rede- und Organisationstalent braucht es dafür zwei widersprüchliche Faktoren. Einerseits muss man unbekümmert und zugänglich sein (oder zumindest so wirken). Die Zeiten, in denen der Kaiser versuchte, mit seiner umfangreichen Sammlung an glänzenden Uniformen Eindruck zu schinden, sind vorbei. Auch Federbüsche, goldene Kutschen und hoch ausschreitende Pferde locken niemanden mehr hinter dem Ofen hervor. Man muss sich um jeden Preis als Mann des Volkes darstellen. Für mich war das keine große Schwierigkeit. Immerhin war ich ein Mann des Volkes und bin es immer geblieben.

Man darf Volksnähe aber nicht mit plumper Vertraulichkeit verwechseln. Niemand ist für seinen Diener ein Held, wie man so schön sagt. Ebenso wenig ist jemals ein Mann ein erfolgreicher Führer geworden, indem er sein Herz auf der Zunge trug. Deshalb ist es unerlässlich, seine Meinung für sich zu behalten – etwas, worin ich immer sehr gut war. Auch ist es notwendig, einen gewissen Abstand zu wahren und sich einen geheimnisvollen Nimbus zu schaffen, der Anhänger anzieht und im Umgang mit Freund und Feind einen gewissen Vorsprung verschafft. Das – und nicht etwa Schüchternheit, wie so viele Menschen glaubten – war der Grund, weshalb ich mein gesamtes Erwachsenenleben lang nur sehr wenigen Menschen gestattete, mich zu duzen.

In der modernen Welt ist eines der zentralen Werkzeuge, dessen sich die Führung bedienen kann und muss, die Fotografie. Dabei war der bereits erwähnte Hoffmann meine rechte Hand. Hoffmanns Vater hatte ihn – ebenso wie meiner mich – daran gehindert, Künstler zu werden, was uns miteinander verband. Außerdem war er ein Witzbold, in dessen Gesellschaft ich mich entspannen konnte; er brauchte mich nie mit „Mein Führer" anzusprechen, wie es alle anderen taten. Ich besuchte ihn öfters zu Hause und mochte ihn und seine Frau Nelly sehr. Sie war eine noch viel begeistertere Nationalsozialistin als er; was das anging, glich sie den Ehefrauen etlicher meiner Mitarbeiter. Leider starb sie 1928. Hoffmann heiratete zwar wieder, kam jedoch niemals wirklich über diesen Schicksalsschlag hinweg und trank am Ende viel mehr, als gut für ihn war.

Im Oktober 1923 hatte ich ihn zu meinem Leibfotografen gemacht – eine Stellung, die er die nächsten 22 Jahre lang innehaben sollte. Nur Gott allein weiß, wie viele Bilder von mir er und seine Assistenten aufgenommen haben. Anfangs verlangte ich, dass er keines davon ohne mein Einverständnis veröffentlichte. Später, als sich unsere Bekanntschaft vertieft hatte, konnte ich darauf vertrauen, dass er wusste, was zu tun war. Er begleitete mich überallhin und war der einzige Pressefotograf, der ohne die entsprechende Armbinde arbeiten durfte. Sein Armband war ich, wie ich ihm einmal sagte. Mit der Zeit machte ihn sein Monopol auf Bilder von mir zu einem sehr wohlhabenden Mann. Für mich hatte diese Regelung den Vorteil, dass sie mir ermöglichte, den Fehler einiger altgedienter Weimarer Politiker zu vermeiden, die zugelassen hatten, dass man sie in Badehosen „in der Sommerfrische" abgelichtet hatte. Stattdessen zeigte ich mich der Öffentlichkeit nur so, wie ich es wünschte, also angemessen gekleidet und in würdevoller Haltung, die dem Anlass angemessen war. Und was dieses aufdringliche Ungeziefer angeht, das man heute Paparazzi nennt ... Nun, wofür hat man denn Leibwächter und Konzentrationslager?

Unser Erfolg bei den verschiedenen Wahlkämpfen blieb ziemlich bescheiden, doch davon ließ ich mich nicht entmutigen. Auch wenn das manchmal schwer war, konzentrierte ich mich auf die Lichtblicke. Dabei unterstützte mich Goebbels, den ich zu unserem Gauleiter im „roten" Berlin ernannt hatte. Er musste sich mit einer winzigen Wohnung in Caputh bei Potsdam begnügen, doch niemand war erfindungsreicher im Ersinnen von Wegen, um uns bekannter zu machen und unseren Gegnern Streiche zu spielen. Ein weiterer ermutigender Faktor war die SA. Die Hingabe und Opferbereitschaft unserer Braunhemden, die allesamt Freiwillige waren und uns für einen wirklich sehr geringen Lohn dienten, kann nicht genug gelobt werden. Sie gaben mir stets Hoffnung und Ansporn.

Auch für mich persönlich waren diese Jahre mit die glücklichsten meines Lebens. Meine Einkünfte aus dem Verkauf von *Mein Kampf* waren recht bescheiden, vor allem in den ersten ein bis zwei Jahren. Natürlich sollten sie später steigen. Und wie! 1928 jedoch war das noch immer Zukunftsmusik. In der Zwischenzeit bezahlten mich Amann und Rosenberg großzügig für die Artikel, die ich schrieb. Und vor allem gab es die Finanzen, die mir die Partei zur Verfügung stellte und aus denen ich mich bediente, wie ich es als notwendig und meinen Aufgaben angemessen erachtete. So oder so waren die Geldsorgen, die mir einen so großen Teil meines bisherigen Lebens verdunkelt hatten, verschwunden. Tatsächlich wurde ich langsam reich. Aber der Wohlstand machte mich nicht zu einem Geizkragen, wie es so oft mit Menschen passiert, die wie ich die Armut erlebt haben. Wenn überhaupt, dann war das Gegenteil der Fall: Ich bestand immer darauf, die Leute zu bezahlen, die etwas für mich erledigten, selbst wenn sie sich weigerten, Geld zu nehmen, was öfters der Fall war.

Ich war in der Lage, mir eine Villa in Berchtesgaden zu mieten (und später zu kaufen), einem Ort unweit des reizenden Königssees und nahe der Grenze zu Österreich, den mir ursprünglich Dietrich Eckart gezeigt hatte. Das Haus bot den Vorteil, auf der Nordseite eines Hügels zu liegen, wodurch es immer schattig war. Ich gab ihm den Namen Berghof, gestaltete es höchstpersönlich um und füllte es mit schönen Stücken, die den Geist erbauten und mich bei der Erfüllung meiner großen Aufgabe inspirierten. Es kam mir an den Wochenenden sehr zupass und wurde mit der Zeit zu meinem liebsten Aufenthaltsort. Auch Ausländer, die den Berghof vor dem Krieg besuchten, etwa der englische Journalist George Ward Price, mochten ihn. Ich bat meine verwitwete Halbschwester Angela Raubal, den Hof für mich zu verwalten, und sie willigte ein. Darüber hinaus hatte ich eine Reihe von Kammerdienern. Irgendjemand musste schließlich meine Kleider auswählen und zurechtlegen, sie wieder einsammeln, nachdem ich sie getragen hatte, für das Essen sorgen, meine Zimmer putzen, Arzttermine machen und sich um tausend andere kleine, aber unverzichtbare Einzelheiten kümmern. 1929 mietete ich zusätzlich eine elegante Wohnung mit neun Zimmern am Prinzregentenplatz im Zentrum von München.

Es schön haben zu wollen, bedeutet jedoch nicht, herumzuprotzen. Wie meine Besucher feststellten, lebte ich nie anders als in dem bescheidenen Luxus, den sich – sagen wir mal – ein erfolgreicher Geschäftsmann leisten würde. Ich wechselte nicht mehrmals am Tag die Uniform oder bedeckte mich mit Orden und Edelsteinen. Im Gegensatz zu einem gewissen dekadenten Mistkerl aus England, den ich hier nicht namentlich nennen werde, schraubte ich die Tube meiner Zahncreme immer selbst auf und drückte sie auch selbst auf die Bürste. Im Gegensatz zu ihm habe ich auch nie einer Frau gesagt, dass ich gerne ihr Tampon wäre. Meine Villa konnte bei weitem nicht mit den prachtvollen Häusern mithalten, die einige meiner Weggefährten wie Göring und Amann sich später erbauen ließen. Genauso wenig ließ sie sich mit dem Lebenswandel der kaiserlichen Hohenzollern vergleichen, denen zu der Zeit, als sie endlich entthront wurden, mehr als 100 Burgen und Schlösser in ganz Deutschland gehörten. Wie ich hörte, brauchte es ganze Güterzüge mit insgesamt 59 Wagen, bloß um das Gepäck des Kaisers über die Grenze nach Holland zu schaffen.

In meiner Funktion als Parteiführer und politischer Journalist in den späten 1920ern wohnte ich in eher bescheidenen Hotels. Das Zimmer, das ich im Weimarer Hotel „Elephant“ regelmäßig buchte, verfügte beispielsweise zwar über fließendes Wasser, aber weder über ein Bad noch über eine Toilette. Wann immer ich mein Zimmer verließ oder wieder zurückkehrte, stellten sich an beiden Seiten des Flurs Menschen auf und grüßten, wodurch sie mich dazu zwangen, verlegen lächelnd den Spießrutenlauf anzutreten und das Gleiche zu tun! Andere Leute versammelten sich auf dem angrenzenden Platz und riefen: „Lieber Führer, komm heraus aus dem Elefantenhaus!“ Später ließ ich das Hotel modernisieren.

Für meine Reisen durch das Land benutzte ich einen Mercedes, der alle paar Jahre ausgetauscht wurde. Oft begleitete uns ein zweiter Wagen mit Leibwächtern, Gästen und Freunden. Wenn wir an einer hübschen Stelle vorbeikamen, breiteten wir oft sogar eine Decke aus und picknickten auf offenem Feld! Mein Terminplan war zwar voll, aber bei weitem noch nicht so überfüllt wie später, als ich zuerst der Führer einer großen Massenpartei und dann Reichskanzler wurde. Und er war längst noch nicht so starr und formell; dadurch, dass mein Anhang so klein war, hatte ich kaum Schwierigkeiten, in letzter Minute meine Pläne umzustellen. Er war auch klein genug, um Verfolger abzuschütteln, indem wir uns aufteilten. Das Beste aber war, dass ich noch nicht dazu genötigt war, eine endlose Zahl von hochnäsigen Beamten, Diplomaten und hohen Offizieren zu treffen. Das ist die Sorte von Menschen, die ich immer schon nicht leiden konnte und die ihrerseits auch mich niemals mochten, ganz egal, wie sehr sie dazu verpflichtet waren, mir zu schmeicheln.

Ich begegnete auch unzähligen Frauen. Während meiner Jugendzeit in Linz war ich zu schüchtern gewesen, um sie anzusprechen. Das Einzige, was ich je gewagt hatte, war gewesen, der armen Stefanie einen Brief zu schreiben, in dem ich ihr versprach, Architekt zu werden, und sie darum bat, auf mich zu warten! In Wien, in München und beim Heer war das anders. Vor allem in erstgenannter Stadt war es unmöglich gewesen, die zahllosen halbnackten Prostituierten *nicht* zu bemerken. Genau deshalb war es in jenen Jahren mein dringendstes Anliegen, meinen Körper rein zu halten.

Ein paar Trottel haben nach der Lektüre von *Mein Kampf* behauptet, dass ich alle möglichen sexuellen Fimmel gehabt hätte. Das galt sogar für die Beamten des NKWD, die nicht lange nach dem Krieg für Stalin einen Bericht über mich zusammenstellten. Andere mutmaßten, dass mich die Syphilis und die Prostitution, durch die sie sich verbreitete, fasziniert hätten. Angeblich hätte ich ohne Ende über das Thema geschimpft. Als ob sie selbst nicht das Gleiche getan hätten, indem sie mich diesbezüglich beim Wort nahmen! Was diese feinen Herren übersehen, ist die simple Tatsache, dass diese Seuche vor allem in den Großstädten weitverbreitet war. Das war auch kein Wunder, denn schließlich verbreiteten die Juden sie absichtlich als Teil ihres Plans, um die deutsche Rasse zu schwächen und ihre eigene Herrschaft über die Welt zu festigen. Sie vergessen auch, dass es in der Zeit vor Einführung der Antibiotika kein echtes Heilmittel gab. Deshalb waren laut einiger Zahlen aus Amerika 70 Prozent all derjenigen, die nicht innerhalb von drei Jahren nach der Ansteckung behandelt wurden, „todgeweiht". Kurz gesagt: Für die damalige Gesellschaft war Syphilis das, was AIDS für die heutige ist – nur schlimmer, weil viel weiter verbreitet.

Trotz aller Vorkehrungen und Eindämmungsversuche seitens des Oberkommandos steckten sich während des Krieges ungefähr eine Million Soldaten in deutscher Uniform – also jeder zwölfte – mit Geschlechtskrankheiten an. Zeitweise waren dadurch von der Größenordnung her sozusagen ganze Divisionen kampfunfähig. Im Verhältnis betrachtet, erging es der englischen Armee noch übler. Das geschah diesen Heuchlern recht! Wie ernst das Problem war, lässt sich anhand der folgenden Geschichte erahnen: Ein paar Wochen, bevor sein Land in Pearl Harbor angegriffen wurde, äußerte der Sanitätsinspekteur der Vereinigten Staaten, Thomas Parran, der als „eine der Koryphäen in der Geschichte der sexuell übertragbaren Krankheiten" angesehen wurde, öffentlich, dass die Staaten 1917/18 zwei Kriege geführt hätten. Der eine sei der gegen Deutschland gewesen, den sie gewonnen hätten. Und der andere sei der gegen die Syphilis gewesen, den sie verloren hätten. Aus diesem Grund ließ die amerikanische Regierung in den 1930er Jahren über ihre Arbeitsbeschaffungsbehörde mehr Plakate zu diesem Thema herstellen als zu allen anderen Belangen des öffentlichen Gesundheitswesens. Was mich anging, so kann niemand behaupten, dass ich jemals vor einem Kampf zurückgeschreckt sei, weder im militärischen noch im politischen Bereich. Wenn es um Geschlechtskrankheiten ging, zog ich es jedoch vor, mich aus der Schlacht herauszuhalten.

Seit ich denken kann, habe ich Frauen immer gemocht. Welchem echten Mann geht es anders? Umso mehr, weil ich in Gestalt meiner Mutter das beste Beispiel vor Augen hatte, was wahre Fraulichkeit ausmacht. Wenn ihr Name Maria statt Klara gewesen wäre, hätte sie auch die Rolle der Mutter Gottes spielen können. Ich hielt die Frauen in Ehren und war ihnen gegenüber immer höflich. Vor allem wusste ich, wie man sie bezaubern konnte. Es war ganz einfach: ein Handkuss hier, ein kleines Kompliment dort. Ich gab ihnen das Gefühl, wichtig und begehrenswert zu sein. Von Jüdinnen einmal abgesehen, behandelte ich sie niemals auch nur annähernd so barsch, wie ich es – soweit erforderlich – mit Männern tat.

Ein reicher Mann kann eine Frau versorgen und ihr ein bequemes Leben bieten. Das beste Aphrodisiakum ist aber nicht Geld – es ist Macht, ob physische oder soziale. Physische Macht war es, die mindestens zwei römische Kaiserinnen, Messalina und Faustina, dazu verführte, sich mit Gladiatoren einzulassen. Ebenso dürsteten Prinzessin Stéphanie von Monaco, das Supermodel Heidi Klum und – Gerüchten zufolge – auch Prinzessin Diana danach, als sie Affären mit ihren Leibwächtern begannen. Soziale Macht, also die Herrschaft über andere Männer, ist sogar noch besser. Ein mächtiger Mann gibt einer Frau ein Gefühl von Sicherheit, das sie dazu verleitet, sich ihm hinzugeben sowie seine Kinder zu empfangen und auszutragen, was der größte Wunsch in ihrem Leben ist, wenn sie normal und nicht irgendein unnatürliches Wesen ist. Ein solcher Mann ist wie ein übergroßes Schmuckstück. Eine Frau kann ihn anlegen und bei ihren Freundinnen herumzeigen, um sie eifersüchtig zu machen: „Schaut mal, was ich habe!" Zu guter Letzt ist er jemand, zu dem sie aufschauen kann. Eine echte Frau, also eine, die ihren Instinkten gehorcht und sich nicht von Feministinnen das Hirn verdrehen lässt, *will* beherrscht und in ihre Schranken gewiesen werden. Unter gewissen Umständen will sie sogar bestraft werden. Wie sonst soll sie spüren, wie stark ihr Mann ist?

Kurz: Jede Frau begehrt einen Faschisten. Das gilt sogar für die meisten Feministinnen, auch wenn sie es – natürlich – noch so sehr abstreiten mögen. Und was die wenigen Ausnahmen angeht – wer sagt, dass das Frauen sind? Das sind Patzer der Natur, nichts weiter. Das Organ, das sie haben, benutzen sie nicht so, wie sie es sollten; das Organ, das sie nicht haben, begehren sie unbewusst. Ich hatte kaum begonnen, der Welt meinen Stempel aufzudrücken, da fingen die Frauen schon an, um mich herumzuschwirren wie junge Mädchen um einen Maibaum. Für die feinen Damen, die mich einluden, in ihren Salons zu sprechen, spielte ich den rauen Burschen – das war genau das, was sie wollten.

Ein weiteres hervorragendes Beispiel dafür, wie so etwas funktioniert, war Göring. Seine erste Frau, Carin Freifrau von Kantzow, war mit einem wirklich sehr reichen Mann verheiratet. Sie verliebte sich in Göring, nachdem er ihren Bruder während eines Schneesturms nach Hause geflogen hatte, bei dem kein anderer Pilot abzuheben wagte. Es kam auch nicht von ungefähr, dass sie Schwedin war. Schweden hat sehr, sehr lange keinen Krieg mehr erlebt. Das hat dazu geführt, dass die schwedischen Männer so schwach geworden sind, dass ihnen die Frauen in Scharen davonlaufen. Zu allem Überfluss macht das die Männer nicht einmal wütend auf die Frauen. Anstatt sie gebührend übers Knie zu legen, wie sie es verdient hätten, vergeben sie ihnen, so wie es auch Carins Ehemann tat. Kein Wunder, dass die Scheidungsrate in Schweden zu den höchsten auf der Welt zählt. Natürlich war Göring so habgierig, wie ein Mann nur sein konnte. Aber er war grundsätzlich monogam und hatte nie mehr als eine Frau zur selben Zeit; seine beiden Ehen waren ausgesprochen glücklich. Das unterschied ihn von einer ganzen Menge anderer Männer in seiner oder einer ähnlichen Stellung.

Weil ich Frauen nun einmal so mochte, umgab ich mich mit Kunstwerken, die sie in all ihrer Herrlichkeit abbildeten. Dazu gehörten Werke des Bildhauers Eugen Henke ebenso wie die der Maler Anselm Feuerbach, Franz von Stuck und Adolf Ziegler. Das berühmte Bild *Die vier Elemente* des Letztgenannten, auf dem jedes Element von einer jungen, nackten Frau verkörpert wird, hing in meiner Münchener Wohnung. Die Frauen selbst waren sich über meine Schwäche für sie sehr wohl im Klaren und baten mich oft um kleine Gefallen. Hier und da habe ich ihnen wahrscheinlich erlaubt, zu viel Einfluss auf mich auszuüben. So etwas ist immer ein Zeichen von Schwäche und somit ein Fehler. Ein Beispiel war die anbetungswürdige Frau Troost, eine von nur zwei Frauen, die sogar meine militärischen Hauptquartiere betreten durften. Sie redete so schnell, dass ich kaum etwas zwischendurch antworten konnte! Bei verschiedenen Anlässen legte sie ein gutes Wort für Juden ein. Einmal ging sie sogar so weit, mich zu bitten, in ihrer Anwesenheit einen Brief zu lesen, den einer von denen geschrieben hatte. Sie war ganz schön dreist.

Ein anderes Beispiel war Winifred Wagner. Sie war gebürtige Engländerin und hochintelligent; nach 1924 waren sie und ihr Ehemann Siegfried für einige Jahre die einzige Familie, die ich hatte. Wenn ich von München nach Berlin oder wieder zurück fuhr, übernachtete ich für gewöhnlich in der Villa Wahnfried in Bayreuth. Später errichteten sie sogar ein Seitengebäude, in dem ich und einige meiner Leute untergebracht wurden. Ihre jungen Söhne Wieland und Wolfgang nannten mich „Onkel Wolf". Ich erzählte ihnen viele Geschichten und habe nur die besten Erinnerungen an sie. Doch sie beschwerte sich unentwegt darüber, was für ein Schwächling Siegfried sei – der, nebenbei bemerkt, homosexuell war. Vielleicht ist das der Grund dafür, dass es nach seinem Tod 1930 Gerüchte gab, ich würde sie heiraten. Was für ein Unsinn.

Ich besuchte oft die Bayreuther Festspiele und kann bezeugen, dass Frau Wagner sie gut geleitet hat. Mehr als einmal half ich dabei, ihr die notwendigen Mittel zur Verfügung zu stellen. Meine Anwesenheit allein war natürlich schon ein Faktor, der eine Menschenmenge anzog. Das Problem war, dass sie versuchte, sich in die Politik einzumischen, wovon sie (wie die meisten anderen Künstler auch) nicht die geringste Ahnung hatte. Es stimmt, sie war eine begeisterte Nationalsozialistin. Und sie war eine der wenigen mit genug Mut, um es nicht nur bis zum Schluss, sondern in gewisser Weise noch darüber hinaus zu bleiben. Doch sie war auch sehr gutherzig und bat mich immer wieder, allen möglichen Leuten zu helfen, darunter auch – so ungern ich es zugebe – nicht gerade wenige Juden. Deshalb traf ich mich nach 1941 nicht mehr mit ihr und beantwortete auch keinen ihrer Briefe. Sie konnte sich glücklich schätzen. Dass nur wenige Menschen vom Bruch zwischen uns beiden wussten, machte sie sich zunutze, um weiterhin Juden zu helfen, so gut sie eben konnte. Ich wusste davon, beschloss aber, beide Augen zuzudrücken. Was hingegen die Leitung der Festspiele anging, so beschäftigte ich mich mehr mit ihren Söhnen als mit ihr. Die beiden erwiesen sich als gute Wahl.

Eine dritte Frau, die ich sehr mochte, war Henriette von Schirach. Zum ersten Mal traf ich sie im Haus ihres Vaters Heinrich Hoffmann. Sie war neun Jahre alt, und ich nannte sie „mein blonder Engel". Eine ganze Zeit später stellte ich ihr Baldur vor, und 1932 heirateten die beiden. Sie war sehr hübsch und munter. Aber sie wusste nicht, wo ihr Platz war, genauso wie Frau Wagner. 1943 lud ich sie einmal zum Tee auf den Berghof ein. Sie war gerade zum Einkaufsbummel in Amsterdam gewesen. Dort hatte sie unglücklicherweise eine Razzia mitansehen müssen, in deren Verlauf ein paar alte Judenweiber zusammengetrieben und auf Lastwagen verladen worden waren, die sie in die Durchgangslager für die Umsiedlung in den Osten bringen sollten. Jung und sanftmütig, wie sie war, hatte es sie tief getroffen. Einige meiner Männer waren anwesend, und ich musste hart bleiben. Deshalb sagte ich ihr, dass durch den täglichen Tod von Tausenden unserer besten deutschen Soldaten das biologische Gleichgewicht in Europa durcheinandergerate. Deshalb müsse nun einmal getan werden, was getan werden müsse. Fortan weigerte ich mich, sie zu empfangen. Nicht, weil ich sie nicht gemocht hätte, sondern weil ich sie zu sehr mochte.

Bevor ich mich weiter über dieses Thema äußere, möchte ich festhalten, dass der Sex zur damaligen Zeit noch nicht ansatzweise so viel öffentliche Aufmerksamkeit auf sich zog, wie er es – zum großen Teil „dank" Dr. Freud – später tat. Gebildete Menschen prahlten nicht mit der „Offenheit“ herum, mit der sie darüber diskutierten. Ganz im Gegenteil: Wie Streicher zu seinem Leidwesen feststellen musste, galt es als ausgesprochen geschmacklos, so etwas zu tun. Meine Helfer hier in der Hölle haben anhand von Google Ngram festgestellt, dass selbst das Wort an sich viel seltener gebraucht wurde als später. Stattdessen benutzte man alle möglichen Umschreibungen. Ebenso wenig wurden Persönlichkeiten des öffentlichen Lebens dafür gefeiert, wie viele Affären sie hatten, wie es heute so oft der Fall ist. Vielmehr galt es nicht nur als Vorteil, sondern geradezu als Voraussetzung für den Erfolg, sich *nicht* auf so etwas einzulassen – zumindest nicht öffentlich. Es ging darum, den Anstand zu wahren. Die Presse, die heutzutage nichts Besseres zu tun hat, als die Jugendsünden von Politikern aufzudecken, spielte damals mehr oder weniger mit. Die Zeiten, in denen Kindergartenkinder dazu verpflichtet sind, sich mit Geschlechtsverkehr – vor allem in all seinen widerwärtigen Abarten – zu beschäftigen, lagen noch weit in der Zukunft.

Zurück zu den 1920er Jahren. Ich hatte so viele Verehrerinnen, dass es notwendig wurde, die meisten von ihnen von mir fernzuhalten. Einige wussten, dass ich gern mit der Art von Peitsche auf die Straße ging, die manche Leute benutzen, um ihrem Hund beizubringen, wer das Sagen hat. Ich benutzte sie nie zu etwas anderem als zu dem Zweck, für den sie gedacht war; sie war sozusagen ein Teil meines Profils. Als ob es darum gegangen wäre, Nietzsches bekannten Satz zum Thema zu bestätigen, wetteiferten die Frauen darum, welche von ihnen mir die ausgefallenste Peitsche schenken würde. Am Ende besaß ich eine ziemlich ansehnliche Sammlung! Viele der fraglichen Frauen waren *durchaus nicht* alt und versuchten auch nicht, mich zu bemuttern. Einige waren wirklich sehr gutaussehend. Abgesehen von Helene Hanfstaengl war die Herausragendste von ihnen Fräulein Leni Riefenstahl. Riefenstahl hatte ihre Laufbahn als Tänzerin begonnen, war jedoch später ins Filmgeschäft gewechselt. Sie wich mir nicht von der Seite und versuchte wiederholt, mich zu verführen. Aber ich war nicht interessiert.

Nach meinem Tod führten sowjetische Ärztc eine Obduktion an etwas durch, das sie als meine verkohlten Überreste ausgaben, und behaupteten, entdeckt zu haben, dass ich nur einen Hoden gehabt hätte. Dazu möchte ich ein für alle Mal feststellen: Das ist völliger Schwachsinn. Umso mehr, weil etliche erhalten gebliebene ärztliche Untersuchungsberichte ausdrücklich feststellen, dass das nicht der Fall war. Und sogar noch mehr, weil genau das Gleiche auch über Mao Zedong, Stalin und Franco behauptet wurde. Man könnte fast glauben, dass Einhodigkeit so etwas wie eine Berufskrankheit unter Diktatoren des

20. Jahrhunderts gewesen wäre! Was ist mit dem großen Weiberhelden Mussolini? Was ist mit Pinochet? Was ist mit Saddam Hussein? Sollten sie alle das gleiche Problem gehabt haben? Sicher, ich schätzte meine Privatsphäre. Ich ließ niemals jemanden dabei zusehen, wenn ich mich wusch oder meinen natürlichen Bedürfnissen nachging. In meinen Augen und, wie ich glaube, in denen der meisten Menschen disqualifiziert sich jeder Führer sofort, der so etwas tut.

Ich hatte allerdings ein anderes Problem. Deutschland hatte den Frauen 1919 das Wahlrecht verliehen, noch vor England und den Vereinigten Staaten und lange vor dem großartigen Heimatland der Demokratie, Frankreich. Frauen machen die Hälfte der Bevölkerung aus. Ohne sie konnten wir Nationalsozialisten nicht gewinnen. Aber wie sollten wir damit umgehen? Ich wusste genau, wie. Ich schmeichelte ihnen, indem ich liebevoll von meiner Mutter sprach und von der Rolle, die sie in meinem Leben gespielt hatte. Ich konnte aber auch anders. Einmal erklärte ich einer weiblichen Zuhörerschaft, dass ich ihnen *Männer* geben würde. Das war ein gewaltiger Erfolg – sie waren stets unter den ersten, die der Partei und mir ihre Stimmen gaben. Bei Versammlungen saßen die Frauen in der Regel in den ersten Reihen (die für sie freigehalten worden waren). Wenn ich redete, hörte und sah ich oft – direkt vor mir – ein Meer schwer atmender, bebender Busen und seltsam verzerrter, halb weinender Gesichter. Ihre Gesichtszüge verbanden extreme Konzentration mit Ekstase. Viele von ihnen schienen zu schmelzen, so als seien sie nicht aus Fleisch und Blut, sondern aus Gelee. Offensichtlich trafen meine Worte und noch viel mehr meine Persönlichkeit sie bis ins Mark. Nicht, weil ich versucht hätte, sie in zweitklassige Männer zu verwandeln, wie es die meisten modernen Feministinnen und ihre verweichlichten „männlichen" Trittbrettfahrer tun, sondern weil ich sie als das annahm, was sie waren: als Frauen.

Ich bemerkte schon sehr früh, dass ihre Unterstützung ganz und gar davon abhing, dass ich Junggeselle blieb. Sie mussten um jeden Preis weiterhin in ihren netten kleinen Träumen schwelgen können. Das zeigte sich beispielsweise an meinen Geburtstagen, wenn sie mir Tonnen von Geschenken schickten, etwa Porzellan, Kleidungsstücke, Kissen, Bettbezüge, Tischtücher und andere mehr. Vieles davon trug mein Gesicht, meine Initialen und/oder Hakenkreuze liebevoll aufgestickt! Die Räume, in denen diese Geschenke gesammelt wurden, sahen aus wie Warenhäuser. Einige meiner Leute und ich machten uns oft einen Spaß daraus, sie durchzusehen. Im Nachhinein gingen sie an alle möglichen wohltätigen Vereine.

Ich heiratete also nicht. Ich war nicht Mussolini, der immer die Taschen voll von Geliebten und einmaligen Bettgefährtinnen hatte. Und meine Leute waren keine Italiener – wäre ich seinem Beispiel gefolgt, wäre ich in ihrem Ansehen gesunken, nicht gestiegen. Das soll nicht heißen, dass ich nicht mit ein paar Frauen befreundet gewesen wäre. Abgesehen von denen, die ich bereits erwähnt habe, gab es noch Maria Reiter. Wir hatten das, was man eine Hundebekanntschaft nennt – unsere Hunde trafen aufeinander, als sie zusammen mit ihrer kleinen Schwester Anni in einem Münchener Park spazieren ging. Alles Weitere ergab sich von selbst. Das war 1926. Ich mochte sie und führte sie und ihre Schwester ein paar Male aus. Aber das war alles. Sie war immerhin erst 16 Jahre alt. Ich war Mitte 30, und es war mir beim besten Willen unmöglich, sie ernst zu nehmen – ganz zu schweigen davon, sie zu heiraten, wie sie es wollte. 1928 trennten sich unsere Wege, und zwei Jahre später war sie verheiratet. Unglücklich, wie sich herausstellte. Sie ließ sich scheiden und heiratete einen SS-Führer. Als der bei Dünkirchen fiel, schickte ich ihr 100 rote Rosen.

Der Fall meiner Nichte Angela, „Geli", war ein ganz anderer. Sie war ein wenig älter als Maria und ein naives, lebenslustiges, ziemlich üppiges Mädchen. Ganz anders als die schmalbrüstigen Gerippe, die man heutzutage über die Bühne hüpfen sieht, die ständig hungern, ständig mürrisch sind und sich ununterbrochen über irgendetwas beschweren! Ich liebte sie innig und nahm sie regelmäßig ins Lichtspielhaus, ins Theater und auf Ausflüge mit. Für sie war ich sogar bereit, meine Abneigung gegen Einkaufsbummel beiseitezuschieben! Sie ihrerseits nannte mich „Onkel Alf". Als mein Schützling belustigte sie sich gern auf harmlose Weise damit, meine Begleiter herumzukommandieren und mit einigen von ihnen zu schäkern. Ja, ich fertigte einige Aktzeichnungen von ihr an, aber nicht annähernd so viele, wie jeder Kunststudent täglich zeichnen muss. Nochmals: Alle anderen Einzelheiten über unsere Beziehung wurden von Hanfstaengl in die Welt gesetzt, der sie seinen eigenen schmutzigen Fantasien verdankt. Danach wurden sie von meinen Feinden aufgegriffen, etwa von Otto Strasser, und von meinen sensationslüsternen „Biografen" eifrig zusammengesammelt, beispielsweise vom Halbjuden Konrad Heiden, der wiederum vielen anderen von ihnen als Quelle diente.

Schließlich erschoss Geli sich mit meiner Waffe in meiner Wohnung. Sie hinterließ keinen Abschiedsbrief, sodass ich niemals erfuhr, warum sie es getan hatte. Es geschah am 18. September 1931, als ich bereits Führer der zweitgrößten Partei in Deutschland und auf der ganzen Welt bekannt war. Ich war nach Berlin aufgebrochen und erfuhr unterwegs davon; dieser Umstand hielt meine Feinde davon ab, zu behaupten, dass ich sie umgebracht hätte. Sie ließen nichtsdestoweniger keinen Stein auf dem anderen dabei, all die üblen Dinge zu ergründen, die ich ihr angetan haben könnte oder auch nicht, und die sie angeblich dazu getrieben haben sollten, diese furchtbare Tat zu verüben.

Es stimmt, dass ich ihr nicht länger so viel Aufmerksamkeit schenken konnte, wie sie es gewohnt war, weil ich so viel zu tun hatte. Es ist auch wahr, dass ich ihre Beziehung zu Emil Maurice beendet hatte. Maurice war ein guter Mann, der über viele Jahre hinweg für mich gearbeitet hatte. Doch dann fand ich heraus, dass sein Urgroßvater ein Jude gewesen war. Hätte ich – und hätte, durch mich, Deutschland – einen Juden in meiner Familie dulden können? Auch wenn es mir ausgesprochen leidtat, ich musste ihn entlassen. Aber das hielt ihn nicht davon ab, in der SS zu bleiben, in der er schließlich bis zum Oberführer aufstieg. Sehr viel später wollte Himmler ihn und seinen Bruder aus der Schutzstaffel ausschließen. Ich aber bin niemals undankbar gewesen, und so schaltete ich mich ein und hielt ihn davon ab. Zu guter Letzt ist ebenso wahr, dass Geli nach Wien gehen wollte, um Gesang zu studieren. Es stimmt aber nicht, dass ich diesen Entschluss abgelehnt hätte, wie behauptet worden ist. Ich habe nichts weiter getan, als auf sie aufzupassen und sicherzugehen, dass sie ihr Herz nicht an einen ungeeigneten Mann verlor.

Ihr Tod ließ mich niedergeschlagen vor Trauer zurück, und das so sehr, dass ich es nicht über mich brachte, an ihrem Begräbnis teilzunehmen. Ich dachte sogar darüber nach, aus der Politik insgesamt auszuscheiden. Später verfügte ich, dass ihr Zimmer in meiner Wohnung genau so zu bleiben hatte, wie es gewesen war. Ich ließ auch Bronzebüsten von ihr in sämtlichen meiner Wohnsitze aufstellen. Aber das Leben geht nun einmal weiter. Wir alle haben unser Kreuz zu tragen. Damals standen wir an einem kritischen Scheideweg in der deutschen Geschichte, und ich hatte keine andere Wahl, als auf dem Weg weiterzugehen, den die Vorsehung für mich auserkoren hatte. Unsere Beziehung ging niemand anderen als uns beide etwas an, und ich will dazu nicht weiter ins Detail gehen. Dazu sei nur gesagt, dass mir zwar die Lügengeschichten über mich viel Schmerz bereiteten, dass ich aber nicht der einzige Führer war, über den derartige Dinge erzählt wurden. Bei weitem nicht! Stalin soll laut seiner Tochter Swetlana Allilujewa einen sehr schwachen Geschlechtstrieb gehabt haben. Das Intimleben Friedrichs des Großen bleibt bis zum heutigen Tage ein Rätsel. Das Gleiche gilt für Alexander den Großen. Und was ist mit Achilles und Patroklos? Waren sie Busenfreunde, oder waren sie mehr als das?

Kurz gesagt: Es scheint das Schicksal großer Gestalten der Geschichte zu sein, dass sowohl ihre Unterstützer als auch ihre Feinde alles über den Aspekt ihres Lebens wissen wollen, der immerhin nicht nur der unwichtigste ist, sondern auch der, in dem sie sich am wenigsten von anderen Menschen unterscheiden. Also darüber, was sie im Schlafzimmer tun und nicht tun. Heutzutage mehr denn je. Sie können gern ihre lüsternen Fantasien pflegen. Aber ich werde ihnen nicht den Gefallen tun, ihr Spiel mitzuspielen.

9. Hinein in den Sturm

Band eins von *Mein Kampf* behandelte meine Kindheit und Jugend sowie meinen Aufstieg als Führer. Band zwei beschrieb die Weltanschauung und den Aufbau des nationalsozialistischen Staates, den meine Gefährten und ich errichten wollten. Im Sommer 1928, als ich ein wenig Zeit erübrigen konnte, beschloss ich, einen dritten Band hinzuzufügen, der sich insbesondere der Außenpolitik widmen sollte. Der unmittelbare Hintergrund war eine andauernde öffentliche Debatte über die Zukunft Südtirols. Südtirol war eine neue politische Verwaltungseinheit. Es war nur dadurch entstanden, dass die Alliierten 1918/19 den südlichen Teil der Grafschaft Tirol abgetrennt und Italien zugeschlagen hatten. Die Grafschaft selbst war seit 1867 Teil Österreich-Ungarns gewesen, seit 1814 Teil des Kaisertums Österreich und seit der Zeit des Kaisers Maximilian I. 1504 Teil des Heiligen Römischen Reiches.

Niemand konnte bestreiten, dass die Bevölkerung Südtirols – oder von Alto Adige, wie die Italiener es genannt wissen wollten – beinahe gänzlich aus Deutschen bestand. Die Frage war, wie man damit umgehen sollte. Die Österreicher waren ausgesprochen zornig über den Verlust dieses Teils eines ihrer Kronländer und der dortigen Menschen. Und in der Tat hatten sie laut dem von den Alliierten so laut beschworenen Selbstbestimmungsrecht der Völker jedes Recht dazu. Aber Österreich war ein Rumpfstaat, der die vielen 1919 erlittenen Abtrennungen nur knapp überlebt hatte. Es war klein, arm, ungeordnet und auf sich allein gestellt völlig machtlos gegenüber der Macht, die Mussolini besaß oder zu besitzen schien. Was sollte das Reich tun? Als ich 1928 mein Buch schrieb, war es ebenfalls machtlos, irgendetwas zu tun. Trotzdem waren die meisten Menschen der Ansicht, dass wir Wien unterstützen sollten, wie es unser gemeinsames Blut verlangte. Ich sah das anders. Unter Rückbesinnung auf den Weltkrieg, in dem wir von allen Seiten umzingelt gewesen waren, hielt ich ein zukünftiges Bündnis mit Italien für lebenswichtig. Die Problematik unserer Volksgenossen in Südtirol würde auf andere Weise gelöst werden müssen.

Ein weiterer wichtiger Punkt war, dass wir uns mit England verbünden mussten. Wir ich oben bereits geschrieben habe, hielt ich die Politik des Kaisers diesem Land gegenüber für einen der größten, wenn nicht überhaupt den größten Fehler in seiner gesamten Laufbahn. Im Prinzip lag sie darin begründet, dass er so gerne segeln ging! Nicht, dass ich ihm nicht seinen Spaß gegönnt hätte. Aber so etwas ist keine Grundlage für die Außenpolitik einer Großmacht oder selbst eines kleinen Landes. Es ist eine schlichte Tatsache, dass es keine wesentlichen Fragen gab, die uns von unseren rassischen Vettern, den Engländern, getrennt hätten. Sie waren eine Seemacht, wir waren eine Landmacht. Sie waren der Leviathan, wir waren der Behemoth – und wir hätten niemals versuchen sollen, auch noch schwimmen zu lernen. Sie hätten ihr Empire haben können, vorausgesetzt, sie hätten uns freie Hand auf dem Kontinent gelassen.

Der Krieg hatte es den Engländern ermöglicht, ihrem Weltreich riesige Räume und Millionen von Menschen hinzuzufügen, sowohl in Afrika als auch in Nahost. Wie der Ausgang des irischen Unabhängigkeitskampfs zeigte, wiesen jedoch sowohl das Empire als auch die Heimat bereits deutliche Zeichen des Niedergangs auf. Wären die Engländer auch nur ansatzweise vernünftig gewesen, oder – was mehr oder weniger das Gleiche ist – wären sie nicht unter den Einfluss jüdischer Plutokraten wie der Rothschilds geraten, die jeden Tag in London den Goldpreis neu festlegten und es noch bis 2004 weiterhin getan haben, dann hätten sie unser Angebot bereitwillig angenommen.

Ein weiterer Vorteil eines Bündnisses mit England war: Es würde die Möglichkeit beseitigen, dass die Vereinigten Staaten über den Atlantik kommen und gegen uns Krieg führen könnten, wie sie es 1917/18 getan hatten. Viele Deutsche haben die Macht Amerikas unterschätzt, vor allen anderen die kaiserliche Admiralität. 1917 hatten sie beschlossen, den uneingeschränkten U-Boot-Krieg zu erklären, in der Hoffnung, den Krieg zu gewinnen, bevor die Vereinigten Staaten mit ihren Truppen eingreifen konnten. Sie überredeten Ludendorff zu seiner Zustimmung, und der Rest ist Geschichte. Die amerikanische Demokratie war und bleibt ein Quell der Schwäche. Sie ist nichts anderes als ein Mittel, um das eigene Volk auszuplündern und engstirnige Kirchturmpolitik zu betreiben. Was als amerikanische „Kultur" durchgeht, ist sogar noch schlimmer – es ist eine abstoßende Mischung aus Plutokratie, Fordismus und allem möglichen Schrott, den man auf den Müllhaufen der Indianer, Neger und Juden ausgegraben hat.

Die Vereinigten Staaten waren nur schwerlich als Militärnation zu bezeichnen. Die Amerikaner, die immer so stolz auf ihren „Individualismus" waren und ein ausgeprägtes Pflichtbewusstsein vermissen ließen, haben niemals allzu gute Soldaten abgegeben. Den Amerikanischen Bürgerkrieg hatte unser guter alter Moltke als „Scharmützel zweier bewaffneter Pöbelhaufen, die sich durch das Land verfolgten" beschrieben. Aber täuschen Sie sich nicht! Abgesehen von ein paar kleinen Minderheiten war die rassische Zusammensetzung der Bevölkerung damals (also 1929, nicht heute) ausgezeichnet. Sie bestand aus Engländern, Iren, Skandinaviern und Holländern sowie einem sehr großen und unter Umständen sehr mächtigen deutschen Anteil. Und die Produktionskraft Amerikas war weit größer als die aller anderen. Das hatte sich 1917/18 erwiesen und sollte sich noch viel deutlicher von 1942 bis 1945 zeigen, als wir den GIs erst in Afrika, dann in Italien und schließlich in Frankreich gegenüberstanden. Wann immer unsere tapferen Soldaten einen amerikanischen Panzer sahen, schossen sie ihn in Fetzen. Das war nicht allzu schwer, weil ihre Shermans wie Zunder brannten und dementsprechend von den Besatzungen nach dem gleichnamigen Feuerzeughersteller „Ronsons“ genannt wurden; bei unseren Männern hießen sie „Tommykocher“, weil sie ihnen erstmals im Kampf gegen die Engländer in Afrika begegnet waren. Das Problem war, dass uns die Granaten ausgingen, bevor ihnen die Panzer ausgingen.

Von daher konnte es nichts Besseres geben, als wenn die englische Marine zwischen ihnen und uns stünde. Das würde uns nur noch Frankreich und die Sowjetunion übrig lassen, und mit denen konnten wir sehr gut allein fertigwerden. Frankreich befand sich in einem noch schlimmeren Zustand als England. Seine Geburtenrate sank wie ein Stein, das öffentliche Leben wurde von Korruption und schlechter Stimmung beherrscht, und der Sozialismus befand sich im Aufwind. Außerdem erfüllte die Franzosen eine defensive Mentalität, die um jeden Preis Menschenverluste vermeiden wollte – was später zu dem teuren Desaster namens Maginotlinie führen sollte. Die Sowjets waren von Jahren des Krieges, der Revolution und wieder des Krieges verheert worden, ganz zu schweigen vom blödsinnigen Schlendrian des Kommunismus. Die Juden und Bolschewiken, die bei dem Ganzen das Sagen hatten und über ganze 160 Millionen slawische Untermenschen herrschten, machten es nur noch schlimmer.

Ich nahm auch die Gelegenheit wahr, meine Ansichten zur Außenpolitik insgesamt zu wiederholen. Der Überlebenskampf unter den Staaten, Völkern und Rassen war nichts, was sich ein paar Könige und Aristokraten zu ihrer eigenen Belustigung ausgedacht hätten. Vielmehr war es ein unumstößliches Naturgesetz, das die Starken siegen und die Schwachen untergehen ließ. Genauso wenig hatte dieses Naturgesetz 1919 ein Ende gefunden, wie ein paar gute Seelen in Deutschland und im Ausland glaubten. Das hatten die Engländer und Franzosen behauptet, in einem allzu durchsichtigen Versuch, ihre Besitzungen zu legitimieren; in Wahrheit aber war es eine beispiellose Heuchelei. Von unserem deutschen Standpunkt aus bedeutete die

Annahme dieses Gedankens, dass wir uns mit unserer gegenwärtigen armseligen Lage abfinden mussten, ohne eine Aussicht darauf, sie jemals ändern zu können. Wir konnten bestenfalls auf ein ruhiges Leben hoffen. Schlimmstenfalls würden wir langsam – vielleicht auch nicht so langsam – erdrosselt werden. Daher rührte die Notwendigkeit einer aktiven Außenpolitik auf Grundlage eines Wagemuts, von dem, wie ich hinzufügen möchte, heutzutage nur wenige Deutsche oder Europäer insgesamt noch zu träumen wagen.

Letzten Endes wurde das Buch nicht veröffentlicht. Das lag aber nicht daran, dass darin irgendetwas Geheimes gestanden hätte, wie einige Leute später behauptet haben, um Geld damit zu verdienen. Ich hatte wegen der schlagartigen Verbesserung der Geschicke unserer Partei in dieser Zeit schlicht nicht mehr die Zeit und die Lust dazu, es so fertigzustellen, wie das Buch es verdient gehabt hätte. Schließlich sollte das Manuskript von einem amerikanisch-jüdischen Historiker namens Gerhard Weinberg „entdeckt" werden. Das war 1958, und er benutzte es, um zu „beweisen", was für ein von Grund auf böser Mensch ich immer schon gewesen sei, geblieben sei und für immer bleiben würde. In Wahrheit war das Buch ein Fehlschlag. Aber das waren auch tausende andere, und es half mir immerhin, meinen Kopf freizubekommen, wie es das Niederschreiben der Gedanken oft tut.

Ein anderes Dokument, das seinen Ursprung in diesen Jahren hatte, war Hermann Rauschnings Buch *Gespräche mit Hitler*. Rauschning war ein rechtskonservativer Politiker in Danzig, jener Stadt, die unter Verletzung der von den Alliierten selbst so laut ausgelobten Grundsätze wortwörtlich aus dem deutschen Leib herausgerissen worden war, um Polen einen Zugang zur See zu verschaffen. Nachdem er mit einigen der örtlichen Parteien geliebäugelt hatte, trat er schließlich der NSDAP bei. Als unser Vertreter war er sogar in der Lage, die Wahl zu gewinnen und Senatspräsident zu werden. Seine Treue gegenüber Deutschland und der Partei war allerdings immer etwas zweifelhaft. 1935 ging er sogar so weit, Artikel darüber zu schreiben, dass man enger mit den Polen und der katholischen Kirche zusammenarbeiten müsse. Anschließend bekam er das Gefühl, dass sein Leben bedroht sei – wenn das so gewesen sein sollte, dann wird er schon gewusst haben, warum. Er verkaufte sein Hab und Gut, floh aus dem Land und landete schließlich in den Vereinigten Staaten.

Zwischen 1932 und 1934 hatte ich Rauschning tatsächlich zu einigen Anlässen getroffen. Er und ich hatten ein wenig geplaudert, aber keinesfalls so oft, wie er später behauptete. Woher hätte ich die Zeit dazu nehmen sollen? Von daher ruht das Buch, das er geschrieben hat, auf ziemlich tönernen Füßen. Spätere Untersuchungen ergaben, dass er sowohl aus *Mein Kampf* als auch aus zahlreichen meiner Reden abgeschrieben hatte. Geben Sie ein wenig Nietzsche und Ernst Jünger hinzu, rühren Sie gut um und lassen Sie es auf kleiner Flamme köcheln – schon ist die Brühe fertig zum Verzehr, oder besser: zum Aufschlürfen. Vieles darin ist wahr, und vieles ist falsch. Rein literarisch betrachtet, ist das Buch allerdings eine Glanzleistung. Das erklärt natürlich seinen Erfolg.

Rauschnings anderes Buch, *Die Revolution des Nihilismus*, verkaufte sich ebenfalls gut. Aber es ist nicht annähernd so gut. Es stimmt einfach nicht, dass wir Nationalsozialisten – wie er und andere nach ihm behaupteten – an nichts geglaubt hätten und darauf aus gewesen wären, alle Werte der westlichen Zivilisation zu zerstören. Tatsächlich ist der Nihilismus kein grundlegender Wesenszug der deutschen Rasse, sondern einer der Slawen und der Juden. Erstere sind wie Pferde. Wenn sie nicht mit harter Hand regiert werden, fallen sie schnell in den Naturzustand zurück. Letztere sind bereit, um des Mammons willen alles und jeden zu opfern. Unser eigenes Ziel war das genaue Gegenteil. Wir wollten zu den alten, unverwässerten, heldenhaften, völkischen Werten unseres eigenen Volkes zurückkehren. Zu Werten, die die Juden, Katholiken, Sozialisten und Freimaurer unter Bergen von Pornografie und anderem Schmutz begraben hatten, und die zu zerstören sie ihr Bestes taten. Zu Werten, von denen wir hofften, dass sie es uns ermöglichen würden, die Gesundheit, Einigkeit und Macht unseres Volkes wiederherzustellen.

Doch damit war die Geschichte noch nicht zu Ende. Seit den frühen 1960er Jahren haben ganze Scharen von Historikern sowohl aus Deutschland als auch aus dem Ausland Ozeane an Tinte vergossen bei dem Versuch, meine „wahren“ Ziele von meinen zahlreichen taktischen Täuschungsmanövern zu trennen. A. J. P. Taylor (wie man ihn nannte), Hugh Trevor-Roper, Eberhard Jäckel, Ernst Nolte, Volker Ullrich, die ganze Bande … Dabei stützten sie sich in erster Linie auf *Mein Kampf*, mein „geheimes“ zweites Buch und auf Rauschning. Dazu kamen noch zwei andere „geheime“ Dokumente. Das eine war die sogenannte Hoßbach-Niederschrift. Sie hatte ihren Namen von einem gewissen Oberst Friedrich Hoßbach, der sich bei einem Vortrag Notizen gemacht hatte, den ich am 5. November 1937 vor einigen hohen Offizieren und Beamten hielt. Der war in der Tat geheim gewesen, allerdings nur in dem begrenzten Sinne, in dem eine Rede vor so vielen Menschen überhaupt geheim sein kann. Wie Hoßbach, den ich später zum General beförderte, im Nachhinein selbst sagte: Wäre die Besprechung zur Geheimsache erklärt worden, hätte er niemals mitgeschrieben. Nach dem Krieg fielen seine Stichpunkte der alliierten Anklage bei den Nürnberger „Kriegsverbrecherprozessen“ in die Hände. Diese benutzte eine „Abschrift“ davon – die handschriftlichen Notizen selbst sind verschwunden –, um zu „beweisen“, dass Göring und andere sich der Vorbereitung und Führung eines „Angriffskriegs“ schuldig gemacht hätten. Von dort gelangte sie in die Hände der Historiker, die immer wieder aufs Neue voneinander abschrieben und das Gleiche behaupteten. Was für eine Leistung.

Das andere Dokument besteht aus meinen „Geheimgesprächen“ von 1941 bis 1945. In Wahrheit waren sie bloß Aufzeichnungen über die Vorträge, mit denen ich meine Sekretärinnen und gelegentlich auch ein paar andere Gäste zu unterhalten pflegte. Sie verdankten ihr Dasein unter anderem meinem ehemaligen Sekretär und späteren Leiter der Parteikanzlei Martin Bormann. Ab Sommer 1941 stand Bormann mir von allen meinen Mitarbeitern am nächsten. Wenn mein Arbeitstag endete, begann seiner – mit dem Ergebnis, dass er (wie er einmal seinem Sohn sagte) jahrelang nie mehr als fünf Stunden in der Nacht schlief. Er war brutal und erledigte bereitwillig alle möglichen Aufgaben, zu denen andere sich nicht durchringen konnten, aber er war auch ausgesprochen tüchtig; ich sah ihn als meinen Maulwurf, der über Nacht Berge versetzte.

Bormanns Helfer hassten ihn bis auf den letzten Mann und beschwerten sich ununterbrochen über ihn. Einer von ihnen behauptete sogar, dass Bormann so sei, wie er eben war, weil er auf dem Land aufgewachsen war und in seiner frühen Kindheit vor allem mit Tieren Umgang gehabt habe! Ich lachte darüber und behielt Bormann trotzdem in meinen Diensten. Er übernahm die Rolle einer nützlichen Sperre zwischen mir und den anderen und ermögliche es mir, missliebige Entscheidungen zu treffen, ohne als Schuldiger dafür zu erscheinen. Irgendwann hatte er beschlossen, dass jedes meiner Worte unendlich wertvoll sei und niedergeschrieben werden müsse, damit die Nachwelt darin nach Erleuchtung suchen könne. Tatsächlich sprach ich gern über alle möglichen Dinge, die mal miteinander zu tun hatten und mal nicht. Für mich war das eine Form der Entspannung. Und ich sah keinen Grund, warum er nicht hätte mitschreiben sollen. Aber *geheime* Gespräche? Jeder, der das behauptet, hat einfach nur kein einziges Wort davon gelesen. In Wirklichkeit sind die Vorträge ein bisschen so wie das Buch, das Sie gerade lesen. Allerdings vielleicht nicht ganz so wohlgeordnet.

Somit sind vier der fünf „Grundlagentexte“ ziemlich fragwürdig. Doch das hielt Historiker nicht davon ab, ganze Absätze aus ihnen herauszulösen und einander entgegenzuschleudern, alles in der Hoffnung, nachzuvollziehen, welchen Weg ich gegangen war. Sie konnten sich einfach nicht entscheiden: Hatte ich meine Ziele schon von Anfang an gehabt? Oder hatten sich zumindest einige von ihnen erst später herausgebildet? Wie beharrlich war ich gewesen? Was war die Wahrheit? Was war nur Schein? Was war Strategie? Was war Taktik? Hatte ich die Juden wirklich gehasst? (Selbstverständlich hatte ich das, und dafür gab es auch sehr gute Gründe.) Oder hatte ich sie einfach nur als Sündenböcke benutzt, als ein Ziel, das ich meinen Landsleuten präsentieren konnte, damit sie sich dagegen zusammenschließen und es gemeinsam angreifen konnten? Über diese Fragen sind ganze Bibliotheken an Büchern geschrieben worden. Als ob irgendjemand schon voll entwickelt und gerüstet geboren würde wie Athene aus dem Kopf des Zeus, am allerwenigsten ein Staatsmann. Als ob Anpassungsfähigkeit und die Bereitschaft dazu, sich der Gelegenheiten zu bedienen, die man entlang des Weges vorfindet, zwangsläufig im Gegensatz zu langfristiger Beharrlichkeit stehen müssten. Und so weiter. Das alles sind akademische Debatten, deren wirkliche Bedeutung – sofern es überhaupt eine gibt – sehr begrenzt ist. Am besten belässt man sie an den Universitäten, wo sie hingehören.

Nichtsdestoweniger möchte ich – auch auf das Risiko hin, mich zu wiederholen – die Grundlagen meiner Weltanschauung noch einmal zu Papier bringen. Ja, ich stellte Deutschland voran. „Deutschland, Deutschland über alles." Ja, ich glaubte, dass jede moderne politische Bewegung, die ihr Geld wert sein wollte, sich irgendeiner Art von Sozialismus befleißigen musste, um die Massen vor den nationalen Karren zu spannen. Doch der Sozialismus, der mir vorschwebte, hatte nichts mit Marxismus zu tun. Der Marxismus war aufgrund der Tatsache ausgeschlossen, dass er international ausgerichtet war oder dies zumindest vorgab, und weil er das Privateigentum abschaffen wollte. Darüber hinaus war er jüdisch. Ja, ich hatte begonnen, die Juden aus vollem Herzen zu hassen, auch wenn dieser Hass seine ersten Wurzeln nicht in meiner Kindheit in Linz gehabt hatte, sondern in Wien einige Jahre später, unmittelbar vor dem Ersten Weltkrieg. Ja, ich verabscheute die Demokratie und bestand auf dem Führerprinzip als einzig gesunder Grundlage der Politik. Ja, ich verachtete die Sorte von reaktionärer Ideologie, auf der das Zweite Reich errichtet worden war. Ja, der Staat, den ich schaffen wollte, würde von einer gänzlich anderen Art sein. Nicht reaktionär, sondern revolutionär. Nicht demokratisch, sondern totalitär. Und nicht international-, sondern nationalsozialistisch.

Nein, ich glaubte nicht an die liberale Freiheit des Einzelnen. Nein, ich glaubte nicht daran, dass alle Männer (und Frauen, aber das ist noch eine andere Geschichte) gleich erschaffen worden seien. Dafür hatte ich zwei Gründe. Erstens ging die Menschheit nicht aus einer einzigen Rasse, sondern aus zweien oder mehreren hervor – das scheinen die jüngsten, auf Vererbung fußenden anthropologischen Entdeckungen zu bestätigen. Einige der Rassen, in die die Menschheit zerfällt, sind unersetzlich und bringen die Kultur hervor. Andere sind minderwertig und können nichts anderes tun, als sie zu zerstören. Unter den Letzteren sind die Juden die herausragendste und gefährlichste – gefährlich aufgrund ihres parasitären Wesens. Sie handeln mal im Verborgenen, mal ganz offen, aber immer in Übereinstimmung, und ihr wahres Ziel ist die Weltherrschaft.

Zweitens hat die Natur bestimmt, dass das Leben ein Kampf sein soll – man vergleiche zu diesem Thema den großen Charles Darwin und unseren Ernst Haeckel. Aus diesem Ringen gehen die Starken als Sieger hervor, während die Schwachen an den Rand gedrängt werden. Und wer nicht mitmacht, verliert. Das gilt gleichermaßen für das Privatleben des Einzelnen wie auch für die Außenpolitik, die zwischen Staaten betrieben wird. Für uns Deutsche musste das oberste Ziel dieser Politik die Gewinnung von Lebensraum im Osten sein. Um das zu schaffen, mussten wir jedes bisschen militärischer Macht nutzen, das wir zur Verfügung hatten. Habe ich mich klar genug ausgedrückt, verehrte Professorenschaft?

In der Zwischenzeit ging es der Partei nicht gut. Tatsächlich war das der Grund, weswegen die unterschiedlichen Landesregierungen ihre Redeverbote gegen mich aufhoben. Diese armseligen Würmer glaubten fest daran, dass die Partei und ich erledigt seien. Oh, wie sie sich irrten! Der Anstoß für unseren Aufstieg war die Weltwirtschaftskrise ab Ende 1929. Ich bin kein Ökonom, und mein Interesse an Wirtschaftsdingen war immer begrenzt. Stattdessen glaubte ich daran, dass dort, wo ein Wille war, sich auch ein Weg finden lassen würde. Ich kann bei aller Bescheidenheit sagen, dass meine eigene Laufbahn den bestmöglichen Beweis dafür darstellt.

Mein Geheimnis dabei, Anhänger anzuziehen, bestand darin, dass ich das Gegenteil dessen tat, was die meisten Politiker – besonders in Demokratien – tun. Weder versuchte ich, die Wähler einzulullen, noch wollte ich sie mit sachlichen Argumenten erreichen. Genauso wenig versprach ich ihnen so etwas wie günstigere Kindergärten, sozialen Wohnungsbau, bessere Zuganbindungen und freie Verhütungsmittel. Solche Versprechen bringen einen Führer nur selten allzu weit, außer vielleicht in den Vereinigten Staaten, dem Land des Dollar, und bei den Engländern, diesem Volk von Krämern. Sehen Sie sich die Schweiz an. Sie ist wahrscheinlich das demokratischste Land der Welt, aber sie ist auch das langweiligste und uninteressanteste. Dort gibt es nichts außer Banken, Käse und Schokolade! Wenn die Schweizer irgendeinen Zweifel hegen, was aufgrund ihres beeindruckenden Reichtums selten vorkommt, dann essen sie erst einmal zu Abend.

Nein. Um die Massen zu begeistern, um sie mit dem Geist zu erfüllen, der zu großen Taten anregt, muss man zwei Dinge tun. Erstens muss man dafür sorgen, dass sie sich als Opfer irgendeiner Ungerechtigkeit vorkommen, diejenigen brandmarken, die dafür verantwortlich sind, und sie in Hassobjekte verwandeln. Zweitens – und das folgt logisch aus dem ersten Punkt – muss man sinnvolle Arbeit und Opfer verlangen, um eine bessere Zukunft zu schaffen. Es gibt nichts Besseres als sinnvolle Arbeit, selbst wenn sie schwer und/oder gefährlich ist, um Menschen aus ihrer Teilnahmslosigkeit zu reißen und sie glücklich zu machen. Durch Opfer fühlen sie sich besser und edler, als sie sind. „Blut, Mühsal, Tränen und Schweiß." Die Imame, die gerade alle Hände voll zu tun haben, die Moslems in Europa zu radikalisieren und sie gegen die angestammte arische Mehrheit aufzuhetzen, verstehen das nur allzu gut. Sie schlagen die Demokratie mit ihren eigenen Waffen, genauso wie ich. Sie haben die Rolle der Benachteiligten angenommen, genauso wie ich. So weckt man Mitgefühl und macht es schwer, gehasst zu werden; als die Menschen anfingen, die Wahrheit zu begreifen, war es schon zu spät.

Wie dem auch sei: Die Jahre zwischen 1925 und 1929 waren verhältnismäßig reich. Doch der Reichtum beruhte auf riesigen amerikanischen Krediten und war nur konstruiert. Als im Oktober 1929 die Wall Street einbrach, war das Erste, was die Banken taten, die Kredite zurückzufordern. Dadurch fiel das ganze Gebilde, das Männer wie Gustav Stresemann seit 1925 so mühsam aufgebaut hatten, wie ein Kartenhaus in sich zusammen. Zuerst in den Vereinigten Staaten und dann auch im Rest der Welt. Die Regierungen taten, was sie konnten (oder zu können glaubten), um der Krise Herr zu werden, beispielsweise durch Anhebung der Zinssätze im Versuch, den Wert ihrer Währungen stabil zu halten und zu verhindern, dass Geld ins Ausland gebracht wurde, durch Haushaltskürzungen, durch Lohnabsenkungen und – ob Sie es glauben oder nicht – durch Steuererhöhungen, um dadurch die Kaufkraft der Menschen zu verringern. All dies machte die Lage nur noch schlimmer, als sie ohnehin schon war.

Wenn die Menschen in der Welt nach 2008 von einer „Konjunkturflaute" oder einer „wirtschaftlichen Krise" sprechen, dann meinen sie normalerweise, dass das Bruttoinlandsprodukt um ein paar Prozentpunkte sinkt und es ein paar Arbeitslose mehr gibt. Vielleicht gehen eine oder zwei Banken pleite, aber das System bleibt mehr oder weniger unbeschadet bestehen, dank massiver Finanzspritzen wie derjenigen, die Präsident Obama 2009 bereitgestellt hat. Zu meiner Zeit war das alles anders. Banken, denen das Rückgrat gebrochen worden war, gingen eine nach der anderen unter und nahmen die hartverdienten Ersparnisse von Millionen Einzahlern mit sich. 1932 war unsere Industrieproduktion um über 40 Prozent gesunken. Die Notlage unserer Bauern war noch übler, wenn das überhaupt möglich war. Sie waren nicht in der Lage, mit billigen amerikanischen, argentinischen und australischen Wareneinfuhren zu konkurrieren, und viele von ihnen mussten sich verschulden und ihre Höfe verkaufen. Dies alles führte dazu, dass die Arbeitslosenzahl von 1,5 Millionen auf sechs Millionen stieg, knapp über ein Viertel der gesamten Arbeiterschaft. Und all das zu einer Zeit, in der relativ wenige verheiratete Frauen außerhalb des Haushalts arbeiteten, wodurch Familien viel abhängiger vom Einkommen des männlichen Ernährers waren, als sie es später werden sollten.

Überall in ganz Deutschland standen Männer morgens auf, aßen das bisschen, was noch übrig war, und wussten nicht, was sie als Nächstes tun sollten. Sie trafen sich an den Straßenecken. Sie redeten. Sie sammelten Zigarettenstummel auf, die andere weggeworfen hatten, und rauchten sie. Sie bettelten um Arbeit – Arbeit jeder Art, ganz egal, wie widerwärtig oder schlecht bezahlt. Diejenigen von ihnen, die Familien zu ernähren hatten, verloren ihre Selbstachtung ebenso wie die Achtung ihrer Angehörigen. Ein Ergebnis davon war ein scharfer Abfall der Ehequote. Angesichts der sich rasant vermehrenden östlichen Horden war das das Letzte, was wir brauchen konnten.

Einige Menschen lebten mehr oder weniger illegal in Hütten oder Baracken, die in den sogenannten Schrebergärten rund um deutsche Städte errichtet worden waren, wo Menschen ihre Wochenenden verbrachten. Sie hatten es gut. Andere – man stelle sich das vor! – mieteten Taue, die Kaffeehausbesitzer aushängten, und durften sich für zehn Pfennig pro Nacht mit dem Rücken dagegenlehnen! Nicht zuletzt waren auch ganze Abschlussjahrgänge der Universitäten, die Blüte unseres Volkes, nicht in der Lage, Arbeit zu finden. Deshalb verkleinerten wir den akademischen Betrieb, sobald wir an der Macht waren. Ende Oktober 1929 begannen all diese Probleme, sich zu unseren Gunsten auszuwirken. Nicht, dass es von allein oder ohne Mühen so weit gekommen wäre. Es gab eine Menge Widerstand, darunter auch sehr gewalttätigen, wenn sich der kommunistische Rote Frontkämpferbund auf der Straße gegen unsere SA stellte. Unsere Bundesgenossen von der Deutschnationalen Volkspartei Hugenbergs trieben ihr eigenes Spiel. Mal standen sie an unserer Seite, mal schlichen sie sich verschämt davon. Das Ärgerlichste war, dass Gregor Strassers jüngerer Bruder Otto sich genau diesen Zeitpunkt aussuchte, um mich mit seinen linksradikalen Ansichten herauszufordern. Ich traf mich mit ihm, aber wir konnten nicht zueinander finden. Sogar sein Bruder pflichtete mir bei, dass sein Aufruhr gegen die Partei völliger Irrsinn war. Am Ende ließ er mir keine andere Wahl, als ihn aus der Partei auszuschließen, woraufhin er seine eigene „Schwarze Front" gründete.

Irgendwie überwanden wir alle diese Schwierigkeiten. Wir arbeiteten wie Besessene. Im Wissen, dass Deutschlands Zukunft auf dem Spiel stand und jetzt unsere Chance gekommen war, *waren* wir Besessene. Wir, eine radikale Kleinstpartei, hielten nicht weniger als 100 Propagandaveranstaltungen *am Tag* ab, bis ich im Februar 1930 in einem privaten Brief schreiben konnte, dass ich selbstbewusst genug sei, vorherzusagen, dass wir in zweieinhalb bis drei Jahren die Macht übernehmen würden. Diese Mutmaßung sollte sich als goldrichtig erweisen.

Im März 1930 brach die sozialdemokratische Regierung von Hermann Müller zusammen, und er selbst trat zurück. Einige Historiker haben Hindenburg vorgeworfen, dass er ihn nicht mit Hilfe des berühmten Artikels 48 der Verfassung weiterregieren ließ – jenes Artikels, der ihn, den Reichspräsidenten, dazu ermächtigte, sich gegebenenfalls über den Reichstag hinwegzusetzen. Sie vergessen dabei, dass Müller zu der Zeit, als Hindenburg ihn entließ, bereits ein sehr kranker Mann war. Er war zutiefst enttäuscht und hatte nicht mehr das Zeug, um weiterzumachen. An seiner Stelle ernannte Hindenburg Heinrich Brüning von der katholischen Zentrumspartei zum Reichskanzler. Brüning trat sein Amt im März 1930 an und regierte Deutschland ein wenig länger als zwei Jahre – zumindest versuchte er es. Ein paar Geschichtsforscher haben versucht, meine Rolle kleinzureden, und behauptet, dass einige der wirtschaftlichen Maßnahmen, die wir Nationalsozialisten später durchsetzten, etwa der Bau der Autobahnen, auf diese Zeit zurückgegangen seien. Wenn das der Fall gewesen sein sollte, dann hatte Brüning sie sehr gut unter Verschluss gehalten, denn die Wirtschaftskrise wurde nur immer schlimmer und schlimmer. Als er Mitte 1932 endlich seinen Hut nahm, hatte die Lage ihren Tiefpunkt erreicht.

Die erste Jahreshälfte 1930 brachte uns einige Erfolge bei Kommunalwahlen. Das war eine Ermutigung, doch die wahre Probe aufs Exempel lag noch vor uns. Einmal mehr zogen wir alle Register – unser Wille bestärkt durch das Wissen darum, dass es galt: jetzt oder nie. Allein in Franken, das vor allem aus Kleinstädten und Dörfern bestand, hielten wir 1000 Veranstaltungen ab. In Vorbereitung der Wahlen im September jenes Jahres belief sich ihre Gesamtzahl in den letzten paar Monaten des Wahlkampfs auf nicht weniger als 34.000. Die Menschen – die Behörden ausdrücklich eingerechnet – waren verblüfft über unsere Energie, unsere Entschlossenheit und unsere Risikobereitschaft. Beispielsweise gingen wir geradewegs in „rote“ Arbeiterbezirke, in denen wir nicht unbedingt willkommen waren und wo unsere tapferen SA-Männer oft angegriffen und zusammengeschlagen wurden.

Ich selbst reiste von einer Wahlkampfveranstaltung zur nächsten und hielt in sechs Wochen 20 groß angelegte Reden. Jede von ihnen wurde von 10.000 bis 20.000 Menschen besucht. Wenn ich sprach, hielt ich mich hinsichtlich der Judenfrage absichtlich bedeckt. Natürlich nicht, weil ich plötzlich erkannt hätte, dass die Juden anständige und rechtschaffene Bürger des Reiches seien oder jemals sein könnten. Sondern weil sich die Wähler, die vom Elend umgeben waren und sich bis zur Verzweiflung davor fürchteten, ihre Arbeit und mit ihr ihren Stand in der Gesellschaft zu verlieren, für den Moment nicht allzu sehr um sie scherten. Stattdessen arbeitete ich mich eifrig an Deutschlands Niedergang ab. Ich gab dem Versailler Vertrag und der parlamentarischen Demokratie die Schuld und verkündete, dass wir mit Hilfe der Wähler etwas ganz Anderes und viel, viel Besseres aufbauen würden. Aber ich musste mich auch um die übliche Parteiarbeit kümmern: Besprechungen, Planungen, Spendeneinwerbungen, Aufgabenverteilungen – und hin und wieder all jene entlassen, die nicht mitzogen oder keine ausreichenden Leistungen erbracht hatten. Ich stand stundenlang mit erhobenem Arm in meinem offenen Wagen und nahm die Parade wer-weiß-wie-vieler vorbeimarschierender SA-Männer ab. Natürlich übte ich, mit Hilfe von Sprungfedern, aber wie ich das damals durchgehalten habe, kann ich mir heute nicht mehr vorstellen. Mit der Zeit wirkte es sich sogar auf meine Haltung aus und ließ mich mit einer rechten Schulter zurück, die etwas höher stand als die linke.

Das war in einer Zeit, bevor öffentliche Meinungsumfragen – eine typisch amerikanische Erfindung – begannen, in Europa angewandt zu werden. Nicht, dass das eine Rolle gespielt hätte. Wie wir wissen, irren sich Umfragen sehr oft. Ich wusste einiges über die Art und Weise, in der Staaten und Politiker die öffentliche Meinung beeinflussten, und konnte die Gründe dahinter leicht benennen. Umfragen können sogar gefährlich werden. Wenn man ihnen sagt, dass Partei XY die Wahl entweder krachend verlieren oder haushoch gewinnen wird, dann werden es viele Menschen nicht mehr für nötig halten, ihre Stimmen für sie abzugeben. Mit anderen Worten: Umfragen können ihre eigenen Ergebnisse im Voraus zunichtemachen. Im Grunde hatten wir nichts anderes als unser Gespür, um zu ermessen, wie gut wir uns schlugen, vor allem mein Gespür: Dadurch, dass ich seit Jahren nach und nach immer größere Erfolge erzielte, bewies ich, dass ich das deutsche Volk besser verstanden hatte als jeder andere zu jener oder vielleicht zu jeder Zeit.

Dazu muss die Tatsache festgestellt werden, dass solche Umfragen nicht wirklich zu einer starken Führerherrschaft wie der meinen passen. Ich habe nie an Transparenz, Informationsfreiheit und ähnliches Gewäsch geglaubt, auf das die Menschen heute Wert legen oder (meistens) Wert zu legen vorgeben. Meine Mitarbeiter und ich wollten die öffentliche Meinung kontrollieren, nicht nur herausfinden, woher der Wind wehte. So kam es, dass die ersten Befragungen in unserem Mutterland erst nach dem Zweiten Weltkrieg durchgeführt wurden.

Die Reichstagswahlen fanden am 14. September statt. Als die Ergebnisse bekanntgegeben wurden, war es, als sei Deutschland von einem Erdbeben erschüttert worden. Noch ein Jahrzehnt zuvor hatten wir Nationalsozialisten als ein lächerlich kleiner Verein von weniger als zehn verschrobenen Menschen begonnen. Nun hatten wir es geschafft, mehr als sechs Millionen Deutsche dazu zu bringen, uns zu wählen. Dementsprechend hatte sich die Anzahl unserer Vertreter im Reichstag auf 107 von insgesamt 577 fast verzehnfacht, und wir waren die zweitstärkste Partei nach den Sozialdemokraten geworden. Die Kommunisten, die ebenfalls große Zugewinne zu verbuchen hatten, waren uns auf den Fersen, ebenso wie die altehrwürdige Zentrumspartei, die leichte Verluste vermelden musste.

Alle anderen mussten büßen, bitterlich büßen. Das galt vor allem für die traditionelle Rechte – Leute, deren Denken 1914 stehengeblieben war, die nichts gelernt und nichts vergessen hatten. Wenn man ihnen zuhörte, bekam man den Eindruck, dass es die Weltwirtschaftskrise nie gegeben habe und Millionen ihrer Landsleute überhaupt keine Not leiden müssten! Zu unserem Erfolg trugen zahlreiche Faktoren bei, unter anderem unsere Fähigkeit, Menschen in den Kleinstädten Norddeutschlands auf unsere Seite zu ziehen, was dazu führte, dass erstmals mehr Protestanten als Katholiken ihre Stimme für uns abgaben. Zusätzlich stimmten viele junge Menschen zu unseren Gunsten ab, die zum ersten Mal wählen gingen.

Meine Weggefährten und ich waren ganz außer uns vor Freude und kosteten unseren Triumph aus. Doch ich wusste sehr wohl, dass unsere wahre Arbeit gerade erst losging.

10. Machtergreifung

So als sollte meine schlechte Meinung von der Demokratie noch bestärkt werden, brachten die Wahlen im September 1930 einen Reichstag, in dem Abgeordnete aus nicht weniger als 15 verschiedenen Parteien und Splitterparteien saßen. Etliche der Letzteren hatten gerade einmal drei Sitze gewonnen. Es war ein wahres Babylon der gegensätzlichen Programme. Wenn denn die erbärmlichen Ideen, die sie angeblich vertraten, überhaupt diese Bezeichnung verdienten.

Wie immer seit den Vorkriegsjahren waren die Sozialdemokraten mit 143 Sitzen die stärkste Partei. Diese Zahl stellte jedoch weniger als ein Viertel des Parlaments dar; die Bildung einer Koalition würde also extrem schwierig werden. Insbesondere deshalb, weil wir und die Kommunisten zusammen 184 Sitze beanspruchen konnten. Damit blieb theoretisch noch die Möglichkeit einer Koalition aus Sozialdemokratischer Partei und dem katholischen Zentrum, nur dass dessen rechter Flügel dabei nicht mitspielen wollte. Am Ende stand eine Pattsituation, und in diese hinein trat Brüning und berief sich auf Artikel 48.

Die nächsten 28 Monate bis zum 30. Januar 1933 waren für uns eine Zeit der Enttäuschung. Nicht, dass wir unseren Schwung verloren hätten. Im Gegenteil, beinahe bis zum letzten Augenblick eilten wir von einem Triumph zum nächsten. Die Zahl derer, die sich nun auf unsere Seite schlugen, war so groß, dass sich das Wesen der Partei völlig veränderte. Es braucht wohl kaum erwähnt zu werden, dass viele der neuen Parteigenossen keine Idealisten waren, die Deutschland aus seiner Not heraushelfen wollten, sondern Opportunisten, die mit Freuden auf unseren fahrenden Zug aufsprangen. Dieses Problem sollte uns übrigens das ganze Dritte Reich hindurch weiter plagen. Gelegentlich sahen wir uns gezwungen, einen Aufnahmestopp zu verhängen, um durchatmen zu können und nicht überschwemmt zu werden.

Ich selbst war seit 1925 staatenlos gewesen. Damals hatte ich meine österreichische Staatsbürgerschaft abgelegt, um der Gefahr der Ausweisung zu entgehen. Deshalb hätte ich nicht zu den Reichstagswahlen antreten können, selbst wenn ich es gewollt hätte; daran war ich jedoch trotz aller Annehmlichkeiten, die ein Mandat mit sich brachte – etwa ansehnliche Diäten und kostenlose Nutzung des Eisenbahnnetzes –, ohnehin absolut nicht interessiert. Stattdessen ließ ich Göring unsere Fraktion führen, eine Funktion, die er nicht nur erfolgreich, sondern auch mit einiger Begeisterung erfüllte. Nichtsdestoweniger war es unvermeidlich, dass ich als Führer der zweitgrößten Partei im Reichstag weithin als Gesicht der Opposition wahrgenommen werden musste. Deshalb schien mir kein Weg daran vorbeizuführen, bei den anstehenden Reichspräsidentenwahlen Anfang 1932 gegen Hindenburg zu kandidieren, auch wenn ich wusste, dass ich verlieren würde. Um mir die Teilnahme an der Wahl zu ermöglichen, wandte ich mich an meinen alten Kampfgenossen Frick. Er war damals Staatsminister für Inneres und Volksbildung in Thüringen, dem ersten Land, in dem Nationalsozialisten an der Regierung beteiligt waren. Er machte mich zum deutschen Staatsbürger, und die Sache war erledigt.

Einmal mehr gaben meine Helfer und ich alles, was wir hatten. Gewiss war es hilfreich, dass wir die Unterstützung eines der größten Industriemagnaten Deutschlands hatten, Fritz Thyssen. Eine weitere Schlüsselfigur war der Technische Direktor der Lufthansa, Parteigenosse (seit 1929) Erhard Milch. Er stellte mir eine seiner Maschinen zur Verfügung, eine Ju 52. Das ermöglichte mir nicht nur, viel schneller und einfacher als zuvor umherzureisen, sondern brachte einen meiner Helfer auch auf die Idee zum berühmten Wahlkampfplakat „Hitler über Deutschland". Die Bedeutung war klar, nämlich dass die Bewegung und ich eine dynamische Kraft darstellten – das Gegenteil des biederen, wenn auch ehrenwerten Hindenburg.

Im ersten Wahlgang, der am 13. März stattfand, verpasste Hindenburg nur knapp die absolute Mehrheit, die er brauchte. Ich wurde mit 30 Prozent der Stimmen Zweiter. Eine leichte Enttäuschung, ich gebe es zu. Aber immer noch um Längen besser als unser Abschneiden im September 1930. Die übrigen Stimmen verteilten sich auf den Kommunisten Ernst Thälmann und den deutschnationalen Kandidaten Theodor Duesterberg.

Duesterberg, der am schlechtesten abgeschnitten hatte, war so klug, seine Kandidatur zurückzuziehen. Es blieben also nur noch wir drei für die nächste Runde. Dieses Mal sackte Thälmann auf zehn Prozent ab, während ich auf 37 Prozent kam. Das war mehr als das Doppelte meines Wahlergebnisses von 1930. Auf Hindenburg jedoch entfielen 53 Prozent der Stimmen. Das war vielleicht nicht der überwältigende Sieg, auf den er gehofft hatte, aber es genügte, um sicherzustellen, dass Deutschland ihn weitere sieben Jahre lang am Hals haben würde. Dabei hatte er bereits seinen 83. Geburtstag hinter sich. In Deutschland und darüber hinaus war die Lebenserwartung damals deutlich geringer als heute; die Wahrscheinlichkeit, dass er seinen 90. Geburtstag erleben – geschweige denn bis dahin sein Amt ausfüllen können

– würde, schien sehr gering zu sein. So kam es, dass unmittelbar nach seiner Wahl auch schon überall die Spekulationen darüber anfingen, was nach seinem Tod passieren würde.

Um es noch einmal zu wiederholen: Hindenburg war nie eine intellektuelle Leuchte gewesen. Wäre es nach ihm gegangen, dann wäre er schon Jahre zuvor in den Ruhestand gegangen. Umso mehr, als er – wie er offen zugab – die komplizierten wirtschaftlichen Notverordnungen gar nicht verstand, die Brüning ihm zur Unterschrift vorlegte. Sie frustrierten ihn nur und ließen ihn sich nach seinem Gut Neudeck im weit entfernten Ostpreußen sehnen. Das kann ich ihm nicht verdenken. Ökonomen machen nichts lieber, als zu verschleiern und zu verwirren; was das angeht, sind sie fast so schlimm wie Juristen! Doch Hindenburg war sehr pflichtbewusst und so unerschütterlich und würdevoll, wie man es sich nur vorstellen kann. Er war genau die deutsche Eiche, nach der sich das Volk in seinem Elend sehnte.

Er und ich trafen im Januar 1931 zum ersten Mal aufeinander. Anlass war eine Konferenz auf oberster Ebene, auf der beraten werden sollte, wie man mit uns Nationalsozialisten verfahren sollte, die vor den Augen der Regierung alles auf den Kopf zu stellen schienen. Es war gegenseitige Abneigung auf den ersten Blick. Ich hielt ihn für einen alten Knacker, der er zur damaligen Zeit zweifellos war. Er seinerseits nannte mich einen „böhmischen Gefreiten". Historiker haben oft über diese Bezeichnung gestaunt. Wenn man aber Hindenburgs Laufbahn kennt, dann ist die Erklärung ganz einfach. Wahrscheinlich verwechselte er meinen Geburtsort, Braunau am Inn, mit Braunau im nordöstlichen Böhmen (heute Broumov). Wie er in seinen Lebenserinnerungen schrieb, war *dieses* Braunau der Ort gewesen, an dem er als junger Leutnant im Deutsch-Österreichischen Krieg von 1866 zum ersten Mal Pulverdampf gerochen hatte. Ich kann bestätigen, dass das eine Erfahrung ist, die man nicht so leicht vergisst.

Sturheit bis hin zum Stumpfsinn ist ein Kennzeichen von Senilität. Ob Hindenburg nun im vollen Wortsinn senil war, darüber mögen die Irrenärzte entscheiden. Auf jeden Fall war er entschlossen, mich auf gar keinen Fall zum Reichskanzler zu ernennen. Da der Reichstag arbeitsunfähig war, hing alles an der Kamarilla, die ihn umgab. Die wohl wichtigste beteiligte Person war sein Sohn Oskar. Als Adjutant des Präsidenten hatte er größeren Einfluss auf ihn als alle anderen. Dennoch verfügte Oskar von Hindenburg über keine der Qualitäten, die es für ein hohes Amt braucht. Tatsächlich hatte kaum jemand überhaupt von ihm gehört, ehe sein Vater 1925 zum Reichspräsidenten gewählt wurde. Nachdem Hindenburg senior 1934 gestorben war, tat Hindenburg junior Deutschland und mir den unschätzbaren Gefallen, öffentlich zu verkünden, dass sein Vater mich als Nachfolger vorgesehen habe. Damit verschwand er aus der Geschichte; kein großer Verlust.

Eine weitere Schlüsselfigur war Generalleutnant a.D. Wilhelm Groener. Groener war ein brillanter Organisator, Eisenbahnexperte und Logistiker. Während des Krieges hatte er Ludendorff nahegestanden. Zum Ende hin hatte er einige Auswirkungen des Dolchstoßes abschwächen können, indem er den geordneten Rückzug der Armee in die Heimat organisiert und ihren Zerfall verhindert hatte. Später half er maßgeblich beim Aufbau der Reichswehr. Nachdem er 1930 zum zweiten Mal geheiratet hatte, setzten er und seine Frau so schnell ein Kind in die Welt, dass es nach dem berühmten finnischen Langläufer und Olympiasieger den Spitznamen „Nurmi" erhielt. Er diente unter Müller als Reichswehrminister. Als Brüning ins Amt kam, ernannte er ihn zusätzlich noch zum Innenminister.

Ein deutlich weniger angenehmer Charakter war ein weiterer General, Kurt von Schleicher. Schleicher war ein politischer Offizier, wie er im Buche steht. Gleich nach dem Weltkrieg hatte er eine zentrale Rolle dabei gespielt, mit den Sozialdemokraten den Ebert-Groener-Pakt auszuhandeln, der die Unterstützung der Republik durch die Reichswehr sicherstellte und Letzterer gleichzeitig erlaubte, weiterzubestehen und sich zu entwickeln. Damit hatte er sein wahres Metier gefunden, und von dieser Zeit an hörte er nie wieder auf, Intrigen zu schmieden. Das zeigte sich beispielsweise an der Tatsache, dass er Seeckt stürzte, den Mann, der zusammen mit Groener mehr als jeder andere dafür getan hatte, dass Deutschland überhaupt noch eine Armee hatte. Er hatte auch bei der Aufstellung der Einheiten mit dem selbsterklärenden Namen „Schwarze Reichswehr" mehr als nur einen Finger im Spiel. Es war Schleicher, der Hindenburg als Erster vorschlug, als Antwort auf die deutsche Staatskrise eine Präsidialregierung unter Ausnutzung des Artikels 48 einzuführen. Und als derjenige, der es angeregt hatte, tat er ebenso sein Möglichstes, um dieses Vorhaben in die Tat umzusetzen.

Der vierte Mann in der Kabale war Franz von Papen. Papen war ein konservativer Adliger und Mitglied der Zentrumspartei – wahrhaftig ein Niemand. Während des Weltkriegs hatte er in unserer Botschaft in Washington gearbeitet. Nachdem er des Landes verwiesen worden war, war ihm ein Fehler unterlaufen, durch den die US-Behörden sämtliche deutschen Agenten in Amerika festnehmen konnten. Im Laufe der 1920er fing er an, auch in der Politik zu dilettieren. Noch in der ersten Jahreshälfte 1932 hatte kaum jemand seinen Namen gehört. Doch er war aalglatt, um nicht zu sagen – schleimig. Und er wusste, wie man mit Hindenburg umgehen musste, was das einzig Wichtige war. Ihre Vertrautheit nahm 1925 ihren Anfang, als Papen gegen den Willen seiner eigenen Partei für Hindenburg als Reichspräsidenten stimmte. Dieses enge Verhältnis machte ihn wiederum zu einem Liebling Schleichers, der hoffte, Papen als Strohmann nutzen und Deutschland selbst regieren zu können. Am Ende war es Papen, der – nachdem er sich von Schleicher abgewandt hatte – Hindenburg überredete, mich ins Amt einzusetzen.

Über eine Zeitspanne von rund zweieinhalb Jahren lenkten diese vier Männer Hindenburg mal in die eine, mal in die andere Richtung und pokerten mit dem Schicksal Deutschlands. Das alles trotz der Tatsache, dass keiner von ihnen allzu bekannt war oder irgendwelche Wählerstimmen auf seiner Seite hatte. Und ebenso trotz der Tatsache, dass keiner von ihnen auch nur ansatzweise über die Qualitäten eines großen Volkstribuns verfügte, schon gar nicht über die eines Staatsmanns von Weltrang. Papen selbst war so weitab vom Schuss, dass er ernsthaft glaubte, die Massen könnten von der staatlichen Mitbestimmung ausgeschlossen und „wieder in Volk zurückverwandelt" werden, wie es sein Redenschreiber Edgar Jung formulierte! Entgegen seinen Wünschen war die Politik jedoch nicht auf das Tun und Unterlassen seiner Kamarilla beschränkt. Überall in Deutschland trafen sich die führenden Mitglieder der verschiedenen Parteien, verhandelten, feilschten und schmiedeten Bündnisse, nur um diese sofort wieder zu brechen, sobald sie sich einen Vorteil davon erhofften. Ich war kein Reichstagsabgeordneter und bemühte mich ebenso sehr darum, über dem Getümmel zu stehen, wie es Hindenburg tat. Andere in der Partei jedoch sprangen immer wieder hinein, vor allem Göring. Durch seine vielfältigen Beziehungen zu den sogenannten „besseren Kreisen" war er gut geeignet für diese Aufgabe, die er sichtlich genoss und von der er profitierte, indem er sich von allen Seiten schmieren ließ.

Unsere eigene vorrangige Aufgabe war es, den Sozialdemokraten so viele Scherereien wie möglich zu bereiten. Immerhin waren sie die stärkste Partei. Außerdem waren sie die Hauptverantwortlichen für Deutschlands Notlage, nachdem sie 1918 den Kaiser gestürzt und so lange die Mehrheit innegehabt hatten. Zu diesem Zweck waren wir bereit, mit jedem zusammenzuarbeiten – abgesehen von den Kommunisten. Das schloss das Zentrum und vor allem die konservative Rechte ein. Im Oktober 1931 vollzogen wir mit Letzterer sogar den Schulterschluss zur sogenannten Harzburger Front. Einige Historiker, die diese Rechte ebenso diskreditieren wollten wie ihre eigenen Väter, die oft damals dabei gewesen waren, haben ihre Rolle später bodenlos übertrieben. Sie behaupteten, dass diese Leute nicht nur einen Großteil unserer Ideologie geteilt, sondern auch einen entscheidenden Beitrag zu unserem Sieg geleistet hätten.

Doch das ist Unsinn. Es stimmt, Herr Alfred Hugenberg und seine Kumpane waren Nationalisten wie wir. Sie verlangten ein Ende der Reparationen, die Aufstellung einer neuen schlagkräftigen Armee und die Wiederherstellung der deutschen Grenzen von 1914. In jedweder anderen Hinsicht unterschieden sie sich jedoch deutlich von uns. Wir waren revolutionär – sie waren reaktionär. Wir appellierten an das Volk, aus dem wir selbst kamen – sie waren ein Haufen Millionäre und Snobs, die auf alle anderen Menschen herabblickten und nur andere Millionäre und Snobs ansprachen. Wir waren Antisemiten, sogar rabiate Antisemiten, wie unsere Feinde behaupteten. Sie hatten zwar nicht viel für Juden übrig, behandelten aber die Rassenfrage nicht ansatzweise mit der nötigen Ernsthaftigkeit. Dies alles schränkte ihre Attraktivität für die Wähler ein. Mit den Worten eines Mannes, dessen Name hier nichts zur Sache tut: Sie waren nützliche Idioten. Einer von ihnen, der bereits erwähnte Fritz Thyssen, gab das sogar offen zu, nachdem er sich mit uns überworfen und Deutschland verlassen hatte! Die Harzburger Front brachte uns einige Stimmen im Reichstag ein und eine ganze Menge Geld, um die SA zu bezahlen und unsere Propaganda durchzuführen. Das war aber auch alles.

Auch war die Politik nicht auf die verräucherten Räume beschränkt, in denen sich diese und andere Männer trafen (damals gehörten noch keine Frauen dazu). Auf der Straße ging viel, viel mehr vor sich. Wir hatten besser als alle anderen verstanden, wie wichtig die Straße war und dass sie erobert werden musste. „Wer die Straßen beherrscht, beherrscht das Land“, hätte unsere Parole sein können. Unser wichtigstes Hilfsmittel dabei war die SA. Die erste kleine Einheit, die dafür zu sorgen hatte, dass keine Störer unsere Versammlungen unterbrechen konnten, war im November 1920 unter dem Kommando von Emil Maurice aufgestellt worden. 1921 ersetzte ich ihn erst durch den ehemaligen Marineoffizier Hans Ulrich Klintzsch, der mehr Ahnung von militärischer Organisation hatte als Maurice, und später durch Ernst Röhm. Aus der gleichen Zeit stammt der Name „Sturmabteilung“.

Wir steckten unsere junge Truppe in senfbraune Uniformen. Nicht, weil ich eine Schwäche für die Farbe Braun gehabt hätte, wie ein verblödeter Psychologe behauptet hat, um mich lächerlich und sich selbst einen Namen zu machen. Tatsächlich war Braun merkwürdigerweise die einzige Farbe, die in jeder meiner drei Wohnungen fehlte, den beiden privaten ebenso wie der dienstlichen in der Reichskanzlei. Wir kamen vielmehr dazu, weil es einen Abverkauf eines großen Kontingents an Uniformen in dieser Farbe gegeben hatte, die ursprünglich für unsere afrikanischen Kolonien bestimmt gewesen waren. Die so gekleideten Männer gerieten häufig in mehr oder weniger massive Saalschlachten mit unseren Gegnern, bewaffnet mit Stuhlbeinen, Bierkrügen, Knüppeln und gelegentlich auch Messern. Ich wies sie persönlich an, ihre Kräfte zu vereinen und einen Tisch nach dem anderen anzugreifen. Das hat immerhin auch Clausewitz empfohlen. Ein Kampf ist ein Kampf, egal wie groß! Mit diesen Taktiken trugen sie in der Regel den Sieg davon und ermöglichten es mir und den anderen Rednern der Partei, ohne allzu viele Unterbrechungen aufzutreten. Davon abgesehen beeindruckt nichts Gegner und Schaulustige so sehr wie eine Machtdemonstration. Das war der ganze Sinn der Uniformen, Paraden, Marschkapellen und so weiter. Nachdem unser Putsch gescheitert war, verbot die Bayerische Landesregierung die SA. Die aber bestand unter anderen Namen weiter.

Nachdem wir die Partei 1925 wiedergegründet hatten, nahm die SA ihre Tätigkeit wieder auf. Sie nahm sich unsere Feinde zur Brust, vor allem die Kommunisten, und das nicht nur bei Versammlungen, sondern auch auf der Straße. Ihr Führer war mittlerweile Franz Pfeffer von Salomon, ein weiterer ehemaliger Offizier, und ihre Mitgliederzahlen wuchsen langsam, aber stetig – von ein paar Dutzend am Anfang bis hin zu Zehntausenden Ende der 1920er und noch viel mehr nach unserem Wahlsieg 1930. Kurz nach dieser Wahl zerstritt sich Pfeffer jedoch mit mir und zwang mich, ihn zu entlassen. Daraufhin rief ich Röhm an, der nach Bolivien gegangen war, um die dortige Armee auszubilden. Er kam.

Die Geschichte – und die Historiker, die sie schreiben – schlägt oft seltsame Purzelbäume. Vor 1933 beschrieben viele, die sich mit der SA befassten, sie als eine Bande pöbelhafter Wüstlinge. Von 1933 bis 1945 sorgten wir dafür, dass sie ihren Tonfall änderten. Vor allem Goebbels trug einiges dazu bei, indem er unseren toten Kameraden Horst Wessel glorifizierte. In den späten 1930ern gab es wahrscheinlich in ganz Deutschland keine Stadt, keine Kleinstadt und kein Dorf mehr, wo keine eigene Straße der SA existierte. Dann kam das Kriegsende, und wieder änderte sich alles. In Babelsberg, das dank seiner Villen und dem dortigen Zentrum der Filmproduktion Goebbels' bevorzugter Tummelplatz gewesen war, wurde die Straße der SA nach Karl Marx umbenannt. Das muss man sich einmal vorstellen!

Ich möchte festhalten, dass die SA nicht bloß ein Schlägerhaufen war. Sicher, das war eine raue Truppe, die gerne soff und sich schlug. Sie hatten Spaß daran, Leute zu verprügeln, einschließlich Kommunisten, Sozialisten, Juden und anderer Schweine. Wer sollte ihnen dieses Vergnügen nicht gönnen? Und angesichts ihrer Herkunft aus den unteren Schichten und der Natur ihrer Gegner – wie hätten sie sich anders verhalten sollen? Das Alltagsleben vieler von ihnen war zum Verzweifeln schwer, so sehr, dass wir gelegentlich Suppenküchen für sie organisieren mussten. Kein Wunder, dass sie sich darauf freuten, ihre Braunhemden anlegen und zur Tat schreiten zu können. Zu fast jeder Tat.

Einige von ihnen waren Homosexuelle. Aber nicht wir Nationalsozialisten erließen den berüchtigten „Schwulenparagrafen", der sexuelle Handlungen zwischen Männern unter Strafe stellte. Das war schon 1871 erledigt worden. Mir persönlich war die Angelegenheit ziemlich egal. Wer mit wem was trieb, war seine eigene Sache. Was ich allerdings *sehr wohl* tat, war, mich rückwirkend dieser Frage zu bedienen, um das deutsche Volk von der Notwendigkeit und Rechtmäßigkeit meiner Säuberung der SA-Führung 1934 zu überzeugen. Um dergleichen für die Zukunft zu verhindern, erließen wir 1935 ein Gesetz, das die rechtliche Definition strafwürdiger homosexueller Handlungen ausweitete. Den Rest überließ ich Himmler in seiner Funktion als Chef der Deutschen Polizei. Er war sittenstrenger als ich und drängte fanatisch auf die Ausrottung der Homosexuellen; nichtsdestoweniger machten sie immer nur eine verschwindend geringe Minderheit der in unseren Konzentrationslagern Inhaftierten aus.

Viel bedeutsamer war, dass die SA von Anfang an nicht so diszipliniert war, wie sie hätte sein sollen. Das galt insbesondere für Berlin, damals wie heute eine Stadt mit starken sozialistischen und sogar kommunistischen Neigungen. 1930 rief ihr örtlicher Führer, Walther Stennes, die SA zum Streik gegen ihre eigene Partei auf. Ein Jahr später waren seine Leute sogar so unverfroren, unsere Geschäftsstelle zu besetzen! Solche Dinge waren es, die mich letzten Endes dazu zwangen, mit der SA abzurechnen. Es war schmerzhaft, aber es musste sein.

Die SA hatte jedoch auch eine andere Seite, die die späteren Historiker so gut wie möglich bestritten haben. Beginnend in einer Zeit, in der die Zukunft unserer Partei alles andere als rosig aussah, kamen diese Männer zu uns und versahen Woche um Woche, Monat um Monat, manchmal Jahr um Jahr ihren Dienst. Und das alles für sehr kargen Lohn. Diejenigen von ihnen, die Arbeit hatten, opferten uns ihre Freizeit. Viele brachten auch ihre Ehefrauen, Freundinnen und Schwestern mit. Diese verteilten Brote, betrieben die Suppenküchen, hielten die Uniformen der Männer in Schuss, pflegten die Verwundeten und betrauerten die Toten. Allein im Jahre 1931 waren 86 Gefallene und noch viel mehr Verwundete zu beklagen – die Gegner teilten ebenso gut aus, wie sie einsteckten. Unter ihrer rauen Fassade waren viele SA-Männer Idealisten. Sie leisteten einen viel größeren Beitrag zu unserem letztendlichen Sieg als viele andere, die mir einfallen.

Tatsächlich erzielten wir nach und nach immer größere Erfolge. Im Juni 1932, zwei Monate nach seiner Wiederwahl, ernannte Hindenburg Papen zum Reichskanzler. Weil er von niemandem unterstützt wurde, war es kein Wunder, dass er einen Zickzackkurs fuhr. Eine seiner ersten Amtshandlungen war, als Zugeständnis an uns Brünings SA-Verbot aufzuheben. Nicht, dass es irgendeinen Unterschied machte, denn dieses Verbot war ohnehin nie sonderlich wirksam gewesen. Sein nächster Streich war, den Reichstag aufzulösen und Neuwahlen anzusetzen. Erneut mobilisierten wir all unsere Kräfte. Erneut betrieben wir unseren Wahlkampf so energisch, wie wir nur konnten. Ich selbst hielt so viele Ansprachen in so vielen Städten, dass ich den Überblick verlor. Mein Publikum, noch zehn Jahre zuvor ein paar tausend Mann, ging nun in die Zehntausende. Züge voller Menschen kamen, um meine Reden zu sehen und zu hören. Und die Ergebnisse waren die Mühen wert. Die Zahl unserer Reichstagssitze verdoppelte sich auf 230, was uns zur mit Abstand größten Fraktion machte. Tatsächlich verfügten wir nun über mehr Abgeordnete als die Sozialisten und Kommunisten zusammen. Die Macht schien zum Greifen nah zu sein.

Zuvor jedoch musste der Sieg mit Blut bezahlt werden. Im Sommer 1932 gab es allein in Berlin 461 Straßenschlachten, die 82 Todesopfer forderten. Doch vergebens. Hindenburg und seine Berater weigerten sich, zur Besinnung zu kommen. Stattdessen machten sie uns für die steigende Opferzahl verantwortlich. Sie waren umso entschlossener, alles in ihrer Macht Stehende zu tun, um mich von der Kanzlerschaft fernzuhalten. Das sagte mir Hindenburg am 13. August ins Gesicht. Um noch Salz in die Wunde zu streuen, ließ er öffentlich verlauten, er habe mir empfohlen, meine Politik und die der Partei in seichtere, freundlichere Gewässer zu steuern! Die Haltung der Kamarilla war so unnachgiebig, dass einige meiner Gefolgsleute allmählich aufgaben. Andere hingegen verdoppelten ihre Bemühungen, mich in einen Putschversuch zu treiben.

Ich war jedoch entschlossen, meinen Kurs zu halten. Weiß Gott nicht, weil ich besonders viel für die Demokratie übriggehabt hätte, sondern weil ich wusste, dass Hindenburg nur allzu gern die Reichswehr gegen uns eingesetzt hätte. Das galt im Falle unseres gewaltsamen Losschlagens auch für den Chef der Heeresleitung, General Kurt von Hammerstein-Equord. Hammerstein war als „der rote General" bekannt und der linkeste deutsche Offizier, den man je gesehen hatte. Meine Jungs von der SA konnten es trotz all ihrer Hingabe und Tapferkeit nicht mit ihm aufnehmen. Erst viel später sickerte durch, dass zwei Töchter Hammersteins, Marie Luise und Helga, für den Nachrichtendienst der KPD arbeiteten. Das erklärt, wie unmittelbar nach meiner Ansprache an die Reichswehrführung am 3. Februar 1933 die Kernaussagen nach Moskau gelangen konnten.

Ende 1934 zwang ich ihn zum Rücktritt und wurde ihn damit endlich los. Das hielt ihn und seine Familie jedoch nicht davon ab, das zu bleiben, was die Amerikaner grob, aber zutreffend einen Schmerz im Arsch nennen. Bis zu seinem Tod im April 1943 betrieb er seine verräterischen Aktivitäten unablässig weiter. Als Erstes gab er seine Mitgliedschaft im Berliner „Deutschen Herrenklub" auf, nachdem dieser seine jüdischen Angehörigen ausgestoßen hatte. Als ob man in diesem prestigeträchtigen Klub, in dem so wichtige Angelegenheiten diskutiert wurden, die Anwesenheit von Angehörigen des „auserwählten Volkes" hätte dulden können! Später unterstützten er und seine Familie Brüning bei dem Versuch, ein paar Juden vor der Deportation zu retten.

Er war auch an einigen der Verschwörungen gegen mich aktiv beteiligt und hätte mich sicher selbst ermordet, wenn sich die Möglichkeit geboten hätte. Als er endlich gestorben war, verweigerte seine Familie ein Staatsbegräbnis. Es heißt, sie hätten keine Reichskriegsflagge mit Hakenkreuz auf seinem Sarg gewollt! Aber das war noch nicht das Ende der Geschichte. Zwei seiner Söhne, Ludwig und Kunrat, waren am Mordanschlag auf mich am 20. Juli 1944 beteiligt. Nachdem diese Verschwörung gescheitert war, flohen sie ins Ausland. Das war schade; ich hätte sie gerne zusammen mit dem ganzen Rest aufhängen lassen.

Aber zurück zum Jahr 1932. Am 12. September löste Papen den Reichstag auf, um einem Misstrauensantrag der Kommunisten zuvorzukommen, und ordnete Neuwahlen an. Als im November die Ergebnisse verkündet wurden, stellte sich heraus, dass die Kommunisten ihr stärkstes Ergebnis in der gesamten deutschen Geschichte eingefahren und elf Sitze hinzugewonnen hatten. Unsere lieben nationalistischen Bundesgenossen gewannen vier Sitze hinzu. Was uns selbst anging, so fielen wir von 230 Sitzen auf 196 ab. Damit bildeten wir noch immer die mit Abstand stärkste Fraktion, aber nichtsdestoweniger war dieses Ergebnis ein schmerzhafter Rückschlag für die Moral unserer Kameraden, insbesondere für Goebbels, der vom jüdischen Polizeivizepräsidenten Berlins, Bernhard Weiß, verklagt wurde und keinen Ausweg sah. Am schlimmsten war, dass unser Budget zur Neige ging. Menschen, die uns in der Vergangenheit unterstützt hatten, wollten aus heiterem Himmel nichts mehr mit uns zu schaffen haben. Es mag sein, dass – wie das Sprichwort sagt – nichts erfolgreicher ist als Erfolg. In jedem Fall stimmt es, dass nichts so sehr enttäuscht wie die Enttäuschung.

Nachdem er noch immer nicht in der Lage war, eine Mehrheit hinter sich zu bringen, trat Papen am 17. November zurück – im Vertrauen darauf, dass sein Freund Hindenburg ihn erneut zum Kanzler machen würde. Der alte Herr bereitete ihm und allen anderen jedoch eine Überraschung, indem er stattdessen Schleicher ernannte. Wie sich herausstellte, war Schleicher kein bisschen fähiger als seine Amtsvorgänger Papen und Brüning, was die Koalitionsbildung betraf. Er hätte jedoch seinen Ruf als versierter Intrigant nicht erfüllt, wenn er nicht noch einen Plan in der Hinterhand gehabt hätte. Einen Plan B, wie man so schön sagt, obwohl es in Wahrheit sein Plan A war.

Als Erstes bot er mir das Amt des Vizekanzlers an, obwohl er sehr genau wusste, dass ich dieses Angebot – wie schon ähnliche in der Vergangenheit – ablehnen würde. Als Nächstes wandte er sich an Gregor Strasser. Strasser war nicht mehr mein Reichspropagandaleiter. Diesen Posten hatte ich an Goebbels vergeben. Er war jedoch die Nummer zwei der Partei geblieben. Nun hoffte Schleicher, ihn abwerben zu können und so die Partei zu spalten, um sich selbst eine parlamentarische Grundlage zu verschaffen. Als Gegenleistung sollte Strasser die Vizekanzlerschaft erhalten, die Schleicher eben noch mir angeboten hatte! Als ich diesen doppelten Verrat erkannte, war ich außer mir vor Zorn. Ich zwang Strasser sofort, von allen Parteiämtern zurückzutreten und seine Unterstützer mitzunehmen. Außerdem nutzte ich diese Gelegenheit, um alle verbliebenen Parteiführer ihre Loyalität zu mir beschwören zu lassen. Von nun an mussten alle neuen Amtsträger das Gleiche tun. Nichtsdestoweniger war dies für unsere Partei die schwerste Krise seit dem Putsch neun Jahre zuvor. Ich sollte ihre Verursacher niemals vergessen oder ihnen gar vergeben.

Später, nachdem er seine Macht verloren hatte, hörte man Schleicher klagen, er sei 57 Tage lang Kanzler gewesen und an jedem dieser Tage 57mal verraten worden. Das sagte der Richtige! Er klammerte sich verzweifelt an sein Amt, doch vergeblich. Der Hauptintrigant gegen ihn war Papen. Auch wenn er nicht mehr im Amt war, so genoss er doch das Vertrauen Hindenburgs. Außerdem blieb er Reichskommissar für Preußen, ein Posten, den er während seiner Kanzlerschaft mit der Unterstützung Hindenburgs, aber unter direktem Bruch der Verfassung an sich gerissen hatte. Er war im Ränkeschmieden beinahe so versiert wie Schleicher, und sein nächster Schritt bestand darin, seinem Meister einen neuen Vorschlag zu machen. Die Rechte sollte sich mit der NSDAP zusammenschließen und eine Regierung mit mir an der Spitze bilden. Er selbst wollte jedoch als Vizekanzler zusammen mit seinen konservativen Freunden dafür sorgen, dass ich „eingerahmt" würde. Hindenburg gefiel diese Vorstellung noch immer nicht. Doch er hatte keine Wahl. Es brauchte einen starken Mann, der eine Mehrheit hinter sich bringen und die Ordnung wiederherstellen konnte. Und ich war der Einzige, der dazu in der Lage war.

Die Nachricht, dass Hindenburg endlich gewillt sei, mich zum Kanzler zu ernennen, erreichte meinen Mitarbeiterstab und mich am Abend des 29. Januar bei einem Treffen in Goebbels' neuer Luxuswohnung am Reichskanzlerplatz (heute Theodor-Heuss-Platz). Unsere Reaktion kann man sich sicher vorstellen. Aber nicht alle Neuigkeiten waren gut. Es hieß, dass Schleicher und Hammerstein die Potsdamer Garnison alarmiert hätten. Unter sich würden sie beabsichtigen, Hindenburg auf seinen Landsitz abzuschieben und unter seinem Namen einen Militärputsch zu veranstalten, um uns in allerletzter Minute von der Machtübernahme abzuhalten. Hindenburg seinerseits bestellte General Werner von Blomberg ein, der Deutschland bei der Genfer Abrüstungskonferenz vertrat; er sollte den ersten Zug nach Berlin nehmen und das Reichswehrministerium von Groener übernehmen – ein Schachzug, dessen Bedeutung völlig unklar war. Als Antwort versetzte ich umgehend die Berliner SA in Alarmbereitschaft. Am Ende stellte sich heraus, dass es keine Putschvorbereitungen gegeben hatte. Aber: Vorsicht ist die Mutter der Porzellankiste.

Das Treffen mit dem Reichspräsidenten sollte am nächsten Morgen um 10:30 Uhr stattfinden. In letzter Minute gab es einige Schwierigkeiten. Hindenburg hatte endlich nachgegeben und war bereit, mich zum Kanzler zu machen. Er blieb jedoch unerschütterlich darin, dass ich nicht auch Papens Posten als Reichskommissar für Preußen bekommen sollte. Darin musste ich letzten Endes nachgeben. Nachdem das geklärt war, wurde ich vereidigt. Um 12 Uhr verließ ich das Reichspräsidentenpalais in der Wilhelmstraße, um mich von meinem Stab beglückwünschen, von meinen Unterstützern bejubeln und von der Presse ablichten zu lassen.

Sehr viel später machten einige Historiker, etwa Hans Mommsen, ein ansehnliches Geschäft daraus, all jene zu identifizieren und anzuschwärzen, die ihrer Meinung nach unsere angeblichen „Steigbügelhalter" gewesen sein sollen. Wen haben sie nicht beschuldigt? Die Rechte, die Linke, die Gewerkschaften, den Mittelstand, die Intellektuellen, Hindenburg senior, Hindenburg junior, Hugenberg, Papen, Schleicher ... Sie alle und noch viele andere seien vermeintlich dabei gescheitert, uns Widerstand zu leisten, oder hätten sich uns mit Vergnügen angeschlossen. Ich möchte zu Protokoll geben, dass das Schwachsinn ist. Beinahe ohne Ausnahme war jeder, der damals in Deutschland etwas galt, mit all seiner Kraft und solange er konnte gegen uns. Warum hätten sie anders handeln sollen? Sie hatten ihre eigenen Interessen vor Augen, nicht unsere. Wir haben alles, oder zumindest fast alles, selbst erreicht – mit mir an der Spitze. Dabei hatten wir – wie man an der Tatsache sieht, dass wir sogar nach dem Rückschlag vom November 1932 immer noch die um Längen stärkste Partei im Reichstag waren – die Unterstützung des deutschen Volkes, das genügte.

Für den Abend jenes Tages organisierte Goebbels eine Parade der Berliner SA, um unseren Sieg zu feiern. Die Männer marschierten zu Zehntausenden an mir vorbei, trugen Fackeln und sangen das Horst-Wessel-Lied, bis sie heiser waren. Auch Hindenburg sah zu und klopfte im Takt des Marsches mit seinem Gehstock auf den Boden. Eine neue Ära war angebrochen, und ich war fest entschlossen, sie zur großartigsten der gesamten deutschen Geschichte zu machen.

ZWEITER TEIL:

Die Friedensjahre

11. Gleichschaltung

Es ist eine Sache, die Macht zu übernehmen. Effektiv mit ihr umzugehen, ist eine ganz andere. Ein Besucher, der mich und meine Mitarbeiter nicht kannte, hätte unsere und meine Chancen auf Erfolg wohl ziemlich gering eingeschätzt. Nicht nur hatte ich keinerlei Erfahrung; Hindenburg hatte mich – auf Papens Ratschlag hin – gerade deshalb ins Amt eingesetzt, damit ich *keine* freie Hand haben sollte. Und selbst nachdem ich Reichskanzler geworden war, blieb er eine Größe, mit der ich rechnen musste. Abgesehen von mir selbst vertrat nur einer meiner zwölf Minister, Frick, die NSDAP. Alle anderen waren entweder konservativ oder unpolitisch und entschlossen, ihr eigenes Süppchen zu kochen.

Gewiss, zusammen mit meinen Verbündeten auf der politischen Rechten verfügte ich über die Mehrheit im Reichstag. Die war aber sehr knapp und bot keine zuverlässige Unterstützung bei den radikalen und überfälligen Reformen, die mir vorschwebten. Die meisten älteren Angehörigen der altehrwürdigen deutschen Institutionen – der Armee, der Bürokratie, der Hochfinanz, der Industrie, der Kirchen und der Universitäten – hielten uns Nationalsozialisten für Emporkömmlinge. Um nicht zu sagen: für Pöbel. Schließlich waren wir bis auf sehr wenige Ausnahmen weder in Adelsfamilien hineingeboren worden, noch privilegiert aufgewachsen, noch an den besten Universitäten ausgebildet worden – was auf beinahe jeden von ihnen zutraf. Wir trugen auch keine Schmisse auf unseren Wangen herum; eine idiotische Modeerscheinung, die Zeugnis von genauso idiotischen Bräuchen ablegte. Bräuchen, denen ich ein schnelles Ende bereitete, nachdem einer unserer bekanntesten Journalisten bei einem Duell wegen eines noch viel idiotischeren Streits um eine Frau ums Leben gekommen war.

Noch zwei weitere Kräfte standen uns im Weg. Auf der einen Seite waren da die Gewerkschaften, die meistens mit den Kommunisten und Sozialisten im Bunde waren. In der Vergangenheit hatten sie gezeigt, dass sie fähig waren, ihren Willen durchzusetzen, zum Beispiel gegen den gut gemeinten, aber dilettantischen und vom Pech verfolgten Kapp-Putsch von 1920. Gegen sie – oder vielmehr die Millionen Arbeiter, die sie angeblich repräsentierten – anzugehen, war Wahnsinn. Wir brauchten sie; wer sonst würde das neue Deutschland bauen, das wir planten, und dafür in den Kampf ziehen, wenn die Zeit kam? Auf der anderen Seite gab es die Länder, aus denen sich das

Reich zusammensetzte. Tatsächlich war das Reich niemals ein Zentralstaat gewesen. Das war nicht einmal im sogenannten Ersten Reich so gewesen, dem dezentralsten politischen Gebilde in ganz Europa, im Gegensatz zu Ländern wie Spanien, England, Italien, Russland und vor allem Frankreich. Für das Zweite Reich hatte fast das Gleiche gegolten. Zu jener Zeit hatte jedes Land seinen eigenen Botschafter in Berlin gehabt; etliche von ihnen hatten sich sogar eigene Armeen gehalten.

Kurz gesagt: Unsere politische Tradition war föderalistisch und wurde es nach 1945 aufs Neue. Natürlich hat der Föderalismus seine Vorteile. Er ist einer der Gründe, weshalb kulturelle Einrichtungen jeglicher Art, wie Universitäten, Schlösser, Museen, Theater und Opernhäuser, nicht in einer einzigen Stadt konzentriert sind, so wie es in England und Frankreich weitgehend gehandhabt wird. Stattdessen liegen sie über das ganze Land verteilt. Ich persönlich habe die vielen verschiedenen Dialekte, Kleidungsstile, Gebräuche und Traditionen der unterschiedlichen Regionen immer für einen Ausdruck des wahren Wesens des Deutschtums gehalten. Durch sie manifestierte sich der unbändig wallende Geist des Volkes. In diesem Sinne waren sie es wert, geschützt und gefördert zu werden. Politisch aber ist und bleibt der Föderalismus problematisch. Er macht es für eine Zentralregierung sehr schwer, ihren Willen durchzusetzen.

Ich wartete nicht, bis meine Gnadenfrist von 100 Tagen abgelaufen war. In Wahrheit hatte ich nicht einen einzigen Fristtag. Nur ein paar Stunden nach meiner Ernennung hielt ich die erste Kabinettssitzung ab, auf der ich die Auflösung des Reichstags und die Ansetzung von Neuwahlen verfügte. Das war notwendig, damit wir ein Ermächtigungsgesetz erlassen konnten, das uns das Recht geben würde, durch Verordnungen zu regieren – ohne den Reichstag. Wie ich erwartet hatte, gab es bei unseren rechten Verbündeten und dem katholischen Zentrum einige Bedenken. Ich brachte sie auf meine Seite, indem ich versprach, verfassungsgemäß zu regieren.

Dieses Versprechen habe ich übrigens gehalten. Während unserer Jahre an der Macht wurden uns Nationalsozialisten und mir persönlich zahlreiche Vorschläge für eine neue Verfassung gemacht. Unter anderem von keinem Geringeren als Herrn Professor Carl Schmitt, dem berühmten Juristen und Politikwissenschaftler, dessen oft unverständliche Schwarten in Deutschland und im Ausland noch immer heiß diskutiert werden. Letzten Endes zogen wir es trotzdem vor, die alte Verfassung zu behalten. Hätten wir sie geändert, hätten wir jeden einzelnen Rechtswissenschaftler der Nation am Hals gehabt. Ich für meinen Teil mag Juristen überhaupt nicht. Das sind Schwachköpfe, die sich immer hinter ihren Paragrafen verstecken und hoffen, damit ihren völligen Mangel an gesundem Menschenverstand tarnen zu können. Ich hätte sehr gerne eine Umgebung geschaffen, in der sich kein vernünftig denkender deutscher Mann dazu herablassen würde, Juristerei zu studieren. Allerdings muss ich zugeben, dass sie für jede größere Organisation notwendig sind. Ein Übel zwar, ganz ohne Frage, aber eines, ohne das wir leider nicht auskamen; man sehe sich nur die Führungsebenen von SS, Sicherheitsdienst und Gestapo an – alles voll von ihnen.

Stattdessen höhlten wir die Verfassung aus, bis im Grunde nur noch eine leere Hülle übrigblieb. Wir passten sie auch an, wenn es nötig war. Beispielsweise 1934, als wir mein Kanzleramt mit dem des Reichspräsidenten vereinigten. Aber wir haben sie nie ersetzt. Jedenfalls bekam ich nach ein wenig Wortklauberei meinen Willen. Die Wahlen sollten am 5. März stattfinden. Wir – meine Kollegen und ich – stürzten uns sofort ins Getümmel. Wie man sich vorstellen kann, war das Geld diesmal nicht knapp. Nicht nur bekamen wir große Summen von den Industriellen, sondern bedienten uns auch großzügig aus der Staatskasse. Wie üblich, spielte die Sturmabteilung eine Schlüsselrolle: Sie genoss größere Handlungsfreiheit als jemals zuvor, und einige ihrer Angehörigen trugen tatsächlich Armbinden, die sie als Hilfspolizisten auswiesen. Die SA schützte unsere Versammlungen, sprengte die unserer Gegner und plünderte die Redaktionen oppositioneller Zeitungen, so wie diese es für ihre Lügen verdient hatten. Außerdem tapezierte sie die Mauern mit Propagandaplakaten, veranstaltete Aufmärsche und öffentliche Konzerte und tat insgesamt ihr Möglichstes, um die Wähler zu beeindrucken und auf unsere Seite zu ziehen.

Eine Woche vor dem angesetzten Wahltermin hatten wir unverhofftes Glück. Am 27. Februar aß ich gerade mit Goebbels, Hoffmann und einigen anderen zu Abend, als Hanfstaengl anrief und sagte, dass der Reichstag in Flammen stünde. Zuerst dachte ich, er sei besoffen! Aber es war alles entsetzlich wahr. Im Nachgang wurden vier Männer festgenommen, drei bulgarische Kommunisten und ein holländischer Kommunist, Marinus van der Lubbe. Die Bulgaren wurden angeklagt und freigesprochen; einer von ihnen, Georgi Dimitroff, sollte später der erste kommunistische Diktator seines Landes werden. Das zeigte, wie es damals in unserem Justizsystem zuging und was für ein langer Weg noch vor uns lag, bevor es ebenso wie alle anderen Bestandteile des Staates gleichgeschaltet sein und reibungslos mit ihnen zusammenlaufen würde. Was van der Lubbe anging, der im Gegensatz zu den anderen auf frischer Tat ergriffen worden war: Der war allem Anschein nach verrückt. Er wurde schuldig gesprochen und enthauptet. Wie er in Anbetracht des riesigen Gebäudes den Brand ganz allein legen konnte, bleibt bis heute ein Rätsel.

Nicht, dass es eine Rolle spielte. Wir Nationalsozialisten hatten jahrelange Erfahrung mit den Kommunisten und wussten sehr gut, wer für diese niederträchtige Tat verantwortlich war. Wir ergriffen die Gelegenheit beim Schopfe und taten, was getan werden musste. Was die Anschuldigungen betrifft, wir hätten das Feuer selbst gelegt – die sind zu lächerlich, um eine Antwort zu verdienen. Unterstützt von Moskau, das wie ein Krake seine Tentakel in alle Richtungen ausstreckte, waren die Kommunisten gefährliche Feinde. Der Grund war, wie ich aus meinen Wiener Tagen wusste, dass sie als einzige über eine Weltanschauung verfügten, die – so pervers sie auch sein mochte – auf die Massen mitreißend wirkte. „Wacht auf, Verdammte dieser Erde!" Ich wollte kein Risiko eingehen. Deshalb ließ ich Hindenburg gleich am nächsten Tag eine Verordnung unterschreiben, die gewisse Grundrechte außer Kraft setzte – das Recht auf freie Meinungsäußerung, den Schutz vor Hausdurchsuchungen, das ganze verfaulte Liberalengeschwätz – und bestimmte Verbrechen unter Todesstrafe stellte. Sie ermächtigte außerdem die Reichsregierung, in die Länderregierungen einzugreifen, sollte ein nationaler Notstand dies erfordern.

Trotz unseres Wahlkampfs und der gelegentlichen Einschüchterung unserer Gegner liefen die Wahlen nicht so gut, wie wir gehofft hatten. Trotz all unserer Anstrengungen bekamen wir Nationalsozialisten nicht die absolute Mehrheit. Und selbst mit der Hilfe unserer Verbündeten fehlte uns noch einiges zur für das Ermächtigungsgesetz erforderlichen Zweidrittelmehrheit. In gewisser Weise war das egal. Für uns stand fest, dass es für eine lange, lange Zeit keine Wahlen mehr geben sollte. Zum Teil deshalb, weil wir nicht an das Zählen von Nasen als Methode glaubten; zum Teil, weil wir nicht vorhatten, unsere hart erkämpfte Macht wieder aufzugeben. Damals nicht und überhaupt niemals. Wie es Goebbels gleich am ersten Tag formuliert hatte: Man würde uns als Leichen heraustragen müssen. Auch dieses Versprechen haben wir gehalten.

Das nächste Problem war, die Länderregierungen loszuwerden und alle Macht in unseren Händen zu vereinen. Am Abend des 9. März, nur vier Tage nach der Wahl, wurden wir aktiv. Unsere öffentliche Schlüsselfigur war der General im Ruhestand Franz von Epp, ein weiterer Träger des Pour le Mérite, der sich fast sofort nach dem Krieg auf unsere Seite geschlagen hatte. Er war gebürtiger Bayer und hatte 1919/20 eine prominente Rolle bei den Grenzkämpfen mit Polen und der Unterdrückung der kommunistischen „Regierung" in München gespielt. Nun ernannte ich ihn zum Reichskommissar; er übernahm die vollziehende Gewalt in Bayern, und die Sache war erledigt. Sein Vorgehen gab den Startschuss für andere wie ihn in den übrigen kleineren Ländern. So schafften wir Nationalsozialisten innerhalb von 24 Stunden das, was nicht einmal Bismarck, der größte deutsche Staatsmann aller Zeiten, hatte vollbringen können: den Ländern die Macht zu nehmen und sie in der Hand des Reiches zusammenzufassen, dort, wo sie hingehört.

Mich persönlich schmerzte es kein bisschen, dass der Reichstag dahin war. Er war – und ist es trotz seiner neuen Glaskuppel noch immer – ein großer, hässlicher Brocken von einem Gebäude, typisch für die schwülstige Ära, in der er gebaut worden war. Seine Zerstörung ließ uns jedoch nach einem angemessenen Ort für die Eröffnung des neuen Parlaments suchen. Wie so oft war es Goebbels, der die Idee hatte und ihre Durchführung beaufsichtigte. Wir würden die Versammlung nicht in Berlin abhalten, sondern in der Potsdamer Garnisonkirche, die Friedrich Wilhelm I. hatte erbauen lassen und in der zu jener Zeit die Gebeine Friedrichs II. ruhten. Kein anderes Gebäude in ganz Deutschland hatte eine so lange und starke Verbindung zur preußisch-deutschen Militärtradition.

Als Datum für die Eröffnung des ersten Reichstags des Dritten Reiches war der 21. März angesetzt. Auch das war eine glückliche Wahl, denn am 21. März 1871 hatte Bismarck den ersten Reichstag des Zweiten Reiches eröffnet. Ich werde hier nicht ins Detail gehen; die ganze Zeremonie wurde in jeder Wochenschau in jedem Kino in ganz Deutschland gezeigt. Es genügt, festzustellen, dass die Zeremonie so erfolgreich war, dass sogar Hindenburg – der über zwei Jahre lang alles nur Mögliche getan hatte, um meine Ernennung zu verhindern – sichtlich gerührt war. Der Höhepunkt kam zum Schluss. Mit einer tiefen Verbeugung schüttelte ich Hindenburgs Hand – eine symbolische Verbindung zwischen neuem und altem Deutschland. Von diesem Moment an verbesserte sich unser Verhältnis. Je besser er verstand, was meine Mitarbeiter und ich zu tun versuchten, desto besser kam er mit mir zurecht.

Zwei Tage später verabschiedeten wir mit einer großen Mehrheit das Ermächtigungsgesetz. Wie wir das zustande brachten? Ganz einfach: indem wir sicherstellten, dass die Kommunisten sich nicht beteiligten. Ein paar von ihnen waren bereits tot, erschlagen von unseren tapferen, wenn auch ungezogenen SA-Jungs bei spontanen Racheakten für alles, was sie in den vorangegangenen Jahren hatten erdulden müssen. Einige andere wurden in die neuen improvisierten Konzentrationslager gesperrt, die wir einrichteten, und wieder andere rannten um ihr Leben. So blieben nur noch die Sozialdemokraten, diese alten Schwätzer. Diejenigen von ihnen, die es in das Gebäude hinein schafften, stimmten bis auf den letzten Mann gegen uns. Nichtsdestoweniger war ihre Zeit abgelaufen, was ich ihnen auch in der Sitzung unverzüglich mitteilte.

Damit war die rechtliche Grundlage geschaffen worden, die wir brauchten, um rigoros durchgreifen zu können. Unser nächstes Ziel waren die Gewerkschaften. Gegen sie bediente ich mich der Täuschung – ja, der Täuschung. Irreführung im Dienste einer höheren, nationalen Sache ist keine Sünde, besonders dann nicht, wenn man es mit einem Haufen verlogener Marxisten zu tun hat. Ich legte schon am 20. Februar los. In einer Ansprache vor ungefähr zwanzig der größten Industriemagnaten Deutschlands machte ich ihnen klar, dass ich auf gar keinen Fall das rote Schreckgespenst war, für das mich einige von ihnen gehalten hatten. Im Gegenteil, ich würde das tun, was sie am meisten wollten, und zwar die Privatwirtschaft erhalten, durch die endgültige Auslöschung der Kommunisten sicherstellen, dass die Fabrikbesitzer die Kontrolle über ihr Eigentum zurückerhielten, und unsere Streitkräfte in einem nie dagewesenen Maßstab neu aufbauen. Das alles würde es ihnen ermöglichen, ihre Träume von Unmengen an Geld zu verwirklichen – das Einzige, worum diese reichen Widerlinge sich scheren.

Nachdem ich mich so abgesichert hatte, wandte ich mich dem eigentlichen Ziel zu. Als Erstes erklärte ich den ersten Mai zum nationalen Feiertag. Das war etwas, was noch keine deutsche Regierung, nicht einmal eine sozialdemokratische, getan hatte. Dieser Vorstoß traf die Gewerkschaften vollkommen unvorbereitet, euphorisierte sie und wiegte sie in Sicherheit. Es war sozusagen ein nettes Geburtstagsgeschenk für sie. In einer Rede vor 100.000 Menschen auf dem Flugplatz Tempelhof würdigte ich persönlich den deutschen Arbeiter und versprach, dass der Maifeiertag für alle Zeit begangen werden würde. Gleich am nächsten Tag gab es eine Überraschung. Ich ließ in ganz Deutschland SA und Polizei die Gewerkschaftshäuser besetzen. Ihre Führer wurden verhaftet, ihr Vermögen beschlagnahmt und die Organisationen aufgelöst. Tarifverhandlungen, diese Landplage, die oft ganze Staaten für Wochen lahmlegt, wurden abgeschafft. Gleiches galt faktisch für das Streikrecht. Wir rechneten nicht mit Widerstand. Und es regte sich auch keiner.

Nachdem dies alles geschafft war, war es an der Zeit, das letzte Hindernis unserer Herrschaft aus dem Weg zu räumen: die Parteien. Am 10. Mai 1933 ließ ich die Polizei das Parteivermögen der SPD beschlagnahmen. Die Unternehmung lief störungsfrei ab. Zehn Tage später erwiesen mir die verbliebenen sozialdemokratischen Reichstagsabgeordneten – also die, die noch nicht verhaftet worden oder geflohen waren – den Gefallen, zugunsten meiner Außenpolitik abzustimmen. Wie oft kann sich ein Mann anspucken lassen und so tun, als sei es Regen? Am 22. Juni wurde die Partei, die so lange Zeit die größte und stärkste in Deutschland gewesen war, durch Frick als Reichsminister des Innern mit einem simplen Erlass verboten. Die anderen wussten, was die Stunde geschlagen hatte. Innerhalb der folgenden zwei Wochen lösten sie sich selbst auf, ohne dass wir aktiv werden mussten. Am 12. November hielten wir eine weitere Wahl ab, die alles Vorangegangene bestätigte. Damit war der Kadaver der Demokratie nicht nur beerdigt worden, sondern bekam auch noch einen Grabstein aufgesetzt.

Doch damit sollte die Angelegenheit noch nicht abgeschlossen sein. Man sagt, dass Revolutionen ihre Kinder fressen. Unglücklicherweise bildete unsere da keine Ausnahme. Schon seit ihrer Gründung 1920 war die SA eine der tragenden Säulen gewesen, auf denen unsere Bewegung ruhte. Für sie waren unser Erfolg und letztendlicher Sieg jedoch unglaubwürdig. Während sie Jahr für Jahr weiter anwuchs, entsprangen ihr die verschiedensten Unterorganisationen. Die herausragendsten davon waren das Nationalsozialistische Kraftfahrkorps NSKK und vor allem die SS. Nachdem die SA andere paramilitärische Organisationen wie den rechtsradikalen Stahlhelm geschluckt hatte, verfügte sie Ende 1933 auf dem Papier über eine Stärke von drei Millionen Mann, dreißig Mal mehr als die Reichswehr. Mehr als alle anderen Parteiorganisationen war die SA immer von sozialistischem Gedankengut durchdrungen. Das galt besonders für das Fußvolk. Ihr revolutionärer Drang wurde durch unsere Machtergreifung nicht etwa gestillt, sondern verstärkt. Sie hatten das Gefühl, noch viel, viel mehr erreichen zu können. Und natürlich erwarteten sie ihren angemessenen Lohn in Form von Arbeit für sich selbst und Brot für ihre Familien.

Viele ihrer Führer teilten diese Stimmung. Ihnen ging es jedoch um weit mehr. Sie hofften und erwarteten, den Platz der Reichswehr einzunehmen und so zur Armee des Reiches zu werden. Röhm selbst dachte in diesen Maßstäben. Er weigerte sich, zu akzeptieren, dass die nationalsozialistische Revolution weitgehend abgeschlossen war. Auch machte er kein Geheimnis aus seiner Ansicht, dass das alte Offizierskorps zu nichts tauge, und seiner Hoffnung darauf, zum Oberbefehlshaber ernannt zu werden. Bei all meiner Sympathie für den einfachen SA-Mann, der unserer Sache so lange und treu gedient hatte – das konnte ich nicht dulden.

Es gab dafür zwei Gründe, beide von allergrößter Wichtigkeit. Erstens war die Armee zu jener Zeit die eine große Institution, die wir Nationalsozialisten noch nicht vollständig unter unsere Kontrolle hatten bringen können. Wie der Putsch vom 20. Juli 1944 zeigen sollte, haben wir das in gewisser Hinsicht niemals geschafft. Die feinen Herren mit ihren Monokeln, ihrem goldenen Eichenlaub, ihren Reithosen mit roten Streifen und ihren farbigen Tressen bildeten eine geschlossene Kaste, die mit einiger Vorsicht zu behandeln war. Andernfalls hätten sie sich vielleicht um Hindenburg geschart, gegen uns mobilgemacht und die Macht an sich gerissen. Natürlich hätten wir selbst ein solches Manöver nicht einfach stillschweigend hingenommen. Das Ergebnis wären der Bürgerkrieg und das Chaos gewesen, vielleicht sogar ein Einmarsch von außen. Zweitens – bei allem Respekt vor Röhm und seinen Männern: Sie waren nicht die Armee. Nur diese war fähig oder würde die Fähigkeit entwickeln, Deutschland auf den Krieg vorzubereiten und zu kämpfen, wenn und wann es nötig werden würde.

Das war einstweilen der Stand der Dinge. Anfang 1934 versuchte ich mehrmals, eine Übereinkunft zwischen den beiden Gruppen herzustellen. Man kann sich kaum einen größeren Kontrast vorstellen. Auf der einen Seite stand mein frischernannter Reichswehrminister, General von Blomberg. Er war ein Aristokrat, hochgewachsen, elegant und sehr gutaussehend. Zu gutaussehend, als gut für ihn war, wie sich später herausstellen sollte. Seine Familie hatte in vergangenen Generationen mehr als einen deutschen Staat mit Offizieren und Beamten versorgt. Auf der anderen Seite stand Röhm, ein ehemaliger Hauptmann, Mann des Volkes und Haudegen.

Mehrmals fertigte ich persönlich Schriftstücke an, die ihre jeweiligen Aufgabenbereiche festlegten. Militärische Ausbildung und Vorbereitung oblag der Armee, die der alleinige Waffenträger unserer Nation bleiben sollte; politische Aufgaben waren Sache der SA. Sehr zu meinem Missfallen schlugen all meine Vermittlungsversuche fehl. Im Frühjahr wurde es noch schlimmer. Göring, dem sein neugegründeter geheimer Abhördienst, das „Forschungsamt“, Material beschafft hatte, begann damit, mir Berichte weiterzuleiten, wonach sich die SA wie ein Staat im Staate aufführe. Sie schaffe Geld beiseite (das anscheinend zum Teil aus der französischen Botschaft in Berlin kam), horte Waffen, trainiere ihre Männer und bereite einen Putsch vor. Die Heeresführung, die ihren eigenen Nachrichtendienst hatte, versorgte mich mit weiteren Hinweisen, die auf das Gleiche hindeuteten.

Ich fühlte mich Röhm verpflichtet. Er und ich hatten so viel zusammen durchgestanden; ohne ihn wäre es nie zum Putsch von 1923 gekommen, ob nun erfolglos oder nicht. Später, 1930, als ich ihn brauchte, kam er, ohne Fragen zu stellen. Von all meinen Untergebenen war er der Einzige, der mich beim Vornamen anreden durfte. Aber nun schien er den Weg einschlagen zu wollen, den Napoleon 1799 gewählt hatte, und ich glaubte, keine Wahl zu haben. Wie schon bei den Gewerkschaften begann ich, indem ich mich nach hinten absicherte. Zu diesem Zweck arrangierte ich ein Treffen mit den Oberkommandierenden der Teilstreitkräfte auf dem neu in Dienst gestellten Panzerschiff „Deutschland". Ich versprach ihnen, dass sie der einzige Waffenträger Deutschlands bleiben würden – ganz egal, was Röhm sagte oder tat. Außerdem stellte ich fest, dass sie bei der Wiederherstellung der militärischen Macht Deutschlands freie Hand haben würden.

Im Gegenzug verlangte ich, dass sie sich nicht einmischen sollten, während ich nach meinem eigenen Gutdünken mit der SA abrechnete. Ich versprach ihnen zusätzlich, dass sie sich nicht würden einmischen müssen und folglich ihre Hände in Unschuld waschen könnten. Immerhin waren sie doch „Ehrenmänner". Kaum etwas war ihnen wichtiger. Nachdem der Handel abgeschlossen war, wandte ich mich im Juni an Hindenburg und erklärte ihm die Lage. Mit dem alten Schlachtross ging es deutlich zu Ende. Sein Verstand befand sich schon mehr oder weniger in Walhalla. Trotzdem gab er mir seinen Segen.

Diesmal war mein Hauptwerkzeug für die notwendige Arbeit Heinrich Himmler, der Reichsführer SS. Die SS, kurz für Schutzstaffel, ging auf das Jahr 1925 zurück, in dem ich die Aufstellung einer kleinen Truppe innerhalb der SA befahl, die nur mir gegenüber loyal sein und alles tun sollte, was ich befahl. Ich nannte sie „Verfügungstruppe". 1929, als ich Himmler zu ihrem Führer ernannte, bestand sie aus gerade einmal 290 Mann. Zwei Jahre später stellte Himmler selbst innerhalb der SS den SD auf, der sich bald zu den anderen gesellen sollte, die mich mit Informationen über Röhms Taten und Missetaten versorgten.

Im Laufe der Zeit erwarb sich Himmler – „Heinrich-mir-grauts-vor-dir", wie er in Anlehnung an Goethes *Faust* manchmal genannt wurde – einen düsteren Ruf des Terrors. Die Leute sahen ihn ungern kommen und waren froh, wenn er wieder ging. Das war schon seltsam, denn er sah immer aus und benahm sich wie ein harmloser kleiner Protokollant. Und im tiefsten Innern war er genau das: ein kleinlicher Büroangestellter. 1900 als Sohn eines Gymnasialrektors in München geboren, hatte er den Weltkrieg aufgrund seines Alters verpasst. Infolgedessen entwickelte er eine lebenslange romantische Verklärung dessen, worum es im Krieg ging. Sein größter Traum war es, General zu werden und eine Armee in der Schlacht zu befehligen – ein Posten, für den er vollkommen ungeeignet war, wie sich herausstellen sollte.

In der Zwischenzeit studierte er Landwirtschaft und versuchte sich sogar selbst als Hühnerzüchter! Ein während unseres Putsches von 1923 aufgenommenes Foto zeigt ihn mit leerem Gesichtsausdruck und einer Flagge im Arm an einer Barrikade. Später heiratete er eine Frau, die mehrere Jahre älter war und vor der er, wie es hieß, furchtbare Angst hatte.

Der Schein kann trügen. In seinem Fall tat er das definitiv. So mausähnlich er auch aussah – im Laufe des Krieges überraschte Himmler uns alle, indem er eine zweite Familie mit seiner Sekretärin gründete, mit der er eine uneheliche Tochter hatte. Und noch viel wichtiger: Hinter der höflichen Fassade, dem pedantischen Benehmen und dem Zwicker mit seinen dicken Gläsern verbarg sich ein erstklassiges Verwaltungsgehirn. Niemand war besser darin, Macht zu erlangen, auszuweiten und zu verteidigen, selbst wenn das bedeutete, gegen andere ebenso ehrgeizige und rücksichtslose Männer wie Göring und – später – meinen Minister für Bewaffnung und Munition Albert Speer vorzugehen. Außerdem hatte Himmler einen ausgeprägten Sinn für Theatralik. Diese Eigenschaft half ihm und seinen schwarzuniformierten Schergen dabei, ein paar der beeindruckendsten Vorstellungen der Weltgeschichte hinzulegen – Aufmärsche, Paraden und so weiter.

Es waren Göring und Himmler, die – froh darüber, dass die SA zurechtgestutzt wurde – heimlich Truppen, Waffen und Transportmittel vorbereiteten … und Listen von Menschen, die liquidiert werden sollten. Ich selbst griff einmal mehr auf eine List zurück und rief die wichtigsten SA-Führer mit Röhm an der Spitze zu einer Versammlung im Kurort Bad Wiessee am Tegernsee zusammen, ungefähr fünfzig Kilometer südlich von München. Dann nahm ich Göring und Viktor Lutze, einen SA-Führer, von dem ich wusste, dass ich ihm vertrauen konnte, mit zur öffentlich weithin beachteten Hochzeit eines unserer Gauleiter in Essen. Während dieser Zeremonie kam die Nachricht herein, dass Papen den Reichspräsidenten über seinen guten Freund Oskar von Hindenburg dazu überredet habe, ihn zu empfangen.

Papen war zwar ein Zwerg, aber er hatte tatsächlich für einige Schwierigkeiten gesorgt. In einer Rede an der Universität Marburg hatte er am 17. Juni seine Unzufriedenheit (und die seiner konservativen Freunde) darüber ausgedrückt, wie die Dinge liefen. Er hatte es sogar gewagt, uns dafür zu kritisieren, wie wir mit den Juden umsprangen, die er als „hilflose Volksteile“ bezeichnete! Auszüge der Rede waren in der Presse abgedruckt worden. Mit Widerspruch von links und von rechts konfrontiert, wusste ich: jetzt oder nie. Jede weitere Verzögerung konnte die Lage nur verschlimmern.

Der ausgemachte Tag war der 30. Juni. Am 29. war ich in Bad Godesberg, wo Goebbels und der Leiter meiner Stabswache, SS-Gruppenführer Josef „Sepp" Dietrich, zu mir stießen. Am Abend flogen wir und etliche andere nach München. Die Sonne ging gerade auf, als wir das Bayerische Innenministerium betraten, in das die örtlichen SA-Führer gerufen worden waren. Ich riss den Verrätern persönlich die Schulterstücke herunter und ließ sie festnehmen. Danach fuhren wir nach Bad Wiessee und stürmten das Hotel. Einer nach dem anderen wurden Röhm und der Rest zusammengetrieben. Mindestens einer von ihnen, der SA-Obergruppenführer Edmund Heines, wurde mit einem jungen Mann im Bett vorgefunden.

Ich befahl, sechs der Übeltäter sofort zu erschießen. Röhm, der eingesperrt worden war und mich verhöhnte, indem er sich weigerte, von der ihm angebotenen Pistole Gebrauch zu machen, musste ebenfalls erschossen werden. Aber das war nur der Anfang. In München und Berlin erhielten die Hinrichtungskommandos der SS ihre Befehle und gingen an die Arbeit. Abgesehen von ein paar Dutzend weiteren SA-Führern erwischte es Jung, der die Rede Papens geschrieben hatte, Gregor Strasser und General von Schleicher, die beiden Verräter, die versucht hatten, die Partei zu spalten und meiner Kontrolle zu entziehen, sowie den General Ferdinand von Bredow. Letzterer war ein Vertrauensmann Schleichers und ein beinahe ebenso großer Verräter wie sein Herrchen. Ich nutzte die Gelegenheit auch, um mit Kahr und Seißer abzurechnen, den Männern, die mir elf Jahre zuvor ihr „Ehrenwort" gegeben und es gebrochen hatten.

Nicht alle Hinrichtungen wurden von oben befohlen, also von mir, Göring, Himmler und seinem Untergebenen Reinhard Heydrich. Etliche wurden von Einzelpersonen begangen, um alte Rechnungen mit persönlichen Feinden zu begleichen. Mindestens ein Toter, ein Münchener Musikkritiker namens Willi Schmid, wurde Opfer einer Verwechslung. Wo gehobelt wird, da fallen Späne, nicht wahr? Wie auch immer: Am Abend des 30. war die Aktion, die später „Nacht der langen Messer" genannt werden würde, weitgehend vorbei.

Im Ausland reagierte man, wie wir erwartet hatten. Sowohl Politiker als auch die Presse taten – aufgehetzt von den Juden – ihr Möglichstes, um uns zu verleumden und als die neuen Barbaren anzuprangern. Anders sah es in Deutschland aus, wo die Reaktionen fast einhellig positiv ausfielen. Nicht nur in der Presse, die Goebbels auf Linie brachte, sondern auch bei Hindenburg und Blomberg, die mir beide zum Durchgreifen gratulierten. Später erfuhr ich, dass selbst einige zukünftige Beteiligte an der Verschwörung des 20. Juli 1944 ihre Zustimmung zum Ausdruck gebracht hatten. Am 13. Juli 1934 trat ich ans Mikrofon, um mich der deutschen Nation gegenüber zu erklären. Damals wie später war das die einzige Gemeinschaft, der gegenüber ich mich verantwortlich fühlte. Die SA-Führung, so erklärte ich der Öffentlichkeit, habe mit einer ausländischen Macht konspiriert, um die Partei zu hintergehen. Sie habe einen Putsch gegen die Reichsregierung geplant und nur Stunden vor dem Losschlagen gestanden, als meine Untergebenen und ich ihr Komplott aufdeckten. Angesichts der Lage hätte ich keine andere Wahl gehabt, als mich zum obersten Gerichtsherrn des deutschen Volkes aufzuschwingen und das Notwendige zu tun. Dafür übernähme ich die volle Verantwortung.

Nicht einmal ich habe je herausgefunden, wie viele Männer (bis auf eine bedauerliche Ausnahme übrigens keine Frauen) an jenem Tag gestorben sind. Spätere Historiker haben ihre Zahl irgendwo zwischen 76 und 1000 angesiedelt. Letztere Zahl scheint mir aber aus der Luft gegriffen zu sein. Ganz sicher eine grobe Übertreibung. Wenn man die eigenmächtigen Tötungen einrechnet, dann waren es vielleicht 200. Ich möchte an dieser Stelle festhalten, dass – abgesehen von Straßen- und Kneipenschlägereien – unser nationalsozialistischer Kampf um die Macht zwar nicht ganz gewaltlos ablief, aber bei weitem kein Bürgerkrieg war. Innerhalb von zehn Jahren sind insgesamt wahrscheinlich weniger als 2000 Menschen umgekommen. Das war nicht die Chinesische Revolution, in der es nach einigen Schätzungen sechs Millionen Tote gegeben haben soll. Genauso wenig war es die Russische Revolution oder die Französische, als Mademoiselle Guillotine auf dem Marktplatz stand und auf die Wagenladungen Adliger wartete, die zur Enthauptung gebracht wurden. Sogar die Pariser Kommune von 1871, eine eher vernachlässigbare Episode, hatte viel mehr Opfer gefordert.

Nur einen Monat nach diesen Ereignissen, am 2. August, wurde bekannt, dass Hindenburg gestorben war. Sicher hatte er seine Defizite gehabt. Er war träge und dickköpfig und konnte der begriffsstutzigste Mann der Welt sein. In seinen letzten Jahren hatte er sich mit nichtsnutzigen Beratern umgeben, die ich hier nicht noch einmal aufzählen werde. Er brauchte sehr lange, um zu erkennen, dass die nationalsozialistische Bewegung mehr als ein Proletenhaufen und ich nicht bloß ein böhmischer Gefreiter war.

Nochmals: Politisch war er Monarchist. Von 1919 bis 1934 wünschte er sich nichts sehnlicher als die Wiedereinsetzung des Kaisers, den er als seinen einzig legitimen Dienstherrn betrachtete, oder notfalls eines von dessen Söhnen. Erst im letzten Augenblick änderte er seine Meinung und sagte seinem Sohn Oskar, er wünsche sich mich als seinen Nachfolger. Man muss ihm aber auch zugutehalten, dass er über gewaltige Tapferkeit, Stärke und Würde verfügte. Es waren diese Qualitäten, die ihn während des Krieges zu einem guten Pendant zur nervöseren Natur Ludendorffs machten und die beiden zu dem ausgezeichneten Gespann werden ließen, das sie abgegeben hatten. Er hat sich seinen Platz in der deutschen Geschichte redlich verdient.

Wie bereits im Vorfeld beschlossen, übernahm ich nun seine Pflichten zusätzlich zu meinen. Am 19. August traten 42 Millionen Deutsche, Männer wie Frauen, an die Wahlurnen. Es war die größte Veranstaltung ihrer Art in der bisherigen Geschichte – außerhalb der Vereinigten Staaten, die in dieser Hinsicht immer eine Klasse für sich gebildet haben. Als die Ergebnisse feststanden, wurde klar, dass neunzig Prozent der Wähler der Verschmelzung beider Ämter in meiner Person zugestimmt hatten. Für unser Land brach ein neuer Morgen an.

12. Es ist die Wirtschaft, Trottel!

Wie viele Historiker haben geschrieben, dass die Partei und ich unseren Aufstieg der Weltwirtschaftskrise von 1929 verdankten? Diese Aussage ist zweifellos richtig, aber auch belanglos. Man muss kein Herr Professor Doktor sein oder schlaue Bücher schreiben, um zu wissen, dass schlechte Zeiten nach neuen Führern und neuen Lösungen rufen. Darüber hinaus wird ein Führer schnell das Vertrauen des Volkes verlieren, wenn er nicht mit derartigen Lösungen aufwarten kann. Deshalb sprach ich nur zwei Tage nach meinem Amtsantritt über den Rundfunk zu den Menschen. Ich machte glasklar, dass ich ihre Lage verstand und Mitgefühl mit ihrem schweren Leid hatte. Und ich versprach, zu handeln – schnell und entschieden zu handeln.

Wir befanden uns tatsächlich in einem heillosen Durcheinander. Und wenn wir uns umsahen, fand sich niemand, der uns hätte heraushelfen können. Ganz bestimmt nicht die sogenannte „Weltgemeinschaft“, die vom Völkerbund vertreten wurde, über den gutmütige, aber auch schwachsinnige Menschen so viel redeten. Ganz im Gegenteil, der Völkerbund tat alles, was er konnte, um uns noch weiter hinabzudrücken. Die Sieger des Weltkriegs bestanden noch immer darauf, dass wir ihnen Reparationen zahlten, obwohl ihre Fähigkeit, diese tatsächlich einzutreiben, rapide abnahm. Zu ihren schändlichsten Maßnahmen zählte das Smoot-Hawley-Zollgesetz von 1930. Es hob die Einfuhrzölle auf über 20.000 Importgüter auf ihren höchsten Stand in der amerikanischen Geschichte. Dadurch gingen die deutschen und europäischen Ausfuhren in die Vereinigten Staaten um drei Viertel zurück. Eine Handelsgesellschaft nach der anderen war gezwungen, zu schließen. Ein halbes Jahrhundert später würde Präsident Reagan höchstpersönlich sagen, das Gesetz habe „es jedem Ausländer praktisch unmöglich gemacht, irgendetwas in Amerika zu verkaufen, und […] die Große Depression über die ganze Welt verbreitet“. Recht hatte er.

Ich wandte mich an Dr. Hjalmar Schacht, einen international renommierten Bankier, und bat um Unterstützung dabei, die Wirtschaft wieder in Gang zu bringen. Schacht war liberalkonservativ und ein fürchterlicher Wichtigtuer. Nie war ein Mensch jemals hochmütiger als er und blickte verachtungsvoller auf normale Leute hinab, auch auf uns Nationalsozialisten. Diese Einstellung beruhte ganz auf Gegenseitigkeit. Er hatte aber auch eine glänzende Laufbahn hingelegt:

Im November 1923, auf dem Höhepunkt der Inflation, hatten Reichspräsident Ebert und Kanzler Stresemann ihn zum Reichswährungskommissar ernannt. Seine Bemühungen zur Stabilisierung der Mark waren so erfolgreich, dass er Präsident der Reichsbank wurde. Auf diesem Posten war er bis zum Frühjahr 1930 verblieben.

Im Laufe der anschließenden drei Jahre hatte er erkannt, dass es wirklich keine andere Möglichkeit gab, und sich gewissen Kreisen innerhalb unserer Partei immer mehr angenähert. Er bediente sich seiner Verbindungen zu seinen konservativen Freunden und verschaffte uns Geldmittel. Das bereits erwähnte Treffen mit den führenden Industriellen Deutschlands fand in seinem Haus statt. Im März 1933 ernannte ich ihn aufs Neue zum Reichsbankpräsidenten. Später wurde er auch noch Reichswirtschaftsminister. Gewiss, der Mann war nie allzu sehr von jenem nationalsozialistischen Geist erfüllt, den ich so wertschätzte. Dafür war er viel zu elitär. Nichtsdestoweniger erwies er sich als eine gute Wahl. Ich steuerte den unerschütterlichen, vorandrängenden Willen bei, und Schacht regelte die technischen und verwaltungsbezogenen Feinheiten des Programms, das wir nun einzurichten begannen. Im Wesentlichen bestand es aus Ausgaben, Ausgaben und nochmals Ausgaben. Das Ziel war, Arbeit zu schaffen und den Menschen Geld in die Taschen zu stecken. Sie wiederum würden es ausgeben, um einzukaufen, was sie brauchten, und immer so weiter. Wenn sie erst einmal angestoßen wäre, würde die Lawine ins Rutschen kommen und dabei immer größer werden. Zur damaligen Zeit war das alles eine revolutionäre Politik. Ich sollte dazusagen, dass es das genaue Gegenteil von dem war, was Brüning ebenso wie Ramsay MacDonald in England und Herbert Hoover in den Vereinigten Staaten ab 1929 verfügt hatten. Für sie hatte die Antwort auf die Wirtschaftskrise und die Haushaltsdefizite, die mit ihr einhergingen, darin bestanden, zu kürzen und zu sparen.

Schacht erklärte mir, dass uns zwei Hindernisse den Weg versperrten. Erstens war eine Aufrüstung durch den Versailler Vertrag verboten. Damals waren wir noch zu schwach, um den Siegermächten Widerstand zu leisten, also mussten wir Wege finden, Geld aufzubringen, ohne dass ausländische Fachleute darauf aufmerksam wurden, was wir vorhatten. Zweitens verbot derselbe Vertrag es unserer Regierung, mehr als 100 Millionen Mark von der Reichsbank zu leihen – ausdrücklich mit dem Ziel, eine solche Aufrüstung zu verhindern. Es würde eine Zeit kommen, in der wir beide Unannehmlichkeiten problemlos ignorieren konnten; vorerst aber hatten wir keine andere Wahl, als eine Herausforderung unserer Feinde zu vermeiden.

Schacht fand eine geschickte Lösung für das Problem, indem er eine Gesellschaft mit beschränkter Haftung namens Metallurgische Forschungsgesellschaft gründete, kurz Mefo. Diese Firma gab es nur auf dem Papier, und ihr Kapital belief sich auf nicht mehr als eine Million Mark. Schacht benutzte sie, um auf dieser schmalen Grundlage innerhalb der sechs Jahre bis zum Zweiten Weltkrieg nicht weniger als zwölf *Milliarden* Mark in Wechseln auszugeben. Diese Wechsel konnten nach fünf Jahren in Mark umgetauscht werden. Bis dahin bürgte die Reichsregierung für sie. Die Industrie benutzte sie, um ihre Zulieferer zu bezahlen – natürlich unter Druck von unserer Seite. So entstand eine Wirtschaft innerhalb der Wirtschaft. Die große Mehrheit der einfachen Deutschen bekam niemals einen Mefo-Wechsel zu Gesicht. Die meisten von ihnen wussten wahrscheinlich nicht einmal, dass es so etwas überhaupt gab. Es gab auch keinen Grund, weshalb sie sich in ihrem Alltagsleben damit hätten beschäftigen sollen. Mit Hilfe dieses Verfahrens gelang es uns, unser Defizit um nicht weniger als zwei Drittel zu verringern. Zu den weiteren Maßnahmen zählten eine hohe Körperschaftsteuer, Beschränkungen der Teilhaberrechte, Dividendenbegrenzungen und eine höhere Besteuerung der Gewinne aus Wertpapiergeschäften. Dies alles sorgte für langfristige Investitionen und Wachstum.

Um unseren Außenhandel anzuregen, nutzte Schacht weidlich aus, dass wir in ganz Europa bei weitem am meisten Lebensmittel einführten, und handelte eine Reihe von Gegenseitigkeitsvereinbarungen mit anderen Ländern aus, hauptsächlich in Osteuropa und auf dem Balkan. Sie ermöglichten uns, mit unseren Industrieprodukten für unsere Einfuhren von Nahrung und Rohstoffen zu zahlen. Alle Berechnungen wurden in Mark angestellt, und alle Überschüsse unserer Handelspartner blieben auf Spezialkonten bei deutschen Banken, die für diesen Zweck angelegt worden waren. Dadurch konnten wir unsere kargen Dollar- und Sterlingreserven im Land halten. Um ganz sicherzugehen, richteten wir eine strenge Kontrolle aller privaten Devisengeschäfte ein. Später, von 1939 bis 1941, schlossen wir ähnliche Abkommen mit Russland ab, und der letzte Zug mit Lieferungen überquerte die Grenze weniger als 24 Stunden vor unserem Angriff auf dieses Land.

Ich will nicht so tun, als hätte ich jede Einzelheit dieser Finanzakrobatik verstanden. Aber in jedem Fall wirkte sie. 1935 pries die englische Zeitschrift *Economist* unsere wirtschaftliche Erholung und stellte fest, dass sie schneller als anderswo in Europa voranging. 1939 war unser Bruttosozialprodukt gegenüber den Zahlen von 1932 um 81 Prozent angestiegen – 81 Prozent! Unser Zinssatz hatte sich halbiert, und die Börse hatte dementsprechend reagiert. Auch unsere Auslandsschulden waren ins Lot gekommen, teils dank der beschriebenen Maßnahmen und teils dank meiner Weigerung, weiter Reparationen zu zahlen.

Zu guter Letzt war auch die Arbeitslosigkeit, diese große Geißel der Zeit zwischen 1929 und 1932, verschwunden. Bereits 1936 konnte jeder, der wollte, problemlos eine Arbeit finden. Für die, die nicht wollten, also die Arbeitsscheuen, hatten wir unsere Konzentrationslager mitsamt dem berühmten Motto „Arbeit macht frei". Nichts ging über einen Aufenthalt in einem dieser Lager, um den Leuten beizubringen, wie der Hase lief! Ab 1937/38 nahm tatsächlich ein Arbeitskräftemangel den Platz der Arbeitslosigkeit ein, vor allem hinsichtlich der Facharbeiter, die in unseren Fabriken gebraucht wurden. All das schafften wir, ohne unsere Währung abzuwerten und ohne eine nennenswerte Inflation – beides Maßnahmen, die mir zwar oft aufgedrängt wurden, die ich aber immer ablehnte, weil sie sich negativ auf die Stimmung im Volk auswirken würden. Immerhin war meine Ehrlichkeit für unzählige Menschen die letzte Garantie, dass ihnen ihre hart verdienten Ersparnisse nicht – wie nach 1918 – weggenommen würden. „Eine absolut einzigartige Leistung", wie der berühmte amerikanische Ökonom John Kenneth Galbraith viel später schreiben sollte.

Natürlich murrten hier und da die Leute. Tun sie das nicht immer? Konkret beklagten sie sich über Überstunden, schlechte Arbeitsbedingungen und die Verknappung einiger Konsumgüter wie Geflügel, Obst und Kleidung. Letztere wiederum führte zur Entstehung eines Schwarzmarkts. Darin zeigte sich der Umstand, dass wir nicht in der Lage waren, gleichzeitig Kanonen *und* Butter zu produzieren. Wir mussten Entscheidungen treffen. Und im Gegensatz zu so vielen unserer Vorgänger und Nachfolger sowohl in Deutschland als auch im Ausland hatten wir den Mut, sie zu treffen und durchzuhalten.

Nehmen Sie die Frage der Motorisierung. Zu jener Zeit gab es in Deutschland viel weniger zugelassene Kraftfahrzeuge pro Kopf als in England und Frankreich. Ganz zu schweigen von den Vereinigten Staaten, die über ungefähr so viele Autos wie der ganze Rest der Welt zusammengenommen verfügten. Doch das war ein Problem, das wir von der Republik geerbt hatten. Selbst ohne Berücksichtigung des gigantischen Volkswagenprojekts, das jede Familie mit einem Wagen versorgt hätte, aber bei Kriegsausbruch auf Eis gelegt werden musste, vervielfachten wir die Herstellung ein ums andere Mal. Zwischendurch zwangen wir einige Firmen zur Verschmelzung, drückten so die Preise und sorgten dafür, dass der Anteil ausländischer Fahrzeuge auf unseren Straßen von 40 Prozent im Jahre 1928 innerhalb von nur sechs Jahren auf unter zehn Prozent sank. Wenn wir noch immer längst nicht über so viele Automobile verfügten, wie einige Kritiker für notwendig hielten, dann lag das mit daran, dass unser Eisenbahnwesen sowohl hinsichtlich seiner Größe – es war der größte Staatsbetrieb – als auch hinsichtlich der Qualität in der Welt führend war. Alles in allem waren unsere Landsleute begeistert von den Maßnahmen, die wir anstießen. Wenn man sich an die Lage erinnerte, wie sie nur wenige Jahre zuvor gewesen war, dann hatten sie auch allen Grund dazu.

Mir war sehr wohl bewusst, dass nur politische und militärische Mittel eine Großmacht schaffen können. Um zu bestehen, braucht eine solche aber auch künstlerische Ausdrucksformen. Das war der Grund, weshalb wir allen Schwarzmalern und Erbsenzählern trotzten und bauten, bauten, bauten. Wir bauten nicht nur Waffen (dazu gleich mehr), sondern alles, was uns nur einfiel – und noch einiges mehr. Neue Wohnsiedlungen für unser Volk, das dank der von uns angeordneten Maßnahmen endlich wieder wuchs, neue Fabriken, neue Ministerien, neue Schauspielhäuser, neue Kasernen und Flughäfen, neue Bahnstrecken, neue Kanäle, neue Brücken, neue Freilichttheater, neue Museen und natürlich neue Sportanlagen, um uns dem griechisch-römischen Ideal des gesunden Geists im gesunden Körper näher zu bringen. Das größte all dieser Bauvorhaben war das Berliner Olympiastadion. Es wurde ursprünglich für die Olympischen Spiele 1936 gebaut und war ein solcher Erfolg, dass es – nach einem halben Jahrhundert der Vernachlässigung, zuerst aufgrund des Krieges und dann dank der kommunistischen Regierung der DDR – wieder zu Ehren kam, als sich die Stadt darum bewarb, die Spiele im Jahr 2000 erneut ausrichten zu dürfen.

In Augsburg, Bayreuth, Breslau, Dresden und einem Dutzend weiterer Städte schossen neue Gebäude wie Pilze aus dem Boden. Mein Leitspruch war, dass Geld kein Hindernis darstellen durfte. Ich ging einfach davon aus, dass sich die benötigten Mittel schon finden lassen würden, und beinahe ausnahmslos war es auch so. Einmal ermutigte ich einen bestimmten Bürgermeister, etwas für seine Stadt zu bauen; ich glaube, es war ein neues Bürgerhaus oder so etwas. Er zögerte und sagte, er wisse nicht, woher er das Geld nehmen solle, das Übliche. Schließlich bat er mich – schriftlich! –, ihm zu bestätigen, dass die Rechnung bezahlt werden würde. Was er postwendend bekam, war seine Entlassung.

Die Krönung all unserer Bemühungen war das Autobahnnetz. Ich selbst stammte aus einfachen Verhältnissen. Ich hatte etwas für die Schönheit von Pferden übrig und gab sogar etliche gigantische Statuen von ihnen für München und andere Städte in Auftrag. Trotzdem hatte ich sie nie so sehr gemocht wie viele der selbsternannten Leute „über mir". Stattdessen hatte ich mich ab ungefähr 1920 für Motorfahrzeuge interessiert, viel mit meinem Mercedeshändler gesprochen und Handbücher gelesen, bis ich einige Ahnung von ihnen hatte. Im Wahlkampf für die Partei war ich viele, viele Male quer durch ganz Deutschland gefahren. So lernte ich dieses Transportmittel mehr als die Eisenbahn zu schätzen und hatte die Gelegenheit, die unvergleichlichen Schönheiten unseres deutschen Mutterlands zu genießen.

Die Idee, für unsere Automobile und Lastkraftwagen als wichtigste Transportform des 20. Jahrhunderts besondere Straßen zu bauen, lag in der Luft. Sie war sogar schon vor unserer Machtergreifung von den verschiedenen Ministerien diskutiert worden. Vor dem Hintergrund der Wirtschaftskrise hatten meine Vorgänger jedoch weder die Entschlossenheit noch den Elan aufbringen können, in irgendeiner erwähnenswerten Weise damit Ernst zu machen. Ich hingegen verlor keine Zeit. Bereits am 11. Februar, weniger als zwei Wochen nach meinem Amtsantritt, sprach ich bei der Eröffnung der Berliner Automobilausstellung. Ich verkündete, dass der Zustand der Straßen zukünftig der wesentliche Maßstab sein werde, nach dem der Wohlstand eines Landes beurteilt würde. Damit sollte ich goldrichtig liegen, wie übrigens mit den meisten meiner Prophezeiungen.

Zum Generalinspektor für das deutsche Straßenwesen ernannte ich Fritz Todt. Todt war bereits 1922 in die Partei eingetreten und hatte damit jedes Recht, sich als einen meiner ältesten Weggefährten und Anhänger zu bezeichnen. Von Beruf war er Bauingenieur; tatsächlich hatte er sich bereits in seiner Dissertation mit dem Straßenbau auseinandergesetzt. Nun stürzte er sich auf die Arbeit und plante und baute Straßen, so weit das Auge reichte. Seinen eigenen Schätzungen zufolge würde das Bauvorhaben nicht weniger als 600.000 Menschen unmittelbar oder mittelbar mit Arbeit versorgen. Im September 1933 setzte ich persönlich den ersten Spatenstich für die Autobahn Hamburg–Basel. Zu diesem Zeitpunkt bewunderten – um nicht zu sagen: verehrten – die Arbeiter am Bau mich bereits so sehr, dass sie das bisschen Erde, das ich weggeschaufelt hatte, als Andenken aufsammelten, kaum dass ich mich umgedreht hatte.

Aber das war erst der Anfang meines Einsatzes. Ich wollte sicherstellen, dass meine Autobahnen die natürliche Schönheit unseres Deutschlands nicht nur nicht verschandelten, sondern sie vielmehr verstärkten. Deshalb sorgte ich in diesem Fall – ebenso wie bei vielen anderen Bauvorhaben – dafür, dass die Konstrukteure nicht nur Ingenieure, sondern auch Architekten waren. Ich überwachte persönlich, welche Baustoffe verwendet wurden und wie die Höhenlinien, Brücken, Rastplätze und so weiter gebaut wurden. Jahrzehnte vor allen anderen achteten wir bereits auf die Auswirkungen auf die Tierwelt! Zu jener Zeit war dieses Projekt um Längen das größte seiner Art, das in irgendeinem Land unternommen wurde. Wie unsere Propaganda unermüdlich betonte, konnte man es mit dem Bau der Pyramiden oder der Chinesischen Mauer vergleichen. Und es funktionierte. Bis heute werden die deutschen Autobahnen oft als mustergültig für ihresgleichen angesehen.

Das oberste Ziel bei alldem war es, die Räder der Wirtschaft wieder zum Laufen zu bekommen und das öffentliche Verkehrssystem unseres Landes zu modernisieren. Ich erinnere mich, wie wir einmal über den Bau einer Autobahn zwischen München und Augsburg nachdachten. Jemand gab zu bedenken, dass es zwischen den beiden Städten nur wenig Verkehr gebe. Ich fragte, ob er wirklich glaubte, dass das so bleiben würde, wenn die Autobahn erst einmal fertig sei. Aber es versteht sich wohl von selbst, dass die Autobahnen, die sich quer durch Deutschland erstreckten, ebenso gut zu militärischen wie zu zivilen Zwecken genutzt werden konnten. Sie *nicht* in diesem Sinne zu nutzen, wäre tatsächlich eine Dummheit gewesen, auf die nur unsere Spießer kommen konnten! Denn immerhin machten die Autobahnen es viel einfacher, unsere Einheiten vom einen Kriegsschauplatz zum anderen zu verlegen.

Es schmerzte mich sehr, dass wir nach Ausbruch des Krieges den Autobahnbau einstellen mussten. Ich hatte vor, ihn wiederaufzunehmen, sobald die Umstände es zulassen würden; leider kam es erst in den 1950ern dazu, als ich nicht mehr da war, um dem Ganzen eine Richtung zu geben. Allerdings waren die meisten meiner Leute noch da. Natürlich gaben sie sich die größte Mühe, sich von mir zu distanzieren. Doch es ist nicht von der Hand zu weisen, dass sie in meinem Sinne weiterarbeiteten.

Während wir die Wirtschaft wieder aufbauten, wuchsen die Beschwerden über Bestechlichkeit. Solange wir an der Macht waren, blieben sie verhalten. Immerhin war unser Staat nicht liberal. Wir hielten nichts davon, jedem Hinz und Kunz zu erlauben, einfach so zu sagen, was immer er von irgendetwas oder irgendjemandem halten mochte, ohne sich um die Folgen zu scheren. Später erkoren sich allerdings einige Historiker dieses Thema zum Fetisch. Sie konnten wenig gegen mich sagen. Jeder wusste, dass ich keine Horde gieriger Verwandter zu versorgen hatte und selbst hinreichend enthaltsam lebte, tatsächlich sogar so sehr, dass es viele Witze darüber gab. Goebbels, der immer auf dem Laufenden war, sorgte dafür, dass ich sie erzählt bekam, und ich fand sie ziemlich lustig. Das Schlimmste, was mir meine Ankläger zur Last legen konnten, war, dass ich mir nach meinem Amtsantritt die Steuerbehörden vom Hals geschafft hatte. Das stimmte, aber ich hatte es nur getan, um Ablenkungen zu vermeiden und mich auf meine wichtige Arbeit konzentrieren zu können. Das war immer noch besser, als meinen eigenen Steuerbescheid nicht zu verstehen, so wie es Reagan später von sich selbst zugegeben hat. So oder so fingen viele andere Staatsoberhäupter einschließlich der Könige und Königinnen von England erst Jahrzehnte später an, überhaupt Einkommensteuer zu zahlen.

Eine weitere oft wiederholte Behauptung ist, dass ich angesichts der Vorgänge nicht nur die Augen zugedrückt, sondern sie aktiv befördert hätte. Das ist eine Übertreibung. Allerdings stimmt es, dass ich die Menschen belohnen wollte, die mir auf meinem Weg geholfen hatten. Der schlimmste Fehler, den ein Politiker begehen kann, ist es, die Menschen für besser zu halten, als sie sind. Ganz egal, was Napoleon darüber gesagt haben mag: Um sich ihre Treue zu erhalten, vor allem über längere Zeit, muss man ihnen mehr geben als nur ein paar farbige Schnüre. Er hat das selbst vorgemacht. Sogar in einem Ausmaß, dass er sich in seinen letzten Jahren an der Macht darüber beklagte, dass sich seine Marschälle in Lehnsherren verwandelt hätten. Anstatt ihre Männer in die Schlacht zu führen, genossen sie lieber ihre Landgüter! Ich trat in seine Fußstapfen. Etwa, indem ich große (und steuerfreie) Geldsummen an meine höchsten Funktionäre und Generäle verteilte, die sie sich durch ihre Anstrengungen zum Wohle Deutschlands verdient hatten oder die schwere Zeiten durchleben mussten.

Einige unserer Schritte hatten rein gar nichts mit Korruption zu tun, etwa, dass wir altgedienten Parteigenossen den Vorzug gaben, wenn sie Arbeit suchten. Wir waren keine Liberalen und glaubten nicht an *deren* Art von Verteilungsgerechtigkeit. Tatsächlich war unser Vorgehen bis ins kleinste Glied dem des preußisch-deutschen Rechtsstaats nachempfunden, den sowohl unsere eigenen als auch ausländische Gelehrte mit so viel Lob überhäuft haben. Ganz besonders achtete ich darauf, dass Unteroffiziere ihren Teil abbekamen. Und das mit gutem Recht, sind es doch die Unteroffiziere, Männer, die sich wiederverpflichtet haben, die das unverzichtbare Rückgrat einer jeden Armee bilden. Außerdem geben sie die besten Beamten auf der unteren Verwaltungsebene und die besten Grundschullehrer ab, die man sich vorstellen kann. Außerdem waren es nicht wirklich wir Nationalsozialisten, die sich der Vetternwirtschaft befleißigten. Wenn das System ein paar verweichlichten Intellektuellen in Deutschland und im Ausland nicht passte, dann war das deren Problem.

Aber das alles sind nur Kleinigkeiten, die kaum der Erwähnung bedürfen. Ich bemerkte sehr wohl, dass viele meiner Mitarbeiter Staatsgeld in die eigene Tasche steckten und/oder immense Schmiergelder annahmen und/oder andere Wege fanden, um sich zu bereichern. Der Meister in diesem Spiel war Göring. Andere waren der gute alte Wilhelm Frick, der Reichsleiter der NSDAP Robert Ley, Joseph Goebbels, den ich zum Reichsminister für Volksaufklärung und Propaganda ernannte, mein alter Kamerad Alfred Rosenberg, mein ehemaliger Rechtsanwalt Hans Frank, Joachim von Ribbentrop, der ab 1938 Reichsminister des Auswärtigen war, der Leiter meiner Parteikanzlei Martin Bormann und unzählige kleinere Fische. Einige von ihnen kannte ich, andere nicht. Sie alle häuften mehr oder weniger ansehnliche Vermögen an, oft ebenso in Form von Landsitzen und wertvollen Kunstwerken wie als Geld auf der Bank. Einige der Besitztümer, die sie – zuerst in Deutschland und später auch in anderen Ländern – beschlagnahmten oder zu lächerlich niedrigen Preisen erwarben, waren zuvor von Juden enteignet worden. Geschah Letzteren recht.

Zu den wenigen mir bekannten Ausnahmen zählten Speer, der großbürgerliche Architekt, den ich zum Reichsminister für Bewaffnung und Munition ernennen sollte, Himmler, der unverbesserliche Romantiker, und dessen Stellvertreter Heydrich. Tatsächlich war die Bedeutung, die sie der Anständigkeit zuschrieben, einer der Aspekte, der die beiden Letztgenannten zusammenhielt – in manch anderer Hinsicht passten sie überhaupt nicht zueinander. Aber selbst in ihren Fällen bedeutete das nur, dass sie davon absahen, Besitz anzuhäufen und öffentlich auszustellen, nicht aber, dass sie nicht auf Kosten ihrer Dienststellen so ausschweifend gelebt hätten, wie es ihnen eben gefiel.

In den letzten paar Jahren vor Kriegsbeginn verschob sich unser Augenmerk. Unsere ursprünglichen Ziele, die Arbeitslosigkeit zu beseitigen und die Wirtschaft wieder in Gang zu setzen, waren erreicht. Nun hatten wir das Stadium erreicht, in dem wir beginnen konnten, uns ernsthaft auf den Krieg vorzubereiten. Ich beschloss, die Gesamtverantwortung Göring als Beauftragtem für den Vierjahresplan zu übertragen. Sicher, Görings Eignung als Wirtschaftsgelehrter war fragwürdig bis nicht vorhanden. Aber trotz seiner gewaltigen Körpermasse hatte er sich als ein Anpacker erwiesen, der Dinge ins Laufen bringen konnte. Um eine Formulierung zu verwenden, die erst später aufkam: Er bremste für niemanden. Wie er es bei seinem „Prozess" in Nürnberg ausdrückte, versorgte er uns nicht einfach nur mit Waffen – er machte weiter, bis wir überquollen. Und er fügte geflissentlich hinzu, dass er nur bereue, uns nicht noch mehr zur Verfügung gestellt zu haben.

Wie ich den Industriellen versprochen hatte, führten wir keine groß angelegten Enteignungen durch, wie sie die Kommunisten in Russland veranstaltet hatten. Trotzdem räumten wir *sehr wohl* einige Unternehmer aus dem Weg, die die Mitarbeit verweigerten, beispielsweise den Flugzeugbauer Hugo Junkers. Auch zwangen wir einige Firmen, ihre Patente an das Reich zu verkaufen, damit andere große Hersteller in der gleichen Branche sie ebenfalls nutzen konnten. Darüber hinaus erließen wir eine ganze Reihe von Bestimmungen, um sicherzustellen, dass die Industrie zum Wohle der Nation tat, was wir wollten. Dazu gehörten auch sehr strenge Einfuhrkontrollen und ein starker Drang nach Autarkie.

Ich für meinen Teil hatte aus unseren Fehlern im Großen Krieg gelernt. Damals hatte die Regierung so gut wie nichts getan, um die Not der Massen zu lindern, besonders der städtischen Massen. Das Ergebnis war gigantisches, beinahe unbeschreibliches Leid. Menschen verhungerten, Menschen erfroren. Menschen verloren ihre Abwehrkräfte und starben an Krankheiten, vor allem die sehr Jungen und die sehr Alten. Die Fruchtbarkeit vieler junger Frauen stand auf dem Spiel, was vielleicht das Schlimmste war. Ich war entschlossen, nicht zuzulassen, dass so etwas noch einmal passierte. Unter allen Umständen – übrigens eine meiner Lieblingsformulierungen – mussten wir dafür sorgen, dass unser Volk wenigstens annehmbar ernährt, bekleidet und behaust blieb. Dazu gehörte natürlich auch die Beheizung. Und wir schafften es, dies alles aufrechtzuerhalten, selbst während wir uns in groß angelegten Feindseligkeiten mit unseren Nachbarländern befanden.

Eine weitere drängende Sorge war unsere Versorgung mit strategischen Rohstoffen. Abermals waren die Lehren des Großen Krieges nur allzu deutlich. Die damalige kaiserliche Regierung war rettungslos verloren gewesen. Vor dem Krieg hatte sie nicht einmal bedacht, dass man zur Herstellung von Sprengstoff Stickstoff brauchte – Stickstoff aber war etwas, über das wir nicht verfügten. Damals hatte man sich an einen jüdischen Wissenschaftler namens Fritz Haber wenden müssen, um Abhilfe zu schaffen.

Auch wenn ich nur einfacher Soldat gewesen war, so erinnerte ich mich noch gut daran, wie in den letzten Monaten des Großen Krieges die herrschende Kupferknappheit dazu geführt hatte, dass uns Patronenhülsen aus Stahl statt aus Messing ausgegeben wurden. Nun ist es allerdings so, dass sich Stahl unter Hitzeeinwirkung viel stärker ausdehnt. Das führte dazu, dass sich die Waffen verklemmten und einfach nicht mehr schießen wollten, oft in den gefährlichsten Augenblicken. Niemand weiß, wie viele tapfere deutsche Soldaten aufgrund dessen ihr Leben verloren haben. Und hinsichtlich des Kautschuks, der zu jener Zeit nur in Fernost zu bekommen war, war unsere Notlage so groß gewesen, dass viele unserer Fahr- und Flugzeuge tatsächlich Holzräder hatten.

Noch gravierender war unser Bedarf an Öl. Unsere inländische Förderung dieses Rohstoffs war sehr begrenzt. Die Erfahrung lehrte uns, dass unsere Nachschublinien über das Meer sofort abgeschnitten werden würden, sobald der Krieg losbrach. Damals wusste noch niemand von den riesigen Vorkommen hochwertigen Öls unter dem Wüstensand Libyens, das seinerzeit eine Kolonie Italiens war. Hätten wir davon gewusst, wäre der Krieg vielleicht anders ausgegangen. So aber lagen – abgesehen von ein paar Quellen in Ungarn – die nächsten erwähnenswerten Ölfelder im rumänischen Ploieşti. Von dort aus konnte das Öl über die Donau nach Deutschland gebracht werden. Doch selbst damit hatten wir nur Zugriff auf knapp zwei Prozent der weltweiten „nachgewiesenen Reserven“. Außerdem wussten wir aus Erfahrung, wie – um es milde auszudrücken – wechselhaft die rumänische Politik sein konnte. Niemand konnte wissen, wohin sie einmal führen würde.

Um uns autark zu machen, brauchte es umfassende Investitionen. Die aber wollte die Industrie nicht bereitstellen, aus Angst um ihren Gewinn. Deshalb hatten wir keine andere Wahl, als von unserer erklärten Politik abzurücken und uns nicht mehr ausschließlich auf die Privatwirtschaft zu verlassen. Stattdessen musste der Staat eingreifen. Bei Kriegsbeginn hatten unsere Wissenschaftler das Problem des künstlichen Kautschuks gelöst, der als Buna bekannt wurde. Seine Qualität war nicht so hoch wie die von Naturkautschuk, aber genügte mehr oder weniger unseren Ansprüchen. Außerdem stand uns synthetisches Öl zur Verfügung, das aus Kohle gewonnen werden konnte. Die notwendigen Produktionseinrichtungen waren jedoch komplex, empfindlich und, als es so weit war, anfällig gegenüber Bombardierungen. Es gelang uns nie, genug Fabriken zu bauen, um unseren Bedarf in diesem Bereich völlig zu decken; synthetisches Öl war darüber hinaus deutlich teurer als sein natürliches Gegenstück.

Schließlich war da noch das Problem des Stahls, des wichtigsten Rohstoffs von allen, ohne den keine moderne Gesellschaft vorstellbar ist, ganz zu schweigen vom modernen Krieg. Das ging so weit, dass es tatsächlich gebräuchlich war, die relative Macht der Länder anhand ihrer Jahresproduktion an Stahl zu beurteilen. Wir hatten das Glück, im Raum Salzgitter bei Braunschweig über große Eisenerzvorkommen zu verfügen. Diese waren allerdings von minderer Qualität und wären normalerweise nicht zum Abbau geeignet gewesen. Görings Lösung bestand darin, auf Staatskosten und unter staatlicher Verwaltung einen riesigen neuen Industriekomplex zu bauen. Natürlich benannte er ihn nach sich selbst. Nachdem wir 1938 Österreich angeschlossen hatten, übernahm der Konzern einige jüdische Liegenschaften und dehnte sich so auch auf dieses Land aus. Dadurch wurde Stahl zu einem der Rohstoffe, an denen kein ernster Mangel herrschte, bis die Bomben der Alliierten in der Spätphase des Krieges sowohl die Fabriken als auch unsere Transportwege zerstörten.

In der Zwischenzeit hatte Schacht, der unseren wirtschaftlichen Wiederaufbau so gut organisiert hatte, begonnen, Schwierigkeiten zu machen. In seinem Amt als Reichsbankpräsident war er seinen liberalkonservativen Grundsätzen treugeblieben. Zunehmend in Sorge über unser Defizit, schlug er vor, dass wir die Aufrüstung verlangsamen und uns auf den Handel konzentrieren sollten, um unseren Bedarf zu decken. Als ob der Friede ewig währen würde! Wir Nationalsozialisten hingegen sahen Krieg und territoriale Ausdehnung als die Lösung unserer gegenwärtigen und zukünftigen wirtschaftlichen Probleme. Deshalb waren wir entschlossen, die staatliche Kontrolle über die Industrie weiter auszudehnen, damit sie unseren Anforderungen dienen würde.

Hinzu kam Schachts Widerstand gegen unsere Judenpolitik. Nicht, dass er besonders viel für Juden übriggehabt hätte. Keineswegs. Aber er hielt unsere Maßnahmen für wirtschaftlich schädlich und griff Streicher und dessen Zeitung scharf an. Wie ich damals noch nicht wissen konnte, stand er außerdem seit 1938 in gelegentlichem Kontakt zu der Verräterbande, deren Tätigkeit schließlich in dem versuchten Attentat auf mich am 20. Juli 1944 gipfeln sollte. Das hätte ihm so passen können. Letzten Endes führte all das zum Bruch zwischen uns. Im November 1937 nahm ich ihm seinen Wirtschaftsministerposten weg, und im Januar 1939 wurde er auch aus dem Amt des Präsidenten der Reichsbank entlassen. Sein Nachfolger in beiden Fällen war Walther Funk. Natürlich hatte er nicht Schachts Format. Im Angesicht des herannahenden Krieges hatte ich jedoch wichtigere Sorgen.

13. Eine neue Art von Staat

Dadurch, dass ich so lange ohne es hatte auskommen müssen, hatte ich sowohl gelernt, wie wichtig Geld ist, als auch, wie man es für sich nutzen kann. Trotzdem sah ich das Geschäftswesen immer nur als Mittel zum Zweck. Wie alle wahrhaftig großen Führer hatte auch ich eine Vision. Ich wollte eine neue Art von Staat schaffen, nicht nur das Bruttoinlandsprodukt des bestehenden Staates steigern, damit die Menschen sich größere Häuser kaufen, teurere Urlaubsreisen leisten oder in edleren Restaurants dinieren könnten. Viel später bekam ich zufällig mit, wie ein deutscher Romanautor, Hans Carossa, diese Dinge sah. Er schrieb an einen Freund, der sich entschlossen hatte, ins Exil zu gehen: „Bei uns in Deutschland geht jetzt sehr viel vor: wir werden gereinigt, geläutert, gesiebt, desinfiziert, entmischt, ertüchtigt, aufgenordet ..." Das war 1933, und er hatte noch keine Ahnung, wie goldrichtig er lag. Er wurde von Goebbels zum Präsidenten der Europäischen Schriftsteller-Vereinigung ernannt und schrieb binnen weniger Jahre Lobgesänge auf den „kühnen, das allgemeine Schicksal tragenden Kämpfer und Führer".

Mitte der 1930er Jahre war unser dringendstes Problem gelöst, nämlich die Versorgung unseres Volkes mit Arbeit und Brot. Es war ein wahrer Hochgenuss, dabei zuzusehen, wie das Land erwachte und vor Geschäftigkeit brummte. Ich fühlte mich nun frei genug, um mich anderen Aspekten unseres Parteiprogramms zuzuwenden. Der erste und in gewisser Weise wichtigste war es, einen völkischen Staat zu errichten. Lassen Sie mich erklären, was ich damit meine. Unsere deutsche politische Tradition war schon lange autoritär gewesen, das heißt: von oben nach unten orientiert. Im Hinblick auf die Kleinstaaten war sie sogar patrimonial gewesen. Selbst nachdem Napoleon ihre Anzahl um neun Zehntel verringert hatte, blieben viele von ihnen dermaßen klein, dass es bis zum Ende des Weltkrieges völlig unmöglich war, die privaten Angelegenheiten der Landesväter von denen ihrer Staaten zu trennen. Darin unterschieden wir uns von vielen anderen Ländern, die sich der Demokratie und dem Liberalismus zugewandt hatten, beginnend mit der Englischen Revolution von 1688 und über die Amerikanische Revolution von 1776 bis hin zur Französischen Revolution von 1789.

Das bedeutet nicht, dass ich unser Land im üblichen Sinne demokratisieren wollte. Alles andere als das. Meine Erfahrungen zuerst in

Wien und später in den Jahren von 1919 bis 1932 hatten mich gegen derartige Ideen gründlich abgehärtet. Was es *wirklich* bedeutete, war, dass wir – im Gegensatz zu den italienischen Faschisten – keine *Etatisten* waren. Nicht der Staat, der sich über die Gesellschaft legte wie ein Stahlhelm über einen Kopf, war das leuchtende Ziel all unserer Bemühungen, sondern die Volksgemeinschaft einschließlich all ihrer vielen unterschiedlichen Formen des Lebens, die ununterbrochen aus der Tiefe aufwallten wie Mineralquellen auf dem Grunde eines Heilbads. Sie verliehen ihr Farbe und ließen sie lebendig werden. Ich wollte den Staat, den Nietzsche einmal „das kälteste aller kalten Ungeheuer" genannt hat, dazu bringen, etwas von seiner Blasiertheit abzulegen und sich dem Volk anzunähern. Er und die Bürokratie, die ihn repräsentierte, sollten dem Volke dienen, nicht umgekehrt.

Und weil das so war, wandelte ich nicht auf den Spuren Napoleons und schuf kein eigenes Gesetzeswerk, das nach mir benannt wurde. Immerhin hätte ein solches, wenn es verabschiedet worden wäre, kaum einen anderen Zweck erfüllt, als unsere Möglichkeiten einzuschränken. Stattdessen bediente ich mich anderer Methoden, die mir angemessener schienen. Zu den wichtigsten gehörte die Propaganda. Damit meine ich das von Goebbels geschickt inszenierte, unablässige Trommelfeuer, das die Menschen davon überzeugen sollte, dass sie und der Staat nicht zwei getrennte Wesenheiten seien, sondern eine Einheit. Wie es die berühmte Parole besagte: Ein Volk, ein Reich, ein Führer. Dass wir alle Zeitungen, Zeitschriften, Bücher, Theaterstücke und Filme der Zensur unterwarfen, hatte keinen anderen Sinn, als sicherzustellen, dass diese Propaganda – und keine andere – die Massen erreichte. Wir gaben nicht nur vor, was *nicht* veröffentlicht und gezeigt werden sollte, sondern erteilten sehr oft auch ausdrückliche Anweisungen, was zu schreiben war, auf welcher Seite es zu erscheinen hatte und sogar, welche Größe die Buchstaben in der Überschrift haben sollten. Redakteure, die nicht gehorchten, lernten schnell, wer jetzt das Sagen hatte – indem sie entlassen wurden, wenn sie Glück hatten, und in ein Konzentrationslager kamen, wenn sie keines hatten.

Wir, die Regierung, übernahmen auch die vollständige Kontrolle über das am breitesten zugängliche moderne Kommunikationsmittel, das Radio. Ich selbst hatte kaum jemals ein Rundfunkprogramm angehört. Trotzdem verstand ich, wie wichtig es war, und war entschlossen, es zu unserem Vorteil auszunutzen. Unser Volksempfänger war in dieser Hinsicht eine große Hilfe. Er konnte nur auf deutsche Sender eingestellt werden, keine ausländischen; nichtsdestoweniger verkaufte er sich millionenfach, weil er günstig war. Für alle, die kein eigenes Gerät besaßen, brachten wir auf öffentlichen Plätzen ebenso wie in Schulen, Gaststätten, Fabriken und so weiter Lautsprecher an. Wie Goebbels so richtig sagte: Im nationalsozialistischen Deutschland konnten die Leute dem, was wir sie hören lassen wollten, allenfalls im Schlaf entgehen. Zu jener Zeit gab es das Fernsehen erst in einer sehr frühen Form. Tatsächlich wurden während der Olympischen Spiele in Berlin gerade die ersten Ausstrahlungsversuche unternommen. Wäre die Technik aber bereits ausgereift und bereit zur massenweisen Produktion und Verwendung gewesen, hätten wir sie uns ganz sicher auch untertan gemacht. Was das Weltnetz angeht, so überlasse ich es Ihrer Fantasie, was wir damit alles hätten anstellen können – und auch angestellt hätten.

Einen beträchtlichen Teil unserer Propaganda bildeten Massenveranstaltungen, Aufmärsche und die Mittel des politischen Theaters im Allgemeinen. Wahrscheinlich hat keine Regierung sie großartiger eingesetzt als wir. Damit verglichen waren die des faschistischen Italien schäbig, während die sowjetischen zwar so groß waren wie unsere, aber der Vorstellungskraft ermangelten und oft langweilig wurden. Die Versammlungen begannen auf der Dorfebene, wo sie schnell ein normaler Teil des Lebens wurden (zu dieser Zeit hatten elektronische Medien und Kommunikationsmittel noch nicht damit begonnen, den Abstand zwischen Stadt und Land zu schließen, so wie sie es später tun sollten), und reichten bis hin zu den gigantischen Aufmärschen der Reichsparteitage, die ab 1933 jedes Jahr in Nürnberg abgehalten wurden. Sie wurden wirksam von Rundfunk und Film begleitet (man denke nur an Leni Riefenstahls Meisterwerk *Triumph des Willens*) und hoben sowohl die Teilnehmer als auch die Zuschauer aus ihrem alltäglichen Dasein heraus. Sie hatten das Gefühl, Teil von etwas weit Größerem und Mächtigerem zu sein, als es ihre unbedeutende Einzelexistenz hergab. Einmal mehr verfügten wir über einen hübschen Sinnspruch, der dies alles gut zusammenfasste: Du bist nichts, dein Volk ist alles. Oft luden wir Ausländer ein, den Zeremonien beizuwohnen. Andere nahmen aus eigenem Antrieb teil. Wenn sie wieder gingen, waren sie fast ausnahmslos beeindruckt von unseren Darbietungen der Einheit, der Ordnung, der Disziplin und der Macht. Der blanken Macht.

Eine weitere Vorgehensweise, der wir uns bedienten, war das Abhalten von Volksabstimmungen. Volksabstimmungen waren in der Antike gang und gäbe gewesen, besonders in Griechenland. Weil damals jeder eine Stimme und niemand je von Repräsentation und Parlamenten gehört hatte, bestand in gewisser Weise das gesamte politische Leben aus einer unablässigen Abfolge von Volksabstimmungen. In Athen gab es laut Altertumsgelehrten ungefähr alle drei Wochen eine.

Napoleon bediente sich ihrer ebenso wie sein Neffe Napoleon III., beide mit sehr guter Wirkung. Anders verhielten sich die deutschen Kaiser, Könige, Großherzöge, Prinzen oder wie auch immer sie sich nannten. Sie behaupteten, von Gottes Gnaden eingesetzt worden zu sein, und hatten sich immer ein Stück weit davor gefürchtet, was eine Volksabstimmung bringen mochte. Artikel 73 der Weimarer Reichsverfassung erlaubte sie. Dessen ungeachtet wurde nur eine einzige abgehalten – 1926, um über die heikle Frage zu entscheiden, ob die verschiedenen ehemaligen Fürstenhäuser enteignet werden sollten. (Das wurden sie, aber nur teilweise.)

Ich persönlich sah Volksabstimmungen in einem ganz anderen Licht. Für mich waren sie ein Mittel, um das Volk und die Regierung näher zusammenzubringen, indem sie dem Ersteren das Gefühl gaben, an den Geschäften der Letzteren teilzuhaben. Unsere Gegner und spätere Kritiker haben behauptet, dass wir, bevor wir der Nation eine Frage zur Entscheidung vorlegten, erst einmal sichergestellt hätten, dass am Ende die von uns gewünschte Antwort herauskommen würde. Selbstverständlich haben wir das getan! Aber das Gleiche haben auch alle anderen seit Anbeginn der Zeit getan. Eine Volksabstimmung ohne ordentliche Vorbereitung ist ebenso dumm wie gefährlich. Sehen Sie sich nur an, was 1969 mit de Gaulle passiert ist. Als die Abstimmung gegen ihn ausfiel, war er gezwungen, zurückzutreten, und beraubte sein Land damit des einzigen herausragenden Staatsmannes, den es seit spätestens 1945 hervorgebracht hat. So oder so gab es kaum einen Anlass, das Volk zu einem bestimmten Abstimmungsverhalten zu drängen. Ein ums andere Mal war die überwältigende Mehrheit der Menschen glücklich, Ja sagen zu dürfen. Es brauchte allerhöchstens hier und da ein wenig Einschüchterung. Aber nicht viel. Im November 1933, als wir die Wähler entscheiden ließen, ob Deutschland ein Mitglied des Völkerbundes bleiben solle oder nicht, stimmten selbst die Insassen der Konzentrationslager zu unseren Gunsten ab.

Was aber *ist* eine Volksabstimmung? Bezieht sich der Begriff zwangsläufig immer auf einen formellen Vorgang, bei dem die Regierung dem Volk eine Frage vorlegt, hübsche kleine Wahlkabinen aufstellt und am Ende die Stimmen derjenigen zählt, die entweder mit Ja oder mit Nein geantwortet haben, so wie es beispielsweise beim „Brexit“ der Fall war? Kann er nicht auch für die reine Bestätigung stehen, so wie im antiken Sparta? Und was ist mit dem deutschen Mittelalter, als man von „Huldigung“ sprach? Eine meiner bekannteren Biografien trägt den Untertitel *Eine Studie über Tyrannei*. Aber das ist der übliche kleinbürgerliche Unsinn. Wie Joachim Fest ganz richtig schrieb, habe ich das deutsche Volk nicht tyrannisiert. Ich habe es verführt. Nicht, weil ich vom Mars gekommen wäre, sondern weil die Deutschen und ich aus der gleichen Wurzel gewachsen und aus dem gleichen Holz geschnitzt waren. Daher stammten die Zustimmung, die ich erhielt, und die Ergebnisse der Volksabstimmungen, die ich abhalten ließ – ich war in mehrfacher Hinsicht der demokratischste Herrscher in der ganzen deutschen Geschichte. Und nicht nur in der deutschen Geschichte. Wohin auch immer ich kam, überall fluteten die Menschen zusammen, um mich zu sehen, mir zuzuhören, sich mit mir zu identifizieren und mich zu *erleben*. Ganz genau so, wie sie es 400 Jahre zuvor mit Luther getan hatten! Könnte man aus diesem Blickwinkel nicht sogar sagen, dass die gesamte Zeit des Dritten Reiches – auf jeden Fall bis zum Juli 1940, in dem wir unseren Sieg über Frankreich feierten – eine einzige lange Volksabstimmung war, in der ich das Vertrauen des Volkes nicht einmal, zweimal oder dreimal erlangte, sondern Tag um Tag, tausende Male?

Der Wunsch, die Kluft zwischen der Regierung und dem Volk zu schließen, trieb uns auch dazu, die Bürokratie anzugehen. Mich ganz besonders, weil meine persönliche Erfahrung mich gelehrt hatte, was ein fehlender Abschluss anrichten konnte und wie die Bürokraten diejenigen behandelten, die keinen hatten. Zu viele von ihnen glaubten wirklich an das deutsche Sprichwort „Wem Gott ein Amt gibt, dem gibt er auch Verstand“. Wohlgemerkt keinen sonderlich großen! Unser Streben, diesen Stand der Dinge zu ändern, hatte zwei Ansatzpunkte. Erstens wollten wir Begabten einen Weg bahnen – für „Chancengleichheit“ sorgen, wie man heute sagt. Am Zustand, dass nur die sorgfältig herausgeputzten, aufpolierten und beschulten Abkömmlinge der Oberschicht in führende Stellungen aufsteigen konnten, musste sich etwas bewegen. Besonders in unseren ersten Jahren an der Macht taten wir unser Bestes, um junge Männer aus der Arbeiterschicht zu finden, die über Führungsbefähigung verfügten, um sie auf wichtige Aufgaben vorzubereiten, ohne uns zu sehr um irgendeine formale Bildung zu kümmern, die sie haben oder nicht haben mochten.

Zweitens, und das war vielleicht noch wichtiger, wollten wir den Beamtenapparat nicht unbedingt volksnäher gestalten (das war schlicht undenkbar), aber zumindest flexibler und empfänglicher für die Bedürfnisse der einfachen Menschen machen. Dafür war eine Dezentralisierung wesentlich. Die für Deutschland so typische Situation, dass sich jeder kleine Rat hinter den Verordnungen versteckte und alle, die seine Dienste benötigten, von oben herab behandelte, musste ein Ende haben. Stattdessen wollten wir die Entschlusskraft anregen und die Menschen ermutigen, für ihr eigenes Handeln die Verantwortung zu übernehmen. Zusätzlich wollten wir das System der Beförderung nach Dienstalter umstellen, um jungen Talenten eine Chance zu geben. Zu diesen Bestrebungen zählte auch, dass wir begannen, von Partei- und Volksgenossen zu sprechen, und altmodische Grußformeln wie „untertänigst“ abschafften. Tatsächlich erwiesen sich unsere Angriffe auf Standesdenken und Vorrechte als ziemlich populär. Unglücklicherweise blieben sie aber nur begrenzt, weil einerseits viele der neuen Anwärter den Aufgaben einfach nicht gewachsen waren und sich andererseits das bestehende Beamtentum mit seiner hunderte Jahre zurückreichenden Tradition verbissen gegen uns wehrte.

In engem Zusammenhang mit den Versuchen, unserem Staat ein völkisches Wesen zu verleihen, stand auch der sozialistische Teil unseres nationalsozialistischen Programms. Das bringt mich auf meine Wiener Jahre zurück. Ich selbst stammte aus einer kleinbürgerlichen Familie. Indem ich im Auge behielt, was Lueger zu schaffen versuchte, lernte ich jedoch, dass in der modernen Welt kein politisches Programm auch nur den Hauch einer Chance auf Erfolg hat, das nicht den Arbeitern eine Verbesserung ihrer Lebensbedingungen in Aussicht stellt. Nicht einmal meine Meinungsverschiedenheiten mit Röhm und seinen Gefolgsleuten, die noch viel weiter als ich gehen wollten und den Preis dafür zahlten, ließen mich diese Lektion vergessen. Wie bei den italienischen Faschisten bestand unser gesamtes Trachten in Deutschland darin, einen „dritten Weg“ zwischen dem Kapitalismus auf der einen und dem Kommunismus auf der anderen Seite zu finden. Wir wollten die Vorteile beider Systeme, aber ohne die damit einhergehenden Nachteile des einen wie des anderen.

Wir wollten nicht so weit gehen wie die Kommunisten und die Wirtschaft verstaatlichen. Wir *wollten* die Unternehmer jedoch an ihre Pflichten gegenüber denen erinnern, die für sie arbeiteten und den Großteil des Wohlstands generierten. Zwar verboten wir Streiks, aber wir setzten auch eine Organisation ein, die die Aufgabe hatte, zwischen Eigentümern und Arbeitern zu vermitteln und Lösungen für alle auftretenden Probleme zu finden. Wir sandten unsere Funktionäre aus, um mit Industriellen zu sprechen und sie zu allen möglichen Verbesserungen in ihren Fabriken zu zwingen, etwa zusätzlichen Sicherheitsmaßnahmen, besserer Beleuchtung, Kantinen, Waschräumen und Gärten, in denen sich die Arbeiter in Pausen ausruhen konnten. Wir beschränkten unsere Anstrengungen auch nicht nur auf die Industrie. Ebenso überprüften wir das Reedereigeschäft und sorgten dafür, dass die Schiffsmannschaften anständige Unterkünfte erhielten. Das Gleiche galt für Haushaltshilfen und andere Arbeiter, die zuvor nicht von der Sozialversicherung erfasst gewesen waren.

Nichts ist ohne Fehler, aber im Großen und Ganzen zahlten sich unsere Bemühungen in dieser Richtung sehr gut aus. Das geschah zum Teil, weil die Industriellen und andere Arbeitgeber erkannten, wie sehr sie davon profitieren würden. Und zum Teil auch, weil sie wussten, dass die betreffenden Parteifunktionäre die Unterstützung des Staates und, letzten Endes, meiner Person genossen. Wäre der Krieg nicht gewesen, hätten wir unsere Fabriken ganz sicher nicht nur zu den effizientesten, sondern auch zu den angenehmsten der Welt gemacht. Viel besser als die englischen, in denen vielfach noch immer die Bedingungen der frühen Industrialisierung vorherrschten. Und viel besser als die amerikanischen, in denen die unmenschliche Produktionsform des Fordismus fröhliche Urständ feierte.

Die Auflösung der Gewerkschaften 1933 bedeutete daher nicht, dass der Arbeiter seinem Arbeitgeber und dem Markt nun auf sich allein gestellt gegenübertreten musste. Ganz im Gegenteil: Mit Ley an der Spitze schritten wir voran und schlossen alle deutschen Arbeiter in einer einzigen riesigen Gewerkschaft zusammen, die Deutsche Arbeitsfront hieß. Die Mitgliedschaft und das Entrichten von Beiträgen waren für die meisten Arten von Arbeitern verpflichtend. Im Gegenzug organisierte die Arbeitsfront über ihre Unterorganisation „Kraft durch Freude" eine Vielzahl verschiedener Aktivitäten, etwa Sportveranstaltungen, Wanderungen, Konzerte, Filmvorführungen, Theaterstücke, Tagesausflüge und so weiter. Wir stellten sogar die gesamte Struktur der Fußball-Ligen um und machten sie so viel wettkampfmäßiger und spannender als zuvor.

Die bekannteste Maßnahme von allen waren die Erholungsurlaube, die man entweder im Inland oder in Nachbarländern wie Österreich, den Niederlanden und den skandinavischen Staaten verbringen konnte. Zu einer Zeit, in der nur wenige Arbeiter überhaupt wussten, was ein Urlaub war, stellte das eine Neuheit dar. 1934 nahmen 2,3 Millionen Menschen die angebotenen Urlaubstage wahr. 1938 war diese Zahl bereits auf 10,3 Millionen angestiegen, beinahe ein Siebtel des gesamten Volkes. Als der Krieg ausbrach, belief sich die Gesamtzahl auf über 45 Millionen Urlaubsnächte. Mein Ziel war es, dafür zu sorgen, dass jeder Arbeiter in der Lage sein würde, im Laufe seines Lebens eine oder zwei Reisen ans Meer zu unternehmen.

Und selbst damit sind wir noch nicht am Ende der Liste unserer „sozialistischen" Maßnahmen angekommen. Eine der wichtigsten war der Arbeitsdienst. Die Organisation zog jedes Jahr hunderttausende Jugendliche ein und ließ sie arbeiten. Damit half sie dabei, alle möglichen Vorhaben durchzuführen, verringerte die Arbeitslosigkeit und schweißte die verschiedenen Teile der Volksgemeinschaft zusammen. Nebenbei brachte sie den zukünftigen Wehrpflichtigen auch die Grundregeln von Disziplin und Ordnung bei, noch bevor sie in die Truppe eintraten. Sowohl Männer als auch Frauen beteiligten sich. Wir stellten jedoch schnell fest, dass die Letzteren mit Unterstützung ihrer Eltern sehr gut darin waren, alle möglichen Entschuldigungen vorzubringen, weshalb sie *keinen* Dienst leisten sollten.

Ein anderes unserer Mittel war der Eintopfsonntag. Das war so etwas wie ein Tag der nationalen Solidarisierung, der mehrmals im Jahr stattfand und an dem die Menschen nur eine einfache Eintopfmahlzeit essen sollten, um das eingesparte Geld für die Bedürftigen spenden zu können. Eine weitere Maßnahme war das Winterhilfswerk, eine Stiftung, die armen Menschen half, indem sie Sach- und Geldspenden für sie annahm und an sie verteilte. Es gab auch noch einige andere. Natürlich waren sie im Grunde rein symbolischer Natur. Das bedeutet aber nicht, dass sie keine wichtige Rolle dabei gespielt hätten, die Art von Gesinnung zu erzeugen, mit der wir Nationalsozialisten die Gemeinschaft durchdringen wollten.

Und dann war da noch das Bildungswesen. Wie ich schon gesagt habe: Nicht alte Ansichten sterben, sondern diejenigen, die sie vertreten. Deshalb habe ich in mindestens einer meiner Reden gesagt, dass wir dafür Sorge tragen würden, dass die kommende Generation uns gehöre. Das war auch der Grund, weshalb wir gleich von Anfang an die Schulen in unsere Hand brachten. Anders als in anderen Ländern gab es in Deutschland nicht eine Schulart, sondern viele. Das war ein Zustand, den wir Nationalsozialisten nicht dulden konnten und dem wir schnell ein Ende machten. Die einzige nennenswerte Ausnahme waren die katholischen Schulen. Diese Angelegenheit spielte eine gewichtige Rolle in den Gesprächen, die dem Reichskonkordat vom 20. Juli 1933 vorausgingen. Wie erwartet, erwiesen sich die Vertreter der Kirche als zähe und durchtriebene Verhandlungspartner. Am Ende blieb uns keine andere Wahl, als ihren Schulen das Fortbestehen und den Betrieb zu gestatten.

Nachdem diese Frage erledigt war, beließen wir den Aufbau des Schulwesens mit seiner Unterteilung in Grund-, Mittel-, Ober- und Hochschule mehr oder weniger beim Alten. Das Gleiche galt für die meist übliche Geschlechtertrennung im Bildungswesen; gemischte Klassen wurden in Deutschland erst nach 1945 die Regel. Ob das nun eine gute Idee war, war und ist bislang unentschieden. Wir griffen jedoch in den Lehrplan ein. Hinzu kamen mehr Sportunterricht und militärische Übungen für die Knaben und eine größere Betonung der Haushaltsführung und Handarbeiten für die Mädchen. Wir sorgten auch dafür, dass sich die Schüler mit den Ursprüngen unserer Partei, ihren Grundlagen und dem heldenhaften Kampf vertraut machten, durch den sie an die Macht gekommen war. Eine weitere sehr wichtige Neuerung bestand darin, den Schülern die Grundsätze der Rassenkunde beizubringen. Beide Geschlechter hatten sie zu lernen, doch vor allem die Mädchen – war es doch ohne ihre bereitwillige Mithilfe in ihrer Rolle als Ehefrauen und Mütter von vornherein unmöglich, unsere Rasse rein zu halten.

Zusätzlich zum bestehenden Schulwesen schufen wir die Nationalpolitischen Erziehungsanstalten, auch „Napolas" genannt. In ihnen sollten unsere zukünftigen Führer auf Herz und Nieren geprüft werden. Die Schüler, ausschließlich Knaben, wurden auf der Grundlage sowohl geistiger als auch körperlicher Tauglichkeit ausgewählt. Zu den Anforderungen an die Letztere gehörte unter anderem, dass sie zehn Meter unter Eis schwimmen können mussten. Ganz im Sinne unserer Weltanschauung wurden sie ohne Rücksicht auf gesellschaftliche Herkunft oder Klasse ausgesucht. Keinem begabten Jugendlichen sollte die Schule verwehrt bleiben, weil seine Familie kein Geld hatte. Napola-Schüler hatten eine eigene, dem Militär nachempfundene Uniform. Ihr Stundenplan war weniger klassisch und eher modern als der normaler Oberschulen. Diese Schulen waren ein großer Erfolg, wie eine Reihe von Lebenserinnerungen beweist, die lange Zeit danach von ihren dankbaren Schülern geschrieben wurden.

Noch über den Napolas gab es die sogenannten Ordensburgen. Sie sollten den Platz der Universitäten einnehmen und die absolute Elite ausbilden. Die Studenten waren Anfang bis Mitte 20. Um zugelassen zu werden, mussten sie in einwandfreier körperlicher Verfassung sein und ihre arische Abstammung nachweisen können. Zu diesen Anforderungen kamen noch der vollständig abgeleistete Wehrdienst und eine gewisse Zeit der Arbeit auf Probe für die Partei hinzu. Der Lehrplan legte Nachdruck auf die nationalsozialistische Weltanschauung, Rassenkunde, Geopolitik und Sport. Es wurden drei Schulgelände errichtet, und 1936 traten die ersten Studenten an. Leider erlaubte der Kriegsausbruch es uns nicht, das Programm nach 1939 weiterlaufen zu lassen. Dementsprechend wurden die Bauten von da an für eine Vielzahl anderer Zwecke benutzt.

Für die Frauen hingegen gab es das Werk „Glaube und Schönheit". Dessen Programm zielte auf die Entfaltung junger Frauen ab, die mit gesunden Körpern und ausgeglichenem Geist die Schönheit der göttlichen Schöpfung verkörpern sollten. Sie würden an Deutschland glauben und diesen Glauben an ihre zukünftigen Kinder weitergeben. Es hatte einigen Erfolg, wovon ich mich aus eigener Anschauung überzeugen konnte. Wir planten auch Schulen für „Hohe Frauen". Dieser

Begriff stammte aus dem Mittelalter und bezeichnete ursprünglich die adeligen Damen. Auch Goethe hatte ihn verwendet. Für uns stand er für wohlerzogene Frauen von der Sorte, die unsere Elite heiraten und auf die sie stolz sein könnte, so wie sie, die Frauen, es verdienten. Himmler, der davon träumte, seine SS-Führer zum Kern einer neuen rassischen Gemeinschaft zu machen, war an diesem Thema besonders interessiert. Unter Mädchen von rein arischer Herkunft ausgewählt, würden diese Frauen wissen müssen, wie man sich kleidete, sich herrichtete, sich benahm, eine Gesellschaft unterhielt und kochte. Und natürlich würden sie Fremdsprachen lernen müssen. In diese Richtung wurden ein paar halbherzige Schritte unternommen. Sehr zu Himmlers Verdruss kamen sie jedoch nicht besonders weit und wurden sogar Ziel einigen Spotts.

Ganz im Sinne ihres Namens legt die moderne „liberale" Gesellschaft viel zu viel Wert auf die Rechte des Individuums im Gegensatz zu seinen Pflichten gegenüber der Gemeinschaft, der es angehört. Sie betont auch zu sehr die Bedeutung theoretischen Wissens auf Kosten sowohl dessen, was die Engländer früher „Charakter" nannten, als auch der praktischen Erfahrung und der körperlichen Entwicklung. Von meinem Platz in der Hölle aus kann ich die Folgen in so gut wie jedem einzelnen der Kriege beobachten, die seit 1945 ausgebrochen sind. In beinahe jedem Fall, in dem westliche auf nichtwestliche Truppen trafen, wurden sie geschlagen. Denken Sie an den Irak (nach 2003). Denken Sie an Afghanistan. Denken Sie an Somalia. Denken Sie an Vietnam. Denken Sie an Zypern. Denken Sie an Algerien. Denken Sie an Malaysia und Indochina. Denken Sie auch an die Handvoll Juden, ausgerechnet Juden, die 1947/48 die Engländer aus Palästina herauswarfen. Seien wir doch ehrlich: Bei diesen angesprochenen Armeen handelt es sich überhaupt nicht um Soldaten. Sie sind Weicheier, hilflose Fachidioten. Anstatt sie zu schleifen, zwingt man sie dazu, sich Vorträge über sexuelle Belästigung, deren Eigenschaften und das Bedürfnis, sie zu vermeiden, anzuhören. Anstatt zu kämpfen, beklagen sie sich über posttraumatische Belastungsstörungen. Und das gilt ausdrücklich auch für die Bundeswehr – die „Armee ohne Pathos", wie man sie genannt hat.

Wir Nationalsozialisten wollten nicht, dass unsere Jugend, der größte Schatz, den eine Gesellschaft haben kann, und die alleinige Stütze ihrer Zukunft, verweichlicht heranwuchs. Das war der Grund dafür, dass wir besonders in der Hitlerjugend und ihrem Gegenstück für Mädchen, dem BDM, in denen alle Jugendlichen Mitglieder sein mussten, Bildung und Schulabschlüsse herunterspielten – exakt die Dinge, die das Bürgertum so sehr verehrt. Sehr zum Verdruss einiger

Lehrer zogen wir es vor, körperliche Ertüchtigung auf der einen und Gemeinschaftssinn auf der anderen Seite zu betonen. Die Knaben übten sich im Ringen und Boxen, die Mädchen machten Freiübungen. Junge Menschen beiderlei Geschlechts gingen wandern, schwimmen, rudern und marschieren. Sie spielten auch die groben Geländespiele, in denen jeder einzelne sich auf den anderen verlassen können und mit ihm zusammenwirken muss. Sie verbrachten Abende mit Singen am Lagerfeuer und schliefen in primitiven Unterkünften im Stroh. Für sie dehnten wir unser Netzwerk an Jugendherbergen aus; es war vielleicht das umfassendste, das es je gegeben hat. Das alles geschah unter der Aufsicht von Ausbildern, die selbst noch jung waren, nicht so wie die lächerlichen alten Säcke, die die amerikanische Pfadfinderei leiten und gelegentlich dabei erwischt werden, wie sie ihre Schützlinge betatschen. Den jungen Leuten gefiel es nicht nur, es zeigte auch Wirkung. Wie ein bedeutender israelischer Historiker geschrieben hat: In der gesamten Geschichte findet man keine Soldaten, die besser gekämpft hätten als unsere deutschen im Zweiten Weltkrieg.

Wie immer stellten wir die Gemeinschaft über das Individuum. Daher auch unsere Parole: „Du hast die Pflicht, gesund zu sein." Kein Staat vor uns hatte jemals so viel in die Gesundheitsvorsorge investiert. Und nur sehr wenige haben es seitdem getan, am allerwenigsten die ach so großartigen und menschenfreundlichen Vereinigten Staaten von Amerika, wo bis zum heutigen Tage ungefähr 30 Millionen Menschen überhaupt nicht krankenversichert sind. Wir legten großen Wert auf Propaganda gegen das Rauchen, auch wenn wir damit letztendlich keinen Erfolg hatten. Das aber lag daran, dass der Krieg einen Großteil unseres Volkes so großen Belastungen aussetzte, dass sie einfach nicht ohne Zigaretten auskamen. Wir erklärten ihnen die Grundregeln einer gesunden Ernährung. Tatsächlich war das eine der Hauptaufgaben der NS-Frauenschaft mit ihren Millionen und Abermillionen von Mitgliedern. Wir taten unser Bestes, um die Menschen zu einer Verringerung ihres Fleischverzehrs zu bringen. Wir bekämpften aktiv Krankheiten wie Brustkrebs (das Leiden, das meine Mutter umgebracht hatte) und Darmkrebs. Wir verteilten Flugblätter und drehten Filme über diese Themen und riefen die Menschen auf, sich jährlichen und sogar halbjährlichen Untersuchungen zu unterziehen. Wir taten so viel, dass allein über diese Angelegenheiten ganze Bücher geschrieben werden könnten – und tatsächlich auch bereits geschrieben worden sind.

Insgesamt ist einer der wesentlichen Grundsätze der Bildung, jedenfalls der Bildung, so wie wir Nationalsozialisten sie verstanden, dass sie nicht auf die Jugend oder die Schulen beschränkt sein sollte.

Es handelt sich bei ihr vielmehr um einen fortlaufenden Prozess, der sich durch das ganze Leben bis ins hohe Alter zieht oder zumindest ziehen sollte. Vielleicht sollte sie sich besonders auf das hohe Alter konzentrieren, denn dann haben die Leute nur noch wenig zu tun und fangen vielleicht an, den Geist der Jugend zu verderben, so wie es beispielsweise Sokrates getan haben soll. Wir wollten die Menschen nicht an die Kultur heranführen, wie es Spießer so oft zu tun versuchen. Im Gegenteil, wir wollten die Kultur an die Menschen heranführen. Wie gesagt, meine Gedanken zu diesem Thema hatten während meiner Wiener und Münchener Jahre allmählich Gestalt angenommen. Als ich diese beiden Städte kennenlernte, konnte ich nicht anders, als festzustellen, wie viel von unserer Volkskultur in Museen eingesperrt war. Viele davon waren wirklich grandios, und niemand genoss es mehr als ich, sie zu besuchen. Doch Arbeiter und ihre Familien, die zusammen mit den Bauern die tragende Säule der Nation bildeten, hatten wenig Verständnis für sie und suchten sie nur in den seltensten Fällen auf. Das ist übrigens heute noch genauso wie damals.

Damit meine ich nicht, dass ich die Museen hätte schließen wollen, die gewiss ihren Platz haben. Und auch die Kunst, die ich selbst in so großen Mengen sammelte, war nie für eine rein private Verwendung gedacht. Wie denn auch? Sowohl in der Reichskanzlei als auch in meinen Privatwohnungen hatte ich mehr als genug, um etwas abzugeben. Mein Plan war, in meiner Lieblingsstadt Linz, wo ich mich nach dem Endsieg zur Ruhe setzen wollte, ein riesiges neues Museum zu bauen. Es sollte so etwas wie das British Museum und der Louvre zusammengenommen sein! Dort würde das deutsche Volk in den Genuss dieser Kunst kommen und sich von ihr inspirieren lassen können. Deshalb ließ ich meine Sonderbeauftragten, von denen Dr. Hans Posse von der Dresdener Gemäldegalerie der wichtigste war, überall Kunstschätze einsammeln. Eine Menge wurde bei Juden beschlagnahmt, zuerst in Deutschland und später überall im besetzten Europa. Die Verantwortlichen waren sich über diese Tatsache keineswegs im Unklaren, auch wenn sie es nach dem Krieg abstritten; nicht wenige von ihnen gaben seinerzeit sogar damit an.

Ich war entschlossen, dafür zu sorgen, dass auch die Angehörigen der Unterschicht Zugang zur Kunst haben sollten. Zu diesem Zweck stieß ich eine Reihe groß angelegter und sehr teurer Programme an, die begabte Künstler wie Josef Thorak, Arno Breker und eine Menge anderer beschäftigen sollten. Ihre Aufgabe war es, unsere Gebäude, Straßen, Alleen, Plätze und was nicht alles zu verschönern – ich sage ganz bewusst nicht „verzieren“. Deshalb sind viele ihrer Werke dermaßen groß. Noch darüber hinaus wollte ich, dass die Menschen die

Kunst genossen, nicht nur zu besonderen Anlässen, sondern als selbstverständlichen und allgegenwärtigen Teil ihres Alltagslebens. Und ich wollte, dass es nicht nur in den Großstädten so war, sondern auch in den kleinen Landgemeinden. Die Menschen sollten sozusagen in eine künstlerische Umgebung eintauchen wie in eine Art allumfassendes Bad. Vielleicht würde es so etwas wie der mittelalterliche Quell des Lebens sein. Eine andere Methode, um zu diesem Ziel zu gelangen, war es, bei Paraden, Aufmärschen, Sportereignissen und so weiter Kunst auszustellen. Zum Beispiel, als wir dem Berliner Olympiastadion eine Freilichtbühne hinzufügten. Leider war nicht alle Kunst, die wir dem Volk auf diese Weise nahebrachten, von höchster Qualität. Aber dieses Problem hätten wir mit der Zeit lösen können.

Kein anderes Land, nicht einmal das antike Athen, hat jemals mehr getan, um die Kunst mit der Politik und die Politik mit der Kunst zu verschmelzen. Doch um welche Art von Kunst ging es? Die deutsche Kunst des 19. Jahrhunderts war in vielen Fällen großartig gewesen. Denken Sie an Caspar David Friedrich, Franz von Lenbach, Arnold Böcklin, Adolph von Menzel und viele andere, die kein bisschen schlechter waren. Oder an Hermann Gradl, der später unsere deutschen Landschaften wie kein anderer vor oder nach ihm einfing. Er war allerdings eine Ausnahme. Wie ich schon sagte: Ab ungefähr 1910 entwickelte sich insbesondere München zu einem Treibhaus für alle möglichen halbirren Experimente in diesem Bereich. Nach dem Krieg, als ringsum Chaos herrschte, wurde es noch schlimmer. Nicht nur in Deutschland, sondern auch im Großteil des übrigen Europa. Je grotesker und entstellter ein Bild war, desto mehr Applaus bekam es. Zu Expressionismus und Kubismus gesellte sich der Dadaismus, ein „Stil", dessen dümmlicher Name für sich spricht und dessen – sehr angemessenes – Wahrzeichen ein umgedrehtes Pissoir war. Es war genug, sogar mehr als genug, um sich zu schämen, wenn man als Künstler bezeichnet wurde! Dann gab es noch den Abstraktivismus, den Brutalismus, den Konstruktivismus, den Fauvismus, den Suprematismus, den Surrealismus, den Vortizismus und ganze Scharen anderer Ismen, die sich nur gestörte Geister ausdenken konnten. Selbst Italien, das einmal die Heimat von da Vinci, Michelangelo und Tizian gewesen war, blieb nicht von diesem „modernistischen" Abfall verschont.

Die meisten von denen, die für diesen Müll verantwortlich waren, hätten kein anständiges Bild malen können, selbst wenn sie es versucht hätten. Aber sie versuchten es ja nicht einmal. Stattdessen schufen sie mit voller Absicht alle nur erdenklichen Abscheulichkeiten. Von Otto Dix bis hin zu Käthe Kollwitz scheuten viele von ihnen keine Mühen, um den nationalen Geist ebenso zu untergraben wie den Willen, zu kämpfen und zu opfern. Ganz zu schweigen vom Wunsch der Frauen nach gesunden Kindern! Andere, die ihre Anregungen oft von diesem Kurpfuscher Freud nahmen, waren nichts anderes als Pornografen. Sie hatten nichts als Sauereien im Kopf. Es war mir egal, was Ausländer redeten oder trieben. In all meinen Jahren an der Macht war ich ziemlich froh darüber, dass sie uns für all den Müll, den wir bei ihnen abladen konnten, in barer Münze bezahlten. Vor allem die Schweizer, manchmal auch mit der Unterstützung jüdischer Mittelsmänner, die auf der Suche nach einem sicheren Hafen Deutschland verlassen hatten. Das hielt sie jedoch nicht davon ab, wie Unglücksraben herumzuschwirren, zu krächzen und zu versuchen, sich auf unsere Kosten zu bereichern.

Was mir allerdings *nicht* egal war, war die Art von Kunst, die unsere eigenen Landsleute zu sehen bekamen. Ich wollte eine vernünftige Kunst. Gesunde Kunst, arische Kunst, deutsche Kunst. Arisch in dem Sinne, dass sie sich an griechischen und römischen Vorbildern orientierte. Deutsch in dem Sinne, dass sie das Gegenteil von jüdisch sein sollte, also von international und wurzellos. Jene Art von Kunst, die unsere Vorfahren seit mehr als 1000 Jahren hervorgebracht hatten und auf die wir, die wir sie von ihnen ererbt hatten, stolz sein konnten. Jene Art, zu der normale, anständige Menschen – normale, anständige Deutsche – einen Bezug hatten und die sie aus ihrem eintönigen alltäglichen Dasein auf höhere geistige Ebenen zu heben vermochte, selbst wenn es nur vorübergehend war.

Ich wusste sehr gut, wie man herausragende Künstler mit Vergütungen, Preisen und Plätzen in allen möglichen Gremien und Ämtern belohnen konnte. Beispielsweise ernannte ich Frau Troost und ihren Kollegen Leonhard Gall zu Professoren. Ich wusste auch, dass das Angebot an wahrhaftig talentierten Künstlern, und zwar nicht nur an Malern und Bildhauern, sondern auch an Sängern und Schauspielern und Schriftstellern, immer sehr begrenzt war. Deshalb stellte ich nach Kriegsausbruch persönlich sicher, dass der dumme Militärapparat sie nicht als Kanonenfutter verheizte. Das bedeutete jedoch nicht, sie zu verhätscheln. Diejenigen aus meiner Lieblingsstadt Linz beispielsweise wurden zur SS eingezogen; ob Sie es glauben oder nicht, einige kamen als Wachmannschaften in das Konzentrationslager Mauthausen.

Um den Leuten zu zeigen, worum es mir ging, ließ ich Goebbels in München die Ausstellung „Entartete Kunst“ ausrichten. Eine Ansammlung noch hässlicherer und abstoßenderer Ungeheuerlichkeiten hatte man noch nie gesehen; wo immer die Ausstellung und ihre verschiedenen Ableger ihre Tore öffneten, zogen sie Massen von Menschen an. Die Gesamtzahl der Besucher soll bei über zwei Millionen gelegen haben. Wir richteten auch ein Zensursystem ein, das darauf ausgerichtet war, gewisse „Maler“ vom Malen und gewisse „Schriftsteller“ vom Schreiben abzuhalten, damit sie uns nicht länger mit ihrem Dreck überziehen konnten. Genauso sollte niemand mehr die entartete jüdisch-vernegerte „Musik“, die man Jazz nannte, spielen oder anhören. Wer nicht spurte, kam ins Gefängnis. Wenn das nicht half und sie hartnäckig blieben, wurden sie zur Umerziehung in ein Konzentrationslager geschickt, wo die harten Lebensbedingungen, die strikte Disziplin und Zwangsarbeit manchmal Wunder wirkten. In aller Regel genügte jedoch schon die Androhung.

Ironischerweise verdankte das Wort „Entartung“ seine Bekanntheit einem Juden, Max Nordau. Er war von Beruf Arzt sowie ein Zionist und enger Freund Theodor Herzls gewesen und hatte 1892 ein berühmtes Buch unter diesem Titel veröffentlicht. Das bewahrte unsere Politik jedoch nicht davor, von Ausländern scharf angegriffen zu werden. Nach 1945 stimmten gebürtige Deutsche, die danach gierten, den Siegern die Stiefel zu lecken, ebenfalls ein. Einige gingen vom Lob unserer Kunst nahtlos zu ihrer Verurteilung über – da sehen Sie, wie verlogen die Menschen sein können! Sie behaupteten, „Nazi“-Kunst sei schlecht und verdiene keine ernstgemeinte Aufmerksamkeit. Sie behaupteten, „Nazi“-Kunst sei „Nazi“-Propaganda. Als ob das Gleiche nicht auch für altägyptische, griechische, römische, byzantinische, kirchliche und Renaissancekunst gegolten hätte, tatsächlich für beinahe jede Art von Kunst seit den grauesten Vorzeiten. Abgesehen von jener „Kunst um der Kunst willen“, die zuerst die bürgerlichen Spießer des 19. Jahrhunderts erdacht hatten und die später in unserem eigenen Jahrhundert von so vielen Geisteskranken missbraucht worden war.

Deshalb hat es mich, der ich hier in der Hölle herumsitze, sehr gefreut, zu erfahren, dass tausende Gemälde und Skulpturen aus der Zeit des Dritten Reiches in Museen und Privatsammlungen unter Verschluss gehalten werden. Und das nicht unbedingt deshalb, weil sie unansehnlich wären, wie einige Leute sowohl in Deutschland als auch im Ausland oft behauptet haben, sondern aus Furcht, dass überall die „normalen Leute“ daran zu viel Gefallen finden, die Kritik zurückweisen und meinem Beispiel folgen könnten. Man kann über unsere künstlerischen Werke sagen, was man will: Jedenfalls waren sie so beschaffen, dass jeder Passant verstehen konnte, was er da sah, ohne dass es ihm alle möglichen gelehrten – und oftmals verlogenen – Vermittler erklären mussten. Einige Objekte, die auf einer Art von Schwarzmarkt gehandelt werden, erzielen tatsächlich sehr hohe Preise. Das geschieht unseren Kritikern recht, diesen Wichtigtuern.

Zusammengefasst war es unsere Absicht, die Herrschaft unserer Weltanschauung nicht nur über die Welt des Politischen, sondern über jeden Aspekt des Gemeinschaftslebens auszudehnen. Mehr noch: Wir wollten die Politik mit der Gemeinschaft verschmelzen und Erstere in den Schoß der Letzteren zurückführen, wo sie entsprungen war und rechtmäßig hingehörte. In gewisser Weise wollten wir eine Politik, wie sie in diesem berühmten amerikanischen Gemälde einer Bürgerversammlung von Norman Rockwell dargestellt wird, und das in einer Umgebung, die so makellos und gesund gehalten und so schön gestaltet sein sollte, wie es in unserer Macht stand. Und ja, wir würden alles und jeden zum Schweigen bringen, der oder das uns auf unserem Weg zu diesen hohen Zielen im Weg stand. Unsere Kritiker und wir selbst im Anschluss an Mussolini haben das „Totalitarismus" genannt. Aber sie und wir haben diesen Begriff auf unterschiedliche Weise benutzt. Für sie stand er für die Verweigerung individueller Launen – das Schlimmste, was es nur geben kann. Im Gegensatz dazu bedeutete er für uns das Eintauchen des Individuums in die Gemeinschaft, um seinem Leben einen Sinn zu geben und ein integraler Bestandteil von ihr zu werden – das Beste, was es nur geben kann.

Ich habe keine Oberschule besucht und bin auch kein Altertumswissenschaftler. Aber man hat mir gesagt, dass wir bei unserem Ansinnen keinen geringeren Philosophen als Platon als einen geistigen Ahnen beanspruchen konnten. Auch er war ein Feind des Individualismus. Er war uns nicht nur bei dem Versuch zuvorgekommen, den Kampf zwischen Arm und Reich zu beseitigen, sondern hatte als oberstes Ziel auserkoren, den Unterschied zwischen „Mein" und „Dein" so vollständig auszumerzen, dass sogar die Kinder ihren Eltern weggenommen und von der Gemeinschaft aufgezogen werden sollten! Auch er lehnte ab, was ein bekannter Denker des 20. Jahrhunderts die „offene Gesellschaft" genannt hat. Wir bedienten uns aller technischen Mittel, die zu jener Zeit verfügbar waren, um unsere Herrschaft so umfassend – so totalitär – wie nur möglich zu gestalten. Ich bedauere nur, dass wir nicht genug Zeit hatten, um sie noch totalitärer werden zu lassen.

14. Die Rassenfrage

Es ist gut und edel, dem Volk zu dienen, so wie ich es von Anbeginn meiner politischen Laufbahn bis zu meiner letzten Stunde auf Erden nach bestem Vermögen versucht habe. Aber: welchem Volk? Die Antwort liegt auf der Hand: dem eigenen Volk. Zufällig ist das auch die Antwort, die der alter Kaiser Franz Joseph gegeben hat. Zu Beginn des Ersten Weltkriegs fragten einige seiner Berater, weshalb er einem Haufen jüdischer Flüchtlinge aus Galizien gestattet hatte, im Hofgarten zu kampieren. Er antwortete, dass auch sie seinem Volk angehörten.

Nun, da irrte er sich. Ich will nicht darüber urteilen, ob seine Worte nun einen bewussten Verrat an der germanischen Rasse darstellten, wie so viele andere Male in der Geschichte seiner Dynastie, oder ob sie unangebrachter Milde entsprangen. Worum es geht, ist die Tatsache, dass die seiner Herrschaft unterworfenen Völker, die kulturell und rassisch oft deutlich unter dem deutschen Volke standen, eben gerade *nicht* seinem Volk angehörten. Genauso wenig gehörten sie irgendeinem anderen Volk an. Wie sie jedem, ob er es nun hören wollte oder nicht, ununterbrochen erklärten, waren sie eigene Völker und nichts anderes. Vor allem die Tschechen waren dafür berüchtigt. Und die Juden! Sogar manche Israelis beklagen sich heute darüber, dass in der gesamten Menschheitsgeschichte niemand jemals rassistischer war als die Rabbiner. Im Vergleich zu ihren jahrtausendealten Maßnahmen, die Reinheit ihrer Rasse zu bewahren, waren wir Waisenknaben. Wie es der bekannte zionistische Agitator Wladimir Zeev Schabotinski, dessen Namen ich zum ersten Mal hier in der Hölle gehört habe, formulierte: „Meine Liebe gehört ganz allein meinem eigenen Volk." Nur, um das klarzustellen: Das sagte er nicht, weil sein Volk gut und edel war. Tatsächlich widmete er einen Großteil seines Lebens dem vergeblichen Versuch, ihm diese Eigenschaften zu verleihen. Er sagte es schlicht und ergreifend deshalb, weil es *sein* Volk war.

Mein Fall war ein gänzlich anderer. Ich diente nicht einfach irgendeinem Volk. Schon gar nicht einem Volk, das aus verbrecherischen Untermenschen bestand. Stattdessen diente ich dem edelsten Volk (oder der edelsten Rasse, um dieses herabgewürdigte Wort zu gebrauchen), das jemals das Antlitz dieses Planeten betreten hat, nämlich dem nordisch-germanisch-arischen. Dem Salz der Erde. Den einzigen Schöpfern der Hochkultur. Der einzigen Rasse, die im wahrsten Sinne des Wortes menschlich war. Die Vorsehung hatte mich dazu auserkoren, diese Rasse zu schützen und zu neuer Herrlichkeit zu führen. Ich für meinen Teil sollte meine Pflicht erfüllen – bis zum Schluss, ohne Wenn und Aber.

Wie schon gesagt, begann ich noch in meinen Wiener Tagen, das wahre Ausmaß des Problems zu begreifen. Dort begegnete ich zum ersten Mal Juden und erkannte, dass sie einer eigenen Rasse angehörten. Daraus folgte, dass alle Bemühungen zur ihrer „Integration" – damals sagten wir „Germanisierung" – zum Scheitern verurteilt waren. Ich verstand nun, dass die Juden immer bleiben würden, was die Natur aus ihnen gemacht hatte. Je mehr Rechte wir ihnen einräumten, umso unverschämter wurden sie.

Schon ab 1919 spielte die Judenfrage auch eine wichtige Rolle in meinen politischen Bestrebungen. Ich schimpfte nicht einfach nur herum, wie es so viele andere taten. Je besser ich verstand, womit wir es zu tun hatten, desto feiner konnte ich meine Äußerungen an den Rahmen und das angesprochene Publikum anpassen. Wie schon meine Meinungsverschiedenheiten mit Schacht zeigten, hatte es keinen Sinn, dieses Thema gegenüber Industriellen und Finanzmännern anzusprechen. Unter denen waren ziemlich viele Juden, und sie verstanden das Problem. Aber sie hatten Wichtigeres zu tun – oder glaubten das zumindest. Ebensowenig zog das Thema beim Offizierskorps, vor allem bei den oberen Dienstgraden. Viele von denen verstanden überhaupt nicht, worum es mir eigentlich ging.

Wie jüdische „Sozialwissenschaftler" selbst oft festgestellt haben, waren viele Juden „Luftmenschen", Herumtreiber. Nur sehr wenige von ihnen gingen in der Stadt einem Handwerk nach, und noch viel weniger auf dem Land. So viele von ihnen waren völlig unfähig zu körperlicher Arbeit, dass die Bewegung, die sich selbst Zionismus nannte, es zu einem ihrer Ziele machte, sie dazu zu zwingen! Selbstverständlich ohne Erfolg. So, wie die Dinge standen, hatten Arbeiter kaum mit ihnen zu tun. Bis auf ein paar Hitzköpfe scherten sich die Arbeiter dementsprechend auch nicht groß um die Juden. Diejenigen, bei denen Antisemitismus – politisch betrachtet – am besten zog, waren die Kleinbürger: Landwirte, Ladenbesitzer, Verkäufer, Angestellte und so weiter. Sie waren es, wenn man so will, denen die Juden Konkurrenz machten und die sie ausbeuteten. Nach der Wirtschaftskrise von 1929 stießen die Leute, die sozialen Abstieg erfahren hatten oder ihn in nächster Zeit befürchteten, massenhaft ins gleiche Horn. Sie mussten die volle Wucht dessen ertragen, was ein Präsident des Staates Israel, Schimon Peres, in Bezug auf sein eigenes Land als „schweinischen Kapitalismus" bezeichnet hat. Er musste es ja wissen.

Es ist meine unabänderliche Überzeugung, dass die Rasse der Schlüssel zur Geschichte ist. Außerdem bin ich der Ansicht, dass allein die Rasse eine vernünftige Grundlage zum Aufbau einer Gemeinschaft ist, ob nun im Kleinen oder im Großen. Deshalb verloren wir nach der Machtergreifung keine Zeit, das Problem anzugehen. Unser Ziel war einfach: Menschen artfremden Blutes kaltzustellen und loszuwerden. Das wollten wir nicht nur, weil sie Schweine waren, sondern weil wir den zersetzenden Einfluss der Rassenmischung fürchteten. Am Anfang waren unsere Bemühungen unbeholfen und anfängerhaft. SA-Männer und Hitlerjungen, die mehr oder weniger nach eigenem Ermessen handelten, verprügelten oder demütigten Juden, die ihnen auf der Straße begegneten. Hin und wieder plünderten und zerstörten sie auch jüdische Geschäfte, kümmerten sich um jüdische Männer, die mit arischen Frauen geschlafen hatten, ebenso wie um arische Frauen, die ihre Körper wissentlich derart verseuchten, und dergleichen. Die Polizei stand daneben und sah zu, griff aber nicht ein. Diese spontanen Übergriffe bewiesen aber, dass die rassischen Instinkte derjenigen, die sie begingen, gesund geblieben waren – besonders die der jungen Männer.

In der Regel stießen sie jedoch nicht auf die Zustimmung der Mehrheit unseres Volkes. Wir selbst stellten das während des Judenboykotts fest, den Goebbels für den 1. April 1933 organisiert hatte. Dass Ausländer uns kritisieren würden, hatten wir erwartet. Das taten sie schließlich die allermeiste Zeit. Womit wir nicht gerechnet hatten, war die Reaktion vieler gewöhnlicher „guter Deutscher". Sie schämten sich; sie wandten sich ab. Einige wollten sogar mit den mutigen SA-Männern diskutieren, die die Läden bewachten und Kunden vom Eintreten abhielten. Einige – sehr wenige – gingen so weit, sich über den Boykott hinwegzusetzen und trotz allem ihren Geschäften nachzugehen. Ganz ähnlich war die Lage in der Nacht vom 9. auf den 10. November 1938, der sogenannten Kristallnacht. Erneut waren nicht Menschen das Hauptziel, sondern Immobilien – Synagogen, Ladengeschäfte und andere Unternehmen. Sie wurden in ganz Deutschland geplündert und niedergebrannt. Zwischen 1000 und 2500 Juden wurden getötet oder starben, nachdem sie zusammengetrieben und in Konzentrationslager überstellt worden waren. Die übrigen Verhafteten, ungefähr 30.000, wurden nach relativ kurzer Haft unter der Bedingung entlassen, sofort aus Deutschland zu verschwinden.

Wir hatten jedes Recht dazu. Immerhin ging es darum, den Mord an einem unserer Diplomaten zu rächen, Ernst vom Rath, der in Paris von einem Judenbengel erschossen worden war. Hier und da bejubelten Schaulustige unsere Aktionen. Trotzdem verhielt sich das deutsche Volk als Ganzes im besten Falle distanziert, im schlimmsten

Falle ablehnend. Von Göring abwärts waren auch unsere Ökonomen und Finanziers bestürzt. Sie dachten, sie würden die Eigentümer der versicherten Immobilien entschädigen müssen (was wir letzten Endes verhindern konnten), und der Pogrom würde unseren Handel mit dem Ausland behindern. Insgesamt war die Unternehmung kein Erfolg. Deshalb wurde sie nicht wiederholt. Mir war auch nicht entgangen, dass sowohl 1933 als auch 1938 Goebbels der Organisator hinter allem gewesen war. Ich vertraute ihm weiterhin, sorgte aber dafür, dass er den gleichen Fehler nicht noch einmal machte.

Durch diese Erfahrungen ernüchtert, veränderten wir unsere Methoden. Die spontanen, unorganisierten antisemitischen Ausschreitungen von Einzelpersonen wurden unter Kontrolle gebracht, wenn auch nie ganz ausgerottet. An ihre Stelle trat die ganz sicher intensivste und ausdauerndste Propagandakampagne in der gesamten Geschichte. Sie begann im Kindergarten und ließ niemals nach; zu unseren Instrumenten gehörten Schriftzüge, Flugblätter, Plakate und Zeitungen. Besondere Beachtung verdiente in dieser Hinsicht *Der Stürmer*. Diese Zeitung leistete in ihrem Bereich hervorragende Arbeit, ebenso wie Zeitschriften, Bücher, alle Arten von Spielen, Rundfunk, Film, öffentliche Ansprachen und Massenkundgebungen, so sehr die selbsternannten „besseren Kreise“ unsere Kampagne auch verachten mochten. All diese Medien zeigten die Juden so, wie sie wirklich waren: gierige Schweine, die darauf aus waren, das deutsche Volk zu betrügen und zu verderben, wo sie nur konnten. Das muss ich Goebbels lassen – er hasste die Juden so sehr wie fast kein anderer, und deshalb stellte er sicher, dass sich ein Großteil seiner Propaganda gegen sie richtete.

Daneben bedienten wir uns der Gesetzgebung. Wir hatten kaum die Macht ergriffen, da ließ ich auch schon Frick als Reichsminister des Innern etwas ausarbeiten, was später als „Gesetz zur Wiederherstellung des Berufsbeamtentums“ bekannt wurde. Es war gegen Juden genauso gerichtet wie gegen andere Nichtarier und ermöglichte uns, nicht nur Staatsbeamte zu entlassen, sondern auch Professoren, Lehrer und Richter. Wenig später dehnten wir den Geltungsbereich des Gesetzes auf Anwälte, Notare, Ärzte und Steuerberater aus. In den meisten dieser Berufsgruppen waren Juden proportional überdeutlich stärker vertreten als in der Gesamtbevölkerung. Sie hatten sich eingeschlichen, und nun war es an uns, sie aufzustöbern. Im letzten Augenblick machte uns Hindenburg ein paar Schwierigkeiten. Es bestand darauf, dass die Frontkämpfer des Weltkriegs ausgenommen werden sollten. Das Gleiche sollte für langgediente Beamte gelten und für solche, deren Vater oder Söhne gefallen waren. Wir hatten keine andere

Wahl, als diesen Kompromiss einzugehen. Allerdings nicht besonders lange.

Das Gesetz wurde am 7. April 1933 erlassen. Ich bin stolz darauf, sagen zu können, dass es der erste Versuch seit hundert Jahren war, dem einen Riegel vorzuschieben, was heute als „Integration“ bezeichnet wird und in Wahrheit die Bastardisierung der arischen Rasse bedeutet. Dieser Versuch ging jedoch längst nicht weit genug. Das größte Problem war die Bestimmung, wer Jude war und wer nicht. Deshalb ließen wir jeden Staatsbürger einen sogenannten „Ariernachweis“ erbringen. Das Formular führte jedermanns Eltern und Großeltern auf und musste mit den passenden Urkunden belegt werden. Wir unterschieden sehr sorgfältig zwischen Volljuden, Halbjuden und Vierteljuden. Eine gesonderte Kategorie erfasste jüdische Männer, die mit nichtjüdischen Frauen verheiratet waren, und umgekehrt.

Damals belief sich die Bevölkerung des Reiches auf etwas unter siebzig Millionen. Es stellte eine gigantische Aufgabe dar, alle diese Informationen zu erfassen, zu sortieren und zu verzeichnen. Umso mehr, weil unser öffentlicher Dienst im Vergleich zu den Vereinigten Staaten etwas zurückgeblieben war. Büromaschinen waren kaum in Gebrauch, sodass alles per Hand erledigt werden musste. Zwischenzeitlich mussten wir uns sogar an IBM wenden, um unsere Konzentrationslager verwalten zu können! Und wir konnten uns keine Fehler bei der Identifizierung unserer Ziele leisten, weil wir das Volk auf unserer Seite halten mussten. Trotz allem standen uns Ende 1935 qualitativ und quantitativ hinreichend vertrauenswürdige Daten zur Verfügung, um die berühmten Nürnberger Gesetze zu erlassen.

Die wichtigsten Artikel dieser Gesetze und ihrer folgenden Ergänzungen sahen folgendermaßen aus: Erstens verloren die Juden den Status als Reichsbürger und wurden als Untertanen neu klassifiziert. Das bedeutete, dass sie nicht länger wählen und öffentliche Ämter innehaben durften; auch wurde ihnen die Ehre vorenthalten, in der Armee dienen zu dürfen. Zweitens wurden die Eheschließung und der außereheliche Geschlechtsverkehr zwischen Juden und deutschblütigen Frauen unter 45 Jahren verboten. Um sicherzugehen, wurde Juden auch die Beschäftigung von arischen Dienstmädchen und Putzfrauen verboten. Drittens wurde einer ganzen Reihe von Berufsgruppen – Anwälten, Ärzten und so weiter – verboten, irgendjemand anderen als ihre jüdischen Stammesgenossen zu vertreten oder zu behandeln. Viertens mussten alle Juden und Jüdinnen die Zusatznamen „Israel“ und „Sara“ tragen.

Die Gesetze riefen gemischte Reaktionen hervor. Im Ausland wurden sie fast ausnahmslos verurteilt. Das hielt etliche osteuropäische

Staaten aber nicht davon ab, ganz ähnliche Gesetze zu erlassen. Ungarn tat es noch vor dem Krieg; Rumänien, die Slowakei, Bulgarien und Kroatien zogen nach Kriegsbeginn nach. Das alles zeigt, wie dringlich das Problem war und wie sehr es einer Lösung bedurfte; es war nicht nur ein Hirngespinst von mir, wie so oft behauptet worden ist. In Deutschland selbst hatten einige Organisationen unsere Gesetze vorweggenommen. Sie begannen schon vor unseren Anordnungen damit, ihre jüdischen Mitglieder auszustoßen. Trotzdem kümmerte sich eine breite Mehrheit der Bürger nur darum, ob sie selbst betroffen waren. Was für eine Erleichterung es war, herauszufinden, dass man kein Jude war! Was für eine Belastung, melden zu müssen, dass man einer war! Gelegentlich gab es Schwindeleien. Manche Frauen, die mit Juden verheiratet waren, schworen, dass der beurkundete Vater ihrer Kinder nicht der biologische Vater sei. Ein paar von ihnen fanden sogar arische Männer, die ihre Aussagen unterstützten. Zu schade, dass wir damals nicht die DNA-Tests zur Verfügung hatten, die heute üblich sind.

Am interessantesten war die Reaktion der Juden selbst. Natürlich begrüßten sie die Gesetze nicht – hätten sie das getan, dann hätten wir Nationalsozialisten uns schämen müssen. Die Reichsvertretung der Juden in Deutschland schrieb, die Gesetze hätten „die Juden in Deutschland aufs Schwerste betroffen". Ausgezeichnet! Aber die Juden fanden etwas Trost in dem Umstand, dass – wie sie glaubten – ihr Status und ihre Rechte von nun an so definiert waren, dass es nur noch wenig Raum für Fehler oder Missverständnisse gab. Dazu kam das besonders geschützte Recht, jüdische Flaggen zu hissen. Am Ende, so hofften sie, würde „ein erträgliches Verhältnis zwischen dem deutschen und dem jüdischen Volke" stehen.

Um im Hinblick auf die bevorstehenden Olympischen Spiele in Berlin allen Problemen zuvorzukommen, wurde die volle Härte des Gesetzes erst in der zweiten Jahreshälfte 1936 angewendet. Davon abgesehen gab es in den verbleibenden drei Jahren bis zum Kriegsausbruch vergleichsweise wenige Veränderungen. Wir ergriffen noch ein paar zusätzliche Maßnahmen. Beispielsweise verboten wir den Juden, Kraftfahrzeuge zu besitzen oder zu fahren sowie öffentliche Einrichtungen wie Parkbänke, Schwimmbäder, Hotels und dergleichen zu benutzen. Außerdem begannen wir, die Wirtschaft zu arisieren, indem wir Firmen zur Entlassung ihrer jüdischen Direktoren überredeten, einzelne Juden durch Druck dazu brachten, ihr Eigentum an Arier zu verkaufen, und so weiter.

Alles in allem brachte die Kombination aus gelegentlicher Gewalt, Propaganda, Gesetzgebung und wirtschaftlichem Druck die Resultate, die wir uns erhofft hatten. Es war nicht immer einfach. Ziemlich viele Länder hatten kein bisschen mehr Lust darauf, die Juden zu übernehmen, als wir darauf hatten, sie zu behalten. Ein Grund dafür war, dass wir mit der Zeit immer erfolgreicher dafür sorgten, dass sie ihren Besitz zurückließen. Der Anschluss Österreichs, wo proportional viel mehr Juden als in Deutschland lebten, sorgte 1938 für eine große Verzögerung. Aber auch dieses Problem wurde beseitigt – vor allem, wie ich später erfuhr, dank eines gewissen SD-Obersturmbannführers namens Adolf Eichmann. Er richtete in Wien ein ausgesprochen tüchtiges Büro ein, die Zentralstelle für jüdische Auswanderung. Sie arbeitete wie ein Fließband und brauchte nur acht Tage, um österreichischen Juden ihre Besitztümer abzunehmen, sie mit einem Visum auszustatten und sie wohin auch immer auf die Reise zu schicken. Später wurde die gleiche Vorgehensweise auch in Deutschland angewandt. Ich bin nicht sicher, ob Eichmann für seine Mühen jemals angemessen belohnt wurde. Er hätte es verdient gehabt.

Die Juden machten etwas unter ein Prozent unserer Bevölkerung aus und bildeten den größten und wichtigsten Teil der rassischen Probleme, denen wir uns gegenübersahen. Aber sie waren bei weitem nicht das einzige. Zwei weitere waren die Zigeuner und die Mischlingskinder, die schwarze französische Soldaten während der Ruhrbesetzung 1923 bis 1925 mit deutschen Frauen gezeugt hatten. Mit Ersteren sprangen wir mehr oder weniger genauso um wie mit den Juden. Letztere sollten registriert werden – ganz und gar keine einfache Aufgabe, weil sie sehr gut darin waren, sich versteckt zu halten. Diejenigen, die wir schnappten, wurden sterilisiert. Typisch für uns Deutsche – ganze bürokratische Apparate entstanden und nahmen einen ausufernden Schriftverkehr auf, um zu entscheiden, wer sterilisiert werden sollte, mit welchen Methoden und – vor allem anderen – auf wessen Rechnung. Diese Vorgänge liefen noch immer, als der Krieg ausbrach.

Das nichtarische Blut loszuwerden, war jedoch erst der Anfang. Unser Ziel war es nicht nur, die Rasse zu reinigen und unbefleckt zu halten, sondern sie so weit wie möglich aufzuwerten. Damit standen wir bei weitem nicht allein. Die Idee, Menschen so zu züchten, wie zum Beispiel Tauben und Pferde gezüchtet werden, reicht mindestens bis zu Platon zurück. Darwin hatte einiges dazu zu sagen, ebenso wie sein Vetter, der berühmte Universalgelehrte Francis Galton. Ab ungefähr 1880 lag der Gedanke überall in der Luft – nicht nur in Deutschland, sondern in allen westeuropäischen Ländern und in den Vereinigten Staaten. Zu diesem Zweck boten sich zwei unterschiedliche Wege an. Der eine bestand darin, überlegene Männer mit überlegenen Frauen zu paaren, um überlegene Nachkommen hervorzubringen. Der andere lag in der Sterilisierung und, wenn nötig, Vernichtung des lebensunwerten Lebens.

Auf dem ersten Weg kamen wir nie allzu weit. Tatsächlich waren wir viel zurückhaltender als die Regierung von Singapur, die sogar eine staatliche Heiratsbehörde zur Anbahnung von Akademikerehen eingerichtet hat. Abgesehen vom Verbot der Mischehen taten wir im Grunde nichts anderes, als sicherzustellen, dass die Menschen niemanden mit Erbkrankheiten heirateten. Dadurch war der Vorgang der künstlichen Auslese – soweit sie überhaupt funktionierte – im Grunde negativ. Andere Aspekte unseres Programms waren erfolgreicher oder zumindest aktiver. Wir richteten Sonderausschüsse ein, die die Aufgabe hatten, alle möglichen minderwertigen Menschen zu identifizieren, die an unheilbaren Erbkrankheiten litten. Je mehr Sachkenntnis zusammenkam, desto mehr veränderte sich der exakte Wortlaut der Definition; wir zählten Schwachsinn ebenso hinzu wie Alkoholismus. Solche Menschen wurden sterilisiert, damit sie ihre Gebrechen nicht an ihre Nachkommen weitergeben konnten. Innerhalb von zwölf Jahren sollen ungefähr 400.000 Menschen betroffen gewesen sein. Nicht, dass wir die einzigen gewesen wären, die zu solchen Maßnahmen griffen – um es nochmals zu wiederholen. Mit dabei waren etwa auch die Vereinigten Staaten – die tatsächlichen Vorreiter auf diesem Gebiet – und die Schweiz. Das proportional größte Programm war das schwedische. Bevor es 1975 abgebrochen wurde, hatte es 63.000 Menschen bearbeitet, und das alles unter der Aufsicht der großen Menschenfreunde von der Sozialdemokratischen Partei.

Kurz nach Ausbruch des Zweiten Weltkriegs machte mich einer meiner Ärzte, Dr. Karl Brandt, auf ein artverwandtes Problem aufmerksam. Ein Ehepaar hatte ihm ein paar grässliche Fotos zugeschickt, die einen entsetzlich missgebildeten Säugling zeigten, den sie ohne eigene Schuld in die Welt gesetzt hatten. Im beiliegenden Brief flehten sie mich als Führer und Reichskanzler an, ihnen aus dieser Lage herauszuhelfen. Zusätzlich zu Brandt beriet ich mich mit Philipp Bouhler, dem Chef der Kanzlei des Führers. Danach gab ich meine Zustimmung zu der Aktion, die man nach der Adresse des Gebäudes in der Berliner Tiergartenstraße, das die zuständige Dienststelle beherbergte, später „T4“ nennen sollte.

Das Vorgehen war ganz ähnlich wie im Falle der Sterilisierungen. Kommandos wurden in die Irrenanstalten, in die Pflegeheime für Schwachsinnige und – wo angebracht – in die Häuser von Familien mit problematischer Nachkommenschaft geschickt. Aber die Bürokratie von oben machte nicht die ganze Arbeit. Bei weitem nicht! Wie schon gesagt, stammte der ursprüngliche Anstoß von zwei unglücklichen

Eltern. In vielen anderen Fällen meldeten die Leute ihre Nachbarn. Eine ganze Menge dieser Eifrigen waren protestantische Priester; ich glaube, das war ganz typisch für sie. Als Nächstes entschieden Sonderausschüsse aus Ärzten, Psychiatern, Juristen und Fürsorgern darüber, wer leben und wer sterben sollte. Die Patienten wurden versammelt, in Busse mit getönten Scheiben verladen und in speziell ausgestattete Zentren fernab der dicht bewohnten Gegenden gebracht, wo sie der Gnadentod durch Gas oder Spritze erwartete. Später wurden ihre Familien darüber benachrichtigt, dass sie an dieser oder jener Krankheit gestorben seien.

Wir hatten auch keine andere Wahl. Es war immerhin Krieg. Trotz all unserer Bemühungen waren die Lebensmittel knapp, und ihre Qualität nahm ab. Gleiches galt für Krankenhausbetten und medizinischen Bedarf. Die Ärzte und Krankenschwestern hatten mit den Verwundeten alle Hände voll zu tun. Hätten wir die wirklich vernachlässigen sollen, um irgendwelche Monstrositäten am Leben zu erhalten? Trotzdem suchten wir weiter nach besseren Lösungen. Ein vielversprechendes Forschungsvorhaben suchte nach Methoden, Geburtsfehler noch im Mutterleib festzustellen. Das würde dann natürlich eine Abtreibung nach sich ziehen; ob diese auf freiwilliger Basis oder verpflichtend erfolgen sollte, haben wir allerdings nie diskutieren können.

Wir taten unser Bestes, um im Verborgenen vorzugehen. Nichtsdestoweniger stieß das T4-Programm auf beträchtlichen Widerstand im Volk und noch viel mehr in der katholischen Kirche, deren deutsche Führungsfiguren ihre veraltete, ziemlich weinerliche Lehre über die „Heiligkeit“ des menschlichen Lebens zum Besten gaben. Das galt offenbar für jedes menschliche Leben, abgesehen von dem der Menschen, die sich solchen Doktrinen widersetzten und bis vor ein paar Jahrhunderten noch als Ketzer hingerichtet wurden! Die lauteste Stimme war die des Bischofs von Münster, Clemens August von Galen. Seine Moralpredigt wurde von den Engländern aufgegriffen. Sie druckten sie auf Flugblätter und ließen diese von der Royal Air Force über Deutschland abwerfen. Viele meiner Männer wollten ihn am liebsten aufhängen, aber ich entschied, dass der Mann den daraufhin zu erwartenden Aufschrei nicht wert war. Zum einen war die Angelegenheit verhältnismäßig unbedeutend, zum anderen hatte er nie den Nationalsozialismus an sich attackiert. Ich würde nach dem Krieg ein Hühnchen mit ihm rupfen. In der Zwischenzeit war der Widerstand so stark geworden, dass wir die Aktion aussetzen mussten, bis umfassendere Vorsichtsmaßnahmen möglich waren, um die Geheimhaltung sicherzustellen. Trotzdem blieb das Ganze für uns eine Prinzipienfrage. In der heilen Welt, die wir aufbauten, war kein Platz für irgendeine Form der Entartung.

Einige bedeutsame Forschungsarbeit wurde in den Konzentrationslagern geleistet. Dort hatten unsere Ärzte uneingeschränkten Zugang zu jeder Art menschlichen Ballasts. Menschen, deren Leben entbehrlich waren, wenn sie nicht sogar eine Gefahr für die Gemeinschaft darstellten. Ein Prominenter unter den besagten Ärzten war der ausgezeichnete Dr. Josef Mengele in Auschwitz. Mengele wurde – genauso wie Eichmann – nach 1945 dämonisiert. Dementsprechend musste er die letzten Jahrzehnte seines Lebens im Verborgenen vor den Juden und ihren Agenten verbringen. In Wahrheit war er nur ein kleiner Fisch, der nie über den Dienstgrad eines SS-Hauptsturmführers hinauskam. Während meines irdischen Lebens habe ich nicht ein einziges Mal von ihm gehört. Wenn ich danach urteile, was ich später über seine medizinischen Experimente herausgefunden habe, so scheint er mir aber auf der richtigen Spur gewesen zu sein.

Es ist auch nicht so, dass das Kriegsende und die Zerstörung des nationalsozialistischen Deutschland dem Vorhaben ein Ende bereitet hätte. Ganz im Gegenteil! Wie ich hörte, haben Ärzte in den letzten paar Jahrzehnten große Fortschritte in dieser Richtung gemacht und dabei teilweise von unseren Anstrengungen profitiert. Mittlerweile gibt es Dutzende Tests, mit denen sie Geburtsfehler diagnostizieren können. Es vergeht kaum eine Woche, ohne dass ein neuer entdeckt wird. Die Leute können in anderen Belangen über mich sagen, was sie wollen – mein Beitrag zu diesem Werk ist etwas, worauf ich stolz bin, und dazu habe ich auch jedes Recht.

Neben der qualitativen Verbesserung unserer Rasse wollten wir sie auch zahlenmäßig stärken. Das meiste, was es zu diesem Thema zu sagen gibt, steht im nächsten Kapitel. Ich möchte hier aber zwei Programme erwähnen, die wir eingerichtet haben. Beide wurden von Himmler entwickelt und beaufsichtigt, der immer sehr an solchen Sachen interessiert war. Keines von beiden war, von der Anzahl der betroffenen Personen her betrachtet, allzu bedeutsam. Aber beide wiesen in die Richtung, in der ich – und er noch viel mehr – die Dinge in der Zukunft weiter gestalten wollte. Das erste war der Lebensborn. Nach verbreiteter, überhitzter Vorstellung handelte es sich beim Lebensborn um eine Art von beaufsichtigtem Bordellsystem, in dem sich junge, unverheiratete deutsche Mädchen von ausgewählten SS-Hengsten schwängern lassen konnten. Das war allerdings Unsinn; wahrscheinlich von Himmler selbst zu seinen eigenen Zwecken verbreitet.

In Wahrheit ging es beim Lebensborn um etwas ganz anderes. Himmler war das, was wir Deutsche einen Prinzipienreiter nennen.

Ich denke, das lag am Lehrer in ihm; sein ganzes Leben lang gab es wenig, das er mehr genoss, als seine Untergebenen belehren zu können. Etwas, das ihn immer sehr bekümmerte, war das Schicksal der unehelichen Kinder gesunder deutscher Frauen, die der Nation verlorengehen würden. Er wollte so gut wie möglich sicherstellen, dass jeder Tropfen germanischen Blutes zählte, ob die Mutter nun einen Ehering trug oder nicht. Seine Vorstellungen stießen auf eine Menge Gegenwind. Am meisten von anständigen, verheirateten Frauen, die fürchteten, dass die Grenzen zwischen ihnen und unverheirateten Müttern verschwinden würden. Ihre Ängste waren nicht unbegründet. Seit Einführung der Pille in den 1960er Jahren ist die Sexualmoral so weit aufgeweicht, dass man sich fragt, ob überhaupt noch anständige Frauen oder nur noch Schlampen übrig sind.

Aber das war noch Zukunftsmusik. Himmler begann in den späten 1930ern, einige Heime hochzuziehen, an die sich „gefallene Mädchen", wie man so schön sagt, wenden konnten – vorausgesetzt natürlich, sie und die Väter waren gesunde Rassenangehörige und frei von Erbkrankheiten. Sie konnten die letzten Wochen der Schwangerschaft in einer sicheren Umgebung verbringen, in der entgegen der Legende keine fremden Männer erlaubt waren. Dann kamen sie nieder und wurden in die Grundlagen der Kinderbetreuung eingewiesen, ehe man sie wieder in den Alltag entließ. Himmler würde sie in seiner Eigenschaft als Chef der Deutschen Polizei auch mit den nötigen Papieren und so weiter ausstatten. Später, nachdem es auf die besetzten Gebiete im Westen ausgedehnt worden war, wurden im Rahmen des Programms auch Einrichtungen für Frauen geschaffen, die von deutschen Soldaten schwanger waren. Spätere Historiker haben geschätzt, dass auf diese Weise bis zu 12.000 Kinderleben gerettet worden sind. Davon wurden zwei Drittel von deutschen Müttern geboren, der Rest von arischen Müttern anderer Staatsangehörigkeit.

Das zweite Programm war viel größer angelegt. Es bestand darin, arische, aber nichtdeutsche Kinder ihren Eltern wegzunehmen und sie von deutschen Familien als Deutsche aufziehen zu lassen. Am 15. Mai 1940 überreichte Himmler mir eine Denkschrift über dieses Thema. Ich kann mich nicht mehr an sie erinnern – zu dieser Zeit hatte ich noch ein paar andere Sachen um die Ohren. Er behauptete jedoch, sie habe meine „volle Unterstützung" erhalten. Der Titel lautete: „Einige Gedanken über die Behandlung der Fremdvölkischen im Osten". Damit war damals hauptsächlich Polen gemeint. Die Kinder sollten, die Einwilligung ihrer Eltern vorausgesetzt und als Bedingung für eine gute Ausbildung, die ihnen in ihrem Geburtsland verwehrt bleiben würde, nach Deutschland gebracht und als Deutsche aufgezogen werden. Himmler argumentierte: „So grausam und tragisch jeder einzelne Fall sein mag, so ist diese Methode, wenn man die bolschewistische Methode der physischen Ausrottung eines Volkes aus innerer Überzeugung als ungermanisch und unmöglich ablehnt, doch die mildeste und beste." Ich bin nicht sicher, was danach passierte. Aber es heißt, dass im weiteren Verlauf des Krieges mehrere Hunderttausende rassisch tauglicher Kinder – die Zahlen schwanken – tatsächlich aus ihren Familien herausgenommen, in deutsche hineingesetzt und als Deutsche großgezogen wurden. Gut für sie, nehme ich an.

Vor ein paar Jahren veröffentlichte ein amerikanischer Historiker ein Buch über meine „willigen Vollstrecker", das für eine Menge Lärm sorgte. Darin stellte er die Behauptung auf, dass das deutsche Volk als Ganzes von etwas durchsetzt gewesen sei, was er „eliminatorischer Antisemitismus" nannte. Er behauptete auch, dass das Volk bereitwillig an unserem Rassenprogramm mitgewirkt hätte, besonders dem Teil, der die Juden betraf. Ich wünschte, das wäre alles so einfach gewesen! Tatsächlich stieß unser Vorhaben *sehr wohl* auf beträchtliche Zustimmung in weiten Teilen der Bevölkerung. Es war aber keineswegs so, dass jedermann zugestimmt hätte. Und selbst diejenigen, die der Meinung waren, dass die Juden verschwinden mussten, schreckten oft davor zurück, sich an der schmutzigen Arbeit zu beteiligen, die doch der einzige Weg hin zu diesem Ziel war. Was denkt der werte Herr Historiker denn, warum wir wohl eine gigantische Propagandamaschinerie aufziehen und jahrelang laufen lassen mussten? Wir mussten behutsam vorgehen, Schritt für Schritt, wenn wir uns nicht die gleichen Probleme aufhalsen wollten, die schon beim Boykott von 1933 und der Kristallnacht 1938 aufgetreten waren.

Diese beiden Aktionen waren nur die Spitze des Eisbergs. Jedes Mal, wenn wir uns dieses oder jenes Juden entledigen wollten, trat irgendein braver Deutscher edlen Mutes auf, um ihn zu verteidigen. Er gab bereitwillig zu, dass alle anderen Juden natürlich Schweine seien. Aber dieser eine sei ein prima Jude und müsse deshalb von den Maßnahmen ausgenommen werden, die uns vorschwebten. Zu den aktivsten Judenverteidigern dieser Art gehörte niemand anderes als Frau Wagner. Ein weiterer war, wie sich zeigte, Görings Bruder Albert! Göring war zu einem gewissen Grade selbst beteiligt. Nicht, dass er die Juden gemocht hätte – ganz und gar nicht. Versierter Erpresser, der er war, sah er jedoch viele Möglichkeiten, um zu profitieren. In einem berüchtigten Fall gestattete er der Witwe eines jüdischen Kunsthändlers aus Amsterdam im Austausch gegen einige wertvolle Gemälde, sich in die Schweiz abzusetzen. Eine andere Familie, der er half, war die von Moritz Ballin, dem Gründer und Besitzer der gleichnamigen Hofmöbelfabrik in München. Das hat er wahrscheinlich getan, weil eine der Frauen aus dieser Familie nach seiner Verwundung beim Putsch von 1923 geholfen hatte, ihm das Leben zu retten. Ich für meinen Teil hatte mich entschlossen, all die Bittschriften zu ignorieren, die mir zugetragen wurden. Doch selbst ich muss zugeben, nicht zu hundert Prozent erfolgreich gewesen zu sein.

15. Die deutsche Frau

Ich bin, wie jeder weiß, ein unverbesserlicher Rassist. Ein Rassist ist, wie ebenfalls jeder weiß, das Schlimmste, was man sein kann. Das ist mir natürlich völlig egal. Auch wenn ich immer taktisch beweglich war, habe ich doch niemals auch nur ein Iota meiner Überzeugungen aufgegeben. Weder als mittelloser Quasi-Herumtreiber in Wien, noch als ich wegen Hochverrats angeklagt wurde, und auch nicht, als ich einer der mächtigsten Männer der Welt war. Und ich habe auch keinerlei Absicht, es in der Zukunft zu tun. Doch der Rassismus hat einen Aspekt, den abgesehen von uns Nationalsozialisten offenbar nur wenige Menschen zur Gänze begriffen haben. Es dreht sich nämlich alles um eine einzige Sache, von der das Ganze abhängt: Frauen.

Die Frauen sind die Mütter der Rasse, *jeder* Rasse, einschließlich jener, der mein Volk und ich angehören. Die Frauen allein können sicherstellen, dass eine Rasse rein bleibt, sich vermehrt und weiterentwickelt, um das Schicksal zu erfüllen, das ihr die Vorsehung bestimmt hat. Warum sonst sollten die jüdischen Rabbiner die Abstammung immer entlang der mütterlichen Linie verfolgen? Ohne die Frauen und ihre Bereitschaft, zu lieben, zu empfangen, auszutragen, zu gebären, zu stillen, großzuziehen, zu opfern und zu leiden, ist eine Rasse dazu verdammt, von ihren Nachbarn überwunden zu werden, im Überlebenskampf zurückzufallen und schließlich zu verschwinden.

Deswegen sind die Frauen der wertvollste Schatz einer jeden Rasse, und der deutschen Rasse ganz besonders. Wie die Grundrechenarten der Vermehrung nur allzu deutlich zeigen, waren im Vergleich zu ihnen die Männer immer entbehrlich und sind es noch immer. Die Frauen müssen um jeden Preis vor der vollen Härte des Lebens geschützt und abgeschirmt werden. Wie sollen sie sonst die Aufgabe erfüllen, für die sie die Natur geschaffen hat? Wenn alles andere nichts hilft, muss das notfalls auch gegen ihren eigenen Willen geschehen, indem man sie von Tätigkeiten, Bereichen und Berufen ausschließt, zu denen sie nicht in der Lage sind.

Wenn ich mir die Welt so von der Hölle aus ansehe, bin ich noch immer der Meinung, dass das Aufziehen von Kindern das Beste ist, was eine Frau tun kann. Sie sollte das vorzugsweise zusammen mit einem Ehemann tun, aber gegebenenfalls auch ohne – das ist eine Ansicht, in der mir anscheinend viele Feministinnen zustimmen. Indem sie sich damit beschäftigt, nützt sie sowohl sich selbst (unlängst haben Versuche mit anderen weiblichen Säugetieren bestätigt, wie sehr eine Schwangerschaft sie geistig und körperlich aufputscht) und ihrem Volk, ohne das sie nichts ist. Wenn Sie Beweise wollen, schauen Sie sich nur an, was gerade in Europa und neuerdings auch in den Vereinigten Staaten passiert. Die Geburtenrate ist in beiden Fällen so niedrig, dass sie von Einwanderern aus Völkern überschwemmt werden, die wir Nationalsozialisten immer schon als minderwertig und unfähig zur Schaffung einer echten Kultur bezeichnet haben. Sie werden keinerlei positiven Beitrag zur Wirtschaft und Kultur jener Völker leisten können, deren Politik ihnen irrsinnigerweise die Aufnahme gewährt hat. Die hohen Vergewaltigungs- und Mordzahlen bestätigen nur die Richtigkeit unserer Weltsicht.

Im Gegensatz dazu ist eine kinderlose Frau die überflüssigste und unnötigste Kreatur auf der ganzen Welt, so sehr, dass sie Gefahr läuft, völlig den Verstand zu verlieren – außer natürlich, wenn sie Befriedigung darin finden kann, die Kinder irgendeiner anderen Frau zu hüten. Es haben sich stets eine Menge Frauen damit begnügt, und manche tun es noch heute. Die kinderlose Frau ist oft die unglücklichste Frau. Fragen Sie mal die englische Schriftstellerin Virginia Woolf, die keine Kinder hatte und noch dazu eine Lesbierin war – sie hat ihr Häuschen „Mad Misery" getauft und sich am Ende in einem Fluss ertränkt. Oder, wenn Sie so weit ins Alte Testament zurückgehen wollen, denken Sie an die Jüdin Rachel, die ihrem Ehemann Jakob sagte: „Verschaff mir Söhne! Wenn nicht, sterbe ich." Die in der „entwickelten" Welt von heute so häufige Neigung der Frauen, die Geburt ihres ersten Kindes bis weit hinter ihren 30. Geburtstag zu verschieben, spielt nur den Kinderwunschkliniken auf der einen Seite und den Adoptionsvermittlern auf der anderen Seite in die Hände. Alle anderen Beteiligten müssen bezahlen und leiden.

Uns Nationalsozialisten waren diese Probleme immer bewusst. Zum Teil lag das daran, dass das Programm keiner anderen Partei tiefer in der biologischen Wirklichkeit verwurzelt war. Nicht umsonst sind uns mehr Ärzte als Angehörige jedes anderen Berufsstands beigetreten. Zum Teil lag es auch daran, dass uns nichts wichtiger war, als unsere Nation und unsere Rasse so weit wie nur möglich zu kräftigen. Deshalb war es fast von Anfang an eines unserer wichtigsten Ziele, die Frauen zu schützen – natürlich nur rassisch gesunde Frauen. Wir wollten sie stärken, nicht indem wir sie zu zweitklassigen Männern machten, sondern indem wir ihnen die Möglichkeit gaben, Kinder zu bekommen und so großzuziehen, wie sie und die Kinder es verdienten. Das hat nichts mit Herabsetzung, Verachtung, Diskriminierung oder Ausnutzung zu tun. Im Gegenteil, es bedeutet, Frauen so zu respektieren, wertzuschätzen, zu verehren und anzubeten, wie es anständige Männer tun sollten. So, wie zum Beispiel ich es mit meiner Mutter tat.

Was also war die tatsächliche Stellung der Frauen im Dritten Reich? Um diese Frage zu beantworten, möchte ich kurz erklären, wie es vor unserer Machtergreifung um die deutsche Frauenbewegung bestellt war. Bei uns gab es eine große Bandbreite feministischer Gruppen: einen katholischen Frauenbund und einen evangelischen Frauenbund ebenso wie konservative, liberale, sozialistische, kommunistische, kolonialistische und jüdische Frauenbünde, um nur einige wenige zu nennen. Die Gesamtzahl der Frauenverbände wurde auf nicht weniger als 230 geschätzt.

Einige dieser Organisationen waren liberal und setzten sich für „gleiche Rechte" für Frauen ein. Andere stellten sich im Namen der Mutterschaft gegen solche Rechte und klagten die Republik sogar dafür an, den Frauen das Wahlrecht gegeben zu haben. Einige waren für das Recht auf Abtreibung, andere waren dagegen. Wieder andere forderten die Zwangssterilisierung lebensuntüchtiger Menschen. Es war interessant, dabei zuzusehen, wie in den letzten Jahren vor 1933 die sozialistischen und liberalen Frauenbewegungen – genau die, die „gleiche Rechte" für Frauen forderten – an Macht und Zulauf verloren. Umgekehrt gewannen diejenigen stark hinzu, die für die Mutterschaft eintraten und auf eine stärkere Berücksichtigung der Bedürfnisse der Mütter pochten. Damals wurde das Wort „Feministin" selbst für viele Frauen zu einer Art Fluch.

Die Organisation, die behauptete, für alle anderen zu sprechen, war der Bund Deutscher Frauenvereine, ein loser Zusammenschluss vieler unterschiedlicher Gruppen. Er wurde von Fräulein (nicht Frau) Gertrud Bäumer geleitet, einer altgedienten Verfechterin der Frauenrechte. Heute sind sogar Schulen nach ihr benannt! Im Kaiserreich hatte sie unseren Standpunkt vorweggenommen und sich sowohl gegen Abtreibungen als auch gegen Empfängnisverhütung ausgesprochen. 1919 war sie an der Neufassung des BDF-Programms beteiligt und brachte rechtes, nationalistisches Gedankengut ein, mit dem wir uns gut anfreunden konnten.

Bäumers Organisation war nie allzu bedeutend. 1932 aber trat sie für die Abschaffung der Demokratie und die Errichtung eines korporatistischen Staates nach dem Vorbild des faschistischen Italien ein. Sie rief auch die Frauen zur Mithilfe daran auf, die Auswirkungen des Großen Krieges ungeschehen zu machen, indem sie unserer Nation so viele Kinder wie möglich schenkten. Das war genau das, was wir Nationalsozialisten auch wollten. Im Gegenzug sollten die gesellschaftlichen Missstände der Weimarer Republik, etwa sexuelle Freizügigkeit,

Pornografie, Abtreibungen und die Ausbreitung von Geschlechtskrankheiten, bekämpft und überwunden werden.

Diesen Zielen fügten wir Nationalsozialisten unser Rassenbewusstsein hinzu. Das war der eine Wesenszug, durch den wir uns am meisten von vielen anderen totalitären Regimen sowohl der damaligen als auch späterer Zeit unterschieden, wie ich mit Stolz sagen kann. Deutlich ausgedrückt, bedeutete das, die Frauen davor zu schützen, von Juden und anderen Feinden des wahren Deutschtums verführt und verdorben zu werden. Gesunde Familienwerte von der Sorte, die sich in der deutschen Geschichte bewährt hatte, mussten wiederhergestellt werden. Das wichtigste Ziel der Ausbildung von Mädchen sollte es sein, sie auf die Mutterschaft vorzubereiten. Die Heirat war nur ein Mittel, um sich zu vermehren und die Rasse zu erhalten. Wir hielten kinderlose Frauen (und Männer) für eindeutig volksschädlich. Letztlich taten wir aber nichts weiter, als sie härter zu besteuern. Diese Maßnahme haben auch sehr viele andere Regierungen angewendet und tun es noch heute. Kurz gesagt: Die Natur hat den Mann für die Welt, für die Gesellschaft und nicht zuletzt für die Politik und für den Krieg geschaffen. Die Frau ist für ihren Ehemann, für ihre Familie, für ihre Kinder und für ihr Zuhause da.

Unser Programm schreckte Frauen nicht ab. Ganz im Gegenteil, es zog sie von Anfang an auf unsere Seite. Kein Wunder! Die Weimarer Republik wurde von pazifistischen Feiglingen geführt, um nicht zu sagen: von Verbrechern und Verrätern. Wir – und auf ihre ganz eigene Weise auch die Kommunisten – waren die einzigen echten Männer, die bereit waren, für die Zukunft zu kämpfen, auch für die der Frauen und ihrer Nachkommen. Frauen spendeten Geld an die Partei (und an mich persönlich, aber das ist eine andere Sache). Frauen hielten die Partei zusammen, als ich im Gefängnis war. Frauen halfen uns, Versammlungen zu organisieren und Propagandaarbeit zu leisten. Stets mit harter Arbeit, und manchmal auch, indem sie sich auf der Straße Gefahren aussetzten. Ein in einen Demonstrationszug geworfener Backstein kann schließlich auch einmal die Falsche treffen. Vor allem aber gaben immer mehr Frauen ihre Stimmen für uns ab. Bei der entscheidenden Wahl im September 1930 war beinahe die Hälfte unserer Wählerschaft weiblichen Geschlechts.

Man sollte nie vergessen, dass Frauen mehr von Gefühlen als vom Intellekt beherrscht werden. Ich wusste genau, wie ich mit ihnen reden musste. Sie wiederum jubelten mir am lautesten von allen zu, oft verbunden mit unkontrolliertem Weinen. Wenn sich in den Jahren nach 1933 irgendetwas verstärkte, dann war es die Anbetung (mir fällt kein besseres Wort ein) meiner Person durch die Frauen. Die Menschenmassen, die mir überallhin folgten, wohin ich ging, bestanden zum großen Teil aus Frauen. Andere Frauen pilgerten nach Berchtesgaden. Sie warteten stundenlang, um den deutschen Gruß zu entbieten oder mir ihre Kinder entgegenzustrecken, damit ich sie berühren konnte. Der Besucheransturm riss nicht einmal ab, wenn ich anderswo unterwegs war. Es wurden so viele, dass ich Bormann 1938 das Ganze verbieten und den Platz abzäunen ließ, an dem sie auf mich warteten. Nichts konnte das Liebesverhältnis zwischen den deutschen Frauen und mir stören. Und es blieb bis zum Ende bestehen.

Die Frauen waren genauso opportunistisch wie die Männer. Allein 1933 gewann die NS-Frauenschaft 800.000 neue Mitglieder. Gewiss, die NSF hatte wenig wirkliche Macht. Aber wie ihre Leiterin, Frau Scholtz-Klink, viel später sagte: Sie genoss ebenso viel Eigenständigkeit wie jede andere Organisation in unserem totalitären Staat. Im Vergleich zu ähnlichen Organisationen in anderen Ländern genoss sie eine wirklich großzügige Förderung. Wir gaben ihr auch erheblichen Freiraum in ihren eigenen Betätigungsfeldern wie der Frauenwohlfahrt und -gesundheit. Es gab kaum eine deutsche Frau, die nicht auf die eine oder andere Weise von ihr erfasst wurde.

Ich wusste sehr wohl, dass man Gefahr lief, Mitleid mit Frauen zu entfachen, wenn man sie zu hart bestrafte. Deshalb fassten wir weibliche Gegner unserer Regierung mit Glacéhandschuhen an. Nur ein einziges der vielen Konzentrationslager, die wir vor dem Krieg einrichteten, war für Frauen vorgesehen. Erst 1938 richteten wir die erste politische Verbrecherin hin, die kommunistische Agitatorin Liselotte Hermann. Sie war verhaftet worden, weil sie geheime Informationen an die Zentrale der verbotenen KPD in der Schweiz weitergegeben hatte. Sie und drei männliche Genossen wurden des Landesverrats für schuldig befunden und enthauptet. Das geschah ihnen recht.

Wir schufen und feierten den Muttertag. Wir verliehen fruchtbaren Frauen Orden. Damals waren ähnliche Maßnahmen auch in anderen Ländern gebräuchlich; in Frankreich bestanden sie bis in die 1990er Jahre hinein. Wir aber gingen beträchtlich weiter als die meisten. Lange vor anderen Ländern erlaubten wir den Frauen, für den Kindesunterhalt eine gewisse Summe von ihren Steuern abzuziehen.

Im Prinzip wollten wir jedoch nicht, dass Mütter arbeiteten. Um sie dazu zu ermutigen, zu Hause zu bleiben, richteten wir das berühmte Ehestandsdarlehen ein. Vorausgesetzt, eine Frau arbeitete innerhalb der ersten zwei Jahre nach ihrer Hochzeit nicht, wurde mit der Geburt jedes Kindes ein Viertel der Summe getilgt. Später wurden die Bedingungen still und heimlich geändert, sodass die Frau diesen Vorteil auch hatte, wenn sie arbeitete. So sehr spätere Feministinnen auch gegen sie wettern mochten: Die meisten dieser Maßnahmen erwiesen sich als enorm beliebt. Die Vorsitzende des Katholischen Deutschen Frauenbunds, Gerta Krabbel, nannte das Darlehen einen „Geniestreich", und in gewisser Weise war es das auch.

Wir versuchten, Frauen auch auf anderen Wegen zu helfen. Ihrem ureigenen Wesen nach sind Frauen unfähig sowohl zum Raufen und Kämpfen in der Politik als auch zu der schmutzigen Art von Arbeit, die Anwälte oft zu verrichten haben. Je mehr sie versuchen, wie wir Männer zu sein, desto weniger können wir – und ich persönlich – sie tatsächlich ausstehen. Das, und nicht irgendeine Lust daran, sie zu unterdrücken oder zu erniedrigen, ist der Grund, weshalb wir sie von beiden Laufbahnen ausschlossen. Wir wollten sie um jeden Preis schützen und rein erhalten. Auch weibliche Professoren – die meisten von ihnen unglückliche Kreaturen, die in Bereichen arbeiteten, die ihnen nicht lagen – wurden entlassen. Abgesehen von den Jüdinnen bekamen alle, die ihre Stelle verloren, die volle Rente ausgezahlt. Viele von ihnen fanden auch andere Arbeitsfelder. So oder so betrug der Anteil der hiervon Betroffenen nicht einmal ein Prozent der weiblichen Arbeiterschaft. Was auch immer die Kritiker sagen mögen, alle diese Maßnahmen hatten die volle Unterstützung sowohl der Frauenschaft als auch der *Grande dame* der deutschen Frauenbewegung, Fräulein Bäumer. Eine größere Anerkennung unserer Politik wird sich nur schwer finden lassen.

Im Dezember 1933 gingen wir zum ersten und einzigen Mal gegen weibliche Studenten vor, indem wir für sie eine Zulassungsbeschränkung von zehn Prozent einrichteten. Einmal mehr begrüßte Fräulein Bäumer den Erlass, so sehr sie es aus ihrer generellen Mittelmäßigkeit heraus konnte. Sie hatte lange Jahre den Universitätszugang für Frauen unterstützt. Nun aber hatte sie den Eindruck gewonnen, dass das sinkende akademische Niveau einen teilweisen Rückzug erforderlich machte. Unsere Feinde haben diese Verordnung oft als ein Beispiel für unseren „Hass" auf Frauen, insbesondere auf intellektuelle Frauen, angeführt. Dabei übersehen oder verschleiern sie die Tatsache, dass sie schon im Februar 1935 wieder aufgehoben wurde. Die einzigen betroffenen Frauen waren also die des Abiturjahrgangs 1934. Und selbst die konnten sich nachträglich Scheine ausstellen lassen, sofern sie das wollten und sich an der Universität als „Gasthörer" angemeldet hatten. Später, während des Krieges, dienten so gut wie alle jungen Männer in der Wehrmacht, sodass die Frauen übernehmen und die Mehrheit der Studentenschaft stellen konnten – sogar in Fakultäten wie der juristischen, aus denen wir sie ursprünglich zu entfernen versucht hatten.

Entgegen den Legenden von der „Unterdrückung“ waren 1933 proportional *mehr* deutsche als amerikanische Frauen außerhalb ihres Haushalts beruflich tätig. Vor dem Hintergrund der Weltwirtschaftskrise versuchten viele Länder, den Druck zu lindern, indem sie bei berufstätigen Ehepaaren den Frauen kündigten. Österreich, Belgien, England, Frankreich, Italien, Luxemburg, die Niederlande, Spanien, Schweden und die Vereinigten Staaten führten solche Maßnahmen durch oder dachten zumindest zeitweise darüber nach. Auch Brüning hatte sich – erfolglos – daran versucht. Was auch immer im Ausland vor sich gehen mochte, in der Praxis verloren, wenn überhaupt, nur sehr wenige deutsche Frauen jemals aus diesem Grund ihre Arbeitsstelle.

Aus meiner Zeit in Wien und München wusste ich, wie schlecht Tänzerinnen bezahlt wurden. Tatsächlich verdienten sie so wenig, dass viele von ihnen ihren Lebensunterhalt auf der Straße verdienen und ihre Körper verkaufen mussten. Es machte mich rasend! Deshalb sorgte ich persönlich dafür, dass ihre Löhne angehoben wurden, sobald ich die Gelegenheit hatte. Als die Wirtschaft an Fahrt aufnahm, waren wir in der Lage, jeder Frau, die eine Anstellung wollte, Arbeit zu geben. Die Zahl derer, die die Gelegenheit wahrnahmen, wuchs immer weiter und weiter. Ende der 1930er Jahre waren in Deutschland verhältnismäßig mehr Frauen berufstätig als in jedem anderen europäischen Land, mit Ausnahme von Frankreich. Auch unser Wohlfahrtsstaat weitete sich mehr und mehr aus. In den späten 1930ern umfasste er beinahe alle arbeitenden Frauen. Wie einmal jemand gesagt hat: In gewisser Weise leisteten fünf Jahre nationalsozialistischer Herrschaft mehr für weibliche Berufstätige in Deutschland, als es ein Jahrzehnt feministischen Drucks während der Republik getan hatte.

Wir verweigerten Frauen nicht nur nicht die Arbeit, sondern taten auch mehr als jedes andere Land, um die weiblichen Arbeiter zu schützen. Ein Gesetz verbot es Arbeitgebern, Frauen zur Arbeit an pedalbetriebenen Maschinen zu verpflichten. Andere verboten es Frauen, unter Tage oder mit giftigen Werkstoffen zu arbeiten sowie schwere Lasten zu tragen. Sie durften auch nicht für Schicht- oder Nachtarbeit herangezogen werden. Zusätzlich zwang der auftretende Arbeitskräftemangel Ende der 1930er Jahre die Arbeitgeber dazu, ihre weiblichen Angestellten zu umwerben. Das führte unter anderem dazu, dass deren Löhne schneller anstiegen als die der Männer. In Bereichen wie der Textil-, Bergbau-, Stahl-, Elektro- und Bauindustrie wurden die Frauen allmählich genauso wie die Männer bezahlt. Auf diese Errungenschaft war unsere Deutsche Arbeitsfront sehr stolz.

Wir trafen auch Vorkehrungen, um berufstätige Frauen zu unterstützen. Dazu zählten besondere Einrichtungen für arbeitende Mütter, eine Kinderbeihilfe und ein Stillgeld ebenso wie freie Gesundheits- und Krankenpflege und Medikamente für sie und ihre Säuglinge. Viele dieser Maßnahmen erwiesen sich als so fortschrittlich, dass eine Menge anderer Länder noch heute darüber debattieren, ob man sie einführen sollte oder nicht.

Als es mit den Vorbereitungen für den Krieg ernst wurde – und auch während des Krieges selbst –, kam ich unter großen Druck, stärker auf die weibliche Arbeitskraft zurückzugreifen. Zu denjenigen, die mich dazu überreden wollten, zählten Göring in seiner Funktion als Beauftragter für den Vierjahresplan, Fritz Sauckel, der Generalbevollmächtigte für den Arbeitseinsatz, und General Eduard Wagner, der Generalquartiermeister im Oberkommando des Heeres. Später stieß auch Speer als Reichsminister für Bewaffnung und Munition hinzu. Ich lehnte jedoch durchweg ab und begründete meine Haltung damit, dass unsere feingliedrigen deutschen Frauen nicht für die körperliche Arbeit geschaffen seien, die in unseren Fabriken gefordert war; immerhin befanden wir uns noch lange vor der Zeit, in der die Stahlproduktion automatisiert wurde und Roboter die Männer an den Fließbändern ersetzten. Deutsche Frauen konnten solche Arbeiten, wenn überhaupt, nur um den Preis großen körperlichen und seelischen Elends verrichten. Außerdem wollte ich sie vor der Sorte sexueller Belästigung beschützen, die ihnen bevorstand, wenn sie in den Fabriken Seite an Seite mit Männern arbeiteten. Das waren wir ihnen meiner Meinung nach schuldig, ebenso wie ihren Vätern, Ehemännern und Brüdern, die in der Wehrmacht dienten.

Gegen den Rat einiger Leute griff ich nicht ins Familienleben ein, etwa indem ich befohlen hätte, die Kinder aus den Städten zu evakuieren. Eine freiwillige Evakuierung war natürlich etwas anderes. Ich wollte es nicht so machen wie in Russland, wo im Zweiten Weltkrieg Frauen nicht nur die Mehrheit der Fabrikarbeiter stellten, sondern sogar die Mehrheit der Bergleute. Das war das einzige Mal in der Geschichte, dass es so etwas gab, und das Ergebnis war, dass sie starben wie die Fliegen. Stattdessen ließ ich Sauckel Millionen von Fremdarbeitern beiderlei Geschlechts aus allen besetzten Gebieten ins Reich holen, um unsere an der Front kämpfenden Männer zu ersetzen. Dafür wurde er später in Nürnberg gehängt. Ich sorgte persönlich dafür, dass viele dieser Arbeitskräfte auf dem Lande eingesetzt wurden, um die Belastung zu lindern, die unsere Bäuerinnen zu tragen hatten.

Wir stellten sicher, dass die deutschen Frauen im Verhältnis zum Einkommen ihrer abwesenden Ehemänner *doppelt* so viel Geld erhielten wie die englischen und amerikanischen Frauen. Ganz zu schweigen von der Tatsache, dass wir Nationalsozialisten die einzige Regierung auf der ganzen Welt stellten, die den Witwen gefallener Soldaten Unterhalt für jedes uneheliche Kind zahlten, das sie von ihnen hatten. Unglücklicherweise hinderte mich der Krieg daran, die deutschen Frauen so sehr zu schützen, wie sie es verdienten und ich es wollte. Es waren einige Kompromisse notwendig. Aber ich verlor mein langfristiges Ziel niemals aus den Augen: dafür zu sorgen, dass in nicht allzu ferner Zukunft keine deutsche Frau mehr schwere Fabrikarbeit würde leisten müssen.

Im Zuge seiner Ausrufung des „totalen Krieges“ 1943 wollte Goebbels alle Fabriken und Geschäfte schließen, die sich an Frauen richteten, etwa Modehäuser, Kosmetikhersteller, Schönheitssalons und so weiter. Für ihn ging es dabei nicht nur darum, Arbeitskraft und Ressourcen einzusparen, sondern auch darum, die Stimmung im Volk zu heben, indem man unter Beweis stellte, dass der Verschwendung Einhalt geboten wurde. Als Eva davon erfuhr, war sie entsetzt! Ich schaltete mich ein und sorgte dafür, dass nichts dergleichen geschah. Die meisten Frauen – echte Frauen, nicht Feministinnen – begnügen sich mit ihrem Haushalt und ihrer Familie. Politik interessiert sie nur am Rande. Kann aber ein Mädchen auf seinen Schmuck verzichten? Niemals. Frauen sind sehr stark von ihren kleinen Schwelgereien und Eitelkeiten abhängig. Wenn man sie ihnen gewährt, sind sie zufrieden. Wenn man sie ihnen vorenthält, werden sie übellaunig und missgünstig, wenn nicht sogar gefährlich.

Not kennt kein Gebot. Niemand war ein größerer Gegner des Einsatzes von Frauen als Soldaten als ich. Doch als der Krieg weiterging und unsere Stärkereserven erschöpft waren, legte ich nach und nach meine Einwände dagegen ab, Frauen bei allen möglichen Verteidigungsarbeiten als Hilfskräfte einzusetzen. Gegen Ende mag sich ihre Zahl auf vielleicht eine halbe Million belaufen haben. Und darin sind die 400.000 Rotkreuzhelferinnen noch nicht eingerechnet. Sie leisteten hervorragende Arbeit als Luftschutzhelferinnen, Fluglotsinnen, Nachrichtenhelferinnen – damals nannte man sie noch nicht „Operatoren“ – und so fort. Aber als Goebbels kurz vor unserer endgültigen Niederlage mit der Idee daherkam, ihnen Waffen zu geben und sie in die Schlacht zu schicken, jagte ich ihn zum Teufel. So oder so wären die meisten Waffen in unserem Bestand zu sperrig und zu schwer für sie gewesen. Außerdem waren Frauen den körperlichen Anforderungen des Kampfes ohnehin nicht gewachsen. Das sieht man deutlich daran, dass alle modernen westlichen Streitkräfte bei ihren Versuchen, Frauen in Krieger zu verwandeln, nur erreicht haben, dass sie sich viel mehr Verletzungen zuziehen.

Anstatt mich dafür anzuprangern, dass ich sie in irgendeiner Weise schlecht behandelt hätte, sollten die Frauen mir dankbar sein. In einer Zeit, in der deutsche Männer – darunter auch Hitlerjungen, die noch nicht einmal 18 Jahre alt waren – in Massen starben, rettete ich Gott weiß wie vielen jungen Frauen das Leben, die ansonsten an die Front geschickt worden wären. Meine Einwände beruhten auf drei grundlegenden Erwägungen. Erstens habe ich persönlich nie den Eindruck ablegen können, dass es die Aufgabe der Frauen ist, Leben zu schenken, nicht, es auf mannigfaltige und meist grauenvolle Weise zu nehmen. Nennen Sie das Romantik, nennen sie das Sexismus, nennen Sie das Chauvinismus oder wie immer Sie wollen. Es gilt einmal mehr: Ein Schelm, wer Böses dabei denkt! Zweitens läuft es dem ganzen Sinn der Kriegführung – nämlich dem Erhalt des Volkes und seiner Kräftigung für die Zukunft – zuwider, Frauen kämpfen und in großer Zahl sterben zu lassen.

Drittens halte ich mich als jemand, der im Krieg gewesen ist und mehr von ihm gesehen hat als alle Feministinnen der Welt zusammen, für berechtigt, eines festzustellen: Einen Mann dazu zu zwingen, an der Seite einer Frau an Kampfhandlungen teilzunehmen, ist eine Beleidigung seiner Männlichkeit. Denn es ist exakt der Wunsch, Frauen zu beschützen, der ihn überhaupt erst kämpfen lässt. Eine Handvoll Frauen im Umfeld kann nicht schaden. Sie können sogar helfen, die Männer zu motivieren, so wie es Frauen immer getan haben. Wenn jedoch ein gewisser Punkt überschritten ist, wird eine Armee, die zu viele Frauen in ihren Reihen hat, einfach auseinanderfallen. Nochmals: Sehen Sie sich die Streitkräfte entwickelter Länder an, die zahm vor den idiotischen Forderungen ignoranter Intellektueller und halbverrückter Feministinnen gekuscht und diesen Weg eingeschlagen haben. Sie sind nichts weiter als hoffnungslose Heulsusen.

Das soll alles nicht heißen, dass wir Frauen davon abgehalten hätten, ihre Begabungen zum Wohle der Gemeinschaft einzusetzen. Das Gegenteil war der Fall, und das war einer der Gründe, weshalb sie sich derart zu uns hingezogen fühlten. Abgesehen von Frau Wagner war die bekannteste von ihnen Leni Riefenstahl, die die berühmtesten Propagandafilme drehte, die je für eine politische Bewegung entstanden sind. Ich förderte sie höchstpersönlich, sorgte dafür, dass sie alle Mittel bekam, die sie brauchte, und dankte ihr für ihre Mühen. Das Gleiche tat ich für die Schriftstellerin und Dichterin Agnes Miegel. 1933 gehörte sie zu den 88 Schriftstellern, die aus eigenem Antrieb und ohne Aufforderung mir gegenüber das „Gelöbnis treuester Gefolgschaft“ abgaben.

Frau Miegel hatte ihre Bekanntheit den unzähligen Gedichten und Kurzgeschichten zu verdanken, die sie über Ostpreußen geschrieben hatte. In ihnen beklagte sie die Abtrennung der Provinz vom Rest des deutschen Mutterlands, pries die Mutterschaft, verherrlichte den Krieg und predigte den Hass auf die Polen. Sie kannte sie und nahm zu Recht an, dass sie versuchen würden, uns dieses Land wegzunehmen. Was ihnen – zu unserer ewigen Schande und Reue – letzten Endes auch gelungen ist. Zwei ihrer Gedichte waren ausdrücklich mir gewidmet! Dafür ließ ich sie öffentlich auf die 25 Namen zählende Sonderliste der „Unersetzlichen Künstler“ setzen, die das überragende nationale Kapital Deutschlands aufführte. Und sie war bei weitem nicht die einzige Künstlerin, der ich in der Öffentlichkeit meine Wertschätzung ausdrückte, alles andere als das.

Zwei weitere begabte Frauen, die ich oft zu Rate zog, waren Elsa Bruckmann und Gerdy Troost. Insbesondere die Letztere diente mir als Innenarchitektin und beriet mich in jeder Einzelheit meiner häuslichen Einrichtung, von den Teppichen bis hin zum Besteck; wenn es um diese Themen ging, hatte niemand mehr Ahnung als sie. Einige meiner Mitarbeiter eiferten mir nach und beauftragten sie ebenfalls. Meine Unterstützung herausragender Frauen war auch nicht nur auf die Künste beschränkt. Während des Krieges durften englische und amerikanische Pilotinnen allenfalls Transportflüge hinter der Front absolvieren. Nicht so unsere deutschen! Mindestens drei wurden Versuchspilotinnen, was eine gefährliche und sehr verantwortungsvolle Aufgabe war. Eine von ihnen, Hanna Reitsch, flog 1937 den ersten gebrauchsfähigen Hubschrauber der Welt. Später hatte sie einen Unfall, den sie nur knapp überlebte. Eine andere, Melitta Schiller, führte nicht weniger als 2500 Probeflüge mit Sturzkampfbombern durch und testete ebenfalls die ersten Strahl- und Raketenflugzeuge der Welt. Ein dritter weiblicher Versuchspilot, der Strahl- und Raketenflugzeuge flog, war Flugkapitän Beate Köstlin. Nach dem Krieg nahm sie den Namen Uhse an. Ich war belustigt, aber auch ein wenig ungehalten, als ich erfuhr, dass sie unter diesem Namen mit der Gründung eines sehr erfolgreichen Vertriebunternehmens für Pornografie und sexuelle Hilfsmittel reich und berühmt geworden war.

Unsere Filmindustrie schuf ebenfalls zahlreiche weibliche Helden und führte sie als Vorbilder für das deutsche Volk vor. Im Gegenzug gaben viele deutsche Frauen – was ich ihnen bis in alle Ewigkeit hoch anrechnen werde – unserer nationalsozialistischen Sache ihre bedingungslose Unterstützung. Einige Teilorganisationen der Frauenbewegung witterten schnell, woher der Wind wehte, und begannen mit dem Ausschluss ihrer jüdischen Mitglieder, noch bevor wir sie dazu verpflichten konnten. Andere, insbesondere aus dem Mittelstand, hatten schon lange nach der Zwangssterilisierung ihrer minderwertigen Schwestern gerufen. Als wir diese Maßnahmen endlich anstießen, waren sie begeistert. Dabei ist es wichtig, sich in Erinnerung zu rufen, dass das betreffende Programm fast vollständig auf Denunziation beruhte; wir hatten gar nicht das erforderliche Personal, um jeden Haushalt zu überprüfen. Wären unsere tapferen Frauen nicht gewesen, die die Augen offenhielten, hätten wir niemals durchgreifen können.

Weibliche Ärzte saßen in den Ausschüssen, die die Kandidatinnen für die Sterilisierung untersuchten, und führten einige der Eingriffe durch. Andere nahmen an weiblichen Insassen der Konzentrationslager Zwangsabtreibungen vor. Es waren größtenteils weibliche Pflegekräfte, die Zehntausende von geistig und körperlich behinderten Menschen jeden Alters töteten. Nicht schön, aber notwendig. Es gab sogar Frauen, die sich von der SS durch schlichte Zeitungsannoncen anwerben ließen und die eher unweibliche Pflicht auf sich nahmen, Konzentrationslager zu bewachen. Einige von ihnen gehörten der Allgemeinen SS an, andere trugen mit Stolz die berühmten und gefürchteten Abzeichen der Totenkopfverbände. Als Bernhard Schlink sie 1995 in seinem Roman *Der Vorleser* als eine Bande gefühlloser Weibsstücke porträtierte, lag er nicht allzu weit daneben. Ein paar wurden sogar mit der Aufsicht über Lagerbordelle betraut, wo sie das Treiben der Prostituierten überwachten! Kurz gesagt: Es gab kaum ein berufliches Feld, in dem die deutschen Frauen nicht ihr Bestes gaben. Und das oft auch mit beträchtlicher Begeisterung.

Fassen wir zusammen: Es ist einfach nicht wahr, dass wir Nationalsozialisten Frauenfeinde gewesen wären, wie Feministinnen und andere Sitzpinkler so oft behauptet haben. Genauso wenig haben wir alles nur Mögliche getan, um Frauen zu diskriminieren, sie allen möglichen Verboten zu unterwerfen und sie zu unterdrücken. Im Gegenteil: Wenn wir sie riefen, dann kamen sie, fast immer aus freien Stücken und in immer größerer Zahl. Der Grund dafür war, dass sie verstanden, was wir zu tun versuchten, nämlich ihnen dabei zu helfen, ihre Leben in Bahnen zu lenken, die sowohl ihrer eigenen Natur als auch den Bedürfnissen der Gemeinschaft entsprachen. Natürlich hielt uns der Krieg davon ab, all unsere Vorhaben erfolgreich abzuschließen. Nichtsdestoweniger haben wir im Frieden wie im Krieg in vielerlei Hinsicht mehr für sie getan als alle Staatenlenker davor und danach. Sie belohnten uns und mich persönlich als ihren Führer mit dem, was eine Nachkriegszeitschrift Nibelungentreue nannte – der höchsten Form der Treue, die es gibt.

16. Mein Privatleben

Kann ein Führer, so wie ich einer war, ein Privatleben haben? Theoretisch schon. Mein Körper und meine physischen Bedürfnisse unterschieden sich schließlich nicht von denen anderer Menschen. Wie jeder andere auch hatte ich meine Vorlieben im Alltag: was es zu essen geben sollte, welches Ambiente ich um mich herum haben wollte, was ich gern in meiner Freizeit tat und so weiter.

Man könnte meinen, dass das niemanden außer mich selbst etwas anginge. Aber das war bei weitem nicht der Fall. Nachdem ich an die Macht gekommen war, brauchte es nur kurze Zeit, bis ein großes Angebot an Gebrauchsgütern mit meinem Abbild auf den Markt kam, von Büsten über Postkarten und Porzellan bis hin zu Stickwaren. Ich war gezwungen, ein eigenes „Gesetz zum Schutze der nationalen Symbole" zu erlassen, um regulierend einzugreifen und zu verhindern, dass unsere Wahrzeichen in unangemessener Weise gebraucht wurden. Doch das war nicht alles. Wenn ich meine Zustimmung oder Ablehnung zu etwas öffentlich äußerte, folgten unzählige Leute meinem Beispiel und/oder versuchten, Profit daraus zu schlagen. Das ging bis hin zum Schnitt meines Schnurrbarts! Irgendwann einmal verbreitete jemand das (unwahre) Gerücht, dass das Edelweiß meine Lieblingsblume sei. Im Handumdrehen – und mit ein wenig Hilfe durch Goebbels' Propagandaministerium – war das Edelweiß die Lieblingsblume der halben Nation. Das Gleiche geschah mit Kleidung, Musik und allem, was man sich vorstellen kann. Es funktionierte aber auch andersherum. Wenn ich krank wurde, dann konnte das todernste Folgen nicht nur für mich, sondern für ganz Deutschland haben, besonders wenn es sich herumsprach.

Durch meine langjährige politische Erfahrung war mir das alles schon vor dem Januar 1933 sehr bewusst. Vor diesem Hintergrund war es die vielleicht schwierigste Aufgabe, mein Profil als Mann des Volkes aufrechtzuerhalten. Auch andere mussten feststellen, wie problematisch das ist. Bevor ich Kanzler wurde, gehörten neun von zehn Männern, die ich traf, dem einfachen Volk an, nur einer der Elite. Ab dem Augenblick meiner Ernennung war es genau umgekehrt. Darüber hinaus hat die Schickeria ihre Gebräuche. Um nicht als ein ungebildeter Trampel verlacht zu werden, musste ich sie beherzigen, so antiquiert und lächerlich sie auch waren und immer noch sind. Man stelle sich nur einmal mich mit einem Kummerbund vor!

Einige Führer wollten diese Probleme lösen, indem sie sich bei diversen populären Aktivitäten filmen ließen. Ich denke da an Mussolini beim Fechten oder Reiten, Fidel Castro beim Basketballspiel, Reagan zu Pferde in Quantico oder auf seiner Ranch in Kalifornien oder Wladimir Putin, wie er Motorrad fährt, angelt und beim Judo seine Gegner herumschleudert. Leider fehlte mir die Konstitution, um es ihnen gleichzutun. Natürlich besuchte ich die Olympischen Spiele in Berlin, wie es mein Amt von mir verlangte. Und ich war stolz auf unsere Mannschaft, die zu diesem Anlass mehr Medaillen als jede andere errang. Trotzdem war mein Interesse an Sport stets begrenzt.

Die meiste Zeit über musste ich mich anderer Methoden bedienen. Dazu gehörte, möglichst immer einen einfachen Uniformrock zu tragen. Nur mit meinem Eisernen Kreuz I. Klasse geschmückt und in scharfem Kontrast zu den glanzvollen Uniformen meiner Generäle erfüllte er seinen Zweck sehr gut; das sieht man auch daran, dass zahlreiche spätere Staatsführer mir in dieser Hinsicht nacheiferten. Ein weiteres Stilmittel war meine Angewohnheit, auf dem Beifahrersitz meines offenen Wagens zu sitzen oder zu stehen, anstatt mich auf der Rückbank zu entspannen, wie es sogenannte Prominente – einschließlich der kommunistischen – fast immer taten und noch immer tun. Ich wollte meinem Volk zeigen, dass ich den Luxus scheute und kein verweichlichter, alberner Gimpel war, sondern ein starker, harter Mann. Auch sollten die Menschen spüren, dass ich ihnen vertraute, keine Furcht vor ihnen hatte und wirklich einer von ihnen war. Dass nichts davon extrem scharfe Sicherheitsvorkehrungen ausschloss, versteht sich von selbst. Über dieses Thema ist ein ganzes Buch geschrieben worden, zu dem ich nichts weiter hinzuzufügen habe.

Ich bin mein ganzes Leben lang spät ins Bett gegangen und spät aufgestanden. Tagsüber gab es einen offiziellen Ablaufplan und einen geheimen, von dem nur diejenigen erfuhren, die er anging. Außerdem überraschte ich meine Leute gern, um sie auf Zack zu halten. Mir war klar, dass ich jederzeit von irgendeinem Verbrecher oder Geisteskranken ermordet werden könnte, deshalb änderte ich meine Pläne häufig und unerwartet. Bei mindestens zwei Gelegenheiten rettete mir das das Leben. Die eine ereignete sich im November 1939. Im Bürgerbräukeller, wo ich eine Rede zur Erinnerung an unseren Putsch hielt, war eine Bombe versteckt worden. Ich verließ die Versammlung jedoch verfrüht, sodass die Explosion mich nicht mehr erwischte.

Der zweite Vorfall ereignete sich im März 1943. Während einer Beutewaffenausstellung im Berliner Zeughaus sollte ich einen Offizier namens von Gersdorff treffen. Er trug eine Bombe bei sich und wollte sich gemeinsam mit mir in die Luft sprengen. Ich hatte aber eine Eingebung und ging einfach an ihm vorbei. Dann kürzte ich meinen Aufenthalt ab, sodass er keine zweite Chance bekam. Ich nehme an, dass es in beiden Fällen meine Intuition war, die mich rettete. Vielleicht war es auch die Vorsehung. Ich habe meinen Glauben schon in meiner Schulzeit verloren und bin nicht religiös im eigentlichen Wortsinn. Ich habe aber schon in sehr jungen Jahren begonnen, daran zu glauben, dass mich eine mysteriöse Macht anleitete und beschützte.

Wie dem auch sei: Ich bekam Berichte und gab Befehle aus. Ich las Denkschriften – während des Krieges wurden sie für mich auf einer speziellen Schreibmaschine mit großen Buchstaben abgetippt. Ich unterschrieb alle möglichen Anordnungen und Erlasse. Und ich plante und hielt Besprechungen ab. Allerdings nicht mit dem gesamten Kabinett, in dem wir Nationalsozialisten anfangs in der Minderheit waren. Selbst nachdem dieses Problem bereinigt worden war, regierte ich lieber, indem ich mich mit jedem Minister einzeln statt mit allen zusammen befasste. Ab Anfang 1938 gab es überhaupt keine Kabinettsversammlungen mehr. Beim Besuch der Neuen Reichskanzlei, die Speer 1939 für mich erbaut hatte, verspürte mehr als einer meiner Minister Bedauern, wenn er das Kabinettszimmer sah, den Stuhl mit seinem Namen darauf erblickte und wusste, dass er niemals seinen Platz an diesem Tisch einnehmen würde. Ich berief Menschen auf Posten und entließ sie wieder, wenn sich ein Grund dafür bot. Ich empfing alle Arten von Würdenträgern aus dem In- und Ausland. Kurz: Ich tat alles, was Herrscher schon immer getan haben und immer tun werden.

Es gab jedoch auch einige Unterschiede. Nochmals zur Erinnerung: Damals gab es noch kein Fernsehen. Trotzdem war meine Herrschaft so persönlich, wie man es sich nur vorstellen kann. Nur selten, wenn überhaupt, war die Ausstrahlung eines einzelnen Mannes so wichtig wie meine. Umso mehr, als Goebbels nie darin nachließ, mich beinahe wie einen leibhaftigen Gott zu preisen. Bei Feierlichkeiten der Hitlerjugend ging man so weit, mich mit Christus zu vergleichen! Der Nationalsozialismus war ich, und ich war der Nationalsozialismus. Ohne mich keine Partei, kein Drittes Reich, keine Konzentrationslager, kein Zweiter Weltkrieg, kein Holocaust. Und auch keine Götterdämmerung; niemand sonst hätte das deutsche Volk dazu bringen können, ihm praktisch bis ans Ende zu folgen.

Aber eine solche Verbundenheit kommt nicht von allein, sondern muss immer wieder aufgefrischt und erneuert werden. Ich wollte – ich musste – mich so oft wie möglich so vielen Menschen wie möglich zeigen. Und natürlich musste ich zu ihnen sprechen. Deshalb reiste ich in den sechs Jahren vor dem Krieg viel mehr, als es die meisten zeitgenössischen Herrscher taten. Mit dem Flugzeug, dem Zug, dem Auto, egal wie. Im Gegensatz zu Stalin, der über keinerlei Redekunst verfügte und Russland aus seinem Büro im Kreml heraus regierte, sprach ich auf unzähligen Versammlungen, kleinen wie großen. Außerdem widmete ich mich viel mehr als andere den Fragen der Kunst, indem ich Ausstellungen eröffnete und mit Künstlern redete. Ich besuchte auch regelmäßig die Wagnerfestspiele in Bayreuth. Wie ich gehört habe, hält Frau Angela Merkel das genauso.

Einer der Gründe für meine Betonung dieses Sachgebiets war, wie gesagt, dass ich der Kunst eine essenzielle Rolle in der Volksbildung zuschrieb. Ein weiterer war, dass ich im Herzen stets ein Künstler geblieben bin. Wenig bereitete mir mehr Freude, als meinen Baumeister Paul Ludwig Troost und seine reizende Frau Gerdy zu treffen. Nach seinem verfrühten Tod im Januar 1934 galt das Gleiche für seinen ebenso fähigen und begabten Nachfolger Albert Speer. Zusammen zeichneten wir Pläne für die prunkvollen Bauwerke, die mir vorschwebten. Wir tauschten uns darüber aus, was wir getan hatten und noch tun würden, begutachteten Modelle, nahmen Veränderungen vor und so weiter. Einige unserer Sitzungen fanden im Atelier statt, andere vor Ort. Das alles brachte mir manchen Moment ein, in dem ich bereute, durch die Umstände davon abgehalten worden zu sein, meinem Jugendtraum zu folgen und Künstler zu werden. Aber so ist das Leben. Man kann sich nicht immer nach seinen eigenen Wünschen richten. Erst recht nicht in einer Position wie meiner.

Ganz egal, ob man sich in der Politik, an der Staffelei oder an einem Zeichenbrett betätigt – wenn man ein Künstler ist, dann ist Freizeit absolut essenziell. Von Beginn an war ich entschlossen, mich nicht von Staatsangelegenheiten aufsaugen oder ertränken zu lassen, wie es so vielen anderen vor mir und nach mir erging. Ich wollte – und brauchte dringend – Zeit zum Entspannen und Nachdenken. Tatsächlich habe ich meine Fähigkeit dazu immer für eine meiner größten Stärken gehalten. So kam es, dass ich meine Mitarbeiter oft zur Verzweiflung trieb, indem ich Treffen hinausschob und Entscheidungen verzögerte. Nicht, dass ich sie nicht hätte treffen können; weiß Gott, wenn es nötig war, konnte und tat ich es. Der Grund war vielmehr, dass ich schnell bemerkt hatte, dass es unzählige Probleme gab, die ganz von allein verschwanden, wenn man ihnen nur genug Zeit gab. Also drehte ich ihnen einfach den Rücken zu.

Ich setzte auch meine Angewohnheit fort, spät aufzustehen und spät ins Bett zu gehen. Die Abende verbrachte ich häufig im Gespräch mit engen Vertrauten, wenn ich mir nicht gerade irgendeinen Film ansah, den Goebbels ausgesucht hatte. Gezeigt wurden sowohl deutsche als auch ausländische Produktionen. Die amerikanischen interessierten mich besonders. Ich hoffte, dass sie mir zumindest eine Vorstellung davon vermitteln würden, wie dieses Land war, das ich in erster Linie durch meine Lektüre von Karl May in jungen Jahren kannte. Unter dem Gesichtspunkt, wie sie Zuschauer anzulocken und dem Volk ihre Moral einzuimpfen vermochten, waren viele Filme von dort besser als die unsrigen; so gut die Leute in Babelsberg auch waren, wir fanden nie ein deutsches Gegenstück zu Walt Disney. Aber das war nicht der Tagesabschluss. Jede Nacht verbrachte ich einige Zeit vor dem Schlafengehen damit, ein wenig über Dinge zu lesen, die überhaupt nichts mit meinen Beschäftigungen über den Tag hinweg zu tun hatten.

Freitags nahm ich den Zug nach München und fuhr von dort aus im Autokonvoi nach Berchtesgaden. Dort blieb ich bis zum Sonntagabend und fuhr mit dem Nachtzug zurück nach Berlin. In der Zwischenzeit hatte ich den Berghof nach meinem Geschmack um- und ausbauen lassen. Das Herzstück bildete ein enormes Wohnzimmer. Ursprünglich war es einfach traditionell bayerisch eingerichtet. Später, als ich es gelegentlich zu repräsentativen Zwecken nutzte, ließ ich es mit teuren Möbeln ausstaffieren. Es gab eine Wagnerbüste und ein paar erlesene Gemälde von deutschen Malern, meist aus dem 19. Jahrhundert. Außerdem gab es ein großes Panoramafenster, das einen unübertrefflichen Ausblick über den Obersalzberg gewährte. Es ließ sich im Boden versenken, um an schönen Tagen frische Luft hereinzulassen. Hinzu kamen ein Esszimmer, ein Arbeitszimmer mit Bibliothek, ein ausladender Marmortisch für Karten und eine große Terrasse. Im Obergeschoss gab es noch zahlreiche weitere Räume, einschließlich zweier miteinander verbundener Schlafzimmer für Fräulein Braun und mich.

Ich fand die Bergluft immer belebend. Auf dem Berghof hatte ich meine besten Ideen und traf meine wichtigsten Entscheidungen. 1937 wurde einen knappen Kilometer entfernt ein Teehaus gebaut. In Begleitung von einem oder zwei Gästen ging ich während meiner Aufenthalte beinahe jeden Tag zu Fuß dorthin und wieder zurück. Vor allem Himmler nutzte diese Spaziergänge und die Verschwiegenheit, die sie gestatteten, um einige der sensibelsten Themen überhaupt mit mir zu besprechen, seine Befehle zu empfangen und von seinen Fortschritten bei der Ausführung zu berichten. Zum meinem 50. Geburtstag 1939 ließ Bormann ein weiteres Teehaus weiter bergauf am Kehlstein für mich bauen. Dorthin gelangte man über einen Aufzug, dessen Schacht mitten in den Fels gehauen worden war. Er war in Windeseile konstruiert worden und eine technische Meisterleistung. Allerdings bekam mir die dünne Luft nicht – das Haus lag auf 1800 Metern Höhe. Deshalb war ich nur einige wenige Male dort.

Wie erwähnt, hatte auf dem Berghof meine Halbschwester Angela das Sagen, Gelis Mutter. Sie hatte einige Erfahrung auf dem Gebiet und erledigte die Arbeit so gut, wie ich es mir nur wünschen konnte; allerdings kam sie – kaum überraschend – nicht mit Fräulein Braun zurecht. So musste ich sie letztendlich entlassen. Der Hof wurde wie das kleine Landhaus geführt, das er ursprünglich gewesen war, komplett mit Haushältern, Gärtnern, Köchen, Kellnern und so weiter. Die Oberaufsicht lag in den Händen von Bormann; eine Frau Mittlstrasser arbeitete als Zimmermädchen. Ich pflegte dort jedes Wochenende Gäste zu empfangen. Abgesehen von Himmler zählten zu den häufigsten Besuchern Goebbels, Speer, Hoffmann, Heß, Ribbentrop, mein Reichspressechef Otto Dietrich sowie meine Ärzte Theo Morell und Karl Brandt. Außerdem Heydrich, bevor er 1942 ermordet wurde. Ab und an waren auch ihre Frauen eingeladen, ebenso – wenn auch seltener – Personen aus der Kunstwelt.

Ich kam für gewöhnlich mittags oder sogar noch später aus meinem Zimmer herunter, nachdem ich meine Post durchgesehen hatte. Dann plauderte ich ein wenig mit meinen Gästen, ehe ich sie zum Essen einlud. Wenn ich auf diese Weise beschäftigt war, musste Bormann sich um Eva kümmern. Das Mittagessen fiel normalerweise leicht aus. Auch wenn ich eine kleine Schwäche für Süßes hatte, tat ich doch nie so, als sei ich ein Feinschmecker. Bloß keine ausgefallenen Speisen mit unaussprechlichen französischen Namen und keine Zwölfgangmenüs für mich! Suppe, Backkartoffeln, Reis oder Nudeln mit etwas Spargel oder anderem Gemüse reichten mir. Auch wenn ich selbst Vegetarier und Abstinenzler war, hatte ich nichts dagegen, wenn andere Fleisch aßen oder ein Glas Wein tranken. Außer auf der Terrasse ließ ich es jedoch nicht zu, dass in meiner Anwesenheit geraucht wurde.

Ich nutzte meine Aufenthalte auf dem Berghof unter anderem auch für eine gelegentliche Kegelrunde – es gab im Keller eine Bahn – sowie das Abrichten meines Hundes. Manchmal veranstaltete ich eine kleine Feier, zu der die Kinder eines meiner Mitarbeiter eingeladen wurden – ich mochte Kinder, und sie mochten mich. Hoffmann und Eva, die eine leidenschaftliche (und gute!) Fotografin war, stellten sicher, dass ein Teil unserer idyllischen Zeit auf Film gebannt wurde. Die Bilder, die dabei herauskamen, wurden stärker nachgefragt als alle anderen. Anscheinend waren die Menschen ganz begierig darauf, mich als einen der ihren zu sehen. Selbstverständlich wollten meine Paladine mir möglichst nahe sein, natürlich vor allem, um um meine Gunst zu buhlen und meine Aufmerksamkeit zu haben. Ich bilde mir aber einiges darauf ein, dass manche von ihnen es auch taten, weil sie das entspannte, formlose Ambiente schätzten, das ich ihnen bieten konnte.

Im Laufe der Jahre fühlte sich jeder von ihnen verpflichtet, in der Nähe ein eigenes Domizil zu bauen. Die ursprünglich mit Kiefernnadeln bedeckten Pfade wurden gepflastert. Der gesamte Komplex wurde umzäunt und von einer SS-Kompanie bewacht, deren Soldaten wiederum mit Quartieren, einer Kantine, Übungseinrichtungen und so fort versorgt werden mussten. Eine Ergänzung führte zur anderen, und Jahr um Jahr vergrößerte sich die Anzahl der Menschen, die auf dem Berg lebten oder arbeiteten. Am Ende war er fast zu einer Kleinstadt geworden, mitsamt Luftschutzbunkern und unterirdischen Gängen, die den Bewohnern – und natürlich mir – im Notfall die Flucht ermöglichen sollten. Die treibende Kraft hinter den meisten dieser Bauvorgänge war Bormann. In diesen wie anderen Bereichen lag es ihm nicht fern, zu brutalen Methoden zu greifen, um seinen Willen durchzusetzen, etwa die ursprünglichen Anwohner auszuquartieren und sich ihr Eigentum anzueignen. Ein paar von ihnen wanderten für einige Zeit ins Konzentrationslager, bis sie verstanden hatten, was er von ihnen erwartete. Ich für meinen Teil hätte am liebsten alles so gelassen, wie es am Anfang war. Aber, wie gesagt, man kann sich nicht immer nach seinen eigenen Wünschen richten.

Von Zeit zu Zeit lud ich ausländische Gäste ein, denen ich eine Ehre erweisen wollte. Darunter war auch der ehemalige britische Premierminister David Lloyd George, der Mann, der sich im Großen Krieg wahrscheinlich mehr als jeder andere darum bemüht hatte, Deutschland zu erledigen. Hoffmann, der wie üblich dabei war, erzählte mir später, dass Lloyd George gesagt habe, Deutschland müsse Gott dafür danken, dass er ihm einen solchen Führer gesandt hatte. Weitere Gäste waren der Aga Khan, der Herzog und die Herzogin von Windsor, der österreichische Bundeskanzler Kurt Schuschnigg, der britische Premierminister Neville Chamberlain, Pierre Laval und Benito Mussolini, ganz zu schweigen von zahlreichen kleineren Fischen. Bisweilen lud ich auch die Oberbefehlshaber der Wehrmachtsteile nach Berchtesgaden ein, um meine Pläne in der Abgeschiedenheit dieses Orts zu besprechen.

Meine deutschen Besucher auf dem Berghof wussten um Eva – von ihr gleich mehr – und bewahrten das Geheimnis. Ich konnte es mir aber einfach nicht leisten, sie der ganzen Nation bekanntzumachen. Alle öffentlichen Zuneigungsbekundungen waren streng verboten. Das kam sie hart an, schlichte, anhängliche Seele, die sie war. Doch es ging nicht anders. Sie mischte sich unter meine Paladine und hielt sich vor allem an Speer, mit dem sie manchmal wandern ging. Wenn aber ausländische Gäste erwartet wurden, bat ich sie, in ihrem Zimmer zu bleiben. Einmal kommentierte sie: „Da oben gibt's was Verbotenes zu sehen – mich!"

Apropos Mussolini: Er hielt an der häufigen „Wachablösung" fest, wie er es nannte. Ich hingegen schätzte mich glücklich, meinen oberen und mittleren Mitarbeiterstab so gut ausgewählt zu haben. Solange sie keine krassen Fehler begingen, blieben sie in der Regel jahrelang an meiner Seite, so wie Göring, Bormann, Speer, Himmler, Keitel, Jodl und diverse Gauleiter. Natürlich war ihnen meine Macht bewusst. Aber sie fürchteten mich nicht in der gleichen Weise, wie Stalins Untergebene panische Angst vor ihm hatten. Erst in den letzten Monaten des Krieges musste ich einigen von ihnen verbieten, mir ihre defätistischen Ideen vorzutragen. Um meinen Worten Nachdruck zu verleihen, ließ ich Ernst Kaltenbrunner, den Nachfolger Heydrichs als Leiter des Reichssicherheitshauptamts, an einigen unserer Besprechungen teilnehmen. Abgesehen von den Verrätern des Juli 1944 hielt ich mich nur sehr selten damit auf, jemanden von ihnen vor Gericht zu stellen. Genauso wenig steckte ich sie in Konzentrationslager oder ließ sie aus ihren Häusern zerren und erschießen.

Ich wollte nicht, dass die Menschen meine Entscheidungen in Frage stellten. Noch viel weniger wünschte ich Skandale im Kreise meiner engen Mitarbeiter, die auf die Führung abfärben könnten. Deshalb entließ ich leitende Beamte, die ihren Aufgaben nicht mehr gewachsen waren, nicht einfach, sondern nahm ihnen einen Teil ihrer Macht und gab ihn jemand anderem. Selbstverständlich ließ ich den Versager nicht wissen, was ich getan hatte. So war es beispielsweise 1943, als ich Milch, Galland und Kammhuber gegen Göring unterstützte und Letzterem damit praktisch die Kontrolle über die Luftwaffe entzog. Und dann noch einmal Ende 1944, als ich Franz Xaver Dorsch und Karl Saur, die Gehilfen Speers, zu dessen Ungunsten beförderte. Diese Vorgehensweise hatte den zusätzlichen Vorteil, dass meine Untergebenen dadurch gezwungen waren, um meine Gunst zu wetteifern. Bis ganz zum Schluss hielt diese Rivalität sie davon ab, sich gegen mich zusammenzuschließen.

Andere Diktatoren haben das Personal in ihrer Umgebung – Diener, Sekretärinnen, Sprecher, Boten, sogar Ärzte – oft vor Furcht erzittern lassen. Anscheinend ist Stalin so ums Leben gekommen. Er war spät in der Nacht allein in seinem Zimmer, als ihn ein Schlaganfall niederstreckte, aber seine Leute wagten nicht, ihn zu stören, ehe es zu spät war. Bei mir war es ganz und gar nicht so. Anders, als man meinen könnte, wenn man den Film *Er ist wieder da* gesehen hat, behandelte ich diese Menschen nicht grob, schrie sie an oder drohte ihnen mit der Entlassung. Obwohl das Leben für mich schwerer und schwerer wurde, war mein Verhältnis zu ihnen ausnahmslos herzlich und gelegentlich sogar heiter. Beispielsweise wurde ich einmal darüber informiert, dass eine meiner ehemaligen Ordonnanzen – der Mann diente zu diesem Zeitpunkt in der Kriegsmarine – nicht nur mit einem, sondern gleich zweien der Schiffe, auf denen er Dienst getan hatte, untergegangen war. Daraufhin ließ ich ihn kommen, erklärte ihm, ich könne nicht zulassen, dass er meine gesamte Marine versenke, und stellte ihn wieder ein. Diejenigen, die mir am nächsten standen, scheuten nicht davor zurück, kleine Späße mit mir zu treiben. Hoffmann brachte mir einmal eingefärbten Fruchtsaft, und ich hatte schon begonnen, ihn zu schelten, ehe ich bemerkte, dass es kein Alkohol war. Einer meiner Adjutanten schlug sogar einmal vor, das Blut, das Morell mir abgenommen hatte, mit ein wenig Salz zu mischen und als Führer-Blutwurst zu verkaufen!

Ich sorgte dafür, dass diejenigen, die sich Versuchungen hingaben, empfindlich bestraft wurden. Was die anderen anging, so kümmerte ich mich nicht um ihren Rang, sondern redete sie einfach beim Nachnamen an. Im Gegensatz zu den großen demokratischen Staatsführern von heute fiel es mir bis zum Putschversuch vom 20. Juli 1944 nie ein, meine Mitarbeiter zu demütigen, indem ich sie Leibesvisitationen unterziehen oder ihre Taschen durchsuchen ließ. Ich vergaß nie, ihnen an ihren Geburtstagen kleine Geschenke zu machen. Um meine Wertschätzung auszudrücken, ließ ich meinen Stab auch einen Vorrat teurerer Gaben bereithalten, etwa goldene Uhren mit meinen eingravierten Initialen, die ich je nach Anlass aushändigte. Während ich mich im Laufe des Krieges in meinen verschiedenen Hauptquartieren aufhielt, achtete ich darauf, dass meine Sekretärinnen – die von Männern umgeben waren, die lange, lange Zeit nicht zu Hause gewesen waren – nicht sexuell belästigt wurden.

Die Unverheirateten – etwa Walter Hewel, meinen Verbindungsbeamten zum Auswärtigen Amt – versuchte ich behutsam mit Partnern zusammenzubringen. Meine Bemühungen waren recht oft von Erfolg gekrönt; wenn das erledigt war, diente ich gern als Trauzeuge. Wenn ich einmal unabsichtlich jemandem zu nahe trat, entschuldigte ich mich sofort. Ich erinnere mich besonders gut an solche Entschuldigungen gegenüber Hewel und Traudl Junge. Vor allem wusste ich, wie ich mit Menschen zu reden hatte, deren Ehemänner, Verlobte oder Verwandte gestorben, verwundet worden oder gefallen waren, was von Zeit zu Zeit vorkam.

Viele, wenn nicht die meisten der besagten Mitarbeiter wussten, dass sie in außergewöhnlichen Zeiten lebten; deshalb führten sie Tagebuch. Nicht nur habe ich sie dabei nicht überwacht oder sie gar davon abgehalten – hier in der Hölle habe ich mir sogar die Zeit genommen, etliche ihrer Darstellungen zu lesen. Nicht nur die offiziellen Fassungen, sondern auch die unveröffentlichten. Niemand von ihnen scheint irgendeine ernsthafte Beschwerde vorzutragen gehabt zu haben. Ganz im Gegenteil: Untereinander nannten sie mich oft „USA“, „unser seliger Adolf“. Manche von ihnen bewahrten mein Andenken noch Jahrzehnte nach meinem Tod, ungeachtet der Weise, in der man über mich dachte, und trotz aller Probleme, die diese Haltung für sie bedeutete.

Womit wir wieder bei Fräulein Braun wären. Wie ich schon sagte: Je berühmter und mächtiger ich wurde, desto mehr Frauen buhlten um meine Aufmerksamkeit. Tun sie das nicht immer? Diese Frauen sind schon ein seltsames Völkchen. Je mehr man sie mit Verachtung straft, desto fanatischer laufen sie einem hinterher. Für sie ist Verachtung ein Zeichen der Stärke. Unter den Frauen, die *mir* hinterherliefen, waren tatsächlich einige große Schönheiten. Insbesondere die englische Adelstochter Unity Mitford war ein Paradebeispiel germanischer Weiblichkeit. Unglücklicherweise war sie auch vollkommen verrückt und eine Gefahr für sich selbst – nachdem sie 1939 versucht hatte, sich umzubringen, schickte ich sie in die Schweiz, damit niemand etwas mitbekam. Eva jedenfalls traf ich zum ersten Mal 1929. Damals arbeitete sie im Münchener Fotostudio Hoffmanns. Ich war 40, sie war 17. Das ist nicht ungewöhnlich. Wenn der schon erwähnte Kershaw das Gegenteil behauptet, dann ist er bloß eifersüchtig; das Gleiche gilt für andere Historiker, Männer wie Frauen. In Wahrheit haben sich große Männer schon immer bei jüngeren Frauen entspannt. Caesar war 31 Jahre älter als Kleopatra. Napoleon war 17 Jahre älter als Maria Walewska. Goethe war 54 Jahre älter als seine letzte Liebe, Ulrike von Levetzow. Bedeutete das etwa, dass er unfähig war, mit reiferen Frauen umzugehen?

Die Anziehung beruht oft auf Gegenseitigkeit; Gerdy Troost zum Beispiel war 26 Jahre jünger als ihr geliebter Ehemann. Um auf Eva zurückzukommen: Ich mochte sie von Anfang an, traf sie aber erst ab Oktober 1931 regelmäßig, nach Gelis Tod. Von diesem Punkt an blühte unsere Beziehung auf. Anfangs trafen wir uns für gewöhnlich in meiner Münchener Wohnung. Sie war das, was die Leute ein nettes Mädchen nennen, blond (mit ein wenig Unterstützung durch Wasserstoffperoxid, muss ehrlicherweise dazugesagt werden), ziemlich gutaussehend, fröhlich, bescheiden und unaufdringlich. Sie stammte aus der unteren Mittelschicht und war weder übermäßig intelligent noch verzogen. Und sie interessierte sich überhaupt nicht für Politik. Sie verstand meinen Antisemitismus nicht und war von meinen Reden gelangweilt. Alles war genau so, wie ich es wollte. Ich verbrachte den

Großteil meines Lebens kämpfend – erst an der Front, dann in der Politik, später auf internationalem Parkett und schließlich als Kriegsherr –, und wenn ich etwas überhaupt nicht an meiner Seite brauchte, dann eine daherphilosophierende Brünhild wie Mathilde Ludendorff. Noch viel weniger einen geldgeilen Drachen wie Jacqueline Bouvier Kennedy Onassis, von der de Gaulle einmal sagte, dass sie auf der Yacht irgendeines Wirtschaftsmagnaten enden würde (was sie auch tatsächlich tat), oder irgendeine halb verblödete feministische Furie, die sich ununterbrochen darüber beschwert hätte, diskriminiert, unterdrückt und „zum Objekt degradiert" zu werden. So, wie ich die Welt kenne, bin ich mir sicher, dass 99 Prozent aller echten Männer mir da zustimmen werden.

Eva hatte eine Schwäche für Hunde, Kinder und Menschen insgesamt. Ich nannte sie „Tschapperl", wie man in Österreich zu kleinen Kindern sagt. Um sie zu beschützen, ließ ich im Garten ihres Hauses einen kleinen Luftschutzbunker bauen. Anstatt ihn selbst zu benutzen, stellte sie ihn ihren Nachbarn zur Verfügung. Sie selbst stieg in der Regel auf das Dach und passte auf, dass keine Brandbomben hineinfielen; Fräulein Braun war ganz sicher kein Feigling. Sie hatte auch Sinn für Humor und trieb manchen Spaß mit mir, selbst in Anwesenheit anderer. Und sie hielt sich mit Wandern, Schwimmen und Skifahren fit – ein wenig zu fit für meinen Geschmack. Wäre es nach ihr gegangen, dann wäre sie selbst beim heftigsten Schneefall draußen unterwegs gewesen. Doch ich hielt das für zu gefährlich und verbot es ihr.

Eine ihrer Lieblingsbeschäftigungen war, wie gesagt, die Fotografie. Eine weitere war die Mode. Sie wusste, wie man sich geschmackvoll, aber nicht pompös anzog, und führte säuberlich Buch darüber, welche Kleider sie zu jedem Anlass trug. Ich unterstützte sie mit Taschengeld für Schmuck und andere Kinkerlitzchen. Damit sie Gesellschaft hatte, besorgte ich ihr zwei Hunde. Es waren schwarze Scottish Terrier, die sie Negus und Stasi taufte. Morgens saßen die beiden wie Bronzestatuen vor ihrer Tür und warteten auf sie. Ich neckte sie damit, dass die beiden keine Hunde, sondern Staubwedel seien; sie rächte sich, indem sie behauptete, Blondi sei kein Hund, sondern ein Kalb. Ihre Hunde und meiner konnten sich nicht ausstehen – was dazu führte, dass ich sie zuerst um Erlaubnis bitten musste, wenn ich Blondi zu ihr mitbringen wollte! Diejenigen (ich werde keine Namen nennen), die behaupten, ich hätte sie auf dem Berghof in einem „goldenen Käfig" gehalten, sind Lügner. Ich hatte ihr schon 1936 ein Haus in München zur Verfügung gestellt, auch um sie aus ihrem verhassten Elternhaus herauszubekommen. Sie wohnte dort mit ihrer jüngeren Schwester Gretl und besuchte weiterhin Hoffmanns Geschäft, wann immer ihr danach war. Sie hatte auch in der Reichskanzlei eine Wohnung, in der sie sich hin und wieder aufhielt und wo eine meiner Ordonnanzen, Rochus Misch, sie einmal unbeabsichtigt in meinem Bett erwischte. Außerdem hatte sie ein eigenes Auto. In meiner Abwesenheit, also die meiste Zeit über, tat sie, wozu sie Lust hatte. Dazu gehörten lange Spaziergänge, die sie nicht unternehmen konnte, wenn ich in der Nähe war.

Es *stimmt* allerdings, dass ich nie daran dachte, sie zu heiraten. Ich konnte sie nicht einmal in der Öffentlichkeit ausführen. Zum Teil deshalb, weil unsere Beziehung geheim bleiben musste. Und weil sie – so lieb sie auch sein mochte – überhaupt nicht in der Lage war, sich zu offiziellen Anlässen wie Diplomatenempfängen und Diners wie eine *Grande dame* aufzuführen. Auch aus diesem Grund hatten so viele große Männer zwei (oder mehr) Frauen. Wie viel in ihrem Leben hat Anne Pingeot für ihren Geliebten, Präsident François Mitterand, geopfert! Das Maximum dessen, was ich für Eva tun konnte, war, sie in Begleitung von Morell und seiner Frau am Nürnberger Parteitag teilnehmen zu lassen. Zu anderen Anlässen ging sie mit Hoffmann, ihrem ehemaligen Arbeitgeber. Und selbst dann mussten wir noch vorsichtig sein und durften nicht zu dicht beieinander sitzen. Nimmt man noch hinzu, dass ich immerhin ein vielbeschäftigter Mann war, dann wird ihr Gefühl der Vernachlässigung sehr verständlich.

1932 und 1935 versuchte sie, sich umzubringen. Beim ersten Mal benutzte sie eine Pistole, die ich ihr gegeben hatte, aber die Kugel streifte nur ihren Hals. Beim zweiten Mal nahm sie Schlaftabletten, aber von einer Sorte, die einen nur schwer umbringt. Demnach schien keiner der beiden Versuche allzu ernst gemeint zu sein; letzten Endes war sie nicht die erste und auch nicht die letzte Frau, die versucht hätte, ihren Mann durch Schuldgefühle an sich zu binden. Es klappte, und unsere Beziehung wurde enger. Einerseits, weil ich nicht anders konnte, als Mitleid mit ihr zu haben, und andererseits, weil ich mir nach der Geschichte mit Geli keine weitere tote Frau in meiner Umgebung leisten konnte. Sie war glühend loyal. Auch wenn sie nicht zögerte, mich sogar vor Dritten von Angesicht zu Angesicht zu kritisieren – wehe jedem, der es wagte, das Gleiche in ihrer Anwesenheit zu tun. Ich werde hier nicht die Sensationsgier der Menschen befriedigen, indem ich ins Detail gehe. Es sei nur gesagt: „Für die Liebe hielt ich mir eben in München ein Mädchen."

Mangels einer repräsentativen Ehefrau wandte ich mich an Görings zweite Frau Emmy, eine ehemalige Schauspielerin. Und vor allem an Magda Goebbels. Sie war als Magda Behrend geboren worden und hatte einige der besten Mädchenschulen besucht, die es gab, ehe sie 1921 Günther Quandt geheiratet hatte. Quandt war einer der reichsten Männer Deutschlands, dessen Nachkommen noch heute ein großer Anteil des BMW-Konzerns gehört. Mit ihm hatte sie einen Sohn, Harald. Es war aber keine glückliche Ehe. Sie war 20 Jahre alt, sie wollte tanzen und strahlen und Feste in der gemeinsamen Potsdamer Villa schmeißen. Er war 18 Jahre älter als sie und wollte Geschäfte machen. 1929 ließ er sich von ihr scheiden und machte sie damit zu einer wohlhabenden Frau. 1930 trat sie der Partei bei und begann, ehrenamtlich für Goebbels in seiner Funktion als Gauleiter von Berlin zu arbeiten. Die beiden heirateten 1931, mit mir als Trauzeugen.

Sie und Joseph hatten sechs Kinder miteinander. Ich muss jedoch leider sagen, dass ihre Ehe kein bisschen glücklicher war als Magdas vorherige. Mehrmals betrogen sie einander, zerstritten sich und wurden wieder ausgesöhnt. Sie behauptete sogar, dass er sie schlagen würde; wie er das angestellt haben sollte, blieb angesichts seiner zwergenhaften Statur und der Metallschiene, die er als Stütze für sein verkrüppeltes Bein tragen musste, jedoch ein Rätsel. Einmal wollte er sich von ihr scheiden lassen, um danach die tschechische Schauspielerin Lída Baarová zu heiraten, mit der er eine stürmische Affäre hatte, und sich als unser neuer Botschafter nach Japan davonmachen! Das war ein lächerlicher Einfall, und ich verbot ihm kurzerhand, das Ganze durchzuziehen. Normalerweise war es mir ziemlich gleich, was die Leute machten – und mit wem. Aber einen Skandal auf höchster Ebene konnte und wollte ich nicht dulden. Es hätte unseren guten, braven Deutschen einen schlechten Eindruck von uns, ihren Herrschern, vermittelt.

Frau Goebbels war das genaue Gegenteil von Eva. Deshalb, und weil sie ganz offenkundig beide um meine Aufmerksamkeit wetteiferten, entwickelten die beiden Frauen eine lebhafte gegenseitige Abneigung. Magda war hochintelligent, sehr gut erzogen und eine meiner glühendsten Verehrerinnen. Wie es mein Fahrer Erich Kempka formuliert hat: Wenn sie in meiner Nähe war, hörte man ihre Eierstöcke klappern. Eines der letzten Dinge, die sie mir vor unser beider Tod sagte, war, dass sie sich nicht vorstellen könne, in einer Welt ohne Nationalsozialismus zu leben. Vor allem aber war sie durch und durch eine Dame. Diese Eigenschaft war es, die mich an ihr anzog und die sie für mich nützlich machte. Sie wusste, wie man sich kleidete, sich schminkte, sich präsentierte und wie man zu reden hatte. Und das nicht nur in deutscher Sprache. Ihre hervorragende Bildung und ihre Manieren machten es möglich, dass ich sie zu offiziellen Anlässen mitnahm. Ja, in den 1930er Jahren besuchte ich gern das Haus der Familie Goebbels auf Schwanenwerder in der Havel, wenn sich die Gelegenheit ergab. Aber nein, tausendmal nein: Dass ich das gewesen sein soll, was wir Deutschen einen Hausfreund nennen, ist nicht wahr. Ich hatte keine Affäre mit ihr.

Genauso wenig war ich der kranke Mann, als der ich oft dargestellt worden bin. Hätte ich mich nicht einer robusten Gesundheit erfreut, hätte ich nicht einmal einen Bruchteil der Ausdauer aufgebracht, die nötig war, um die Gefolgschaft von Millionen zu erringen und in meine Stellung zu gelangen. Zugegebenermaßen konnte ich mein Alter spüren, als ich mich meinem 50. Geburtstag näherte. Ich hatte ein paar kleinere Beschwerden, vor allem hinsichtlich meiner Verdauung. Einmal hatte ich schlimme Magenkrämpfe und gleichzeitig Hautausschlag. Ich kann nicht behaupten, dass ich mir darum keine Sorgen gemacht hätte. Solcher Probleme nahmen sich meine Ärzte an, vor allem der mit Gold nicht aufzuwiegende Dr. Morell. Ich war mir bewusst, dass viele aus meinem Umfeld – einschließlich Fräulein Braun – ihn nicht mochten, ebenso wie einige meiner anderen Ärzte. Aus beruflicher Eifersucht heraus spannen sie unentwegt Intrigen gegen ihn. Er war tatsächlich etwas unangenehm – während der Mahlzeiten konnte man hören, wie gut es ihm schmeckte. Und er war so fett, dass er Schwierigkeiten hatte, aus der Badewanne aufzustehen oder sich durch die Türen eines Eisenbahnwagens zu quetschen. Ich würde sagen, er war fast so etwas wie ein deutscher Rasputin. Für mich und Goebbels, den er von der Hautentzündung heilte, an der zuvor 22 andere Ärzte gescheitert waren, war er jedoch ein Gottesgeschenk. Seine Spritzen waren so wirksam, dass ich mich oft schon besser fühlte, noch bevor er die Nadel aus meinem Arm herausgezogen hatte. Was für Probleme ich auch immer hatte, sie hielten mich jedenfalls nicht davon ab, meinen Pflichten nachzukommen und von 1939 bis 1941 einige der größten militärischen Triumphe der Geschichte zu verantworten.

Von da ab wurde alles sehr schwer. Mal lief der Krieg sehr gut für uns, mal weniger gut. Die Belastung war so groß, dass sie sich niemand vorstellen kann, der sie nicht durchgemacht hat. Mehr als einmal fühlte ich wie Atlas die Last der Welt auf meinen Schultern! Ich sorgte mich und arbeitete und arbeitete und sorgte mich – Letzteres oft in der Nacht, wenn ich schlaflos wachlag. Auch traten langsam Herzbeschwerden auf, die meine körperlichen Aktivitäten allmählich einschränkten. Das alles war das genaue Gegenteil dessen, was ich immer als gute Lebensweise angesehen und für mich sicherzustellen versucht hatte. Das Schlimmste daran war, dass ich meine Sorgen mit niemandem teilen konnte. Ich *musste* um jeden Preis jung, gesund, rüstig und zu allem bereit wirken. Selbst in den schwierigsten Augenblicken, etwa als die 6. Armee in Stalingrad eingekesselt worden war und wir uns im Hauptquartier alle zu Tode ängstigten. Ich konnte nicht einmal mein Testament machen; das hätte eine niederschmetternde Wirkung auf alle um mich herum gehabt. Deshalb schob ich diese Sache bis zum allerletzten Moment vor mir her. In Anbetracht der Umstände war meine Gesundheit aber bis zum Schluss annehmbar. Ich war immer noch in der Lage, den ganzen Tag lang ausdauernd zu arbeiten. Niemals habe ich die Kontrolle verloren oder gar einen körperlichen Zusammenbruch erlitten, der mich außer Gefecht gesetzt hätte.

Erst nach dem Anschlag auf mein Leben am 20. Juli 1944 begann ich, wirklich unter allen möglichen Symptomen zu leiden. Dazu gehörten insbesondere eine teilweise Taubheit, Augen, die nicht nur einfach etwas hervorstanden, sondern aus den Höhlen zu springen schienen, ein sich immer weiter nach vorn beugender Körper und ein unkontrollierbares Zittern im linken Arm und rechten Bein, das meine Ärzte als Schüttellähmung diagnostizierten. Ganz zu schweigen von den schlaflosen Nächten und der Nervosität, die den unerträglichen Stress widerspiegelten, mit dem ich leben musste. Doch ich ließ mich davon nicht zugrunde richten. Ganz im Gegenteil: Ich fühlte, dass die Vorsehung aus ihren ganz eigenen Gründen umso mehr ihre schützende Hand über mich hielt, je verwundbarer ich wurde. So oder so, es war ein beschwerliches Leben. Manchmal war es allein mein Pflichtbewusstsein, dass mich weitermachen ließ. Bis zum Schluss hielt ich durch, so gut ich konnte.

Wie alle Prominenten zog auch ich Besucher an wie das Licht die Motten. Unzählige Leute wollten sich vorstellen und mit mir fotografiert werden. Und dennoch war ich ein einsamer Mann. Viele meiner Biografen haben meine Einsamkeit auf Jugenderlebnisse oder angebliche geistige Eigentümlichkeiten – um nicht zu sagen: Abnormitäten – zurückgeführt. Auch meine Untergebenen bemerkten, wie einsam ich war. Ribbentrop, der in der Regel kein besonders sensibler Mann war, hatte bei seinem Prozess in Nürnberg Folgendes zu diesem Thema zu sagen: „Wenn ich aber heute gefragt werde, ob ich ihn gut gekannt habe, wie er als Politiker und Staatsmann gedacht hat, was für ein Mensch er war, so muß ich bekennen, daß ich nur sehr wenig über ihn weiß, eigentlich gar nichts. Tatsache ist, daß, obwohl ich so viele Dinge mit ihm erlebt habe, ich ihm in all den Jahren der Zusammenarbeit zu keinem Zeitpunkt näher gekommen bin als am Tag unserer ersten Begegnung, weder persönlich noch in anderer Weise."

Generaloberst Jodl, mein engster militärischer Berater, mit dem ich mich über viele Jahre hinweg zweimal am Tag traf, sagte ähnliche Dinge. Dann war da noch Speer, mein Architekt und späterer Minister für Bewaffnung und Munition. In seinen *Erinnerungen* schrieb er, wenn ich Freunde gehabt hätte, dann wäre er bestimmt einer meiner engsten Freunde gewesen. Und er hatte recht, er *war* mein Freund – jedenfalls bis zu einem gewissen Grad. Mit ihm konnte ich wie mit keinem anderen meine künstlerischen Vorhaben besprechen. Das heißt: bis ganz kurz vor Kriegsende, als er meinen „Befehl betreffend Zerstörungsmaßnahmen im Reichsgebiet" verweigerte. Einmal versuchte er sogar, Giftgas in meinen Bunker zu leiten, um mich zu töten. Zumindest hat er das behauptet, als es in Nürnberg um seinen Hals ging. Ein schöner Freund.

Ein weiterer enger „Freund" war Goebbels. Goebbels war ein Riese, der im Körper eines Zwergen gefangen war. Mit ihm sprach ich „von Mann zu Mann" wie mit keinem anderen, wie er stolz in sein Tagebuch schrieb. Stimmt schon. Aber das war zum Teil Berechnung, nicht Rührseligkeit. Es war ein Weg, um ihn unbedingt loyal zu halten. Und es hat funktioniert. So oder so: Kann ein Mann in meiner Position überhaupt Freunde haben? Wahre Freundschaft bedarf uneingeschränkten gegenseitigen Vertrauens. Aber konnte ich wirklich Menschen vertrauen, die allesamt, ohne Ausnahme, irgendetwas von mir wollten? Möglicherweise einen Gefallen? Mehr Macht, um sich gegen einen oder mehrere Rivalen durchsetzen zu können? Eine Beförderung? Oder sich einfach nur in meinem Ruhm sonnen? Einmal lieh ich Speer bei einem Mittagessen auf dem Berghof eine meiner Jacken mit dem Abzeichen daran, das nur ich tragen durfte. In seinen Memoiren erinnerte er sich noch 30 Jahre später an diese Begebenheit. Voller Stolz! Freundschaft, wahre Freundschaft, ist nur zwischen Gleichrangigen möglich. Ich jedoch – bei aller Bescheidenheit – hatte niemand Gleichrangigen. Wie wäre das auch möglich gewesen, als ich noch der größte Aktivposten der Partei war? Und es wurde noch unmöglicher, nachdem ich Reichskanzler geworden war und das Schicksal von Millionen und Abermillionen in Händen hielt.

Ich hatte auch keine Familie in der Art, wie sie viele andere – nicht ausschließlich, aber vor allem erbliche – Herrscher hatten. Für einen Führer ist es nicht immer gut, eine Familie zu haben. Unzählige von ihnen mussten ihre Verwandten umbringen oder wurden selbst von ihnen umgebracht. Weder Shakespeare in *Hamlet* noch Schiller in *Don Karlos* haben sich da irgendetwas ausgedacht; tatsächlich hat mein eigener Neffe William Patrick Hitler, der Sohn meines Halbbruders Alois, mich zu erpressen versucht. Und selbst da, wo es nicht so weit kommt, bedeutet eine Familie – ob nun offiziell oder inoffiziell – Verpflichtungen. Verpflichtungen wiederum bedeuten Klüngelei, Vetternwirtschaft und Korruption. Man sehe sich nur Napoleon an, der andauernd seine nutzlosen Brüder mit diesem oder jenem Amt betraute. Auch Mussolini konnte ein Lied davon singen – seine Geliebte Clara Petacci wurde zum Vorwand für ihre Verwandten, um sich zu bereichern.

Dass ich keine Familie hatte, lag nicht an einer Unfähigkeit oder (gerade in meinen letzten Jahren) auch nur mangelnder Neigung dazu, eine Gefährtin zu finden. Es war das Resultat einer bewussten, politisch motivierten Entscheidung. Wenn ich den Krieg gewonnen hätte, wäre ich von all meinen Ämtern zurückgetreten und hätte Berlin verlassen, diese Stadt, die ich nie mochte. Sollte sich doch jemand anderes um die Regierungsgeschäfte kümmern, vor allem um künftige Kriege! Ich hätte den Rest meines Lebens zusammen mit Eva in Ruhe und Abgeschiedenheit verbracht. Natürlich hätte ich mich nicht gerade dem Restaurieren alter Uhren gewidmet, aber ich hätte gelesen, mich mit ein paar Freunden unterhalten, mir Schallplatten angehört, meine Memoiren geschrieben, mich an Kunstwerken erfreut, Gebäude entworfen, hin und wieder einen Spaziergang unternommen und meinen Hund abgerichtet, ohne auch nur ein einziges Mal eine Uniform sehen oder irgendeinen schwachköpfigen Bürokraten oder Offizier treffen zu müssen. Nach all den Jahren, in denen diese Leute mich nur gequält haben – was wäre das für eine Erleichterung gewesen!

War ich, alles in allem, wirklich einsamer als andere in meiner Position? Meinetwegen einsamer als Julius Caesar, der am Ende von Brutus umgebracht wurde – ebenjenem Brutus, dem er in einem Akt unvergleichlicher Großzügigkeit vergeben hatte, dass er im Bürgerkrieg auf der Seite des Pompeius gekämpft hatte? Oder einsamer als Heinrich VIII. mit seinen sechs Frauen, von denen er zwei hinrichten ließ und sich von zwei weiteren scheiden ließ, während eine im Kindbett starb? Oder als Friedrich der Große, der mit zunehmendem Alter immer mehr seine Hunde den Menschen vorzog und schließlich darum bat, mit ihnen begraben zu werden? Ist Einsamkeit nicht immer und zwangsläufig der Preis, den man für Macht zu zahlen hat?

Mein privates und mein öffentliches Leben waren, kurz gesagt, in vielerlei Hinsicht dasselbe. Ich war, was ich war, und ich tat, was ich glaubte, tun zu müssen. Auch wenn der Weg lang und steinig war. Auch wenn es mir, besonders zum Ende hin, keine Freude machte. Auch wenn ich gegen meine eigene Natur handeln und mich der brutalstmöglichen Mittel bedienen musste. Vielleicht nicht einmal so sehr für mich selbst als für die Liebe, die ich meinem Volk gegenüber empfand. Einer unserer Nationaldichter, Ernst Moritz Arndt, hatte Folgendes dazu zu sagen:

„Der Gott, der Eisen wachsen ließ,
der wollte keine Knechte,
drum gab er Säbel, Schwert und Spieß
dem Mann in seine Rechte;
drum gab er ihm den kühnen Mut,
den Zorn der freien Rede,
daß er bestände bis aufs Blut,
bis in den Tod die Fehde."

17. Die Wiederbewaffnung

Von Anfang an war ich absolut entschlossen, die schmählichen Fesseln von Versailles abzuwerfen und unsere deutsche bewaffnete Macht wiederaufzubauen. Ich verlor auch keine Zeit, mit den Bemühungen in dieser Richtung zu beginnen. Innerhalb von 72 Stunden nach meiner Ernennung traf ich mich mit den Generälen der Reichswehr. Ich stellte in unmissverständlichen Worten klar, was ich – mit ihrer Hilfe – zu tun gedachte. Und ich versprach ihnen dabei freie Hand.

Doch wir mussten behutsam vorgehen. Erstens beobachteten uns unsere Feinde, also England und Frankreich. Einige ihrer Generäle und Politiker hätten – aufgehetzt und bestochen von den Juden – nichts lieber getan, als uns die Köpfe abzuschneiden, als wir noch klein und schwach waren. Und wir waren schwach. 1914 hatte Deutschland ein stehendes Heer von 750.000 Mann gehabt, und darüber hinaus 3.750.000 ausgebildete Reservisten, die innerhalb weniger Wochen die Reihen verstärken und in die Schlacht geworfen werden konnten. Wir hatten auch eine Marine gehabt, die damals nach der Englands und der der Vereinigten Staaten die drittstärkste der Welt gewesen war. Unsere Niederlage hatte all das geändert und uns praktisch wehrlos zurückgelassen.

Die Reichswehr war ebenso gut ausgebildet wie jede andere Armee auf der Welt. Aber mit nur 100.000 Mann in neun kleinen Divisionen, zu denen zwei Kavalleriedivisionen zählten, war sie in Wahrheit kaum mehr als ein Grenzschutz. Auch verfügte sie über keinerlei Reserven, die mobilisiert werden konnten. Wie einige Manöver in den 1920ern nur zu deutlich zeigten, war sie so schwach, dass sie niemals auch nur einen polnischen Angriff hätte aufhalten können, ganz zu schweigen von einem vollumfänglichen französischen Einmarsch. Die Reichsmarine besaß ein paar sogenannte Westentaschenschlachtschiffe. Für ihre Zeit waren sie echte technologische Wunder, aber den zahlreichen *echten* Schlachtschiffen nicht gewachsen, über die unsere Gegner verfügten. Ebenso wenig waren unsere Schiffe eine Herausforderung für die Flugzeugträger, die sie bereits entwickelten, doch das sollten wir erst später herausfinden.

Wir verfügten nicht über Unterseeboote, eine weitere Waffe, die für jeden zukünftigen Krieg unerlässlich sein würde. Wir verfügten über keine militärische Luftfahrt. Wir verfügten über keine schwere Artillerie, die einzige Waffe, die befestigte Stellungen ausschalten konnte. Und wir verfügten nicht über Panzer. Panzer hatten während der letzten Monate des Großen Krieges ihre Wirksamkeit unter Beweis gestellt, und es wurde jeden Tag klarer, dass sie zukünftig das Schlachtfeld beherrschen würden. Das war der Grund, weshalb die Alliierten uns nicht erlaubten, sie zu bauen. Die, die wir zur Ausbildung benutzten, waren auf Lastwagen montierte Kartonattrappen. Ihre „Panzerung" war so dünn, dass sich Kinder einen Spaß erlaubten und Bleistifte hindurchstachen! Man kann sich wohl gut vorstellen, wie sich unsere Männer *dabei* fühlten.

Das soll nicht heißen, dass wir alles einfach tatenlos über uns ergehen ließen. Wir gaben unser Bestes, um auf der Höhe der neuesten technischen Errungenschaften zu bleiben. In den 1920er Jahren schickten wir Offiziere nach Russland, wo sich sich gegenseitig und die Russen im Gebrauch von Panzern ausbildeten. Als 1941 das „Unternehmen Barbarossa" anlief, kam einigen von ihnen ihre Erfahrung mit Russland sehr zugute, besonders Manstein und Model, von denen ich später mehr berichten werde. Außerdem arbeiteten einige Unternehmen in Spanien, den Niederlanden und Schweden für uns und bauten ein paar Versuchsreihen von Unterseebooten und Flugzeugen. Um unsere zukünftigen Piloten auszubilden, verließen wir uns auf Segelflugzeuge. Sowohl diese als auch ihre Führer wurden tatsächlich die weltbesten ihrer Art; insofern hatte sich der Aufwand gelohnt. Insgesamt jedoch war unsere Lage hinsichtlich der modernsten und mächtigsten Waffen nicht bloß unbefriedigend. Sie war beschämend.

Das andere Problem, dem ich mich gegenübersah, war noch gravierender. Seit unseren Siegen über Österreich 1866 und Frankreich 1871 hatte die Welt unseren Generalstab als Vorbild seiner Art angesehen. Fremde wie der Engländer Spenser Wilkinson und der amerikanische General Emory Upton studierten ihn und schrieben Bücher zum Thema. Unter den Bestimmungen des Versailler Vertrags war er verboten. Dieser Umstand bereitete uns in Wirklichkeit kein großes Kopfzerbrechen, weil der Generalstab unter dem Namen Truppenamt weiterbestand. In gewisser Weise half er uns sogar, weil der kleine Umfang des Heeres es uns erlaubte, unsere Offiziere sorgfältiger auszuwählen und auszubilden als jemals zuvor. Das wahre Problem lag anderswo. Während des Kaiserreichs waren unsere Oberbefehlshaber dafür bekannt gewesen, immer auf die extremsten politischen und militärischen Schritte zu drängen, wie zum Beispiel 1905 Moltke der Jüngere, der damals Generalquartiermeister und stellvertretender Chef des Großen Generalstabs war. Er schrieb seiner Frau, dass Deutschland, wenn es Russlands Niederlage nicht zur Durchsetzung seiner Forderungen nutze, genauso gut die Hände in den Schoß legen, sich unter den Schutz Japans begeben und sich auf das Geldmachen konzentrieren könne! Als ich an die Macht kam, ging ich davon aus, dass die Generäle eine ähnliche Haltung einnehmen würden.

Doch es kam anders. Ich stellte schnell fest, dass meine Generäle nicht die Bluthunde waren, für die sie jedermann hielt. Sie knurrten nicht, sie fletschten nicht die Zähne, und sie mussten nicht an die Leine gelegt werden. In Wirklichkeit waren sie Waschlappen. Natürlich waren sie entzückt über mein Versprechen, dass wir den Vertrag aufkündigen und so bald wie möglich mit der Wiederbewaffnung beginnen würden. Für sie bedeutete das mehr Mittel, größere Macht und in vielen Fällen vielversprechende Aussichten auf Beförderungen. Generäle wollten Generaloberste werden, Generalleutnante wollten Generäle werden und so weiter die ganze Rangordnung hinab bis zu den Leutnanten. Das verstand sich von selbst, nehme ich an. Aber Krieg? Auf keinen Fall. Je altgedienter die Offiziere, desto überzeugter waren sie davon, eine Lektion aus 1914 bis 1918 gezogen zu haben. Und diese Lektion war, so glaubten sie, dass Deutschland niemals wieder gegen ein mächtiges Bündnis anderer Länder in den Krieg ziehen sollte.

Sie waren nicht nur Waschlappen – es fehlte ihnen auch gänzlich an Weitsicht. Bei ihrem allerersten Treffen mit mir baten sie mich um zusätzliche 50 Millionen Mark für die Reichswehr. Sie wollten auch, wie einer von ihnen zögerlich sagte, dass weitere 43 Millionen vorgemerkt würden, damit sie eine kümmerliche Luftwaffe aufbauen könnten. Wie ich schon sagte, bin ich kein Ökonom. Zahlen und Gleichungen sind nie meine Stärke gewesen, sondern meine Fähigkeit, komplizierte Probleme auf ihre einfachsten Bestandteile herunterzubrechen. Und ich verfügte über etwas noch viel Wichtigeres: Vorstellungsvermögen. Ich wusste sehr wohl, dass die Wiederbewaffnung, die *mir* vorschwebte, nicht nur ein paar läppische Millionen, sondern Milliarden kosten würde. Diese Neigung der Generalität, im Kleinen zu denken, sollte mich noch bis ans Ende weiter plagen. Jedes Mal, wenn ich eine kühne Maßnahme oder Unternehmung vorschlug, ging es wieder los.

Wie alle anderen Bürokraten waren auch sie geistig beschränkt. Weder verstanden sie den breiteren geschichtlichen Zusammenhang, innerhalb dessen sich unser nationales Leben zwangsläufig entwickelte, noch scherten sie sich darum. Ihr geistiger Horizont belief sich auf ein Europa von der Ukraine bis zu den Pyrenäen. Alles, was jenseits davon lag, hätte sich genauso gut auf der abgewandten Seite des Mondes befinden können. Der japanische Angriff auf die Vereinigten Staaten war ein sehr gutes Beispiel dafür. Als die Nachricht hereinkam, wandte ich mich an die großen militärischen Denker in meinem Hauptquartier und fragte sie, wo Pearl Harbor sei – nur um festzustellen, dass keiner von ihnen es wusste. Nicht einmal mein Marineadjutant Karl-Jesko von Puttkamer! Was Generaloberst Halder anging, so hielt der es nicht einmal für nötig, meine Kriegserklärung an die Vereinigten Staaten vier Tage später in seinem Tagebuch festzuhalten. Genies, alle miteinander.

Die wichtigste Persönlichkeit war General Blomberg, den ich schon vorgestellt habe. Als Angehöriger der Reichswehr konnte er der Partei nicht beitreten. Aber in allen anderen Belangen stand er uns Nationalsozialisten sehr nahe, so sehr, dass man ihn nach dem jugendlichen Helden eines gleichnamigen Romans „Hitlerjunge Quex" nannte! Dann waren da noch Generaloberst Werner von Fritsch, den man den „Eisberg" nannte und den ich 1935 zum Oberbefehlshaber des Heeres ernannte, sowie General Ludwig Beck, der im gleichen Jahr Generalstabschef des Heeres wurde.

Oberbefehlshaber der Marine war Admiral Erich Raeder, ein weiterer Eisberg (auch wenn er nicht so genannt wurde). Raeder war praktizierender Katholik, der seinen Glauben manchmal lächerlich ernst nahm – ungewöhnlich für einen Sohn der protestantischen Hamburger Region. Später, während seines Verfahrens in Nürnberg, nannte der amerikanische Gefängnispfarrer ihn den besten Bibelschüler, der ihm je begegnet sei! Auch er war fest gegen einen Krieg eingestellt, zumindest so lange, bis er seine winzige Streitmacht so weit aufgebaut haben würde, dass sie mit der englischen Royal Navy mithalten konnte. Das hieß praktisch: mehr oder weniger für immer. Ich hingegen war in Österreich geboren worden und hatte in den Schützengräben gedient. Natürlich wusste ich viel weniger über Marineangelegenheiten als über Landkriegführung. So blieb mir keine andere Wahl, als seine Ansichten zu respektieren, zumindest bis zu einem gewissen Grade. Das war der Grund, weshalb er – im Gegensatz zu den anderen – bis 1943 auf seinem Posten blieb.

Mein nächster Schritt war ein rein symbolischer. Ich zog Deutschland aus der Genfer Abrüstungskonferenz zurück. Die dortigen Gespräche, die sich seit 1932 dahingeschleppt hatten, waren einfach unsinnig. Einige Abgesandte sprachen über Angriffswaffen. Andere, insbesondere der einfältige amerikanische Präsident Franklin Roosevelt, konzentrierten sich auf Verteidigungswaffen. Als ob es wirklich einen Unterschied gäbe. Wie die Ägypter im Oktober 1973 bewiesen haben, kann man „zur Verteidigung" gedachte Flugabwehrraketen sehr wohl benutzen, um einen Angriff abzusichern. Zehn Jahre später galt das Gleiche für Amerikas „Strategische Verteidigungsinitiative". Einige Abgesandte hielten Giftgas für eine zivilisierte Waffe – ich hatte es erlebt und hätte ihnen einiges dazu sagen können – und wollten seine Anwendung erlauben. Andere glaubten, das sei nicht richtig.

Das größte Problem in all diesen Belangen war unsere eigene Lage. Nachdem man uns den Besitz anständiger Streitkräfte verboten hatte, waren wir nun entschlossen, Ebenbürtigkeit zu erlangen. Das konnte bedeuten, dass einerseits die anderen ihre Bewaffnung auf unser Niveau reduzieren sollten, oder dass andererseits wir die Erlaubnis bekommen sollten, zu bauen und auszuweiten, bis wir mit ihnen mithalten konnten. Die anderen Staaten, vor allem Frankreich, weigerten sich, unsere Forderungen zu erfüllen. So drehten wir uns im Kreis, bis ich am Ende einen Schlussstrich zog.

Nachdem wir damit die Brücken hinter uns abgebrochen hatten, war es an der Zeit, aufs Gas zu treten, um so schnell wie möglich durch den „gefährlichen Zeitraum" zu kommen. Bereits 1934 erstellten wir einen Produktionsplan für Militärflugzeuge mit dem Ziel, 1939 über 17.000 Stück zu verfügen. Um den Argwohn der Siegermächte zu beschwichtigen, sollten viele von ihnen als Transport- oder Übungsflieger ausgegeben werden. Am 17. März 1935, Heldengedenktag, verkündete ich, dass aus der Sicht Deutschlands der Versailler Vertrag nicht länger existierte. Ich gab auch bekannt, dass wir soeben die Wehrpflicht wiedereingeführt und damit den Grundstein für einen enormen Ausbau unserer Streitkräfte gelegt hatten. Das ursprüngliche Ziel waren 36 Divisionen, auf die noch viele weitere folgen sollten. Um den Wandel zu unterstreichen, legten wir den Namen Reichswehr ab und führten einen gänzlich neuen ein: die Wehrmacht.

Wir begannen von neuem mit der Produktion von Infanteriewaffen, Artillerierohren, Panzern (die wir zuerst als Traktoren tarnten) und Kriegsschiffen. Konzerne wie Borsig, Mauser, Thyssen, Krupp und Rheinmetall machten riesige Umsätze, investierten sie und fuhren noch größere ein. Die Auswirkungen auf die Arbeitslosigkeit waren dramatisch. Innerhalb von nur zwei Jahren stieg die Beschäftigung in der Flugzeugproduktion um nicht weniger als 1800 Prozent! Schon Ende 1934 konnten wir die verschiedenen Arbeitsbeschaffungsmaßnahmen, die wir von unseren Vorgängern geerbt hatten, auslaufen lassen.

Die Wirkung auf die Stimmung im Volk war noch dramatischer. Wir Deutschen waren schon lange als „Militaristen" verschrien. Dieser Vorwurf ging noch auf die erste Hälfte des 18. Jahrhunderts zurück, als die Menschen Friedrich Wilhelm I., den Vater Friedrichs des Großen, den „Soldatenkönig" von Potsdam nannten. Geflügelte Worte wie „Der Soldat ist der erste Mann im Staat" deuteten an, dass wir uns diese Einstellung im 19. und 20. Jahrhundert bewahrten. Keine

Nation hatte treuere Soldaten, und keine Nation hielt ihre Soldaten in höheren Ehren. Niemand liebte Aufmärsche, Zapfenstreiche und Paraden mehr als wir. Unsere Uniformen, von denen viele aus dem berühmten Hause Hugo Boss stammten, waren die besten der Welt. Sie waren enganliegend, zackig und knallig, mit vielen mehrfarbigen Abzeichen und Schnüren. Wie ein ehemaliger Wehrmachtssoldat schrieb, der sie jahrelang getragen hatte, war „keine Uniform so absichtlich geplant wie die deutsche, um einen Mann in einen Soldaten zu verwandeln, der bedingungslos mit seinen Kameraden vereint war, nicht nur in einen Zivilisten mit besonderer Kleidung“. Zumindest ein berühmter amerikanischer Schriftsteller stimmte zu, nämlich Kurt Vonnegut; er hatte mehrere Monate als Kriegsgefangener bei uns verbracht und musste es wissen.

Aber das war erst der Anfang. Schon im 18. Jahrhundert hatte das Spektakel der marschierenden Grenadiere Friedrichs des Großen Zuschauer tief beeindruckt. Einige unserer Marschlieder waren so beliebt, dass sie übersetzt und in etlichen anderen Sprachen ebenfalls gespielt und gesungen wurden, besonders Schillers *Reiterlied* sowie *Ich hatt' einen Kameraden* und das berühmte *Erika*. Bis heute quillt das Netz über vor sogenannten „Clips“, die unsere Soldaten entweder beim Paradieren oder im Gefecht zeigen. Eine Version von *Erika* wurde über vier Millionen Mal angesehen! Unsere Wiedereinführung dieser Traditionen wirkte auf die Nation wie ein Elixier. Das war eines der Dinge, die sie und ich, der ich selbst Deutscher war, gemeinsam hatten. Leider wurde all das nach 1945 verboten. Heute muss man schon nach China oder Nordkorea schauen, um *echte* Soldaten paradieren zu sehen.

Im Juni 1935 handelte Ribbentrop als unser Botschafter in London ein neues Abkommen mit England aus. Natürlich hüllten wir es in diplomatische Worte, aber – was für eine Niederlage für unsere Gegner und was für ein Triumph für uns! Es ermöglichte uns, ein umfassendes Schiffbauprogramm anzustoßen. Gleichzeitig erledigte sich dadurch jede Furcht davor, dass die Engländer versuchen könnten, uns zu „kopenhagen“, so wie sie es 1807 mit den Dänen gemacht hatten und später, 1940, in Dakar mit den Franzosen tun sollten. Im März 1936 unternahm ich einen weiteren wagemutigen Schritt. Obwohl wir nicht wirklich über die Kräfte verfügten, um uns gegen Widerstand durchzusetzen, entschied ich mich, ein Risiko einzugehen und das Rheinland zu befreien. Der Zuwachs an Stärke und Verteidigungsfähigkeit gegen den Westen durch dieses erfolgreiche Vorgehen war tatsächlich sehr groß.

Es versteht sich von selbst, dass die meisten meiner Generäle dagegen waren. Sie sorgten sich um dieses und befürchteten jenes. Um ehrlich zu sein, ging es mir genauso. Die letzten beiden Nächte vor dem Einmarsch tat ich kein Auge zu. Doch im Gegensatz zu ihnen konnte ich es mir nicht leisten, meine Gefühle zu zeigen oder mit jemandem darüber zu sprechen. Immerhin war die Übermacht des Feindes erdrückend. Hätte er sich entschieden, sie zu nutzen, hätten wir rein gar nichts dagegen unternehmen können. Er hätte bis nach Berlin durchmarschieren können! Genau das hätte ich auch getan! Aber ich ließ meine Handlungen nicht von meinen Ängsten bestimmen. Stattdessen bluffte ich und drohte damit, Verstärkungen zu entsenden, die ich gar nicht hatte. Und ich behielt recht, was das Vertrauen des deutschen Volkes in mich bestärkte und es meinen Gegnern ein wenig schwerer machte, mich zu kritisieren.

Wir dachten auch intensiv darüber nach, wie der nächste Krieg aussehen würde. Im Weltkrieg hatte die ungeheure Feuerkraft der modernen Waffen – Selbstladegewehre, Maschinengewehre, Schnellfeuergeschütze – im Verbund mit Gerätschaften wie Stacheldraht und Minen dazu geführt, dass die Defensive die Offensive so sehr dominierte wie wohl nie zuvor oder danach. Das Ergebnis waren Stellungskrieg, Grabenkriegführung und ein langandauernder Abnutzungskrieg. Das war ein Krieg, den aufgrund unserer begrenzten Reserven an Menschen und Material selbst die hervorragende Leistung unserer Soldaten nicht gewinnen konnte.

Die Lösung hatte eine politische und eine militärische Seite. Politisch wollte ich sicherstellen, dass wir nie wieder an mehr als einer Front würden kämpfen müssen. Das sollte mir unglücklicherweise nicht gelingen. Militärisch mussten wir Möglichkeiten finden, die Pattsituation aufzubrechen und das Schlachtfeld wieder beweglich zu machen. Zu unserem Glück lebten wir in einer Zeit enormen technischen Fortschritts. Neue Panzer, neue Flugzeuge und Unmengen anderer neuer Ausrüstung strömten in Massen aus den Fabriken. Ich war kein Mussolini, der sein eigenes Flugzeug flog und einmal damit prahlte, dass er persönlich über die Reparaturen der Kampfflugzeuge seines Landes wachen würde. Aber ich hatte mich immer für Rüstungstechnologie interessiert und wahrscheinlich mehr Ahnung von den bedeutenden Veränderungen als viele meiner Gegenspieler in anderen Ländern. Wie aber sollten wir die Waffen organisieren? Wie sie kombinieren? Wie sollten sie kampfbereit gehalten und versorgt werden? Wie sollten sie miteinander kommunizieren können? Auf welche Weisen und gegen welche Ziele sollten sie eingesetzt werden? Auf diese Fragen hatte jeder General und jeder Fachmann eigene Antworten.

Für mich persönlich kam der entscheidende Moment im September 1937. Wir hielten unser gewohntes Herbstmanöver ab. Unsere Arbeitsgrundlage war durchaus gigantisch; ganze 160.000 Mann, 25.000 Pferde, 21.700 Kraftfahrzeuge und 830 Panzer waren beteiligt. So, wie unsere Kräfte zu jener Zeit organisiert waren, entsprach die letztgenannte Zahl ungefähr zwei Panzerdivisionen. Der deutsche Boden sollte nie wieder etwas Ähnliches erleben. Nach 1941 galt das auch für den Rest von Europa. Der Anblick unserer Panzer in Aktion war ausgesprochen beeindruckend. Als ich ihnen zusah, hatte ich das, was religiöse Menschen eine Offenbarung nennen. Mir wurde schlagartig klar, wie künftige Kriege aussehen würden und was wir selbst brauchten und wollten. Ich wandte mich an unseren Panzerexperten, Generalmajor Heinz Guderian, und erklärte ihm alles. Der Rest ist Geschichte.

Damals waren wir stark in Spanien involviert. Unser Eingreifen in den Bürgerkrieg war in erster Linie von politischen Erwägungen motiviert, nicht von militärischen. Frankreich von drei Seiten mit faschistischen Regierungen zu umzingeln, schien eine gute Idee zu sein. Deshalb brauchte Göring nur vorzuschlagen, die Nationalisten mit Flugzeugen zu versorgen, um ihre Truppen von Marokko nach Spanien zu verlegen, und ich stimmte zu. Die Unternehmung – die erste ihrer Art in der Geschichte – brachte den Aufstand in Fahrt, der letzten Endes Franco an die Macht brachte. Im Gegensatz zu den Italienern entsandten wir jedoch niemals Bodentruppen. Unsere wesentliche Beteiligung bestand aus der Legion Condor, einem eilig zusammengestellten Luftwaffenverband, der nie mehr als 5000 Mann zur gleichen Zeit zählte. Ihr erster Kommandeur war Generalmajor Hugo Sperrle, ein klischeehafter monokeltragender Preuße (auch wenn er in Wahrheit Württemberger war), dessen Erfahrung als Luftwaffenoffizier bis in den Ersten Weltkrieg zurückreichte und der immer aussah, als würde er gleich jemanden mit Haut und Haaren auffressen. Später löste ihn Generalmajor Wolfram von Richthofen ab, der jünger und ein entfernter Verwandter des berühmten Fliegerasses aus dem Ersten Weltkrieg war.

Die Legion führte auch den Bombenangriff auf Guernica im April 1937 durch – ein Vorfall, dessen tatsächliches Ausmaß von der Weltpresse extrem aufgebauscht wurde. Er diente jedoch einem nützlichen Zweck und lehrte unsere Feinde das Fürchten. Die Legion hatte großen Anteil am Sieg Francos. Sie leistete auch uns gute Dienste. Nachdem wir so lange keine Luftwaffe mehr gehabt hatten, hinkten wir den übrigen Großmächten hinterher. Der Krieg in Spanien ermöglichte es uns, unsere Kommandeure vorzubereiten, unsere Männer auszubilden, unsere Ausrüstung zu erproben sowie Führungs- und Einsatzgrundsätze zu entwickeln, darunter auch die Formation „Vierfingerschwarm“, die später von allen anderen Luftwaffen übernommen werden sollte. Nach ihrer Rückkehr aus Spanien erhielten viele der Männer Ausbilderposten. Ihr Beitrag war für die weitere Entwicklung der Luftwaffe unersetzlich.

Die riesigen Summen, die wir für die Aufrüstung ausgaben, wirkten sich zwangsläufig negativ auf unsere Wirtschaft aus. Anstatt Waren zu exportieren, bauten wir Waffen. Eine Geschichte besagt, dass einmal ein Kunde einen Kinderwagen zum Zusammenbauen kaufte und sich zu Hause mit einem Maschinengewehr wiederfand. Aber im Ernst: Durch die Wiederbewaffnung wandelte sich unsere Handelsbilanz von schlecht zu schlechter. Als unsere wohlhabenden westlichen Gegner anfingen, mitzuziehen und ebenfalls aufzurüsten, begann die Zeit gegen uns zu arbeiten. Im November 1937 rief ich meine Generäle zu der Besprechung zusammen, über die der gleichnamige Offizier die später bekanntgewordene Hoßbach-Niederschrift verfassen sollte. Ich erklärte, worum es ging, und sagte ihnen, dass sie bei Bedarf die Einzelheiten von Göring – dem Beauftragten für den Vierjahresplan – erfahren könnten. Ich kann mich nicht erinnern, dass einer von ihnen nachgefragt hätte. Sie waren militärische Techniker, und so etwas wäre völlig untypisch für sie gewesen.

Davon ausgehend verkündete ich meine unverrückbare Entschlossenheit, in den Krieg zu ziehen. Zwar nicht sofort, aber spätestens zwischen 1943 und 1945. Nach jeder weiteren Verzögerung würde ich zu alt sein. Außerdem wäre unsere Ausrüstung dann veraltet. Es wäre allerdings möglich, die Feindseligkeiten zu einem früheren Zeitpunkt zu eröffnen. Ein Gedankenspiel, das ich erwähnte, betraf den Ausbruch eines Bürgerkriegs in Frankreich, woraufhin wir die Tschechoslowakei angehen könnten. Das waren damals immerhin die Jahre der Volksfrontregierung; es schien wirklich möglich, dass Frankreich den Weg Spaniens beschreiten würde. So oder so, keine dieser Möglichkeiten trat ein. Als wir 1939 in den Krieg zogen, ging es gegen einen Feind, Polen, der in Hoßbachs Protokoll nicht einmal in Betracht gezogen wurde.

Den Generälen gefiel der Vortrag nicht. Sie erhoben mal wieder Einsprüche. Frankreich könnte dies tun, England jenes. Es war eindeutig Zeit, die alten, störrischen Pferde loszuwerden und ein paar neue und feurigere vor meinen Wagen zu spannen. Dabei kam mir das Schicksal zu Hilfe. Im Januar 1938 heiratete der verwitwete Blomberg erneut. Göring und ich waren Trauzeugen. Aber dann stellte sich heraus, dass seine neue Gattin, eine Stenotypistin namens Margarethe

Gruhn, über ein Vorstrafenregister verfügte. Sie wurde tatsächlich in nicht weniger als sieben verschiedenen Städten als Prostituierte geführt! Als mir die Akte vorlag, bot ich Blomberg an, seine Ehe annullieren zu lassen. Schließlich hatte der Mann in gutem Glauben gehandelt, auch wenn er nicht der Hellste war. Er weigerte sich und hielt stattdessen zu seiner Frau. Unter diesen Umständen – und sei es nur, weil seine Generalskollegen ihn nicht länger dulden würden – hatte ich keine andere Wahl, als ihn zum Rücktritt aufzufordern. Doch er war stets loyal gewesen, und sein Schicksal tat mir leid.

Kaum war diese Affäre ausgestanden, brach schon die nächste über uns herein. Diesmal war Fritsch das Problem. Der stocksteife Oberbefehlshaber des Heeres mit seiner quietschenden, unangenehmen Stimme war nie verheiratet gewesen. 1936 hatte Heydrich in seiner Funktion als Chef des Sicherheitsdienstes eine Akte über seine angeblichen homosexuellen Umtriebe zusammengestellt und mir vorgelegt. Ich persönlich habe Denunziantentum und Denunzianten niemals leiden können. Auch damals war meine Antwort gewesen, die Vernichtung der Akte zu befehlen. Aber Heydrich war eben Heydrich und hatte sie aufbewahrt. Nun gab er sie an seinen Vorgesetzten Himmler und an Göring weiter. Die beiden legten sie mir erneut vor, und schon war die Hölle los. Zuvor war Fritsch einer derjenigen gewesen, die Blombergs Rücktritt forderten. Nun wurde er selbst unter den gleichen Druck gesetzt. Später stellte ein Gericht fest, dass der Mann, der ihn – möglicherweise angestiftet durch die Gestapo – angeschwärzt hatte, absichtlich gelogen und ihn mit einem anderen Mann namens Frisch „verwechselt“ hatte. Da war es aber schon zu spät, um den angerichteten Schaden wiedergutzumachen.

Die gesamte Angelegenheit blieb noch jahrzehntelang ein Rätsel. Es hieß, Göring hätte möglicherweise verhindern wollen, dass Fritsch den Posten Blombergs übernahm, weil er sich selbst Hoffnungen auf das Kriegsministerium machte. Das mochte so gewesen sein, aber diese Anschuldigung ist nie bewiesen worden. Ich möchte festhalten, dass ich selbst nicht darin verwickelt war. Warum auch? Hindenburg war längst tot. Die Truppe hatte einen persönlichen Eid auf mich als Obersten Befehlshaber der Wehrmacht geschworen, mir zu gehorchen und auf Befehl „jederzeit für diesen Eid mein Leben einzusetzen“. Meine Stellung in Deutschland war so sicher wie die jedes anderen Herrschers in unserer ganzen Geschichte. Vielleicht sogar sicherer. Ich musste keinen Skandal entfachen, um die beiden abzusetzen. Ganz im Gegenteil, in meiner gesamten Amtszeit tat ich, was ich konnte, um öffentliches Aufsehen so gut wie möglich zu vermeiden.

Wenn Göring darauf gehofft hatte, Blombergs Platz einzunehmen, dann stand ihm eine Enttäuschung bevor. Wie sich später überdeutlich zeigen sollte, fehlten ihm einfach die notwendige Ausdauer und die Fähigkeit zu harter Arbeit. Stattdessen übernahm ich den Posten selbst. Als Helfer wählte ich General Wilhelm Keitel. Keitel, dessen Stimme erstaunlich ähnlich klang wie meine, beeindruckte immer alle durch seine kerzengerade Haltung. Doch sein Verhalten entsprach ganz und gar nicht diesem Auftreten, sodass ihn andere Generäle „Lakeitel" nannten. Das dürfte klar genug sein! Er war nicht gerade für sein strategisches Denken bekannt; weder in dieser noch in irgendeiner anderen Hinsicht machte er mir jemals Schwierigkeiten. Einmal sagte er sogar, dass er jedes Mal schon die Hosen voll hätte, wenn er nur daran dachte, sich in irgendeiner Weise gegen mich zu stellen. Aber eines muss man ihm lassen: Er war ein erstklassiger Organisator. Und niemand, aber auch wirklich niemand arbeitete härter als er. Dass die Wehrmacht so lange überlebte und weiterkämpfte, wie sie es tat, ist zu keinem geringen Teil ihm zu verdanken. Im Mai 1945 hatte er die schmerzliche Pflicht, die Kapitulation Berlins vor den Russen zu unterzeichnen. Im folgenden Jahr wurden er und sein Untergebener Jodl in Nürnberg aufgehängt.

Mein Ersatz für Fritsch war Generaloberst Walther von Brauchitsch. Er war kein Held. Kaum war er ernannt worden, brachte er seinen Widerwillen sowohl dem Anschluss Österreichs als auch dem Eingreifen in der Tschechoslowakei gegenüber zum Ausdruck. Nicht etwa, weil er mit den Grundlagen meiner politischen Entscheidungen nicht einverstanden gewesen wäre; bei weitem nicht. Er war einfach nur feige. Später versteckte er sich meist hinter seinem Generalstabschef Franz Halder (zu dem in Kürze mehr). Brauchitsch schuldete mir etwas. Zuerst hatte ich für ihn eine Ausnahme gemacht und ihm erlaubt, sich von seiner Frau scheiden zu lassen. Dann hatte ich persönlich dafür gesorgt, dass er das Verfahren ohne finanziellen Schiffbruch überstand. Im Gegenzug für monatlich 1300 Mark, die an seine ehemalige Gattin ausgezahlt wurden, hatte ich ihn in der Tasche. Nach dem Polenfeldzug machte er wegen der Behandlung der Juden ein paar kleinere Schwierigkeiten. Im Russlandfeldzug stellte er sich als vollkommen nutzlos heraus. Er war ein Mann, der anstelle von starken Nerven weiche Nudeln hatte. Ende 1941 entließ ich ihn und übernahm seinen Posten selbst.

So bedeutsam diese Veränderungen auch waren, sie waren doch nur Teil einer umfassenderen Reform. Wie die meisten Länder dieser Zeit hatte auch Deutschland nie ein einziges Oberkommando mit Befehlsgewalt über die damals zwei und später drei Teilstreitkräfte gehabt. Das hatte unter anderem dazu geführt, dass von 1914 bis 1918 das einzige offizielle Bindeglied zwischen dem Heer und der Marine der Kaiser selbst gewesen war. Und es muss wohl kaum nochmals darauf hingewiesen werden, wie schwach *dieses* Bindeglied gewesen war! 1938/39 versuchte ich, das zu ändern, indem ich Keitel zum Chef einer neuen Organisation namens „Oberkommando der Wehrmacht" ernannte. Das OKW wiederum sollte das Vorgehen der Oberkommandos von Heer, Marine und Luftwaffe koordinieren.

In der Theorie war das eine gute Lösung, die ihrer Zeit weit voraus war und nach 1945 von den meisten anderen Ländern übernommen wurde. In der Praxis funktionierte es nie wirklich gut. Ein Grund dafür war, dass die Oberkommandos von Heer und Marine viel älter und besser eingerichtet waren als das OKW und sich weigerten, dessen Befehle auszuführen. Zusätzlich weigerte sich Göring als Oberbefehlshaber der Luftwaffe, irgendjemandem außer mir zu gehorchen. Sein Gezänk mit dem Oberkommando der Marine war noch schlimmer. Wie ich später erklären werde, sollte seine Erklärung „Alles, was fliegt, gehört mir" uns noch teuer zu stehen kommen. So blieb das Verhältnis zwischen den vier Organisationen stets mehr oder weniger schwankend. Auch unser Versuch, den Offizieren ihre Engstirnigkeit auszutreiben und sie zur Zusammenarbeit anzuregen, indem wir eine neue Wehrmachtakademie für alle Teilstreitkräfte eröffneten, trug keine Früchte. Die eifersüchtig auf ihre Unabhängigkeit bedachten Oberkommandos hassten die Akademie und hielten ihre besten Offiziere davon ab, sie zu besuchen. Deshalb gab es nur drei Abschlussjahrgänge von je zehn Mann, ehe sie wieder geschlossen wurde. Ihr Einfluss auf die Wehrmacht belief sich auf null.

Im März 1938 annektierten wir Österreich. Für mich persönlich war das die Verwirklichung eines Traums, den ich schon seit meiner Schulzeit in Linz gehabt hatte; ich werde später noch mehr dazu sagen. Es gab weder Widerstand noch Blutvergießen. Wo auch immer unsere Soldaten auftraten, wurden sie mit unvergleichlicher Begeisterung empfangen. Unter militärischen Gesichtspunkten allerdings war die Unternehmung ein Reinfall. Auf ihrem 400 Kilometer langen Weg von München bis Wien konnten Guderians Panzer weder versorgt noch instandgehalten werden. Deshalb blieben so viele von ihnen liegen, dass sie die Autobahn geradezu übersäten. Zu Guderians Verteidigung sei gesagt, dass es das erste Manöver dieser Art auf der Welt war. Er und seine Männer lernten daraus, und es kam nie mehr zu einem ähnlichen Debakel.

Die Probleme mit meinen höheren Offizieren gingen weiter. Diesmal war der Querulant General Ludwig Beck, der Generalstabschef des Heeres. Er hatte ein mürrisches Gesicht – niemand hat ihm je unterstellt, einen Sinn für Humor zu haben – und den Ruf eines Intellektuellen. Er hatte die bekannte Vorschrift *Die Truppenführung* überarbeitet und unterzeichnet. Aber das schien auch die Grenze seiner soldatischen Leistungen gewesen zu sein. Wie so viele andere seines Standes teilte er unsere nationalsozialistischen Ziele, vor allem hinsichtlich der Notwendigkeit der Aufrüstung und der Zurückgewinnung unserer verlorenen Gebiete. 1930 hatte er sogar zugunsten eines seiner Untergebenen ausgesagt, der gesetzeswidrig unserer Partei beigetreten war. Doch wie so viele andere seines Standes war auch er im Innersten ein Feigling. Wie so viele Männer mit weichen Knien in unseren Streitkräften, besonders im Heer, jemals auf Kommandoposten aufrücken konnten, ist mir schleierhaft. Dem zufolge, was ich so höre und lese und sehe, ist die Lage in der Bundeswehr noch schlimmer. Heute scheint Feigheit in Berlin kein Hindernis auf dem Weg ins Oberkommando zu sein, sondern eine Grundvoraussetzung dafür.

Als Beck von meinem Plan erfuhr, die Tschechoslowakei zu teilen, war er entsetzt. Er führte sofort einige Planspiele durch. Sie alle waren ausdrücklich auf die Schlussfolgerung hin ausgerichtet, dass Deutschland in einem Krieg gegen die Tschechoslowakei, Frankreich und England verloren sein würde. Er schickte mir die Ergebnisse. Ich hielt sie für kindisch und sagte ihm das auch. Im August 1938 bat er um seine Entlassung. Zu dieser Zeit hatte er bereits Kontakt zu einigen Offizieren und Diplomaten, die hofften, die Regierung stürzen zu können. 1944 war er Teil der Verschwörung gegen mich. Als der Putsch scheiterte, wurde er zur Selbsttötung gezwungen. Und das nicht von mir (ich hätte ihn nur zu gerne hängen gesehen), sondern von seinen eigenen lieben Kameraden, die hofften, auf diese Weise ihre eigenen Hälse zu retten. Das geschah ihm recht. 1938 war General Halder sein Nachfolger, ein weiterer Artillerist, der sich in erster Linie als Ausbilder hervorgetan hatte. Er war eine Verbesserung, wenn auch keine allzu große.

Wie ich vorhergesagt hatte, glückte uns zuerst die Besetzung des Sudentenlands und danach des übrigen Böhmen und Mähren, ohne eigenes oder fremdes Blut zu vergießen. Diese Gebiete stellten eine beträchtliche Vermehrung unserer Stärke dar. Der allerwichtigste Gewinn waren die Škodawerke in Jungbunzlau. 1895 gegründet, hatten sie ursprünglich Waffen für Franz Joseph hergestellt. Dazu zählte auch die zweitgrößte Haubitze der Welt nach der, die Krupp gebaut hatte. Nun arbeiteten sie für uns und taten das auch weiterhin ohne die geringsten Probleme bis Kriegsende. In dieser Zeit, März und April 1939, wurde mir jedoch immer klarer, dass weitere Erfolge nur durch

Waffengewalt möglich sein würden. Um das zu erklären, was folgte, muss ich etwas weiter zurückgehen und erläutern, wie unsere Außenpolitik funktionierte.

18. Außenpolitik

Im Atomzeitalter drehen sich Verteidigungs- und Außenpolitik oft um nichtige Angelegenheiten. Wie bis auf ein paar akademische Weltverbesserer jeder weiß, liegt das nicht daran, dass die Menschen sanftmütiger geworden wären oder es bald werden würden. Der Grund ist, dass alle wichtigen Mächte entweder bereits über Atomwaffen und ihre „Träger" verfügen oder sie ziemlich rasch bauen können. Dementsprechend scharmützeln sie – „kämpfen" wäre schon zu viel gesagt – über Probleme, die kaum wahrnehmbar sind. Ein Gletscher hier, eine Ölquelle dort. Irgendein gottverlassenes Felsenriff an einem abgelegenen Ort, wo nur Ziegen leben können. Sicher, in der sogenannten „entwickelten" Welt ist seit dem letzten existenziellen Konflikt so viel Zeit vergangen, dass die überwältigende Mehrheit der Menschen gar nicht mehr versteht, was das bedeutet. Im Verhältnis zur Weltbevölkerung sind seit 1945 jedes Jahr weit weniger Menschen in Kriegen gestorben, als das zu jeder anderen Zeit in der Menschheitsgeschichte der Fall war.

Was *ich* getan hätte, wenn mich das Schicksal ins Atomzeitalter gestellt hätte, kann ich nur sehr schwer sagen. Ich möchte hier festhalten: Wie jeder andere Mensch bin auch ich manchmal sehr wütend geworden. Wenn es notwendig war, konnte ich auch Menschen einschüchtern, indem ich meinen Zorn offen zeigte. Manchmal habe ich genau das getan, sowohl in der Öffentlichkeit als auch im Privaten. Nichtsdestoweniger war und bin ich kein rasender Irrer, trotz allem, was einige meiner weniger intelligenten Biografen über mich geschrieben haben. Ich hatte keinen Schaum vor dem Mund. Ich warf mich nicht auf den Boden und biss in den Teppich, wie manche Leute behaupteten. Genauso wenig war ich ein Trinker oder ein Sklave meiner Gelüste, so wie es vor und nach mir so manches Staatsoberhaupt war. Kein Skandal um eine Mademoiselle Poisson oder eine Monica Lewinsky wurde je mit meinem Namen in Verbindung gebracht. Ich habe auch keine attraktiven Frauen belästigt, die mir vorgestellt wurden, wie es der Vorsitzende Mao regelmäßig tat und Präsident Trump behauptete, getan zu haben. Ich hatte mich ebenso sehr unter Kontrolle und war so vernünftig und zu „strategischer" Berechnung in der Lage wie jeder Herrscher in der Geschichte, ganz zu schweigen von allen Historikern, Politikwissenschaftlern oder „Spieltheoretikern", die je über solche Dinge geplappert haben. Und ich war auch nicht gekommen, um die Welt zu zerstören. Ich kam, um den Anteil meines Volkes an ihr zu vergrößern und ihm zu helfen, einen so großen Teil von ihr zu beherrschen, wie es dieses Volk verdient hatte und ich konnte.

Wenn ich als Erster und Einziger über Atomwaffen und ihre Träger verfügt hätte, dann hätte ich sie wahrscheinlich eingesetzt. Nicht gegen kleine Fische; das hätte keinen Sinn ergeben. Warum hätte ich einen Staat wie die Niederlande, die wir annektieren wollten, bombardieren sollen, wenn es ebenso wirksame, aber weniger zerstörerische Methoden gab? Aber sie einsetzen, um meine mächtigsten Feinde zur Einsicht zu zwingen und notfalls vollständig zu vernichten? Ja, das hätte ich getan. Immerhin hat Truman, dieser „wahre Mann", genau das getan, obwohl der Sieg über Japan bereits sicher und nur noch eine Frage der Zeit war, und obwohl die Japaner sogar bereits Friedensfühler ausgestreckt hatten. Einige Historiker sagen, in Wahrheit habe er Stalin beeindrucken wollen. Jedenfalls ist er dafür nicht annähernd so sehr verflucht worden, wie ich es wurde. Ich hätte diese Waffen jedoch nicht in einer Welt eingesetzt, wo auch andere Länder sie besessen und wahrscheinlich damit reagiert hätten, Deutschland, unser schönes, dichtbesiedeltes Deutschland, in eine verstrahlte Wüste zu verwandeln, in der nur Gräser und Kakerlaken überlebt hätten.

Ich muss allerdings zugeben: Als ich mitansehen musste, wie unser Deutschland in den letzten Monaten des Krieges wortwörtlich vernichtet wurde, gefiel mir der Gedanke einer Götterdämmerung immer besser. Umso mehr, als mich etliche meiner wichtigsten Mitarbeiter eifrig zu hintergehen begannen. Ich war wütend, aber auch völlig hilflos. Ja, unter diesen Umständen *hätte* ich die Bombe wahrscheinlich eingesetzt, wenn ich sie gehabt hätte. Wer wollte es mir verdenken? Sicherlich hätte ich *angedroht*, sie einzusetzen. Und ich hätte ganz sicher gewusst, wie ich meine schauspielerische Gabe einsetzen musste, um die Drohung „glaubwürdig" werden zu lassen, wie es Strategen gerne nennen. In diesem Fall hätte ich sehr wahrscheinlich mein Land, mein Volk und mich selbst vor dem Schicksal retten können, das über uns gekommen ist.

Zurück zur Wirklichkeit. Im Gegensatz zu den sentimentalen Gutmenschen von heute, die immer vom Frieden auf Erden und dem guten Willen zwischen den Staaten herumquaken, glaubte ich nicht daran, dass Außenpolitik auf irgendeiner Art von Gerechtigkeit oder Recht beruhe. Abgesehen natürlich vom Recht des Stärkeren, sich zu nehmen, was er braucht. Auch wenn das bedeutete, die Schwachen zu zermalmen, und auch wenn dabei viele zarte Blümchen umgeknickt wurden. Ich war nicht gekommen, um einfach nur unsere Grenzen neu zu ziehen oder unsere Kolonien zurückzuverlangen. Damit sollten sich die gewöhnlichen Feld-Wald-und-Wiesen-Politiker herumschlagen. Noch einmal: Mein grundlegendes Ziel in der Außenpolitik war es, mehr Lebensraum für das deutsche Volk zu gewinnen. Nicht in Übersee, so wie Wilhelm II., sondern hier in Europa. Um genau zu sein, in Osteuropa mit seinen riesigen, fruchtbaren, aber schwer vernachlässigten Räumen.

Mein Plan hatte eine wirtschaftliche und eine strategische Komponente. Wirtschaftlich wollte ich sicherstellen, dass wir niemals, niemals wieder eine Hungerblockade erleiden würden. Strategisch ging es mir darum, dass Deutschland eine Weltmacht bleiben sollte. Nicht nur für fünf, zehn oder 25 Jahre, sondern für die nächsten 1000 Jahre. Und das war ein Bereich, in dem die Zukunft gar nicht rosig aussah. Wie wir später unter Beweis stellen sollten, konnten wir es mit Frankreich und England zusammen aufnehmen. Im Hinblick auf Größe, Bevölkerung und Ressourcen konnte Deutschland jedoch nicht mit den beiden Giganten Russland und Amerika mithalten. Verzögerungen und Aufschübe bedeuteten daher, mit der Katastrophe zu liebäugeln.

Selbst eine 10.000 Kilometer lange Reise beginnt mit einem einzigen Schritt. Umso mehr, weil wir aufgrund unserer anfänglichen Schwächen behutsam vorgehen mussten. Deshalb sagte ich in einigen meiner frühen Reden als Kanzler allen, dass ich den Frieden wolle. Sie schluckten es bereitwillig. Es besänftigte ihre Sorgen und nährte ihre Hoffnungen. Noch bis 1938, lange nachdem die kriegerischen Absichten unserer Regierung und unsere Kriegsvorbereitungen für alle Sehenden offenkundig geworden waren, klammerten sich eine Menge Leute noch immer an ihre Wunschvorstellungen. Ihre Augen waren geöffnet, aber sie sahen nichts. Ihre Ohren konnten hören, aber sie verstanden nichts. Beispielsweise als dieser steife kleine Schnösel Chamberlain mit seinem Regenschirm aus München zurückkehrte, mit einem kleinen Stück Papier wedelte und vom „Frieden für unsere Zeit“ redete.

Ich muss meine Worte noch einmal präzisieren. Ich genoss das Kriegshandwerk mehr als jeder andere. Aber ich hatte den Krieg erlebt. Ich kannte ihn besser als 99 Prozent der „Strategen“ von heute. Für mich war er kein ritterliches Kräftemessen. Ich erkannte ihn vielmehr als das an, was er ist: ein riskantes Unterfangen für die, die ihn anfangen, eine brutale Hölle für die, die ihn auskämpfen, und ein Quell der Not, des Schmerzes und der Sorge für die Väter, Mütter, Brüder, Schwestern und Kinder, auf deren Kosten er geht. Das gilt oft für den Sieger fast ebenso sehr wie für den Besiegten. Kurz: Bis zu einem gewissen Punkt hätte ich es deutlich vorgezogen, meine Ziele ohne Krieg zu erreichen. Durch Winkelzüge, durch List, durch Drohungen, durch Täuschungsmanöver. Habe ich es nicht in meinen ersten sechs Jahren an der Macht genau so gemacht? Und nicht ohne Erfolg. Aber es gibt Grenzen. Alles Gute hat sein Ende. Und sei es nur, weil es andernfalls in der Regel ins Schlechte umschlägt.

Als ich an die Macht kam, war Deutschland isoliert. Wir hatten keinen einzigen Verbündeten auf der Welt. Sicher, wir hatten 1925 den Vertrag von Locarno unterzeichnet, der die Lage im Westen beruhigt hatte. Aber das hatte die Franzosen nicht davon abgehalten, den Krieg gegen uns vorzubereiten, indem sie ein Bündnissystem mit unseren kleineren östlichen Nachbarn unterhielten. Glücklicherweise entschieden sie sich nicht dazu, ihre Kräfte einzusetzen, als es noch problemlos möglich gewesen wäre. Stattdessen schätzten sie die Richtung der militärischen Entwicklungen völlig falsch ein, konzentrierten sich auf die Defensive und begannen mit dem Bau der Maginotlinie. Der Vertrag hinderte auch die Engländer – von denen einige noch immer glaubten, dass Frankreich ihr gefährlichster potenzieller Feind sei – nicht daran, zu versuchen, die Franzosen gegen uns auszuspielen, wie es schon in den vergangenen Jahrhunderten die Strategie des „perfiden Albion" gewesen war.

Die anderen Mächte spielten eine weitaus geringere Rolle für uns. Als unsere Aufrüstung Fahrt aufnahm, brauchten wir die Russen nicht mehr, um unsere Schritte zu verbergen. Und so bestand eine meiner ersten Maßnahmen darin, unsere Zusammenarbeit zu beenden – eine Zusammenarbeit, die wahrscheinlich ohnehin eher ihnen als uns zugutekam, so hoffnungslos rückständig, wie sie waren. Sie kamen dadurch zum Beispiel an unsere 7,5-cm-Flugabwehrkanone, die über eine fast doppelt so große Reichweite verfügte wie ihre eigene primitive Konstruktion. Russland, das sich nun „Sowjetunion" nannte, hatte im Großen Krieg riesige Gebiete verloren. Dementsprechend war es ziemlich weit weg und noch nicht in der Lage, uns zu bedrohen.

In Anbetracht all dessen konnten wir noch 1938 auf der Münchener Konferenz so tun, als gäbe es Moskau gar nicht. Japan lag am anderen Ende der Welt und konnte wenig tun, um uns zu helfen. Die Vereinigten Staaten steckten in einer wirtschaftlichen Depression und waren isolationistisch gestimmt. An dieser Stelle muss ich erwähnen, dass wir eine Menge Ärger mit dem amerikanischen Botschafter hatten, Herrn Professor Doktor William Dodd. Erstens war er ein Idiot. Zweitens war er scharf gegen uns Nationalsozialisten eingestellt und gab sich keine Mühe, diese Tatsache zu verbergen. Seine Tochter Martha war noch schlimmer. Sie rannte durch Berlin und hob für jeden Mann den Rock, den sie sah. Sie versuchte sogar, mich um den

Finger zu wickeln! Die Einzigen, die nicht in ihren Genuss kamen, waren unsere eigenen Diplomaten. Sie hätten das Mädel hernehmen und zu nachrichtendienstlichen Zwecken auswerten sollen. Aber nein, sie doch nicht; dafür waren sie zu blasiert.

Die letzte verbleibende Macht war Italien. In Wahrheit war es keine Macht, sondern höchstens ein pompöser Zirkus mit viel Schwülstigkeit und keiner Substanz. Trotz all der aufgeblasenen Parolen, die im ganzen Land die Wände bedeckten, war der einzige echte Römer südlich der Alpen Mussolini selbst. All die anderen waren nur Italiener. Doch das stellten wir zu spät fest. In meinem sogenannten *Zweiten Buch* sprach ich mich für ein Bündnis mit Italien aus, auch wenn das bedeutete, die Südtiroler entweder ihrem Schicksal zu überlassen oder, falls nötig, umzusiedeln.

Im Juli 1934 durchkreuzten ein paar unserer eigenen übereifrigen Unterstützer in Österreich meine Pläne. Sie ermordeten Kanzler Engelbert Dollfuß. Das war dumm von ihnen. Hätte ich das ganze Ausmaß ihrer Pläne gekannt, hätte ich sie auf jeden Fall aufgehalten. Gewiss, Dollfuß hatte sich sehr für die österreichische Unabhängigkeit eingesetzt. Aber er war auch die Art von Herrscher, die ich schätzte. Er hatte bewiesen, was in ihm steckte, als er fünf Monate zuvor die sozialdemokratische Partei verboten und eine faschistische Dikatur mit sich selbst an der Spitze errichtet hatte. Wir hätten mit ihm zurechtkommen können, zumindest für eine Weile.

Mussolini jedenfalls sah sich veranlasst, Truppen an den Brenner zu verlegen für den Fall, dass ich einen Anschluss plante. Ich hingegen war militärisch viel zu schwach, um irgendetwas dieser Art zu versuchen. Was für ein Triumph für ihn! Was für eine Demütigung für mich! Es war ein bisschen wie Österreichs Triumph über Preußen 1850 in Olmütz, schätze ich. Noch im Juni war ich nach Venedig gereist und hatte versucht, zu retten, was zu retten war, doch es hatte nichts geholfen. Wir stimmten einfach nicht überein – weder in der Außenpolitik noch in der Judenfrage. Verhältnismäßig betrachtet hatten die Italiener nur ein Zehntel der Juden, die wir hatten. Alle Achtung! Und doch umfasste Mussolinis eigene Regierung ein paar Juden. Er hatte nicht viel für sie übrig, beschloss aber, seine Augen vor dem drängenden Problem zu verschließen, das sie darstellten. Eine Zeitlang hatte er sogar eine jüdische Geliebte, Margherita Sarfatti. Nachdem er sie verlassen hatte, schrieb sie eine Biografie über ihn. Mir ist es bis heute ein Rätsel, wie er so tief sinken konnte.

Anstatt seine Unstimmigkeiten mit mir beizulegen, schloss sich Mussolini mit der Vereinbarung der sogenannten Stresa-Front England und Frankreich an. Das war im April 1935, und das Ziel war,

Österreich nicht in meine Hände fallen zu lassen. Aber *Il Duce* plante bereits die Besetzung Äthiopiens (oder, um den damaligen Namen zu benutzen, Abessiniens). Schließlich eroberten seine Soldaten das Land und ermöglichten es ihm, voller Stolz die Wiederherstellung des *Impero Romano* zu verkünden. Doch wie sich bald herausstellte, hatte der Krieg Italiens Macht eher verringert als vermehrt. Abessinien war nur über den Suezkanal zu erreichen, der sich fest in englischer Hand befand. So kam es, dass die Engländer nach Kriegsbeginn keine größeren Schwierigkeiten dabei hatten, sowohl Abessinien als auch die Nachbarländer Eritrea und Italienisch-Somaliland zu erobern. Die ganze erbärmliche Affäre bestärkte mich nur in meiner Ansicht, dass Kolonien in Übersee wertlos seien.

Aber sie stellte uns Deutsche auch vor eine Möglichkeit. In Reaktion auf den Einmarsch verhängte der Völkerbund Sanktionen über Italien. Natürlich waren sie nicht allzu ernst, immerhin betrafen sie weder Kohle noch Rohöl. Selbst wenn diese beiden Güter auf der Liste gestanden hätten, hätten die Italiener ihre benötigten Rohstoffe jederzeit bei uns (Kohle) oder den Vereinigten Staaten (Öl) einkaufen können. Aber die Maßnahmen machten Mussolini Sorgen. Sie bestärkten auch seine inländischen Kritiker, soweit Opposition in einem totalitären Staat wie dem seinen eben überhaupt möglich ist.

Als Nächstes brach der Spanische Bürgerkrieg aus. Die Italiener und wir schlossen ein zwangloses Bündnis, um die spanischen Republikaner und Kommunisten sowie ein paar von Stalins Gangstern zu bekämpfen. Und – weniger direkt – England und Frankreich. Das brachte unsere Länder zusammen, auch wenn es operativ kaum eine Abstimmung zwischen Mussolinis „Freiwilligen" und unseren Männern gab. Und auch wenn Letztere nur sehr wenig von Ersteren hielten.

Als Mussolini und ich uns 1934 in Venedig getroffen hatten, war ich von ihm als Juniorpartner von oben herab behandelt worden. Zwei Jahre später, im November 1936, hatten sich die Dinge so weit gewandelt, dass er anfing, von einer Achse zwischen Rom und Berlin zu sprechen. Ein weiteres Jahr später hatten wir ihn so weit, dass wir ihn um einen Staatsbesuch bitten konnten. Als er im September 1937 eintraf, zogen wir alle Register, um ihn willkommen zu heißen. Niemals in der Geschichte wurde einem ausländischen Staatsoberhaupt ein herzlicherer Empfang bereitet! Zuerst begrüßte ich ihn persönlich in München, wo wir Gedenkkränze für die 16 Helden niederlegten, die bei unserem versuchten Putsch gestorben waren. Als Nächstes hielten wir eine große Parade zu seinen Ehren ab. Von dort aus reiste er nach Essen, um die Kruppwerke zu besichtigen, und von dort wiederum nahm ich ihn nach Mecklenburg mit, um das bereits erwähnte Herbstmanöver anzusehen. Er hatte so etwas noch nie gesehen, und es machte einen enormen Eindruck auf ihn. Nun, das sollte es auch.

Dann besuchte er Carinhall. Dort führte Göring ihm seinen zahmen Löwen und seine Miniatureisenbahnstrecke vor und benahm sich allgemein wie das große Kind, das er in vielerlei Hinsicht war. Um dem Ganzen die Krone aufzusetzen, ließen wir ihn im Olympiastadion vor einer Million Deutschen sprechen. Unglücklicherweise mussten sie feststellen, dass sein grammatikalisch nur wenig korrektes Deutsch mit schwerem Akzent nur schlecht zu verstehen war. Zu allem Überfluss wurde seine Rede von einem Gewitter unterbrochen, das seine Notizen durchnässte und die Lautsprecher knacken und fiepen ließ. Schließlich wurde er von seinen Leibwächtern getrennt und musste allein zu seinem Wagen zurückfinden! Und doch: Je besser ich ihn kennenlernte, desto mehr schätzte ich ihn als wahren Freund. Alles in allem war der Besuch ein großer Erfolg. Sogar so sehr, dass er nach seiner Heimkehr darauf bestand, dass seine Armee ihre eigene Variante des Stechschritts einführte – nur um im Anschluss dessen Namen von *Passo dell'oca*, „Gänsemarsch", in *Passo romano*, „Römischer Marsch", zu ändern und zu erklären, dass die Gans ein absolut römischer Vogel sei. Einmal habe eine Schar von Gänsen sogar die Stadt Rom gerettet, sagte er.

Wie erfolgreich dieser Staatsbesuch wirklich gewesen war, wurde fünf Monate später klar, als wir Österreich annektierten. Ich muss wohl kaum wiederholen, dass der Anschluss, der durch den Vertrag von St. Germain ausdrücklich verboten worden war, lange einer meiner liebsten Träume gewesen war. Letztlich hatte ihn allein Schuschnigg zu verantworten. Schuschnigg war praktizierender Katholik. Er war so steif, dass ihn einige Leute für tot hielten! Nachdem er das Amt von Dollfuß übernommen hatte, tat er jahrelang alles in seiner Macht Stehende, um unsere nationalsozialistischen Freunde in Österreich zu unterdrücken. Er steckte viele von ihnen sogar in sogenannte Anhaltelager, was ein höflicher Name für Konzentrationslager war. Die hatten, nebenbei bemerkt, nicht wir erfunden. Die Engländer hatten sie bereits in Südafrika benutzt, und die Italiener in Libyen. Ganz zu schweigen von den Russen, die die größten von allen aus dem Boden stampften.

Schuschniggs Lager waren vielleicht nicht so unangenehm wie unsere. Das Prinzip aber war das gleiche – Gegner ohne Gerichtsverfahren zu inhaftieren und so lange gefangen zu halten, wie für notwendig gehalten wurde. Ich antwortete darauf mit wirtschaftlichen Sanktionen. Sie brachten das Land an den Rand des Bankrotts. Bereits im

Sommer 1936 informierte Schuschnigg seinen Schutzherrn Mussolini, dass ihm keine andere Wahl bliebe, als irgendeine Art von Ausgleich mit uns zu suchen. Tatsächlich unterzeichnete er eine Übereinkunft mit unserem Botschafter in Wien, Franz von Papen. Papen nannte es, mal wieder typisch, ein „Gentlemen's Agreement". Das war das erste Mal, dass diese absurde Phrase in der internationalen Diplomatie auftauchte – sie sollte eine große Zukunft vor sich haben. Doch das reichte mir nicht. Am 12. Februar 1938 kam Schuschnigg demütig nach Berchtesgaden. Ich schüchterte ihn ein wenig ein, indem ich laut nach Keitel rief. Dann zwang ich ihn dazu, alle inhaftierten Nationalsozialisten freizulassen und einige von unseren Leuten in sein Kabinett aufzunehmen.

Die wichtigste Ernennung war die von Arthur Seyß-Inquart zum Innen- und Sicherheitsminister. Seyß-Inquart, hochintelligent und von Beruf Anwalt, hatte uns schon zuvor gute Dienste geleistet. Als er dem Kabinett beitrat, wurde Schuschnigg klar, dass das Spiel vorbei war. Sein Österreich war zum Untergang verdammt, jenes Österreich, das die Entente nach dem Großen Krieg geschaffen hatte, um uns Deutsche gespalten zu halten, und das Dollfuß von einer Demokratie in einen autoritären Staat umgewandelt hatte. Als eine Art von letztem verzweifeltem Vabanquespiel entschied er sich, eine Volksbefragung abzuhalten, in der sein Volk entscheiden sollte, ob es ein freies, unabhängiges Österreich wollte. Ich hatte bereits einige Erfahrung mit Befragungen dieser Art gesammelt und wusste sofort, dass ich das nicht zulassen durfte. Am 11. März stellte ich ihm ein Ultimatum und verlangte, dass er zurücktrat. Das tat er fast sofort und ernannte Seyß-Inquart zu seinem Nachfolger.

Seyß-Inquart bat mich gleich am nächsten Tag, die Ordnung wiederherzustellen. Selbstverständlich ließ ich zu diesem Zweck sehr gern meine Soldaten einmarschieren. Er und ich trafen uns im Hotel Weinzinger in Linz, dessen Eigentümer mir sein bestes Zimmer gegeben hatte. Seltsamerweise war es mit Gemälden nackter Frauen verziert, einschließlich – ich erinnere mich genau – eines gerahmten Tiefdrucks von Josephine Baker, der entarteten, wenn auch sehr bekannten, Negertänzerin! Als ich eintrat, stolperte ich immer wieder über die Felle und Pelze am Boden. Genau das Richtige für jemanden wie mich, der Jägerei jeder Art immer verabscheut hat.

Es blieb nur noch ein Problem. Mittlerweile waren wir stark genug, um Frankreich und England zu widerstehen, ob nun einzeln oder gemeinsam. Zumindest erschien es London und Paris so, die beide von unserer Wiederbewaffnung beeindruckt und nicht besonders auf Krieg versessen waren. Aber wir wussten nicht, was Mussolini tun würde.

Seine Haltung blieb bis zum letzten Moment ein Rätsel. Ich kann gar nicht ausdrücken, wie erleichtert ich war, als mich Prinz Philipp von Hessen anrief, der mit einer der Töchter des italienischen Königs Viktor Emanuel verheiratet war und den ich als Unterhändler benutzte. Er sagte, der Duce habe die Neuigkeiten wohlwollend aufgenommen und erklärt, dass er sich nicht in unser Vorgehen einmischen werde. Ich klammerte mich an den Hörer und sagte dem Prinzen, er solle dem Duce mit allem Nachdruck danken, den er aufbringen könne. Ich sagte, er möge ihm ausrichten, dass ich ihm das niemals vergessen würde und dass er immer auf mich zählen könnte, selbst wenn sich die ganze Welt gegen ihn zusammenrotten sollte. Auch das war ein Versprechen, das ich halten sollte.

Zwei Monate, nachdem der Anschluss eine vollendete Tatsache geworden war, stattete ich Italien einen Gegenbesuch ab. Mussolini behandelte mich noch besser, als ich ihn behandelt hatte. Rom war piekfein herausgeputzt. Die Italiener hatten eine neu gebaute Straße zu meinen Ehren Via Adolfo Hitler getauft. Das Protokoll verlangte, dass ich – als Staatsoberhaupt – Zeit mit dem König verbrachte. Ich musste mir sogar eine Pferdekutsche mit ihm teilen; wie Mussolini anmerkte, hatte das Haus Savoyen noch nichts vom Verbrennungsmotor gehört. Ich stellte fest, dass Seine Majestät ein lästiger, ziemlich uninteressanter kleiner Mann war. Alles, worüber er sprach, war die Anzahl der Nägel im Stiefel eines italienischen Landsers! Er selbst war ein Winzling und hätte niemals in der Infanterie dienen können. Er wäre allerhöchstens ein guter Offiziersbursche gewesen. Später machte ich zur Belustigung meiner Mitarbeiter öfters sein schrilles Gelächter nach.

Es gab die üblichen Besprechungen, Abendessen und Paraden. In Neapel wurden meine Begleiter und ich Zeugen einer Art von Unterwasserparade mit nicht weniger als 100 Unterseebooten. Wir hatten nichts Vergleichbares, und ich konnte unsere Gastgeber nur beneiden. Goebbels war mitgekommen und machte sich mit seiner scharfen Zunge über die Italiener und ihre Uniformen lustig. Es sagte (durchaus mit Recht), dass sie darin wie Clowns aussähen. Auch ihre Versuche, den Stechschritt nachzuahmen, waren nicht besonders erfolgreich. Aber ich hatte große Freude an den schönen italienischen Frauen. Sie waren mit nichts zu vergleichen! Und ich nutzte die Gelegenheit, um ein paar der weltbekannten Museen in Rom und Florenz zu besuchen. Ich war derart beeindruckt, dass ich mir fast wünschte, mein Leben neu beginnen und ein namenloser junger Künstler in Italien werden zu können, um herumzuwandern und zu malen, was ich sah. Was für ein schönes Land! Was für herrliche Architektur! Weder

London noch Paris – und schon gar nicht Berlin – hatten etwas dieser Art. Mussolini seinerseits stapfte pflichtbewusst mit mir mit, aber ich hatte nicht das Gefühl, dass er die Oper oder die plastische Kunst zu schätzen wusste. Mit seinem hervorspringenden Kiefer sieht er auf einigen der Fotos, die Hoffmann bei dieser Gelegenheit machte, fast wie ein Orang-Utan aus! Noch im gleichen Monat schlossen wir einen Beistandspakt, der die Unterzeichneten dazu verpflichtete, einander im Kriegsfall zu unterstützen. Es gab auch eine Klausel, in der wir gelobten, Seite an Seite zu kämpfen und nicht ohne Zustimmung des anderen Frieden zu schließen.

Mussolini nannte ihn den Stahlpakt. Seit dem abessinischen Abenteuer, als der Völkerbund Italien an der Einfuhr von Eisenerz gehindert hatte, hatte er Stahl im Kopf gehabt. Unglücklicherweise verfügte er nur über begrenzte Möglichkeiten, die Ressourcen seines Landes aufzustocken. Als im Sommer 1939 die Zeit zum Handeln kam, erklärte er, dass Italien noch nicht bereit sei. Damit leistete er möglicherweise einen entscheidenden Beitrag zur Entscheidung der Alliierten, Polen zu Hilfe zu kommen und Deutschland den Krieg zu erklären. Danach ließ er seine Fachleute eine Liste aller Waffen und Rohstoffe zusammenstellen, die er brauchte, um in die Gänge zu kommen. Sein Außenminister Galeazzo Ciano schrieb in sein Tagebuch, dass die Liste lang genug sei, um einen Ochsen zu töten – wenn ein Ochse sie hätte lesen können.

Dieser Ciano war der Sohn eines italienischen Kriegshelden (wenn wir einmal davon ausgehen, dass es so etwas gibt), der einer der frühesten Gefolgsleute Mussolinis gewesen war. Er selbst war mit Mussolinis Tochter Edda verheiratet, einer ausgesprochen mutigen Frau; Göring verehrte sie so sehr, dass er seine eigene Tochter nach ihr benannte. Ciano selbst aber war ein nutzloser Gesell. Schneidig angezogen, aalglatt, weltmännisch, großes Maul – wirklich nur Geschwätz – und nichts dahinter. Außer im Bett. Als er den Duce 1937 begleitet hatte, hatte er die Gelegenheit (und spätere) genutzt, um das teuerste Bordell Berlins zu besuchen. Zumindest behauptete das Heydrich, der das Etablissement selbst aufgezogen und mit versteckten Mikrofonen ausgestattet hatte. Cianos Vorstellung davon, seine kriegerischen Fähigkeiten zu beweisen, war die Hasenjagd! Während des Anschlusses versuchte er, den Duce dazu zu bewegen, seinen Frieden mit England zu machen und eine gemeinsame Front gegen uns zu bilden. Im Juli 1943 spielte er eine zentrale Rolle in der Verschwörung, die den Faschismus zu Fall brachte. Ein Jahr später ließ Mussolini ihn auf mein Drängen hin wegen Hochverrats anklagen und erschießen. Leider hatte Edda Cianos Tagebücher (oder vielmehr die stark „überarbeitete“

Version davon, die er zurückgelassen hatte) an sich genommen und schmuggelte sie in die Schweiz. Später wurden sie veröffentlicht und versorgten die Historiker mit einer Menge unbelegter Gerüchte über den Duce und mich.

Bis zu diesem Punkt hatte ich all meine außenpolitischen Ziele erreicht. Und ich sollte hinzufügen, dass mir das nicht nur ohne Blutvergießen gelungen war, sondern auch, ohne mir unter den Großmächten allzu viele Feinde zu machen. Selbst Churchill sagte vor dem Parlament: „Ich habe immer gesagt, dass – sollte Großbritannien in einem Krieg besiegt worden sein – ich hoffe, dass wir einen Hitler finden, um uns zurück zu unserer rechtmäßigen Stellung unter den Völkern zu führen." Die amerikanische Zeitschrift *TIME* war so beeindruckt von meinen Erfolgen, dass sie mich 1938 zu ihrem „Mann des Jahres" ernannte. Das eine große Ziel, das für mich unerreichbar blieb, war das Bündnis mit England. Ganz egal, was einige meiner Landsleute fühlen mochten, ich selbst war nie ein Engländerfeind gewesen. Ich betete nicht den bekannten Schlachtruf „Gott strafe England" nach. Ich hatte 1914 bis 1918 gegen sie gekämpft und gelernt, ihre Vorzüge zu achten. Sie waren tapfer, kaltblütig und zäh. Und sie wussten, wie man den großen Mann spielte. 100 Prozent reine Blasiertheit! Wie ich in meinen beiden Büchern geschrieben habe: Ich betrachtete sie als unsere rassischen Vettern, und mir wäre kaum etwas lieber gewesen, als sie auf unsere Seite zu ziehen. Mit ihrer Flotte und unserem Heer zusammengenommen hätten wir uns sowohl gegen Russland als auch gegen Amerika halten und siegen können.

Ribbentrop, der das Land aus den Jahren, die er in England verbracht hatte, gut kannte, teilte meine Ansichten. Das tat auch Himmler. In der Erziehung seiner SS-Führer versuchte er, sie zu seiner eigenen Variante des englischen Gentleman zu machen; beispielsweise sollten sie lernen, zu boxen, zu reiten und Haferbrei zum Frühstück zu essen! Leider sollte es nicht sein. Die Engländer blieben mir gegenüber argwöhnisch. Sie verfolgten ihre traditionelle Politik, sich gegen die stärkste Macht auf dem Kontinent zu stellen, damit dieser nicht geeint werden konnte. Das war sehr schade, denn dadurch verloren sie am Ende ihr Weltreich und läuteten den fortschreitenden Untergang des weißen Mannes ein, den wir heute rings um uns sehen können.

Ich konnte und wollte mich nicht auf meinen Lorbeeren ausruhen. Teils deshalb, weil meine Endziele viel größer angelegt waren. Und teils, weil ich wusste, dass ich nicht unsterblich war. Ich hatte nur begrenzte Zeit. Wahrscheinlich würde kein zukünftiger deutscher Führer je so sehr das Vertrauen des Volkes genießen oder so viel Autorität haben wie ich. Übrigens war das auch der Grund, weshalb ich

Speer die Neue Reichskanzlei bauen ließ. Nicht, weil ich diese Art von Luxus gewollt hätte – weiß Gott nicht. Ich war nicht Ludwig XIV., und ich versuchte mich nicht am Bau eines neuen Versailles. Ganz zu schweigen von Rumäniens Oberhäuptling Ceauçescu, der halb Bukarest abreißen ließ, um Platz für seinen Palast zu schaffen, ehe sein Volk ihn stürzte und hinrichtete.

Mir persönlich war der Berghof lieber, und ich versuchte, so viel Zeit wie möglich dort zu verbringen. Was für eine Erleichterung gegenüber Berlin und meinen vielen Hauptquartieren! Doch ich wollte ein Gebäude, das Besucher so stark wie möglich beeindruckte. Und eines, was sogar noch wichtiger war, das von meinem Geist erfüllt sein würde, sodass meine Nachfolger – von denen sicher zumindest ein paar mittelmäßige Menschen sein würden – davon sozusagen inspiriert werden könnten. Der Bau war ein so großer Erfolg, dass ich Speer anwies, die „Diplomaten-Route" von 150 auf 300 Meter zu verlängern. Er wurde jedoch in den letzten Wochen des Krieges vollständig zerstört. Sehr viel später wurde das angrenzende Grundstück vom sogenannten „Holocaustmahnmal" eingenommen. Wenn irgendetwas zeigt, war für eine Bande von Feiglingen und Verrätern meine Nachfolger waren, dann das.

Mit Österreich in unseren Händen wandte ich mich dem nächsten Problem zu: der Tschechoslowakei. In der gesamten Menschheitsgeschichte hat wahrscheinlich niemand so wenig an den Wert des Völkerrechts geglaubt wie ich. Dieses Mal jedoch spürte ich, dass unsere Chancen hervorragend standen. Immerhin hatte Präsident Wilson persönlich erklärt, dass Staatsgrenzen dem „Selbstbestimmungsrecht der Völker" unterliegen sollten. Es stand außer Zweifel, dass das Sudetenland deutsch war und seine Einwohner immer deutsch gewesen waren. Ebenso wenig war zweifelhaft, dass die überwältigende Mehrheit von ihnen sich dem Reich anschließen wollte (auch wenn wir ein wenig nachhalfen, indem wir Unruhen schürten und ihren Wunsch der Welt verkündeten). In der Tschechoslowakei gab es tatsächlich mehr Deutsche als Slowaken. Warum also sollten sie als Bürger zweiter Klasse behandelt werden? Zuvor war ich in der Lage gewesen, unsere Politik so zu steuern, dass kein internationales Eingreifen notwendig wurde. Nun aber verhielten sich Frankreich und England derart feindselig, dass ich keine andere Wahl hatte, als sie zu beteiligen.

Den ganzen Sommer hindurch verlangte ich, dass die Tschechen das Sudetenland abtreten sollten, und unsere Beziehungen zu ihnen verschlechterten sich stark. Ihr Staatspräsident Edvard Beneš weigerte sich beharrlich, uns zu geben, was uns zustand. In diesem Tauziehen erwiesen sich zum ersten Mal die Engländer als unsere Hauptgegner.

Die Franzosen hingegen zitterten vor Angst wie Espenlaub und bauten eifrig an ihrer Maginotlinie – sie hätten für die Tschechen keinen Finger gerührt. Indem ich abwechselnd mit Krieg drohte und Frieden versprach, sofern meine Forderungen erfüllt würden, schaffte ich es, eine internationale Konferenz in München anzuberaumen. Um sicherzugehen, dass Deutschland nicht zwei zu eins überstimmt würde, bestand ich darauf, dass auch Mussolini teilnehmen solle. Er, Chamberlain, Daladier und ich einigten uns darauf, die Russen außen vor zu lassen. Damals hatte Stalin ohnehin alle Hände voll zu tun damit, unzählige seiner eigenen Offiziere verhaften und hinrichten zu lassen. Außerdem: Wer brauchte ihn schon?

Die Konferenz verlief besser, als ich mir hatte träumen lassen. Der arme Beneš war nicht eingeladen und konnte sich dem Unvermeidlichen nur beugen. Er unterschrieb, trat zurück und ging ins Exil. Von dort kehrte er nach dem Krieg als unser erbitterter Feind zurück, um über die Vertreibung von drei Millionen unserer Volksgenossen zu wachen. Aber das ist eine andere Geschichte. Als die Konferenz zu Ende war, marschierten unsere Truppen ins Sudetenland ein, so wie sie in Österreich eingezogen waren. Einige von ihnen kamen tatsächlich aus Österreich – der Ostmark, wie wir es nannten, um sein vergangenes Wesen auszutilgen. Sie wurden mit einem Blumenmeer empfangen, das ihnen eine jubelnde Bevölkerung zuwarf oder vor die Füße streute. Einmal mehr hatte ich nicht nur über meine ausländischen Feinde gesiegt, sondern auch über meine Kritiker in der Heimat, besonders über die – wie so oft – vor Angst bebenden Generäle.

Sogar die Londoner *Times* gab zu, dass der Umschwung „sowohl notwendig als auch von Grund auf gerecht“ war. Abgesehen von den Tschechen war der vielleicht einzige Mensch, der mit dem Ergebnis nicht gänzlich zufrieden war, ich selbst. Generäle hin oder her, irgendwo in den Tiefen meines Hirns *wollte* ich Krieg. Natürlich nicht gegen den Westen. Ein Feldzug gegen die Tschechoslowakei hingegen wäre mir sehr recht gewesen, etwa so wie unser anschließender Einmarsch in Polen, bloß in kleinerem Maßstab, und sei es nur, weil zu viele Siege ohne Blutvergießen eine Armee demoralisieren. So oder so beraubte mich Chamberlains Nachgeben in München der Gelegenheit, den Generälen und der Welt zu beweisen, wozu Deutschland, meine neu geschaffene Wehrmacht und ich imstande waren.

Und so besetzten wir an den Iden des März 1939 Böhmen und Mähren. Als Erstes ließ ich Beneš' Amtsnachfolger Emil Hácha nach Berlin in meine (brand-)Neue Reichskanzlei kommen. Sie war gebaut worden, um zu drohen, und sie erfüllte ihren Zweck sehr gut. Schon die Statuen Arno Brekers – zwei nackte, ernst dreinschauende Männerfiguren, die ich „Die Partei" und „Die Wehrmacht" getauft und zu beiden Seiten des Haupteingangs platziert hatte – genügten, um Besucher erschaudern zu lassen. Ich ließ Hácha stundenlang warten, ehe ich ihn um halb zwei Uhr nachts empfing. Ribbentrop und ich erklärten ihm, dass unsere Soldaten bereits marschierten. Er könne unterschreiben, dann werde die Besetzung friedlich erfolgen. Andernfalls ... Mehrere Stunden vergingen, in denen Ribbentrop ihn allen Ernstes um den Tisch herum verfolgen und ihm Stifte in die Hand drücken musste. Dann erlitt Hácha einen Schwächeanfall, sodass wir Angst bekamen, er könnte sterben. Dr. Morell wurde gerufen und verabreichte eine Spritze, die ihn neu belebte, allerdings mit unerwarteten Folgen: Nun war er derart gut bei Kräften, dass ich fürchtete, er werde doch nicht unterschreiben.

Am Ende gab der alte Mann auf. Ich ließ ihn einen Treueeid auf mich schwören, und er durfte im Amt bleiben. Natürlich bedeutete das nicht, dass ihm irgendeine nennenswerte Macht geblieben wäre. Zu seinem Vorgesetzten ernannte ich meinen ehemaligen Außenminister Konstantin von Neurath als Reichsprotektor in Böhmen und Mähren. Die Zerschlagung der Resttschechei verschaffte außerdem den Slowaken ihre langersehnte Unabhängigkeit. Ihr Führer Jozef Tiso, der vom Priester zum nationalistischen Politiker geworden war, war mir sehr dankbar dafür. Die Slowakei wurde Teil unseres Einflussbereiches. Den Großteil des Krieges hindurch hielt sie uns die Treue. In manchen Dingen, etwa der notwendigen Judenvernichtung, waren die Slowaken sogar noch kompetenter als viele meiner eigenen Untergebenen.

19. Der Weg in den Krieg

An meinem nächsten Ziel konnte kein Zweifel bestehen. Als Erstes ließ ich Ribbentrop den litauischen Außenminister Juozas Urbšys bitten, uns die Stadt Memel zurückzugeben, was er ohne Umschweife tat. Auf dem Silbertablett, wie man so schön sagt. Als Nächstes nahm ich die Polen ins Visier. Ich bot ihnen ein antisowjetisches Bündnis an, aber sie lehnten die Idee ab. Ihre Weigerung, sich mir anzuschließen, ließ mir keine andere Wahl, als sie zu schlagen. Als Hebel benutzte ich die Stadt Danzig. Danzig selbst war eine verhältnismäßig kleine und unbedeutende Stadt. Es war allerdings zu einem Sinnbild für alles geworden, was uns unrechtmäßig genommen worden war. Ich wollte und musste diese Stadt zurückhaben.

Kaum hatten wir unsere Absichten klar zum Ausdruck gebracht, schon standen wir vor einem Problem. Bis dahin war es das Ziel der Regierung Seiner Königlichen Hoheit von England gewesen, uns an der Ausdehnung zu hindern und gleichzeitig den Frieden zu bewahren. Sie war so dumm, uns tschechisches Gold im Wert von 100 Millionen Dollar – heutiger Wert fast drei Milliarden Dollar – auszuhändigen, das in London gelagert gewesen war! Aber am 30. März, nur zwei Wochen nach unserer Besetzung von Böhmen und Mähren, änderte derselbe Chamberlain, der „Frieden in unserer Zeit" versprochen hatte, seine Meinung. Nach einer Reihe von Beratschlagungen mit Frankreich und auch in dessen Namen entwarf er persönlich eine Note an die Polen. Darin versprach er ihnen, dass beide Länder an Polens Seite in den Krieg ziehen würden, wenn es sich gezwungen sähe, im Kampf um seine Unabhängigkeit seine Streitkräfte einzusetzen. Er beabsichtigte, uns einzukreisen und einzuschüchtern. Die Maus – so war Chamberlain mir in München vorgekommen – hatte gebrüllt. Wer hätte das gedacht?

Das war eine Herausforderung, über die ich nicht hinweggehen konnte. Ich hatte gerade begonnen, darüber nachzudenken, wie damit umzugehen sei, als mir Roosevelt in seiner üblichen amerikanischen Einfalt ein Telegramm schickte. Darin fragte er mich, ob ich dazu bereit sei, zu garantieren, dass ich meine Wehrmacht nicht zum Angriff auf oder Einmarsch in 31 im Anhang aufgelistete Länder einsetzen würde! Sowohl Göring als auch Mussolini, der das Telegramm ebenfalls bekommen hatte, hielten es für eine Dämlichkeit, die eine Antwort nicht wert sei. Ich aber begriff sofort, was für eine großartige Möglichkeit sich mir hier eröffnete, und berief für den 28. April eine Sitzung des Reichstags ein. Normalerweise sprach ich am liebsten mehr oder weniger frei. Dieses Mal jedoch bereitete ich mich in der Tat sehr sorgfältig vor. Ich ließ außerdem den Ländern auf der Liste durch Ribbentrop einen kurzen Fragebogen zukommen. Er bestand aus zwei Fragen: Fühlten sie sich erstens durch Deutschland bedroht, und hatten sie zweitens Roosevelt darum gebeten, in ihrem Namen zu sprechen?

Als der Tag gekommen war, begann ich damit, dass ich zum x-ten Mal all die Demütigungen aufzählte, die Deutschland unter dem Versailler Diktat erlitten hatte. Ich zeichnete ein eindrückliches Bild unserer Lage, wie sie gewesen war, als ich die Macht übernommen hatte, und gab einen kurzen Überblick über all die großartigen Dinge, die meine Mitstreiter und ich getan hatten, um alles wiedergutzumachen. Dann brachte ich (ebenfalls zum x-ten Mal) meine ehrliche Hochachtung vor England zum Ausdruck, ebenso wie meinen Wunsch, die Beziehungen zwischen unseren beiden Ländern zu verbessern. Im Anschluss benutzte ich den neuen Bündnisschluss der Polen mit England und Frankreich als Begründung, um unseren 1934 geschlossenen Nichtangriffspakt mit Polen für null und nichtig zu erklären. Damals war er ein nützliches Werkzeug gewesen, um den Argwohn der Menschen hinsichtlich unserer Absichten zu beschwichtigen und unsere Isolation auf internationaler Ebene ein Stück weit zu beenden. Fünf Jahre später aber war er vollkommen nutzlos geworden.

Mit meinem nächsten Schritt überraschte ich alle. Wir hatten die vorangegangenen rund zwei Wochen genutzt, um in Kontakt zu den Ländern auf Roosevelts Liste zu treten. Ein paar von ihnen waren zuerst etwas dümmlich gewesen und hatten nicht verstanden, was wir von ihnen erwarteten. Am Ende aber hatten alle das geantwortet, was wir hören wollten. Nun las ich die Antworten eine nach der anderen langsam vor – selbstverständlich waren sie alle negativ ausgefallen. Ich versäumte nicht, hinzuzufügen, dass einige der Länder nicht zu einer Antwort in der Lage gewesen waren, weil sie nicht unabhängig, sondern von den Engländern besetzt waren! Im Anschluss wandte ich mich an Roosevelt persönlich und versicherte ihm, dass ich ihm gern auch mein Wort geben könne, wenn er sich solche Sorgen mache. Der Reichstag wieherte vor Lachen, und genauso taten es Millionen andere Menschen in Deutschland und im Ausland. Ich schloss mit einer Rede an die deutsche Nation, einem Lobgesang auf ihre großartigen Eigenschaften und meine eigene brennende Liebe zu ihr. Und in beiden Punkten war ich absolut ehrlich.

Wie ich erwartet hatte, fanden meine Volksgenossen die Rede großartig. Und das mit gutem Grund: Sie appellierte so sehr an ihr Selbstbewusstsein wie sehr wenige andere Ansprachen, die ich jemals hielt. Wie so oft waren die Ausländer weniger beeindruckt, vor allem, weil ich peinlich darauf bedacht gewesen war, Polen nicht namentlich zu erwähnen. Doch das war nur eine Nebensächlichkeit. Meine Aufgabe war es nun, erstens die öffentliche Meinung in Deutschland darauf vorzubereiten, dass wirklich ein Krieg mit Polen ausbrechen konnte, und zweitens dieses Land so weit wie möglich zu isolieren.

Um meinen Worten Nachdruck zu verleihen, ließ ich außerdem meine Generäle Pläne für einen Einmarsch vorbereiten. So, wie Land und Gelände beschaffen waren, sollte der keine allzu schwierige Aufgabe darstellen. Einige uralte Pläne für einen solchen Feldzug wurden entstaubt. Nachdem das erledigt war, schlugen die Ordensträger eine groß angelegte Offensive vor. Eine Armee sollte von Osten her anrücken, eine weitere von Norden und noch eine von Süden. Sie würden sich bei Warschau vereinigen, und alles wäre vorbei.

Zum Stichtag bestimmte ich den 1. September. Ich wählte ihn nicht mit Blick auf den nächsten Parteitag in Nürnberg, wie einige Historiker fantasiert haben, ohne dafür auch nur einen einzigen Beweis vorlegen zu können. Vielmehr tat ich es, weil das das traditionelle Datum für das Ende der Erntezeit war. Zusätzlich würde zu dieser Zeit der Regen das, was diese polnischen Versager gern „Straßen" nannten, noch nicht in Morast verwandelt haben. Die Planungen gingen voran und entwickelten sich gut, doch es war noch nichts entschieden worden.

England und Frankreich war klar, dass sie durch ihre Beistandsgarantie an Warschau dieses faktisch zur Entscheidung über Krieg und Frieden ermächtigt hatten. Sie wussten auch, dass sie ihr Versprechen aufgrund der geografischen Tatsachen nur würden einlösen können, wenn sie die netten Leute im Kreml dazuholten. Mitte der 1930er Jahre hatte es einige Versuche gegeben, eine englisch-französisch-russische Allianz aufzubauen. Wie damals üblich, hatten sie es „Kollektive Sicherheit" genannt. Ihr offensichtliches Ziel war es, uns einzuschließen und dazu zu zwingen, auf der Stelle zu verharren, zweifellos in Erinnerung an die Zeit vor 1914.

Jedenfalls behielt das gegenseitige Misstrauen die Oberhand, und aus dem Vorhaben wurde nichts. Ein Grund dafür war, dass die Polen, von denen alles abhing, gerade erst den bereits erwähnten Nichtangriffspakt mit uns unterzeichnet hatten. Er ließ sie alle Vorschläge ablehnen, sich einer Einheitsfront gegen uns anzuschließen. Englands Premierminister Stanley Baldwin neigte dazu, die russische Militärmacht verächtlich zu machen. Die französischen Plutokraten fürchteten sich vor ihrer eigenen Arbeiterklasse zu Tode und sagten ganz offen, dass ich ihnen lieber sei als Stalin. Der wiederum war davon überzeugt, dass seine beiden angeblichen „Verbündeten" versuchten, ihn in einen Krieg gegen uns zu verwickeln. In einen Krieg, aus dem sie als die sprichwörtlichen lachenden Dritten hervorgehen würden. Was England anbelangte, hatte er wahrscheinlich allen Grund, misstrauisch zu sein.

Nun, im Frühjahr 1939, gingen die Verhandlungen zwischen den drei Großmächten weiter. Der Stein des Anstoßes waren einmal mehr die Polen. In Chamberlains Garantie an sie war kein anderes Land erwähnt worden. Darin stand nur, dass London und Paris Polens Unabhängigkeit garantieren würden, falls irgendjemand versuchen sollte, ihr ein Ende zu bereiten. Wenn man den Nachkriegsberichten Glauben schenken kann, dann nahm der damalige polnische Außenminister Józef Beck sie zwischen zwei Zügen an seiner Zigarette entgegen, ohne mit der Wimper zu zucken! Aber sie brachte Paris – und dahinter London, das Paris sozusagen über die Schulter schaute – in die gleiche Zwickmühle, in der es schon hinsichtlich der Tschechoslowakei gesteckt hatte. Die Westmächte mussten ihr Wort halten und kämpfen; wenn sie es brächen, würden sie ihre Glaubwürdigkeit verlieren. Oder zumindest das, was davon nach der Münchener Konferenz und unserer Besetzung Böhmens und Mährens noch übrig war.

Und doch hatten sie keine Möglichkeit, den Polen zu helfen, ohne dass diese die Russen hereinlassen müssten. Um es ganz deutlich zu sagen: Um gegen uns zu kämpfen, musste die Rote Armee zuerst durch Polen marschieren. Ich möchte dazu festhalten, dass niemand die Polen so sehr hasst und verachtet wie ich. Sie sind ausnahmslos alle Slawen und taugen zu nichts anderem als zur Sklavenarbeit. Allerdings kann man ihnen nicht verdenken, dass ihnen diese Aussicht missfiel. Wenn aber die Polen Versager sind, dann sind die Russen doppelt so schlimm. Seit 1760, als sie einige Tage lang Berlin besetzt hatten, waren ihre versoffenen, pöbelhaften Bauernhorden dafür berüchtigt, auf ihrem Weg alles kaputtzuschlagen. Außerdem: Wenn die Russen einmal im Lande waren, konnte man nicht wissen, wann sie wieder verschwinden würden. Wenn überhaupt.

In den 1920er Jahren hatte Generaloberst Seeckt stets gesagt, dass Polen wie ein kleiner Schweißtropfen sei. Wenn seine beiden starken Nachbarn sich die Hände reichten, was früher oder später passieren müsse, würde es verschwinden. Nun war aber das genaue Gegenteil eingetreten. Die Polen führten sich so selbstgefällig auf wie ein Kanarienvogel, der nicht nur eine, sondern gleich zwei Katzen verschluckt hat. Und das konnten sie nur aufgrund der ihnen gegebenen Garantie tun.

Über das Frühjahr 1939 hinweg gingen die Verhandlungen zwischen London und Paris auf der einen sowie Russland auf der anderen Seite nur schleppend voran. Insgesamt schien es Stalin mit einem Abkommen am eiligsten zu haben. Wahrscheinlich hoffte er darauf, Gebiete zurückzubekommen, die Russland zwischen 1915 und 1918 verloren hatte. Das erklärt, weshalb er auf diplomatische Noten fast sofort antwortete, während die Westmächte dafür oft Wochen brauchten. Erst Anfang August kündigten die Engländer und Franzosen endlich an, dass es ernst würde. Und selbst dann schickten sie als Verhandlungsführer nur einen gewissen Admiral Drax, von dem zuvor nie jemand gehört hatte und hinterher nur wenige noch einmal hören sollten. Der wackere Mann hatte keinerlei Vollmacht, irgendetwas zu unterschreiben. Und um alles noch schlimmer zu machen, ließen sie ihn auf dem Seeweg nach Leningrad reisen! Die Wege der Engländer sind unergründlich. Wenn es ihnen darum ging, den abgebrühten Mann im Kreml davon zu überzeugen, dass sie nutzlos und/oder verlogen waren, dann hatten sie den besten Weg dazu gefunden.

Stalin hatte all das zur Kenntnis genommen. Es hatte bereits seit Monaten unverbindliche Kontakte zwischen einigen seiner und unserer Diplomaten gegeben. Anfangs beschränkten sie sich auf wirtschaftliche Belange. Später erstreckten sie sich auch auf politische Fragen. Der entscheidende Umschwung kam am 3. Mai, als der Stählerne seinen Volkskommissar für Auswärtige Angelegenheiten, Maxim Litwinow, entließ. „Entlassen“ ist eigentlich eine zu milde Umschreibung des Dramas, das sich abspielte. Zuerst wurde die Datscha des Juden Litwinow abgeriegelt und seine Telefonleitung durchgeschnitten. Dann erschienen Malenkow, Leiter der Abteilung für führende Parteiorgane des Zentralkomitees, und Beria, der Chef der Geheimpolizei, um ihm zu erklären, was Sache war. Das Volkskommissariat für Auswärtige Angelegenheiten wurde von Truppen des NKWD umstellt. Sie verhafteten Litwinows Helfer und schlugen sie zusammen, um an kompromittierende Aussagen über ihn zu kommen.

Irgendwie gelang es Litwinow, davonzukommen. Später wurde er der Botschafter seines Landes in Washington, wo er sein Bestes tat, um die Amerikaner gegen uns aufzuhetzen. Viele seiner Mitarbeiter aber wurden liquidiert. Eine ganze Menge von ihnen waren ebenfalls Juden, sodass ihr Dahinscheiden kein großer Verlust war, weder für Mütterchen Russland noch für die Welt insgesamt. Litwinows Nachfolger war Wjatscheslaw Molotow, ein altgedienter Bolschewik. Seine Genossen im Politbüro nannten ihn den „Eisenarsch“. Hinsichtlich seines Rangs und seiner Stellung war er der zweitmächtigste Mann im Land nach Stalin. Das hielt ihn jedoch nicht davon ab, vor diesem ebenso viel Angst wie alle anderen zu haben. Mit gutem Grund, wie sich herausstellte, denn später ließ Stalin seine Ehefrau Polina festnehmen und in ein sibirisches Konzentrationslager bringen. Im Umgang mit uns erwies sich Molotow als harter und gerissener Verhandlungsführer.

Litwinows plötzlicher Sturz traf mich wie Kanonendonner. Ich wusste, dass ich jetzt handeln konnte – und dass ich es schnell tun musste. Die ernsthaften Verhandlungen zwischen uns und den Russen begannen umgehend. Wieder war mein Späher Ribbentrop. Ribbentrop war ein Offizierssohn, der eine reiche Frau geheiratet und für ihren Vater gearbeitet hatte, den Geschäftsführer und Teilhaber der größten deutschen Sektkellerei. Er war nicht imstande, ihr Paroli zu bieten, und gestand ihr eindeutig zu viel Einfluss auf die Politik zu. Ribbentrop war eingebildet, arrogant und prunksüchtig – er fügte seinem Namen sogar ein „von“ hinzu. Mehr als einmal ging er so weit, mich am Telefon warten zu lassen. Wenn er im Gespräch war, schloss er gerne die Augen und warf den Kopf in den Nacken. Wenn er dann etwas gefragt wurde, fragte er seinen Gesprächspartner, was er gerade gesagt habe! Außerdem war er ein Feigling und gab bei Luftangriffen ein schlechtes Vorbild ab. Kein Wunder, dass er bei seinen Amtskollegen ebenso unbeliebt war wie bei seinen Mitarbeitern, die sich vor ihm fürchteten und die er wie Lakaien behandelte. Nach dem Anschluss riss er sich das wunderschöne Schloss Fuschl in der Nähe von Salzburg unter den Nagel, indem er dessen Eigentümer ins Konzentrationslager Dachau bringen ließ, wo der Mann später starb.

So sehr er auch ein unangenehmer Zeitgenosse sein konnte, war Ribbentrop doch einer der wenigen meiner höchsten Mitstreiter, die stets noch radikaler waren als ich. Ich wusste, dass ich mich in dieser Angelegenheit auf ihn verlassen konnte, und das machte ihn nützlich für mich. 1935 hatte er eine Schlüsselrolle bei der Aushandlung des Flottenabkommens mit England gespielt. Lange Zeit später bekam er von seinen Mitarbeitern eine prachtvolle Kassette mit Kopien aller Verträge, die er unterschrieben hatte, zum Geburtstag. Sie waren ein wenig betreten, weil wir zu dieser Zeit bereits so gut wie alle von ihnen gebrochen hatten! Als ich die Geschichte hörte, lachte ich so sehr, dass mir die Augen tränten.

Aber im Ernst: Es war Ribbentrop nicht gelungen, sein ursprüngliches Vorhaben umzusetzen und eine weitere Annäherung zwischen unseren beiden Ländern herbeizuführen. Deshalb war er den Engländern gegenüber verbittert und umso entschlossener, sein Glück anderswo zu versuchen. Er mochte seine Schwächen haben, aber er erwies sich als gute Wahl für den vorliegenden Auftrag. Die Gespräche waren nicht einfach. Noch am 4. August glaubte unser Botschafter in Moskau, Graf von der Schulenburg, dass die Unterzeichnung eines sowjetisch-westlichen Bündnisses bevorstehe. In Zusammenarbeit mit Ribbentrop bewies ich ihm das Gegenteil. Am 22. August waren die Einzelheiten geklärt, und alles war bereit.

Am gleichen Tag, dem 22. August, hielt ich auf dem Berghof eine Besprechung mit meinen wichtigsten Generälen ab. Nachdem ich jahrelang mit ihnen gearbeitet hatte, wusste ich, mit wem ich redete. Viele von ihnen fürchteten einen Krieg und suchten nach beliebigen Gründen, warum wir keinen führen sollten. Und fast alle klammerten sich noch immer an lächerlich altmodische Vorstellungen von Ritterlichkeit, Ehre und so weiter. Ich hatte vor, ihnen ein Rückgrat einzuziehen; mir fallen aber nicht mehr alle meine Worte ein. Was ein paar meiner Zuhörer mitschrieben (oder behaupteten, mitgeschrieben zu haben), ist jedoch zum Teil eindeutig ihrer Fantasie entsprungen. Beispielsweise lag unser Sieg über den Westen – ganz zu schweigen von seinem Ausmaß – noch so weit in der Zukunft, dass er unvorstellbar war. Deshalb konnte selbst ich, der ich angeblich eine übernatürliche Weitsicht besessen haben soll, wohl kaum androhen, meine „Totenkopfschwadronen“ in diese Länder zu schicken, um Männer, Frauen und Kinder zu töten. Und die Geschichte beweist, dass ich das nie getan habe.

An jenem Tag war Ribbentrop nach Moskau geflogen und hatte dort einen mit Hakenkreuzen geschmückten Flughafen vorgefunden. Am 23. unterzeichneten er und Molotow in Moskau das Abkommen. Stalin war dabei, mit seiner Pfeife in der Hand. Er sah mit dem gütigsten Blick zu, zu dem er – halb Gott, halb Ungeheuer – imstande war. Der Pakt bestand aus zwei Hauptteilen. Erstens verpflichteten wir uns dazu, einander nicht anzugreifen. Zweitens vereinbarten wir einen wirtschaftlichen Austausch, bei dem wir die Russen mit allen möglichen Industriegütern versorgen und sie uns in Rohstoffen und Nahrungsmitteln bezahlen würden. Es gab auch noch ein geheimes Zusatzprotokoll. Darin kamen wir überein, Osteuropa zwischen uns aufzuteilen. Im Falle eines Krieges sollten wir den größten Teil Polens abbekommen; im Gegenzug würden wir Stalins Recht anerkennen, die polnischen Ostprovinzen, die baltischen Länder und einen Teil Rumäniens zu annektieren. Dieser Teil des Pakts kam ans Licht, als 1945 unsere Archive beschlagnahmt wurden, doch das hielt die Russen nicht davon ab, seine Existenz noch weitere 45 Jahre lang zu leugnen.

Der Nichtangriffspakt war der größte diplomatische Streich, der uns Deutschen seit der Zeit Bismarcks gelungen war, und ist es bis heute. Trotz Kanzler Kohls Erfolg, der die Russen 1989 bis 1991 dazu brachte, die Wende hinzunehmen und verdammt nochmal aus unserem Land zu verschwinden. Er erschütterte die Welt wie ein Donnerschlag. Sechs Jahre lang hatten die Russen und wir nichts anderes getan, als uns mit allen möglichen Mitteln unterhalb von offenen Kampfhandlungen gegenseitig anzugehen. Einige haben sogar behauptet, dass Heydrich durch das Zuspielen von gefälschten Dokumenten eine wichtige Rolle beim Anstoßen der großen Säuberungen von 1937 bis 1939 gespielt habe, die die Rote Armee enthauptet hatten. Ob das nun stimmt oder nicht, aus dem Nichts heraus hatten unsere beiden Länder ihren Kurs geändert. Aus deutscher Perspektive war der erste Punkt der wichtigste. Er machte alle Hoffnungen zunichte, die die Engländer und die Franzosen noch haben mochten, dass Stalin für sie die Kastanien aus dem Feuer holen würde.

Man hätte erwarten können, dass die Nachricht von diesem Abkommen die Polen dazu angeregt hätte, es sich noch einmal zu überlegen und unsere bescheidenen Forderungen anzunehmen, um der Vernichtung zu entgehen. Sie aber wollten – oder konnten – selbst in dieser Lage noch immer nicht verstehen, was ihnen bevorstand. Zu jenem Zeitpunkt hatten wir den Beginn unseres Einmarschs in Polen auf den Morgen des 26. August festgelegt, fünf Tage früher als ursprünglich geplant. Alles war vorbereitet – nur tauchten jetzt alle möglichen Vermittler auf und versuchten, eine diplomatische Lösung zu finden. Einer derjenigen, die eine solche Lösung am meisten begrüßt hätten, war Göring. Er war immer stärker morphinabhängig geworden, eine Spätfolge der Verwundung, die er bei unserem Putsch 1923 davongetragen hatte, und war so fett geworden, dass er niemals in einen Volkswagen gepasst hätte – oder in einen Schützengraben, was das betrifft. Und er zog Carinhall der Front deutlich vor.

Die Italiener hatten das bereits festgestellt; das war der Grund, weshalb sie im September 1938 Kontakt zu Göring aufgenommen hatten, um die Münchener Konferenz zu arrangieren und so einen Krieg zu vermeiden. Jetzt, im August 1939, wandte sich Göring selbst an seinen schwedischen Freund Birger Dahlerus. Dieser nahm eine Vermittlertätigkeit auf, die man später als Pendeldiplomatie bezeichnet hätte. Seine Mühen waren vergeblich. Die Engländer (mit den Franzosen im Schlepptau) erwiesen sich als dickköpfig. Sie hatten sich selbst davon überzeugt, dass man mir nicht trauen könne, und weigerten sich, verständnisvoll beiseitezutreten. Im Gegenteil: Am 25. August wandelten sie ihre einseitige Beistandserklärung in ein vollumfängliches politisches und militärisches Bündnis mit Warschau um. Derart ermutigt, waren die Polen – oder vielmehr Herr Beck – entschlossen, keinen Fußbreit nachzugeben. Sie glaubten allen Ernstes, dass sie es mit uns aufnehmen könnten. Selbst Chamberlain nannte sie einmal „eine große und mannhafte Nation"! Wenn das kein Wolkenkuckucksheim war, was dann?

Aber das waren nicht die einzigen schlechten Nachrichten. Ob nun mit Absicht oder nicht, Mussolinis Erklärung, dass Italien nicht Wort halten und an unsere Seite treten würde, traf an genau diesem Tag ein. Ich war ein wenig erschüttert und sah mich gezwungen, den Einmarsch zu verschieben, um unsere nächsten Schritte zu überdenken. Einige unserer Einheiten hatten tatsächlich schon begonnen, ihre Angriffsstellungen zu beziehen. Wir konnten sie nur unter größten Anstrengungen und im allerletzten Augenblick zurückrufen.

Dahlerus war eigentlich Geschäftsmann und liebte nichts mehr, als den Diplomaten zu spielen. Mit Rückendeckung von Göring hatte er noch immer nicht aufgegeben. Am 27. August flog er nach London. Dort wurde er erstaunlicherweise sowohl zu Chamberlain als auch zu dessen Außenminister Lord Halifax vorgelassen. Er hatte Görings Vorschlag im Gepäck, dass Danzig an uns übergeben werden sollte. Das Schicksal des Korridors sollte durch eine Volksabstimmung entschieden werden. Im Gegenzug würden wir Polens beschnittene Grenzen garantieren. Ich selbst zögerte. Erstens war ich schon im Vorjahr um einen militärischen Sieg gebracht worden und wollte nicht, dass das noch einmal passierte. Zweitens hatte der Weltkrieg Polen nicht nur den Korridor, sondern auch Teile von Schlesien eingebracht. Ein neuer Krieg hatte den Vorteil, dass er auch dieses Problem lösen würde. Warum sich mit einem Stückchen zufriedengeben, wenn man auch die ganze Wurst haben kann? Trotzdem gab ich Göring ein wenig Spielraum, wenn auch nur deshalb, weil ich wusste, dass das deutsche Volk den Frieden wollte, und ihm demonstrieren wollte, dass ich mein Möglichstes getan hatte, um ihn zu bewahren. Diesmal erledigten die Engländer die Sache für mich. Sie wandten sich an die Polen und sagten ihnen, sie sollten mein sehr vernünftiges Angebot ablehnen. Oder vielleicht war es auch andersherum.

Trotzdem gingen die Verhandlungen in gewisser Weise weiter. Am 29. August traf sich Ribbentrop, der noch immer Oberwasser von seinem Triumph in Moskau hatte, mit dem englischen Botschafter Nevile Henderson. Er legte ihm eine Liste unserer Vorschläge an Polen vor, die aus 16 Punkten bestand. Unsere Wahl war auf Henderson gefallen, weil wir wussten, dass er immer für eine Einigung mit uns eingetreten war. Dieses Mal behauptete er, dass Ribbentrop zu schnell gesprochen habe und ihm keine schriftliche Kopie ausgehändigt worden sei. Wenn das wahr sein sollte, dann war es typisch für Ribbentrop. Also gab Göring am Folgetag Dahlerus eine Kopie, der sie an Henderson weiterleitete. Henderson wiederum reichte sie bereitwillig an den polnischen Botschafter in Berlin weiter, Józef Lipski. Lipski sagte, er habe noch nie etwas von Dahlerus gehört und keine Anweisungen aus Warschau erhalten. Doch zu diesem Zeitpunkt hatte ich meine Fassung wiedergewonnen. Außerdem hatte ich beschlossen, dass ich genug von der Verschleppungstaktik der Polen hatte und unter allen Umständen weitermachen würde. Eine unserer 16 Forderungen war gewesen, dass sich ein polnischer Generalbevollmächtigter vor dem 1. September in Berlin einfinden sollte. Die Polen lehnten ab.

Dahlerus hatte noch immer nicht genug. Er schlug vor, dass Göring sich noch einmal mit Henderson treffen sollte. Das tat der auch, am 31. August um 17 Uhr, doch es brachte nichts. Um 21 Uhr ließ ich meine Vorschläge über alle deutschen Radiosender verbreiten, um dem Volk zu beweisen, dass ich alles in meiner Macht Stehende getan hatte, um den Frieden zu bewahren. Währenddessen ließ ich Heydrich ein paar „polnische" Angriffe entlang unserer Grenze zu Polen fingieren. Der wichtigste fand auf einen kleinen Sender im schlesischen Gleiwitz statt. Das Ziel war, die Welt – und unser eigenes Volk – davon zu überzeugen, dass wir in Notwehr handelten. Und nein, ich machte mir keine Sorgen um „die Wahrheit". Tatsächlich lief die ganze Sache nicht allzu gut. „Polnische" Freischärler in polnischen Uniformen übernahmen tatsächlich den Sender. Sie sendeten ein paar antideutsche Parolen, gaben ein paar Schüsse ab und verschwanden wieder, wobei sie einen „polnischen" Leichnam zurückließen. Doch irgendjemand hatte Mist gebaut: Zu jenem Zeitpunkt war der Sender nicht mit dem Hauptnetzwerk verbunden gewesen, sodass nur sehr wenige Menschen mitbekommen hatten, was passiert war. Trotzdem konnte ich dem Reichstag am folgenden Morgen verkünden, dass Schüsse abgefeuert worden waren und dass wir nun zurückschießen würden. Das bedeutete, dass wir uns im Krieg befanden und der Einmarsch in Polen losgegangen war.

Selbst das sollte noch immer nicht das Ende der Vermittlungsversuche sein – wenn auch nicht mehr, um den Frieden zu erhalten, so doch, um den Krieg an der Ausbreitung zu hindern. Trotz ihrer aggressiven Haltung bemühten sich England und Frankreich verzweifelt darum. *Mourir pour Dantzig*, wie man damals sagte, war das Letzte, was sie wollten. Besonders Chamberlain setzte Himmel und Hölle in Bewegung, um irgendeine Art von „Verhandlungen" herbeizuführen. Wie er dem Unterhaus sagte, wäre er sogar bereit, über einige unserer Forderungen noch einmal nachzudenken, vorausgesetzt, ich stellte das Feuer ein und zog meine Truppen zurück! Damit stieß er zum ersten Mal auf Widerstand. Die Mitglieder seiner eigenen Konservativen Partei zwangen ihn, sein Angebot zurückzuziehen und uns den Krieg zu erklären, was er und sein französischer Amtskollege am 3. September taten. Natürlich spielte das keine Rolle. Ich hatte niemals in Erwägung gezogen, zu tun, was London und Paris von mir verlangten. Hätte ich derart nachgegeben, wären sowohl meine Herrschaft als auch ich am Ende gewesen.

Im nächsten Kapitel werde ich mehr dazu sagen, wie die militärische Lage zu jener Zeit war. Hier möchte ich festhalten, dass das deutsche Volk über die Vorgänge nicht begeistert war. Bei weitem nicht. 1914 hatten in allen Städten Massen von Menschen – mich eingerechnet – den Kriegsausbruch gefeiert. Diesmal war ich ein wenig enttäuscht, zu sehen, dass die Stimmung verhalten war. Sicher, meine Rede vor dem Reichstag wurde so begeistert aufgenommen wie immer. Aber keiner von Goebbels' Kniffen, nicht einmal die Zensur, konnte die Angst der Menschen verschleiern. Ich und meine Mitarbeiter, besonders Göring und Ribbentrop, wussten auch, dass mit England und Frankreich gegen uns der vor uns liegende Weg länger und härter werden würde, als wenn wir es nur mit Polen allein zu tun gehabt hätten.

Was mich nicht umbringt, macht mich stärker. Immerhin war unser ganzes nationalsozialistisches Dasein seit 1919 ein einziger langer Kampf gewesen, oft gegen Hindernisse, die andere und wir selbst für unüberwindbar gehalten hatten. Und so war ich mit Blick auf die Zukunft sicher, dass wir – und mochte es noch so schwierig werden – am Ende triumphieren würden.

DRITTER TEIL:

Die Kriegsjahre

20. Feuertaufe

Als 1914 der Krieg ausbrach, waren unsere Truppen bis auf den letzten Gamaschenknopf bereit gewesen. 1939 war das bei weitem nicht der Fall. Deutschland ist eine Landmacht, deshalb werde ich als Erstes den Zustand der Landstreitkräfte umreißen. 1933 hatten wir nur 4000 Offiziere, und selbst davon waren 450 medizinisches und tierärztliches Personal. Allerdings stimmt es, dass die Reichswehr mit dem Ziel der Erweiterung geplant worden war. Daher hatten wir eine Menge ausgezeichneter Unteroffiziere, die wir befördern konnten und wollten.

Das aber war nur eine Behelfsmaßnahme. Sechs Jahre reichen in der Regel, um einen Hauptmann auszubilden. Wirkliche Probleme hatten wir mit unseren Majoren, Oberstleutnants und Obersten, also den Stabsoffizieren und Regimentskommandeuren, die eine Schlüsselrolle im System spielten. Umso mehr, als unsere Kriegsakademie unter dem halsbrecherischen Tempo zu leiden hatte, mit dem sich die Wehrmacht ausdehnte. Es mussten weniger qualifizierte Anwärter aufgenommen werden, und die Ausbildung selbst wurde verwässert. Die Generäle waren wieder ein anderes Thema. Die dienstältesten von ihnen waren, wie schon gesagt, in der Regel ehemalige Stabsoffiziere mit wenig Kampferfahrung. Ihre unmittelbaren Untergebenen hatten im Weltkrieg als Leutnants gedient, aber seit 1918 keinen scharfen Schuss mehr gehört. Noch schlimmer war, dass der Krieg, den wir planten, mit dem Stellungskrieg von 1914 bis 1918 rein gar nichts gemeinsam hatte. Trotz aller Übungen blieb abzuwarten, wie unsere Kommandeure damit umgehen würden.

Der Zustand der Mannschaften war kaum besser. Die Qualität der neu eingezogenen Rekruten war so gut wie immer, vielleicht sogar überdurchschnittlich. Insbesondere unsere Unteroffiziere waren prächtig; sie waren hart, professionell und zu unabhängigen Entscheidungen in der Lage, die in anderen Armeen die Leutnants zu fällen hatten. Trotzdem hatten uns die „weißen Jahrgänge“ zwischen 1919 und 1935 daran gehindert, unsere volle militärische Stärke auszuschöpfen. So kam es, dass 1939 ungefähr 3.250.000 Mann zwischen zwanzig und vierzig völlig unausgebildet waren. Unter den 21- bis 35-Jährigen, die in der Blüte ihres Lebens standen und das beste Menschenmaterial überhaupt darstellten, war der Anteil derjenigen, die eine militärische Grundausbildung absolviert hatten, besonders gering. Als wir in den

Krieg zogen, verfügte das Heer über 730.000 Mann unter Waffen, die in 52 aktive Divisionen eingeteilt waren. Natürlich beriefen wir die Reservisten ein und hoben diese Zahlen so auf 3,7 Millionen in 103 Divisionen. Von diesen Reservisten waren jedoch nur knapp 500.000 voll ausgebildet und frontverwendungstauglich. Der Kampfwert der übrigen war bestenfalls mäßig. Es sollte bis nach dem Polenfeldzug dauern, ehe wir dieses Problems Herr wurden.

Damals waren unsere Panzerdivisionen die besten der Welt, aber nicht unbedingt deshalb, weil unsere Panzer technisch überlegen gewesen wären. Das war gar nicht der Fall; wenn überhaupt, dann erst in der zweiten Hälfte des Krieges. Und selbst da hatten sie ihre Probleme. Wir hatten allerdings eine bessere Auffassung davon, wie sie organisiert, versorgt und gewartet werden könnten, wie sie mit den anderen Waffengattungen zusammengefasst werden sollten und welche Zusatzausrüstung – insbesondere Sicht- und Funkgeräte – sie benötigten, um im Felde effektiv zu sein. Vielleicht war es kein Zufall, dass Guderian seine Laufbahn bei den Nachrichtentruppen begonnen hatte. Vor allem wussten wir ganz genau, was wir mit unseren Panzern zu tun gedachten, ganz im Gegensatz zu unseren Gegnern, die teils rein defensiv dachten und teils die falschen Schlüsse aus den Erfahrungen des Spanischen Bürgerkriegs gezogen hatten.

Was die Anzahl der Divisionen anging, standen wir zu unseren westlichen Feinden ziemlich auf Augenhöhe. Das Problem war, dass wir nicht genug Panzer hatten. Das Gleiche galt für Kraftfahrzeuge, um unsere Infanterie zu transportieren, unsere Artillerie zu verlegen, unseren Nachschub nach vorn zu bringen und unsere Verwundeten nach hinten. So intensiv wir uns ab 1933 auch bemüht hatten – 1939 war Deutschland noch immer untermotorisiert. Daher bestand die überwältigende Mehrheit unserer Wehrmacht nach wie vor aus altmodischer Infanterie. In der Heimat wurde sie mit der Eisenbahn verlegt. Im Feindesland bewegte sie sich zu Fuß.

Sicher, keine unserer Divisionen war gänzlich unmotorisiert. Wir kamen aber nie auch nur in die Nähe des Verhältnisses von einem Fahrzeug pro sechs Mann, wie es in der englischen und später der amerikanischen Armee der Fall war. Selbst wenn wir das geschafft hätten, hätten wir sie nicht mit dem benötigten Kraftstoff versorgen können. Folglich musste der Großteil unserer Artillerie und unseres Nachschubs auf Pferden oder Pferdefuhrwerken bewegt werden. Je länger der Krieg andauerte, desto größer wurde die Knappheit. 1914 bis 1918 hatten wir 13.000.000 Mann und 1.400.000 Pferde mobilisiert. 1939 bis 1945 kamen wir auf 18.000.000 Mann und 2.700.000 Pferde. Den Rest kann man sich denken.

Kommen wir als Nächstes zur Luftwaffe. Der Versailler Vertrag verbot uns, überhaupt militärische Luftfahrt zu betreiben. Wie schon erwähnt, konnten wir einige der Beschränkungen umgehen, indem wir Segelflieger ausbildeten, unsere Bomber als Passagierflugzeuge tarnten und dergleichen. Aber diese Bemühungen waren so kümmerlich, dass sie kaum der Rede wert sind. 1933 ließ ich Göring ans Ruder. Draufgänger, der er war, ging er das Problem mit großem Elan an. Nichtsdestoweniger machten wir erst ab 1935 wirkliche Fortschritte bei der Wiederbewaffnung, als wir uns stark genug fühlten, um die Welt wissen zu lassen, was wir taten.

Wie beim Heer war die Mannstärke das dringlichste Problem. So gut wie alle Piloten, die 1914 bis 1918 für uns geflogen waren, waren mittlerweile zu alt, um noch zu etwas anderem als Kommandeuren und – begrenzt – Ausbildern zu taugen. Gleichwohl lag es in der Natur der Sache, dass die Reichswehr über keine Fliegerkommandanten verfügte. Über wen und was hätten sie befehlen sollen? Folglich mussten wir die Reihen mit Heerespersonal füllen. Dazu gehörte auch Generalmajor Walther Wever, den Göring zum ersten Generalstabschef der Luftwaffe ernannte und der ebenso als Erster versuchte, für sie eine Einsatzvorschrift zu formulieren. Unglücklicherweise kam er bei einem Absturz ums Leben. Ein weiterer und ungleich bedeutenderer Veteran war Albert Kesselring. Als Kesselring in die Luftwaffe eintrat, war er schon 48 Jahre alt; als Erstes musste er das Fliegen lernen. Später wurde er einer meiner besten Kommandeure, und ich beförderte ihn zum Generalfeldmarschall.

Während des Großen Krieges waren unsere Flugzeuge in aller Regel ebenso gut wie die des Feindes gewesen. Vielleicht waren sie zwischenzeitlich sogar ein bisschen besser, bevor uns 1918 allmählich die Rohstoffe ausgingen. Doch auch hier hatten die Jahre zwischen 1919 und 1933 ihre Opfer gefordert. Weil wir keine Möglichkeiten gehabt hatten, mit der neuesten Hochtechnologie zu experimentieren, liefen wir Gefahr, Prototypen zu früh zur Serienfertigung freizugeben. Wenn wir nicht sehr vorsichtig waren, würde am Ende eine Luftwaffe entstehen, die bereits veraltet wäre, noch bevor sie in Gang gekommen war. Ich werde nicht ins Detail gehen, aber so viel sei gesagt: Als wir 1939 in den Krieg zogen, waren unsere Kampfflugzeuge und deren Zusatzausrüstung besser als die von Italien, Frankreich und (natürlich) Russland. Jenen der Royal Air Force waren sie allerdings nicht überlegen. Das sollte sich 1940/41 bitter rächen.

Die Luftstreitkräfte waren ein relativ neuer Truppenteil. Um sicherzugehen, hatte man sie in Abessinien und Spanien erprobt, aber diese Feldzüge waren eher klein und wenig anspruchsvoll gewesen.

Sie waren mit dem, was uns in Mittel- und mehr noch in Westeuropa bevorstand, nicht zu vergleichen. So kam es, dass niemand so recht wusste, wie man die Luftwaffe einsetzen sollte. Wir beschlossen schon sehr früh, dass sie von den anderen Truppenteilen unabhängig sein würde. Zu dieser Entscheidung rangen sich sowohl unsere amerikanischen Feinde als auch unsere japanischen Verbündeten erst nach 1945 durch.

Damit war die Einigkeit aber auch schon wieder dahin. Zu jener Zeit und später war das bekannteste Buch zu dieser Frage *Luftherrschaft*. Es war bereits 1921 unter dem Titel *Il dominio dell'aria* vom italienischen General Giulio Douhet verfasst worden. Ich weiß, dass einige meiner Kommandeure es gelesen haben, vor allem der unersetzliche Milch. Aber sie stimmten seinen Schlussfolgerungen nicht zu. Die Luftwaffe, die sie aufbauten, war dazu vorgesehen, das Heer bei seinen Unternehmen zu unterstützen, indem sie Feuerunterstützung lieferte und gegnerische Flieger abfing. Sie war, bei allem Respekt vor Douhet, nicht für schwere „strategische" Bombardements ziviler Ziele geschaffen, wie sie England und die Vereinigten Staaten später praktizierten. Dafür hätte es Tausende und Abertausende viermotoriger Bomber gebraucht. Als es darauf ankam, litten die wenigen, die wir bauten, unter Fehlfunktionen, die das Technische Amt des Reichsluftfahrtministeriums niemals beseitigen konnte.

Außer in der Zeit zwischen 1897 und 1914, als Wilhelm II. sein Herz, seine Seele und seinen Wohlstand hineinversenkte, war die Marine immer der bei weitem kleinste Teil unserer preußischen und deutschen Streitkräfte gewesen. Tatsächlich war sie so klein, dass Clausewitz es nicht einmal für nötig hielt, ihre Existenz zu erwähnen! Ich persönlich war geneigt, es dabei zu belassen. Die Ereignisse von 1938/39 machten jedoch unmissverständlich klar, dass England trotz all meiner Bemühungen kein Bündnis mit uns eingehen würde. Es würde vielmehr alles in seiner Macht Stehende tun, um uns zu blockieren. Deshalb war ich gezwungen, meine Meinung zu ändern.

Ich wandte mich an Raeder und bat ihn um ein Konzept zur Vergrößerung der Kriegsmarine, damit sie notfalls in der Lage sein würde, es mit der englischen Flotte aufzunehmen. Er ließ sich den Z-Plan einfallen, der eine groß angelegte Flottenaufrüstung vorsah und – wenn überhaupt – erst 1945 erfüllt sein würde. Vorgesehen waren zehn Schlachtschiffe, zwölf Panzerschiffe neuen und drei alten Typs, vier Flugzeugträger, fünf Schwere Kreuzer, 44 Leichte Kreuzer, 68 Zerstörer und nicht weniger als 249 Unterseeboote.

Wie schon im Falle der Luftwaffe – und angesichts der Tatsache, dass das Heer oberste Priorität hatte – erwies sich der Plan als weit jenseits unseres industriellen Leistungsvermögens. Wenn ich bedenke, wie lange andere Staaten gebraucht hatten, um ihre Flotten aufzubauen, und wie lange China jetzt gerade dafür braucht, dann bleibt es mir ein Rätsel, wie Raeder glauben konnte, es ihnen innerhalb von ein paar Jahren gleichtun zu können. Am Ende wurden nur einige wenige der von ihm angedachten Schiffe überhaupt fertiggestellt und auf See erprobt. Einige der schweren Einheiten, die fertiggestellt wurden, insbesondere (wenn auch nicht nur) die beiden Schlachtschiffe, erwiesen sich nicht als Bereicherungen, sondern als Belastungen. Das eine, die „Bismarck", wurde bereits bei seinem ersten Vorstoß in den Atlantik versenkt. Das andere, die „Tirpitz", nahm überhaupt nie an einem militärischen Unternehmen teil. Stattdessen lag es in irgendeinem gottverlassenen norwegischen Fjord vor Anker und musste gegen feindliche Flugzeuge und Unterseeboote gesichert werden – was nicht nur extrem kostspielig, sondern letzten Endes auch vergebens war.

Wir gingen in den Krieg mit weniger als einem Viertel der Unterseeboote, die wir zu bauen geplant hatten. Damit nicht genug: Von denen, über die wir verfügten, waren einige Ausbildungsboote und nicht tauglich für Kampfeinsätze. Vom Rest konnte nur ein Drittel jeweils zur gleichen Zeit im Fronteinsatz sein. Natürlich konnte Raeder keine besseren Unterseeboote bauen, als ihm der Stand der Technik erlaubte. Er war aber sehr wohl schuld daran, dass wir nicht mehr von ihnen hatten. Raeder, der 1928 zum Chef der Marineleitung ernannt worden war, war ein brillanter Planer und hatte den größten Anteil am Neuaufbau unsere Kriegsmarine nach 1933. Nichtsdestoweniger blieb er zu lange im Amt. In strategischer Hinsicht war sein Denken im Jahr 1914 stehengeblieben. Ebenso wie sein ehemaliger Dienstherr Wilhelm II. und wie dessen Lehrmeister, der amerikanische Marinetheoretiker des 19. Jahrhunderts Alfred Thayer Mahan, war er besessen von Großkampfschiffen. Er war stets der Meinung, dass wir gar nicht genug davon haben könnten. Ich hätte ihn schon viel früher als erst im Januar 1943 entlassen sollen, beispielsweise gleich nach der Versenkung der „Bismarck" im Mai 1941. Als er seinen Abschied nahm, war er fast 67 Jahre alt; höchste Zeit für einen jeden Kommandeur, endlich abzutreten.

Im September 1939 lagen viele dieser Probleme noch in der Zukunft. In der Zwischenzeit hatte ich einen Krieg zu führen. Am Abend des 3. des Monats kehrte ich Berlin den Rücken und bestieg meinen Sonderzug, der den Decknamen „Amerika" bekommen hatte. Das war eine schwerfällige Konstruktion, aber sie musste reichen. Als Erstes kam ein Plattformwagen mit Flugabwehrkanonen. Daran schloss sich mein Wagen an, komplett mit einem ziemlich großen Salon, einem Schlafabteil, Badezimmer und Coupés für meine Adjutanten und Kammerdiener. Weitere Waggons beinhalteten ein Befehlszentrum mit Besprechungszimmer und technisch hochgerüstetem Funkraum, Kantinen sowie Quartiere für mein Begleitkommando, meine Ärzte und die Presseleute. Es gab auch ein paar Gästequartiere. Ganz zum Schluss kam ein weiterer Flugabwehrwagen. Das Ganze wurde von zwei Lokomotiven gezogen.

Wir fuhren über Land, und wenn keine Gefahr eines Luftangriffs drohte, hielten wir gelegentlich auf offener Strecke, sodass ich ein wenig spazieren gehen konnte, wenn mir danach war. Wenn ein Risiko bestand, pausierten wir in der Nähe von Eisenbahntunneln, um im Alarmfall schnell in Deckung gehen zu können. Der Zug diente auch als Feldstützpunkt, von dem aus meine Begleiter und ich Ausfahrten in unseren schweren dreiachsigen Mercedes-Geländewagen unternahmen. Dabei folgte uns in der Regel eine Schar motorisierter Funktionäre, die sich alle miteinander um das drängelten, was man heutzutage ein Fotoshooting nennt. Es gab auch noch einen Entlastungszug gleicher Bauart. Er wurde „Heinrich“ genannt und beförderte Ribbentrop, Himmler und Hans Heinrich Lammers. Letzterer war Chef der Reichskanzlei und somit mein Hauptverbindungsmann zu den Verwaltungsbehörden im Reich. Diese Züge waren eine Neuheit. Sehr viel später baute die Herstellerfirma unter der Kontrolle der sogenannten Deutschen Demokratischen Republik einen ähnlichen, aber luxuriöseren Zug für Mao Zedong.

Der Krieg weckte den Landser in mir. Anders als Wilhelm II. und andere Staatsoberhäupter begab ich mich in die vordersten Linien und beobachtete den Feind durch ein Scherenfernrohr, während die Schlacht noch im Gange war. Bei Aufenthalten aß ich die gleichen Mahlzeiten wie die Soldaten. Wo immer ich auftauchte, wurde ich mit ungeheurem Jubel empfangen. Und natürlich ließ ich Goebbels und Hoffmann dafür Sorge tragen, dass die passenden Bilder und Filme weit verbreitet wurden – nicht, dass sie der Aufforderung bedurft hätten! Ich hielt auch Besprechungen mit meinen Generälen ab – tatsächlich begab es sich zu dieser Zeit, dass ich zum ersten Mal auf Jodl traf. Ich verspürte jedoch nicht den Drang, mich über Gebühr einzumischen. Teils deshalb, weil sich die Generäle als fähiger erwiesen, als ich – und vielleicht sie selbst – erwartet hatte. Immerhin hatten sie 20 Jahre lang keine Kampfhandlungen mehr gesehen. Hinzu kam, dass die polnischen Verteidigungsstellungen uralt und schwach waren.

Als Erstes vernichteten wir den Großteil ihrer Luftwaffe noch am Boden. Danach holten wir den Rest im Luftkampf vom Himmel. Dabei hatten wir leichtes Spiel, weil fast alle ihre Flugzeuge veraltet waren. Als Nächstes konnten wir dank unserer Lufthoheit ihre Kolonnen auf dem Weg an die Front abfangen. Vor allem aber hatten die Polen ihre eigene Stärke krass überschätzt. Einige von ihnen glaubten sogar, auf Berlin marschieren zu können! Sie begingen den klassischen Fehler, ihre Kräfte zu weit vorn zu konzentrieren – also im Raum Posen statt hinter der Weichsel, wie es besser für sie gewesen wäre. Weil sie entschlossen waren, keinen Fußbreit ihres Territoriums aufzugeben, waren sie am Ende unfähig, sich zu verteidigen, und verloren alles.

Am 6. besichtigte ich im ehemaligen Danziger Korridor den Schauplatz der Schlacht in der Tucheler Heide. Ein starker polnischer Verband war hier eingekesselt worden und hatte verzweifelt versucht, auszubrechen. In dieser Schlacht hatte ihr berühmter Kavallerieangriff auf unsere Panzer stattgefunden. Zwischen Mut und Dummheit liegt nur ein schmaler Grat, wie es so schön heißt, und das gilt ganz besonders für die Polen! Wir fuhren über Straßen, die voller Kriegstrümmer lagen: zerstörte Fahrzeuge und grauenhaft verstümmelte Leichen von Pferden und Menschen. Und nicht nur von Soldaten.

Um sicherzugehen, hatte Göring der Luftwaffe ausdrücklich befohlen, sich ans Kriegsrecht zu halten. In Anbetracht unserer militärischen Doktrin und des Aufbaus der Luftwaffe war das operativ sehr sinnvoll. Es passierten aber hier und da Fehler. Ich höre, dass es dazu gekommen sein soll, weil Scharen fliehender Zivilisten von einem schnell fliegenden Flugzeug aus oft ganz nach Soldaten aussehen. Beiderlei Kolonnen bestehen hauptsächlich aus Planwagen und sind mit Staub oder Schlamm bedeckt. Ich hatte selbst mehr als genug Gemetzel durchgemacht, und so machte mir der Anblick nicht allzu viel aus. Aber ich nehme an, dass es einigen unserer jüngeren Soldaten da anders ging.

Während meines Aufenthalts in dieser Gegend erreichte mich die Meldung, dass Krakau – eine Schlüsselstadt hunderte Kilometer weiter südlich, in die einige polnische Kräfte sich zurückgezogen hatten – kampflos gefallen war. Dort und anderswo hatten sich unsere Bomber auf Rangierbahnhöfe und Verbindungsknotenpunkte konzentriert, weshalb die Stadt nur wenig Schaden genommen hatte – viel weniger als etwa viele belgische und französische Städte im Großen Krieg und später wieder während der alliierten Landung in der Normandie. Warschau war eine ganz andere Sache. Dort war die Lage bereits am 15. September hoffnungslos, nachdem die Stadt von allen Seiten eingeschlossen worden war. Aber die Polen weigerten sich einfach, zu kapitulieren.

Am 25. besuchte ich den Befehlshaber, Generalleutnant Johannes Blaskowitz, an der Front. Von diesem Treffen sind Aufzeichnungen erhalten geblieben. Er berichtete mir, dass unsere Luftwaffe und Artillerie bislang nur militärische Ziele unter Feuer genommen hätten, etwa feindliche Geschützstellungen und Schlüsselanlagen wie Gas-, Wasser- und Elektrizitätswerke. Daran war nichts besonders Teuflisches. Tatsächlich unterschied sich unsere Auswahl an Zielen kaum von jener der Vereinigten Staaten und ihrer Verbündeten bei ihren Angriffen auf Bagdad 1991 und auf Belgrad 1999. Natürlich verfügten wir damals nicht über die präzisionsgelenkte Munition, die die Amerikaner zu einem solch irrsinnigen Preis entwickelt haben. Doch unsere Flugzeuge, besonders die Stukas, flogen viel tiefer und waren speziell dafür konstruiert, ihre Ziele exakt zu treffen. Nicht nur gab es viel mehr von ihnen, sie waren auch in der Lage, um ein Vielfaches mehr Einsätze pro Tag zu absolvieren als ihre Nachfolger am Ende des 20. Jahrhunderts.

Blaskowitz war ein Offizier der alten Schule. Nur wenig später begann er, Zweifel an der Art und Weise anzumelden, wie die SS mit der polnischen Intelligenzija und den Juden umging, und verurteilte die – wie er es nannte – „Greuelhandlungen der Sicherheitspolizei". Um ihm zu zeigen, wer das Sagen hatte, versetzte ich ihn auf einen unbedeutenden Posten im Westen und erließ gleichzeitig eine Amnestie für die beteiligten SS-Männer. Bei unserer Begegnung allerdings bat er mich um die Erlaubnis zum Versuch (und bekam sie auch), mit den Polen eine Kapitulation zu angemessenen Bedingungen auszuhandeln. Die Offiziere sollten ihre Dolche behalten dürfen und ehrenvoll in die Gefangenschaft abgeführt werden. Gewöhnliche Soldaten und Unteroffiziere sollten freigelassen werden, sobald wir mit ihrer Abwicklung fertig wären. Noch am gleichen Abend warfen wir Millionen von Flugblättern dieses Inhalts über der Stadt ab. Unsere Bemühungen waren vergebens.

So blieb uns keine andere Wahl, als die Stadt einem Sturmangriff unserer Infanterie und Artillerie auszusetzen. Dabei trat jedoch ein Problem auf: Wie sich zeigte, verfügte die Luftwaffe nicht über genügend Flieger, mit denen sich Brandbomben abwerfen ließen. Wir waren daher gezwungen, unsere Transportflugzeuge Ju 52 heranzuziehen – an jeder der geöffneten Luken musste ein Mann stehen (angegurtet, um nicht hinauszufallen) und die Brandstäbe nach draußen ins Leere schaufeln! Natürlich stand Zielgenauigkeit nun nicht mehr zur Debatte. Die Stadt nahm grauenhaften Schaden, und angeblich sollen 26.000 Menschen umgekommen sein. Aber das war nicht meine Schuld. In Wahrheit hatte ich mein Bestes getan, um ein solches Unglück abzuwenden. Am 5. Oktober besuchte ich Warschau zum zweiten Mal und nutzte die Gelegenheit, um die ehemalige Residenz

Marschall Piłsudskis zu besuchen und in seinem Sterbezimmer einen Kranz niederzulegen. Noch wichtiger aber war meine Teilnahme an einer großen Siegeskundgebung, die unsere Wehrmacht organisiert hatte. Ich nahm die Parade ab, und unsere Soldaten marschierten elegant vorbei und sahen gar nicht danach aus, als hätten sie gerade einen schwierigen Feldzug hinter sich gebracht. Wie hatte Nietzsche geschrieben? „Feld-Apotheke der Seele. – Welches ist das stärkste Heilmittel? – Der Sieg." Damit hatte er recht.

Am 17. September ließ Stalin seine Truppen in Ostpolen einmarschieren, wozu er durch das Geheime Zusatzprotokoll zu unserem Nichtangriffspakt verpflichtet war. Allerdings wussten unsere Soldaten nichts davon. Folgerichtig fuhren die Panzer Guderians den ganzen Weg nach Osten, bis nach Brest-Litowsk. Er war ausgesprochen verärgert. Wer könnte es ihm verdenken? Natürlich gehorchte er, aber nicht, ohne zuvor um die Erlaubnis zu einer gemeinsamen Parade mit der Roten Armee am 22. zu bitten, die er auch bekam. Nach Abschluss des Feldzugs annektierten wir die Gebiete zurück, die wir 1918/19 verloren hatten – und ein paar mehr. Ich betraute Himmler als Reichskommissar für die Festigung deutschen Volkstums mit der Aufgabe, sie wieder zu germanisieren. Er verlor keine Zeit, warf die Polen hinaus und siedelte gesunde deutsche Menschen an.

Ein Vorteil dieses Vorgehens war, dass er die Gelegenheit erhielt, sich um Tausende unserer Volksgenossen zu kümmern, die – ohne dass eine Aufforderung nötig gewesen wäre – vor der Roten Armee geflohen waren. Natürlich bediente er sich außerdem seiner Einsatzgruppen der Sicherheitspolizei und des SD und ließ jeden erschießen, der uns hätte Widerstand leisten können. Wenn man unsere Annektierungen mit denen der Russen zusammenzählt, nahmen wir rund drei Viertel des polnischen Territoriums weg. Aus dem Rest wurde das Generalgouvernement; ich weiß nicht mehr, warum wir uns für den französischen Ausdruck entschieden. Generalgouverneur wurde mein ehemaliger Anwalt und vertrauenswürdiger Mitarbeiter Hans Frank. Die folgenden fünf Jahre über beuteten wir das Land bis an die Grenze des Möglichen aus; einerseits, weil wir immerhin einen Weltkrieg zu führen hatten – und andererseits hatten die Polen es nicht anders verdient.

In all dieser Zeit machten unsere Gegner im Westen keinen Finger krumm, um den Polen zu helfen. Vielleicht war das einer der Gründe, weshalb meine Generäle – vorsichtig wie immer – noch darauf hofften, mit ihnen Frieden schließen zu können. Und das tatsächlich so sehr, dass Halder am 15. September 1939 nicht nur den Abzug des Großteils unserer Kampftruppen aus Polen befahl, was sinnvoll war, sondern darüber hinaus die teilweise Demobilisierung! Ich aber hatte mehr Ahnung von internationaler Politik als die Lamettaträger in Zossen. Mir schien die Möglichkeit des Friedens sehr zweifelhaft. Außerdem befand ich mich im Zwiespalt: Vorkriegspolen war ein großes und eher unterentwickeltes Land gewesen. Es angemessen aufzupäppeln, würde Jahrzehnte dauern. Aber wenn wir einmal annahmen, die Allierten würden unseren Sieg akzeptieren und einem Friedensschluss auf Grundlage des gegenwärtigen Stands zustimmen: Wäre das wirklich in unserem Sinne? Ich war bereits 50 Jahre alt, und mir lief die Zeit davon. Davon abgesehen hatte ich keinerlei Zweifel daran, dass wir mit dem Westen würden abrechnen müssen. Wenn nicht jetzt, dann später. Aber wir leben nicht mehr im Zeitalter der Kabinettskriege, in denen die Entscheidungen von ein paar gekrönten Häuptern und ihren Mätressen getroffen werden. Man kann nicht einfach Kriege anfangen und wieder aufhören, wie es einem gerade gefällt.

Wenn es nach mir gegangen wäre, hätten wir schon im Oktober 1939 zugeschlagen. Aber meine Generäle schoben es – wie so oft – auf die lange Bank. Sie behaupteten, der Krieg mit Polen sei zwar siegreich ausgegangen, habe aber nicht die Stärken unserer Streitkräfte, sondern ihre zahlreichen Schwachstellen offenbart. Ihnen würde dieses fehlen und jenes fehlen. Sie könnten dies nicht und könnten das nicht. Dieses und jenes müsste in Ordnung gebracht werden, und natürlich bräuchte das Zeit. Hätte ich, der große Diktator, sie dazu zwingen können, entgegen ihres „sachkundigen" Urteils zu handeln? Theoretisch vielleicht schon, aber praktisch nicht. Die Wehrmacht, insbesondere das Offizierskorps, war eine Organisation mit einem außergewöhnlichen Zusammenhalt. Tatsächlich war das das wahre Geheimnis ihrer überragenden Leistungen. So eine Organisation muss man pfleglich behandeln, oder man wird nur noch ihre Scherben in Händen halten.

Die Situation im Ausland wurde auch nicht besser. Der Spanische Bürgerkrieg war endlich vorbei, und er war gut für uns ausgegangen. Italien hingegen nutzte nicht die Gelegenheit, an unsere Seite zu treten, sondern fand eine Rechtfertigung nach der anderen, es nicht zu tun. Ob nun Ciano den Duce gegen uns aufgehetzt hat oder der Duce Ciano mit geheimen Anweisungen versorgte, spielt letztlich keine Rolle. Das Verhalten Roms färbte auf andere europäische Länder ab. Die skandinavischen Länder, die Beneluxstaaten und die Schweiz gingen alle auf Nummer sicher. Ungarn, Rumänien, Jugoslawien, Griechenland, Bulgarien und die Türkei waren uns zwar eher zugeneigt, taten aber das Gleiche. Sogar der große Heuchler Roosevelt begann, uns Schwierigkeiten zu machen. In der Öffentlichkeit markierte er den neutralen Friedensstifter und hoffte, damit 1940 wiedergewählt zu werden. Im polnischen Außenministerium in Warschau erbeuteten wir jedoch Dokumente, die belegten, dass er England und Frankreich hinter den Kulissen dazu angestachelt hatte, uns gegenüber hart aufzutreten. Langfristig würde er sich mit an Sicherheit grenzender Wahrscheinlichkeit an ihre Seite stellen und gegen uns kämpfen, wie es schon sein genauso verlogener Amtsvorgänger Wilson im Großen Krieg getan hatte.

Erst einmal nutzte aber Stalin die internationale Lage, um seine eigene Stellung zu verbessern. Als Erstes brachten seine Truppen im Sommer den Japanern in der Schlacht am Chalchin Gol in der fernen Mandschurei eine schwere Niederlage bei. Auch wenn das irgendwo im Nirgendwo passierte, mussten die Japaner doch einiges an Lehrgeld bezahlen. Damit fand auch jede bei ihnen möglicherweise vorhandene Lust ein Ende, zukünftig gegen Russland zu kämpfen. Stattdessen blieben sie bei ihrem aussichtslosen Versuch, das riesige China mit seinen geknechteten, gedrängten Massen zu übernehmen, während sie sich gleichzeitig auf den Krieg gegen England und die Vereinigten Staaten vorbereiteten.

Als sie ihren Rücken für gedeckt hielten, griffen die Russen Finnland an, um sowohl den Abstand zwischen den Finnen (und uns) und Leningrad zu vergrößern als auch ihre Machtstellung im Baltikum zu verbessern. Finnland war lebenswichtig für uns, weil es uns mit Nickel aus den Bergwerken um Petsamo versorgte. Wir brauchten diesen Rohstoff, um Edelstahl herzustellen, und eine andere Quelle dafür gab es nicht; ohne ihn hätten wir genauso gut aufgeben können. Wir wussten das, die Alliierten wussten das, und die Russen wussten es auch.

Seltsamerweise fanden wir und unsere westlichen Feinde uns im Hinblick auf diesen speziellen Krieg auf derselben Seite wieder. Wir hatten gleichermaßen Mitgefühl mit den unterlegenen Finnen. Darüber hinaus waren sie zivilisierte Unterlegene, die sich gegen die auf sie einstürmenden asiatischen Horden wehrten. Sie kämpften so tapfer, wie man es in der Geschichte selten gesehen hat. Sehr viel später bezeichnete ein Militärhistoriker sie als die besten Soldaten Europas und sagte, sie seien sogar besser als unsere Soldaten gewesen. Vielleicht waren sie das. Aber angesichts der riesigen zahlenmäßigen und materiellen Übermacht, der sie gegenüberstanden, stießen sie an ihre Grenzen. Letzten Endes mussten sie sich Stalins Forderungen beugen.

Inmitten all dessen fanden meine Generäle immer neue Einwände gegen jeden erdenklichen Angriff, den wir im Westen führen könnten. Aber Schritt für Schritt führte ich sie auf den Tag und die Stunde X zu.

21. Sieg im Westen

Am 6. Oktober 1939 sprach ich vor dem Reichstag, mitten in einer Phase von mehreren Wochen, in denen der Westen und wir unsere Friedensfühler ausstreckten. Erneut war der unermüdliche Dahlerus einer der Unterhändler. Meine Rede erfüllte ihren Zweck und überzeugte das deutsche Volk davon, dass ich den Frieden wollte. Ich kann allerdings nicht behaupten, dass die Verhandlungen in vollem Ernst geführt worden wären. Jedenfalls nicht von der englischen Seite, soweit ich feststellen konnte; in ihrer so typischen aufgeblasenen Art behandelten sie uns, als hätten sie gerade einen Krieg gewonnen und wir ihn verloren! Und auch nicht von meiner Seite. Es war an der Zeit, Ernst zu machen. Mit anderen Worten: Nun sollten die Kanonen sprechen!

Die Vorbereitungen für „Fall Gelb", wie wir die bevorstehende Offensive im Westen nannten, gingen anfangs schleppend voran. Das war zu einem großen Teil Halders Schuld. Zu jener Zeit war der gebürtige Bayer Halder 55 Jahre alt. Er verfügte über eine unübertroffene Arbeitsfähigkeit und hatte eine schulmeisterliche Art, die mich ärgerte – er neigte dazu, jeden von oben herab zu behandeln, weshalb ich ihm einmal sagte, dass er nie meine innersten Gedanken erfahren würde. Als Chef des Generalstabs des Heeres trug er mehr Verantwortung als jeder andere Offizier. Trotzdem war er unter allen unseren Oberkommandierenden paradoxerweise derjenige mit der geringsten Zuversicht, was den Angriff betraf. Er machte immer neue Schwierigkeiten und forderte, die Offensive zu verschieben.

Sein nomineller Vorgesetzter, von Brauchitsch, war sogar noch schlimmer. Seine Stellung zwischen Halder und mir bereitete ihm Unbehagen. Also machte er sich rar, indem er immer wieder sein Hauptquartier verließ und die Truppe besuchte – um ihr auf den Zahn zu fühlen, wie er sagte. Einmal schrieb er den Soldaten sogar einen offenen Brief bezüglich ihres Geschlechtsverhaltens! Ich würde sagen: Nicht gerade die idealen Mitarbeiter. Aber wir hatten 1939/40, nicht mehr 1938, und befanden uns inmitten eines großen Krieges. Ich konnte nicht meine höchsten Offiziere auswechseln und gleichzeitig die Offensive vorbereiten, die das Schicksal der deutschen Nation für die nächsten tausend Jahre entscheiden würde. Zumindest hoffte ich das.

Bevor wir den Westen angehen konnten, hatten wir jedoch noch zwei andere Sorgen. Eines war der Plan der Alliierten, die Donau zu verminen, um uns von unseren Erdöllieferungen aus Rumänien abzuschneiden. Das andere war ihr Versuch, das Gleiche mit dem schwedischen Eisenerz zu tun, das durch norwegische Gewässer zu uns verschifft wurde. Aus dem ersten Vorhaben wurde nicht viel. Das zweite jedoch betraf eine unserer Lebensadern und durfte nicht vernachlässigt werden. Unsere geheimdienstlichen Quellen berichteten uns (völlig zutreffend, wie sich herausstellte), dass die Engländer und Franzosen sich darauf vorbereiteten, die Küstengewässer zu verminen. Als Nächstes würden sie in den Häfen von Narvik, Bergen, Trondheim und Stavanger Truppen anlanden. Wir beschlossen, ihnen zuvorzukommen und Norwegen selbst zu besetzen.

Raeder wies darauf hin, dass uns dieses Vorgehen einen weiteren Vorteil verschaffen würde. Während des Weltkriegs hatten unsere Unterseeboote und Blockadebrecher schwer darunter gelitten, dass uns keine tauglichen Stützpunkte zur Verfügung standen. Das war vor allem eine Frage der Geografie. Spanien, die Niederlande und Frankreich hatten alle irgendwann schon einmal vor dem gleichen Problem gestanden. Ihr Weg in den Atlantik und damit zu den übrigen Weltmeeren wurde von den britischen Inseln blockiert, die wie Wachposten vor einem Palast den Weg versperrten. Dass die Republik Irland kurz nach dem Ersten Weltkrieg ihre Unabhängigkeit erlangt hatte und im Zweiten neutral blieb, half – allerdings nicht viel. So klein und schwach, wie unsere Kriegsmarine 1939 war, konnten wir nicht darauf hoffen, dass uns eine Blockade wie 1914 bis 1918 erspart bleiben würde. Wir *konnten* jedoch unseren Unterseebooten größeren Handlungsspielraum verschaffen. Und das taten wir auch.

Das Unternehmen „Weserübung" war eine der riskantesten militärischen Operationen der Geschichte. Von Kiel bis nach Narvik – da reicht ein Blick auf die Karte! Erstens musste es trotz der erdrückenden Übermacht des Feindes auf See durchgeführt werden. Zweitens lagen das nordwestliche Schottland und die Orkney-Inseln – einschließlich des Hauptstützpunkts der englischen Flotte in Scapa Flow – viel näher an Mittel- und Nordnorwegen als unsere eigenen Häfen. Dadurch konnten die Engländer ihre Flotte und Luftwaffe besser einsetzen als wir. Drittens verfügten die Engländer im Gegensatz zu uns über Flugzeugträger. In einer solchen Lage konnten wir uns nur auf Kühnheit, sorgfältige Planung, Geheimhaltung, makellose Durchführung, Improvisationstalent und vor allem einen fanatischen Durchhaltewillen verlassen. Die Planung lag in der Hand des Generals Nikolaus von Falkenhorst. Wir waren – zumindest anfangs – dermaßen unvorbereitet, dass er Baedeker-Reiseführer verwenden musste, wie ein Tourist! Um ehrlich zu sein, hatten weder er noch irgendein anderer deutscher General jemals etwas Ähnliches wie dieses Unternehmen befehligt.

Unsere ersten Truppentransporter stachen am 7. April in See. Am 9. April, an dem die Kampfhandlungen offiziell begannen, erledigten wir die kleine dänische Luftwaffe, die rund um Kopenhagen stationiert war. Daraufhin kapitulierten die Dänen – aus Angst, wir würden ihre Hauptstadt ebenso bombardieren wie Warschau. Norwegen war ein deutlich größeres und vom Gelände her sehr viel schwierigeres Land und erwies sich als harte Nuss. Zuerst schickten wir Kampfeinheiten in den Oslofjord und versuchten, die Hauptstadt zu erreichen. Die norwegischen Küstenbatterien waren jedoch vorbereitet und eröffneten das Feuer. Sie versenkten den Schweren Kreuzer „Blücher" und beschädigten den Kreuzer „Lützow" so schwer, dass er sich aus dem Kampf zurückziehen und zur Reparatur den Heimathafen anlaufen musste. Am Ende mussten wir der Sache ein Ende machen, indem wir Luftlandetruppen den Flugplatz einnehmen ließen. Von dort marschierten sie in die Stadt ein und besetzten sie.

Von Süden nach Norden verliefen unsere Landungen in Kristiansand, Bergen und Trondheim gut. Auf den stärksten Widerstand stießen wir vor Kristiansand, wo der Leichte Kreuzer „Karlsruhe" getroffen wurde und beinahe gesunken wäre. Nichtsdestoweniger erreichten wir an allen drei Kampfschauplätzen unser Ziel. Nachdem wir die Häfen besetzt hatten, machten sich unsere Kräfte daran, auch Südost- und Mittelnorwegen zu besetzen. Die engen Gebirgspässe, die Schneeschmelze und gelegentlicher heftiger norwegischer Widerstand verzögerten ihren Vormarsch. Wieder und wieder mussten sie Luftunterstützung anfordern, um mit den Verteidigern fertigzuwerden. Es dauerte länger, als wir erwartet hatten, doch in der zweiten Maiwoche hatten unsere Verbände ihre Aufträge mehr oder weniger erfüllt.

Ganz im Norden, in Narvik, war die Lage ganz anders. Unser Befehlshaber vor Ort war Generalleutnant Eduard Dietl, ein Bayer. Ich kannte ihn seit 1923, als er sich mit seiner Kompanie beim Putsch auf unsere Seite geschlagen hatte. Unterstützt von zehn Zerstörern eroberten er und seine Männer Narvik im Laufe des 9. und 10. April. Auf dem Rückweg gerieten die Zerstörer aber an weit überlegene englische Marineeinheiten und gingen allesamt verloren.

Als Nächstes brachten die Engländer ihre Truppen an Land. Die schiere Entfernung zwischen Narvik und unseren Flugplätzen hinderte die Luftwaffe daran, die norwegischen Einheiten in dieser Gegend weichzuklopfen, so wie sie es weiter südlich getan hatte. Zusammen mit den Engländern eroberten sie die Stadt zurück und zwangen

Dietl, sich in die umliegenden Berge zurückzuziehen. Dort setzte er den Kampf gegen eine gewaltige Übermacht fort. Zeitweilig war die Lage so verzweifelt, dass ich ihm beinahe befohlen hätte, sich über die Grenze nach Schweden zurückzuziehen, wo er und seine Einheiten interniert worden wären. Am Ende sollten unsere Siege in den Beneluxstaaten und Frankreich sowie seine eigenen starken Nerven die Situation zu unseren Gunsten entscheiden. Die Engländer zogen sich zurück, allerdings nicht ohne Seegefecht, in dem sie einen Flugzeugträger verloren und eines unserer Schlachtschiffe, die „Scharnhorst", schwer beschädigt wurde. Im Juli verlieh ich Dietl das Eichenlaub zum Ritterkreuz des Eisernen Kreuzes. Er war der erste meiner Generäle, der diese Auszeichnung erhielt; keiner hatte sie mehr verdient.

Unsere Soldaten hatten sich prächtig geschlagen. Wir verloren 5296 Mann. Davon waren 2375 auf See vermisst, 1317 an Land gefallen und 1604 verwundet worden. Sechs unserer Unterseeboote waren versenkt worden, ebenso einer von zwei Schweren Kreuzern, zwei von sechs Leichten Kreuzern und zehn von 20 Zerstörern. Zahlreiche weitere Kriegsschiffe waren schwer beschädigt worden. Die Überwasserflotte war derart angeschlagen, dass sie sich nie ganz erholen sollte. Außerdem mussten wir knapp ein Zehntel unserer Handelsflotte als Verlust abschreiben. Die Luftwaffe hatte 90 Flugzeuge verloren. Und doch war „Weserübung" erfolgreich gewesen: Dänemark und Norwegen befanden sich in unseren Händen.

In Dänemark beließen wir die vorhandene Regierung an der Macht, natürlich unter unserer Kontrolle. In Norwegen war es anders. Dort war die Regierung mit König Haakon VII. an der Spitze nach England geflohen. Also bildeten wir eine neue Regierung unter dem ehemaligen Verteidigungsminister Vidkun Quisling, der sich für dieses Amt anbot. Über seinen Kopf hinweg ernannte ich meinen altgedienten Gauleiter Josef Terboven zum Reichskommissar für die besetzten norwegischen Gebiete. Den Rest des Krieges über blieben beide besetzten Länder beinahe seelenruhig. Norwegen erfüllte unsere Erwartungen mit erstklassigen Stützpunkten für unsere Unterseeboote, während Dänemark einen beträchtlichen Teil unserer Nahrungsmittelversorgung aufbrachte.

Verglichen mit dem ungeheuren Drama, das sich nun im Westen entfaltete, war Skandinavien jedoch nur ein Nebenschauplatz. Im Herbst und Winter 1939/40 übten unsere Truppen, und die Probleme, die uns in Polen geplagt hatten, wurden allmählich ausgemerzt. Währenddessen haderten mein Stab und ich über die genaue Form, die die kommende Offensive annehmen sollte. Die Franzosen hatten, daran sei erinnert, die Maginotlinie gebaut, um ihre Grenze zu uns abzusichern. Dieser Umstand bewog das Oberkommando des Heeres mit Halder an der Spitze dazu, eine Wiederholung des Schlieffenplans von 1905 zu planen. Der einzige wesentliche Unterschied war, dass die Niederlande diesmal nicht ungeschoren davonkommen sollten.

Dann kam Generalleutnant Erich von Manstein. Überheblich in seiner Art und ein leidenschaftlicher Kartenspieler, galt er weithin als der herausragendste strategische Denker der Wehrmacht. Zu jener Zeit diente er als Chef des Generalstabs der Heeresgruppe A. Dieser Truppenverband war gegenüber Nordfrankreich und Belgien stationiert, zwischen der Heeresgruppe B auf seinem rechten und der Heeresgruppe C auf seinem linken Flügel. Manstein arbeitete hinter den Kulissen mit Guderian zusammen und schlug vor, den Schwerpunkt der Offensive vom Norden ins Zentrum zu verschieben. Der entscheidende Punkt sollte Sedan sein, jene kleine Stadt, in deren Nähe Moltke 1870 Kaiser Napoleon III. und dessen Armee eingekesselt hatte. Das Problem hieß Halder. Halder war ein gewöhnlicher Offizier mit einer gewöhnlichen Offiziersdenke. Er hielt die Ardennenpässe für zu schmal, um für motorisierte Verbände passierbar zu sein, und lehnte den Plan rundheraus ab. Um Manstein loszuwerden, versetzte er ihn als Korpskommandeur nach Schwerin! Ich bekam jedoch Wind von der Intrige, als ich ein Mittagessen für meine kommandierenden Generäle ausrichtete.

Im Januar hatte eines unserer Kurierflugzeuge – gegen Görings ausdrücklichen Befehl, wonach geheime Unterlagen nicht auf dem Luftwege transportiert werden durften – in Belgien notlanden müssen. Die beförderten Dokumente fielen den Alliierten in die Hände. Der Zwischenfall bestärkte mich in der Überzeugung, dass der ursprüngliche Plan aufgegeben und ein neuer ausgearbeitet werden sollte. Halder musste wohl oder übel mitspielen. Im Laufe der folgenden paar Monate zogen wir planvoll Einheiten von den Heeresgruppen B und C ab und unterstellten sie der Heeresgruppe A unter ihrem Oberbefehlshaber General Gerd von Rundstedt. Die Truppen- und Fahrzeugkonzentration war so riesig, dass sie hintereinander angeordnet 150 Kilometer lang war und sich bis über den Rhein zurückerstreckte! Vor allen Dingen gaben wir Rundstedt praktisch alle Panzer- und Panzergrenadierdivisionen, die wir hatten.

Das Kräfteverhältnis zwischen uns und den Alliierten – Belgien und die Niederlande eingerechnet – sah folgendermaßen aus: Wir verfügten über 3.350.000 Soldaten, sie über 3.300.000. Wir hatten 5638 Flugzeuge, sie 2935. Wir führten 141 Divisionen ins Feld, sie 144. Unsere Artillerie zählte 7378 Rohre, ihre 13.974. Auf unserer Seite standen 2445 Panzer, auf ihrer 3383. Dazu ist anzumerken, dass viele ihrer Panzer, insbesondere der französische Char B1, schwerer und besser gepanzert waren als unsere. Sie waren tatsächlich so viel besser gepanzert, dass die leichten Kanonen der meisten unserer Panzer sie nicht zu durchschlagen vermochten. Aber wie ich schon sagte, verfügten wir über die bessere Organisation, die bessere Zusatzausrüstung und die bessere – viel bessere – Doktrin für ihren Einsatz. Seinerzeit hatten wir auch die erfahreneren Kommandanten. Doch unser wichtigster Vorteil waren der Kampfgeist unserer Soldaten und ihre Bereitschaft zu Wagnissen, zu Risiken und zum Kampf. Ich denke, dass ich dieses Verdienst zu einem großen Teil mir selbst zuschreiben darf.

Am Abend des 9. Mai verließ ich Berlin in einer Ju 52, die mein treuer Chefpilot Flugkapitän Baur flog. Zuerst flogen wir nach Osten, um mögliche Beobachter zu täuschen. Dann wendeten wir und flogen nach Bad Münstereifel, unweit von Euskirchen, wo Pioniere ein Hauptquartier für mich ausgebaut hatten. Ich nannte es „Felsennest". In letzter Minute hatte es noch einige Sorgen gegeben, vor allem über das Wetter, das unsere so wichtigen Lufteinsätze hätte behindern können. Mein Chefmeteorologe schwitzte Blut und Wasser, wie man so schön sagt. Doch die Dinge kamen so, wie er vorhergesagt hatte: Es war ein kühler, sonniger Tag von der Art, die die Menschen gern „Führerwetter" nannten. Sehr viel später erfuhr ich, dass ein paar Verräter in der Führung der Abwehr, des militärischen Geheim- und Spionageabwehrdienstes, Kontakt zum Feind aufgenommen und den Zeitpunkt unseres Angriffs verraten hatten. Seinerzeit wussten wir jedoch nichts davon, und es sollte auch keine Rolle spielen.

In diesem Einsatzgebiet waren die Entfernungen viel geringer als in Norwegen. Das Risiko, das wir eingingen, war aber fast genauso groß. Viele Jahre lang hatte die Luftwaffe Ausrüstung und Soldaten für Luftlandeangriffe vorbereitet. Nun schickte Göring Lastensegler auf den Weg, um die belgische Festung Eben-Emael einzunehmen, und Fallschirmjäger, um sowohl die holländischen Flugplätze rund um Den Haag als auch die Maasbrücken bei Rotterdam zu erobern. Beide Einsätze waren die Allerersten ihrer Art. Der Schlag gegen Eben-Emael verlief reibungslos und machte uns den Weg ins nordöstliche Belgien frei. Die Fallschirmjäger jedoch bissen sich fest und gerieten in einen heftigen Gegenangriff der holländischen Armee.

Währenddessen gelang es unseren Truppen weiter östlich, die sogenannte Grebbelinie zu durchbrechen und in die „Festung Holland" einzudringen. Das war am 14. des Monats, und die Verhandlungen über eine Kapitulation der Holländer liefen bereits. In der Zwischenzeit brachten wir Bomber in die Luft, um unsere schwer bedrängten

Fallschirmjäger in Rotterdam zu unterstützen. Unmittelbar vor ihrer Ankunft über dem Ziel wurde eine Übereinkunft erzielt. Unsere Kommandeure am Boden schossen rote Leuchtzeichen in die Luft, um die Bomber zum Abdrehen zu veranlassen. Aus irgendeinem Grund aber erkannte nur ein Drittel von ihnen die Lage und verhielt sich entsprechend. Die übrigen knapp 60 griffen an. Sie waren auf niederländische Militärstellungen angesetzt worden, die nach dem Kriegsrecht völlig legitime Ziele waren. Unglücklicherweise gingen einige Bomben daneben und trafen stattdessen eine Margarinefabrik. Das Ergebnis war eine riesige Feuersbrunst, die noch dutzende Kilometer entfernt zu sehen war. Obwohl der materielle Schaden enorm war, kamen nur rund 900 Menschen ums Leben.

So oder so waren die Truppen, die in die Niederlande und Belgien einmarschierten, in erster Linie als Köder gedacht. Ihre wahre Aufgabe war, die Engländer und Franzosen nordwärts nach Belgien zu locken. Nachdem sie das Ufer der Dijle erreicht hatten, gingen sie in Stellung, um sich gegen eine Neuauflage des Schlieffenplans zu verteidigen. Währenddessen bahnten sich Rundstedts Angriffsspitzen weit im Süden ihren Weg durch die Ardennen.

Das Glück stand auf ihrer Seite. Die Franzosen dachten noch immer in den Maßstäben von 1914 bis 1918 und erwarteten einen langen Krieg. Weil sie glaubten, dass die Seite mit dem letzten übrigen Bataillon gewinnen würde, hatten sie ihre Luftwaffe weit im Hinterland stationiert. Sie setzten sie so zögerlich ein, dass sie am Ende des Feldzugs tatsächlich über mehr kampfbereite Flugzeuge verfügten als zu seinem Beginn! Unsere Kolonnen, die dicht an dicht über die engen Straßen vorrückten und hin und wieder in gigantischen Staus steckenblieben, stießen auf so gut wie keinen Widerstand. Der Umstand, dass das Fernsprechnetz der Franzosen hoffnungslos veraltet war, half dabei. Es heißt, dass ihr Oberbefehlshaber, Generaloberst Maurice Gamelin, nur eine einzige Leitung zur Verfügung hatte – und die sei jeden Tag für zwei Stunden außer Betrieb gewesen, wenn seine Sekretärin zu Tisch war.

Am 15. Mai erreichte unsere Vorhut bei Dinant die Maas. Sie forderte Stukas an, die die französischen Verteidiger zum Schweigen brachten – wahrscheinlich weniger mit ihren Bomben als mit dem infernalischen Kreischen, das sie erzeugten, wenn sie sich beinahe senkrecht auf ihre Ziele hinabstürzten. Während sie nach Westen vorrückten, trafen unsere Einheiten auf die Versorgungslinien der alliierten Kräfte, die an der Dijle standen. Der Vormarsch ging so schnell vonstatten, dass es mir manchmal Sorgen bereitete. Das galt besonders am 17., als eine französische Panzerdivision unter Befehl des schon erwähnten de Gaulle bei Montcornet zum Gegenangriff überging. Wieder war es die Luftwaffe, die perfekt mit dem Heer zusammenarbeitete und die Lage rettete. Später sollte dieser General de Gaulle in London ein „Komitee Freies Frankreich" gründen. Süchtig nach Anerkennung, machte er Roosevelt und Churchill vier Jahre lang dermaßen verrückt, dass Ersterer ihn sogar einmal einsperren wollte! Er stellte auch ein paar Einheiten auf, aber sein militärischer Beitrag zum letztendlichen Sieg der Alliierten war vernachlässigbar.

Seltsamerweise hatten in meinem Hauptquartier die Rollen gewechselt. All die Monate vor Beginn des Unternehmens hatte Halder unablässig zur Vorsicht gemahnt. Jetzt war er es auf einmal, der der Ansicht war, wir sollten so schnell wie möglich vorrücken, während ich im Gegenteil die Panzer zurückhalten wollte, bis die zwangsläufig deutlich langsamer marschierende Infanterie nachgerückt war und die Versorgungswege absichern konnte. Wir gerieten über diese Frage mehrmals aneinander. Nach dem Krieg arbeitete er für die kriegsgeschichtliche Forschungsgruppe der US-Armee und schrieb ein kleines Buch über mich. Darin behauptete er, ich sei ein nervliches Wrack gewesen – ich, der sowohl in Norwegen als auch im Westen die ganze Verantwortung allein getragen hatte! Er hätte sich lieber an die eigene Nase fassen sollen.

Jedenfalls hielt uns die französische Gegenoffensive nur einen Tag lang auf, wenn überhaupt. Am 20. Mai erreichten unsere Panzerspitzen unter Guderian bei Abbeville die Kanalküste. Damit waren alle Versorgungswege zwischen dem französischen Mutterland und den weiter im Norden stehenden alliierten Verbänden abgeschnitten. Guderian, genannt „der schnelle Heinz", war verständlicherweise siegestrunken. Er bat um die Genehmigung, entlang der Küste nach Norden vorstoßen zu dürfen, um die Feinde einzuschließen. Und Halder unterstützte ihn, mit Brauchitsch im Schlepptau.

Ich für meinen Teil war nicht so sicher. Die Panzer hatten von Sedan bis Abbeville um die 300 Kilometer zurückgelegt und waren abgekämpft. Männer wie auch Maschinen brauchten dringend Ruhe und Auffrischung. Auch unsere Rückendeckung bereitete mir noch immer Sorgen. Darin befand ich mich im Einklang mit all meinen oberen Befehlshabern, einschließlich der Generäle Rundstedt, Günther von Kluge (dem herausragenden Kommandeur der 4. Armee, die Rundstedt unterstellt worden war) und Ewald von Kleist, Kommandeur der nach ihm benannten Panzergruppe und direkter Vorgesetzter Guderians. Zu guter Letzt wusste ich, dass die Landschaft rund um Dünkirchen zwar offen, aber sumpfig und für Panzerverbände ungeeignet war. Das wussten auch die Generäle Keitel und Jodl, die im Großen Krieg dort eingesetzt gewesen waren. Insbesondere den Rat des Letzteren lernte ich mehr und mehr zu schätzen.

An dieser Stelle möchte ich mit zwei Märchen aufräumen, die Historiker sich ausgedacht haben. Erstens ging es nicht darum, der Luftwaffe und Göring den ganzen Ruhm zuzuschanzen. Aus meiner Sicht – wenn auch nicht aus seiner – hatte er bereits weit mehr als genug Ruhm abbekommen. Zweitens habe ich die Panzer nicht anhalten lassen, um den Engländern die Flucht zu ermöglichen und so einen Friedensschluss mit England zu erleichtern. In Wahrheit lag die Schuld bei unserer Aufklärung, die die alliierte Evakuierung nicht rechtzeitig bemerkte. Wir brauchten volle 72 Stunden, um zu verstehen, was die Engländer da machten: vom Kontinent abhauen und so viele Franzosen mitnehmen, wie sie konnten. Als wir wieder weiter vorrückten, sahen wir uns allerdings einem Verteidigungsring gegenüber, den sie in aller Eile errichtet hatten. Der Vormarsch dauerte länger als erwartet. In der Zwischenzeit traf die Luftwaffe auf die frischen englischen Jagdstaffeln, die bis zu diesem Zeitpunkt zurückgehalten worden waren. Nun starteten sie von ihren Basen sehr nah am Pas de Calais und brachten uns erhebliche Verluste bei. Trotzdem war der Ausgang der Kämpfe nie fraglich. Am Morgen des 4. Juni befand sich Dünkirchen restlos in unserer Hand.

Wir brauchten nur zwei Tage, um unsere Einheiten neu auszurüsten, aufzutanken und umzuschwenken. In Anbetracht ihrer Größe und der Länge der Front, auf die sie verteilt waren, war das eine großartige Leistung. Unsere Panzerdivisionen rollten mit Unterstützung durch die Luftwaffe nach Süden und Südosten. Der Hauptteil der Truppen folgte ihnen in Gewaltmärschen. Hier und da stießen wir auf hartnäckigen Widerstand. Aber die sogenannte Weygandlinie, die nach dem neuen Oberkommandeur benannt worden war, der Gamelin ersetzt hatte, war kaum vorhanden. Wieder war das Ergebnis alles andere als fraglich. Am 10. Juni wurde die Lage für Frankreich sogar noch schwieriger, als Italien in den Krieg eintrat und 300.000 Mann entsandte, um über die Alpenpässe anzugreifen – oder besser: um es zu versuchen. Am gleichen Tag wurde Paris zur offenen Stadt erklärt, und am 14. zogen unsere Truppen ein. Währenddessen fraß sich weiter im Südosten die Heeresgruppe C langsam, aber mit System durch die Maginotlinie.

In dieser verzweifelten Lage hatte die französische Regierung keine andere Wahl, als um einen Waffenstillstand zu bitten. Bekanntlich sorgte ich dafür, dass dieser am genau gleichen Ort und im gleichen Eisenbahnwagen unterzeichnet wurde, wo die Franzosen am Ende des Ersten Weltkriegs unsere Abordnung empfangen hatten; später ließ ich den Waggon in ein Berliner Museum bringen. Über die ganze Szene wachte eine Statue des seinerzeitigen Generalissimus der alliierten Streitkräfte, Marschall Ferdinand Foch. Ein kurzer Film wurde gedreht, in dem man sehen kann, wie zufrieden ich war. Ich machte sogar ein paar Tanzschritte unter den Augen meiner Adjutanten! Und wer will es mir verdenken, nach all den Monaten und Monaten endloser Sorgen. Am nächsten Tag, dem 23., erfüllte ich mir einen alten Traum. Ich ließ mich von Breker, der bei Aristide Maillol gelernt hatte und Paris gut kannte, durch die Stadt führen. Dabei waren auch noch Bormann, Speer, Hoffmann und ein paar andere. Es war sehr früh am Morgen, und die Straßen waren beinahe verwaist. Die wenigen Menschen, die unterwegs waren und mich erkannten, benahmen sich, als hätten sie ein Gespenst gesehen. Ich nutzte auch die Gelegenheit, um einige der Orte zu besuchen, an denen meine Kameraden und ich ein Vierteljahrhundert zuvor gekämpft hatten.

Es war ein Sieg von historischen Ausmaßen. Andere Großmächte vor uns waren besiegt worden. Letzten Endes wurden wir das auch. Aber nicht in sechs Wochen! Wir richteten die Verwaltung der besetzten Gebiete ein. Für die Niederlande suchte ich den treuen Seyß-Inquart aus. Er war zwar ein gebürtiger Österreicher, aber ein aufrichtiger Verehrer der holländischen Kultur. Er tat für das Land, was er konnte, und blieb bis zuletzt auf seinem Posten. Der belgische König war in Brüssel geblieben und machte uns später so viel Ärger, dass ich bereit war, ihn nach England zu seinen Mätressen ausreisen zu lassen! Das Land selbst wurde einer Militärregierung unterstellt, ebenso wie Frankreich. Der unbesetzte Teil Frankreichs behielt eine französische Regierung unter Marschall Philippe Pétain, dem betagten, aber hochangesehenen Helden von Verdun, und einem ehemaligen Ministerpräsidenten namens Pierre Laval. Pétain hatte eine rein symbolische Funktion, wohingegen Laval alle vorhandene Macht in seinen Händen hielt. Die Franzosen mussten hohe Reparationen zahlen und außerdem für die Kosten unserer Besatzung aufkommen. In Anbetracht dessen, was sie uns in Versailles angetan hatten, hatten sie es nicht anders verdient.

Die üblichen Siegesfeiern schlossen sich an. Als Erstes trat ich in Berlin öffentlich auf, und mir wurde der stürmischste Empfang bereitet, den ich mir wünschen konnte. Dann folgte die Verleihung von Auszeichnungen, Beförderungen und so weiter. So viel Blattgold in einem Gebäude hat die Welt selten gesehen! Um Görings Eitelkeit zu befriedigen, erfand ich für ihn den Rang des Reichsmarschalls. Er war ein großes Kind und freute sich wie ein Schneekönig über den eigens gestalteten Marschallstab, den er dazubekam! Außerdem ernannte ich nicht weniger als zwölf neue Generalfeldmarschalle, mehr als je zuvor in unserer Geschichte. Gewiss hatten die betroffenen Generäle es sich verdient. Aber ich schloss Halder aus. Es stimmt schon, er hatte all die unzähligen Details ausgearbeitet, aus denen eine derart große Unternehmung besteht. Trotzdem konnte ich nicht anders, als bei ihm ein schlechtes Gefühl zu haben. Er war ebenso enttäuscht, wie Göring erfreut war.

Derart viele Millionen brave Deutsche vergaßen ihre früheren Zweifel und strömten in die Lichtspielhäuser, um sich die Wochenschauen anzusehen, dass sie mancherorts bis zu zehnmal am Tag gezeigt werden mussten! Goebbels' Film über den Feldzug, *Sieg im Westen*, wurde zusätzlich ein großer internationaler Erfolg und wurde in 20 Sprachen übersetzt. Ich persönlich fühlte mich wie ein Glücksspieler, der alles auf eine einzige Karte gesetzt hatte. Nach einem großen, aber unerwarteten Gewinn will er nichts anderes tun als sein Geld einstecken und nach Hause gehen. Nach der französischen Kapitulation versuchten wir ein paar Wochen lang, mit den Engländern zu verhandeln. Noch am gleichen Abend der Berliner Feierlichkeiten, dem 19. Juli, machte ich ihnen ein offizielles Friedensangebot. Und ich muss sagen, dass es ein sehr großzügiges war. Meine Bemühungen waren vergebens, wie sich herausstellte. Anstatt ihre Einstellung zu überdenken, setzten sie ihre Hoffnungen in die „neue Welt". Der folgende Überlebenskampf endete damit, dass unsere beiden Länder gleichermaßen von der Liste der Großmächte gestrichen wurden. Die historische Verantwortung dafür haben Churchill, der im Mai Chamberlain abgelöst hatte, und seine jüdischen Strippenzieher zu tragen.

Es war absolut nicht das, was ich wollte, aber der Krieg sollte weitergehen.

22. Von West nach Ost

Stellen Sie sich ein Rinnsal von Wasser vor, das aus einem umgekippten Eimer herausläuft. Je weiter es fließt, desto mehr verliert es an Schwung, bis es zum Stillstand kommt. An diesem Punkt beginnt es zurückzufließen. Eine Militäroffensive verhält sich ganz ähnlich. Sie muss ihr Ziel erreichen, also den Sieg. Wenn sie daran scheitert, wird sie erlahmen und in ihr Gegenteil umschlagen, die Defensive. Clausewitz nennt das den Kulminationspunkt.

Im Sommer 1940 liefen wir Gefahr, diesen Punkt zu erreichen. Ja, unsere Wehrmacht hatte sich mehr als bewährt, vor allem die Luftwaffe und das Heer. Und ja, unsere Siege waren beispiellos gewesen. Aber sie hatten es nicht vermocht, den Willen unserer Feinde zu brechen, noch uns ermöglicht, den Frieden zu diktieren. In Wirklichkeit hatten sie uns überhaupt keinen Frieden ermöglicht. Damals begann die Zeit gegen uns zu arbeiten. Nicht wegen der Engländer, damit das klar ist. Mit der Verfügungsgewalt über nicht nur unsere eigenen Ressourcen, sondern zusätzlich noch die eines Großteils von Europa, konnten wir es mit denen aufnehmen. Wir sahen uns jedoch mit der zunehmenden Wahrscheinlichkeit – eigentlich beinahe Gewissheit – konfrontiert, dass sich letztlich sowohl Russland als auch die Vereinigten Staaten gegen uns wenden würden.

Und tatsächlich ließ Russland bereits klar erkennen, dass es sich darauf vorbereitete, genau das zu tun. Im Juni besetzte Stalin die baltischen Staaten. Fast unmittelbar danach tat er das Gleiche mit Bessarabien und der nördlichen Bukowina. Im Hinblick auf unser Abkommen vom August 1939 war das formell sein gutes Recht. Trotzdem mussten seine Manöver seit dem Krieg gegen Finnland uns zwangsläufig nachdenklich stimmen. Noch mehr Anlass zur Sorge bereitete der Umstand, dass die Besetzungen in Südosteuropa die Rote Armee in unmittelbare Nähe zu unserer Hauptölquelle vorrücken ließen. Wir kontaktierten Bukarest, baten um die Genehmigung und entsandten 100.000 Mann. Wie sagt man? Vorsicht ist besser als Nachsicht.

Roosevelt seinerseits näherte sich weiter und weiter an London an. Gewiss blieb die öffentliche Meinung in den Vereinigten Staaten isolationistisch. Das amerikanische Volk wollte sich nicht wie 1917/18 dafür einspannen lassen, für die britische Regierung die Kastanien aus dem Feuer zu holen. Für den November waren Präsidentschaftswahlen angesetzt, und so konnte der Präsident nicht frei schalten und walten. Aber er hielt nicht hinter dem Berg damit, wo seine Sympathien lagen und was er tun würde, wenn er die Gelegenheit hätte.

All dies hatte ich im Hinterkopf, als ich meine obersten Befehlshaber für den 31. Juli auf dem Berghof zusammenrief. Die Frage sei, so erklärte ich ihnen, warum England sich nicht beuge. Darauf fand ich nur eine Antwort: Churchill hoffte darauf, dass Russland uns in den Rücken fallen würde. In Anbetracht von Stalins Charakter war das keine unbegründete Hoffnung! Deshalb, so fuhr ich fort, sei es überlebensnotwendig, Russland anzugreifen und ihm ein für alle Mal den Garaus zu machen. Die Niederlage Russlands würde außerdem Japan ermöglichen, sich gegen die Vereinigten Staaten zu wenden, sodass sich Roosevelt jeden Schritt gegen uns zweimal überlegen müsste. Mit den russischen Ressourcen zu unserer Verfügung bräuchten wir den Überseehandel nicht mehr, der dem Kaiser und seinen Beratern so viel Kopfzerbrechen bereitet hatte. Dadurch könnten wir den Angelsachsen, wenn nötig, endlos lange Widerstand leisten.

Ich persönlich hätte Russland am liebsten noch im Herbst des gleichen Jahres angegriffen. Aber wie so oft erhob Halder auch diesmal wieder Einsprüche. Die Vorbereitungen für ein so enormes Unterfangen würden zu lange dauern. Das Jahr sei zu weit fortgeschritten – der Herbst mit seinen Regenfällen stehe kurz bevor. Und so weiter und so fort. Ich musste zugeben, dass seine Argumente logisch waren. Ich hatte als Soldat an der Westfront gedient, hatte aber keine persönliche Erfahrung mit den Bedingungen im Osten. Folglich konnte ich nicht mehr tun, als ein paar vorläufige Planungen anzuordnen. Meine Entscheidung, den Feldzug auf das nächste Frühjahr zu verschieben, ließ jedoch die Frage offen, wie wir mit den Engländern verfahren sollten. Die logische Folge wäre, sich an eine Invasion der Insel zu machen. Meine Generäle und Admiräle hatten schon begonnen, Pläne dafür auszuarbeiten. Mir gefiel die Vorstellung eigentlich nie so richtig. Ich war zwar an Land ein Held, aber auf dem Meer ein Feigling; vielleicht lag das an meiner österreichischen Herkunft. Zumindest die Wellen bereiteten mir immer ein leichtes Unwohlsein. Trotzdem ließ ich meine Leute weiterplanen – natürlich vorbehaltlich meiner endgültigen Genehmigung.

Das Problem war, dass unsere Kriegsmarine viel zu klein war, um es mit der englischen aufnehmen zu können. Das hatte sie schon vor dem Norwegenfeldzug nicht gekonnt, und sie war noch viel weniger dazu in der Lage, nachdem sie dort derart schwere Verluste erlitten hatte. Deshalb mussten wir zuallererst die Lufthoheit erringen, wenn unsere Truppen es über den Kanal schaffen sollten. Ich betraute Göring und die Luftwaffe mit diesem Auftrag. Am 10. Juli begannen sie einen

Großangriff auf die Royal Air Force. Das Ziel – wie es Douhet seinerzeit formuliert hatte – war, dafür zu sorgen, dass wir fliegen konnten und sie nicht. Zu den Hauptzielen zählten Flugplätze, Befehlsstände, Kommunikationsanlagen, Flugabwehrstellungen und Flugzeug- sowie Munitionsfabriken. Außerdem hofften wir, unsere zahlenmäßige Überlegenheit nutzen zu können, um die Engländer in Luftkämpfe zu verwickeln. Das alles – um es nochmal zu betonen – war voll und ganz durch das Kriegsrecht gedeckt.

Während Bauarbeiter in Vorbereitung auf einen weiteren Sieg Tribünen auf dem Pariser Platz in Berlin aufbauten, arbeiteten unsere Generäle und Admiräle an ihrem Plan für die Invasion Englands, der als Unternehmen „Seelöwe" bekanntgeworden ist. Um ehrlich zu sein, ist es übertrieben, von Arbeit zu sprechen. Gezänk wäre ein viel treffenderer Ausdruck. Auf der einen Seite standen Halder und das Heer. Sie sorgten sich um mögliche Gegenangriffe der englischen Armee – die nach ihrer Dünkirchener Evakuierung waffenlos dastand – und verlangten eine Landung an einer möglichst breiten Front. Auf der anderen Seite standen Raeder und die Kriegsmarine. Sie hatten wegen ihrer (Un-)Fähigkeit Angst, die Truppentransporte vor der Royal Navy schützen zu können, und wollten an einem möglichst schmalen Brückenkopf landen. Hinzu kam das Problem, dass wir keine speziellen Landungsboote hatten. Die Konvois müssten deshalb aus beschlagnahmten Rheinkähnen bestehen – nicht gerade ideale Schiffe für ein solches Vorhaben. Sie hätten, wenn überhaupt, nur an sehr ruhigen Tagen eingesetzt werden können. Tatsächlich wurden einige Kähne in Häfen wie Rotterdam und Antwerpen zusammengezogen, und es gab einige Übungen im Ein- und Ausschiffen von Truppen. Die beiden Teilstreitkräfte stritten weiter, aber es kam niemals zu einer Einigung.

Die erste Septemberwoche kam, und wir mussten Entscheidungen treffen. Die Tage wurden immer kürzer, und die Sturmzeit rückte näher. Wenn wir nicht schnell handelten, würden wir den Winter im Nacken haben. Noch schwerwiegender war, dass die „Luftschlacht um England", wie der Feind sie nannte, nicht so gut lief, wie wir gehofft hatten. Unser Geheimdienst hatte unsere Gegner ebenso unterschätzt wie das Ausmaß der Aufgabe. Wie wir erfahren mussten, hatten die Engländer ihre besten Fliegerstaffeln aus dem Kampf um Frankreich heraus- und stattdessen in Reserve gehalten. Nun warfen sie sich in den Kampf gegen uns, ausgeruht, gut ausgerüstet und – das muss man ihnen lassen – verbissen.

Unsere Verluste stiegen. Am schlimmsten traf es die Stukas. Dank ihrer Fähigkeit zu präzisen Bombenabwürfen hatten sie in den vorangegangenen Feldzügen eine wichtige Rolle gespielt. Mit ihrem starren

Fahrgestell erwiesen sie sich jedoch als zu langsam für den modernen Luftkampf und mussten abgezogen werden. Unsere verbleibenden Bomber konnten ihre Ladung nicht so treffsicher abwerfen wie die Stukas. Außerdem mussten sie feststellen, dass sie gegen die englischen Hurricanes („Hurenkannen", wie unsere Soldaten sie nannten) und Spitfires keine Chance hatten und Begleitschutz durch eigene Jagdstaffeln benötigten. Dazu waren unsere Jagdflugzeuge, in erster Linie die einmotorige Me 109, noch in der Lage. Sie verfügten aber nicht über die Reichweite, um alle Ziele anzufliegen, die wir im Sinn hatten. Davon abgesehen gingen jedes Mal, wenn eine unserer Maschinen abgeschossen wurde, sowohl das Flugzeug als auch der Pilot unwiederbringlich verloren. Die RAF hingegen kämpfte über eigenem Territorium und konnte dadurch viele Maschinen und Piloten bergen.

Und dann war da noch das Radar, ein neumodischer Apparat, dem wir zum ersten Mal begegneten. Wie sich herausstellte, hatten die Engländer eifrig an einer Kette von Radarstationen gearbeitet, die sie „Chain Home" nannten. Sie wurde gerade rechtzeitig fertig und kam sofort gegen uns zum Einsatz. Die Geräte dienten zur „Kampfwertsteigerung" – das ist natürlich ein Begriff, der erst Jahrzehnte später aufkam. Unterstützt durch ein ausgeklügeltes Führungssystem waren unsere Feinde in der Lage, ihre Jagdverbände mit beispielloser Genauigkeit zu leiten. Unsere Fachleute waren davon nicht gänzlich überrascht; tatsächlich arbeitete die Kriegsmarine schon seit einigen Jahren an einer vergleichbaren Vorrichtung. Sie erkannten jedoch zu spät deren Bedeutung. Wäre die von Anfang an klar gewesen, wäre der Sieg sehr wahrscheinlich unser gewesen. Selbst unter den gegebenen Bedingungen war es eine Entscheidung um Haaresbreite. Auch wenn wir es damals nicht wussten: Im September geriet die englische Verteidigung ins Wanken. Sie stellten noch immer genügend Jagdflugzeuge her, nur gingen ihnen allmählich die Piloten aus.

Um der Niederlage zu entgehen, benutzte Churchill versehentliche Treffer durch einige unserer Flieger auf London als Rechtfertigung, um Berlin bombardieren zu lassen. Seine „Luftbanditen", wie Goebbels sie nannte, raubten den Menschen zwar den Schlaf, aber sie zielten schlecht und richteten nur minimalen Schaden an. Trotzdem sah ich mich verpflichtet, Bombe mit Bombe zu vergelten. Um unsere Verluste zu verringern, gingen wir von Tag- zu Nachtangriffen über. Die aber waren viel unpräziser und zwangen uns, andere Ziele zu wählen. Anstatt uns wie bisher auf die Royal Air Force und ihre Unterstützungseinrichtungen zu konzentrieren, griffen wir sogenannte „Infrastrukturziele" an. Dazu zählten die Häfen – für ein Land wie England, das auf den Import von Nahrungsmitteln, Öl und Rohstoffen angewiesen war, waren sie mit am wichtigsten. Als Nächstes kamen Fabriken, Kraftwerke, Versorgungsanlagen und Bahnhöfe. Kurz gefasst sind dies die Säulen, auf denen jede Industriewirtschaft ruht. Viele dieser Ziele lagen inmitten von Städten. Es passierten Fehler, und viele Zivilisten starben. Ich kann Ihnen aber alles in allem versichern, dass wir sie nicht vorsätzlich getötet haben. Selbst Coventry – jene Stadt, die wir so schwer zerstörten, dass sie zu einem Sinnbild wurde – wurde einzig und allein deshalb zum Ziel, weil es eine große Industriestadt war; den ganzen Krieg hindurch wurde in den dortigen Rüstungswerken nicht weniger als ein Viertel aller Flugzeuge der RAF gefertigt.

Die Luftangriffe, die unsere Feinde „The Blitz" nannten, gingen über den Winter und bis ins Frühjahr hinein weiter. Entgegen der Vorstellungen von Douhet und so vielen anderen gab es keine Massenpanik, kein Chaos und keinerlei Versuche, der Quälerei durch einen Umsturz und Friedensforderungen ein Ende zu machen. Die Menschen murrten – wie hätte es anders sein sollen? –, aber sie hielten durch. Später verhielt sich unser eigenes Volk angesichts viel schwererer Bombardierungen ganz ähnlich. Kann es sein, dass Douhet sich verschätzt hatte, weil er ein Italiener war und an Italiener dachte? Egal. Die Engländer litten, aber letzten Endes bewahrten sie Haltung. Abgesehen von den bereits erwähnten Faktoren konnten sie das vor allem deshalb, weil wir – wie gesagt – aufgrund unserer Einsatzdoktrin und der Grenzen unserer industriellen Kapazität in erster Linie relativ leichte zweimotorige Bomber gebaut hatten. Die konnten einfach nicht die Bombenlasten tragen, die wir gebraucht hätten, um England in Scherben zu schmeißen.

Inmitten all dessen war meine Entscheidung, Unternehmen „Seelöwe" mindestens bis zum nächsten Frühjahr zu verschieben, fast schon nebensächlich. Doch damit blieb mein grundlegendes Problem unverändert, nämlich den Krieg zu einem siegreichen Ende zu bringen. Da kam Großadmiral Raeder daher. Seine Kriegsmarine war nicht in der Lage, in England einzufallen. Aber er war der Ansicht, dass wir im Verbund mit Italien die Engländer aus dem Mittelmeer und Ägypten vertreiben könnten, so wie es Napoleon 1798 versucht hatte. Am Ende wäre das Empire zusammengebrochen.

Ich für meinen Teil war nie von dieser Idee überzeugt. Weder Ende 1940 noch im Sommer und Frühherbst 1942, als unsere Truppen 100 Kilometer vor Alexandria standen und sie zum zweiten Mal aufkam. Und ich sollte recht behalten, denn wie sich zeigte, verliefen die wichtigsten Verbindungen, die England über Wasser hielten, über den Nordatlantik und nicht nach Indien und Fernost. Davon abgesehen ließ die militärische Leistung unserer italienischen Verbündeten von Anfang an einiges zu wünschen übrig. In Libyen zögerten sie, bis es zu spät war, und ihre erste Seeschlacht bei Punta Stilo vor der kalabrischen Küste ging unentschieden aus. Es kam noch schlimmer: Sie ließen zu, dass englische Torpedobomber die Flotte in Tarent angriffen und die Hälfte ihrer Schlachtschiffe auf den Meeresgrund schickten. Ich stimmte trotzdem zu, es zu versuchen – es gab keine bessere Alternative.

Zunächst mussten wir politische Vorbereitungen treffen. Im September schlossen wir mit Italien und Japan den Dreimächtepakt, eine logische Erweiterung des Antikominternpakts, den wir mit den gleichen Staaten vor dem Krieg abgeschlossen hatten. Er war ein Verteidigungsbündnis in bester Tradition derartiger Verträge; ein Schritt, wenn auch nur ein sehr bescheidener, um sowohl Russland als auch die Vereinigten Staaten in Schach zu halten. In den Folgemonaten traten auch Ungarn, Rumänien, die Slowakei und Bulgarien bei. Die einen taten es freiwillig, die anderen eher nicht. Vor allem war es nicht leicht, die Ungarn und die Rumänen sowie die Rumänen und die Bulgaren davon abzuhalten, sich gegenseitig an die Gurgel zu gehen. Trotzdem half der Pakt, unsere Stellung in Osteuropa zu festigen.

Im Westen erwiesen sich die Dinge als schwieriger. Wir brauchten die Mitarbeit nicht nur Italiens, sondern auch der beiden anderen wichtigen Mittelmeeranrainerstaaten Frankreich und Spanien. Frankreich verfügte über etliche wichtige Stützpunkte sowie über eine starke Flotte in Toulon, die von den vorangegangenen Ereignissen unberührt geblieben war. Und nur mit spanischer Hilfe konnten wir darauf hoffen, den Zugang zum Mittelmeer einzunehmen, also Gibraltar. Alle drei genannten Länder lagen – wie hätte es anders sein können – miteinander im Streit, unter anderem um Korsika, Nizza, Savoyen und Tunesien. Mir war diese Angelegenheit so wichtig, dass ich mich am 22. Oktober mit Ribbentrop im Schlepptau auf eine ausgedehnte Zugreise begab. Sie führte mich bis nach Montoire, wo ich Laval traf. Sein Vorgesetzter, Pétain, war ein äußerst beeindruckender alter Mann mit stahlblauen Augen, aber Laval selbst erinnerte mich immer an einen Frosch, so wie ihn tatsächlich auch die englische Presse oft karikierte! Von dort aus fuhr ich weiter nach Hendaye an der französisch-spanischen Grenze, um Franco zu treffen. Dessen Stimme war mir derart unerträglich, dass ich meinen Mitarbeitern hinterher sagte, ich würde mir lieber zwei oder drei Zähne ziehen lassen, als diese Erfahrung noch einmal zu machen! Auch Francos Schwippschwager und Außenminister ging mir auf die Nerven, Ramon Serrano Suñer, ein eifernder Katholik. Kein Wunder, dass ich die erwähnten Differenzen nicht ausbügeln konnte. Francos Weigerung, uns bei einem Angriff auf Gibraltar zu unterstützen, war besonders ärgerlich. Er hatte uns alles zu verdanken, und jetzt versagte er uns den Beistand.

Als ich am 28. Oktober in Florenz eintraf, erwartete mich eine Überraschung. Auf dem Bahnsteig empfing mich ein strahlender Mussolini. Seit seinem Besuch bei uns drei Jahre zuvor hatte ich ihn nicht mehr so heiter gesehen. Er begrüßte mich mit den Worten: „Führer, wir marschieren!" Von Albanien aus nach Griechenland hinein, wie sich zeigte. Wir hatten natürlich schon im Vorfeld von den italienischen Vorbereitungen gewusst. Mit ihrem typischen Mangel an Disziplin waren sie grundsätzlich nicht in der Lage, eine größere Unternehmung vor irgendjemandem zu verbergen, der sich dafür interessierte. Von einer militärgeografischen Warte aus erinnerten mich Griechenland und vor allem Kreta an Norwegen. Bei jedem denkbaren Vorgehen gegen die Engländer im Nahen Osten hätte uns ihre Besetzung wichtige Vorteile eingebracht.

Wenn man es so betrachtete, war Mussolinis Vorpreschen durchaus sinnvoll. Aber dafür hätte es natürlich von der richtigen Armee zur richtigen Jahreszeit und im Rahmen eines umfassenden Plans erfolgen müssen. Unter den gegebenen Umständen hatte er die falsche Armee, begann seine Offensive zur falschen Zeit und verfügte über gar keinen Plan. Nach ein paar Tagen steckten seine Truppen fest. Dann wurden sie nach Albanien zurückgedrängt. Eine Zeitlang sah es sogar so aus, als würden sie selbst diesen Flecken Land aufgeben müssen. Währenddessen vertrieb sich ihr Befehlshaber, der abscheuliche General Ubaldo Soddu, die Zeit mit dem Komponieren von Filmmusik.

Raeder und Göring wiesen mich immer wieder darauf hin, dass die „periphere Strategie" bedeutete, das Heer zugunsten der Luftwaffe und Kriegsmarine zu schwächen. Es würde Jahre dauern, sie umzusetzen. Um die notwendige Luft zum Atmen zu haben, mussten wir unbedingt irgendeine Übereinkunft mit Stalin erreichen. Für diesen Plan sprach sich besonders Ribbentrop aus, der sich seit seiner Einigung mit Molotow für ein diplomatisches Genie hielt. Zu diesem Zweck lud er Molotow vom 11. bis 13. November nach Berlin ein. Er hatte sogar schon einen Vertragsentwurf vorbereitet! Aber die Gespräche, die aus dem Drei- einen Viermächtepakt machen sollten, verliefen nicht gut. Ribbentrop wollte die Russen einwickeln, indem er ihnen Gebiete am Persischen Golf in Aussicht stellte. Molotow seinerseits weigerte sich, sich festzulegen, verlangte aber zusätzliche Territorien in Finnland, Polen, Rumänien und Bulgarien – und außerdem noch die Dänemarkstraße und die Dardanellen! Die Verhandlungen dauerten noch immer an, als englische Bomber Berlin einen Besuch abstatteten. Sie richteten nur wenig Schaden an, aber der entzückte Molotow nutze sogleich die Gelegenheit, um sich über Ribbentrop lustig zu machen.

Klar war: Die periphere Strategie war gescheitert. Um ehrlich zu sein, war sie eine Totgeburt gewesen. Sie ging gegen meine wichtigsten Prinzipien, und ich hatte mich nie für sie erwärmen können. Am 5. Dezember hatte ich einen Entschluss gefasst. Wir würden Stalin so bald wie möglich angreifen. Dadurch würden wir zwei Fliegen mit einer Klappe schlagen. Erstens würden wir den Arm abhacken, der bereitstand, um uns einen Dolchstoß in den Rücken zu verpassen – einen verdammt starken Arm, wie wir später herausfinden sollten. Zweitens würde es uns der Verwirklichung unseres obersten Zieles näherbringen: dem deutschen Volk Lebensraum im Osten zu schaffen. Ursprünglich hatte ich gedacht, dass die zwei Kriege – der eine gegen den Westen und der andere gegen Russland – voneinander unabhängig und durch eine womöglich mehrjährige Pause getrennt stattfinden würden. Nun war England bezwungen und unfähig, in naher Zukunft irgendetwas Ernstzunehmendes gegen uns zu unternehmen, und so kam ich zu dem Schluss, dass ich die beiden Kämpfe miteinander verbinden konnte und musste.

In der Zwischenzeit hatte ich andere Sorgen. Die größte hieß Italien. Mussolinis Truppen eilten von Niederlage zu Niederlage. Am 9. Dezember griff die englische 8. Armee in Ägypten westwärts an. Ende Januar bedrohte sie Tripolis, die Hauptstadt von Libyen. Dies alles geschah Jahrzehnte, bevor unter dem Wüstensand Öl gefunden wurde, deshalb besaß Libyen für uns keine Bedeutung. Frei nach Bismarck: Es war nicht die gesunden Knochen eines einzigen pommerschen Grenadiers wert. Ich konnte es mir aber nicht leisten, Mussolini hängenzulassen. Abgesehen von Japan, das noch nicht in den Krieg eingetreten war, war er unser einziger bedeutender Verbündeter. Im Rückblick wäre es wahrscheinlich besser gewesen, wenn er und sein nichtsnutziges Land neutral geblieben wären. Mit dieser Idee hatte ich übrigens schon in den frühen 1920er Jahren gespielt. Die Italiener hätten einen Puffer gegen die Engländer im Mittelmeer bilden und uns bei der Einfuhr einiger benötigter Güter helfen können. Aber man kann sich nicht immer nach seinen eigenen Wünschen richten. Am allerwenigsten im Rückblick.

Ich hatte noch ein anderes Problem. Die Engländer unterstützten die Griechen gegen die Italiener. Als Nächstes baten sie den griechischen Diktator Ioannis Metaxas darum, seine Flugplätze benutzen zu dürfen, um die rumänischen Ölfelder zu bombardieren. Hätten sie damit Erfolg gehabt, hätten sie unsere gesamte Kriegsmaschinerie zum Erliegen gebracht. Ich hatte absolut nichts gegen die Griechen. Ganz im Gegenteil, ich hatte großen Respekt vor der Tapferkeit, mit der sie die Makkaronis bekämpften. Ich versuchte, das Problem zu lösen, indem ich ihnen den Beitritt zum Dreimächtepakt anbot. Unter englischem Druck lehnten sie ab. So blieb mir nichts anderes übrig, als meinen Stab anzuweisen, die Besetzung auch ihres Landes zu planen.

So kam es, dass wir zeitgleich mit Vorbereitungen für Kampfhandlungen sowohl in Nordafrika als auch auf dem Balkan begannen. Unsere Vorauskommandos erreichten Tripolis im Februar 1941. An ihre Spitze stellte ich Generalleutnant Erwin Rommel. Ich kannte ihn aus der Zeit, als er Kommandeur des Führerbegleitbataillons gewesen war. Er hatte im Ersten Weltkrieg den Pour le Mérite verliehen bekommen; außerdem eilte ihm der Ruf eines brillanten Truppenführers und ausgezeichneten Taktikers voraus. Während des Frankreichfeldzugs war er so schnell vorgestoßen, dass der Feind seine Einheit als „Gespensterdivision" bezeichnet hatte! Er hatte zuvor allerdings noch in keinster Weise durchblicken lassen, dass er zu umfassenderem strategischen Denken in der Lage war. Angesichts seines ziemlich oberflächlichen Charakters bin ich mir auch sicher, dass er niemals so etwas entwickelt hat. Das machte ihn beispielhaft für meine Generalität. Sie waren Meister ihres Fachs, aber mehr auch nicht.

Rommels ursprünglicher Auftrag war es, Tripolis zu halten. Am 31. März widersetzte er sich jedoch dem Befehl und ging zum Angriff über. Er begann einen atemberaubenden Vorstoß nach Osten, umging Tobruk und gelangte bis an die ägyptische Grenze. Im Laufe der folgenden zwei Jahre kostete uns Rommels „kleiner Jagdausflug", wie Göring ihn nannte, wahrscheinlich mehr, als er eingebracht hatte. Seine Nachschublinien wurden unentwegt angegriffen. Wir waren mehrfach gezwungen, Luftwaffeneinheiten abzuziehen, um den englischen Stützpunkt auf Malta anzugreifen. Außerdem mussten wir der italienischen Marine etwas von unserem kostbaren Öl abgeben. Die Verluste auf See, vor allem an Wehrmaterial, waren einschneidend. Sehr viel später stellte sich heraus, dass die Engländer unsere verschlüsselten Meldungen mitlasen und ihre Kräfte entsprechend einsetzten.

Anfangs hatte Rommel nur zwei deutsche Divisionen unter seinem Kommando. Auf dem Höhepunkt befehligte er vier von insgesamt knapp 200. Im Verhältnis zu seiner Größe erhielt das Afrikakorps, wie es genannt wurde, jedoch mehr Panzer und Kraftfahrzeuge als unsere Einheiten auf allen anderen Kriegsschauplätzen. Es in der Wüste mit Nachschub zu versorgen, bereitete uns enorme Schwierigkeiten. Von daher wäre es, militärisch betrachtet, besser gewesen, wenn Rommel in Bengasi Halt gemacht und sich eingegraben hätte, um darauf zu warten, dass die Engländer das Ihrige tun würden. Selbst wenn er

Ägypten erobert hätte, hätten sich die Engländer – unterstützt und angestachelt von Roosevelt – halten können. Wir standen aber noch immer in unseren siegreichen Jahren. Aus Rücksicht auf die öffentliche Meinung konnte ich Rommel nicht befehlen, sich zurückzuziehen.

Seine eigenen Fähigkeiten als Kommandeur waren das eine. Was ihm jedoch seine anfänglichen Siege erst ermöglichte, war der Umstand, dass die Engländer viele ihrer Einheiten aus Libyen abgezogen und stattdessen in Griechenland stationiert hatten. Indem sie das taten, besiegelten sie das Schicksal letzteren Landes. Den ganzen Winter hindurch verlegten wir Truppen durch Ungarn, Rumänien und Bulgarien in Richtung Thrakien. Ehe wir angreifen konnten, gab es jedoch noch das Problem Jugoslawien zu lösen. Die Haupteisenbahnstrecke, auf die unsere Kräfte beim Angriff auf die Griechen angewiesen waren, verlief gefährlich nahe entlang der jugoslawischen Grenze. Dieses Risiko konnte ich nicht eingehen. Ich übte Druck auf den Prinzregenten Paul aus, sich dem Dreimächtepakt anzuschließen. Am 25. März tat er es endlich. Nur zwei Tage später wurden er und seine Regierung durch einen Militärputsch gestürzt. Dieser war natürlich in London vorbereitet und von dort aus gesteuert worden.

Ich war in der Donaumonarchie vor dem Ersten Weltkrieg aufgewachsen, und niemand verabscheute die serbischen Bombenschmeißer mehr als ich. Aber hier ging es nicht um meine persönliche Abneigung. Auf dem Spiel stand die Ehre – oder, wie man heute sagt: die Glaubwürdigkeit – des Deutschen Reiches. Ich befahl sofort Halder aus Zossen zu mir nach Berlin. Er ahnte schon, worum es mir ging, und bereitete unterwegs erste Pläne vor; dies war eines der wenigen Male, dass ich froh war, ihn an meiner Seite zu haben. Ich gab ihm grünes Licht, und er setzte seine Mitarbeiter ans Werk. Sie brauchten nur zehn Tage, um das Notwendige zu erledigen: die Hauptstoßrichtungen unserer Truppen zu bestimmen, diese heranzuführen und entlang der Grenze in Stellung zu bringen, für die Logistik zu sorgen, ein Kommunikationsnetz aufzuziehen und dergleichen. Wir eröffneten die Offensive, indem wir Belgrad schwer bombardierten, um den Serben gleich zu Anfang zu zeigen, wo der Hammer hing. Da heulten sie mächtig auf! Dann traten unsere Bodentruppen auf den Plan. Sie schnitten durch die 800.000 Mann starke jugoslawische Armee wie ein Messer durch Butter, stießen aus mehreren Richtungen auf die Stadt vor und eroberten sie im Handumdrehen. Am 17. April war alles vorbei.

Währenddessen stießen unsere von Norden her in Griechenland einmarschierenden Kräfte auf unerwartet heftigen Widerstand. Der war gleichwohl hoffnungslos, nachdem wir die sogenannte Metaxaslinie umgangen hatten, indem wir einen rechten Haken durch neubesetztes jugoslawisches Territorium schlugen. Unsere Einheiten wandten sich nach Süden, erreichten die Thermopylen und kämpften sich hindurch. Ein paar Engländer nahmen wir gefangen, die übrigen flohen. Der Rest war ein Kinderspiel. Am 27. April wurde auf der Akropolis unsere Fahne gehisst. Vier Tage später erreichten unsere Vorauskommandos die Südspitze der Peloponnes. Die Griechen hatten keine andere Wahl, als zu kapitulieren. Im allerletzten Moment gab es noch Probleme, weil Mussolini darauf bestand, dass sie sich auch seinen Truppen ergeben sollten. Mittlerweile hatte ich gelernt, diese Truppen und insbesondere ihre nutzlosen Generäle von ganzem Herzen zu verachten. Doch einmal mehr zwangen mich die Umstände dazu, einzuwilligen.

Blieb uns noch, Kreta zu besetzen – das wichtigste strategische Ziel von allen. 1940 hatte die Luftwaffe sowohl in Norwegen als auch in Frankreich bewiesen, dass sie ihre Feldflugplätze rasend schnell nach vorn verlegen konnte. So sollte es auch diesmal ablaufen. Am 20. Mai traten unsere Fallschirmjäger im Verbund mit Lastenseglern und Transportflugzeugen zum Angriff an. Ihnen standen Commonwealthverbände gegenüber, die eben erst vom griechischen Festland evakuiert worden waren. Sie waren ein wenig durcheinander; nichtsdestoweniger verwickelten sie uns in harte, bisweilen verzweifelte Kämpfe. Am Ende siegten wir mit Unterstützung durch Verstärkungen, die auf dem Seewege eintrafen. Außerdem schickten wir einen guten Teil der englischen Marineeinheiten rund um die Insel auf den Meeresgrund; niemals wieder würde eine Flotte, die über keine starke Luftsicherung verfügte, eine solche angehen, bei der dies sehr wohl der Fall war. Unsere Verluste waren jedoch so heftig, dass mir ernsthafte Zweifel daran kamen, ob groß angelegte Luftlandeoperationen wirklich noch zeitgemäß waren. 1944 sollte sich zeigen, dass ich recht hatte.

Ich selbst hatte Berlin am 10. April verlassen. Nach einer weiteren Reise mit dem Zug „Amerika“ richtete ich mein Hauptquartier „Frühlingssturm“ in Mönichkirchen in der südöstlichen Ostmark ein. Wie üblich war sichergestellt, dass sich in der Nähe ein Tunnel befand, der im Falle eines Luftangriffs als Unterstand dienen konnte. Ehrlich gesagt: Es gab dort für mich nicht viel zu tun, weil der Feldzug wie am Schnürchen lief, und so kehrte ich bald zurück. Am 31. Mai sprach ich vor dem Reichstag, lobte den deutschen Soldaten und gratulierte dem Volk zu seinen Siegen.

Nun herrschte ich über ein Reich, das sich vom Nordkap bis ganz hinunter nach Westägypten erstreckte. Das alles hatten wir in weniger als zwei Jahren und mit tatsächlich sehr geringen Verlusten erobert. Es hatte kein Verdun gegeben und keine Schlacht an der Somme. Ich hörte Gerede, dass im Vergleich zu mir sogar Napoleon und Hindenburg wie armselige Pfuscher aussähen. Keitel war dermaßen beeindruckt, dass er anfing, von mir als dem „größten Feldherrn aller Zeiten" zu sprechen. Das sah ihm ähnlich. Ich wünschte aber, er hätte es nicht getan, denn aus der Formulierung wurde schnell die heitere Abkürzung „Gröfaz".

Kaum war Kreta gefallen, schon schlugen einige Leute – besonders in der Marine – vor, dass wir angesichts unserer jüngsten Triumphe die alte periphere Strategie wiederaufnehmen sollten. Ich lehnte ihre Forderungen ein zweites Mal ab. Nicht nur hätte die Umsetzung dieses Vorhabens eine lange Zeit beansprucht; sie hätte auch unser Problem mit Russland nicht gelöst. Wenn sie überhaupt eine Wirkung entfaltet hätte, so hätte sie dieses Problem nur noch verschlimmert.

23. „Die Welt wird den Atem anhalten!“

Fangen wir von vorne an: Anfang Dezember 1940 war der Würfel gefallen. Aber nicht bezüglich eines kommenden Expansionskriegs gegen Russland – *der* war schon seit vielen Jahren ein unverrückbarer Teil meiner Pläne. Vielmehr würde der fragliche Krieg nunmehr ein integraler Bestandteil des Krieges sein, den wir bereits führten. Anders gesagt: Ich würde beide Kriege zu einem einzigen verschmelzen.

Ich wusste, dass Russland mit keinem unserer bisherigen Gegner zu vergleichen war. Das Land hatte seine mehr oder weniger „moderne“ Form im 16. Jahrhundert unter Iwan dem Schrecklichen angenommen. Seitdem war es oft angegriffen, aber niemals wirklich besiegt worden. Karl XII. hatte es versucht und war gescheitert. Napoleon hatte es versucht und war gescheitert. Im Krimkrieg hatten die Alliierten von 1854 bis 1856 einige Gewinne verzeichnet, doch die waren wenig bedeutsam gewesen und bald wieder verlorengegangen. Japan hatte es versucht, doch der damalige Urteilsspruch der Geschichte war 1939 zum großen Teil wieder rückgängig gemacht worden. Am erfolgreichsten waren von 1914 bis 1918 Hindenburg und Ludendorff gewesen. Doch trotz alledem hatte Stalin bis zum Herbst 1940 beinahe alles zurückgeholt, was das Zarenreich verloren hatte. Kurz gesagt: Ab dem Zeitpunkt, an dem Russland Ende des 17. Jahrhunderts seinen Schatten über Europa zu werfen begann, war es insgesamt immer stärker und stärker geworden. Und das war kein Wunder: 1940 entsprach seine Bevölkerung der von Deutschland, Frankreich und England zusammengenommen. Die slawischen Untermenschen vermehrten sich wahrhaftig wie die Karnickel.

Zu den weiteren Faktoren, die zu Russlands Stärke beitrugen, zählten die extreme Zähigkeit seines Volkes und der riesige Raum, durch den es Blockaden gegenüber immun war und in den sich seine Armee zurückziehen konnte. Wenn man ein Eisenbahnsystem hinzunimmt, das eine größere Spurweite als den internationalen Standard verwendete, und ein Straßennetz, das in Wahrheit alles andere als ein Netz war, dann werden die Schwierigkeiten einer Eroberung dieses Landes deutlich. Das war aber noch nicht alles. 1917/18 kamen die jüdischen Bolschewisten an die Macht. Ich sage jüdische Bolschewisten und nicht nur Bolschewisten, denn nicht nur waren viele ihrer Führungspersönlichkeiten Juden, sondern auch zeitweise nicht weniger als die Hälfte der Generäle des NKWD. Sie schufen ein gnadenloses totalitäres Regime, gegen das mein eigenes eine Kleinigkeit war. Zum Einstieg brachten sie während des Bürgerkriegs Millionen von Menschen um. Kaum waren sie damit fertig, wandten sie sich gegen die Bauernschaft und ließen Millionen Menschen wortwörtlich verhungern, um an die benötigten Geldmittel zur Industrialisierung des Landes zu kommen. Darauf folgten die großen Säuberungen von 1937 bis 1939, in denen weitere Hunderttausende starben.

Inmitten all dessen schafften sie es irgendwie, eine gigantische Militärindustrie hochzuziehen. Da sieht man, was blanker Terror bewirken kann! Sicher, schon damals und auch später noch ließ die Qualität dieser Industrie oft einiges zu wünschen übrig. Weniger im Hinblick auf die wichtigsten Waffensysteme, etwa ihre Panzer, Geschütze und Flugzeuge, die meist primitiv, aber zweckmäßig waren. Einige davon waren sogar besser als unsere, insbesondere der Panzer T-34, dem wir Ende 1941 erstmals begegneten. Was aber den Feinbau, den Betriebskomfort und die Fertigstellung anbelangte, bekam man den Eindruck, die Konstrukteure hätten sich gesagt: „Das kümmert uns alles nicht, weil die Geräte sowieso bald in der Schlacht zerstört werden. Warum sollten wir mehr als unbedingt notwendig dafür ausgeben?" Das Gleiche galt für jede Art von Zusatzausrüstung, etwa Funk- und Sichtgeräte sowie Bildtechnik. Kein anständiger Deutscher hätte solchen Schrott benutzt! Sogar ihre Armbanduhren blieben nach kurzer Zeit stehen.

Geografisch betrachtet, zerfällt das europäische Russland in zwei Teile, den Norden und den Süden. Dazwischen liegen die Pripjetsümpfe, ein elliptisches Gebiet von etwa 480 Kilometern Länge und 225 Kilometern Breite. Sie bilden eine beinahe undurchdringliche Wald- und Sumpflandschaft, die sich später als ideal für Partisanen und Banditen jeder Art herausstellte. Jeder Angreifer sieht sich daher mit der Frage konfrontiert, wo sein Schwerpunkt liegen soll. Der im Laufe des Sommers 1940 von ein paar Offizieren im Generalstab des Heeres ausgearbeitete ursprüngliche Plan sah vor, zuerst im südlichen Teil der Front anzugreifen. Meine Weisung 21 vom 18. Dezember aber änderte dies. Ich wollte nicht, dass sich meine Divisionen in der endlosen Weite der Ukraine verirrten. Stattdessen setzte ich auf einen raschen Feldzug, der die roten Feindkräfte so nah an der Grenze wie möglich vernichten sollte.

Um das Ziel von „Unternehmen Barbarossa" – den Namen hatte ich mir ausgesucht – zu erreichen, bildeten wir drei Heeresgruppen. Von links nach rechts: Die Heeresgruppe Nord unter Generalfeldmarschall Ritter von Leeb sollte von Ostpreußen aus über die baltischen Länder auf Leningrad vorstoßen. Die Heeresgruppe Mitte, befehligt von Generalfeldmarschall Fedor von Bock und die schlagkräftigste der drei, sollte den historischen Weg über Polen nach Moskau nehmen. Nur die Heeresgruppe Süd unter Generalfeldmarschall Gerd von Rundstedt sollte südlich der Sümpfe in die Ukraine einmarschieren. Noch weiter im Süden sollten unsere in Rumänien stationierten Einheiten entlang der Schwarzmeerküste nordostwärts vorstoßen. Jede der drei Heeresgruppen sollte durch eine Luftflotte unterstützt werden.

Ein sehr großes Problem ergab sich im geheimdienstlichen Bereich. Im Vergleich mit dem Westen war Russland schon immer geheimnistuerisch gewesen. Das mag etwas mit der slawischen Seele zu tun haben, die dazu neigt, unergründlich, verschlagen und unzuverlässig zu sein. Schlechte Kommunikationsverbindungen, die dafür sorgten, dass sich Neuigkeiten nur langsam und unvollständig verbreiteten, taten das Übrige. Stalins Terror, der sich zum Teil gegen angebliche „Spione“ und „Saboteure“ richtete, machte alles noch schlimmer. Im Vergleich mit Russland – sowohl dem Stalins als auch jenem seiner kommunistischen Nachfolger – war unser Land offen und frei. Seine Untertanen, und nichts anderes waren sie, durften ohne amtliche Genehmigung nicht einmal innerhalb ihres Landes reisen! Jeder Bahnhof von Brest-Litowsk bis Wladiwostok verfügte über eigene Zellen, um alle unterzubringen, die der NKWD unterwegs abgefangen hatte. Von diesen Zellen war es oft nur ein kurzer Weg bis in die Konzentrationslager.

Das alles mochte seinen Sinn haben, um Stalins Herrschaft zu sichern. Aber es erschwerte sehr die Gewinnung der Art von Informationen, die unsere Kommandeure brauchten. Die grundlegenden, einfachsten Quellen, die anderswo in jedem Buch- oder Schreibwarenladen frei zugänglich sind, fehlten. Es gab keine verlässlichen Karten; einige von denen, die wir besaßen, führten absichtlich in die Irre. Es gab auch keine Reiseführer. Es gab so gut wie keine technischen Zeitschriften. Es gab nicht einmal Telefonbücher. Glücklicherweise verfügten wir mit unserer Ju 86 über ein Aufklärungsflugzeug, das mit einer Dienstgipfelhöhe von 12.000 Metern so hoch flog, dass keine russische Flak und kein russischer Jagdflieger es abschießen konnte. In den letzten Monaten vor Beginn der Kampfhandlungen lieferten diese Flugzeuge uns Unmengen überlebenswichtiger Informationen. Ihre Reichweite war jedoch nur begrenzt, und sie konnten nichts darüber in Erfahrung bringen, was in der Tiefe des feindlichen Territoriums vor sich ging.

Wir zogen also mit viel weniger Wissen in den Kampf, als wir hätten haben sollen und wollen. Nur ein Beispiel: Selbst boten wir 3500 Panzer auf. Wir wussten, dass die Russen über mehr verfügten. Aber über wie viele mehr? Die Schätzungen gingen sehr weit auseinander; eine sprach von ganzen 24.000. Ich traute meinen Augen nicht und verbot, diese Zahl weiterzuverbreiten. Doch sie stellte sich – ob nun ein paar tausend mehr oder weniger – als zutreffend heraus. Kein Wunder, dass ich mich später mit einem Wanderer verglich, der sich in einem Schneesturm verirrt hatte. Ohne es zu bemerken, überquerte er den zugefrorenen Bodensee. Als er sich umdrehte und ihm klarwurde, was er getan hatte, erstarrte er selbst zu Eis. Ich tröstete mich mit der simplen Tatsache, dass mich die Vorsehung durch alle diese Jahre geführt hatte. Sie würde mich auch in der Zukunft anleiten, da war ich mir sicher.

Die Sache hatte auch noch eine andere Seite. Wir standen im Zenit unserer militärischen Macht. Unsere Ausrüstung hatte sich in den vergangenen Feldzügen bewährt. Unsere Doktrinen waren tadellos, unsere Kommandeure erfahren, unsere Soldaten bestens ausgebildet und kampferprobt. Die Kampfesmoral war so hoch, wie sie nur sein konnte. Die Heimat war zwar ein paar Einschränkungen unterworfen und spürte allmählich den gelegentlichen Einschlag eines englischen Luftangriffs, doch sie stand unerschütterlich hinter der Wehrmacht. Und hinter mir! Niemals in der Geschichte genoss irgendein Herrscher so sehr das Vertrauen seines Volkes wie ich. Weder vorher noch hinterher. Das ging so weit, dass unmittelbar nach dem Beginn des Einmarschs in Russland sogar der bereits erwähnte Bischof Galen meinen Krieg gegen die „jüdisch-bolschewistische Machthaberschaft" begrüßte und seinen Schäfchen riet, für mein Wohl zu beten! Wenn es überhaupt eine Ausnahme gab, dann einige meiner älteren Generäle. Dies waren nicht mehr die Tage Blüchers, des „Marschall Vorwärts", wie man ihn genannt hatte, der die Initiative an sich gerissen hatte und einfach in Richtung des Geschützdonners marschiert war. Es waren auch nicht mehr die des älteren Moltke mit seiner ruhigen Zuversicht, dass – Gott mit uns! – alles gut ausgehen würde.

Die fraglichen Befehlshaber waren im Kaiserreich aufgewachsen. Wie so viele andere Angehörige der alten Elite hatten auch sie auf uns Nationalsozialisten herabgeblickt. Um es ganz klar zu sagen, sie betrachteten uns als Emporkömmlinge, die sich auf irgendeine wundersame Weise aus der Gosse erhoben hatten. Die meisten von ihnen waren Reaktionäre, und wenn überhaupt, dann teilten nur wenige unsere Weltanschauung, ganz zu schweigen von unserem Willen, diese mit jenem Fanatismus zu verteidigen und zu verbreiten, der allein Ideen überhaupt zu einem Einfluss verhelfen kann. So unterwürfig Keitel auch war – das traf sogar auf ihn zu. Er sah sich selbst vor allem als Offizier; alles andere kam an zweiter Stelle. Als der Feldzug herannahte, entwickelten zu viele von ihnen Vorbehalte der einen oder anderen Art. Nicht wenige lasen die deprimierenden Lebenserinnerungen von Napoleons persönlichem Adjutanten Armand de Caulaincourt, wie man mir sagte. Dies war der Grund, weshalb ich sie im Januar und nochmals im Februar 1941 zusammenrief, um ihnen – im Wesentlichen war es nichts anderes – ein paar aufmunternde Worte zukommen zu lassen.

Doch das war nicht genug. Am 30. März versammelte ich 200 meiner Generäle zu einer weiteren Ansprache. Ich wollte ihnen klarmachen, dass Russland nicht der Westen war. Dies würde ein Krieg zwischen zwei Weltanschauungen werden: unserer nationalsozialistischen und der verbrecherischen jüdisch-bolschewistischen. Er musste dementsprechend geführt werden. In ihm war kein Platz für altmodische Vorstellungen von soldatischer Ehre oder den Versuch, die Zivilbevölkerung möglichst zu schonen. Wir würden die bolschewistischen Politkommissare ausrotten. Sie bildeten sozusagen das Gehäuse, das die ganze gigantische Struktur zusammenhielt. Wir würden auch so viel von der kommunistischen Intelligenzija vernichten, wie wir konnten. Das war keine Aufgabe für unser Heer; dafür würde ich Himmler und seine Einsatzgruppen aussenden. Sie selbst müssten ihre Herzen gegen jedes Mitleid verschließen und tun, was getan werden musste. Was das Völkerrecht anging, so gab es nichts zu befürchten. Die Sowjets hatten die Genfer Konvention nie unterzeichnet. Sie würden sie ignorieren, und wir würden es ebenso tun.

Weder zu diesem Zeitpunkt noch irgendwann später erhob einer von ihnen Einsprüche. Nicht unbedingt deshalb, weil sie meine Ansichten teilten, wie ich sehr wohl wusste, sondern weil sie glaubten, dass „nichts so heiß gegessen wie gekocht wird“, wie wir Deutschen sagen. Beinahe ausnahmslos waren sie bereit, Himmlers „spezielle“ Einheiten logistisch zu unterstützen und beide Augen zuzudrücken, während diese das Notwendige taten. Aber allgemein ging es ihnen darum, sich nicht die Hände schmutzig zu machen. Als einige von ihnen später in Nürnberg vor „Gericht“ standen, kamen die meisten mit dieser Haltung durch. Sie konnten sich dadurch selbst als „saubere“ Soldaten darstellen und die Schuld auf Himmler und mich schieben.

In der Zwischenzeit ging der Aufmarsch weiter. Es war nicht nur der größte in der Geschichte, sondern wird es wohl auch in Zukunft bleiben. Wir brauchten 17.000 Eisenbahnzüge – man stelle sich das einmal vor! –, um 138 Divisionen für den Einsatz aufzustellen. Davon waren 104 Infanterie-, 19 Panzer- und 15 Panzergrenadierdivisionen. Zusätzlich standen neun Sicherungsdivisionen bereit, um die besetzten Gebiete niederzuhalten, vier Divisionen, um den Finnen in Karelien zu helfen, und zwei weitere als allgemeine Reserve. Wir verfügten über 7200 Geschütze und 2770 Flugzeuge, zwei Drittel der gesamten Luftwaffe. Die Gesamtzahl unserer Männer belief sich auf knapp unter 3.500.000, denen insgesamt 600.000 Fahrzeuge (nicht Motorfahrzeuge, wie eine Quelle fälschlich behauptet) zur Verfügung standen.

Darin sind die 14 ausgezeichneten finnischen Divisionen und die 13 nicht ganz so ausgezeichneten rumänischen nicht eingerechnet. Letztere stachen in erster Linie dadurch hervor, dass sie derartige Gräuel an Juden begingen, dass selbst unsere eigenen Soldaten angewidert waren. Später kamen italienische, ungarische und einige wenige slowakische Soldaten ebenso hinzu wie eine wachsende Anzahl von Einheiten der Waffen-SS. Die wurden von Himmler in ganz Europa angeworben und bevorzugt ausgerüstet; sie kämpften wie der Teufel. Es gab ein paar Probleme, vor allem hinsichtlich des Wetters. Letzten Endes aber folgte alles dem Zeitplan. Um unsere Absichten zu verbergen, verbreiteten wir das Gerücht, dass der Aufmarsch nur ein Täuschungsmanöver für die bevorstehende Invasion Englands sei. Eine Täuschung innerhalb einer Täuschung, könnte man sagen. Um den Schein zu wahren, bombardierten wir London fast bis zur letzten Minute weiter.

Am 22. Juni um drei Uhr morgens eröffneten wir an der gesamten 2500 Kilometer langen Front das Feuer. Die Russen hatten reichlich Vorwarnungen erhalten, wie sich später herausstellte. Nichtsdestoweniger wurden sie wundersamerweise völlig überrumpelt. Nach dem Krieg wurde die Frage, wie das hatte passieren können, zum Thema einer ganzen eigenen Fachliteratur. Waren es die Schwächen ihrer Kommunikation, durch die sie ihre Einheiten nicht rechtzeitig alarmieren konnten? Waren es unsere Täuschungsmanöver? War es schlichte Blindheit gegenüber den Vorgängen? Eines ist sicher: Hätten wir sie nicht angegriffen, hätten sie uns angegriffen. Vielleicht nicht sofort, wie es der russische Historiker Viktor Suworow in seinem bestens verkauften Buch *Der Eisbrecher. Hitler in Stalins Kalkül* behauptet hat. Aber ganz sicher später, sobald wir die kleinste Schwäche gezeigt hätten. Unser Krieg war ein Präventivkrieg, vielleicht sogar ein Erstschlag. Ich hatte gewiss bessere Gründe, ihn zu führen, als der jüngere Bush bei seinem Überfall auf den Irak 62 Jahre später.

Wir begannen damit, dass wir den Großteil ihrer Luftwaffe am Boden zerstörten. Sie waren derart unvorbereitet, dass sie ihre Flugzeuge nicht einmal verstreut aufgestellt und abgetarnt hatten; deshalb brauchten wir für dieses Unterfangen nur wenige Tage. Danach hatten unsere Flugzeugführer freie Bahn, um die Bodentruppen hinter und an der Front zu unterstützen. Unsere gepanzerten und motorisierten Divisionen rückten so schnell vor wie selten jemand vor oder nach ihnen, wenn überhaupt. Dahinter kam die Infanterie, die schnell wie der Blitz marschierte, und dahinter wiederum die Nachschubkolonnen und die Eisenbahngesellschaften, die Tag und Nacht arbeiteten, um das russische Gleissystem auf das Format umzurüsten, das jedes andere Land auf der Welt benutzte.

Gehen wir von Norden nach Süden vor: Anfang September hatten wir Leningrad eingeschlossen. Ich hatte mich entschieden, die Stadt nicht im Sturmangriff zu erobern, sondern auszuhungern. Minsk fiel am 3. Juli; Smolensk, das nur 300 Kilometer von Moskau entfernt lag, drei Wochen später. Die Einnahme beider Städte, die durch zwei erfolgreiche Zangenbewegungen gelang, brachte der Roten Armee große Verluste bei und uns unzählige Gefangene ein.

In Smolensk, ungefähr 600 Kilometer von unseren Ausgangsstellungen entfernt, mussten wir Halt machen und die Lage abschätzen. Wir arbeiteten Tag und Nacht, und doch konnten wir den Umbau der Bahnstrecken nicht rasch genug vorantreiben. In dieser Situation entwickelte sich ein Streit zwischen Halder und mir. Wie schon während des Frankreichfeldzugs änderte er, der bis unmittelbar zu diesem Augenblick normalerweise zur Vorsicht gemahnt hatte, plötzlich seine Meinung und forderte, dass wir ohne Umschweife wie Napoleon weiter nach Moskau vorstoßen sollten. Seine Begründung war, dass es sich bei Moskau um das eine Ziel handelte, aus dem sich die Russen nicht zurückziehen konnten. Ein Angriff darauf würde es uns also ermöglichen, der Roten Armee den Todesstoß zu versetzen.

Ich sah alles etwas anders. So groß unsere Siege bis zu diesem Punkt auch gewesen waren, sie hatten die Rote Armee nicht gebrochen. Dieser Einschätzung stimmte selbst Halder zu. Der Grund lag in der primitiven Natur unseres Gegners. Seine Truppen ließen sich – anders als die westlichen, mit denen wir es im Vorjahr zu tun gehabt hatten – nur als Horden niederer Tiere bezeichnen. Missmutig, den Launen ihrer Kommissare völlig ausgeliefert und mit Wodka und Peitsche immer weiter vorangetrieben, wussten sie einfach nicht, wann sie geschlagen waren. Sie kämpften selbst dann noch weiter, wenn sie eingeschlossen waren. Wenn das nicht mehr möglich war, stahlen sie sich davon und gingen zu den sogenannten Partisanen über.

Wir liefen Gefahr, uns zu viel zuzumuten. Es hatte keinen Sinn, weiter vorzurücken, solange das Hinterland noch unsicher war. Ich wollte den Umfang unserer Zangenbewegungen verringern. Wie es das Schicksal wollte, hatte sich dazu gerade eine hervorragende Gelegenheit ergeben. Auf der Rechten war die Heeresgruppe Süd nicht so schnell vorangekommen, wie wir erwartet hatten. Wenn die Heeresgruppe Mitte noch weiter nach Osten vorrückte, als sie bereits stand, wären wir in der Lage, unseren Gegner – Stalins alten Saufkumpan Semjon Budjonny – zugleich von Norden (Bock) und Westen (Rundstedt) anzugreifen. Das würde nicht nur die russische Südwestfront aufrollen, sondern uns den Zugriff auf die Ukraine mit ihrer Industrie und ihrem Getreide ermöglichen. Die Ukraine wiederum würde uns den Weg in die Ölfördergebiete des Kaukasus eröffnen.

Halder widersprach, wie immer. Um mich umzustimmen, ließ er Guderian zu einer Besprechung von der Front nach Ostpreußen einfliegen, wo ich mein Hauptquartier aufgeschlagen hatte. Guderian war ein verhältnismäßig junger Offizier; trotzdem respektierte ich ihn und ließ ihn vortragen, was er zu sagen hatte. Als er ausgeredet hatte, antwortete ich mit einem einzigen Satz: „Meine Generäle verstehen nichts von Kriegswirtschaft." Er salutierte, und das war alles. Später beschimpfte Halder ihn dafür, dass er so leicht nachgegeben hatte. Aber Guderian wusste, dass ich recht hatte, und er wusste auch, dass ich es wusste.

Die Schlacht um Kiew wurde ein großer Erfolg. Nie zuvor in der Geschichte hatte ein einziger Vorstoß einer Armee so große Verluste beigebracht. Die Toten und Kriegsgefangenen zusammengerechnet, lagen sie bei etwa 700.000 Mann. Unsere Beute war gigantisch. Aber trotz alledem zeigte sich, dass wir den sowjetischen Koloss unterschätzt hatten. Wann immer wir eine ihrer Armeen oder sogar ganze Fronten vernichteten, setzten sie eine neue in Marsch. Natürlich waren ihre Divisionen nicht wirklich Divisionen in unserem Sinne des Worts. Sie hatten auch keine Befehlshaber vom gleichen Schlag – Budjonny, den Stalin im letzten Augenblick aus dem Kessel ausfliegen ließ, war in erster Linie wegen seines gewaltigen Schnurrbarts bemerkenswert. Genauso wenig hatten sie unsere Organisiertheit, den Zusammenhalt, die Ausbildung oder die Doktrin. Aber sie waren eben da, und je tiefer wir in das Land eindrangen, desto verbissener kämpften sie.

Nachdem alles vorüber war, setzten unsere Einheiten mit rumänischer Unterstützung auf der äußersten rechten Flanke ihren Vormarsch nach Osten fort. Im November überschritten sie den Fluss Mius und nahmen nach schweren Kämpfen Rostow ein, das Tor zum Kaukasus. Dort jedoch erwartete uns eine Überraschung. Am 27. November wurden unsere Panzerspitzen heftig von Norden her angegriffen. Rundstedt wollte sich zurückziehen; ich verbot es ihm. Als er meinen Befehl missachtete, setzte ich ihn ab. Auf seinen Platz beförderte ich Generalfeldmarschall Walter von Reichenau, einen der wenigen mit Leib und Seele nationalsozialistisch eingestellten höchsten Heeresoffiziere, dessen gegen die Juden gerichtete Befehle mustergültig waren. Der aber behauptete, dass Rundstedt recht gehabt habe, und holte sich Unterstützung von Halder. So oder so war es zu spät, als dass ich noch hätte eingreifen können. Und so ging Rostow nach heftigen Kämpfen wieder verloren. Es war ein Rückschlag, aber einer, den wir im Frühjahr leicht wieder ausbügeln konnten.

Trotz aller Tragweite unserer Operationen an dieser Front wurde die wahre Entscheidungsschlacht dennoch weiter im Norden geschlagen. Sie begann Anfang Oktober, nachdem unsere Eisenbahngesellschaften endlich die dringend benötigten Gleisverbindungen hergestellt hatten. Zu diesem Zeitpunkt traten nicht weniger als drei Panzerarmeen (zwei als Teil der Heeresgruppe Mitte sowie eine von der Front bei Leningrad abgezogene) zum gemeinsamen Vorstoß auf Moskau an. Das Wetter stand gegen uns; die Herbstgewitter verwandelten den gesamten Landstrich in ein einziges Meer aus Schlamm. Unsere Soldaten mussten ihre Fahrzeuge vorwärts ziehen oder schieben; sie bekamen nicht einmal die notwendigste Versorgung. Einige meiner Generäle, insbesondere Guderian, beschrieben mir ihre Not so eindringlich, als ob ich nicht mindestens genauso gut wie sie darüber Bescheid gewusst hätte. Trotzdem stießen die Männer weiter vor, wenn auch langsam und qualvoll; sie machten Geländegewinne und hunderttausende Gefangene. Im November gefror der Boden und bereitete dem Schlamm ein Ende. Mit der Kälte aber kamen neue Probleme. Motoren starteten nicht mehr, weil ihre Schmieröle erstarrt waren. Das war die Schuld der Konstrukteure. Jahrelang hatte ich ihnen geraten, sich auf luftgekühlte Motoren zu konzentrieren, aber sie hatten nicht auf mich hören wollen. Und dennoch ging unser Vormarsch in kleinen, mühsamen Schritten weiter. Anfang Dezember konnte man von unseren vordersten Linien aus die Spitzen des Kreml sehen.

In diesem Moment wurden wir plötzlich von frischen Einheiten angegriffen, und zwar von 18 Divisionen, 1700 Panzern und 1500 Flugzeugen, die Stalin gerade noch rechtzeitig aus Sibirien herangeführt hatte. Sie alle standen unter dem Befehl von Armeegeneral Georgi Schukow. Schukow stammte aus einer Familie einfacher Bauern. Als Kind war er bei einem Schuster in die Lehre gegangen. Er war ein simpel gestrickter, aber knallharter Kommandeur, wie ich unter meinen eigenen Befehlshabern kaum einen finden konnte. Man sagte über ihn, wenn einer seiner Untergebenen etwas vermasselte, befehle er dem Unglücklichen, seinen Posten an seinen Stellvertreter zu übergeben und sich zu erschießen! In gewisser Weise war das alles die Schuld unserer japanischen Verbündeten. Nicht nur hatten sie uns im April 1941 überrascht, indem sie einen Neutralitätspakt mit Russland abgeschlossen und dadurch Stalin für den anstehenden Kampf mit uns den Rücken gesichert hatten. Auch hatten sie es nicht geschafft, den kommunistischen Spion Richard Sorge auszuschalten, der den Russen bestätigt hatte, dass sie sich tatsächlich auf die japanische Neutralität verlassen konnten. Der Angriff auf Pearl Harbor, durch den sie sich in einen Krieg gegen die Vereinigten Staaten und Großbritannien stürzten, war die Krönung des Ganzen.

Als der sowjetische Gegenangriff bekannt wurde, brachen viele meiner Generäle in Panik aus. Sie verlangten, dass wir schnellstens weiter im Hinterland eine neue Front aufbauen und uns im Anschluss zurückziehen sollten, um unsere Nachschubwege zu verkürzen, unsere Kräfte zu verstärken und auf die Gelegenheit zur Gegenoffensive zu warten. Das verweigerte ich mit Nachdruck. Ich kannte die Denkweise des Landsers besser als sie. Sobald man ihm erlaubte, sich zurückzuziehen, würde es kein Halten mehr geben. Immerhin war genau das Napoleon passiert, dessen ursprünglich ziemlich geordneter Rückzug aus Moskau zu einer heillosen Flucht ausgeartet war. Deshalb befahl ich: „Keinen Schritt zurück!" Ganz egal, was meine Befehlshaber nach dem Krieg behauptet haben – ich habe bis zum heutigen Tage nicht den geringsten Zweifel daran, dass ich dadurch die Armee vor dem Zerfall bewahrt habe. Aber um was für einen Preis, gemessen in Sorgen und „Nerven"!

Währenddessen hatten die Russen ihre eigenen Schwierigkeiten. Anfang Januar lief sich ihr Vorstoß tot. Größere Unternehmungen wurden von der erbitterten Kälte erschwert und kamen wortwörtlich zum Erliegen. Vor Moskau hatten wir – genau wie im Süden – einen ernsten, aber keinesfalls entscheidenden Rückschlag erlitten. Zu diesem Zeitpunkt hatte ich mich von Brauchitsch freigemacht. Er hatte sich schon den ganzen Feldzug über als nutzlos erwiesen; als die Krise hinzugekommen war, waren die Nerven mit ihm durchgegangen.

An seiner Stelle übernahm ich selbst den Oberbefehl des Heeres. Mit dieser Regelung waren einige meiner Spitzenleute, sowohl Offiziere als auch Zivilisten, überhaupt nicht einverstanden. Sie drängten mich wiederholt, jemand anderen zu ernennen oder (nachdem sie damit gescheitert waren) alle Kräfte an der Ostfront unter einem gemeinsamen Oberbefehlshaber zusammenzufassen. Sie sagten, sie wollten die übermenschliche Last vermindern, die ich mir aufgeladen hatte. Wenn ich das aber getan hätte, dann wären rund drei Viertel unserer gesamten Landstreitkräfte einem einzigen Mann unterstellt gewesen. Das war eindeutig zu viel des Guten, will ich meinen.

Der Winter 1941/42 brachte uns auch im Mittelmeerraum Probleme. Zuerst gingen die Engländer zum Gegenangriff über und drangen nach Westen vor, nur um von Rommel wieder zurückgeworfen zu werden und den Großteil ihrer Geländegewinne wieder zu verlieren. Taktisch betrachtet, war das Vorgehen des „Wüstenfuchses“, wie unsere Presse Rommel nannte, wie immer hervorragend. Aber im Hinblick auf die wenigen beteiligten Kräfte war ihre strategische Bedeutung minimal.

Mal abgesehen von der Frage, ob wir unsere Offensive gegen die Russen im Frühjahr wiederaufnehmen sollten, waren die Vereinigten Staaten mein größtes Problem. Strenggenommen mögen diejenigen vielleicht recht gehabt haben, die behaupteten, dass Roosevelt kein Jude sei. Aber er mochte die Juden und umgab sich mit vielen Angehörigen des „auserwählten Volkes“. Es wurden so viele, dass sein eigenes Verhalten typisch jüdisch wurde. Er war noch nie ein großer Freund von uns gewesen. Nun, nachdem er eine dritte Amtszeit gewonnen hatte, wurde er dreister und dreister. Im März 1941 trat das Leih- und Pachtgesetz in Kraft, das es ihm ermöglichte, die Engländer mit Waffen zu versorgen, ohne dass sie dafür bezahlen mussten. Später wurde es auch auf Russland ausgedehnt. Im September begann seine Marine damit, Geleitzüge nach England von der Ostküste der Vereinigten Staaten bis nach Island zu eskortieren. Eine interessante Art von Neutralität, würde ich sagen.

Die ganze zweite Jahreshälfte 1941 über drängten mich meine Admiräle mit Raeder und dem Befehlshaber der U-Boote Karl Dönitz an der Spitze, ihnen zu erlauben, amerikanische Schiffe anzugreifen. Mir aber stand noch sehr deutlich die Versenkung der „Lusitania“ 1915 vor Augen, und ich verweigerte meine Zustimmung, auch wenn sich bis Ende des Jahres unsere Beziehungen zu den Vereinigten Staaten bis zu dem Punkt verschlechtert hatten, an dem sie sofort das Feuer eröffneten, wenn sie eines unserer Unterseeboote entdeckten. Es schien, als würde Roosevelt uns provozieren wollen, so wie auch unsere japanischen Verbündeten. Dann kam Pearl Harbor – ein mächtiger Schlag ohne vorherige Kriegserklärung, mit dem ich natürlich voll und ganz einverstanden war. Wir dachten, Japan würde die Amerikaner die kommenden Jahre über im Pazifik beschäftigt halten. Vier Tage später erklärte ich den Vereinigten Staaten meinerseits den Krieg. Zum Teil deshalb, weil wir uns praktisch ohnehin schon im Krieg miteinander befanden, und zum Teil deshalb, weil wir so endlich das Feuer erwidern konnten, wenn amerikanische Kriegsschiffe auf uns schossen.

Das war die Lage Ende 1941 und Anfang 1942. Die Anspannung war riesig; monatelang erschauderte ich jedes Mal, wenn ich an Schnee dachte. Auch meine körperliche Gesundheit litt. Ich hatte fürchterliche Kopfschmerzen, und meine Augen, die lange Zeit übermäßigem Sonnenlicht ausgesetzt gewesen waren, wurden allmählich schlechter. Wie sehr ich mich danach sehnte, der Kriegführung den Rücken zu kehren und mich Beschäftigungen zu widmen, die eher meinem Naturell entsprachen! Dass ich das alles durchhielt, war zum Teil den Medikamenten und Spritzen zu verdanken, die mir Morell verabreichte, und zum Teil meiner eigenen guten Konstitution. Aber das sind Kleinigkeiten. Es ist nicht wahr, dass ich bereits damals erkannt hätte, dass der Krieg verloren war, wie unter anderem der deutsche Historiker Andreas Hillgruber und sein amerikanischer Kollege Timothy Snyder behauptet haben. Einige glaubten das, darunter Fritz Todt, der mittlerweile mein Reichsminister für Bewaffnung und Munition war und eigens anreiste, um mir seine Sicht der Dinge mitzuteilen, aber sie irrten sich. Die Japaner beschäftigte die Engländer und Amerikaner im indischen beziehungsweise pazifischen Ozean, indem sie wichtige Marineeinheiten zerstörten und viele strategische Stellungen eroberten. Im Atlantik hatten unsere Unterseeboote – endlich von der Leine gelassen – eine tolle Zeit und versenkten mehr englischen und amerikanischen Schiffsraum als jemals zuvor. Und wir hatten noch immer Zeit, bevor die Vereinigten Staaten ihre ganze Macht gegen uns mobilisieren und all ihre Kräfte im Atlantik zum Einsatz bringen konnten. Tatsächlich kam es erst Mitte 1944 dazu. Zugegeben, die englischen Luftangriffe auf unsere Städte nahmen zu. Aber sie hatten noch nicht das Ausmaß erreicht, an dem sie mehr als ein Ärgernis darstellten.

Vor allem aber hatten unsere Soldaten im Osten ein ums andere Mal ihre Überlegenheit gegenüber Stalins Horden bewiesen. Die Verluste der Roten Armee an Menschen und Material waren schwindelerregend gewesen. Unsere waren auch nicht gerade leicht, aber noch mehr oder weniger hinnehmbar. Der Großteil des europäischen Russlands, der den Feind vor dem Krieg mit so gut wie all seinen landwirtschaftlichen und industriellen Gütern versorgt hatte, befand sich in unserer Hand. Wir hatten jedes Recht der Welt, davon auszugehen, dass wir nach der Rückkehr des Sommers diesen Gegner ein für alle Mal erledigen würden.

24. Meine neue Ordnung

Für mich war Macht nie einfach nur Selbstzweck. Zugegeben, es war nicht unbefriedigend, wenn Hunderttausende mir etwa auf den jährlichen Parteitagen in Nürnberg zujubelten, bis sie blau anliefen. Sogar noch hier in der Hölle, wo alle Geräusche gedämpft sind und nie irgendetwas passiert, lässt mich die Erinnerung daran ein wenig erschauern. Ich möchte aber ganz deutlich festhalten: Mein Ziel und das einzige, was wirklich zählte, war es, eine neue Ordnung zu errichten. In Deutschland, in Europa, vielleicht – wer weiß? – in der ganzen Welt. In dieser Hinsicht hatte der Krieg eine zweifache Wirkung. Er unterbrach einige meiner diesbezüglichen Anstrengungen, aber er eröffnete auch alle nur denkbaren neuen Möglichkeiten.

Wenn man ein Land besetzt, dann muss man es als Erstes sichern und befrieden. Im Westen war das leicht. Viel leichter, als jemand denken würde, der die immense Literatur über den „Widerstand", seine heldenhaften Taten und den fürchterlichen Schaden gelesen hat, der uns Deutschen angeblich zugefügt wurde. Wir hatten es immerhin mit mehr oder weniger zivilisierten Völkern zu tun. „Zivilisiert" in dem Sinne, dass sie uns rassisch nahestanden. „Zivilisiert" in dem Sinne, dass sie jahrhundertelang unter geordneten Regierungsformen gelebt hatten. „Zivilisiert" in dem Sinne, dass die meisten von ihnen Stadtbewohner waren und keine halb analphabetischen Bauerntölpel. Und als solche hatten sie weder Waffen zu Hause, noch hätten sie etwas mit ihnen anzufangen gewusst, wenn sie welche besessen hätten.

In ausnahmslos allen diesen Ländern konnten wir uns auf die bestehenden öffentlichen Dienste, die Ordnungskräfte und so weiter verlassen. Wenn das nicht so gewesen wäre, hätten die Dinge ganz anders ausgesehen. Das galt für Dänemark und Norwegen. Es galt ebenso für die Beneluxstaaten, den besetzten Teil Frankreichs und die Kanalinseln. Im Grunde mussten wir nur dafür sorgen, dass die Leute an der Spitze gehorsam waren. In einigen dieser Länder ernannten wir Militärbefehlshaber, in anderen Zivilverwaltungen. In Dänemark, dem Land, das sich unter unserer Herrschaft am besten betrug, beließen wir die gesamte Regierung – komplett mit König und Parlament – im Amt. Einer der Vorzüge dieser vielfältigen Regelungen war gerade, dass sie *nicht* einheitlich waren. Auf diese Weise waren wir in der Lage, uns an die jeweiligen örtlichen Bedingungen anzupassen, und erschwerten es den Bewohnern der verschiedenen Länder gleichzeitig, gemeinsame Sache zu machen. „Teile und herrsche", so hatten schon die Römer ihr Reich regiert. In vielerlei Hinsicht folgte ich einfach ihrem Beispiel.

Wir stationierten einige Truppen im Westen, insbesondere in der zweiten Hälfte des Krieges. Aber diese waren eher dazu gedacht, eine mögliche Invasion abzuschmettern, als dazu, die Bevölkerung niederzuhalten. *Dafür* brauchte es nur ein paar HSSPF (Höhere SS- und Polizeiführer), die Himmler bestimmte und mit dem notwendigen Mitarbeiterstab versah. Dazu dann noch hier und da ein Bataillon zweitklassiger Soldaten. Manche befanden sich noch in der Grundausbildung, wodurch wir zwei Soldaten zum Preis von einem bekamen. Andere Einheiten erholten sich von ihren Erlebnissen an der Ostfront, während wieder andere aus überaltertem Heerespersonal bestanden.

Ich bekam regelmäßige Berichte von Kaltenbrunner und anderen. Sie zeigten, dass die Regelungen alles in allem ein großer Erfolg waren. Sicher, es verging kaum ein Tag ohne irgendeinen Sabotageakt. Aber die meisten davon fielen kaum ins Gewicht: ein paar verbotene Flugblätter und Zeitungen, die heimlich verteilt wurden; eine gekappte Telegrafenleitung oder eine Zugentgleisung; ein paar unserer Männer, die bei einer Schießerei oder einer Bombenexplosion verletzt oder getötet wurden. In den „fortschrittlichen" Nachkriegsländern neigen die Menschen dazu, solche Vorfälle sehr ernst zu nehmen. Das tun sie zum Teil deshalb, weil sie von Sensationsjournalisten aufgestachelt werden, die ihren Lebensunterhalt damit verdienen, derartige Ereignisse ununterbrochen jenseits aller Verhältnismäßigkeit aufzublähen – bis hin zu dem Punkt, an dem eine Menge Terroranschläge gezielt wegen ihres Medienechos begangen werden! Zum Teil auch deshalb, weil der sogenannte „lange Frieden" sie an Körper und Geist hat schwach werden lassen. Wir aber, und ich persönlich, hatten einen Weltkrieg auszukämpfen und zu gewinnen. Es verging kein Tag, der keine neuen Probleme brachte, die all meine Kraft forderten – geistig und, in gewissem Sinne, auch körperlich. Deshalb wurde ich über solche Nebensächlichkeiten nur in Ausnahmefällen überhaupt in Kenntnis gesetzt.

Wenn das aber doch vorkam, dann lag es stets bei mir, den Wehrmachtsbefehlshabern und ihren allgegenwärtigen Rechtsberatern ein Rückgrat einzuziehen. Das galt sowohl für diejenigen in meinem Hauptquartier als auch für jene vor Ort. Festgefahren in ihrem altmodischen „Ehrenkodex", waren nicht wenige von ihnen zu weich, um die grausamen Vergeltungsmaßnahmen durchzuführen, nach denen die Lage und ich verlangten und die – das sollte ich hinzufügen – oft durch das Völkerrecht gedeckt waren, wenn die Bevölkerung eines besetzten Landes über die Stränge schlug. Wenn beispielsweise Zivilisten ohne Uniformen, Erkennungszeichen oder offen getragene Waffen das Feuer auf unsere Soldaten eröffneten, wenn sie über keine ordentliche Befehlskette verfügten und so weiter.

Wir konnten es uns nicht leisten, Terroristen mit Samthandschuhen anzufassen. Deshalb bestand ich immer darauf, dass nichts anderes als die großzügig angewandte Todesstrafe irgendeine Wirkung haben würde. Ein bemerkenswertes Beispiel dafür, was möglich war, folgte auf die Ermordung Heydrichs, des Nachfolgers von Neurath in Prag (auch wenn das im Osten und nicht im Westen geschah). Heydrich war ein Sonderling. Gutaussehend und sportlich – er war ein erstklassiger Fechter, Schlittschuhläufer und Reiter –, aber mit einem Gesicht, in dem Grausamkeit lag, war er ein unersättlicher Schürzenjäger. Seine Spezialisierung auf die Aufdeckung der Schwächen der Menschen und deren Ausnutzung, wenn nötig durch Erpressung, machte ihn zu einem hervorragenden Bürokraten. Aber er war auch ein Draufgänger und neigte dazu, größere persönliche Risiken einzugehen, als ich bei einem Mann seines Ranges für angemessen hielt. Vielleicht hatte das etwas mit den hartnäckigen Gerüchten über seine jüdische Abstammung zu tun. Auch wenn sie mehrmals widerlegt worden waren, fühlte er sich deshalb unsicher. Jedenfalls nahm er Flugstunden und kämpfte in Norwegen und Frankreich als Jagdpilot. Während des Russlandfeldzugs war er einmal zu einer Notlandung gezwungen. Nachdem er die Maschine aufgesetzt hatte, musste ihn eine unserer Patrouillen retten. Als er ihnen sagte, dass er der Leiter des Reichssicherheitshauptamts sei und entsprechend behandelt werden wolle, hielten sie ihn verständlicherweise für einen Verrückten! Daraufhin verbot ich ihm das Fliegen, konnte ihn aber nicht davon abhalten, sich jeden Tag im offenen Wagen zur Arbeit fahren zu lassen.

Wie man es von ihm erwarten konnte, war seine Herrschaft so streng, wie es nur ging. Allein in den ersten beiden Monaten wurden mehrere Hundert Tschechen hingerichtet. Heydrich verbesserte aber auch die Lebensbedingungen vieler Menschen, etwa indem er den tschechischen Rüstungsarbeitern bessere Lebensmittelrationen als denen im Reich zuteilen ließ, und führte zum ersten Mal soziale Maßnahmen wie etwa bezahlte Urlaubstage ein. Wegen seiner Erfolge bei der Befriedung Böhmens und Mährens war er der tschechischen Exilregierung und deren englischen Drahtziehern ein Dorn im Auge. Das war der Grund, weshalb zwei Tschechen, die für den englischen Geheimdienst arbeiteten, an einem schönen Morgen im Mai 1942 eine Handgranate auf ihn warfen und ihn so schwer verletzten, dass er acht Tage später starb. Als Reaktion darauf befahl ich meinen Leuten, zu tun, was getan werden musste. Die Einzelheiten spielen keine Rolle. Was für mich *sehr wohl* eine Rolle spielte, war, dass uns Böhmen und Mähren ab diesem Zeitpunkt tatsächlich nur noch sehr wenige Schwierigkeiten bereitete. Je mehr Zeit verstrich, umso mehr verlegten wir unsere Kriegswirtschaft in diese Gebiete. Nicht nur gehörten sie zu den wenigen, die sich noch außerhalb der Reichweite der feindlichen Bomber befanden; sie blieben auch bis ganz zum Schluss in unserer Hand. Als Folge davon waren die Tschechen das einzige Volk Europas, das allen Ernstes den Krieg mit einem höheren Grundkapital und höheren Nettolöhnen beendete, als es an seinem Anfang hatte. Kurz gesagt: Der „Widerstand“ war so schwach, dass er uns nicht einmal im Ansatz daran zu hindern vermochte, die fraglichen Länder bis an die Grenzen des Möglichen auszubeuten, und unsere Herrschaft über sie gefährden konnte er erst recht nicht.

Wir beantworteten Terror mit Gegenterror und steckten Hunderttausende in Konzentrationslager. Der nächste Schritt war die wirtschaftliche Ausbeutung. Dabei gab es keine halben Sachen und kein falsches Mitgefühl. Das Einzige, was zählte, waren unsere Interessen und Bedürfnisse. Die wichtigste Melkkuh in unserem Stall war Frankreich. In den besten Zeiten waren wir in der Lage, nicht weniger als 30 bis 40 Prozent der Produktionsleistung für unsere Zwecke abzugreifen. Jüdisches Eigentum unberücksichtigt, mussten wir dafür im Großen und Ganzen nicht einmal zu Beschlagnahmungen greifen. Es hätte so oder so nicht genug Juden gegeben, um dadurch (makroökonomisch betrachtet) irgendeinen Unterschied zu machen. Im Idealfall profitierten nur deutsche Menschen und Unternehmen. Gut für sie, würde ich sagen.

Anstelle von Konfiskationen gingen wir auf viererlei Weise vor. Erstens erbeuteten wir in den besetzten Ländern beträchtliche Rohstoffvorkommen, die unserer Industrie zugutekamen. Zweitens verlangten wir, dass die Vichy-Regierung für die Kosten unserer Besatzung aufkam – in einem Ausmaß, das wir selbst festlegten. Drittens änderten wir den Wechselkurs zugunsten der Mark (Geld gehörte natürlich zu den wenigen Dingen, die wir in unbegrenzten Mengen und praktisch ohne Kosten produzieren konnten). Viertens brachten wir viele führende Industrielle dazu, mit uns zusammenzuarbeiten. Sie erblickten darin eine Geschäftsmöglichkeit und gaben ihr Bestes, um das herzustellen, was wir brauchten. Natürlich nur, um Arbeitsplätze und den Bestand ihrer Fabriken bis zum Kriegsende sicherzustellen, wie sie behaupteten. Das beste Beispiel lieferte Frankreich, wo die Renault-Werke eng mit uns kooperierten. Dafür wurden sie nach dem Krieg verstaatlicht. Andere Unternehmen, vor allem in den Niederlanden und Belgien, handelten jedoch nicht wesentlich anders.

Einer der Gründe, weshalb die Industriemogule in allen besetzten westlichen Ländern ihre Fabriken in unseren Dienst stellten, war unsere Drohung, dass wir ihnen ansonsten ihre Arbeitskräfte wegnehmen würden. Besonders Speer befürwortete stets, dass so viele Arbeiter wie möglich in ihren Heimatländern für uns arbeiten sollten. Einerseits ersparte uns das, sie aufspüren und für sie sorgen zu müssen; andererseits wollte er weniger abhängig von Sauckel sein, einem Mann niederer Herkunft, mit dem er nie wirklich zurechtkam. Die Zahlen sprechen für sich. 1940 entsprach der Beitrag der besetzten Gebiete gerade einmal drei Prozent unserer deutschen Stahlproduktion. Vier Jahre später hatte er 27 Prozent erreicht, eine Verneunfachung. Vor allem 1942–1944 wurde ein großer Teil unseres Bedarfs an Getreide, Fett und Fleisch aus den besetzten Gebieten gedeckt, in erster Linie aus Polen und Frankreich.

Trotzdem war unser Bedarf an Arbeitern und noch mehr Arbeitern unersättlich. Im Sommer 1944 waren acht Millionen Fremdarbeiter eingesetzt, polnische, französische und russische Gefangene ebenso wie Zivilisten. Ein paar waren durch unsere Propaganda beeinflusst worden und freiwillig gekommen, vor allem aus dem Westen. Viele andere wurden besonders in den letzten Kriegsjahren bei Razzien zusammengetrieben. Sie wurden in spezielle Lager gebracht, in Züge gepfercht und nach Deutschland transportiert, ob sie nun wollten oder nicht. Wenn sie erst einmal angekommen waren, taten die strenge Disziplin und der Schatten unserer Konzentrationslager das Übrige. Ausländer beiderlei Geschlechts wurden in Fabriken und in der Landwirtschaft eingesetzt, wo sie in Familien halfen, deren männliche Angehörige einberufen worden waren. Die Zahlen sprechen für sich. An ihrem Höhepunkt betrug der Anteil der Fremdarbeiter im Reich 19 Prozent. Es heißt, dass in einigen unserer Industriestädte Deutsch beinahe zu einer Minderheitensprache geworden wäre. Das war das genaue Gegenteil von dem, was ich gewollt hatte, aber solange der Krieg andauerte, konnte ich es nicht ändern.

Im Juli 1942 entspann sich in Berlin ein großer Skandal, als ein Delikatessenhändler namens August Nöthling eine Ordnungsstrafe erhielt, weil er Lebensmittel verkauft hatte, ohne Bezugsberechtigungen entgegenzunehmen. Die Liste seiner Kunden liest sich wie ein Namensverzeichnis von Kabinettsmitgliedern, Parteioberen und hohen Wehrmachtsoffizieren. Ich ordnete eine Untersuchung an; letzten Endes aber kehrten wir die Sache unter den Tisch, um die öffentliche Moral nicht zu gefährden. Jedenfalls gelang es uns, unser Volk – und zufällig auch die Völker der westlichen besetzten Länder – einigermaßen gesund zu halten. Es gab keine größeren Ausbrüche der Pest oder anderer ansteckender Krankheiten. Es kam nicht zu einer Wiederholung des Ersten Weltkriegs, als hunderttausende Deutsche an Unterernährung und der Spanischen Grippe gestorben waren. Und nichts erinnerte an den Dreißigjährigen Krieg, dem ein ganzes Drittel der Bevölkerung Mitteleuropas zum Opfer gefallen war. Im Gegenteil, die Bevölkerung wuchs weiter an. In den Niederlanden erreichte sie zum ersten Mal neun Millionen. Das Gleiche geschah in Dänemark, wenn auch in kleinerem Maßstab.

Aber nicht nur die ausländischen Industriellen und Arbeiter kooperierten. Sogar noch vor dem Krieg hatten alle westlichen Länder, die wir später besetzten, eigene faschistische beziehungsweise nationalsozialistische Parteien oder Bewegungen, deren Programme dem unseren mehr oder weniger ähnelten. Ob sie sich nun Action française nannten, Rexisten (in Belgien), NSB (die Nationaal-Socialistische Beweging in den Niederlanden) oder wie noch. Viele ihrer Mitglieder kamen aus den unterentwickelten Gegenden des jeweiligen Landes. Ihre Beweggründe waren unterschiedlich. Dazu gehörten eine Abneigung gegenüber Kommunismus wie Kapitalismus, ein tiefsitzender Hass auf die Juden, die sie für all ihre Probleme verantwortlich machten, und sogar ein gewisser paneuropäischer Idealismus, der teilweise noch auf die Zeit vor 1914 zurückging.

Letzteres Gefühl richtete sich oft nicht nur gegen Russland, sondern ebenso gegen die Vereinigten Staaten. Aus sehr gutem Grund, wie die „Coca-Cola-Kolonisierung" der Westhälfte des Kontinents nach dem Krieg zeigen sollte. In vielerlei Hinsicht unterschied sich unser Vorgehen kaum von der Art und Weise, wie ab den 1950er Jahren in Europa die Integration angeschoben wurde. Teilweise waren exakt dieselben Leute involviert. Ein hervorragendes Beispiel ist Ludwig Erhard. Er wurde 1897 geboren und war von Beruf Ökonom; 1939–1945 arbeitete er für die Industrie Pläne zum Wiederaufbau Europas aus. Später, als westdeutscher Wirtschaftsminister und Bundeskanzler, leistete er zusammen mit seinen Amtskollegen einen entscheidenden Beitrag zur europäischen Integration. Warum auch nicht? Wenn irgendjemand wusste, wie man eine bankrotte Wirtschaft ins Lot brachte, um Arbeit, Wohlstand und soziale Sicherung für Millionen zu schaffen, dann waren das unsere Fachleute. Und ich, natürlich, der ihnen die Richtung vorgab und die notwendige Rückendeckung verschaffte. Sie wussten es besser als die Franzosen. Besser als die Engländer. Viel besser als die Amerikaner, die 1937/38, als wir händeringend mehr Arbeitskräfte suchten, noch immer in einer Wirtschaftskrise steckten.

Auch andere Formen der Zusammenarbeit waren weitverbreitet. Beispielsweise willigten viele Künstler in den besetzten Gebieten ein, unsere Besatzungstruppen zu unterhalten oder sogar in Deutschland aufzutreten. Dafür bezahlten viele von ihnen anschließend einen hohen Preis. Und dann gab es noch die sogenannte „horizontale Kollaboration“. Eine berühmte französische Schauspielerin behauptete sogar, ihr Herz gehöre zwar nur ihrem Land, aber ihr Arsch gehöre der ganzen Welt! In jedem einzelnen Land, in dem unsere Soldaten stationiert waren, fanden sich zehntausende einheimische Frauen, die mit ihnen schliefen. Vergleichsweise wenige von ihnen wurden dazu gezwungen. Wie sich herausgestellt hat, haben die Amerikaner viel mehr französische Frauen vergewaltigt als unsere disziplinierten Landser. Manche Frauen machten es für Essen oder Geld, manche aus Liebe. Wieder andere waren durch beides motiviert. Warum auch nicht? Die Natur selbst hat verfügt, dass Frauen sich immer den am besten aussehenden, stärksten Mann zur Paarung aussuchen sollten. Und einige Jahre lang waren die am besten aussehenden, stärksten Männer eben unsere Männer. Als Besatzungssoldaten hatten sie mehr Freizeit als die einheimischen Männer und wurden im Vergleich mit diesen oft großzügig versorgt und bezahlt. Selbst Angehörige von SD und Gestapo fanden manchmal unter der örtlichen weiblichen Bevölkerung Geliebte.

Ab 1942 begann die Wehrmacht in Russland damit, die Kriegsgefangenenlager zu durchkämmen, und rekrutierte Hunderttausende sogenannter „Hilfswilliger“. Dazu gehörten auch einige muslimische Einheiten, die – wie man mir sagte – für ihren Glauben an „Allah und Adolf Effendi“ kämpften. Wir sorgten sogar dafür, dass sie ihren Glaubensregeln gemäß verpflegt wurden! Das war eine Vorgehensweise, die mir überhaupt nicht gefiel. Letztlich blieb mir aber nichts anderes übrig, als sie zu dulden. Das wichtigste Anzeichen für unseren Erfolg bei der Einholung der *freiwilligen* Unterstützung vieler Europäer innerhalb und außerhalb der besetzten Gebiete waren die Zehntausende, die sich für Himmlers Waffen-SS verpflichteten. Sie wurden sehr gut ausgebildet, ausgezeichnet ausgerüstet und von herrlich angriffslustigen Offizieren befehligt. Es ist wirklich gut möglich, dass die Waffen-SS die härteste, zäheste Organisation war, die jemals in den Kampf gezogen ist. Und das, obwohl fast die Hälfte ihrer Divisionen vollständig oder zum Großteil aus Ausländern bestanden. Die größten Kontingente stellten die Niederlande, Ungarn und Rumänien, aber wir hatten auch Belgier, Esten, Italiener, Russen und Weißrussen. Woher sie auch kamen, diese Männer wussten, was sie zu erwarten hatten, wenn wir besiegt würden. Und sie kämpften wie die Teufel, selbst wenn das der einzige Grund gewesen sein sollte. Tatsächlich waren die letzten Soldaten, die die Reichskanzlei und mich während der Schlacht um Berlin verteidigten, Männer der Division „Charlemagne". Aufgepasst, ihr scheinheiligen Franzosen!

Ich für meinen Teil sprach mich immer wieder gegen die Kleinstaaterei aus. Damit habe ich genauso viel wie jeder andere getan, um zuerst die Europäische Wirtschaftsgemeinschaft und später die Europäische Union aus der Taufe zu heben. Es gab aber zwei Unterschiede. Erstens wäre *ich* nie so dumm gewesen, die stabile D-Mark aufzugeben und mich mit solchen Leuten wie den Griechen – den Griechen! – zusammenzuschließen, um stattdessen den Euro zu schaffen. Zweitens ist die Vorstellung, dass eine solche Union allein durch Konsens zusammengehalten werden könnte, ohne die Anwendung oder zumindest die Androhung von Gewalt, ein reines Hirngespinst. Wie der Brexit nur allzu deutlich gezeigt hat, wird sie von der erstbesten echten Krise zerrissen. Was es brauchte, war eine einzige Regierung mit einer einzigen Armee zu ihrer Verfügung. Beide deutsch, selbstverständlich. Um diese Regierung und diese Armee könnten und würden sich die anderen Europäer zusammenschließen – das richtige Blut vorausgesetzt.

Im Osten lagen die Dinge anders. Die Leute dort waren Untermenschen, Slawen mit starken Einschlägen jüdischen und tatarischen Blutes; selbst wenn sie es versucht hätten, wären sie eines zivilisierten Verhaltens unfähig gewesen. Die Räume waren größer, die Bevölkerung spärlicher, die Städte kleiner und seltener, die Wälder und Sümpfe ausgedehnter und urtümlicher. Und um dem Ganzen die Krone aufzusetzen, war das Straßennetz, das all diese Probleme hätte lindern können, primitiv und derart minderwertig, dass wir an manchen Orten Kavallerie an Stelle von Kraftfahrzeugen benutzen mussten! In Polen hatten wir wenigstens eine Zivilregierung in Form des bereits erwähnten Generalgouvernements. Die Qualität des Personals, das wir dorthin schicken konnten, ließ allerdings einiges zu wünschen übrig. Vielleicht wurden sie auch einfach von der üblichen polnischen Neigung zur Korruption angesteckt; wie einer meiner Mitarbeiter sagte, gibt es keinen anständigen Polen. Jedenfalls bekamen wir, also das Reich, deutlich weniger aus dem Land heraus, als wir angesichts seiner Größe und Ressourcen eigentlich hätten bekommen sollen.

Die baltischen Länder ähnelten den westlichen, deshalb konnten wir uns auf die örtlichen Regierungen mehr oder weniger verlassen. Eigentlich sogar noch mehr als auf die westlichen. Nachdem sie für ungefähr ein Jahr in den Genuss jüdisch-bolschewistischer Herrschaft gekommen war, hasste und fürchtete die Bevölkerung die Sowjetunion mehr, *viel* mehr als uns. Als wir die Region 1941 besetzten, fanden wir die Leichen tausender Menschen, die der NKWD ermordet hatte. Als wir 1944/45 gezwungen waren, sie zu räumen, wurden viele von denen, die nicht flohen, kurzerhand erschossen oder nach Sibirien deportiert, um dort spurlos zu verschwinden.

Es mag überraschend klingen, aber in Jugoslawien – einschließlich Serbien – war die Lage auch nicht viel anders. Als Erstes halfen wir den Kroaten unter Ante Pavelić dabei, ihren Traum von einer unabhängigen Republik zu verwirklichen. Natürlich war sie nur im Rahmen unserer Oberaufsicht unabhängig. Ihre Miliz, die Ustaša, war eine große Hilfe im Kampf gegen die Banditen Titos und eine sogar noch größere bei der Säuberung des Landes von den Juden. Als Nächstes setzten wir in Belgrad eine Regierung ein. Ihr Ministerpräsident war Armeegeneral Milan Nedić, ein ehemaliger Generalstabschef. Seine Untergebenen im öffentlichen Dienst erwiesen sich als kein bisschen mehr – aber auch nicht weniger – vertrauenswürdig als ihre Kollegen in, sagen wir mal, Paris. Nach dem Krieg wurden alle, die nicht erfolgreich abgetaucht waren, hingerichtet.

Das größte Problem war Russland. Offiziell lag die Verantwortung bei Rosenberg und seinem Reichsministerium für die besetzten Ostgebiete. Rosenbergs größter Vorzug war seine Loyalität. Aber er war noch immer eher ein Träumer als ein Macher. Seine Schriften waren oft unverständlich; angeblich hat niemand sonst so viele Bücher verkauft, die niemand las. Goebbels, Rosenbergs großer Rivale um die Stellung als führender Intellektueller der Partei, nannte ihn „Beinahe-Rosenberg". Er wäre beinahe Gelehrter, Journalist und Politiker geworden, aber eben nur „beinahe". Er erwies sich als vollkommen unfähig zur Zusammenarbeit mit der Wehrmacht, der SS und verschiedenen Reichskommissaren, die ich beauftragt hatte, diese oder jene Provinz zu verwalten, damit wir die dortigen Rohstoffe besser ausbeuten könnten. Tatsächlich war er dermaßen unfähig, dass einige spätere Historiker mutmaßten, ich hätte absichtlich Unordnung stiften wollen! Dazu will ich ein für alle Mal sagen, dass das nicht der Fall war. Es gab im Dritten Reich zwar eine Menge Konflikte zwischen verschiedenen Persönlichkeiten und Organisationen, einschließlich – wie ich schon schrieb – den verschiedenen Wehrmachtsteilen. Aber das gab es genauso in anderen Staaten, auch in demokratischen.

Zurück zum Thema: Es war völlig ausgeschlossen, die russische Verwaltung für unsere Zwecke einspannen zu wollen. Das waren bolschewistische Untermenschen. Unsere Männer befolgten meine Befehle und erledigten so viele von ihnen, wie sie nur in die Finger bekommen konnten. Das Resultat war, dass in den riesigen Gebieten, die wir beherrschten, unsere Sicherheitskräfte fast die einzige verbliebene Verwaltung darstellten. Es heißt, dass das Nichtvorhandensein einer Regierung oder mehrerer Regierungen einer der Gründe war, weshalb wir nur einen Bruchteil der Produktionsleistung erreichten, die die fraglichen Territorien abwarfen oder hätten abwerfen können. Mag sein, dass das stimmt. Aber was hatten wir für eine Wahl? Man kann mit solchen Leuten nicht wie mit westlichen Menschen umgehen. Wenn man es versucht, fassen sie es bloß als ein Zeichen von Schwäche auf. Wenn man ihnen einen Finger reicht, wie es Ludendorff mit seiner Unterstützung der ukrainischen Nationalbewegung 1917/18 versucht hatte, dann verlangen sie nicht nur die Hand, sondern den ganzen Arm. Diesen Fehler würde ich nicht wiederholen.

Es gab noch andere Gründe, weswegen unsere Wirtschaftspolitik im Osten insgesamt kein Erfolg war. Erstens fehlte die notwendige Infrastruktur. Zweitens verlegten die Russen alle Fabrikanlagen, die sich bewegen ließen, und zerstörten den Rest. Glauben Sie mir eines: Wenn es um Zerstörung geht, kann es niemand mit den jüdisch-russischen Bolschewisten aufnehmen. Bis zur Wiedervereinigung Deutschlands 1989 waren nicht einmal alle Fensterscheiben repariert worden, die in den letzten Kriegstagen zu Bruch gegangen waren. Im Grunde konnten wir (vor allem auf dem Land, wo unsere Truppen sehr spärlich verteilt waren) nichts anderes tun, als uns das zu nehmen, was wir brauchten, ohne uns mit irgendwelchen Formalitäten aufzuhalten – selbst wenn wir zur „Ermutigung“ anderer ganze Dörfer niederbrennen mussten. Dieses Vorgehen half dabei, unsere Soldaten vor Ort zu versorgen. Aber es bedeutete auch, dass weniger Versorgungsgüter übrig waren, die ins Reich geschickt werden konnten. Und noch weniger standen für die Millionen russischer Gefangener zur Verfügung, die wir gemacht hatten.

In Jugoslawien wie Russland waren wir mit Partisanentätigkeit und dem konfrontiert, was man heute Terrorismus nennen würde. Aber wie im Westen wurde auch hier der wahre Stellenwert in der Nachkriegsliteratur übertrieben dargestellt. Es stimmt nicht, dass die „Partisanen“ uns zum Rückzug aus Jugoslawien gezwungen hätten, wie Tito, seine Speichellecker und einige andere Historiker später behauptet haben. Wir marschierten ab, weil Ungarn von der Roten Armee überrannt wurde und unsere Nachschublinien abgeschnitten zu werden drohten, wodurch unsere Truppen gestrandet wären. Und für jeden unserer Soldaten, der von russischen Banditen umgebracht wurde, starben viel mehr im Kampf mit der Roten Armee. Zwar gab es einige Männer in meinem Stab, natürlich meist altmodische Generäle, die fürchteten, dass der Krieg in Russland nie wirklich enden würde.

Sie behaupteten, wir würden zur (wie man es heute nennt) Aufstandsbekämpfung übergehen müssen. Ich allerdings erwiderte, dass ich diese Aussicht nicht fürchten, sondern begrüßen würde. Unsere Truppen bekämen so die beste Ausbildung, die es gab.

Das waren die kurz- und mittelfristigen Schwierigkeiten. Ich war entschlossen, langfristig der Geschichte meinen Stempel aufzudrücken, und hatte noch ganz andere Pläne. Sie reichten aus, um unser Volk, die Partei und alle möglichen Regierungsbehörden für die kommenden Generationen zu beschäftigen! Zuerst wollte ich die fraglichen Räume wirtschaftlich bis an die Grenze des Möglichen ausbeuten, selbst wenn 30 Millionen Slawen verhungern oder nach Osten hinter den Ural vertrieben werden müssten. Immerhin hat selbst eine Lichtgestalt wie Herbert Hoover, der ehemalige US-Präsident und fünfmalige Nobelpreiskandidat, ethnische Säuberungen einmal eine „heldenhafte Abhilfe" genannt, ebenso wie viele andere alliierte Führungspersönlichkeiten, als es unmittelbar nach dem Krieg um die „deutsche Frage" ging. Als Nächstes wollte ich neue Siedler heranführen, nicht nur Deutsche, sondern auch Dänen, Norweger, Niederländer, Belgier, Schweden und Finnen. Dazu bräuchte es keinen Zwang; wenn man ihnen die großartigen Aussichten klarmachte, die sich ihnen eröffneten, würden sie mit wehenden Fahnen und Trommelwirbeln von sich aus kommen.

Meine Vision beruhte auf dem Vorgehen der Griechen und Römer, die in jedem besetzten Land Kolonien gründeten. Übrigens machen die Israelis im Westjordanland genau das Gleiche, auch wenn sie nicht gern mit mir in Verbindung gebracht werden. Die Einzelheiten überließ ich Himmler und seinen Mitarbeitern. Mir schwebte vor, große Mengen befestigter Wehrdörfer rund um neugebaute Städte zu errichten. Sie sollten von ehemaligen Soldaten bewohnt werden, die im Fall der Fälle auch in der Lage wären, sich und ihre kommenden Großfamilien zu verteidigen. Unsere Verbindung zum Osten würde durch ein ausgezeichnetes neues Eisenbahnnetz sichergestellt werden, das eine fürstliche Spurweite von vier Metern verwenden würde – nicht die erbärmlichen 1435 Millimeter, die sich die Techniker des 19. Jahrhunderts von Pferdewagen abgeschaut haben und die noch heute in Gebrauch sind. Um es unserem Volk zu ermöglichen, die Bedeutung des Raumes wirklich zu erleben, und es so auf seinen herrschaftlichen Auftrag vorzubereiten, würden wir tausende Kilometer an Autobahnen bauen, das moderne Gegenstück zu den berühmten römischen Heerstraßen. Ihr Bau würde so ausgezeichnet sein, dass unsere Volksgenossen mit ihren Volkswagen mit konstanten 80 Kilometern in der Stunde bis hinunter auf die Krim würden fahren können. Und auf der Reise würden sie nicht ein einziges Schlagloch vorfinden. Die Krim selbst würde in Gotenland umbenannt werden. Wir hatten dort 40.000 Hektar für Gummipflanzungen eingeplant. Der Rest sollte in einen riesigen Urlaubsort umgewandelt werden, vielleicht so ähnlich wie der, den wir an der Ostsee errichteten.

Was die übrigen Eingeborenen anging, so hatte ich vor, mit ihnen so umzuspringen wie die amerikanischen Kolonisten mit den Indianern. Wir würden so viele wie nötig töten und die meisten anderen deportieren, damit sie keine Gefahr darstellten. Dabei würde die Wolga unser Mississippi sein. Denken Sie daran, dass den Russen das Pflichtbewusstsein völlig fehlt, das uns Deutsche antreibt. Wenn man sie sich selbst überließ, würden sie wie Tiere leben, sich vermehren und sich in ihrem eigenen Schmutz suhlen. Keine deutschen Ärzte und kein deutsches Gesundheitswesen, um für sie zu sorgen! Und vor allem würden wir niemals einen deutschen Lehrer auf sie loslassen. Alles, was sie bräuchten, wären: Kenntnisse im Lesen (aber nicht im Schreiben), die ausreichten, um die Schilder unserer Autobahnen zu verstehen und nicht andauernd überfahren zu werden; die Fähigkeit, bis ungefähr 500 zu zählen; die Gewissheit, dass die Deutschen (wie die burischen Siedler in Südafrika) Herren sind und ein gottgegebenes Recht auf Gehorsam haben. Um letztere Tugend zu befördern, würden wir jedes Jahr einer Gruppe dieser Untermenschen die Pracht von Berlin zeigen. Nach der Rückkehr in ihre armseligen Hütten könnten sie davon erzählen.

Damit sind wir bei meinen Plänen für Berlin. Wie so viele europäische Städte begann auch Berlin als unbedeutendes Fischerdorf. 1701 wurde es die Hauptstadt des Königreichs Preußen. Es lag im armen ostelbischen Land, weit entfernt vom Meer und damit vom Welthandel, und hinkte in Bezug auf Größe, wirtschaftliche Entwicklung und kulturelle Errungenschaften weit hinter den großen Städten des Westens her. Einige der Hohenzollern, vor allem Friedrich Wilhelm II., taten ihr Möglichstes, um der Stadt zu Wohlstand und Blüte zu verhelfen. Aber echte Veränderungen begannen erst in den Jahren nach 1871, als die Milliarden hereinkamen, die die Franzosen an Kriegsreparationen zahlen mussten. An dieser Stelle muss ich eine Lanze für Wilhelm II. brechen. Sein Kunstgeschmack war bombastisch, und er hatte kein Gespür für Verhältnismäßigkeit. Aber er steckte wahrlich sein Herzblut in die Sache. Selbst danach war die Stadt jedoch noch immer des riesigen Reiches unwürdig, das ich zu schaffen gedachte.

Einige meiner Vorhaben wurden noch vor dem Krieg fertiggestellt, etwa das Olympiastadion, die neue Reichskanzlei und die Ost-West-Achse. Noch heute stehen an beiden Seiten der Straße die Kandelaber, die Speer für mich entwarf und bauen ließ. Andere Projekte erreichten die Planungsphase oder wurden zumindest vorläufig bearbeitet. Dazu gehörte die Nord-Süd-Achse. Mit nicht weniger als 120 Metern Breite sollte sie sogar noch größer als ihr Ost-West-Gegenstück werden. Um das zu ermöglichen, hätten 50.000 Wohnungen abgerissen und 150.000 Menschen umgesiedelt werden müssen. Verglichen damit waren die Bauwerke Louis Napoleons in Paris und Mussolinis in Rom Kinkerlitzchen. Die Krönung sollte aus drei gigantischen Projekten bestehen: einem riesigen Aufmarschplatz, einem kolossalen Triumphbogen, der um ein Vielfaches größer als das Brandenburger Tor werden sollte, und einer sogar noch riesigeren Ruhmeshalle, die neunmal so groß wie der Petersdom werden und 180.000 Menschen fassen können sollte. Um die Beständigkeit sicherzustellen, wollten wir alles aus Granit erbauen.

Meine Vision verwirklicht zu sehen, konnte mich zu Tränen rühren – auch wenn es nur in Form von Modellen war. Kein Wunder, stammten doch meine frühesten Skizzen dafür noch von 1925. Wer hätte gedacht, dass ich, ein gerade aus dem Gefängnis entlassener angehender Politiker, sie jemals würde umsetzen können? Wie so oft in meiner Laufbahn, erfanden die Leute alle möglichen Einwände. Vor allem ergaben Versuche der Statiker, dass der wassergetränkte Sandboden am Spreeufer das Gewicht der Steine vielleicht nicht würde tragen können, die wir darauf aufschichten wollten. Mir bereitete das keine Sorgen. Erstens waren unsere Diskussionen über solche Angelegenheiten für mich eine dringend benötigte Entspannung angesichts all der Sorgen, die mich belasteten. Sie lenkten mich vom Krieg ab, wenn auch nur für einen Augenblick. Zweitens – und deutlich wichtiger – hatte mich meine Erfahrung eines gelehrt: Das einzige, worin „Fachleute" wirklich gut sind, ist das Erfinden von Gründen, weshalb etwas nicht funktionieren soll. Ich zweifelte nicht daran, dass sich Lösungen finden würden. Wenn wir den Krieg gewonnen hätten, wäre es sicher so gekommen.

Ich spielte mit dem Gedanken, Berlin (von dem einige Experten glauben, dass sein Name von einem slawischen Wort für Morast stammt) in Germania umzubenennen. Damals wie später – natürlich vor allem später – wurden meine Pläne scharf kritisiert. Sogar Speer, der für das Ganze zuständig war und die meisten meiner Vorstellungen teilte, war nicht restlos überzeugt. In seinen *Erinnerungen* schreibt er halb entschuldigend, aber auch halb zustimmend, dass sein Vater, der ebenfalls Architekt war, nach dem Blick auf einige unserer Pläne ausgerufen habe, dass wir alle komplett verrückt geworden seien!

Andere hielten meine Ideen für größenwahnsinnig, aufgeblasen und sogar unmenschlich.

Wie typisch für die kleinen Geister der meisten Menschen, von denen leider selbst ich so oft umgeben war! Aber das ist eben das Schicksal großer Männer. Wahrscheinlich hatten schon die Pharaonen beim Bau ihrer Pyramiden mit ähnlichen Widerständen zu kämpfen. Ganz sicher war es bei Ludwig II. so, der durch den Bau zahlreicher wundervoller Paläste der einzige König Bayerns ist, an den man sich erinnert. Aber sollen sie nur nach Herzenslust ihren Unsinn absondern. Sicher, die meisten meiner Vorhaben blieben unvollendet. Andere wurden von alliierten Bomben zerstört oder nach dem Krieg abgerissen, so wie das große Parteitagsgelände, das Speer in Nürnberg für mich bauen ließ. Wie schade. Trotzdem kann jeder Besucher Berlins noch heute aus einem reichhaltigen Angebot an Führungen durch „Nazi-Berlin“ wählen. Gar nicht so wenige Touristen tun genau das und buchen einen Rundgang oder kaufen einen der vielen Reiseführer. Das Gleiche gilt für andere Städte, in denen ich Zeit verbracht habe. Es gibt wohl kaum einen besseren Beweis dafür, dass meine Pläne für die Ewigkeit waren, oder?

Abschließend will ich anmerken, dass Churchill infolge unserer Siege von 1940 seinen „Minister für wirtschaftliche Kriegführung“ Hugh Dalton damit beauftragte, den „europäischen Kontinent in Brand zu stecken“. Das gelang ihm nicht. Die Teile des Kontinents, für die Dalton und seine Kollegen von der Sondereinheit „Special Operations Executive“ (SOE) zuständig waren, also der Westen, blieben so ruhig, wie man angesichts der Umstände erwarten konnte. Die Teile, mit denen sie nichts zu tun hatten, also die besetzten russischen Gebiete, machten uns in einer Woche mehr Schwierigkeiten als Dalton innerhalb von fünf Jahren. Die einzige wichtige Ausnahme war der jugoslawische Staatsstreich im März 1941, der zum Teil in London geplant und koordiniert worden war. Aber nicht einmal der hat den Verlauf des Krieges so sehr beeinflusst, wie manche Historiker behaupten.

25. Die Endlösung

Der Krieg und mehr noch sein Ausgang hielten mich davon ab, Europa so umzuformen, wie ich es geplant hatte. Gleichzeitig erlaubte sein Ausbruch mir, gewisse Dinge zu tun, die ohne ihn nicht möglich gewesen wären. Das mit Abstand wichtigste war mein Versuch, den Kontinent von den Juden zu befreien. Natürlich hatte ich das Gleiche auch mit den Zigeunern vor, aber verglichen mit den Juden waren die kleine Fische.

Mein ganzes Leben lang und darüber hinaus haben sich viele Menschen gefragt, warum ich so viel Zeit und Mühe auf die Judenfrage verwendete. Der französische „Philosoph" Jean-Paul Sartre wollte unbedingt sein eigenes Bröckchen Weisheit beisteuern und behauptete gar, dass Antisemiten – zu denen wohl auch ich gezählt wurde – von Selbsthass angetrieben seien! Aber das ist Schwachsinn von der Art, wie ihn wirklich nur ein degenerierter Franzose hervorbringen kann. Es genügt, zu sagen, dass die Bibel selbst die beste Erklärung dafür liefert, weshalb die Juden seit der griechischen und römischen Antike oft auf solchen Hass stießen. „Ein halsstarrig Volk, das wird abgesondert wohnen und sich nicht zu den Völkern rechnen", wie es im Talmud heißt. Und außerdem waren sie zugegebenermaßen ein rassistisches Volk, oder wie sonst hätten sie sich über einen Zeitraum von ungefähr 30 Jahrhunderten hinweg reinhalten können?

Mein ursprünglicher Plan, wie er in unserem 25-Punkte-Programm steht, war es, Deutschland von seinen rund 600.000 Juden zu befreien. Das sollte geschehen, indem sie aus allen öffentlichen Ämtern herausgedrängt wurden, alle Rechte und Pflichten der Staatsbürgerschaft verloren und ihnen das Leben insgesamt so schwergemacht wurde, dass sie das Land verließen. Mit anderen Worten: Ich hatte vor, ihnen in den Hintern zu treten. Die erste Organisation, auf die wir diese Politik anwandten, war die Partei. Und zwar, wie ich dazusagen muss, weil es nicht wenige Juden gab, die nur zu gern Mitglieder geworden wären. Als wir ihnen das verweigerten, waren sie allen Ernstes beleidigt! Nachdem wir 1933 an die Macht gekommen waren, taten wir, was wir konnten, um die Juden abzusondern und sie zur Ausreise in die wenigen Länder anzutreiben, in denen sie willkommen waren. Unter Zurücklassung ihrer Habe, versteht sich.

Beachten Sie, dass es dabei um Auswanderung ging, nicht um Ausrottung. Um daran zu erinnern, was ich in *Mein Kampf* geschrieben habe: Persönlich hätte ich nichts lieber getan, als ein paar Zehntausend Hebräer in die Gaskammer zu stecken. Nicht, weil ich ein Sadist wäre, bei weitem nicht. Ich ging nie auf die Jagd, wie es so viele meiner Amtsvorgänger, Mitarbeiter und Nachfolger taten. Trotz aller Gerüchte habe ich in meinem ganzen Leben nie einer Hinrichtung oder einem Verhör unter Folter beigewohnt. Ich fand auch keine Freude an Blutbädern wie so viele meiner Männer, vor allem SS-Obergruppenführer Erich von dem Bach-Zelewski. Wie Sie meinen sogenannten *Tischgesprächen* entnehmen können, habe ich meinen Mitarbeitern gegenüber während des Krieges ausdrücklich gesagt, dass ich keiner Fliege etwas zuleide tun würde, wenn es nach mir ginge. Wenn aber die Lebensinteressen der Nation auf dem Spiel standen, wurde ich sofort eiskalt. Ich zwang mich dazu, alle vielleicht vorhandenen Gefühle beiseitezuschieben, und erlaubte nichts und niemandem, mich von meinem Ziel abzubringen. Das und nichts anderes ist der wahre Schlüssel zu meiner Persönlichkeit. Ich brachte all meine Willenskraft auf und tat das Notwendige auf die effektivste Weise, die möglich war. Dazu gehörte natürlich auch Giftgas. Je nach Größe der verwendeten Kammer ermöglichten Kohlenmonoxid und Zyklon B es uns, innerhalb von ein paar Minuten hunderte Menschen zu beseitigen. Ratten oder Bazillen kann man schließlich auch nicht einzeln erschießen, oder?

Gewisse Dinge konnten aber einfach nicht in Friedenszeiten umgesetzt werden, und zwar, weil das deutsche Volk sie nicht geduldet hätte. Jedenfalls nicht in seinem eigenen, gepflegten, ordentlichen Land, in dem selbst die Revolutionäre nicht einfach den Rasen betreten! Die Deutschen hätten sie nicht geduldet, weil sie tief im Innern immer eine ziemlich weichherzige Bande waren und es noch immer sind. Wie hätten sie sonst einen Goethe, einen Hölderlin, einen Beethoven oder einen Schubert hervorbringen können? Das galt sogar für echte Häscher wie Heydrich und Eichmann. Ich wusste schon, dass Ersterer ein hervorragender Geiger war. Wie ich später erfuhr, spielte auch der Letztere gern Geige, wenn auch längst nicht so gut wie sein Vorgesetzter. Ihr Gebieter, Himmler, war ein hoffnungsloser Romantiker. Er versuchte sich sogar an der Gestaltung von Porzellan. Um seine und andere Entwürfe umzusetzen, übernahm er eine Manufaktur namens Allach und ließ dort Insassen des nahegelegenen Konzentrationslagers Dachau arbeiten. Voller Stolz zeigte er mir die Figuren, die dort hergestellt wurden: Schäferhunde, Könige, Ritter, Soldaten, Hitlerjungen und ähnliches „wahrhaft germanisches“ Zeug. Um solchen romantischen Anflügen zu begegnen, benutzte ich in meinen Reden und Schriften derart oft Wörter wie „fanatisch“, „unwiderruflich“, „rücksichtslos" und „brutal". Ich erklärte den Leuten immer wieder, dass es bei gewissen Dingen keinen Platz für Gefühlsduselei gebe. Aber damit hatte ich nur teilweise Erfolg.

Das soll nicht heißen, dass es in Deutschland keinen Antisemitismus gegeben hätte. Gott sei Dank gab es ihn, und zwar nicht zu knapp. Aber es gab nicht annähernd genug. Den meisten Menschen, auch Parteigenossen, genügte es, über das „Judenproblem" zu grollen – und es mehr oder minder dabei zu belassen. Der große Wagner höchstpersönlich war beispielhaft dafür. Sicher, er hatte eine bekannte Schrift über *Das Judenthum in der Musik* verfasst. Doch das hielt ihn nicht davon ab, eng mit jüdischen Intendanten, Dirigenten und Sängern zusammenzuarbeiten. Tausende andere taten das Gleiche. Wie sonst ist zu erklären, dass Gestalten wie der „impressionistische" Maler Max Liebermann und die beliebte Gruppe von „Musikern", die sich selbst Comedian Harmonists nannte, solche Unmengen an Geld verdienten? Ganz zu schweigen von Gerson Bleichröder, diesem Plutokraten, der Bismarck finanzierte und dafür ein „von" in seinen Namen einfügen durfte. Oder von Walther Rathenau. Oder von Albert Ballin, dem deutschen Gegenstück zum Tourismuspionier Thomas Cook. Oder vom jüdischen Kreis, der den deutschen Kronprinzen Wilhelm noch 1941 umgab. Und es gab noch viele weitere Fälle.

Nochmals: Ich bin mir sehr wohl bewusst, dass ein jüdisch-amerikanischer Sozialwissenschaftler, Daniel Goldhagen, von einem „eliminatorischen Antisemitismus" geschrieben hat, der aus seiner Sicht unser Volk von oben bis unten durchdrungen habe. Schön wär's! Aber es war nicht so. Um echten „eliminatorischen" Antisemitismus in Aktion zu sehen, hätte sich der gelehrte Herr Professor mal die abscheulichen Dinge anschauen sollen, die die Menschen den Juden beispielsweise in Kroatien, im Baltikum, in der Ukraine und in den rumänisch besetzten russischen Gebieten entlang der Schwarzmeerküste angetan haben. Oft legten sie los, sobald unsere Truppen in die Gegend eingerückt waren – und oft brauchten sie nur sehr wenig Ermutigung von unserer Seite. *Da* hätte er seinerzeit gelernt, was echte Grausamkeit ist. Vorausgesetzt natürlich, er wäre in einem Stück zurückgekommen.

Unsere eigenen Maßnahmen funktionierten gut genug. Innerhalb von fünf Jahren nach unserer Machtergreifung hatte fast ein Drittel der deutschen Juden das Land verlassen; die meisten von ihnen hatten ihre Habe zurücklassen müssen. Zahllose weitere planten, es ihnen so bald wie möglich gleichzutun, nachdem sich ihre Leben in Kummer und Not verwandelt hatten. Auf Nimmerwiedersehen! Zu jener Zeit begannen wir aber unsere Ausdehnung, indem wir Österreich heim ins Reich holten. Das bedeutete, dass wir uns weitere 200.000 dieser widerwärtigen Kreaturen aufhalsten. SA-Männer legten sich ordentlich ins Zeug und zwangen Juden, die Bordsteine Wiens mit Zahnbürsten zu putzen. Fotos davon gingen um die Welt und haben vielleicht einige Menschen befriedigt, so wie sie es bis zu einem gewissen Grade bei mir taten. Aber sie schadeten auch unserem Ansehen im Ausland und halfen nicht bei der Lösung unseres Problems. Deshalb befahl ich, sie so schnell wie möglich aus dem Verkehr zu ziehen.

In den nächsten paar Jahren wiederholte sich dieses Muster wieder und wieder. Zuerst im Sudetenland, der „Heimat" von 120.000 Juden. Dann in Böhmen und Mähren (120.000), dann in Polen (3.000.000), dann im Westen (500.000), dann auf dem Balkan (1.400.000) und schließlich im Baltikum und in Russland (3.000.000). Je mehr Land wir annektierten oder eroberten, desto mehr Juden fielen unter unsere Herrschaft, darunter auch einige, die wir ursprünglich selbst zur Flucht aus dem Reich gezwungen hatten. Paradoxerweise arbeiteten genau unsere Siege gegen uns.

Ich wurde immer frustrierter. Ein früher Hinweis darauf war meine „Prophezeiung" vor dem Reichstag am 30. Januar 1939, nicht lange nach unserer Besetzung des Sudetenlands: „Wenn es dem internationalen Finanzjudentum in und außerhalb Europas gelingen sollte, die Völker noch einmal in einen Weltkrieg zu stürzen, dann wird das Ergebnis nicht die Bolschewisierung der Erde und damit der Sieg des Judentums sein, sondern die Vernichtung der jüdischen Rasse in Europa." Wahrscheinlich ist kein anderer meiner Sätze auch nur annähernd so oft analysiert und neu analysiert worden wie dieser. Hatte ich diesen Gedanken schon immer gehegt, oder war er neu? Wenn er neu war, wann, wie und warum war er entstanden? Und was genau bedeutete das Wort „Vernichtung"? Was meine Fachidioten von Kritikern dabei aber immer übersehen haben, ist die Tatsache, dass ich zu jenem Zeitpunkt noch keine Ahnung hatte, dass wenig mehr als zwei Jahre später unsere Fahne und die unseres Verbündeten vom Nordkap bis zu den Pyrenäen im Westen, Kreta im Osten und Sallum im Süden wehen würden. Offenkundig hatte ich nicht gesagt, dass wir, also ich, die Juden vernichten würden. Stattdessen hatte ich gesagt, dass ein neuer Krieg die Völker ganz Europas in eine derart rasende Wut versetzen würde, dass sie von sich aus beginnen würden, das Notwendige zu tun. Und tatsächlich war es vielerorts so.

Vor dem Hintergrund dieser Frustration hatte nach der Kapitulation Polens Heydrich vorgeschlagen – und ich genehmigt –, die jüdische Bevölkerung dieses Landes in Ghettos einzusperren, wo sie auf die Deportation an einen noch unbestimmten Ort warten sollte. Nachdem dann unser Sieg im Westen Tatsache war, erinnerte sich jemand im

Judenreferat unseres Auswärtigen Amts an den sogenannten Madagaskarplan. Als Erster hatte 1885 einer unserer Wegbereiter diese Idee aufgebracht, Paul de Lagarde. Sie beruhte auf der bis ins 17. Jahrhundert zurückreichenden Annahme, dass die Eingeborenen der Insel irgendwie mit der jüdischen Rasse verwandt seien. Deshalb interessierten sich im Laufe der Zeit nicht nur französische und polnische, sondern auch jüdische Politiker dafür. Zuerst würden wir die rund fünf Millionen Juden zusammentreiben, die in jenen Teilen Europas lebten, die sich nun in unserem oder einem verbündeten Herrschaftsbereich befanden. Als Nächstes würden wir sie auf Schiffe verladen und auf die Insel bringen. Dort würden sie eine Strafkolonie unter Aufsicht der SS bilden. Das war mehr oder weniger genau das, was die Engländer getan hatten, als sie Schiffsladungen von Sträflingen nach Australien schickten, und was viele andere Länder durch die Einrichtung von Strafkolonien für unerwünschte Personen aller Art getan hatten. Natürlich hassten die französischen Besitzer der Insel die Juden fast so sehr wie wir. Aber sie waren nicht in der Lage, irgendwelche Einwände zu erheben.

Der Plan hatte meine persönliche Unterstützung. Mit Nachdruck umgesetzt, hätte er das europäische Judenproblem innerhalb von vier Jahren gelöst. Von Brest bis Brest-Litowsk, wenn man so will. Unglücklicherweise hing alles von den Engländern ab. Sie mochten die Juden auch nicht mehr als wir. Das sieht man an der Tatsache, dass sie es geschafft haben, ihr Land zwischen 1290 und 1657 über dreieinhalb Jahrhunderte lang judenfrei zu halten. Was das angeht, war ihre Bilanz deutlich besser als unsere. So oder so, wir schrieben 1940. Auch wenn wir sie aus dem Kontinent herausgeworfen hatten, blieb ihnen noch immer ihre Seeherrschaft. Und wie wir bald herausfinden sollten, hätten die Engländer lieber Selbstmord begangen, als mit uns zusammenzuarbeiten, selbst in einer solchen Angelegenheit.

Alles blieb mehr oder weniger bis zum Sommer 1941 so. Von Osten nach Westen identifizierten wir die Juden, wohin wir auch kamen, beschlagnahmten ihr Eigentum und konzentrierten sie in Ghettos. Einige starben, aber bei weitem nicht genug, um einen demografischen Unterschied zu machen. Aber als wir die letzten Vorbereitungen für „Barbarossa“ trafen, standen wir vor der Aussicht darauf, die Gesamtzahl der Juden unter unserer Kontrolle auf achteinhalb bis neun Millionen zu erhöhen. Diesmal gab es keine Chance, sie alle loszuwerden. Was in aller Welt sollten wir mit ihnen anfangen? Vor diesem Hintergrund zog ich die Folgerung, dass sie ausgerottet werden müssten. Physisch, meine ich, nicht in irgendeinem anderen Sinne. Die ersten Befehle erstreckten sich nur auf die Männer, doch sehr bald wurden auch Frauen und Kinder einbezogen. Das ist der natürliche Ablauf; ich sah keinen anderen Weg. Sie am Leben zu lassen, hätte nur zum Entstehen einer neuen Generation geführt, die stärker, rachsüchtiger und gefährlicher als die vorherige gewesen wäre.

1977 präsentierte ein englischer Amateurhistoriker namens David Irving, der bis dahin von vielen für ein Wunderkind der Wissenschaft gehalten worden war, die Idee, dass ich über die Judenvernichtung gar nicht in Kenntnis gesetzt worden sei. Angeblich hätte Himmler sie hinter meinem Rücken und zeitweise gegen meinen ausdrücklichen Wunsch durchgeführt. Zur Untermauerung zitierte Irving – der vergessen hatte, wie gut ich darin war, meine eigene Meinung für mich zu behalten und andere zu steuern – zahlreiche Gespräche, die ich mit verschiedenen Leuten geführt hatte. Für diesen Frevel und „Holocaustleugnung“ im Allgemeinen wurde er von den Gralshütern der Meinungsfreiheit angegriffen, geächtet und vor Gericht gezerrt. Er musste sogar einige Zeit in einem österreichischen Gefängnis verbringen. So sehr ich ihn dafür loben muss, gegen die antideutsche Nachkriegspropaganda vorgegangen zu sein, möchte ich doch eines festhalten: Das alles ist völliger Unsinn.

Es stimmt, dass ab 1939 meine Macht über Deutschland schwächer wurde, wie Irving und andere geschrieben haben. Viele Staatsanwälte, Polizeibeamte und Gestapomitarbeiter wurden eingezogen. Sie hinterließen Lücken, die wir nicht auffüllen konnten. Ich hatte einen Weltkrieg zu führen, was ausreicht, um jeden Mann beschäftigt zu halten. Als oberster Befehlshaber musste ich zu viel Zeit in meinen Hauptquartieren statt in der Berliner Reichskanzlei verbringen. Weil ich diese Stadt ohnehin nicht mochte, vermied ich sie, wann immer möglich, zugunsten des Berghofs. Das alles führte dazu, dass einige innenpolitische Probleme, auf die ich aufmerksam gemacht wurde, bis nach Kriegsende verschoben werden mussten. Beispielsweise verzögerte sich mein Plan, Beamten zu verbieten, ihre Geld in irgendetwas anderes als Staatsanleihen zu investieren. Und auch die Frage, was mit den zehntausenden Halb- und Vierteljuden geschehen sollte, die – mal mit Wissen ihrer Vorgesetzten, mal ohne – in der Wehrmacht dienten, wurde vertagt.

Das vielleicht wichtigste Thema von allen war die sowohl von Himmler als auch von Bormann mehrmals untersuchte Möglichkeit, eine Form der Vielehe wiedereinzuführen. Der Erste Weltkrieg hatte zwei Millionen deutsche Männer das Leben gekostet. Nachdem „Barbarossa“ nicht zu den erwarteten schnellen Ergebnissen geführt hatte, sah es allmählich so aus, als würde der Zweite Weltkrieg genauso viele Leben fordern, wenn nicht mehr. Die meisten von ihnen würden in den besten Jahren stehen, was die Frage aufwarf, wer es Millionen deutscher Frauen ermöglichen würde, Kinder zu bekommen und unsere Verluste auszugleichen. Das war auch nicht nur eine Frage der Zahlen. Quer durch die Geschichte hindurch hat der Krieg oft die sexuelle Moral der Frauen in der Heimat zerrüttet. Man sehe sich nur das alte Sparta an, wo die Weiber sich mit den Heloten vergnügten! Die deutschen Frauen bildeten keine Ausnahme von der Regel. Je mehr Zeit verging, desto mehr von ihnen – ob nun verheiratet oder nicht – ließen sich mit dem nächstbesten Mann ein, den sie finden konnten, sogar mit Ausländern. Für sein Buch *Eine Liebe in Deutschland* von 1978 musste sich Rolf Hochhuth nichts ausdenken! Die drakonischen Strafen, darunter die öffentliche Demütigung und Abstecher in Konzentrationslager, zeigten nur begrenzte Wirkung. Das Endergebnis war eine ernste Bedrohung unserer rassischen Reinheit.

Wahrscheinlich gab es auch noch ein paar andere Angelegenheiten, die mein Stab für zu unbedeutend hielt, um mich damit zu behelligen. Aber die Judenvernichtung? Auf gar keinen Fall. Erstens war Himmler viel zu kleingeistig, um sich so etwas auszudenken. Trotz all seiner anderen Tugenden fehlte es ihm völlig an Vorstellungsvermögen. Wie schon gesagt, im Grunde war er ein kleinlicher, perfekt herausgeputzter und glanzvoll uniformierter Bürovorsteher. Wenn auch einer, der hin und wieder mit den seltsamsten Ideen ankam, etwa seinen Versuchen, alte Wikingertraditionen neu zu beleben und das Christentum durch irgendeinen Sonnenkult zu ersetzen. Eine Zeitlang beschäftigte er sich auch mit einer wissenschaftlichen Expedition nach Tibet, in der Hoffnung, irgendeine verrückte Theorie über die Herkunft des arischen Menschen zu beweisen. Er hatte höchstens etwas überstürzt gehandelt, wie im Falle einiger deutscher Juden, die er beseitigen ließ, bevor der richtige Zeitpunkt gekommen war. Aber das war auch alles.

Zweitens handelte Himmler nicht im Alleingang. Er brauchte andere, darunter viele, die nicht seinem Befehl unterstanden, um arbeiten zu können. Sehen Sie sich nur die Liste der Teilnehmer der berühmten Wannseekonferenz an. Sie vertraten die Parteikanzlei, das Reichsministerium für die besetzten Ostgebiete, das polnische Generalgouvernement (wo gerade die Vernichtungslager in Betrieb genommen wurden), das Reichsjustizministerium, das Reichsministerium des Innern, die Reichskanzlei und das Auswärtige Amt. Auch andere Organisationen waren beteiligt, etwa die Wehrmacht, die einige der Transportmöglichkeiten zur Verfügung stellte, und die Reichsbahn, ohne die ein Großteil der Unternehmung nicht hätte stattfinden können. Zu behaupten, dass all diese hochqualifizierten Beamten drei Jahre lang hätten zusammenarbeiten können, um Millionen Menschen aus ihren

Häusern zu holen, ihr Eigentum zu beschlagnahmen, sie zu konzentrieren, sie von einem Ende Europas zum anderen zu schaffen und schließlich umzubringen, ohne dass ich davon gewusst hätte, beleidigt meine Intelligenz. Es ist umso beleidigender, weil nach dem Krieg klar wurde, dass sowohl Stalin als auch die Westalliierten von Anfang an über die Aktion Bescheid wussten.

Es ist auch noch in einer anderen Hinsicht beleidigend. Die Lösung der Judenfrage war immer eines meiner beiden wichtigsten Ziele, wenn nicht sogar das allerwichtigste. Auch wenn meine Gedanken noch ungeordnet waren, hatte ich schon sehr früh begriffen, dass wir *dieses* Gesindel auf die eine oder andere Weise loswerden mussten. Deshalb ist es lächerlich, zu behaupten, dass mir andere diese Idee eingeflüstert hätten – etwa der Großmufti von Jerusalem, Hadschi Amin al-Husseini, dem ich 1941 flüchtig begegnet bin. Glaubt wirklich irgendjemand, dass ich einen arabischen Affenmenschen gebraucht hätte, um mich zu belehren? Aus dem gleichen Grund setzte ich mich über all jene hinweg, die wenigstens ein paar Juden am Leben erhalten und als Arbeiter einsetzen wollten, und bestand darauf, dass das Vorhaben mit aller Gewalt, so schnell wie möglich und bis in die letzten Kriegstage weitergeführt wurde. Allerhöchstens sollten ein paar Juden langsam durch Hunger und Überarbeitung anstatt schnell durch Erschießung oder Vergasung getötet werden. Ich werde mich nicht dafür entschuldigen, was ich getan habe. Ganz im Gegenteil, ich übernahm damals und übernehme heute die volle Verantwortung dafür. Tatsächlich war das ein Hauptgrund dafür, dass mich die Leute so lange unterstützten und mir gehorchten. Jetzt, wo ich hier in der Hölle sitze, bereue ich nur, keinen Erfolg gehabt zu haben. Wenn meine Anhänger nach 1945 nur ein bisschen Verstand gehabt hätten, dann hätten sie den gleichen Standpunkt vertreten. Anstatt „den Holocaust" zu leugnen, hätten sie ihn bestätigt und gerühmt.

Los ging es mit unserer, oder vielmehr Himmlers, Aufstockung unserer sogenannten Einsatzgruppen. Wir hatten sie erstmals 1939/40 in Polen eingesetzt, um unsere von den Polen ermordeten Volksgenossen zu rächen und zehntausende Angehörige der polnischen Intelligenzija (und, ja, auch ein paar Juden) zu beseitigen. Sie hätten die Schadenfreude in den Gesichtern unserer polnischen Kriegsgefangenen sehen sollen, wenn sie zusahen, wie ihre jüdischen „Kameraden" bekamen, was ihnen zustand! Als Nächstes ließen wir sie auf Russland los. Sie und ihre Vettern, die Polizei-Bataillone, waren ein buntgemischter Haufen. Die meisten der Männer kamen aus der Arbeiterklasse – Seeleute, Hafen-, Lager- und Bauarbeiter, Kraftfahrer, Kellner und so weiter. Sie hatten nie gedient und nur eine geringe militärische Ausbildung durchlaufen. Aber wie viel Können braucht es schon, um jemandem in den Rücken zu schießen? Andere, darunter viele der Offiziere, waren zu alt für eine Frontverwendung. Dass die Todeskommandos im Hinterland eingesetzt waren, machte sie bei unseren Kampftruppen nicht gerade beliebt. Aber sie zogen plangemäß von Gemeinde zu Gemeinde, trieben die Juden samt Frauen und Kindern zusammen, brachten sie an einen mehr oder weniger abgeschiedenen Ort und erschossen sie, nachdem sie ihre eigenen Gräber geschaufelt hatten.

Weder die Juden noch die örtliche Bevölkerung leistete irgendeinen nennenswerten Widerstand. Erstere waren viel zu betäubt und damit belastet, sich um ihre Familien kümmern zu müssen. Viele Angehörige der Letzteren waren nur allzu froh, dass die Juden verschwanden. Es herrschte auch kein Mangel an ukrainischen, weißrussischen und baltischen Freiwilligen, die unseren Männern ihre Unterstützung anboten und die ihnen zugewiesenen Aufgaben mit erheblicher Einsatzfreude erledigten. Besonders die Letten waren eine große Hilfe. Das erklärt, warum Stalin vor unserem Einmarsch so viele von ihnen für den NKWD anheuerte. Ganz zu schweigen von den Zivilisten, die uns erst auf die Juden hinwiesen, um dann die Gelegenheit zu nutzen und ihre Hinterlassenschaften zu plündern. So sehr sie es später auch abstritten: Auch die meisten unserer höheren Befehlshaber vor Ort taten, was ich von ihnen erwartete. Vielleicht nicht mehr als das, aber ganz sicher auch nicht weniger.

Doch nach ein paar Monaten traten Probleme auf. Erstens waren es zu viele Juden und die Entfernung zwischen ihren Siedlungen zu groß, als dass unsere Aktionen so wirkungsvoll hätten sein können, wie sie sein sollten. Wohin auch immer die Gruppen unterwegs waren, eilten ihnen bereits Gerüchte voraus; dadurch konnten viele Juden in die Wälder fliehen. Manche mussten einzeln zur Strecke gebracht werden, eine Verschwendung unserer spärlichen Mannstärke. Andere bildeten Banden oder schlossen sich den „Partisanen“ an und wurden wirklich zu einer Gefahr. Zweitens schlug die grausige Arbeit unseren Männern aufs Gemüt. Viele von ihnen fingen das Trinken oder noch Schlimmeres an. Sogar von dem Bach-Zelewski litt zeitweilig an so schweren psychosomatischen Beschwerden, dass er auf Genesungsurlaub geschickt werden musste. Himmler, der stets darauf bestand, alles, was er seinen Männern zu tun befahl, auch selbst zu tun oder zumindest anzusehen, und deshalb im Sommer 1941 Wert darauf gelegt hatte, bei einer „Judenaktion“ dabei zu sein, kannte diese Probleme aus erster Hand. Er war dermaßen entsetzt, dass er begann, nach einer anderen Lösung zu suchen – einer endgültigen, wie man sagt.

Die Idee zur Nutzung spezieller Todeslager anstatt dieser Methoden scheint von Himmler und Heydrich zu stammen. Sie kam erst als Behelfslösung auf, dann als Gesamt- und „End“lösung. Die tägliche Ausführung des Auftrags lag in der Verantwortlichkeit der Lagerkommandanten. Als Erster wurde Hauptsturmführer Rudolf Höß nach Auschwitz geschickt. Höß hatte seine Laufbahn in den Verwaltungsstäben verschiedener Konzentrationslager verbracht, was ihn zum idealen Mann für diese Aufgabe machte. Er hatte auch ein Vorstrafenregister aus der Zeit der Ruhrbesetzung durch die Franzosen; damals war er wegen Mordes verurteilt worden. Dementsprechend konnte er gar nicht anders, als jeden Befehl zu befolgen, der ihm erteilt wurde. Nachdem er verschiedene Mittel ausprobiert hatte, darunter auch Dieselabgase, gab ihm jemand aus der Dienststelle „T4“ den Rat, es mit Blausäuregas zu versuchen. Der Bau der Lager begann im Herbst 1941. Anfang des Folgejahres waren einige von ihnen bereit, um die ersten Kunden zu betreuen.

Wie die Einsatzgruppen und die Sicherheitsbataillone waren auch die Angehörigen des Lagerpersonals ein bunter Haufen. Die meisten waren Männer, aber rund zehn Prozent waren Frauen. Einige der Männer waren junge SS-Leute, auch aus der Waffen-SS, die verhältnismäßig geringer Vergehen überführt worden waren. Daraufhin bot man ihnen eine Chance an, sich zu bewähren – und das war’s. Andere waren deutsche Zivilisten, die sich auf Zeitungsannoncen des SD hin beworben hatten, in denen natürlich nichts über die Art der Arbeit stand, die „im Osten“ zu leisten war. Wenn sie es herausfanden, war es bereits zu spät. Wieder andere waren örtliche Freiwillige, die sich in jedem osteuropäischen Land finden ließen. Sie kosteten uns wenig, und es gab immer mehr als genug von ihnen.

Im Rückblick ist tatsächlich einer der überraschendsten Aspekte am sogenannten „Holocaust“ nicht so sehr, wie viele Anstrengungen und Ressourcen er beanspruchte, sondern wie wenige. Viel weniger, als es für Deportation und Umsiedlung gebraucht hätte. Der großartige Hauptsturmführer Stangl beispielsweise beseitigte in Treblinka fast eine Million Menschen in knappen 15 Monaten. Kaum jemand überlebte, der das Lager einmal betreten hatte, obwohl Stangl nie mehr als 40 SS-Männer unter seinem Kommando hatte. Das nenne ich Wirtschaftlichkeit! Die Einsatzgruppen und Polizei-Bataillone machten zusammen nie mehr als ein dreiviertel Prozent unserer Kräfte im Osten aus. An einem durchschnittlichen Tag wurden von den ungefähr 30.000 Zügen, die die Reichsbahn fahren ließ, nicht mehr als zwei von Juden belegt.

Noch im Dezember 1941 hatte Generalgouverneur Frank in Polen seinen Leuten „ganz offen“ mitgeteilt: „Diese 3,5 Millionen Juden können wir nicht erschießen, wir können sie nicht vergiften.“ Nun aber wurde das zuvor Unvorstellbare schreckliche, aber absolut notwendige Wirklichkeit. Vor diesem Hintergrund fand im Januar 1942 die bereits erwähnte Wannseekonferenz statt. Es ging nicht darum, wie so oft geschrieben worden ist, den „Holocaust“ von Ost- auf Mittel- und Westeuropa auszudehnen. Das hatte ich schon im Oktober davor beschlossen, als unsere Siege im Osten gerade ihren Höhepunkt erreichten und die Russen die Räumung Moskaus vorbereiteten. Stattdessen ging es bei diesem Treffen um genaue Absprachen darüber, wie die Endlösung von nun an ablaufen sollte. Die Bedeutung der Konferenz – oder vielmehr ihr Mangel an Bedeutung – war schon offensichtlich, wenn man sich den relativ niedrigen Rang der Teilnehmer ansah. Der mit dem höchsten Dienstgrad war Heydrich, der seine Befehle von Göring bekommen hatte. Wie ich schon sagte: Heydrich war ein hervorragender Polizeibeamter, der sich durch seine Rücksichtslosigkeit und seine Verachtung bürokratischer Formalitäten ausgezeichnet hatte. Er war auch sehr ehrgeizig; angeblich soll er sich als mein letztendlicher Nachfolger gesehen haben. Um aber mich zu beerben, hätte er zuerst Himmler töten müssen. Ich glaube, dazu wäre der „Mann mit dem eisernen Herzen“, wie ich ihn in meiner Rede auf seinem Begräbnis nannte, ohne weiteres imstande gewesen.

Die Einzelheiten des Ablaufs, wie die Juden versammelt und in die Lager gebracht wurden, ihre Kleider und Wertsachen abgaben, in die als Bäder getarnten Gaskammern geführt und getötet wurden, sind unzählige Male beschrieben worden. Ich werde sie hier nicht wiederholen; ich will nur sagen, dass ich mir die Vorgänge zwar nie ansah, aber von Himmler und anderen bestens informiert wurde. Die Aktion lief fast drei Jahre lang und ging fast problemlos vonstatten. Erst hier in der Hölle habe ich erfahren, dass es gelegentlich nötig war, einige der Transporte zu verschieben, weil die logistischen Bedürfnisse der Wehrmacht Vorrang hatten. Manchmal kamen auch zu viele Züge gleichzeitig in den Lagern an, wodurch die Kommandeure vor Ort gezwungen waren, die Juden unter freiem Himmel warten zu lassen, bis sie an der Reihe waren. Hier und da gab es Schießereien, wenn eine Handvoll Häftlinge Waffen stahl, den Aufstand probte und zu fliehen versuchte. Die meisten wurden schnell wieder eingefangen und hingerichtet. Ein paar Juden schafften es, zu überleben, indem sie sich nützlich machten und bis zum Schluss durchhielten, vor allem in Auschwitz und vor allem gegen Kriegsende. Aber das war alles.

Im Sommer 1942 schlug ein gewisser SS-Oberführer Brack Himmler vor, dass man den Juden eine Galgenfrist einräumen und sie in großem Stil sterilisieren könnte, anstatt sie zu töten, um ihre dringend benötigte Arbeitskraft in unseren Fabriken nutzen zu können. Es gab einige Versuche in dieser Richtung, aber die technischen Schwierigkeiten erwiesen sich als zu groß. Also machten die Lager mit ihrer tödlichen Arbeit weiter. Sie versorgten uns mit Bergen persönlicher Gegenstände, von Schuhen über Koffer und Mäntel bis hin zu Rasierpinseln. Sie wurden ordentlich sortiert, gereinigt, registriert und dann an die Bedürftigen im Reich ausgegeben. Was viel wichtiger war: Weil sie glaubten, dass sie umgesiedelt würden, führten die Juden allesamt ein paar ihrer wertvollsten Habseligkeiten mit sich. Uns fielen Unmengen an fremden Devisen, Diamanten und Gold in die Hände. Letzteres wurde teilweise den Toten aus dem Mund gerissen – von Sonderkommandos, deren Angehörige selbst Juden waren. All dieser Reichtum wanderte in die Tresorräume der Reichsbank, die einen Teil davon verwendete, um für die Einfuhr von Nahrungsmitteln, Rohstoffen und einigen Industriegütern aus Ländern wie Spanien, der Schweiz und Schweden zu bezahlen. An dieser Stelle sollte ich hinzufügen, dass sich zwar eine ganze Menge Leute – Deutsche und Nichtdeutsche – am „Holocaust" bereicherten, das aber trotzdem nicht der Grund war, weshalb ich seine Durchführung befahl. Doch ich wiederhole mich.

Die größte Herausforderung an dieser riesigen Unternehmung war nicht die Logistik, sondern die beteiligte Politik. Der Rückzug der Russen hinterließ das, was wir „die besetzten Ostgebiete" nannten, ohne jede Regierung. Also taten unsere Befehlshaber vor Ort, etwa Erich Koch in der Ukraine, was ihnen befohlen worden war, und erschossen jeden, der Einspruch erhob. Der andere Extremfall fand sich in Frankreich und Belgien. Beide standen unter Militärverwaltung. Die Generäle, darunter auch einige, die am fehlgeschlagenen Putsch vom Juli 1944 teilnahmen, verschleppten alles, was erklärt, warum nur knapp ein Drittel der Juden in diesen Ländern beseitigt wurde. Die französischen Behörden taten ihr Bestes, um die Evakuierung ihrer eigenen Juden zu verhindern, allerdings nicht die der ausländischen. Die Holländer mit ihrem typischen Respekt vor der Obrigkeit, jeder Obrigkeit, waren leichter zu handhaben. Wenn es um Gehorsam geht, kann man sich auf die Calvinisten verlassen! Diese Tatsache trägt einiges dazu bei, zu erklären, wie es uns gelingen konnte, ungefähr 70 Prozent aller niederländischen Juden in die Lager zu schicken, aus denen die wenigsten zurückkehrten. Dank der Dummheit einiger unserer Leute vor Ort waren die Dänen in der Lage, alle ihre 7000 Juden nach Schweden zu schaffen. Auch viele norwegische Juden nutzten die lange gemeinsame Grenze dieses Landes zu ihrem aus und flohen.

In Polen machte sich Frank unentwegt Sorgen um mögliche Hungersnöte und Seuchen. Deshalb versuchte er mit der Unterstützung Görings, der für die deutsche Wirtschaft verantwortlich war, alles Erdenkliche, um Himmler und Heydrich davon abzuhalten, das Generalgouvernement als Müllhalde für Juden zu benutzen. Ich musste ihm mehrmals befehlen, sich ohne Rücksicht auf die polnische Bevölkerung an die Weisungen zu halten. Was unsere Verbündeten betrifft, so waren Kroatien und Slowenien sehr froh, sich beteiligen zu können. Der Rest war weniger versöhnlich. Weiß Gott nicht etwa deshalb, weil sie ihre Juden besser hätten leiden können als wir unsere, sondern nur, weil sie keinen Eingriff in ihre erbärmliche „Souveränität" dulden wollten.

In Rumänien herrschte Marschall Antonescu, ein Mann, den ich ein Stück weit respektierte. In seinem gesamten Volk, ob Mann oder Frau, war er der einzige, der nicht korrupt war! Ungefähr in den ersten zwölf Monaten von „Barbarossa" erledigten seine Leute knapp 350.000 Angehörige des auserwählten Volkes, vor allem in den Provinzen, die sie Russland abgenommen hatten. Dann aber kam der Herbst 1942, und er weigerte sich beharrlich, mehr von „seinen" (also den rumänischen) Juden abtransportieren zu lassen, wodurch die meisten von ihnen überlebten. Ungarns „Reichsverweser" Horthy mochte die Juden auch nicht, aber brachte alle möglichen Entschuldigungen vor, um ihre Deportation bis ins Frühjahr 1944 zu verzögern. Erst dann fand ein Regierungswechsel statt, den wir aktiv unterstützt hatten. Dadurch entstand endlich eine Lage, in der sich Himmler – wieder in Zusammenarbeit mit dem allgegenwärtigen Eichmann – um die 600.000 Juden im Land kümmern konnte. Die Bulgaren hingegen erlaubten uns nie, auch nur einen einzigen der dortigen Juden zu deportieren. *Tant pis* für sie!

Und dann war da noch Italien, unser wichtigster Verbündeter. 1937/38 führte Mussolini eine Reihe antisemitischer Gesetze ein, und zwar nicht, weil wir ihn dazu genötigt hätten, sondern weil er einen Minderwertigkeitskomplex entwickelte und beweisen wollte, dass auch die Italiener eine reine Rasse seien. Diese Gesetze gingen jedoch längst nicht weit genug. Das Resultat war, dass die meisten italienischen Juden zwar nicht unbehelligt, aber doch gesund und munter blieben. Im südöstlichen Frankreich, in Jugoslawien und in Griechenland boten italienische Offiziere und Beamte den Juden sogar einen gewissen Schutz. Teils, weil ihnen nicht gefiel, was wir trieben, und teils, weil der Duce es ihnen befohlen hatte oder zumindest nicht dagegen vorging. Erst nachdem die faschistische Regierung im Juli 1943 zusammengebrochen war und wir den Großteil des Landes besetzt hatten, konnten wir endlich in der Richtung weiterkommen, die uns vorschwebte. Und selbst unter diesen Umständen schafften es die meisten italienischen Juden, die nur ein Promille der Gesamtbevölkerung ausmachten und vollständig assimiliert waren, davonzukommen.

Als sie mit den Tatsachen konfrontiert wurden, reagierten unsere Feinde unterschiedlich. Stalin hätte sich natürlich nicht weniger darum scheren können. Kurz vor seinem Tod begann er, selbst in der gleichen Richtung vorzugehen, und ließ einige Juden hinrichten, während andere aus ihren Machtstellungen entfernt wurden. Als Roosevelt in das Geheimnis eingeweiht wurde, behielt er es für sich, weil er wusste, dass seine Landsleute niemals zustimmen würden, für die Juden in den Krieg zu ziehen. Später waren er und Churchill besorgt, dass nach Bekanntwerden der ganzen Wahrheit öffentlicher Druck sie dazu zwingen würde, ihre Strategie zu ändern. Nicht nur würde ihre Unfähigkeit, irgendetwas zu tun, aufgedeckt werden; das Resultat wäre eine Auseinandersetzung zwischen ihnen und ihren oberen Befehlshabern gewesen, die nicht wollten, dass ihre Einheiten vom vorrangigen Auftrag abgezogen wurden. In dieser Zwickmühle zogen sie es vor, die Sache praktisch bis Kriegsende so weit wie möglich herunterzuspielen.

Sowohl Himmler als auch Heydrich war bewusst, dass es hinsichtlich unserer Behandlung der Juden Grenzen dafür gab, was die öffentliche Meinung in Deutschland aushalten konnte. Deshalb taten sie in den 1930ern ihr Bestes, um die Judenverfolgung in bürokratische Bahnen zu lenken. Als wir 1941/42 damit begannen, die deutschen Juden zu evakuieren, äußerten viele ihrer arischen Nachbarn Mitgefühl. Nichtsdestoweniger begünstigte der Krieg unsere Aufgabe. Einerseits hatten die Menschen wichtigere Sorgen als das Schicksal der Juden. Andererseits wurde es einfacher, die Geheimhaltung zu erzwingen und zu bewahren.

Natürlich war es unmöglich, vollständig zu verhüllen, was vor sich ging. In ganz Europa gab es kaum eine einzige Stadt, die völlig judenfrei war. Die Menschen mussten zwangsläufig Zeugen von Deportationen und dergleichen werden. Oft waren sie von dem Anblick abgestoßen. Einer oder zwei von ihnen besaßen sogar die Frechheit, mir das mitzuteilen. Die unvermeidliche Folge der Geheimhaltung war, dass unzählige Gerüchte im Umlauf waren. Eine Menge Leute hatten *etwas* gesehen oder gehört. Eine Menge Leute wussten, dass es den Juden schlecht erging und viele von ihnen abgeholt und ermordet wurden. Hätten sie es gewollt, hätten sie noch eine ganze Menge mehr wissen können. Aber sie wollten nicht. So kam es, dass nur sehr wenige Menschen eine Vorstellung vom vollen Ausmaß der Vorgänge hatten. Das galt sogar für die Führer des „Widerstands“. Nehmen Sie den Erzverräter Generalmajor Henning von Tresckow. Niemand hatte weniger Sympathie für das, was wir zu tun versuchten, oder versuchte angestrengter, mich umzubringen. Und dennoch erwähnte er in einem Brief an einen Freund und Mitverschwörer nur, dass „Zehntausende“ Juden liquidiert würden, keine Millionen.

Und was war mit den Juden selbst? Viele konnten sich nicht vorstellen, was wir für sie vorbereitet hatten, besonders im Westen. Wenn wir ihnen sagten, dass sie in den Osten „umgesiedelt“ würden, dann glaubten sie es mehr oder weniger. Sie gingen davon aus, dass das Leben schwer werden würde, hofften aber darauf, zu überleben. Oft klammerten sie sich bis zum allerletzten Augenblick an ihre Illusionen. Nachdem sie aus den Zügen herausgetrieben worden waren. Nachdem sie von ihren Familien getrennt worden waren. Nachdem man ihnen befohlen hatte, sich splitternackt auszuziehen. Bis ganz zuletzt, als sie in die Bäder gestopft worden waren und das Gas seine Wirkung entfaltete. Die Hoffnung stirbt zuletzt, wie die alten Griechen zu sagen pflegten. So gesehen machte die schiere „Unmöglichkeit“ der Aufgabe, die wir uns gestellt hatten, ihre Ausführung viel einfacher, als sie andernfalls gewesen wäre.

Aber selbst das war noch nicht das Ende. Es gelang mir zwar weit besser als jedem anderen in der Weltgeschichte, massenweise Juden loszuwerden. Aber das war bei weitem nicht genug, wie die Zukunft zeigen sollte. Ein Grund war, dass die übrigen Juden ganz enorm vom Schicksal ihrer Brüder profitierten. Tatsächlich profitierten sie sogar so sehr, dass sie eine ganze „Industrie“ aufziehen und am Laufen halten konnten, deren einziger Zweck es ist, von jedem europäischen Staat Entschädigungen zu erpressen. Eine weitere Folge war Israel. Nicht nur zwang ich Hunderttausende in die Auswanderung, sondern verschaffte diesem Staat auch noch seinen Daseinszweck. So gesehen, habe ich wohl mehr für die Entstehung Israels geleistet als alle zionistischen Führer zusammen.

Als die Juden noch in der sogenannten Diaspora verstreut waren, machten sie der Welt endlose Schwierigkeiten. Und jetzt, wo knapp die Hälfte von ihnen in einem einzigen Land konzentriert ist, ist es noch schlimmer! Unter Berufung auf genau die nichtigen moralischen Grundsätze, die sie selbst nie beherzigt haben, verlangten sie „Entschädigungen“. Ihr Einfluss in Washington war so groß, dass sie jeden abwürgen konnten, der dort ohne ihre Einwilligung Geschäfte machen wollte! Deshalb haben sich ab 1953 alle Regierungen der Bundesrepublik auf den Kopf gestellt, um Israels unersättliches Verlangen nach Geld, Waffen und diplomatischer Unterstützung zu befriedigen. Fragen Sie mal die Leute in Kiel. Erst 2016 haben sie die letzten von sechs ultramodernen Unterseebooten für Israel fertiggestellt, zwei davon auf Kosten des deutschen Steuerzahlers. Und etliche weitere Kriegsschiffe sind bereits bestellt.

Eine letzte Sache noch. Ja, ich habe einen Weltkrieg entfesselt, den wohl größten und tödlichsten der Geschichte. Ja, ich habe massenhaft Menschen getötet, sowohl im Verlauf meiner Feldzüge als auch bei der Polizeiarbeit in den besetzten Gebieten. Oder auch nur, weil ich – wie im Falle der Juden – davon überzeugt war, dass sie nicht lebenswert waren und wie Ungeziefer ausgerottet werden mussten. *Tempus vincit omnia*, wie man so schön sagt. Die Menschen haben oder hätten mir alles andere vergeben, das ich getan habe. Nur dieses eine nicht.

Gut so!

26. Schicksalswende

Es heißt, die Geschichte werde von den Siegern geschrieben. Aber nicht meine; die wurde – so seltsam das klingt – in großen Teilen von den Verlierern geschrieben, nämlich meinen Generälen. Kaum war der Krieg vorbei, begann die US-Armee, sie über ihre Erfahrungen zu verhören, vor allem – aber nicht nur – im Kampf gegen die Russen. Das war die Anfangszeit des sogenannten Kalten Krieges. Und wer hatte mehr Erfahrung im Kampf gegen die Roten als wir? Mehrere hundert ehemalige Wehrmachtsoffiziere beteiligten sich an dem Projekt, das am Ende nicht weniger als 2500 „Studien“ über verschiedene Aspekte des Krieges hervorbrachte. Und nachfolgende Historiker hatten keine Bedenken, auf sie zurückzugreifen.

Auf deutscher Seite leitete mein alter Weggefährte Halder die Bemühungen. Wie sich zeigte, war er lange Zeit in den Widerstand gegen die Führung verwickelt gewesen. Im Sommer 1938 hatten er und einige andere, darunter Offiziere und Angehörige des Auswärtigen Amtes, einen Putsch geplant. Sie hatten sogar einen Vertreter nach London geschickt, um um Unterstützung zu bitten! Mein Triumph in München überzeugte ihn und die anderen Trottel davon, dass das deutsche Volk ihnen niemals folgen würde. Deshalb konzentrierte er sich von da an mehr oder weniger auf seine eigentlichen Aufgaben. Er war immer mehr für seinen akkuraten Blick für Details bekannt als für seine strategische Vorstellungskraft und Tapferkeit, und 1942, kurz vor Beginn der russischen Großoffensive bei Stalingrad, wurde er immer zimperlicher. Ich beschloss, ihn loszuwerden, und berief zu seiner Ablösung Kurt Zeitzler, einen weniger starrsinnigen Offizier, der besser darin war, zu tun, was ich ihm sagte. Es funktionierte. Zeitzlers optimistische, gelegentlich fast schon alberne Einstellung steckte den Generalstab an, zumindest für die folgenden Monate. Später ließ er mich im Stich, aber das ist eine andere Geschichte.

Einmal Verräter, immer Verräter. Dass Halder nun außer Dienst war, hielt ihn nicht davon ab, den Kontakt zu jener Verschwörergruppe zu halten, die letztlich am 20. Juli 1944 versuchte, mich in die Luft zu sprengen und die Macht an sich zu reißen. Dafür ließ ich ihn ins Konzentrationslager Dachau sperren, wo er die letzten Kriegsmonate zubrachte, bis die Amerikaner ihn „befreiten“. Rückblickend betrachtet, tut mir nur leid, dass ich ihn nicht aufhängen ließ, so wie seinen Mitverräter, den Abwehrchef Wilhelm Canaris. Nach Kriegsende erklärte Halder sich bereit, für die deutsche Abteilung der kriegsgeschichtlichen Forschungsgruppe der US-Armee zu arbeiten. In dieser Funktion beauftragte er Hunderte ehemaliger Wehrmachtsoffiziere, „Studien" über ihre Erlebnisse zu schreiben. Das Ergebnis war absehbar. Die fraglichen Offiziere waren entschlossen, ihr „Ansehen" wiederherzustellen. Auch wollten sie sich möglichst bei den Siegern einschmeicheln, von denen ihre zukünftigen Karrieren abhingen. Sie taten, was sie konnten, um mich in ein schlechtes Licht zu rücken und ihre eigenen Niederlagen mir in die Schuhe zu schieben. Halder selbst machte es vor. In seinem schon erwähnten Buch zweifelte er meine militärischen Fähigkeiten an und behauptete, dass ich im Grunde ein Laie gewesen sei. Wenn auch einer, der durchaus ein wenig Begabung für das Geschäft mitbrachte, wie er großzügigerweise einräumte.

Jeder unserer Siege, so schrieb er, sei sein Verdienst und das seiner absolut fähigen, absolut ehrenwerten, absolut mutigen Mitgeneräle gewesen. Jeder unserer Rückschläge sei das Resultat meiner störrischen, oft ungehobelten Einmischungen in ihre brillanten Pläne und meiner Weigerung gewesen, ihre Vorschläge anzunehmen. Andere beteten seine Sätze nach, vor allem Manstein. Besonders ärgerlich war dessen Behauptung, dass ich die Beziehungen zu meinen Untergebenen auf Furcht statt auf Vertrauen gegründet hätte, weil ich nun einmal ich gewesen sei und keine Ahnung gehabt hätte, wie man einen Stab führte. Ich wünschte, er als der Urheber dieses unerhörten Blödsinns hätte einmal einen Tag lang für den Genossen Stalin in Moskau oder später Kim Il-sung in Pjöngjang gearbeitet. Nur einen Tag lang! Das hätte ihn ganz schnell von seinen Wahnvorstellungen geheilt, vorausgesetzt natürlich, er hätte es überlebt, um davon berichten zu können.

Einer der Offiziere, die für Halder arbeiteten, war der schon erwähnte Kurt Hesse. Er jedoch unterschied sich von den anderen: Er wagte es, das Verhalten der amerikanischen Soldaten während des Krieges zu kritisieren, und sagte, dass viele von ihnen kaum besser als randalierende Halbstarke gewesen seien. Dafür wurde er von den Amerikanern gefeuert. Viele andere hohe (und nicht so hohe, aber das ist eine andere Sache) Befehlshaber veröffentlichten ihre Lebenserinnerungen, darunter Walter Warlimont, Rundstedts Generalstabschef Günther Blumentritt und Rommels Chef des Stabes Hans Speidel. Letzterer war so erfolgreich dabei, sich lieb Kind zu machen – also mich und alles, wofür das nationalsozialistische Deutschland gestanden hatte, anzuschwärzen –, dass er eine beachtliche Karriere machte. Er diente sogar als Oberbefehlshaber der NATO-Landstreitkräfte in Mitteleuropa. Und das, obwohl er ein reiner Stabsoffizier war und im Krieg nie einen größeren Verband geführt hatte! Eine ganze Menge der angesprochenen Schriften wurde ins Englische übersetzt. Guderians *Erinnerungen eines Soldaten* – ergänzt um das Vorwort irgendeines englischen Schreiberlings, von dem ich noch nie gehört hatte – wurden ein Verkaufsschlager. Und sie alle wurden von unzähligen Leuten begierig aufgenommen, die mich eifrig jeder Tat und Missetat unter der Sonne beschuldigten. Forscher zu meiner Lebensgeschichte benutzten diesen Schrott als Grundlage für ganze Kapitel.

Einige der Probleme, vor denen wir standen, waren struktureller Natur. Der geistige Horizont des Heeres steckte noch immer im Jahr 1914 fest, oder bestenfalls 1918. Viele ihrer Offiziere scheinen geglaubt zu haben, dass die Luftwaffe, ganz zu schweigen von der Kriegsmarine, gar nicht vorhanden war. Deshalb stand mir kein einziger Befehlshaber zur Verfügung, der in der Lage war, gemeinsame Operationen der Teilstreitkräfte zu koordinieren. Aus diesem Grund schuf ich viele sogenannte OKW-Kriegsschauplätze, für die die Verantwortung beim dortigen Wehrmachtführungsstab lag. Allerdings schaffte es das OKW nie, seine Befehlsgewalt über das Heer oder die anderen beiden Teilstreitkräfte auszudehnen, wohl auch, weil es jünger war als die anderen Oberkommandos. Der Umstand, dass Jodl in der Weimarer Zeit an der geheimen Kriegsakademie ein Schüler Halders gewesen war, machte es nicht einfacher. Das Tauziehen zwischen den verschiedenen Oberkommandos war so groß, dass ständig einige Einheiten – natürlich nicht immer die gleichen – verlorengingen, weil sie zwischen diesem und jenem Kriegsschauplatz hin- und herverlegt wurden.

Auch Göring sorgte für Schwierigkeiten. Er war ein Renaissancemensch, der ins 20. Jahrhundert katapultiert worden war und unterwegs sein Pferd gegen ein Jagdflugzeug eingetauscht hatte. Sein handfester Mut war unzweifelhaft. Im Gegensatz zu mir konnte er ohne Bedenken oder Reue töten und tat es auch. Niemand übertraf ihn im Aufbau eines eigenen Herrschaftsbereiches. Die Liste der Titel, die er trug, war so lang, dass er sie sich nicht einmal selbst alle merken konnte! Er klammerte sich störrisch an die Kontrolle über hunderttausende mehr Männer, als „seine" Luftwaffe überhaupt gebrauchen konnte, und weigerte sich, sie für wichtigere Aufgaben freizugeben. Erst durch mein persönliches Eingreifen war er letzten Ende gezwungen, sie zu bewaffnen, in sogenannte Luftwaffen-Felddivisionen aufzuteilen und an die Front zu schicken, wo sie dringend gebraucht wurden. Und selbst dann blieben sie noch immer Teil der Luftwaffe, nicht des Heeres, wo sie hingehört hätten. So kam es, dass sie – schlecht ausgebildet und von unfähigen Offizieren schlecht befehligt – schwerere Verluste für schmalere Gewinne erlitten, als hätte sein müssen.

Ein weiteres Versäumnis, das Göring zu verantworten hat, war, dass unsere Kriegsmarine über keine eigenen Flieger verfügte. Dadurch mussten unsere Unterseeboote, die von Großadmiral Dönitz gekonnt befehligt wurden und in gewisser Weise die kosteneffizienteste Truppe der gesamten Wehrmacht waren, ohne Hilfe aus der Luft operieren. Zweimal standen die Boote nur Wochen davor, England zur Aufgabe zu zwingen, Anfang 1942 und Anfang 1943. Hätten sie angemessene Luftunterstützung gehabt, hätte es vielleicht geklappt.

Manche Historiker haben mich für diese und andere Probleme verantwortlich gemacht. Den meisten von ihnen fehlt es an politischer Erfahrung; sie gehen fälschlicherweise davon aus, dass ein „Diktator" seinen Truppenführern einfach befehlen kann, wozu er gerade Lust hat. Dabei übersehen sie, dass die Streitkräfte jeder einzelnen kriegführenden Nation während des Krieges ähnliche Probleme hatten. David Irving, der Historiker, der behauptet hatte, dass ich nichts von der Judenvernichtung gewusst hätte, hat darüber sogar ein ganzes Buch geschrieben. Sein Titel? *Krieg zwischen den Generälen*, und damit waren die alliierten Generäle gemeint. Und vergessen Sie nicht die Rivalität zwischen dem Heer und der Marine Japans. Nach 1945 war die Lage auch nicht anders. Als in den 1950er Jahren die deutsche Marine wiederaufgebaut wurde, bestellten ihre Befehlshaber englische Flugzeugmodelle, einzig und allein damit die Luftwaffe, die amerikanische Ausrüstung verwendete, sie ihnen nicht wegnehmen konnte! Bis heute ist es eine große Herausforderung für jedes Land, das über sie verfügt, die Teilstreitkräfte dazu zu bringen, miteinander statt gegeneinander zu arbeiten. Verbringen Sie nur mal ein paar Tage im Pentagon, dann verstehen Sie, was ich meine.

Zurück zur militärischen Lage. Ich gebe zu, dass sie Anfang 1942 nicht so gut war, wie wir erwartet hatten. Aber sie war bei weitem nicht hoffnungslos. Meine Kriegserklärung an die Vereinigten Staaten hatte unsere Kriegsanstrengungen tatsächlich kurzfristig begünstigt. Sie ermöglichte es Dönitz, nicht nur englische Schiffe zu versenken, die England versorgten, sondern auch amerikanische. Unser bei weitem gefährlichster Feind war Russland, wie schon seit Mitte 1941. Ich war deshalb entschlossen, es so bald wie nur möglich auszuschalten. Wir waren nicht mehr in der Lage, entlang der gesamten riesigen Front anzugreifen, weshalb ich zwei Ziele festlegte. Das eine war Stalingrad, jene Stadt, die Stalins Namen trug und außerdem die Wolga beherrschte, über die der alliierte Nachschub aus Persien hereinkam. Das andere war der Kaukasus; nur von dort konnten wir das Öl nehmen, ohne welches sich der Krieg nicht fortsetzen ließ.

Wie schon 1940 gab es in letzter Minute eine Störung. Irgendein Idiot von Offizier unternahm einen Erkundungsflug über der Front. Er wurde über russischem Gebiet zur Notlandung gezwungen, und alle Befehle und Karten fielen in die Hände des Feindes. Diese Leute lernen es nie! Trotzdem lief „Fall Blau“ – unter meinem persönlichen Kommando vom Führerhauptquartier in der Ukraine aus – wie am Schnürchen. Selten in der Geschichte wurde so schnell so weit vormarschiert; die 1. Panzerarmee stieß auf den Kaukasus vor und legte in zwei Wochen 500 Kilometer zurück! Am 4. Juli, nur sechs Tage nach Beginn der Offensive, nahm Mansteins 11. Armee mit Sewastopol den bedeutendsten russischen Schwarzmeerhafen und ein wichtiges symbolisches Ziel ein, das im Vorjahr unseren Eroberungsversuchen getrotzt hatte. Knapp zwei Wochen später eroberten andere Kräfte nach schweren Kämpfen Rostow. Sie überschritten am 21. August den Don und erreichten zwei Tage später nördlich von Stalingrad die Wolga. Wieder andere Einheiten nahmen Maikop. Leider hatten die Russen die dortigen Ölfelder gründlich zerstört, wodurch unser Vorstoß versandete und zum Stehen kam.

Nun richteten sich alle Blicke auf Stalingrad. Unser Großangriff auf die Stadt begann am 13. September. Sowohl Bodentruppen als auch die Luftwaffe waren beteiligt; Letztere setzte ihre Stukas ein, um Bomben fast wortwörtlich vor die Füße unserer eigenen Soldaten zu werfen. Wir kamen langsam, aber stetig voran. Nach und nach mussten wir jedoch feststellen, dass der Feind mit typisch russischer Hinterhältigkeit Boden gegen Zeit eingetauscht hatte. Entgegen unseren Erwartungen wurde sein Widerstand nicht schwächer, sondern immer stärker und stärker. Der Kampf um die Stadt, die dabei fast vollständig zerstört wurde, dauerte zwei Monate.

Den ganzen Oktober hindurch warnte ich meine Generäle immer wieder vor einem möglichen russischen Gegenangriff im Raum Rostow. Wie so oft, weigerten sie sich, zuzuhören. Diesmal war der Hauptschuldige Reinhard Gehlen, Chef der Abteilung „Fremde Heere Ost“. Schon vor Beginn von „Barbarossa“ hatte er die Stärke der Roten Armee krass unterschätzt. Nun bestand er darauf, dass Stalins Gegenschlag auf die Heeresgruppe Mitte bei Smolensk zielen werde. Am 19. November, als sich unsere Kräfte gerade der Wolga näherten, taten die Roten genau das, was ich vorhergesagt hatte. Ein paar Tage später trafen sich zwei riesige russische Armeen, eine von Norden und eine von Süden, westlich von Stalingrad und schlossen unsere 6. Armee mit über 250.000 Mann ein. Abgesehen von Gehlen war das alles die Schuld unserer italienischen, ungarischen und rumänischen Verbündeten, denen ich die Sicherung unserer nördlichen Flanke überlassen hatte – weil keine besseren Truppen zur Verfügung standen, und nicht etwa, weil ich mir irgendwelche Illusionen über sie gemacht hätte. Insbesondere die Angehörigen der letzteren beiden Truppenkontingente standen immer kurz davor, aufeinander zu schießen. Als die Russen angriffen, liefen sie davon.

Ich werde nicht die zahllosen Berichte wiederholen, die über die folgenden Kämpfe geschrieben worden sind. Es gab einmal eine Zeit, da wurde Militärgeschichte von ernstzunehmenden Autoren geschrieben, um es ernstzunehmenden Lesern zu ermöglichen, daraus ernstzunehmende Schlüsse zu ziehen. Seit ungefähr 1990 aber zielt der Großteil davon darauf ab, die Neugier ganz normaler Menschen zu befriedigen – westlicher Menschen, versteht sich, die niemals näher als 1000 Kilometer an einem Schlachtfeld waren. Das erklärt das Hauptaugenmerk auf einzelnen Soldaten, ihren Leistungen, ihren Gefühlen und ihrem Leid. Ich jedoch habe vier Jahre in den Schützengräben verbracht. Ich weiß, wie der Krieg ist, und ich brauche dieses oft rührselige Zeug nicht zur Erinnerung.

Eine Sache möchte ich aber trotzdem betonen. Hätte ich eingewilligt, Stalingrad zu räumen, wie mir viele meiner besten Befehlshaber nahelegten, dann wären die Russen ohne weitere Hindernisse nach Westen durchgebrochen und hätten unsere Einheiten im Kaukasus abgeschnitten. Es war der heldenhafte Widerstand der 6. Armee, der diese Kräfte vor der Vernichtung bewahrte. Unglücklicherweise mussten sie viel von ihrer Ausrüstung zurücklassen. Außerdem verschaffte uns die Verteidigung der Stadt Zeit, um weitere Verbände heranzuführen. Andernfalls hätten wir die Ostfront niemals stabilisieren können, so wie es uns schließlich gelang.

Wenn ich von der 6. Armee spreche, dann meine ich nicht ihren Oberbefehlshaber Friedrich Paulus. Paulus war Halders Stellvertreter gewesen. Wie dieser hatte er nie einen Großverband im Krieg kommandiert. Indem ich ihn im Dezember 1941 im Rahmen der allgemeinen Umbesetzungen dieser Zeit auf seinen Posten beförderte, wollte ich ihm die Gelegenheit geben, zu zeigen, was er konnte. Als die Lage in der eingekesselten Stadt schwieriger wurde, flehte er mich wiederholt an, ihm den Ausbruch zu erlauben. Ich hatte jedoch umfassendere Überlegungen im Sinn und konnte ihm nicht zustimmen. Stattdessen befahl ich ihm, die Stellung zu halten, bis ihm geholfen werden konnte.

Wenig später war klar, dass ihm *nicht* geholfen werden konnte. Einmal mehr war es Görings Schuld. Er hatte versprochen, die Armee aus der Luft zu versorgen, konnte aber sein Wort nicht halten. Bei dem Versuch gingen so viele Flugzeuge verloren, dass sich die Transportfliegertruppe der Luftwaffe niemals davon erholte. Ich für meinen Teil beförderte Paulus zum Generalfeldmarschall, in der Hoffnung, dass ihn die Ehre davon abhalten würde, der erste Offizier dieses Dienstgrads in der deutschen Geschichte zu werden, der sich ergab. Er verstand das natürlich, aber missbrauchte mein Vertrauen. Nachdem er gefangengenommen worden war, stellte er sich dem Feind zur Verfügung. Zusammen mit seinem Generalstabschef, Generalleutnant Arthur Schmidt, unterstützte er das Nationalkomitee Freies Deutschland. Im Laufe der folgenden zwei Jahre tat diese Vereinigung ihr armseliges Bestes, um mehr von unseren Soldaten zur Fahnenflucht und zum Überlaufen zu bewegen. Wie jemand so tief sinken kann wie er, habe ich nie verstanden.

In der Zwischenzeit hatte im Mittelmeerraum Rommel – mit Unterstützung durch neue Panzer und andere Ausrüstung – endlich sein taktisches Geschick wiedergefunden. Im Januar 1942 eröffnete er die Gegenoffensive gegen die englische 8. Armee. Im Juni nahm er nach einem Blitzfeldzug, der in der Geschichte seinesgleichen sucht, die kleine Stadt Tobruk ein, die im Vorjahr 240 Tage lang ausgehalten hatte. Dafür bekam er den Marschallstab. Zu jener Zeit war sogar der Feind seinem Zauber erlegen und rühmte seine angebliche Genialität – allerdings nur, um vom eigenen Versagen abzulenken. Von Tobruk aus stieß das Afrikakorps weiter nach Osten vor. Wie die Engländer rennen konnten! Im Juli erreichten unsere Vorauskommandos El Alamein, ein Wüstenkaff nur 100 Kilometer vor Alexandria. Verständlicherweise freuten sich unsere Soldaten darauf, die Wüste gegen die Annehmlichkeiten einer großen Stadt eintauschen zu können. Das tat auch Mussolini, der schon eine große Siegesparade plante, bei der er mit dem „Schwert des Islam“ in der Hand auf einem weißen Pferd zum Triumphmarsch aus der Oper *Aida* einreiten wollte!

Kein Wunder, dass die Juden in Palästina durchdrehten. Einige von ihnen beteten unsere eigenen Anschuldigungen gegen ihre Rasse nach und hofften, dass die „Tatsache“, dass es sich bei ihnen im Gegensatz zu ihren Brüdern in der Diaspora um „Arbeitsjuden“ handelte, sie retten würde. Andere wandten sich an Kabbalisten – Kabbalisten! – und baten um Schutz vor dem Teufel, womit sie mich meinten. Die murmelten ihre Gebete, sprachen ihre Zauber und bliesen so fest in ihre Schofarhörner, dass jeder Gott davon taub geworden wäre. Leider war mir nicht vergönnt, sie so zu behandeln, wie ich es gerne getan hätte. Der fortwährende gewaltige Kampf im Osten hielt uns ebenso wie Rommels eigene überdehnte Nachschublinien davon ab, ihn zu versorgen. Um seine Lage zu erleichtern, zogen die Italiener und wir in Zusammenarbeit mit einigen japanischen Fachleuten einen Schlag gegen Malta ernsthaft in Betracht. Die Verluste unserer Fallschirmjäger auf Kreta waren im Vorjahr aber so schwer gewesen, dass ich mich entschloss, es zu lassen. Rommels eigener Versuch, bei Alam Halfa die englischen Linien zu durchbrechen, lief auch nicht gut. Dann brachten Oktober und November 1942 den englischen Sieg über das Afrikakorps, der Churchill in ganz England die Kirchenglocken läuten ließ. In einer seiner eher hochtrabenden Reden nannte er die Schlacht wenig später „das Ende vom Anfang".

Wie so oft in seiner langen und verlogenen Karriere übertrieb er. Natürlich wäre es besser gewesen, wenn Rommel seine Stellung hätte halten können. Angesichts der verhältnismäßig geringen Bedeutung des Kriegsschauplatzes und der eher kleinen deutschen Truppe dort bereitete mir sein Rückzug von El Alamein aber nur wenig Sorgen. Der englische Oberbefehlshaber vor Ort, Generalmajor Bernard Montgomery, war für seine exzentrische Persönlichkeit bekannt. Als der Priestersohn nach seiner Versetzung in den Ruhestand einmal vor dem Oberhaus sprach, schlug er vor, dass die gesamte Armee ausschließlich aus Junggesellen bestehen sollte, wie er selbst einer war! Militärisch gesehen, war er bestenfalls mittelmäßig. Er ging vorsichtig und planmäßig vor, immer voller Angst, in irgendeine Falle zu tappen, die es nur in seiner Vorstellung gab, und sein Vorstoß wäre früher oder später im Sande verlaufen. Tatsächlich war genau das seinen Vorgängern sowohl Anfang als auch Ende 1941 passiert.

Die alliierten Landungen in Westafrika waren wieder etwas anderes. Wie allzuoft brauchten unsere Admiräle, allen voran Raeder, viel zu lange, um zu begreifen, was im Gange war. Als sie es endlich verstanden, glaubten sie noch immer, dass der alliierte Angriff in Wirklichkeit Korsika, Sardinien und Tunesien galt, nicht Algerien und Marokko, wie es dann letztlich der Fall war. Hätten die alliierten Kommandeure genug Mumm in den Knochen gehabt, hätten sie allerdings wirklich dort angegriffen. Aus diesem Grund waren unsere Unterseeboote zu weit im Osten eingesetzt, um in den beginnenden Kampf eingreifen zu können. Nachdem der Feind Fuß gefasst hatte, war klar, dass Nordafrika um jeden Preis verteidigt werden musste. Nicht unbedingt aus militärischen Gründen, sondern weil ich vorhersah (was in der Tat keine Kunst war), dass der Verlust wichtige politische Folgen in Italien haben würde. Deshalb schickte ich 50.000 unserer besten Männer nach Tunesien. Sie verstärkten die dort bereits stationierten Truppen, kämpften wie die Teufel und erteilten den Amerikanern bei Kasserine eine harte Lektion. Letztendlich jedoch konnten sie sich nicht gegen die gewaltige Übermacht des Feindes am Boden, zu Wasser und in der Luft halten.

Im Januar 1943 trafen sich Churchill und Roosevelt in Casablanca und erklärten, dass sie uns gegenüber auf der „bedingungslosen Kapitulation“ bestehen würden. Diese Erklärung war ein außerordentlich dummes Manöver von ihrer Seite, vor allem, weil sie sie nicht ernst meinten, wie sich fast sofort nach dem Kriegsende 1945 erwies. Wie sie sehr bald erkannten, brauchten sie uns, um die russische Dampfwalze aufzuhalten. In der Zwischenzeit ermöglichte die Erklärung es Goebbels, auf Kosten unserer Feinde seinen großen Tag zu haben, indem er dem deutschen Volk erklärte, dass es keine andere Wahl habe, als bis zum Ende zu kämpfen. Ein paar Monate später, im Frühjahr und Frühsommer 1943, ermächtigte ich Ribbentrop, Fühler auszustrecken und zu prüfen, ob es möglich war, mit Stalin irgendeine Art von Ausgleich zu erreichen. Der aber stellte Bedingungen, die ganz Europa – uns eingeschlossen – seiner Gnade ausgeliefert hätten. Spätere Versuche von Himmler und Göring, hinter meinem Rücken in Städten wie Stockholm, Genf und Madrid Kontakt zu den Westmächten aufzunehmen, liefen auch nicht besser. Also musste der Krieg weitergehen.

Im Sommer 1943 kam es zu drei weiteren wichtigen Entwicklungen. Als Erstes landeten die Westalliierten auf Sizilien, nachdem sie Nordafrika von unseren Truppen gesäubert hatten. Daraufhin wurde Mussolini entmachtet. Er wurde vom König verraten, ebenso vom faschistischen „Großen Rat“ und von dieser ekelhaften Kröte Marschall Pietro Badoglio, einem Adeligen, der besonders gerne schwarze Handschuhe trug. Sein Leitspruch war: „Ich stoße herab wie ein Falke.“ In Wirklichkeit war er ein schwacher, eitler und hinterhältiger Mann. Im Oktober 1922 hatte er sich geweigert, Rom gegen die heranmarschierenden faschistischen Kolonnen zu verteidigen. 1936 hatte er sich „bewiesen“, indem er Giftgas gegen abessinische Krieger einsetzte, die nicht einmal Schuhe besaßen. Für diese Heldentat ließ Mussolini ihn zum Herzog von Addis Abeba ernennen! Als Generalstabschef der italienischen Streitkräfte in der Anfangszeit des Krieges versagte er komplett. Nun, nachdem er von meinem alten „Freund“ Viktor Emanuel zum Ministerpräsidenten ernannt worden war, nahm er sofort Verhandlungen mit den Engländern und Amerikanern auf, um einen Waffenstillstand auszuhandeln, und hoffte, ich würde es nicht merken.

Selbstverständlich merkte ich es. Und ich hütete mich, ihm zu vertrauen. Als Anfang September 1943 der Waffenstillstand verkündet wurde, waren wir längst bereit. Unter Rommels Befehl besetzten unsere Truppen einen Großteil des Landes, entwaffneten die meisten italienischen Soldaten und nahmen sie gefangen. Viele von ihnen endeten als Arbeiter in unseren Fabriken; so waren sie wenigstens einmal zu etwas nutze. Unser aufsehenerregendster Schachzug war es, Mussolini zu befreien, den Badoglio in irgendeinem Berghotel eingesperrt hatte und dessen Schicksal wie ein Alpdruck auf mir lastete. Einem todesmutigen Kommandounternehmen gelang es, ihn herauszuholen; im Anschluss ließ ich ihn in mein Hauptquartier in der Nähe von Rastenburg fliegen, wo ich mein Bestes tat, um seine erlahmende Moral aufzubauen. Als Nächstes übergab ich ihm die Verantwortung für Norditalien, wo er die sogenannte „Republik von Salò“ gründete. Ich tat das nicht, weil ich nicht erkannt hätte, dass er keine Zugkraft mehr hatte und seine Zeit abgelaufen war, sondern weil es niemanden gab, der fähig oder willens gewesen wäre, seinen Platz einzunehmen.

Allzu oft mussten diese brillanten Manöver gegen den Rat einiger meiner Generäle durchgeführt werden. Währenddessen ging das Ringen in Italien weiter. Nachdem sie Sizilien in 38 Tagen heftiger Kämpfe erobert hatten, überquerten die Alliierten die Straße von Messina und landeten an der Spitze des Stiefels. Von dort aus wollten sie nach Norden vorrücken. Als das nicht so gut funktionierte, wie sie erwartet hatten, landeten sie mit Hilfe ihrer Marine bei Salerno. Als das auch nicht funktionierte, taten sie das Gleiche bei Anzio. Es ist schwer, in der Geschichte einen noch weniger einfallsreichen Feldzug zu finden! Wann immer sie irgendetwas versuchten, konnte mein örtlicher Oberbefehlshaber, Generalfeldmarschall Albert Kesselring, die Masse seiner Truppen davor bewahren, abgeschnitten zu werden. Er und seine Männer machten sich das schwierige Gelände zunutze und kämpften um jeden Zentimeter. Das Beste war, dass er auf unsere eigenen Transportwege zurückgreifen konnte. Teils aufgrund des Geländes und teils aufgrund des heldenhaften Einsatzes unserer Eisenbahngesellschaften gelang es den Alliierten trotz ihrer erdrückenden Luftüberlegenheit nie, seine logistische Lebensader zu kappen. Fast zwei Jahre lang konnte er sich gegen weit überlegene feindliche Kräfte halten und sie von wichtigeren Aufgaben abhalten. Ich muss sagen: Das war eine echte militärische Meisterleistung.

Zur gleichen Zeit flogen die Alliierten auf Hamburg ihren bislang größten Bombenangriff. Die Stadt war ein wichtiges Versorgungs-, Handels- und Industriezentrum. Vor allem wurden dort viele unserer Unterseeboote gebaut. Zu diesem Zeitpunkt hatten unsere selbsternannten „liberalen“ und „humanen“ Feinde die Technik perfektioniert, mit Brandbomben einen Feuersturm zu entfesseln und ganze Städte in Brand zu setzen. Am Ende waren zehntausende Männer, Frauen und Kinder verbrannt – bis heute weiß niemand, wie viele genau. Der Qualm der brennenden Stadt war noch Dutzende von Kilometern weit entfernt zu sehen.

Damals wie auch bei anderen Gelegenheiten verzichtete ich darauf, die ausgebombten Gebiete zu besuchen, wie Goebbels unter Verweis auf das Beispiel Churchills empfohlen hatte. Damals wie heute übernahm und übernehme ich die volle Verantwortung für die Todesopfer, die meine Bemühungen, der deutschen Nation ihren Platz an der Sonne zu sichern, zwangsläufig forderten. Trotzdem machte ich mir Sorgen, dass der Anblick meines Volkes, das solche Verheerungen erlitt, mehr sein würde, als ich ertragen könnte. Er hätte mich von meiner historischen Aufgabe abgelenkt, und das in einer Zeit, in der mich die Menschen mehr denn je brauchten.

Angefangen bei mir und hinab bis zum einfachsten Jagdflieger waren wir alle entschlossen, so etwas nicht noch einmal geschehen zu lassen. Gewiss, Göring war zu bekannt und stand dem wahren Kern des Regimes zu nahe, um ihn abzuservieren. Also beließ ich ihn offiziell im Amt, ein ungeheuer fettes, aufgeblasenes Gespenst mit manikürten Nägeln und Ringen an den Fingern. Er konnte weiter mit seinem Marschallstab fuchteln, auf Plünderungsreisen durch die besetzten Gebiete im Westen gehen und immer stärker von Edelsteinen, Seidenunterwäsche und Morphin abhängig werden.

Hinter seinem Rücken vertraute ich die echte Befehlsgewalt über die Luftwaffe zwei „neuen“ Männern an. Das waren Generalmajor Adolf Galland, der General der Jagdflieger, und Generalmajor Josef Kammhuber, der General der Nachtjagd. Letzterer baute in dieser Funktion die sogenannte Kammhuber-Linie auf, ein kombiniertes System aus Radarstationen, Leitstellen und Fernmeldestellen. Es erfasste feindliche Bomber im Anflug und führte unsere Piloten heran. Wir erhöhten außerdem die Herstellung von Jagdflugzeugen massiv, einschließlich – vor allen anderen – der neuen Focke-Wulf Fw 190, die in einigen Varianten mächtige 30-mm-Maschinenkanonen trug. Es funktionierte. Im Oktober 1943 wurde der Angriff der Amerikaner auf die Kugellagerfabriken in Schweinfurt ein solch kolossaler Fehlschlag, dass sie ihre Luftschläge für mehrere Monate einstellen mussten. Erst mit den Angriffen auf Berlin und Dresden im Januar und Februar 1945, als wir in der Luft praktisch wehrlos waren, geschah etwas Ähnliches wie in Hamburg erneut.

Drittens begannen wir mit einer Operation, die sich als unsere letzte große Offensive in Russland herausstellen sollte. Bei den Kämpfen nach unserer Niederlage in Stalingrad war eine russische „Beule“ rund um die Stadt Kursk entstanden. Sie ragte von Osten nach Westen in unsere Front hinein, und ich hatte beschlossen, sie abzuknipsen.

Ein Angriffskeil sollte unter dem Befehl von Model von Norden her vorstoßen. Der andere würde unter Manstein aus dem Süden kommen. Das Risiko war groß, genauso wie die Truppenkonzentration auf beiden Seiten. Bis zum heutigen Tag bleibt es die größte Panzerschlacht der Geschichte. Leider nahm „Unternehmen Zitadelle“, wie wir es nannten, kein gutes Ende. Der Sommer kam in jenem Jahr spät und zwang uns dazu, den Beginn der Offensive immer wieder zu verschieben. Ein weiteres Problem war die späte Lieferung unserer prächtigen neuen Panzerkampfwagen V „Panther“. Sie wiesen einige Kinderkrankheiten auf, die ihre Zeit brauchten, um behoben zu werden. Noch hier in der Hölle, viele Jahre später, kann ich mich an meine Gefühle in dieser Zeit erinnern. Ich wusste, dass diese Offensive über den Ausgang des Krieges entscheiden würde; beim Gedanken daran drehte sich mir der Magen um.

Als der Angriff endlich begann, zeigte sich, dass die Russen unsere Absichten erkannt hatten und uns erwarteten. Sie hatten ihre Verteidigungsstellungen zu einer nie in der Geschichte dagewesenen Tiefe ausgebaut: dutzende Kilometer Stacheldraht, ausgedehnte Minenfelder, Panzergräben, befestigte Unterstände, eingegrabene Panzerabwehrkanonen, Sprengfallen – die sehr gut zur russischen Denkweise passen – und was nicht alles. Ohne dass unser Nachrichtendienst davon wusste, hielten sie außerdem ein ganzes Panzerkorps in Reserve, das nur darauf wartete, jeden Moment zuzuschlagen. So verbissen unsere Soldaten auch kämpften, sie kamen nicht voran. Am Ende musste ich die Offensive abblasen, was den Russen die Gelegenheit zum Gegenangriff gab.

Während ich das Ganze von meinem Hauptquartier aus verfolgte, verstand ich, wie all diese Entwicklungen zusammenhingen. Die Soldaten, die wir ans Mittelmeer schickten, fehlten unseren Angriffsspitzen in der Ukraine. Weil sie sich auf Jagdflieger und die Verteidigung der Heimat konzentrierte, hatte die Luftwaffe kaum genug Flugzeuge übrig, um unsere Bodentruppen zu unterstützen. In Russland und Italien war das nicht so wichtig. Was das Erstere angeht, so war Luftmacht nie eine Stärke der Roten Armee gewesen. Hinsichtlich des Letzteren verhinderte das bergige Gelände, dass die alliierte Luftwaffe ihre volle Wirkung entfalten konnte. So sehr sie es auch versuchte, sie schaffte es nie, unsere Versorgungslinien für längere Zeit zu unterbrechen. Doch auf den offenen Ebenen des Westens sollte die Unfähigkeit unserer Luftwaffe, den Himmel über unseren Einheiten frei von feindlichen Jagdbombern zu halten, bald kritische Ausmaße annehmen. Ihr Beitrag zu unserer letztendlichen Niederlage war gewaltig.

Ich möchte festhalten, dass nicht wahr ist, was so viele meiner Generäle nach dem Krieg geschrieben haben – dass ich aus Prinzip jeden Rückzug verboten hätte. Genauso wenig habe ich sie dadurch davon abgehalten, zu „manövrieren“ und die Niederlage abzuwenden. Tatsächlich gab ich ihnen in einer Weisung vom September 1943 freie Hand, die gesamte Ukraine bis an den Dnjepr zu räumen. Das Ziel war, Raum zum Atmen zu bekommen und Einheiten in den Westen verlegen zu können, wo die Engländer und Amerikaner, wie wir wussten, eine Invasion vorbereiteten. Aber wie wir die Decke auch zurechtzogen, immer ragten ein paar Glieder heraus.

Für mich war das Schlimmste die Erkenntnis, dass wir nicht die Städte der Alliierten bombardieren konnten, um ihren heimzuzahlen, was sie unseren eigenen antaten. Jeden Tag ermordete und verstümmelte der Feind ohne Rücksicht auf das Kriegsrecht deutsche Männer, Frauen und Kinder, machte viele andere obdachlos und zwang die übrigen, wie Ratten unter der Erde zu leben. So sehr sich unser Heimatschutz auch bemühte, es wurden unersetzliche Kunstwerke vernichtet. Ich bekam von meinen Gauleitern Fotografien von überall aus dem Reich, die diese Tatsachen belegten. Es müssen Tausende gewesen sein. Außer vielleicht in den letzten Wochen des Krieges brachten die Bombardements das Volk nicht dazu, grundsätzlich zu hinterfragen, ob wir im Recht waren. Allerdings brachten sie es definitiv dazu, über die Regierung und die Partei zu murren und ihnen vorzuwerfen, nicht genug zu helfen. Es gab Orte, an denen Parteifunktionäre in Uniform Gefahr liefen, angegriffen zu werden.

In Wahrheit waren Göring und die Luftwaffe ganz allein verantwortlich. Vor allem hinkten sie bei der Entwicklung einer Radarvorrichtung hinterher. Auch wenn dieser Mangel später abgestellt wurde, schafften es die Alliierten mit einer Erfindung namens „Windows“, unsere Geräte zu stören und so den Weg für mörderische Angriffe auf Hamburg und andere Städte freizumachen. Und nicht zuletzt scheiterten sie daran, irgendetwas wie die schweren Bomber zu entwickeln, die unsere Feinde zu Tausenden bauten. Tatsächlich begingen 1941 und 1943 mit dem Generalluftzeugmeister, Generaloberst Ernst Udet, und dem Chef des Luftwaffenführungsstabs, Generaloberst Hans Jeschonnek, zwei der höchsten Luftwaffenoffiziere vor diesem Hintergrund Selbstmord.

Und so wurde Vergeltung das Gebot der Stunde.

27. Durchhalten

Es ist unbestreitbar, dass es nach Stalingrad, Tunesien, Sizilien, Kursk und Hamburg schwer für uns Deutsche wurde. Aber wie es so schön heißt: In harten Zeiten muss man hart durchgreifen. Das tat ich, darauf können Sie sich verlassen! Und das deutsche Volk stand noch immer geschlossen hinter mir. Natürlich hatten unsere Rückschläge, bei denen ganze 300.000 Mann getötet oder gefangengenommen worden waren, die Menschen erschüttert. Aber nicht so, dass sie nun bereit gewesen wären, aufzugeben. Im Gegenteil, sie waren umso entschlossener, bis zum Endsieg zu kämpfen. Goebbels' Ausrufung des „totalen Krieges" im Februar 1943 hatte geholfen, auch wenn sie im Grunde nur symbolisch gewesen war.

Unsere politische Stellung in Europa, die ich so mühselig von 1938 bis 1941 aufgebaut hatte, hielt sich ebenfalls wacker. Sicher, Italien war mehr oder minder auf der Strecke geblieben. Aber die meisten dortigen Ressourcen, einschließlich des Schwerindustriekonglomerats im Norden, waren in unserer Hand geblieben und arbeiteten weiter für uns. Finnland blieb unser treuer Verbündeter. Wir behielten unseren Zugriff auf die Slowakei, Rumänien, Kroatien und Bulgarien mit ihren lebenswichtigen Rohstoffen, ihrem Öl und ihrem Transportwesen. Schweden, die Schweiz und Spanien kamen zwar unter politischen und wirtschaftlichen Druck der Alliierten und wurden immer vorsichtiger, trieben aber noch immer umfangreichen Handel mit uns. Im Frühjahr 1944 versuchten die Ungarn, sich davonzumachen, aber wir hatten schon damit gerechnet und uns vorbereitet. Mit der Unterstützung einiger örtlicher Gruppen konnten wir einen Putsch veranstalten, in Budapest eine neue Regierung installieren und die Lage unter Kontrolle bringen.

Ein weiterer wichtiger Lichtblick war unsere wachsende Kriegsproduktion. Im Februar 1942 war Todt bei einem Flugzeugabsturz gestorben. Er war immer offen und ehrlich zu mir gewesen, und sein Tod nahm mich so sehr mit, dass ich nicht darüber sprechen wollte. So bin ich nun einmal: Ich habe meine historische Aufgabe immer vor Augen und unterdrücke meine Gefühle, wenn es notwendig ist. Natürlich heißt das nicht, dass sie sich nicht tief im Innern weiter bemerkbar machen. Zu Todts Nachfolger ernannte ich meinen bisherigen Generalbauinspektor Albert Speer. Speer war ein erstklassiger Organisator; es gab keinen besseren. Aber er hatte in diesem Bereich keinerlei Erfahrung. Seine Kenntnisse von Waffen, ihrer Produktionsweise und ihrem Gebrauch beliefen sich praktisch auf null. Mein Gefühl trog nicht; innerhalb kürzester Zeit erwies er sich als ausgezeichnete Wahl. Bis dahin hatte ich es unterlassen, all unsere Ressourcen für die Kriegsanstrengungen zu mobilisieren, um dem deutschen Volk die Entbehrungen zu ersparen, die es 1914 bis 1918 erlitten hatte und die zum Sturz des Kaisers beigetragen hatten. Nun tat Speer genau das, und die Ergebnisse kann man nur beeindruckend nennen.

In seinen *Erinnerungen*, die lange nach dem Krieg erschienen, hat Speer einige interessante Dinge zu erzählen. Erstens schätzte er, dass wir, wenn die von ihm durchgedrückten Reformen früher angestoßen worden wären, das Nötige hätten produzieren können, um eine Million mehr Soldaten auszustatten, als wir es tatsächlich konnten. Zweitens stellte er fest, dass uns die alliierten Bombardierungen ungefähr 15 Prozent unserer gesamten Kriegsproduktion kosteten. Diese Zahl beinhaltet sowohl den unmittelbaren Schaden an Liegenschaften als auch die Ressourcen, in erster Linie Luftverteidigung, Bunker und so weiter, die wir abzweigen mussten, um mit den feindlichen Bombern fertigzuwerden. Viel bemerkenswerter war die Tatsache, dass 1943 und Anfang 1944 unser Ausstoß an schlichtweg allem trotz der Bombenangriffe stieg und stieg. Nicht nur unsere Herstellung von Jagdflugzeugen vergrößerte sich, sondern auch die von Panzern, Sturmgeschützen (im Grunde Panzer ohne Turm, fast genauso nützlich, aber billiger und einfacher zu produzieren als ihre vollwertigen Vettern), Schützenpanzern, Geschützrohren, Unterseebooten und so fort. Gelegentlich erstatte Speer mir schriftlich, fernmündlich oder persönlich Bericht. Jedes Mal brachte er mich zum Lächeln.

Der Anstieg beruhte auf mehreren Faktoren. Erstens holten wir, wie schon gesagt, Massen an Fremdarbeitern ins Land, um die Männer an der Front zu ersetzen. Wir verbesserten sogar die Lebensbedingungen einiger unserer russischen Kriegsgefangenen, damit sie in unseren Fabriken arbeiten konnten, anstatt einfach zu verrecken. Andere Arbeitskräfte kamen aus den Konzentrationslagern. Die SS vermietete sie für soundsoviel Pfennig pro Mann und Tag an die Industrie. Zweitens stellten wir die Herstellung etlicher unwichtiger Güter ein und stellten ihre Fabriken auf Rüstungsproduktion um. Drittens brachte Speer es zustande, die Herstellung zu rationalisieren und viele Produkte zu standardisieren. Ein herausragendes Beispiel waren die Unterseeboote. Vorher hatte jedes einzelne 42 Wochen Bauzeit gebraucht. Nach seiner Übernahme sank der Zeitbedarf auf nur noch 16 Wochen.

Nicht zuletzt hatte unser System zur Ausbeutung der besetzten Gebiete 1942/43 seine Anfangsschwierigkeiten überwunden und funktionierte nun so reibungslos, wie man es unter den gegebenen Umständen erwarten konnte. Auch auf diesem Gebiet erwies sich Speer als von unschätzbarem Wert. Er arbeitete sehr hart, war außergewöhnlich gutaussehend, sehr kultiviert, ein guter Zuhörer und Mann der leisen Töne und unbestechlich bis aufs Mark. Kurz gesagt: Er war das genaue Gegenteil einiger der Betonköpfe im Militär, mit denen ich so lange hatte arbeiten müssen. Natürlich wusste er viel mehr über unsere sogenannten „Kriegsverbrechen“, als er später zugeben wollte. Dazu zählte nicht nur unsere Beschäftigung von Zwangsarbeitern, für die er später ins Gefängnis kam, sondern auch die Judenvernichtung. Er benutzte nicht nur ihre leerstehenden Wohnungen, um ausgebombte Flüchtlinge unterzubringen, sondern half auch bei der Bereitstellung der Transportmittel, die sie in die Todeslager brachten. Es war ziemlich witzig, ihm von der Hölle aus dabei zuzusehen, wie er sich auf den Kopf stellte, um sich irgendwie zu rechtfertigen. Einmal leugnete er, anwesend gewesen zu sein, als Himmler am 6. Oktober 1943 eine Rede gehalten und das Schicksal der Juden ziemlich bildlich beschrieben hatte. Nachdem man ihn daran erinnerte, dass Himmler ihn namentlich als Zuhörer angesprochen hatte, log er *trotzdem* weiter! Was allerdings *wirklich* stimmt, ist, dass er als typischer Technokrat nur ein sehr begrenztes Interesse an Ideologie hatte, einschließlich unserer eigenen nationalsozialistischen. Wenn es jemanden gab, mit dem ausländische Industrielle bereitwillig zusammenarbeiteten, dann war er es.

Einige der Waffen, die wir herstellten, waren alt und bewährt. Ein gutes Beispiel war das hervorragende Gewehr 98 von Mauser, das ich selbst in meiner Militärzeit getragen hatte und das viele unserer Soldaten bis zum Ende des Zweiten Weltkriegs benutzten. Andere waren neu, sogar bahnbrechend. Zu den wichtigsten gehörten die Strahlflugzeuge. Der Grund für unsere Schwerpunktsetzung auf Strahltriebwerke war unsere Unfähigkeit, mit der schieren Menge an Bomben- und Jagdfliegern mitzuhalten, die die Alliierten bauten und uns entgegenwarfen. Die Strahltriebwerke verwendeten ein Rückstoßsystem, das auf völlig anderen Grundlagen beruhte als alles, was zuvor versucht worden war. Das Ergebnis war dic Me 262, ein Jäger, der schneller fliegen und steigen konnte als alle alliierten Modelle, erst recht als die russischen. Unsere Piloten sagten nach ihren ersten Flügen, dass es sich anfühlte, „als wenn ein Engel schiebt“.

Mit Blick auf unsere Vergeltung wollte ich zuerst, dass die Maschine zum Bomber umgerüstet wurde. Letzten Endes jedoch gestattete ich Galland, mich diesbezüglich umzustimmen. Als der Krieg endete, war sie in Serienproduktion gegangen. Aber sie war nur eines von mehreren neuen und revolutionären Flugzeugen. Ein anderes war die Ju 287, ein Bomber mit nach vorn gepfeilten Tragflächen, der nur als Prototyp gebaut wurde. Dann war da noch der Plan für einen überschallschnellen, bemannten Interkontinentalbomber mit einer Reichweite von 5000 Kilometern. Er war seiner Zeit um Jahrzehnte voraus; wäre er gebaut worden, dann hätten wir mit ihm New York erreichen und den Amerikanern heimzahlen können, was sie uns angetan hatten.

Wir hatten auch funkgesteuerte Fliegerbomben. Im September 1943 benutzten wir sie, um das italienische Schlachtschiff „Roma" zu versenken. Es brauchte nur zwei kleine, unbemannte Flugkörper für ein Schlachtschiff von fast 44.000 Tonnen; Sie können sich das Kosten-Nutzen-Verhältnis selbst ausrechnen. Wir entwickelten mehrere gelenkte Flugabwehrraketen und mindestens eine gelenkte Panzerabwehrrakete. Unsere Unterseeboote waren die ersten, die mit einem radarabsorbierenden Überzug ausgestattet wurden, mit einem Schnorchel, der die Tauchzeit enorm erhöhte, und mit schallgelenkten Torpedos, die im Zickzack fahrenden Schiffen folgen konnten. Die sogenannten Walter-Boote, von denen die ersten bei Kriegsende gerade beinahe gefechtsbereit waren, nutzten ein revolutionäres Antriebssystem, das ihnen eine viel höhere Unterwassergeschwindigkeit als jedem ähnlichen Boot dieser Zeit verlieh.

Aber auch unsere landgestützten Waffen konnten sich sehen lassen. Die 8,8-cm-Kanone stammte von 1936 und war ursprünglich für die Flugabwehr gedacht. Später wurde sie aber ausgiebig gegen Panzer eingesetzt. In dieser Rolle wurde sie allgemein als die beste Kanone der Welt anerkannt. Unsere Panzerkampfwagen V „Panther" und VI „Tiger" waren am schwersten gepanzert und mit den wirksamsten Kanonen ausgerüstet. Sogar noch mächtiger war der „Königstiger", der ab Sommer 1944 eingesetzt wurde. Man kann sich beim Besuch in einem beliebigen Panzermuseum davon überzeugen, dass diese gewaltigen Maschinen die englischen und vor allem die amerikanischen Modelle wie Spielzeuge aussehen ließen! Entgegen den Ratschlägen meiner Fachleute spielte ich auch mit dem Gedanken, Panzer zu bauen, die 100, 200 und sogar 1000 Tonnen wiegen sollten. Solche fahrenden Festungen wären über das Schlachtfeld gewalzt und hätten aus allen feindlichen Panzern Kleinholz gemacht. Entwicklungen in dieser Richtung fanden statt, wurden aber nie abgeschlossen.

Oft wurde behauptet, dass Diktaturen wissenschaftlichen und technischen Innovationen abträglich wären, weil sie Geheimhaltung erzwingen und den Informationsaustausch zwischen den Menschen einschränken. Wenn das stimmt, dann war meine Herrschaft in Wirklichkeit vielleicht gar keine Diktatur! Ganz im Gegenteil, unser Problem war ein Übermaß an begabten Tüftlern, Erfindern und Ingenieuren. Jeder einzelne von ihnen wollte nichts lieber, als sein – damals gab es so gut wie kein „ihr" – Lieblingsprojekt dem Reich zur Verfügung zu stellen, um die Kriegsanstrengungen zu unterstützen und uns zum Endsieg zu verhelfen. Und natürlich, um möglichst um den Fronteinsatz herumzukommen. Das führte zu mangelnder Koordinierung und einer Verschwendung von Ressourcen, was mir sehr wohl bewusst war. Ich aber war mit der Kriegführung beschäftigt und konnte nichts dagegen tun.

Viele unserer Entwicklungen waren derart zukunftsweisend, dass die Sieger schon unmittelbar nach Kriegsende begannen, untereinander zu wetteifern, wer mehr unserer führenden Wissenschaftler aufspüren, festnehmen und einspannen konnte. Über die nächsten paar Jahrzehnte hinweg zeugten viele ihrer neuentwickelten Waffensysteme von der Beteiligung dieser Forscher. Etliche der gesuchten Männer gingen nach Ägypten. Ihr Ziel war, Nasser bei seinen Waffenvorhaben zu unterstützen, besonders bei Jagdflugzeugen, Raketen und Giftgas, mit denen er den Israelis entgegentreten wollte. Daraus wurde aber nichts; ganz egal, ob nun die Araber zu unfähig oder die Israelis zu gerissen für sie waren. Aber damit war es nicht vorbei. Noch 1964, als in Amerika das erste in Serie gebaute Kampfflugzeug mit Schwenkflügeln abhob, machte sich der Einfluss eines unserer entsprechenden Projekte bemerkbar.

Ich persönlich habe Techniker und Ingenieure immer mit Hochachtung behandelt. Damit hatte ich auch keinerlei Schwierigkeiten. In politischen Dingen waren die meisten von ihnen wie die Lämmer. Wenn jemand leicht zu führen war, dann sie. In der Regel wollten sie nur gelegentlich den Kopf gestreichelt haben. Deshalb verlieh ich etwa dem Raketeningenieur Wernher von Braun persönlich den Professorentitel. Wie sehr er sich darüber freute! Selbstverständlich behauptete ich nicht, ein Fachmann auf ihrem jeweiligen Gebiet zu sein. Ich hatte aber *sehr wohl* Jahre als Frontsoldat zugebracht und war *seit langem* an Technik im Allgemeinen und Militärtechnik im Besonderen interessiert. Beides zusammengenommen gab mir ein gutes Verständnis von der sogenannten „Schnittstelle" zwischen Waffen auf der einen Seite und der Art und Weise, wie sie gebraucht werden konnten und sollten, auf der anderen. Deshalb besprach ich mich regelmäßig mit Ingenieuren und erfahrenen Frontoffizieren. Ich ließ mir neue Waffensysteme detailliert erklären und erteilte Anweisungen, was hergestellt werden sollte und was nicht. Hin und wieder war ich durch meinen Sachverstand in der Lage, einen echten Beitrag zu leisten. 1941 bestand ich zum Beispiel darauf, dass unsere Panzerkampfwagen IV mit einer langen statt einer kurzen 7,5-cm-Kanone ausgerüstet wurden. Ich entwarf auch persönlich die befestigten Stellungen, aus denen sich der Atlantikwall zusammensetzte.

Um die Zerstörung unserer Städte zu rächen, begannen wir mit dem Bau einer riesigen Kanone. Wäre sie fertiggestellt worden, dann hätte sie von ihrer Stellung bei Calais aus Geschosse auf London feuern können. Wie Saddam Husseins Versuch, etwas Ähnliches zu bauen, zeigte, waren wir auch in diesem Bereich unserer Zeit weit voraus. Die aufsehenerregendsten Waffen von allen waren die V1 und die V2. Ungeachtet der Namen, die wir ihnen gaben, war es die V2, die als Erste auf den Reißbrettern auftauchte. Ursprünglich war sie das Privatvergnügen einiger junger Schwärmer, die davon träumten, eines Tages zum Mond zu fliegen. Ihnen fehlten jedoch die Mittel, um voranzukommen, und so ließen sie sich leicht davon überzeugen, stattdessen für das Heer zu arbeiten.

Der Hauptgrund für das Interesse des Heeres an der Rakete war die Hoffnung, damit die Luftwaffe überflügeln zu können. Diese jedoch wollte auch eine unbemannte Waffe haben, die bis weit hinter der feindlichen Frontlinie eingesetzt werden konnte. Deshalb begann sie mit der Arbeit an der V1 und wollte der V2 zuvorkommen. Es war amüsant und traurig zugleich; vor allem war es dumm. Und doch sollte sich dieses Tauziehen zwischen den Teilstreitkräften während der 1950er Jahre in den Vereinigten Staaten fast exakt so wiederholen. Also hatte es offensichtlich nichts mit einer angeblichen Regierungsunfähigkeit des nationalsozialistischen Staates und meiner Person zu tun, wie so oft behauptet wurde.

Die V1 war eine verhältnismäßig einfache, billige Waffe, die in sehr großer Stückzahl hergestellt werden konnte und wurde. Anders war es bei der V2, einem wahren technischen Wunder; als ich (auf der Filmleinwand) Zeuge wurde, wie eine feuerspeiende, heulende Rakete abhob, wusste ich, dass ich zusah, wie Geschichte geschrieben wurde. Dazu bedurfte es jedoch zahlreicher Durchbrüche in den Bereichen Metallurgie, Lenkung und so weiter. Vorerst erwiesen sich beide Raketen als enttäuschend. Sie verfügten weder über die Treffsicherheit noch über das „Wurfgewicht“ (um einen Begriff zu benutzen, der erst in den 1970er Jahren aufkam), die es brauchte, um etwas zu bewirken. Die V2, deren Antrieb eine gewaltige Hitze erzeugte, war aufgrund ihrer Präzisionsbauteile, besonderem Stahlblech und so weiter außerdem sehr teuer in der Herstellung. Ungeachtet unserer ausgiebigen Verwendung von Zwangsarbeitern war – alles in allem – keines der beiden Programme den riesigen Aufwand wert, den zu investieren man mich überredet hatte.

Es gab sogar Pläne, eine V2 in einen wasserdichten Behälter zu stecken und von einem Unterseeboot schleppen zu lassen. Unweit des Zieles angekommen, sollte der hintere Teil des Behälters geflutet werden, um die Rakete aufzurichten, sodass sie auf ... sagen wir mal ... New York abgefeuert werden konnte. Unglücklicherweise gelangte der Plan nicht zur Durchführung; damit hätten die Amerikaner genau das bekommen, was sie verdienten. Aber nicht alle unserer neuen Waffen waren Hochtechnologie. Ein paar waren tatsächlich sehr einfach. Dazu gehörte die kleine Me 163 „Komet", eine bahnbrechende Entwicklung mit Raketenantrieb. Sie hob wortwörtlich wie eine Rakete ab und erreichte Geschwindigkeiten, mit denen kein zeitgenössisches Flugzeug mithalten konnte. Sobald sie sich über den anfliegenden feindlichen Bomberverband gesetzt hatte, sollte sie hinabstoßen, so viele abschießen, wie ihre kurze Höchstflugdauer erlaubte, und dann im Gleitflug landen. Das Modell war so einfach, billig und massenproduktionstauglich, dass wir es uns sogar leisten konnten, den Piloten im Notfall aussteigen und mit dem Fallschirm landen zu lassen. Eine weitere solche Waffe war die Panzerfaust, eine beeindruckende Panzerabwehrwaffe, die von einem einzelnen Infanteristen bedient werden konnte. Ihr fielen viele, viele alliierte Panzer zum Opfer.

Die ganze Zeit hindurch war unser Hauptproblem die Quantität, nie die Qualität. Die materielle Überlegenheit des Feindes war so gewaltig, dass wir sie nur hätten ausgleichen können, wenn wir Atomwaffen besessen hätten. Nach 1945 entwickelte sich eine ganze Fachliteratur um die Frage, warum wir die Bombe nie gebaut hatten. Dazu will ich eines klarstellen: Auch wenn oft das Gegenteil behauptet wurde, hatte es nichts mit der Judenvertreibung zu tun. Wir Deutschen verfügten über die besten Kernforscher der Welt, darunter die beiden Nobelpreisträger Werner Heisenberg und Otto Hahn. Mit den notwendigen Mitteln hätten sie und ihre jüngeren Kollegen die Bombe bauen können – was unsere Feinde tatsächlich den ganzen Krieg über befürchteten.

Nach dem Krieg behaupteten einige unserer Wissenschaftler, dass sie das Projekt absichtlich sabotiert hätten, um mir nicht den roten Knopf in die Hand zu geben. Glauben Sie das ja nicht! Diese Forscher tun alles, um bei irgendetwas die Ersten zu sein und der Geschichte ihre Namen einzuprägen. Die wahren Gründe für unser Scheitern waren ganz andere. Erstens hatte sich einer der prominentesten genau dieser Wissenschaftler in seinen Berechnungen geirrt. Er dachte, dass man für eine sogenannte Kettenreaktion viel mehr angereichertes Uran bräuchte, als tatsächlich der Fall war. Zweitens erfuhr ich erst spät von dem Projekt – Mitte 1942, glaube ich –, und zwar von meinem alten Kampfgefährten, dem Reichspostminister Wilhelm Ohnesorge. Meinem Postminister! Drittens, und wohl am wichtigsten: Zu jener Zeit konnten wir uns keine Forschungsvorhaben mehr leisten, die nicht innerhalb kürzester Zeit Ergebnisse lieferten. Will heißen: Die erforderlichen Ressourcen standen einfach nicht zur Verfügung.

Ein anderer Grund für meinen ungebrochenen Optimismus in dieser Zeit war, dass wir endlich die Sorte Generäle bekamen, die ich immer gewollt hatte. Die ältere Generation der hohen Offiziere hatte bis auf den letzten Mann in der alten kaiserlichen Armee gedient und sich ihre Sporen in der Reichswehr verdient. Sie waren oft adeliger Herkunft. Am Vorabend unserer Machtergreifung gab es in ihren Reihen verhältnismäßig mehr „von und zus" als 1914. Ganz ähnlich wie Halder und sein Vorgänger Beck glaubten sie nicht an meine Genialität. Beinahe ohne Ausnahme neigten sie dazu, auf mich und meine engsten nationalsozialistischen Mitarbeiter herabzublicken. Jahrhunderte der Tradition bis ganz zurück zu Friedrich Wilhelm I. hatten sie in eine verschworene Gemeinschaft verwandelt. So kam es, dass sie sich oft gegen mich verbündeten und meine Befehle verweigerten.

Nun aber änderte sich das endlich. Mehr und mehr Offiziere der älteren Generation schieden aus. Ein paar starben im Dienst, wie der bereits erwähnte Reichenau. Andere gingen in den Ruhestand, weil sie zu alt waren oder weil ich sie – über das Heerespersonalamt – dazu zwang. Darüber hinaus hatten im Ersten Weltkrieg so gut wie alle höheren Offiziere so gut wie ihre gesamte Zeit in irgendwelchen bequemen Landsitzen Kilometer hinter der Front verbracht. 1939 bis 1945 war die Lage völlig anders. Als die Schützengräben verschwanden und die bewegliche Kampfführung an ihre Stelle trat, benutzten viele Generäle irgendwelche Fahrzeuge als Gefechtsstände, wie es sowohl Rommel als auch Guderian taten. Das führte dazu, dass nicht wenige von ihnen umkamen, entweder bei Frontbesuchen oder durch Tiefflieger. Auch Rommel war Ziel eines solchen Angriffs, bei dem er schwer verwundet wurde.

Gleich aus welchem Grund, es traten allmählich neue Männer in den Vordergrund. Nur sehr weniger von ihnen trugen ein „von" im Namen. Der wichtigste war Dönitz, den ich später zu meinem Nachfolger ernennen sollte. Andere waren die Generäle der Waffen-SS Dietrich und Hausser sowie die Wehrmachtsgeneräle Hube, Model, Rendulic und Ramcke. Ramcke war ein Fallschirmjäger, der bei der zweiten Schlacht von El Alamein bewiesen hatte, was in ihm steckte, und war dadurch außergewöhnlich, dass er während seiner militärischen

Laufbahn in allen drei Teilstreitkräften gedient hatte. Der härteste von allen war Schörner; kein anderer General verhängte mehr Todesurteile für Feigheit vor dem Feind, Defätismus und Fahnenflucht. Hätte ich nur ein Dutzend von seinem Schlag gehabt, hätte ich den Krieg vielleicht gewonnen! Direkt hinter diesen kamen noch jüngere Männer. Ein bedeutender von ihnen war SS-Obersturmbannführer Otto Skorzeny, der Mann, der Mussolini befreit und geholfen hatte, während des versuchten Putsches im Juli 1944 Berlin für mich zu halten. Ein anderer war der Standartenführer der Waffen-SS Joachim Peiper, unser erfolgreichster Kommandeur während der Ardennenoffensive 1944.

Es wäre gelogen, zu behaupten, dass diese Offiziere weniger beschränkt gewesen wären als ihre Vorgänger. Wenn überhaupt, dann waren sie das Gegenteil. Paradoxerweise hatte dieser Charakterzug bei ihnen seine Vorteile. Er machte es für mich mit meinem breiten Horizont, den ich mir durch Lektüre und Erfahrung angeeignet hatte, leicht, ihre Zweifel zu überwinden und dafür zu sorgen, dass sie taten, was man ihnen sagte. Wie oft kam einer von ihnen in mein Hauptquartier, entschlossen, mir „die Wahrheit" über die Lage an der Front zu sagen, und verließ die Besprechung mit neugewonnener Zuversicht! Sie waren weniger eng mit den alten militärischen Traditionen verbunden und standen uns Nationalsozialisten weltanschaulich näher als ihre Vorgänger. Im Grunde aber waren sie unpolitisch. Manchmal hatte ich den Eindruck, dass ihnen sogar die Aussicht auf den Sieg weniger um Deutschlands willen wichtig war als vielmehr als Mittel zum Zweck, um ihre eigenen Karrieren voranzutreiben. Sie hatten sich den Weg an die Spitze in einer Schlacht nach der anderen freigekämpft, besaßen Nerven wie Drahtseile und waren stahlhart. Das war genau das, was ich in einem Stadium des Krieges brauchte, in dem nicht mehr brillante Schachzüge – wie jene, die Manstein ständig vorschlug – zählten, sondern die brachiale Entschlossenheit, jede Stellung bis zum letzten Mann und zur letzten Patrone zu halten.

Kurz gesagt: Anders, als so viele Historiker geschrieben haben, die beweisen wollten, wie verblendet ich war, und dabei die wahren Umstände völlig falsch interpretierten, war der Krieg selbst im Frühjahr 1944 noch immer nicht verloren. Ungeachtet all unserer Rückschläge waren das Reich und seine beherrschende Stellung in Europa noch immer unversehrt. Unsere Soldaten kämpften tapfer. Sie teilten durchweg mehr aus, als sie einstecken mussten, und verdienten sich die widerwillige Hochachtung des Feindes. Churchill, der fürchtete, dass eine Invasion des Kontinents zu einem Blutbad wie dem des Ersten Weltkriegs führen könnte, in dem 600.000 Engländer getötet worden waren, hatte besonders hohen Respekt vor ihnen. Wie wir heute wissen, hätte die Landung in der Normandie vielleicht nie stattgefunden, wenn es nach ihm gegangen wäre. Er hätte auf dem Balkan und in Norwegen angegriffen – also überall, nur nicht frontal. Und Stalin wusste das; als sie sich im November 1943 in Teheran trafen, hänselte er Churchill deswegen.

Noch 1980, 35 Jahre nach Kriegsende, zollte das Pentagon der Wehrmacht noch immer eifrig das Kompliment, von ihr gelernt zu haben. Auch unsere Zivilbevölkerung hielt sich tadellos. Sicher, die Menschen waren alles andere als glücklich. Wie hätte es auch anders sein sollen angesichts unserer schweren Verluste, der zunehmenden Knappheit an Nahrung und Verbrauchsgütern und des Bombenhagels, der unsere Städte eine nach der anderen in Schutt und Asche legte? Doch sie drehten nicht durch, wie Douhet und sogar einige meiner eigenen Offiziere prophezeit hatten. Genauso wenig probten sie den Aufstand und stellten sich gegen die Regierung, wie sie es 1918 getan hatten. Für die Ausgebombten fand sich allgemein irgendeine Lösung, wenn auch meist eine notdürftige. Der Rest machte seine alltägliche Arbeit, murrte – mehr über den Feind als über die Regierung – und hielt verbissen durch. Die häufigen Verluste von Angehörigen und Eigentum durch Luftangriffe stachelten den Hass auf den Feind an und radikalisierten viele Leute. Die meisten bewahrten sich auch ihren Glauben an unseren Endsieg und warteten sehnlich darauf, dass unsere neuen Wunderwaffen Wirkung zeigten. Vor allem schenkten sie mir weiterhin ihr Vertrauen und folgten mir dorthin, wohin ich sie führte. Das galt auch fast ausnahmslos für diejenigen, denen ich die Verantwortung für sie übertrug.

Ihnen – und natürlich auch mir – war sehr wohl bewusst, dass die seit langem versprochene und oft verschobene Invasion in Westeuropa jeden Tag näher rückte und unsere Aussicht auf den Sieg von unserer Fähigkeit abhing, sie zurückzuschlagen. Das war der Grund, weshalb ich Rommel den Befehl über den Atlantikwall übertrug: um die Eindringlinge in Empfang zu nehmen und sie zurück ins Meer zu werfen. Der Ausgang der bevorstehenden Schlacht stand auch mitnichten bereits vorher fest. Schon unsere eigene Invasion Norwegens hatte mir mehr als reichlich klargemacht, dass amphibische Angriffe die schwierigsten und kompliziertesten militärischen Unternehmungen von allen sind. Fragen Sie Churchill! Er hat die Schlacht von Gallipoli nicht nur verloren, sondern ein ganzes Buch geschrieben, nur um sich dafür zu rechtfertigen. Ein plötzlicher Wetterumschwung kann sehr leicht eine ganze amphibische Landung durcheinanderbringen oder sogar ihren Abbruch erzwingen. Das ist beispielsweise der Spanischen Armada

1588 passiert. Trotz seiner gewaltigen Überlegenheit an Männern und Kriegsgerät fürchtete selbst General Eisenhower, dass er scheitern könnte. Angesichts des Trauerspiels in Dieppe 1942 hätte das durchaus passieren können. Noch am 5. Juni war das Wetter über dem Kanal so scheußlich, dass wir unsere Luft- und Seeaufklärung einstellen mussten. Kein Wunder, dass Eisenhower während der abschließenden Vorbereitungen ein Memorandum niederschrieb, in dem er die volle Verantwortung für einen möglichen Fehlschlag übernahm.

Als die Invasion dann endlich kam, empfand ich persönlich sie als Erleichterung, wie auch viele meiner Volksgenossen. Es ist besser, zu kämpfen, als untätig im Bombenregen zu sitzen. Wäre der Kampf um die Normandie zu unseren Gunsten ausgegangen, hätte sich die Lage von Grund auf geändert. Unsere Feinde wären entmutigt gewesen. Im Gegenzug wäre die Moral unseres eigenen Volkes in den Himmel gestiegen, und seine Bereitschaft zum Weiterkämpfen hätte sich noch einmal verdoppelt. Wir hätten nicht weniger als eine Million Soldaten, darunter ein paar Elite-Panzerdivisionen, von der West- an die Ostfront verlegen können. Das wäre mehr als genug gewesen, um die bolschewistischen Horden ein für alle Mal zu zerschmettern! Oder aber Stalin, der schon lange unzufrieden mit dem Zögern seiner westlichen Verbündeten war, wäre möglicherweise eher zu einem annehmbaren Frieden mit uns bereit gewesen. Es war aber nun einmal so, dass die Invasion glückte. Der Hauptgrund dafür war, dass meine Generäle mir nicht geglaubt hatten, als ich ihnen sagte, dass sie die Normandie im Auge behalten sollten. Mit Blick auf die Karte beharrten sie darauf, dass die Landung am Pas de Calais stattfinden würde! Das sei die kürzeste Strecke und biete das beste Straßennetzwerk für den anschließenden Einmarsch in Deutschland, sagten sie.

Ich habe nie herausfinden können, wie das passieren konnte, nicht einmal hier in der Hölle. Viele Jahre lang war die geläufige Erklärung, dass unser Geheimdienst von einer genialen Desinformationskampagne getäuscht worden sei, die die Alliierten ausgetüftelt und durchgeführt hätten. Der Glaube daran war ihnen sehr willkommen. Es scheint aber so, als habe der Grund anderswo gelegen. Angefangen bei Canaris, ihrem Leiter, und bis weit hinunter in ihren Dienstgraden war die Abwehr schon lange mit Verrätern der schlimmsten Sorte durchsetzt gewesen. Viele von ihnen hatten bereits seit Jahren gegen uns gearbeitet und dabei den Schleier der Geheimhaltung, der jeden Nachrichtendienst zwangsläufig umgibt, weidlich ausgenutzt. Diese Schweine! Man wird sich daran erinnern, dass schon 1940 einer von ihnen den Tag unseres Angriffs im Westen an die Alliierten verraten hatte. Später weigerte sich Canaris selbst nicht nur, irgendwie an der

Judenverfolgung mitzuwirken, sondern half sogar persönlich einigen von ihnen, nach Spanien und in die Schweiz zu entkommen.

Nun, im Frühjahr 1944, wollten sie und ihre Helfer – von denen der bereits erwähnte Speidel der wichtigste war – unseren Feinden vorsätzlich die Tore öffnen. Ich selbst erfuhr auf dem Berghof von der Invasion; es sollte mein letzter Besuch an diesem so geliebten Ort werden. Von der Abwehr in die Irre geführt, glaubten ich und meine Gehilfen im OKW – vor allem Jodl – zuerst, dass es sich nur um eine Ablenkung handelte, um die echte Landung zu verbergen, die gegen den Pas de Calais gerichtet sein würde. Deshalb weigerte ich mich, die bereitgehaltenen Panzerdivisionen freizugeben, die Rommel als örtlicher Befehlshaber angefordert hatte. Als sich die Verwirrung gelegt hatte und die Divisionen in den Kampf zogen, war es zu spät.

28. Götterdämmerung

Am 20. Juli 1944 versammelte ich mich kurz nach Mittag mit meinem Stab zur üblichen Lagebesprechung, als beinahe wortwörtlich vor meinen Füßen eine Bombe explodierte. Wir waren 24 Personen in der Lagebaracke. Davon wurden vier sofort getötet oder starben später an ihren Verletzungen, einschließlich meines langjährigen Adjutanten Generalleutnant Schmundt. Alle anderen wurden mehr oder weniger schwer verwundet. Ich kam mit gerissenen Trommelfellen, hunderten Holzsplittern, die aus meinen Beinen entfernt werden mussten, und versengten Hosen davon. Später schickte ich die Uniform, die ich an diesem Tag getragen hatte, als Andenken an Fräulein Braun. Aber es musste weitergehen. Noch am gleichen Nachmittag führte ich Mussolini, der zufällig an diesem Tag zu Besuch kam, durch die Verwüstung, die die Bombe hinterlassen hatte. Wie schon so oft in der Vergangenheit hielt die Vorsehung ihre schützende Hand über mich.

Dank der Abschaffung der „Bürgerrechte", dank der Zensur und natürlich dank der Gestapo war in meinem Reich jede Form der offenen Opposition so gut wie unmöglich. In einem ordentlichen Führerstaat sollte es genau so sein; umso mehr, als sich der betreffende Staat seit Ende 1939 in einem Kampf auf Leben und Tod gegen praktisch die ganze Welt befand. Die heimliche Opposition war etwas anderes. Anfangs gingen wir Nationalsozialisten davon aus, dass wir angesichts des überragenden Zuspruchs für unsere Herrschaft nicht auf drastische Maßnahmen würden zurückgreifen müssen. 1935 war die Zahl der Insassen der Konzentrationslager auf 4000 zurückgegangen; Himmler war sogar so naiv, zu glauben, dass wir sie vielleicht ganz schließen könnten! Noch 1939 belief sich die Zahl der Häftlinge auf nur 21.000. Im Verhältnis zur Gesamtbevölkerung saßen bei uns zusammengerechnet nicht mehr Menschen in Haft als in der Schweiz, in Finnland und in den Vereinigten Staaten. Und auf die Bevölkerungszahl hochgerechnet waren es nur vier Prozent – vier Prozent! – der Menge, die zur gleichen Zeit in Stalins Gulag eingesperrt war.

Erst nach Ausbruch des Krieges begann das Lagersystem, das nun nicht mehr nur Deutsche, sondern Menschen aus dem ganzen besetzten Europa fassen musste, mächtig anzuwachsen. Viele Häftlinge waren „Widerstandskämpfer", die ihr Schicksal mehr als verdient hatten. Auf dem Höhepunkt Anfang 1945 belief sich die Zahl auf etwa

700.000. Das war kein bisschen mehr, wahrscheinlich eher weniger, als die Zahl unserer Volksgenossen, die in den folgenden Monaten in vergleichbaren Lagern der tschechoslowakischen, polnischen, ungarischen, jugoslawischen und rumänischen Machthaber landen sollten. Es gab aber einen gewichtigen Unterschied: Die Insassen unserer Konzentrationslager waren aus einem Grund eingesperrt worden. In den Lagern der anderen saßen – weil die Männer eingezogen worden waren – fast ausschließlich Frauen, Kinder und Greise, deren einziges Verbrechen darin bestand, deutsch geboren zu sein. Die Haftbedingungen waren so grässlich, dass sie starben wie die Fliegen. Zu guter Letzt sorgten Himmlers strenge Regeln dafür, dass es in unseren Konzentrationslagern nur sehr selten zu Fällen von Vergewaltigung kam. In den Lagern der anderen hingegen waren sie so allgegenwärtig, dass sie fast selbstverständlich schienen. Manches Mal übernahmen die Sieger einfach unsere Lager und benutzten sie für ihre Zwecke. Das geschah beispielsweise mit Auschwitz.

Innerhalb Deutschlands ließ sich die Opposition in drei Strömungen einteilen. Erstens gab es eine Handvoll eher seltsamer Einzelgänger, die aus irgendeinem Grund darauf aus waren, mich zu töten. Das waren diejenigen, um die ich persönlich mir am meisten Sorgen machte. Wie der beinahe geglückte Versuch Georg Elsers zeigte, mich im November 1939 in die Luft zu sprengen, gab es schlichtweg keine Möglichkeit, diese Leute aufzuhalten. Aber sie waren ohne jede politische Bedeutung. Zweitens gab es die Kommunisten. Ein paar ihrer Führungsfiguren waren nach Moskau geflohen, wo Stalin viele von ihnen hinrichten ließ – niemand weiß so recht, warum. Der Rest machte mit seinen Verschwörungen weiter. Solange das Reich bestand, kamen sie jedoch nie wirklich voran. Das lag zum Teil daran, dass die Gestapo jeden ihrer Schritte überwachte, sie in den Untergrund trieb und verhinderte, dass sie irgendetwas Bedeutendes unternahmen. Und vielleicht lag es zum Teil auch daran, dass unterm Strich der Kommunismus so gut zum deutschen Volk passt wie ein Sattel zu einer Kuh.

Mit der konservativ-reaktionären Opposition war es anders. Viele ihrer Führer kamen aus den höchsten Schichten der Gesellschaft. Einige bekleideten echte Machtpositionen. Vor dem 20. Juli waren – wenn überhaupt – nur wenige von ihnen jemals verhaftet oder der Verschwörung gegen mich auch nur verdächtigt worden. Unter ihnen fanden sich einige der angesehensten Namen Deutschlands, einschließlich – so leid es mir tut, das sagen zu müssen – Peter Graf Yorck von Wartenburg, ein Nachfahr des Helden der Erhebung gegen Napoleon 1813, sowie Helmuth James Graf von Moltke, der Urgroßneffe des großen Moltke, und sein Bruder Karl. Als Fachmann für „Völkerrecht“ hatte Helmuth James lange Zeit für die Abwehr gearbeitet. Dort hatte Canaris ihn geschützt und ihm bei seinen verräterischen Handlungen geholfen.

Andere waren Offiziere aus jahrhundertealten Familien. Mindestens einer, Carl Friedrich Goerdeler, war Oberbürgermeister einer Großstadt – Leipzig – gewesen. 1934/35 war er außerdem Reichskommissar für die Preisbildung gewesen und hatte mich mit allen möglichen verwirrenden Denkschriften überschüttet, die ich nie gelesen habe. Goerdeler persönlich war dermaßen projüdisch eingestellt, dass das Denkmal des Komponisten Mendelssohn Bartholdy in Leipzig hinter seinem Rücken abgerissen werden musste! Angefangen bei Oberst Stauffenberg stimmten die meisten anderen Verschwörer zu, dass die Juden ein Problem darstellten, das auf die eine oder andere Weise angegangen werden müsse. Sie stellten sich allerdings gegen unsere extremeren Maßnahmen, und sie waren sehr bemüht darum, sich die Hände nicht schmutzig zu machen.

Wieder andere arbeiteten im Auswärtigen Amt. Samt und sonders schmiedeten sie unermüdlich Ränke, um mich zu stürzen oder, wenn nötig, zu ermorden. Sie planten außerdem, eine neue Regierung zusammenzustellen, den Krieg im Osten weiterzuführen und mit dem Westen einen Separatfrieden auszuhandeln. Das ist übrigens genau das, was auch ich getan hätte, wenn es die leiseste Hoffnung auf Erfolg gegeben hätte. Die Tatsache, dass keiner der Unterhändler wohlwollend aufgenommen wurde, die sie erst nach London und später in neutrale Länder wie die Schweiz und die Türkei schickten, schreckte sie nicht ab. Mehrmals schlugen ihre Mordversuche an mir fehl, entweder aus technischen Gründen – eine in mein Flugzeug geschmuggelte Bombe explodierte nicht – oder aufgrund von Vorsichtsmaßnahmen, die ich getroffen hatte, etwa häufige Planänderungen. Stauffenberg allerdings kam seinem Ziel so nah wie niemand sonst.

Wie sich herausstellte, zeigten er und seine stümperhaften Mitverschwörer, die fast alle mittelmäßig hochrangige Offiziere waren, kein bisschen mehr Begabung bei der Planung und Durchführung eines Putsches als ein Affe beim Schachspiel. Stauffenberg selbst gelang es, sich den Weg aus meinem ostpreußischen Hauptquartier heraus freizulügen, in ein Flugzeug zu steigen und zurück nach Berlin zu fliegen. Wer hätte das gedacht? Dann aber verließ ihn das Glück. Nach der Landung stellte er fest, dass sich überhaupt nichts getan hatte. Zuerst versuchte er, seine Kameraden davon zu überzeugen, dass ich umgekommen sei. Daraufhin sollten sie einen als „Unternehmen Walküre“ bekannten Plan auslösen, um das Regierungsviertel in Berlin unter ihre Kontrolle bringen sowie Goebbels und andere führende Persönlichkeiten festnehmen zu können.

Zum Glück behielt der Kommandeur des Berliner Wachregiments, Major Otto Ernst Remer, die Nerven. Zuerst fragte er Goebbels, ob ich wirklich tot sei. Daraufhin verband ihn Goebbels telefonisch mit mir, sodass ich ihm versichern konnte, dass ich tatsächlich gesund und munter war. Nachdem das geschehen war, hatte der Putsch keine Aussicht mehr auf Erfolg. Blieb nur noch, die Verschwörer zu verhaften. Oder besser: diejenigen, die keinen Selbstmord verübt hatten wie Henning von Tresckow und nicht wie Stauffenberg von ihren eigenen Kameraden hingerichtet worden waren.

Ich beförderte Remer zur Belohnung zum Oberst, einem der jüngsten der Wehrmacht. Nach dem Krieg wurde er ein rechter „Neonazi"-Publizist und für seine Bestrebungen vor Gericht gestellt. Was mir persönlich am Putsch am schwersten begreiflich war, war die Tatsache, dass sich unter den Verschwörern eine ganze Menge Offiziere befanden, die ich persönlich gekannt und deren Karrieren ich jahrelang gefördert hatte. Die wichtigsten davon waren die Generalfeldmarschälle Rommel und Kluge. Angesichts der großen Beliebtheit Rommels hielt ich es für das Beste, ihm die Selbsttötung zu gewähren, und er leistete gehorsam Folge. Im Gegenzug erhielt seine Witwe eine Rente und er selbst ein Staatsbegräbnis. Kluge wartete nicht auf die Verhaftung – ich bin froh, das sagen zu können. Er brachte sich aus eigenem Antrieb um und ersparte uns damit die Peinlichkeit, selbst mit ihm abrechnen zu müssen.

Noch in der folgenden Nacht erklärte ich dem deutschen Volk in einer Rundfunkrede, dass wir mit den Verschwörern genau so umgehen würden, wie sie es verdient hatten. Himmler, der immer auf Gelegenheiten wartete, die Macht der Waffen-SS auf Kosten der Wehrmacht auszudehnen, griff gründlich durch. In den nächsten Wochen und Monaten wurden Tausende verhaftet. Angesichts der hohen Stellung der Beschuldigten wusste ich, dass wir von den Gerichten nicht das gewünschte Verhalten erwarten konnten. Schließlich hatten sie mich jahrelang behindert und oft – erfolgreich – nach Gründen gesucht, weshalb Menschen nicht die verdiente Todesstrafe erhalten sollten. Im Falle der Offiziere war der erste Schritt, sie aus der Wehrmacht ausschließen zu lassen. Nachdem das erledigt war, wurden sie genau wie die Zivilisten vor den Volksgerichtshof gestellt. Zu dessen Präsidenten hatte ich Roland Freisler ernannt. Er war ein altgedienter Nationalsozialist und, wie sogar seine Feinde zugaben, ein hervorragender Jurist. Einmal brachte er den angeklagten Generaloberst

Hoepner dazu, zuzugeben, dass er ein Esel sei! Leider wurde er später bei einem alliierten Luftangriff getötet.

Ich habe nie herausfinden können, wie viele Menschen genau im Nachgang des Putsches hingerichtet wurden, weder zu meinen Lebzeiten noch hier in der Hölle. Eine Quelle spricht von 5000. Aber diese Zahl scheint alle möglichen politischen Gefangenen einzuschließen, die zwischen 20. Juli und Kriegsende ums Leben gekommen sind, nicht nur die, die mit den Ereignissen jenes Tags in Verbindung standen; in Wirklichkeit waren es viel weniger, vielleicht nur 200. Es stimmt, dass wir auch einige Familienmitglieder der verurteilten Männer eingesperrt haben. Die Gestapo sprach sich aber gegen solche Schritte aus. Können Sie sich das vorstellen? So kam es, dass nur wenige liquidiert wurden und die meisten den Krieg überlebten. Das trifft sogar auf Nina von Stauffenberg zu, die noch 62 Jahre leben sollte. Sowohl Freya von Moltke als auch Erika von Tresckow wurden zwar verhört, entgingen aber dem Scharfrichter. Die beiden Söhne der Letzteren dienten weiter in der Wehrmacht, als sei nichts gewesen. Nachdem der Krieg vorbei und der Nationalsozialismus abgeschafft worden war, machten einige der Überlebenden ihre toten Angehörigen zu Geld. Wäre der Gestapo-Chef Stalins guter Freund Wyschinski gewesen, mit dem Freisler manchmal verglichen wurde, dann hätte die Bilanz zweifellos anders ausgesehen.

In der gesamten deutschen Geschichte gab es keinen Präzedenzfall, in dem Offiziere ihren Eid gebrochen, ihre vielgerühmte „Ehre“ über Bord geworfen und den obersten Befehlshaber zu töten versucht hätten. Deshalb weigerte ich mich zunächst, an die Richtigkeit der Meldung zu glauben, die Stauffenberg als Haupttäter nannte. Hätte er eine Pistole benutzt oder sich selbst in die Luft gesprengt, wie es so viele islamische Terroristen und sogar einige Frauen getan haben, hätte ich Respekt vor ihm haben können. Aber nein, er wollte weiterleben, platzierte seine Bombe und schlich sich davon. Kein Wunder, dass sich so gut wie alle seine Kameraden gegen ihn wandten! Viele Briefe – sowohl die, die an verschiedene Regierungsämter adressiert waren, als auch die, die der Sicherheitsdienst abfing – zeigten, dass auch Zivilisten mit Zorn und Entsetzen reagierten. Einige waren überzeugt, dass mich allein ein Wunder gerettet hatte, und fühlten sich mir tatsächlich näher als zuvor. Wie Stauffenberg selbst ausdrücklich vorhergesehen hatte, wurden viele dieser Einstellungen in die 1950er Jahre hinein übernommen. Erst im darauf folgenden Jahrzehnt kam die (west-)deutsche Regierungspropaganda endlich damit voran, die Menschen davon zu überzeugen, dass die Verbrecher in Wirklichkeit

Helden gewesen seien und als solche in Erinnerung behalten werden müssten.

Die Truppe kämpfte darüber hinaus mit ungebrochenem Elan weiter. Sogar Generaloberst Blaskowitz, der 1939 gegen unsere „Greuelhandlungen“ in Polen protestiert hatte, brachte nun seine Abscheu gegenüber dem „gemeinen“ Verbrechen zum Ausdruck und schwor, bis zum Ende an meiner Seite zu bleiben. Spiegelbildlich dazu berief General Eisenhower im November eine Krisensitzung ein, um zu erkunden, warum der Widerstandswille der Wehrmacht weiterhin intakt blieb. Um sicherzustellen, dass er das tat, erhöhten wir die Zahl der NSFO, der Nationalsozialistischen Führungsoffiziere, die wir seit Ende 1943 ernannt hatten. Das waren nicht die feigen jüdischen Typen, die die Rote Armee zu Kommissaren machte. Bei weitem nicht. Wir suchten uns dafür ausgezeichnete Frontoffiziere aus, auch Kriegsversehrte. Viele meldeten sich freiwillig. Zu ihren Aufgaben gehörte es, die Fragen der Soldaten zu beantworten, sie zu größeren Anstrengungen anzuspornen und der Wehrkraftzersetzung ein Ende zu machen. Unter ihnen war auch ein 29jähriger Oberleutnant namens Franz Josef Strauß. Nach 1945 begann er eine eindrucksvolle politische Laufbahn; heute ist der Münchener Flughafen nach ihm benannt.

Sehr viel später besaßen viele deutsche und ausländische Historiker die Frechheit, zu schreiben, dass ich durch die Fortführung des Krieges mutwillig die Leben meiner Soldaten geopfert hätte, um mein eigenes zu verlängern. Mit anderen Worten behaupteten sie, dass ich falsche Hoffnungen geweckt und die Truppe verraten hätte. Einmal mehr kann ich nur sagen: Was für ein Schwachsinn. Außerdem beleidigt es die Intelligenz der Soldaten. Erstens verstanden sie nur zu gut die Bedeutung von „bedingungslose Kapitulation“ auf der einen und Stalins Gnade auf der anderen Seite. Für viele von ihnen erwiesen sich ihre Ängste als voll und ganz berechtigt. Zweitens verlangte ich den ganzen Krieg hindurch niemals etwas von meinen Landsern, das ich nicht selbst wieder und wieder getan hätte. Das können nicht viele andere Staatsoberhäupter von sich behaupten. Ganz sicher nicht all die „demokratischen“ amerikanischen Präsidenten, die mindestens seit 1965 ihre uniformierten Männer und inzwischen auch ihre uniformierten Frauen in einen idiotischen Krieg nach dem anderen schicken.

Marschall Foch, den ich bereits erwähnt habe, hat einmal gesagt, dass eine gewonnene Schlacht eine Schlacht ist, die verloren zu haben man sich einzugestehen weigert. Deshalb sollte alles, was ich ab 1919 je sagte und tat, sicherstellen, dass sich ein Waffenstillstand wie der, mit dem wir den Ersten Weltkrieg verloren hatten, nicht wiederholen würde. Nochmal: Die Soldaten, *meine* Soldaten, verstanden dies alles sehr gut. 1944/45 veranstalteten die Amerikaner – wie typisch für sie – eine Umfrage unter ihren deutschen Kriegsgefangenen. Sie zeigte, dass die meisten dieser Männer sich um nichts weiter als um ihre persönlichen Angelegenheiten scherten und Zweifel an allem Sonstigen in der Welt hegten. Mit einer bedeutenden Ausnahme: Sie hatten sich ihr Vertrauen zu mir bewahrt. Nach dem Putsch vertrauten sie mir umso mehr. Auch die deutschen Zivilisten, die meine Neujahrsansprache hörten, schöpften neue Zuversicht aus meiner Stimme. Und sie waren nicht bereit, die Flinte ins Korn zu werfen. Wie so oft in meinem Leben stand ich wie ein Leuchtturm inmitten der stürmischen See. Hätte ich sie ihrem Schicksal überlassen sollen oder dürfen?

In der Zwischenzeit lief der Krieg nicht gut. Im Herbst 1944 versuchten sowohl Ungarn als auch die Slowakei, sich aus ihrem Bündnis mit uns zu lösen. Wir konnten das verhindern, aber mit Rumänien hatten wir weniger Glück. Der Übeltäter war der junge König Michael I. Er plante einen Staatsstreich, ließ Antonescu festnehmen, setzte eine neue Regierung ein und wechselte sofort die Seiten. Dafür verlieh ihm Stalin den sowjetischen Siegesorden – Stalin, der mehr Blaublüter umgebracht hatte als jeder andere Mann in der Geschichte. Wie die Widmung erklärte, wurde er in Anerkennung „der heldenhaften Tat des radikalen Umschwungs der rumänischen Politik hin zu einem Bruch mit Hitlerdeutschland und einem Bündnis mit den Vereinten Nationen in einem Augenblick, als es noch kein eindeutiges Anzeichen für Deutschlands Niederlage gab“, verliehen. Aber die Geschichte hat ihre eigene Weise, Leute wie ihn zu behandeln. Der Orden rettete ihn nicht davor, aus dem Land fliehen zu müssen, als drei Jahre später die Kommunisten die Macht übernahmen. Er durfte erst 1997 zurückkehren.

Der Seitenwechsel war ein schwerer Schlag. Militärisch richtete er nicht viel Schaden an, weil die Rumänen lausige Soldaten waren und sind, die sich mehr für Schieberei als fürs Kämpfen interessierten. Wirtschaftlich allerdings ließ er uns mit noch weniger Öl zurück, als wir ohnehin schon gehabt hatten. Das zwang uns dazu, unsere Truppen noch weiter zu demotorisieren, womit wir schon 1942 hatten beginnen müssen. Als Nächstes griffen die Kämpfe auf Ungarn selbst über, wodurch die angrenzende Ostmark bedroht war. Im Mai 1944 war es den Alliierten endlich gelungen, Monte Cassino einzunehmen, was dazu führte, dass wir Rom aufgeben mussten. Wie die folgenden Monate zeigen sollten, machte dieser Verlust nicht allzu viel aus, weder aus geografischer Perspektive noch hinsichtlich der für uns verfügbaren Ressourcen. Für unsere Soldaten war es das Schlimmste, dass sie nicht mehr an die Frauen der Stadt herankamen. Zu jener Zeit diente sie als größtes Hurenhaus der Welt.

Ende Juli brachen die Amerikaner und die Engländer aus ihrem Brückenkopf in der Normandie aus. Unsere Einheiten in der Gegend kämpften wie die Löwen. Am Ende aber wurden sie von der riesigen zahlenmäßigen und materiellen Übermacht des Feindes – vor allem in der Luft – überwältigt. Ende August verloren wir Paris, das unser Ortskommandant entgegen meinem ausdrücklichen Befehl nicht niedergebrannt hatte. Die alliierte Invasion in Südfrankreich, zu deren Bekämpfung uns schlicht die Kräfte fehlten, erledigte den Rest. Mitte September standen wir davor, nicht nur ganz Frankreich, sondern auch noch Belgien zu verlieren. Glücklicherweise gelang es unseren Truppen vorerst, die Insel Walcheren zu halten und so den Alliierten die Nutzung des Hafens von Antwerpen zu verwehren. Aber die Invasion war mit den Sowjets abgestimmt gewesen, die in genau diesem Zeitraum ihre Sommeroffensive begannen. Sie traf unsere Heeresgruppe Mitte wie ein Vorschlaghammer und kostete uns eine Million Mann an Gefallenen, Verwundeten, Gefangenen und Vermissten. Zum Glück kam die Offensive vor Warschau zum Stehen. Ob das nun so war, weil ihnen der Nachschub ausgegangen war, wie sie behaupteten, oder weil sie uns zuerst den polnischen Aufstand niederschlagen lassen wollten, der in der Stadt ausgebrochen war, wie einige Historiker behauptet haben, ist bis zum heutigen Tage strittig.

Auch hier gilt wieder: Was hätte ich tun sollen? Zurücktreten? Mich davonstehlen, während mein Land und Volk gerade die schlimmste Krise in ihrer gesamten Geschichte durchmachten? Mir eine Kugel durch den Kopf schießen? Das wäre leicht gewesen. Umso mehr, als ich nach dem gescheiterten Putsch nicht mehr das Gefühl hatte, meinen Helfern so vertrauen zu können wie zuvor. Und umso mehr, als ich deshalb immer einsamer wurde. Darüber hinaus ging es mit meiner Gesundheit bergab. Seit 1914 hatte ich 30 Jahre lang nichts als Kampf und Mühsal gekannt. Ich trug durchgehend eine immer schwerer werdende Bürde, allen scheinbar überwältigenden Widrigkeiten zum Trotz. Nun folgte Krise auf Krise. Sie waren wie die Hurrikane, von denen ich gehört habe, dass sie jedes Jahr zwischen Juni und November die amerikanischen Küsten treffen. Kaum hatte ich den Schaden der einen mehr oder weniger repariert, tauchte schon die nächste, sogar noch gefährlichere am Horizont auf.

Sicher, ich „funktionierte“ weiter, wie man sagt. Nur im Oktober 1944 musste ich einige Tage im Bett verbringen. Nachdem das ausgestanden war, kehrte ich zu meinen Pflichten zurück und arbeitete Tag und Nacht daran, das Reich zu verteidigen. Wie sehr ich die sorglosen

Tage auf dem Berghof vermisste! Nicht nur hätte sich Fräulein Braun um mich gekümmert, wie sie es immer getan hatte; auch die Bergluft hätte mir sehr gutgetan, besonders hätte sie mir abends beim Einschlafen geholfen. Stattdessen war ich gezwungen, den Großteil der Zeit in meinem Hauptquartier „Wolfsschanze" in Ostpreußen zu verbringen. Die Pioniertruppen hatten – wie so oft – den schlechtestmöglichen Ort ausgewählt, den sie finden konnten. Es war sumpfig, mit nichts als Wäldern ringsum, im Sommer erdrückend heiß und mückenverseucht, im Winter windig und eiskalt. Und zum Schlafen hatte ich einen zellenähnlichen Bunker und ein schmales Bett, das eher einem Mönch als einem obersten Befehlshaber angemessen gewesen wäre! Doch es war auch nicht möglich, den verfluchten Ort einfach zu verlassen. Unmittelbar vor dem Angriff der Russen wäre das als Defätismus aufgefasst worden.

Kurz gesagt, es gab genug Probleme, um jedermanns Willen zu brechen. Aber nicht meinen. Nur hin und wieder passierte etwas Erfreuliches. Einmal stattete uns zum Beispiel Speers Architektenkollege und Rivale Hermann Giesler einen Besuch ab. Er konnte ausgezeichnet Ley nachahmen und brachte mich zum lauten Lachen; gemeinsam sannen wir über den Wiederaufbau unserer zerstörten Städte nach dem Krieg nach. Wie ich es liebte, Pläne dafür zu zeichnen! Deshalb mussten Buntstifte und ähnliche Hilfsmittel überall bereitstehen, wo ich mich aufhielt.

So schwierig die militärische Lage auch war, gab sie mir doch einigen Anlass zu vorsichtiger Hoffnung. Mit Ausnahme von Generalleutnant George Patton, einem echten Draufgänger, vor dem meine Generäle Respekt hatten, waren die amerikanischen und englischen Befehlshaber normalerweise der Inbegriff der Vorsicht. Angefangen bei Eisenhower und Montgomery benahmen sie sich alle, als hätten sie nie etwas von taktischen Manövern gehört. Stattdessen verließen sie sich auf Überzahl, Logistik und die schiere Feuerkraft, mit denen die amerikanische Industrie sie unablässig belieferte, und zogen es vor, auf „breiter Front" vorzurücken. Unsere Männer waren – sofern sie nur anständig versorgt wurden – fast bis ganz zum Schluss in der Lage, Hackfleisch aus ihnen zu machen.

Das stellten sie im September unter Beweis, als Eisenhower völlig entgegen seiner üblichen Gewohnheiten eine waghalsige Offensive begann. Als Erstes wurden mehr als 35.000 Fallschirmjäger bei Arnheim abgesetzt, tief in niederländischem Gebiet. Als Nächstes begann ein Bodenangriff mit dem Ziel, sich mit ihnen zusammenzuschließen. Wäre dieses Vorhaben erfolgreich gewesen, wären viele unserer Einheiten in den Niederlanden abgeschnitten gewesen, und wir hätten das Land ungefähr acht Monate früher verloren, als es dann schließlich der Fall war. Glücklicherweise war dem alliierten Geheimdienst entgangen, dass zwei Panzerdivisionen der Waffen-SS zur Erholung in dieses Gebiet verlegt worden waren. Unsere tapferen Panzergrenadiere unter der gekonnten Führung Models konnten die nur leicht bewaffneten Fallschirmjäger mühelos überwältigen, sehr zum Verdruss der holländischen Bevölkerung, die bereits zu feiern begonnen hatte. Tausende wurden getötet, und viele weitere wurden gefangengenommen. Die übrigen flohen. Meine eigene Schlussfolgerung aus dieser Angelegenheit war, dass sie die Lektion von Kreta 1941 bestätigte: Die Zeit der groß angelegten Luftlandeangriffe näherte sich dem Ende.

Dies war jedoch nur ein örtlicher Erfolg. Wir Deutschen zogen den Kürzeren, vor allem weil unsere Produktion an Kriegsmaterial nach einem Höhepunkt im Juli langsam zurückging. Die Gründe dafür waren erstens der Verlust Frankreichs und zweitens die unaufhörlichen Bombardierungen unserer Städte durch die Alliierten, die inzwischen viele unserer Fabriken in Ruinen verwandelt hatten. Einmal hatte ich schon Befehle vorbereitet, um ihre Kriegsgefangenen, insbesondere Piloten, zur Vergeltung hinrichten zu lassen. Aber Keitel und Dönitz fürchteten, der Feind würde es uns mit gleicher Münze heimzahlen, und redeten mir die Sache aus.

Natürlich hatte Speer unsere Schwierigkeiten vorhergesehen. Er und sein Stellvertreter Sauckel unternahmen einiges, um unsere Industrie zu zerstreuen. Aber das brachte nur ein neues Problem mit sich. Nachdem die Alliierten Frankreich überrannt hatten, begannen sie, dort ihre Jagdbomber und leichten Bomber mit kurzer Reichweite zu stationieren. Anders als die schweren viermotorigen Maschinen verfügten diese Flugzeuge über die Treffsicherheit, die es brauchte, um nicht nur Bahnhöfe, sondern auch Brücken, Viadukte und sogar fahrende Züge zu zerstören. Besonders gern griffen sie Lokomotiven an. Wenn die Kessel getroffen wurden, explodierten sie in höchst eindrucksvoller Weise.

Den Herbst hindurch kämpfte die Reichsbahn mannhaft dagegen an und baute oder reparierte tatsächlich mehr Lokomotiven, als zerstört oder beschädigt wurden. Trotzdem musste sie schließlich vor der blanken Zahl der Unterbrechungen kapitulieren. So kam es, dass wir unsere Fabriken nicht länger mit Brennstoff versorgen oder die Einzelteile von Waffensystemen in die Werke transportieren konnten, wo sie zusammengesetzt wurden. Der Treibstoff war so knapp, dass die Luftwaffe nicht mehr in der Lage war, ihre Piloten ordentlich auszubilden. Die tapferen jungen Männer zogen trotzdem in den Kampf und opferten sich, aber sie konnten nicht viel ausrichten.

Eine starke Macht kann es sich leisten, taktisch in der Defensive zu bleiben und einen Abnutzungskrieg zu führen. Die schwächere aber *muss* angreifen. Tut sie es nicht, wird sie aufgerieben. Deshalb begann ich bald nach der Schlacht um Arnheim, darüber nachzudenken, wie wir wieder zum Zuge kommen könnten. Wie Schlieffen 1893 stand ich vor der Frage, an welcher Front der Angriff erfolgen sollte, im Osten oder im Westen. Wie er entschied ich mich für den Westen. Sowohl politisch als auch militärisch schienen die Westalliierten die leichtere Beute zu sein. Auch verfügten sie nicht über die weiten russischen Räume für Rückzüge. Außerdem hoffte ich, dass Stalin leichter mit sich reden lassen würde, wenn sie erst einmal besiegt wären. Sollte das nicht der Fall sein, so würden wir hoffentlich noch immer über die militärischen Mittel verfügen, um mit ihm und seinen Horden fertigzuwerden.

Die Vorbereitungen begannen im Oktober. Die Führung übertrug ich Rundstedt, dem kampferprobten Befehlshaber, der sich 1940 bewährt und über das gleiche Gebiet hinweg Frankreich und Belgien angegriffen hatte. Er war allerdings nicht mehr der Mann, der er einmal gewesen war. Seinerzeit hatte er darauf gebrannt, loszuschlagen. Nun tat er nichts anderes, als Einwände vorzutragen. Später beklagte er sich darüber, dass ich ihm nicht einmal die Befehlsgewalt gegeben hätte, die Wache vor seinem Befehlsstand von einem Punkt zum anderen zu verlegen! Und doch *hatte* ich ihm 35 gutausgebildete deutsche Divisionen und 1500 Jagdbomber zur Verfügung gestellt. Das war alles, was wir hatten – und mehr, weil wir dafür unsere übrigen Fronten entblößen mussten. Trotz des großen Truppenaufmarschs wurde die Geheimhaltung gewahrt. Vielleicht lag das an dem Umstand, dass wir die Abwehr gründlich gesäubert hatten. So oder so, als die Offensive am 16. Dezember begann, wurden die Alliierten vollkommen überrascht.

Als unser Ziel wählte ich Antwerpen aus, die belgische Stadt, die den Alliierten als Hauptversorgungshafen diente. Sein Verlust hätte zum Zusammenbruch ihrer Front geführt. In den ersten Tagen war unser Vorstoß ein großer Erfolg. Zum Teil lag das daran, dass unsere Soldaten – ermutigt durch ihren Sieg in Arnheim – freudig in den Kampf zogen. Zum Teil auch am Wetter, das bewölkt war und sie unterstützte, indem es die Alliierten von der Ausnutzung ihrer Lufthoheit abhielt. Meine geringe Meinung von den amerikanischen Truppen wurde außerdem bestätigt. Wie sie davonliefen! Unsere Männer erreichten fast die Maas. Dann aber klarte das Wetter auf, und das Glück verließ sie. Hinzu kam, dass ihnen der Treibstoff ausging. Der *alliierte* Geheimdienst hatte zwar unsere Vorbereitungen übersehen, aber *unser* Geheimdienst hatte übersehen, dass es in der Gegend ein großes Tanklager gab – hätten wir davon gewusst und es eingenommen, wäre vielleicht alles anders gekommen.

In der dritten Januarwoche standen wir mehr oder weniger wieder in unseren Ausgangsstellungen. Ich selbst kehrte nach Berlin zurück, wo der Witz umging, dass man – wenn die Dinge weiter so liefen – bald von der Westfront an die Ostfront mit der Straßenbahn fahren könne! Ich war zwar immer noch in der Lage, hier und da einen Scherz zu vertragen, aber die restlichen Monate waren eine wahre Qual. Auch das deutsche Volk litt grauenvoll. Im Winter fielen die russischen Horden in Ostpreußen und Schlesien ein. Sie konnten erst an der Oder aufgehalten werden, knapp 100 Kilometer vor Berlin – und auch das nur vorübergehend, wie sich herausstellte. Zahllose Zivilisten wurden ermordet und ungezählte Frauen vergewaltigt. Einige wurden sogar an die Türen ihrer Häuser genagelt! Daraufhin raffte jeder, der konnte, seine paar Habseligkeiten zusammen und floh. Das war, bevor die Erderwärmung spürbare Auswirkungen hatte. Die Temperatur lag in aller Regel weit unter null, die Straßen waren zugeschneit, und eisige Winde heulten Tag und Nacht. Viele starben auf dem Weg. Manche versuchten, über das Meer zu entkommen, und unsere Marine half, so gut sie konnte. Wenn jemand fliehen konnte, dann keinesfalls dank Stalin. Eines seiner Unterseeboote versenkte das Schiff „Wilhelm Gustloff", das bis zum Rand voll mit Flüchtlingen war.

In der Zwischenzeit erreichten die alliierten Bombardierungen unserer Städte einen mörderischen Höhepunkt. Wie Fotografien aus der damaligen Zeit zeigen, hatte in einem kilometerweiten Umkreis um das Regierungsviertel kein einziges Berliner Haus mehr ein Dach. Allein in Dresden wurden zwischen 30.000 und 70.000 Menschen getötet. Wie der Amerikaner Kurt Vonnegut, der die Bombardierung als Kriegsgefangener miterlebt hatte, später schrieb, war die Stadt schöner als alles, was er oder seine Kameraden je gesehen hatten oder sich hätten vorstellen können. Sie war auch mit Flüchtlingen überfüllt. Wichtige Industrieanlagen gab es dort allerdings nicht. Der militärische Wert Dresdens betrug exakt null.

Nachdem unsere großen und mittelgroßen Städte eingeäschert waren, richteten die Alliierten ihre Aufmerksamkeit auf die kleineren. Ein gutes Beispiel war Potsdam, eine weitere Stadt ohne nennenswerte militärische Ziele. Vielleicht wurde sie aufgrund ihres symbolischen Werts als „Hort des preußisch-deutschen Militarismus" ausgewählt. In der Nacht vom 14. auf den 15. April 1945 ließen ihr nicht weniger als 500 schwere Lancaster-Bomber der Engländer die übliche Behandlung angedeihen. Wie so oft zielten sie eigentlich auf den Bahnhof –

behaupteten sie zumindest. Wie so oft vernichteten sie stattdessen die gesamte Altstadt. Unter den zerstörten Gebäuden befand sich auch die Garnisonkirche, wo Hindenburg und ich damals, 1933, zusammengekommen waren. 13 Jahre später, 1968, ließ Walter Ulbricht die Ruinen sprengen. An ihre Stelle traten hässliche Bürogebäude mitsamt einigen Mosaiken, die die Freuden des Lebens im Sozialismus zeigten. Nicht einmal noch kleinere Städte blieben verschont. In den letzten Wochen des Kriegs war nur noch so wenig übrig, was die feindlichen Jagdbomber angreifen konnten, dass sie manchmal Jagd auf einzelne Menschen auf unseren wenigen noch intakten Straßen machten.

Dadurch, dass unsere letzten verbliebenen Verbündeten überrannt wurden oder uns im Stich ließen und dass die übrigen neutralen Staaten unter dem Druck der Alliierten den Handel mit uns verweigerten, versiegten unsere Importe. Vor allem standen wir nun ohne die Buntmetalle da, die wir brauchten, um den Spezialstahl für Panzerungen und Waffen zu fertigen. Trotzdem kämpften wir weiter. Wir mobilisierten die letzten Reserven: alte Volkssturmmänner und halbwüchsige Hitlerjungen. Wir gaben ihnen die Waffen, die wir noch hatten (hauptsächlich Panzerfäuste), und befahlen ihnen, ihr Bestes zu tun. Aber ich gab niemals meinen Widerstand gegen Angriffe im Stil der japanischen Kamikazeflieger auf. Sie waren dem nordischen Geist einfach nicht angemessen.

Geistig verblieb ich im Vollbesitz meiner Kräfte; wer auch immer das Gegenteil behauptet, lügt. Aber ich sah aus wie ein Wrack und fühlte mich auch so. Mein Haar ergraute. Mein Rücken beugte sich nach vorn und zur Seite. Ich war unfähig, meinen ununterbrochen zitternden linken Arm zu beherrschen, und litt an Blähungen und Mundgeruch. Nachdem ich in den Führerbunker umgezogen war, einen nasskalten, unangenehmen Irrgarten aus Fluren und Zimmern, der unter dem Garten der Reichskanzlei vergraben lag, vergaß ich beinahe, wie Sonnenlicht aussah. Ich schleppte mich dahin und klammerte mich an die Wände, um mein Gleichgewicht zu halten. Und Tag um Tag, Stunde um Stunde kamen neue schlechte Nachrichten.

Im Februar traten die ersten unverkennbaren Zeichen der Zersetzung auf. Zivilisten beschuldigten Soldaten, den Krieg zu verlängern, und verweigerten die Zusammenarbeit mit ihnen. Einige hießen sogar die feindlichen Soldaten willkommen, besonders die reichen amerikanischen GIs. Weder Propaganda noch Terror zeigten Wirkung. Am 19. März erließ ich meinen sogenannten „Nerobefehl“. Anders als einige Historiker behauptet haben, war er nicht dazu gedacht, die deutsche Nation zu „bestrafen“, indem ihr das Weiterbestehen unmöglich gemacht werden sollte. In Wahrheit bezog er sich nur auf „militärische Verkehrs-, Nachrichten-, Industrie- und Versorgungsanlagen sowie Sachwerte innerhalb des Reichsgebietes, die sich der Feind zur Fortsetzung seines Kampfes irgendwie sofort oder in absehbarer Zeit nutzbar machen kann". Außerdem geschah dies in einer Zeit der Verzweiflung. Ich hatte ihn nie ernst gemeint oder erwartet, dass er ausgeführt werden würde. Deshalb ließ ich Speer nicht hinrichten, als er mir bei unserer letzten Besprechung mitteilte, dass er meinen Befehl verweigert hatte. Wie jedermann in meinem politischen Testament nachlesen kann, erwartete ich, dass die Nation überleben und sogar neu erblühen werde, auch wenn es Jahrhunderte dauern mochte. Warum sonst hätte ich die Vergangenheit auswerten, meine Erfahrungen festhalten und mich auf den Tag freuen sollen, an dem eine „wahre Volksgemeinschaft" aus den Ruinen erstehen würde?

Am 12. April kam die Nachricht herein, dass Roosevelt gestorben war – doch dieses Mal gab es kein „Mirakel des Hauses Brandenburg". Acht Tage später wurde mein 56. Geburtstag gefeiert und verschaffte einigen meiner ältesten Weggefährten die Gelegenheit, mir die Treue zu schwören. Doch kaum waren sie gegangen, schon begannen sie, mich zu verraten, so wie Ratten das sinkende Schiff verlassen. Göring verriet mich erstens, indem er einen Vorwand fand, um Berlin zu verlassen, und zweitens, indem er versuchte, die Führung des Reiches an sich zu reißen. In Reaktion darauf enthob ich ihn all seiner Partei- und Staatsämter und ließ ihn von der SS verhaften. Wenn die Amerikaner ihn nicht „befreit" hätten, wäre er nicht davongekommen. Himmler verriet mich. Er hatte schon rund zwei Jahre lang hinter meinem Rücken versucht, mit den Alliierten zu verhandeln. Als Unterhändler benutzte er den Grafen Bernadotte, einen Angehörigen der schwedischen Königsfamilie, mit dem wir während des Krieges einige Geschäfte abgewickelt hatten. Nun wurde er hartnäckiger. Er versuchte sogar, seinen „guten Willen" zu beweisen, indem er mehrere Zugladungen Juden in die Schweiz entkommen ließ. Vonseiten des „treuen Heini", wie er weitläufig genannt wurde, war ein solcher Verrat besonders schlimm. Doch es gab nichts, was ich dagegen hätte tun können.

Noch weniger konnte ich gegen zwei seiner wichtigsten Untergebenen tun, die Generäle der Waffen-SS Felix Steiner und Karl Wolff. Steiner hatte den Auftrag, den Norden von Berlin gegen die Russen zu verteidigen, doch stattdessen kehrte er um und ergab sich den Westalliierten. Im Gegenzug ersparte man ihm die Anklage als „Kriegsverbrecher". Später schrieb er etliche Bücher und leitete einen Traditionsverband, der sein Bestes tat, um die ehemaligen Angehörigen der Waffen-SS zu rehabilitieren. Wolff kapitulierte mit den deutschen

Truppen, die sich noch in Norditalien gehalten hatten. Auch er entging der Anklage in Nürnberg. Später wurde er mehrmals vor Gericht gestellt und verurteilt; am Ende aber starb er mit 84 Jahren in Freiheit.

Von Männern, auf deren Gürtelschnallen „Meine Ehre heißt Treue" gestanden hatte, war das wahrlich Verrat. Zumindest aber war es mir vergönnt, mit einem anderen hohen SS-Führer abzurechnen, nämlich Hermann Fegelein. Fegelein hatte als Stallbursche begonnen, ehe er eine steile Laufbahn unter Himmler anfing, der ihn schließlich zu seinem Adjutanten ernannt und als Verbindungsoffizier zu mir auf den Berghof geschickt hatte. Er war ein Frauenschwarm – wie mein Fahrer Kempka zu sagen pflegte: Er trug sein Hirn zwischen den Beinen. Im Juni 1944 hatte er Evas Schwester Gretl geheiratet, mit mir als Trauzeugen. Nun hatte ich das Vergnügen, ihn wegen Fahnenflucht erschießen zu lassen. Der Trupp, den ich auf die Suche nach ihm schickte, fand ihn im Bett mit einer anderen Frau und drauf und dran, sich in die Schweiz abzusetzen, wofür er Goldbarren und eine Menge Geld in ausländischen Währungen beiseitegeschafft hatte. Diese Drecksau.

Im Bunker waren die Verhältnisse beengt. Die Menschen waren sozusagen überall verstreut und schliefen, wo immer sie konnten, ob auf Feldbetten, in Lehnstühlen oder auf Matratzen auf dem Boden … Anwesend waren unter anderem Bormann, die Familie Goebbels und einige Offiziere. Auch die üblichen Kammerdiener, Ordonnanzen, Telefonisten und Sekretärinnen waren noch da und arbeiteten ruhig und leistungsfähig weiter. Ich wünschte nur, meine Generäle wären so unerschütterlich gewesen wie sie! Eva war die Beste von allen. Ribbentrop hatte sie angefleht, mich dazu zu bringen, mich umzuentscheiden und Berlin zu verlassen; er sagte, sie sei der einzige Mensch, der das noch schaffen könne. Aber sie lehnte ab. So jung und lebenslustig sie auch war: Sie sagte ihm, dass die Entscheidung bei mir liege und sie tun werde, was ich täte. Ihre Treue rührte mich so sehr, dass ich sie zum allerersten Mal in Anwesenheit anderer Leute auf den Mund küsste. In den nächsten paar Tagen kümmerte sie sich genauso um mich, wie sie es immer getan hatte.

In der Nacht vom 28. auf den 29. April heiratete ich sie. Zur Trauung trug ich meinen feldgrauen Uniformrock mit dem Goldenen Parteiabzeichen, mein Eisernes Kreuz I. Klasse und mein Verwundetenabzeichen aus dem Ersten Weltkrieg. Sie hatte ein dunkelblaues Kleid angezogen. Hand in Hand – ich schlurfte ein wenig – verließen wir meine Privatgemächer und betraten den Besprechungsraum, der für den Anlass umgeräumt worden war. Der Standesbeamte war ein gewisser Walter Wagner, den man einzig zu diesem Zweck gerufen hatte; die Trauzeugen waren meine alten Kampfgefährten Goebbels und

Bormann. Als sie das Formular unterschreiben sollte, schrieb Eva zuerst „Eva Braun". Dann nahm sie sich zusammen, strich das „Braun" durch und setzte ein „Hitler" an seine Stelle. Auch wenn sie nach einer schlaflosen Nacht müde und blässlich war, machte unsere Hochzeit sie so glücklich, wie sie in Anbetracht der Umstände nur sein konnte. Es gab auch so etwas Ähnliches wie eine Hochzeitsfeier, auf der ich entgegen meiner üblichen Gewohnheiten ein Glas Wein trank.

Später diktierte ich meiner schönen und hochintelligenten Sekretärin Traudl Junge mein politisches Testament. Es brauchte mehrere Anläufe. Nachdem es zu meiner Zufriedenheit fertiggestellt war, ließ ich drei Kopien anfertigen. Während der 29. April verging, horchten wir hilflos auf die russischen Artilleriegranaten, die draußen krepierten. Ich bekam auch ein paar letzte Berichte über die Lage in und um Berlin. Die Stadt war eingeschlossen. Trotzdem wurde in Potsdam noch gekämpft, wo General Walther Wenck aus dem Vormarsch entlang der Havel heraus versuchte, in letzter Minute einen Gegenangriff zu bewerkstelligen. Seine Mühen waren vergeblich, wie sich herausstellen sollte.

Es tat mir unbeschreiblich leid, aber ich ließ einen meiner Ärzte Blondi vergiften. Ich selbst weigerte mich, das mitanzusehen, auch wenn ich hinterher ihre Leiche betrachtete. Den Großteil der Nacht vom 29. auf den 30. April verbrachte ich bei Tee und Unterhaltungen mit Eva und meinen drei verbliebenen Sekretärinnen. Am nächsten Morgen standen Eva und ich spät auf. Jemand schlug vor, dass wir eine Gruppe bilden sollten, um auszubrechen und zu versuchen, uns zum Flugplatz Gatow ein paar Kilometer westlich durchzuschlagen. Von dort könnte uns ein Flugzeug nach Bayern bringen. Ich lehnte barsch ab. Meine körperliche Verfassung war so schlecht, dass ich kaum eine Pistole halten konnte; dementsprechend wäre ich den anderen nur eine Last. Davon abgesehen war es nie meine Art gewesen, davonzulaufen. Wie hätte ich meine Soldaten verlassen können, die noch immer verzweifelt um jede Straße und jedes Haus kämpften? Ich verabschiedete mich von Goebbels, der – zusammen mit Magda – beschlossen hatte, sich mit mir das Leben zu nehmen. Dann empfahl ich mich dem Rest meines Stabs. Ich gab jedem von ihnen die Hand und überreichte allen Giftkapseln, das einzige, was mir noch geblieben war, für den Fall, dass sie in russische Hände fallen sollten.

Es muss wohl gegen 15:30 Uhr gewesen sein, als Eva und ich in meine Kammer gingen und die Tür hinter uns verschlossen. Sie trug mein Lieblingskleid, schwarz und mit Rosen am Halsausschnitt, und ihr Haar in bester Ordnung. So setzte sie sich rechts auf das schmale weißblaue Sofa, während ich links Platz nahm. Sie wollte unbedingt noch im Tod schön sein, schluckte eine Giftkapsel und starb fast auf der Stelle. Ich hingegen biss auf eine ebensolche Kapsel, setzte mir eine Pistole an die Schläfe und drückte ab.

Rückblickend betrachtet

Nachdem ich mich hier in der Hölle eingerichtet hatte, war mein erstes Anliegen, herauszufinden, wie es meinen engsten Weggefährten ergangen war. Ein paar hatten sich umgebracht. Der wichtigste von ihnen war Joseph Goebbels. Das arme Josephchen – wie ihn seine Mutter nannte – hing an mir wie ein Hund an seinem Herrn. Anders als Menschen wie Göring (in seinen jungen Jahren) und Himmler war er nicht fähig, sich eine unabhängige Machtstellung aufzubauen. Das wusste er, und deshalb blieb er bis zum Schluss an meiner Seite. Was hätte er auch sonst tun sollen? Erst ließ er seine Frau, die unvergleichliche Magda, die sechs gemeinsamen Kinder töten – eine schreckliche, aber wahrhaft tapfere Tat von ihr. Danach erschoss er erst sie und dann sich selbst. Bormann, der ebenfalls im Führerbunker gewesen war, verschwand spurlos. Viel später stellte sich heraus, dass er zu fliehen versucht hatte und dabei getötet worden war.

Himmlers Versuche, mit den Alliierten zu verhandeln, scheiterten natürlich. Nachdem seine Illusionen zerstört waren, rasierte er sich seinen Schnurrbart ab und legte die Uniform eines einfachen Soldaten an, um in der Menge unterzutauchen. Er wurde entdeckt und setzte seinem Leben mit Gift ein Ende. Gut so! Mehr als 20 meiner wichtigsten Mitarbeiter, Zivilisten und Militärs, wurden in Nürnberg vor Gericht gestellt. Zwölf von ihnen wurden zum Tode verurteilt und elf durch den Strang hingerichtet. Der zwölfte, Göring, beging Selbstmord, bevor ihn der Henker erwischte. Die übrigen erhielten unterschiedlich hohe Gefängnisstrafen oder wurden freigesprochen. So, wie sie sich insbesondere während meiner letzten paar Lebensmonate benommen hatten, kann ich nicht sagen, dass ich irgendeinen von ihnen vermisse. Jahrelang hatten sie sich im Glanze meines Ruhms gesonnt. Hätten wir den Krieg gewonnen, wäre jeder einzelne von ihnen zu mir gekommen und hätte seine Belohnung eingefordert. Aber wir hatten ihn nicht gewonnen, jedenfalls nicht physisch; kaum war ich tot, hatten sie nichts anderes mehr im Sinn, als mir die Schuld zuzuschieben – in der schwachen Hoffnung, ihre eigene Haut zu retten.

Von meinen Oberbefehlshabern brachten sich Generalfeldmarschall Model und General Burgdorf um. Der eine, als seine verbliebenen Einheiten im Ruhrgebiet eingekesselt worden waren, und der andere ein paar Tage später in meinem Bunker. Das Gleiche taten General Hans Krebs und Generalfeldmarschall Robert Ritter von Greim, meine letzten Oberbefehlshaber von Heer und Luftwaffe. Ein weiterer Selbstmörder war Walter Hewel. Hewel war ein Parteimitglied der ersten Stunde und seit meiner Haft in Landsberg an meiner Seite gewesen. Den ganzen Krieg hindurch hatte er zu meinem Umfeld gehört, mich auf all meinen Reisen begleitet und oft an den Zusammenkünften auf dem Berghof teilgenommen. Er war einmal in einen Flugzeugabsturz verwickelt gewesen, bei dem er schwer verletzt worden war. Am Ende litt er anscheinend unter seelischen Problemen und benutzte die Giftkapsel und die Pistole, die ich ihm für den Fall der Fälle gegeben hatte.

Auch der Chef der Kanzlei des Führers, Philipp Bouhler, und seine Frau Helene brachten sich um – sie sprang aus dem Fenster, er nahm Zyanid. Andere Funktionäre verstreuten sich in alle Himmelsrichtungen. Viele bekamen Hilfe von der katholischen Kirche. Der damals amtierende Papst war Pius XII. Er hatte zuvor als „Außenminister" des Vatikans gedient und das Konkordat mit uns ausgehandelt. Entgegen seinem Ruf war er selbst kein Antisemit. Ich hörte, dass seine Wahl 1939 von der hebräischsprachigen Presse in Palästina begrüßt worden sei. Allerdings hatten er und die Kirche die Kommunisten immer viel mehr gefürchtet und gehasst als uns Nationalsozialisten. Er hatte dafür sehr gute Gründe. Immerhin war ich niemals ungläubig gewesen und hatte Bormann mehrmals davon abgehalten, härter gegen die Kirche vorzugehen. Ich habe auch nie die unbeholfenen Versuche Rosenbergs unterstützt, eine „nationale Reichskirche" zu schaffen, die das Hakenkreuz (oder, anderen Angaben zufolge, ein Schwert) als Zeichen und eine Ausgabe von *Mein Kampf* auf dem Altar liegen haben sollte! Als der Münchener Gauleiter Wagner so dumm war, die Kruzifixe aus den Klassenzimmern entfernen zu lassen, drohte ich ihm mit dem Konzentrationslager. Und zu guter Letzt habe ich den Glauben an den Allmächtigen immer für einen grundlegenden Wesenszug der Menschlichkeit gehalten. Wenn man ihn abzieht, so wie es die Kommunisten versucht haben, wird man schon sehen, was passiert.

Bei dem Versuch, der „Gerechtigkeit" zu entgehen und sich ein neues Leben aufzubauen, wurden einige meiner weniger bedeutenden Untergebenen von verschiedenen westlichen Geheimdiensten unterstützt, die ihre Kenntnisse über Osteuropa und ihre Erfahrung in der Bandenbekämpfung zu schätzen wussten und ihnen gern eine neue Beschäftigung anboten. Wenn sie einmal drin waren, konnte man sie durch Erpressung auf Linie halten. Andere gingen nach Südamerika, vor allem nach Argentinien (wobei Präsident Perón persönlich seine Finger im Spiel hatte), Bolivien, Chile und Paraguay. Was das Geld anging, so kümmerten sich unsere lieben Freunde in der Schweiz darum – für einen gewissen Preis, versteht sich: Geld stinkt nicht. In ihren neuen Heimatländern erleichterten sich die Männer ihren neuen Anfang durch Bestechung oder indem sie dem jeweiligen Diktator dabei halfen, mit seinen Gegnern fertigzuwerden. Eine ganze Menge von ihnen hatte damit großen Erfolg. Klaus Barbie konnte ein Lied davon singen, der Gestapo-Kommandant von Lyon, den die Franzosen jahrzehntelang wegen angeblicher Kriegsverbrechen jagten. Etliche Männer gingen in den Nahen Osten und hofften, diesen nichtsnutzigen Arabern dabei helfen zu können, gegen Israel zu kämpfen. Leider war ihnen kein Erfolg vergönnt. Wieder andere entschieden sich dafür, die Füße stillzuhalten. Einige wurden angeklagt und hingerichtet, vor allem in Osteuropa. Im Westen hingegen mussten nur wenige der zu Gefängnis Verurteilten ihre Strafen bis zum Ende absitzen.

Das Überraschendste – oder für alle, die mit der menschlichen Natur so vertraut sind wie ich, am wenigsten Überraschende – war, dass es unmittelbar nach der Stunde null in Deutschland so gut wie keine Nationalsozialisten mehr gab. Unzählige Menschen, die von meiner Herrschaft profitiert hatten, mir bis zur Erschöpfung zugejubelt hatten, mir jahrelang gedient hatten und mich umschmeichelt hatten, bis sie schwarz wurden, wollten auf einmal nichts mit mir zu tun gehabt haben. Fast ausnahmslos hatten sie nie irgendetwas gesehen, gehört oder gewusst, geschweige denn etwas anderes getan, als was sie für gut, ehrenwert und gerecht hielten. Von Halder und Speer abwärts „korrigierten" viele später ihre Tagebücher oder benutzten ihre Lebenserinnerungen, um mich in ein schlechtes Licht zu rücken.

Die wenigen, die die eine oder andere Tat zugaben, waren meist kleine Fische und behaupteten allesamt, gezwungen worden zu sein. Mancher hatte eine gute Begründung, zum Beispiel von dem Bach-Zelewski, den wir in der Hand hatten, weil seine drei Schwestern alle Juden geheiratet hatten. Und dann war da noch Franz Stangl, der sich hatte beweisen müssen, weil er vor dem Anschluss Österreichs als Polizist gegen die Nationalsozialisten vorgegangen war. Oft aber gab es auch keine Grundlage für ihre Behauptungen. Hier muss ich den Frauen ein Lob aussprechen: Ob es nun war, weil sie weniger zu verlieren hatten – immerhin hatte kaum eine von ihnen eine Schlüsselposition bekleidet – oder aus anderen Gründen, viele von ihnen hielten mir auch nach meinem Tod die Treue. Abgesehen von Winifred Wagner waren da noch Leni Riefenstahl, Gertrud Scholtz-Klink, Himmlers Tochter Gudrun – die immer darauf bestand, dass ihr Vater „kein Ungeheuer" war – und Lina Heydrich. Sie war eine geborene von Osten und zu dem Zeitpunkt, als sie ihren zukünftigen Ehemann zum ersten Mal getroffen hatte, viel antisemitischer gewesen als er. Später brachten sie und ihre Eltern ihn in die Partei, und der Rest ist Geschichte. Bis zu ihrem Tode 40 Jahre nach dem Krieg blieb sie von mir überzeugt. Die gerissenste Bande waren meine ursprünglichen Landsleute. 1938 hatten sie Himmel und Hölle in Bewegung gesetzt, um mir den wundervollsten Empfang zu bereiten, den ich je erhalten habe. Später jedoch bekamen sie es irgendwie hin, jedermann davon zu überzeugen, dass Beethoven ein Österreicher und ich ein Deutscher gewesen sei.

Es gab allerdings auch ein paar Ausnahmen. Eine davon war Generaloberst Jodl, den man auf Fotos leicht an seiner kahlen Rübe und seinen Segelohren erkennt. Jodl verfügte über eine geniale strategische Denkweise und, was noch wichtiger war, die stärksten Nerven von allen meinen höchsten Offizieren. Mit seiner weichen Stimme, weder frech noch im Geringsten unterwürfig, stand er mir ab Beginn des Norwegenfeldzugs näher als jeder andere Oberbefehlshaber. Wie er später selbst sagte: Was auch immer andere taten, er konnte sich nicht dazu durchringen, mich zu verteufeln. In Nürnberg, wo er zum Tode verurteilt wurde, war er auch einer der wenigen, die von Anfang bis Ende ohne Hoffnung oder Furcht die Haltung bewahrten. Am Morgen vor seiner Hinrichtung machte er noch selbst sein Bett, wie es ein preußischer Offizier gemäß einer jahrhundertealten Tradition zu tun hat.

Die andere Ausnahme war Göring. Ich habe schon erklärt, was er getan hat, was er nicht getan hat und wie sich meine Meinung von ihm im Laufe des Krieges änderte, weshalb ich zuließ, dass Persönlichkeiten wie Milch und Speer viel von seiner Macht an sich rissen. Als er vor dem Nürnberger Gericht um sein Leben kämpfte, überraschte er jedoch alle, indem er sich zusammenriss und noch einmal zum Mann wurde. Zuerst speckte er ab und legte seine Morphinsucht ab. Als Nächstes verteidigte er voller Stolz sich selbst, das Reich und mich. Sogar so sehr, dass ihn Gustave Gilbert, der amerikanische Gefängnispsychologe (und Sohn jüdischer Einwanderer aus Österreich), von den anderen Angeklagten isolieren ließ, damit er keinen „schlechten Einfluss“ auf sie ausüben konnte. Wie typisch für diese selbstgerechten Amerikaner! Es war, als sei der alte Göring, den ich bis 1940 oder so gekannt hatte, zurückgekehrt. Besser spät als nie, wie man so schön sagt.

Wie ich in meinem politischen Testament geschrieben habe, hatten unsere Soldaten in der Tat hervorragend gekämpft. Das galt sowohl im Angriff wie bei der Verteidigung, wenn die Dinge gut liefen und – sogar noch mehr – in kritischen Lagen. Dadurch wurden ihre Leistungen legendär, sogar so sehr, dass manche sie der Wirkung von

Drogen zuschreiben wollten! Auch wurde die Wehrmacht dadurch zu einem Vorbild, dem andere folgten. Während des Kalten Krieges studierte man unseren Frankreichfeldzug von 1940, an dessen Planung ich entscheidenden Anteil hatte, an allen westlichen Militärakademien, Offiziersschulen, Kriegsschulen und wie sie noch heißen. Sogar die israelische Generalstabsakademie führte regelmäßige Besichtigungen der Schlachtfelder durch! Wie ich aber in diesem Buch gezeigt habe, waren unsere Befehlshaber, besonders die der Bodentruppen, gar nicht so gut. Je weiter fortgeschritten der Krieg war, umso zahlreicher wurden die Zweifler, Stümper und – so leid es mir tut, das sagen zu müssen – die offenen Verräter. Deshalb gelang uns ab Ende 1942 so gut wie nichts mehr. Die erdrückende zahlenmäßige und materielle Überlegenheit unserer Feinde tat das Übrige.

Seither habe ich mich oft gefragt, ob ich statt zu rücksichtslos nicht vielmehr zu weich und unbekümmert gewesen bin. Einige Leute haben das so gesehen. Vielleicht hätte ich bessere Ergebnisse erzielt, wenn ich meine Mitarbeiter so behandelt hätte, wie Stalin, der selbsternannte „Stählerne", mit seinen umsprang. Vielleicht hätte ich mit ihnen Katz und Maus spielen sollen, so wie er es immer tat. Und vielleicht hätte ich die Erfolglosen unter ihnen erschießen lassen sollen, um die Übrigen in Angst zu halten. Aber mein Name war nicht Josef Wissarionowitsch Dschugaschwili. Ich war Deutscher und kein kaukasischer Mischlingshäuptling, den man tausendfach überhöht hatte. Ich gebrauchte niemals stalinistische Methoden, um meine Armee zu führen – außer natürlich in der Folge des Putschversuchs vom 20. Juli 1944. Und selbst dabei ging ich nicht ansatzweise so weit wie Stalin 1937 bis 1939. Wenn ich auf mehr Todesurteile drängte, was ich sehr, sehr oft getan habe, dann nicht etwa, weil es mir Freude bereitet hätte, sondern schlicht deshalb, weil unsere Rechtsprechung oft weiche Knie bekam und ich das Gefühl hatte, dass es meine Pflicht gegenüber der deutschen Nation sei. Hat nicht Stalin in seinen sogenannten „ständig wirksamen Prinzipien" des Krieges niedergeschrieben, dass es das Allerwichtigste ist, die Stabilität der Heimat sicherzustellen? Und das war immerhin eine Zeit, in der jeden Tag unzählige hervorragende junge Männer in den Tod gingen. Was hätte ich da für ein Recht gehabt, alle möglichen Irren, Verbrecher und Verräter am Leben zu lassen?

Noch viel weniger war ich ein Schukow, der einmal General Eisenhower sagte, dass ihn schwere Verluste nicht kümmern würden, weil man sich darauf verlassen könne, dass russische Frauen immer neue Kinder bekommen würden. (Damit lag er übrigens falsch. Heute gehört die russische Geburtenrate zu den niedrigsten der Welt, auch wenn sie immer noch höher ist als unsere eigene.) Bei weitem nicht. Ganz egal, was Historiker, vor allem die feministischen, darüber geschrieben haben, wie wir Nationalsozialisten Frauen „unterdrückt" und „diskriminiert" hätten – ich hatte immer eine Schwäche für unsere schönen und sanftmütigen, aber langgliedrigen, empfindlichen und verletzlichen deutschen Frauen. „Mein Aug ist blau, und sanft mein Blick / Ich hab ein Herz / Das edel ist, und stolz, und gut", wie es der Dichter Friedrich Gottlieb Klopstock beschrieben hat.

Unsere deutschen Verluste schmerzten mich sehr. Vielleicht zu sehr, wie mindestens zwei meiner höchsten Offiziere glaubten, Manstein und Dönitz. Als mir einmal jemand von den traurigen Liedern erzählte, die meine Soldaten an der Front sangen, konnte ich kaum die Tränen zurückhalten. Wie gut ich sie verstand! Das war es, und nicht mein Mangel an Mitgefühl, wie Speer in seinen *Erinnerungen* unterstellt, weshalb ich befahl, die Vorhänge meines Wagens zuzuziehen, als ich mich am gegenüberliegenden Gleis eines Heimkehrerzugs von der Ostfront wiederfand. Deshalb verbot ich auch ausgebombten Volksgenossen, nach Berchtesgaden zu kommen, und weigerte mich später, mir Bilder von deutschen Flüchtlingen anzusehen, die Speer mir zeigen wollte. Sie hätten mich geschwächt, und Schwäche war das Letzte, was sich ein Mann in meiner Stellung leisten konnte.

Ein berühmter Psychologe hat einmal geschrieben: „Das Böse ist ein vorsätzliches Verhalten, das *unschuldige* [meine Hervorhebung; A. H.] Andere schädigt, missbraucht, erniedrigt, entmenschlicht oder vernichtet – oder der Gebrauch von Autorität und Rang, um im eigenen Namen solches Verhalten bei anderen zu fördern oder zu gestatten." Wenn das so ist, dann möchte ich festhalten, dass ich *niemals* wissentlich eine einzige böse Tat verübt habe. Nicht während der Kampfzeit, nicht danach, und auch nicht in meinen letzten Tagen. Als das Reich um mich herum in Trümmer fiel, *musste* ich meine von der Vorsehung bestimmte Aufgabe fortführen, soweit es in meiner Macht stand. Vor allem musste ich den Wiederaufstieg des Judentums verhindern, indem ich jeden letzten Juden – Mann, Frau und Kind – vernichtete, den ich noch erwischen konnte. Sie sagen, die seien unschuldig gewesen? Wanzen sind unschuldig! Sie tun nur, was die Natur ihnen vorherbestimmt hat, nicht mehr und nicht weniger. Aber ist das ein Grund, sie zu verschonen?

Deshalb wappnete ich mich in jener Zeit wieder und wieder, um das zu tun, was getan werden musste. Je später das Datum und je miserabler unsere Gesamtlage, desto schwieriger wurde das Dilemma und desto furchtbarer die Entscheidungen, die getroffen werden mussten. Um Goethe zu zitieren: „ Zwei Seelen wohnen, ach! in meiner Brust, /

Die eine will sich von der andern trennen." Dieser Widerspruch gab vielen meiner Entscheidungen den eigenartig schrecklichen, verdrehten Zug, den sie zu haben schienen. Den Entscheidungen, die so viele meiner Kameraden verwirrten, die meine Abneigung gegenüber blutigen Sportarten und selbst Pferderennen kannten und sich immer wieder über meine Weisungen wunderten. Auch ist es dieser scheinbare Widerspruch, der seit den 1930er Jahren so viele meiner Biografen ratlos zurückgelassen und verhindert hat, dass sie mein Wesen ergründen konnten. Und das, obwohl meine Taten – im Verhältnis und insgesamt – kein bisschen schlimmer als die von Stalin, Mao, Pol Pot oder sogar Saddam Hussein waren. Sie alle gehörten niederen Rassen an, und sie alle waren Diktatoren des 20. Jahrhunderts, die mordeten, ohne mit der Wimper zu zucken. Ich möchte es noch einmal wiederholen: Es war die Endlösung, die mich zum meistgehassten Mann in der Geschichte gemacht hat. Das ist eine Bürde, die ich gerne für mein Volk trage, so unverdient sie auch sein mag.

Als der Krieg zu Ende war, nutzen die Sieger die Gelegenheit, um geschätzte zwölf bis 14 Millionen unserer Volksgenossen aus Osteuropa zu vertreiben, wo sie und ihre Vorfahren seit Jahrhunderten gelebt hatten. Das war die bei weitem größte erzwungene Völkerwanderung der Geschichte und übertraf wohl selbst die während des Bangladesch-Kriegs 1971. Sie ließ meine eigenen Bemühungen in dieser Richtung wahrlich kümmerlich aussehen. Deutschland selbst wurde in vier Besatzungszonen aufgeteilt. Später verringerte sich die Zahl auf zwei: eine westliche und eine östliche. Noch später setzten sowohl die Westalliierten als auch die Russen Marionettenregierungen in ihren jeweiligen Sektoren ein. Die sogenannte Deutsche Demokratische Republik war personell mit kommunistischen Verrätern belegt, die meinen Sicherheitsdiensten leider entkommen waren, und blieb bis zu ihrem Zusammenbruch 1989/90 ein Marionettenstaat. Der sogenannten Bundesrepublik Deutschland erging es etwas besser, vor allem wirtschaftlich betrachtet. Tatsächlich wurde sie stinkreich.

Der Preis dafür war, vor den Siegern kriechen zu müssen. Der Höhepunkt kam 1970 mit der ehrlosen Szene, in der Kanzler Willy Brandt – ein Sozialist und früherer Überläufer, den ich hätte erschießen lassen, wenn ich gekonnt hätte – vor den Polen auf die Knie ging. Vor den Polen! Muss ich noch mehr sagen? Und natürlich waren da noch die Juden. Es stand nie zur Debatte, sie mit allen verfügbaren Mitteln zu bekämpfen, worauf ich in meinem politischen Testament gedrängt hatte. Stattdessen wurden sie noch fetter und unverschämter als zuvor, nachdem sie uns dazu erpresst hatten, ihnen riesige Entschädigungssummen zu bezahlen. Nach Roosevelts Tod setzten sie ihr Werk fort und waren so erfolgreich darin, Washington zu verderben, dass die Vereinigten Staaten Israel hunderte Milliarden Dollar an „Hilfen“ zahlten. In der Zwischenzeit redete man unserem eigenen Volk ein, dass es sich unendlich schuldig fühlen müsse. Heute haben sie Angst, anderen in die Augen zu sehen – in gewisser Weise hat der „Holocaust“ sie schlimmer traumatisiert als die Juden selbst.

Wie ich auch in meinem Testament geschrieben habe, hat mich vom Anfang bis zum Ende die Liebe zu meinem Volk angetrieben. In einer darwinistischen Welt, in der die Starken obsiegen und die Schwachen untergehen, wollte ich unser deutsches Wesen bewahren und es so weit wie möglich stärken. Diesem Ziel – und einzig diesem Ziel – diente jeder Schritt, den ich ging, und jede Maßnahme, die ich jemals veranlasst habe. Ich kämpfte, litt und starb für die Deutschen. Doch es war vergebens. Das alte Deutschland, das heitere Deutschland der kleinen Städte, der Dichter und Denker, der herausragenden Handwerker und Helden – also das Deutschland, das ich geliebt hatte – gibt es nicht mehr. An seine Stelle sind heute Bankiers und „Presseleute“ getreten. Die einen schröpfen, wen sie nur können. Die anderen lügen für jeden, der zahlt.

Darin sind zwei Vorgänge am Werk. Erstens versuchte die Bundesrepublik sofort nach ihrer Gründung 1949 alles nur Mögliche, um sich in Europa zu „integrieren“, in der Hoffnung, dass es uns unsere „Sünden“ vergeben würde. Das nahmen unsere lieben Mit-EU-Mitglieder zum Anlass, uns so oft auszunehmen, dass wir den Überblick verloren haben; die Wiedervereinigung von 1989 hat bei weitem nicht unsere Unabhängigkeit wiederhergestellt, sondern alles nur noch schlimmer gemacht. Zweitens haben wir seit Amtsantritt des sozialdemokratischen Kanzlers Gerhard Schröder 1998 immer und immer mehr nichtdeutsche Menschen aus Osteuropa, Afrika und Asien ins Land gelassen. Mittlerweile hat ein Fünftel der Bevölkerung einen „Migrationshintergrund“. So kommt es, dass die fragliche Identität an einen Punkt gelangt ist, an dem sie unwiederbringlich verlorenzugehen droht. Sehr zu meinem Leidwesen schafft sich das, was man über Jahrhunderte hinweg unter Deutschland verstanden hat, ab. Wie Sie sehen, wenn Sie sich das Zentrum Berlins und vieler anderer Städte anschauen, ist es in vielerlei Hinsicht bereits verschwunden. Es ist zum Kotzen.

Aus der ganzen deutschen Geschichte sind die zwölf Jahre meiner Herrschaft, insbesondere der ruhmreiche und heldenhafte Überlebenskampf des Krieges, so gut wie die einzigen, für die sich Ausländer und sogar viele Deutsche überhaupt noch interessieren. Alles andere wird entweder als Vor- oder Nachspiel des Dritten Reiches gesehen. Sehen

Sie sich nur die Buchläden, Filme und Fernsehserien an. Und das nicht nur in Deutschland! Wann immer die großen Nachrichtenmagazine Geld brauchen, und das brauchen sie in der Zeit des Weltnetzes so gut wie immer, setzen sie ein Bild von mir auf die Titelseite. Historiker, Journalisten und Filmemacher haben ein Vermögen daran verdient, mein Leben und meine Zeit zu erforschen, und werden das sicher auch noch in der Zukunft tun.

Bis auf eine Handvoll Nörgler waren die Jahre des Dritten Reiches – bis 1942, sagen wir mal, als sich Fortuna von uns abzuwenden begann – die glücklichsten in der deutschen Geschichte. Weder vorher noch hinterher sind so viele Menschen, die großen wie die kleinen, aus ihren eintönigen, oft armen und ziemlich erbärmlichen Leben herausgerissen, umgeformt, erhöht, zusammengeschweißt und für ein einziges Ziel vereint worden. 1939 waren knapp zwei Drittel der Gesamtbevölkerung mindestens einer der Parteiorganisationen beigetreten. Einer Geschichte zufolge waren die vielen Mitglieder einer Familie so sehr damit beschäftigt, für die Partei zu arbeiten, dass sie sich nur einmal im Jahr trafen – auf dem Parteitag in Nürnberg! Dies alles sorgte dafür, dass die späteren Bemühungen der Westalliierten um „Entnazifizierung“ bloß ein schlechter Scherz blieben. Das galt sogar für unser Aushängeschild, das Auswärtige Amt, das den Auftrag hatte, unsere Beziehungen zum Rest der Welt „wiederherzustellen“. Bis ungefähr 1970 bestand die Hälfte des Personals dort aus ehemaligen überzeugten Parteimitgliedern.

In den späten 1980ern betrieben meine Landsleute den sogenannten „Historikerstreit“ um die Frage, ob der „Holocaust“ mit anderen geschichtlichen Ereignissen verglichen werden könne und dürfe. Wie dem auch sei: Je mehr Zeit vergeht, desto mehr scheint mir, dass ich und mein Denken ein fester Bestandteil der westlichen Zivilisation geworden sind. Nicht bloß in dem Sinne, dass so gut wie alle ihre Angehörigen mich einheitlich als das endgültige Böse hernehmen, sondern auch in der Hinsicht, dass sie in vielerlei Weisen meinen Weg fortgesetzt haben. Sehen Sie sich Europa an. Nordamerika. Australien. Sie alle reden darüber, dass man die wachsende wirtschaftliche und soziale Ungleichheit bekämpfen müsse, auch wenn noch niemand begonnen hat, das Problem so unnachgiebig anzugehen, wie wir Nationalsozialisten es getan haben. Sie alle haben Programme aufgelegt, um die Verbraucherrechte zu schützen. Sie alle haben Parteien für Vegetarier herausgebildet, von denen einige viel extremer und gewalttätiger sind, als meine früher war. Sie alle haben den Ärzten gestattet, ja sogar abverlangt, eine viel größere Rolle im öffentlichen Leben zu spielen. Sie alle haben groß angelegte öffentliche Gesundheitskampagnen zur

Ausmerzung des Rauchens begonnen, einer ekelhaften Angewohnheit, gegen die ich mich immer ausgesprochen habe. Sie alle haben den Umwelt- und Naturschutz fest in ihre ideologischen Kernanliegen eingebunden.

All diese Länder brüsten sich damit, demokratisch und liberal zu sein. Aber sie alle sind meinem Beispiel gefolgt und haben beeindruckende Regelwerke der Gedankenkontrolle eingerichtet, die man gemeinhin politische Korrektheit nennt, um Menschen mundtot zu machen und sie zum Spuren zu zwingen. Sie sind viel weiter gegangen als wir und haben ihre Überwachung auf eine Vielzahl von Bereichen ausgeweitet, die meine Leute nicht im Traum angetastet hätten. Das ist mittlerweile so weit gegangen, dass ein einziges privates Unternehmen, Facebook, 7500 Zensoren eingestellt hat, um die Menschen davon abzuhalten, ihre Gedanken zu äußern! Sie alle benutzen auch die allermodernste Technologie, um die Leute auszuspionieren – einerseits, um ihre Bürger dazu zu zwingen, ihre Steuern zu zahlen, und andererseits, um den Terrorismus zu bekämpfen. Heydrich, Kaltenbrunner und Müller – Gestapo-Müller, wie man ihn nannte – hätten liebend gern auf „Hacker", „Data-Mining" und andere neumodische Erfindungen zurückgegriffen, wenn sie sich so etwas hätten vorstellen können.

Nicht wenige dieser Länder sind damit immer noch nicht zufrieden und haben ihre Wissenschaftler beauftragt, Wege zu finden, wie man direkt in die Hirne der Menschen blicken kann. Nichts kann sie aufhalten, weder das Gesetz (wo es noch existiert) noch der Respekt vor dem Privatleben noch die Möglichkeit der Erpressung. Und zu guter Letzt arbeiten sie alle eifrig daran, die Rasse zu verbessern, indem sie die Untauglichen ausrotten. Allerdings nicht nach der Geburt, so wie wir es mangels anderer Möglichkeiten versucht haben, sondern solange sie sich noch im Mutterleib befinden. In diesen und vielen anderen Bereichen war ich der Wegbereiter, und sie sind meine Gefolgschaft. Auch wenn viele von ihnen es nicht wissen und es mit aller Macht abstreiten würden, wenn man es ihnen sagte.

In einer wachsenden Zahl westlicher Länder reden Mitleidsbesoffene und andere Weichlinge von „Integration", „Vielfalt" und „Multi-Kulti". Sollen sie ruhig weiter ihren Auswurf verbreiten, so lange, bis ihnen dieser Auswurf ins Gesicht springt, wie die jüngsten Ereignisse anzudeuten scheinen. Rassismus – oder „Ethnozentrismus", wie diese politisch korrekten Trottel ihn nennen – erweist sich aufs Neue als grundlegender menschlicher Charakterzug. Einer, der auch mit Flutwellen mehr oder minder staatlicher Propaganda, die Tag und Nacht von den korrupten Medien ausgeteilt werden, nicht totzukriegen ist –

wie Helden wie Anders Breivik durch ihr Opfer gezeigt haben. Schon gar nicht in Israel, wo ich in gewisser Weise proportional mehr Anhänger als in Deutschland habe! Ein weiterer Gedanke, den ich oft geäußert habe, ist, dass das angeblich auf der Liebe basierende Christentum eine Religion für Schwächlinge ist und wir Deutschen gut daran getan hätten, den Islam anzunehmen, einen wahrhaft kämpferischen Glauben, der Männern und Kriegern angemessen ist. Wenn heute „al-Kaida“, der „Islamische Staat“ und all die anderen muslimischen Terrororganisationen Menschen auf der ganzen Welt zu Tode ängstigen, werden die wenigen, die noch immer nicht verstanden haben, wie sehr ich recht hatte, es bald herausfinden. Bleibt zu hoffen, dass sie dazulernen, bevor man ihnen ein Messer zwischen die Rippen oder eine Bombe unter den Hintern steckt.

Es gibt so viele und so weite Felder, in denen die Leute – ob bewusst oder nicht – sich von meiner Bewegung und mir haben inspirieren lassen, dass ich mich manchmal frage, ob wir den Krieg überhaupt wirklich verloren haben. Damit meine ich natürlich nicht den greifbaren Krieg; von dessen Ausgang zeugen heute noch unsere stark zusammengeschrumpften Grenzen. Ich meine den viel wichtigeren Krieg zwischen den unterschiedlichen Weltanschauungen. Und das ist längst nicht alles. Obwohl der Berghof mehrmals gründlich ausgeplündert und am Ende gesprengt worden ist, wurde er schon bald nach unserer Niederlage zu einem Wallfahrtsort, beinahe so wie seinerzeit, bevor ich diesem Treiben 1938 ein Ende machte. Es ist genau wie mit dem Kyffhäusergebirge, in dem der Sage nach Kaiser Friedrich Barbarossa schlafen und darauf warten soll, dass das Reich ihn ruft! An jedem beliebigen Tag werden Sie dort unzählige Menschen mit Reiseführern und Telefonen in den Händen finden, die versuchen, nachzuvollziehen, wo sich die wichtigsten Gebäude befunden haben. Andere stehen Schlange vor dem Aufzug, der sie – so wie mich einige wenige Male – zum Kehlsteinhaus bringt. Weit mehr als eine Million Menschen, keineswegs nur Deutsche, haben sich das von der bayerischen Regierung gebaute örtliche Dokumentationszentrum angesehen. Wäre nicht die Polizei eingeschritten, hätte man auch meine Münchener Wohnung und andere Orte, an denen ich gewohnt habe, in Schreine verwandelt, damit die Menschen mir dort huldigen könnten. Bestimmt hätte es auch ein paar Andenkenläden gegeben, die „Nazi“-Puppen, „Nazi“-Musik und, wer weiß, sogar bewegliche Modelle von „Nazi“-Konzentrationslagern mitsamt winziger „Nazi“-Gaskammern und -Öfen verkauft hätten.

Nehmen Sie den Versuch der österreichischen Regierung, mein Geburtshaus abreißen zu lassen, in dem meine Eltern eine Mietwohnung hatten. Die Eigentümerin, eine mutige Frau, deren Familie das Haus schon seit über einem Jahrhundert gehört hatte, hielt fünf Jahre lang durch und weigerte sich, zu verkaufen. Am Ende wurde sie schließlich enteignet, im Namen von Demokratie, Freiheit und Wahrheit! Aber das macht mir keine Sorgen. Auf lange Sicht werden solche Versuche, an der Geschichte herumzudoktern, nur dazu führen, dass umso mehr Besucher kommen werden, um mir die Ehre zu erweisen – und es sind schon jetzt viele. Auch die Zerstörung des jüdischen Tempels durch die Römer vor 2000 Jahren hat den Ort, an dem er gestanden hat (oder angeblich gestanden haben soll), nur noch heiliger werden lassen.

Wie ich schon erklärt habe, war unsere Kunst gegenständlich. Sie sollte die Seelen der Menschen erheben, nicht ihre Köpfe mit den oft unflätigen Delirien verwirrter Fantasien erfüllen, die im Irrenhaus besser aufgehoben wären. Deshalb ist unsere Kunst ab 1933 und weiter nach 1945 so sehr verunglimpft worden. Das ist auch der Grund, weshalb ich bei meinem Blick auf die Welt sehr glücklich bin, zu sehen, dass sich die abstrakte Kunst an vielen Orten auf dem Rückzug befindet und die gegenständliche Kunst allmählich zurückkehrt, in gewisser Weise so wie in der Renaissance. Sie wird nicht etwa beliebter, weil die Kritiker, diese Wichtigtuer, es so wollen, sondern weil die breite Öffentlichkeit dank ihrer gesunden Instinkte danach verlangt. Wenn diese Öffentlichkeit nicht findet, was sie sucht, dann wird sie immer mit den Füßen abstimmen. Und so, wie die gegenständliche Kunst zurückkehrt, kehrt auch unsere eigene zurück. Einige unserer alten Stücke, die lange vernachlässigt oder sogar für verloren gehalten worden sind, wurden wiederentdeckt. Nehmen Sie etwa das Deutsche Historische Museum in Berlin, lange Zeit eine Festung der politischen Korrektheit. Erst vor ein paar Jahren gab es dort eine Ausstellung, die „beweisen" sollte, wie wir bösartigen Deutschen die armen Polen traktiert hätten. Heute steht dort in der Eingangshalle eine Kopie (leider eine schlechte) von Brekers großer Statue eines nackten Helden, der ein Schwert hält – der Statue, die ich persönlich in Auftrag gegeben und „Die Wehrmacht" getauft hatte.

Aus Angst davor, wofür „Nazi"-Erinnerungsstücke stehen könnten, haben einige Länder versucht, den Handel damit zu verbieten. Es hat ihnen nichts genutzt. Die meisten Händler und Sammler, um die es geht, sind keine Juden – manche aber schon. Ab und an rechtfertigen einige der Letzteren ihr Interesse (und ihren Umsatz), indem sie behaupten, dass ihre Sammlungen ihren „Sieg" über mich versinnbildlichen würden. Als ob es in Wirklichkeit nicht genau andersherum wäre! Sie reißen sich geradezu um Möbel und Gebrauchsgegenstände, genauso wie um alle Arten von Krimskrams, Uniformen, Abzeichen, Dolche, Orden, Briefmarken, Banknoten, Münzen, Fotografien, Plakate, Briefe, Tagebücher, Zeitschriften, Bücher, Fahnen und so weiter. Während ich dies schreibe, ist gerade eine „Fundgrube" ebensolcher Objekte in Argentinien entdeckt worden; niemand weiß, wie sie dort hingekommen sind. Auch große Gegenstände wie Panzer, Flugzeuge und Unterseeboote werden eifrig gesammelt und mit viel Liebe restauriert, bis sie so gut wie neu sind.

Viele, wenn nicht die meisten, der fraglichen Gegenstände wurden ihren deutschen Eigentümern gestohlen, ob die nun lebendig oder tot waren. Andere Profitjäger haben sich auf Grabraub verlegt, vor allem in Osteuropa, wo die meisten unserer Soldaten gefallen sind und ihre Leichen entweder an Ort und Stelle liegenblieben oder auf behelfsmäßigen Friedhöfen begraben wurden. Die Nachfrage ist so groß, dass sie die Grundlage einer ganzen Industrie bildet. Die Beteiligten fälschen Devotionalien und verkaufen sie an die Gutgläubigen. Was mich angeht: Wenn man sich ansieht, wie alles, was ich einmal besessen, berührt oder besehen habe, tausendfach im Wert zu steigen scheint, könnte man glauben, ich wäre so etwas wie ein katholischer Heiliger! Ich hörte, dass 2009 drei meiner schweren dreiachsigen Mercedes-Geländewagen für 3.300.000 Dollar das Stück verkauft wurden. Eine gute Geldanlage, gar kein Zweifel.

Ich persönlich bin so beliebt, dass ein Netzroboter der Firma Microsoft mit dem Namen „Tay", der die Denkweise eines 19-jährigen amerikanischen Mädchens nachahmen sollte, zur Überraschung seiner Schöpfer lernte, zu sagen, dass ich recht gehabt hätte! Das alles beweist, sofern es eines Beweises bedurft haben sollte, wie einzigartig, wie unvergleichlich ich war und bin. Und was noch viel wichtiger ist: Es bringt diese Nullen, die Deutschland seit 1945 regiert haben, in eine Zwickmühle. Einerseits wollen sie, dass die Menschen das Dritte Reich und an mich als das in Erinnerung behalten, was sie eine „Mahnung für zukünftige Generationen" nennen. Andererseits kennen sie die wahren Gefühle vieler unserer Volksgenossen nur zu gut. Auch deshalb haben sie 2016 versucht, Facebook zu verklagen, weil es die Leute nicht zum Schweigen gebracht hat, die es ihrer Meinung nach verdient gehabt hätten. Sie planten auch, dem Unternehmen eine Strafe von 500.000 Euro für jeden Beitrag aufzuerlegen, der ihnen nicht gefällt und der nicht innerhalb von 24 Stunden entfernt wird. Wie diese und zahllose andere Tatsachen zeigen, ist es kaum zu viel gesagt, dass alles, was die Bundesrepublik jemals verlautet und getan hat, ausdrücklich dazu dienen sollte, „die Vergangenheit zu bewältigen", wie es so schön heißt, und alles zu verurteilen, wofür ich jemals gestanden habe. Umsonst. Je mehr sie sich ins Zeug legen, desto länger wird mein Schatten. Wie es in einer unserer Parolen hieß: Ich bin Deutschland, wie Deutschland ich ist.

Nicht nur kann man *Mein Kampf*, das in Deutschland jahrzehntelang verboten und nur für Forscher, diese blödsinnigen Schwätzer, zugänglich war, wieder kaufen. Es ist tatsächlich zu einer Art Verkaufsschlager geworden. Und das, nachdem ein paar von genau diesen Schwätzern im Auftrag des bereits erwähnten Instituts für Zeitgeschichte das Buch mit „kritischen" Anmerkungen versehen hatten, um „ein seriöses Gegenangebot zur ungefilterten Verbreitung von Hitlers Propaganda, seinen Lügen, Halbwahrheiten und Hasstiraden zu machen". In Wahrheit aber brachten diese Anmerkungen ans Licht, wie ich, ein mittelloser junger Mann, der nicht einmal die Schule abgeschlossen hatte, gedacht und gelesen hatte. Die haarspalterischen Kommentare der Herausgeber, sämtliche 3500, umgeben den ursprünglichen Text, sodass jede Seite aussieht, als hätte man sie aus dem Talmud herausgerissen. Vielleicht ist das der Grund, weshalb der Zentralrat der Juden in Deutschland die Ausgabe als „pädagogisch wertvoll" begrüßt hat! Wie schrieb Nietzsche? „Problem – sagte der zweite Zwerg – wie verhindert man einen Riesen am Rieseln?"

Oft beschuldigen Menschen unser System, „totalitär" gewesen zu sein. Wenn das stimmt, dann war das russisch-sowjetische viel totalitärer. Das ist einer der Gründe, weshalb nie genau bekannt sein wird, wie viele deutsche Kriegsgefangene in russischen Lagern gestorben sind. Einigen Schätzungen zufolge waren es weit über eine Million. Was die Russen manchen unserer Soldaten angetan haben, besonders Männern der Waffen-SS, die ihnen in die Hände fielen, kann man sich nicht vorstellen. Was die russischen Kriegsgefangenen angeht, die in *unseren* Lagern gestorben sind, so kann ich mich nur wiederholen: Die Bolschewisten weigerten sich, die Genfer Konvention zu unterzeichnen, und hatten sich das Problem damit selbst eingebrockt. Und außerdem: Wenn es darum geht, die Kontrolle über Untermenschen zu behalten, deren einzige Vorstellung von Gerechtigkeit die strafende Knute ist – welche anderen Methoden als die, die wir angewendet haben, schlagen Sie denn vor? Sogar die Westalliierten haben diese Tatsache eingesehen, so selbstgefällig sie auch taten. Warum sonst hätten sie meinem besten Bandenbekämpfergeneral, dem erwähnten von dem Bach-Zelewski, ermöglichen sollen, der Anklage zu entgehen und sein Leben weiterzuführen?

Im Vergleich zu den Maßnahmen Stalins und denen einiger anderer waren die Mittel, derer ich mich zur Unterdrückung der Aufstände gegen mich – dem im Juni 1934 und dem im Juli 1944 – bedient habe, eindeutig milde. Nehmen Sie den Fall Ernst Torgler. Während der letzten Jahre der Republik war er mein zweitwichtigster kommunistischer Gegner in Deutschland. Nachdem er vom Vorwurf der Beteiligung am Reichstagsbrand freigesprochen worden war, ließ ich ihn frei – unter der Bedingung, sich in Zukunft von der Politik fernzuhalten. Er hielt die Abmachung ein und kehrte zu seinem Beruf als Journalist zurück; nachdem ihm sein Sohn, der an der Ostfront diente, berichtet hatte, wie das Leben im Arbeiterparadies aussah, schrieb er mir 1941 und versprach, dem Kommunismus für immer abzuschwören! Ich ließ auch sowohl den ehemaligen österreichischen Kanzler Schuschnigg und den ehemaligen französischen Premierminister Daladier am Leben. Das gilt auch für Léon Blum, obwohl er Jude war. Und mit der italienischen Prinzessin Mafalda, die in Buchenwald interniert worden war, hatte ich das Gleiche vor. Sie war die Tochter meines alten „Freundes" Viktor Emanuel, und ich hoffte, sie als Druckmittel einsetzen zu können. Aber dann bombardierten die Alliierten das Lager, und sie starb. Allerdings nicht, bevor die Sanitäter vor Ort ihr Bestes gegeben hatten, um sie zu retten.

Was die Verletzung des Kriegsrechts angeht: Das sagen die Richtigen. Flottenadmiral Chester Nimitz, der Oberbefehlshaber der amerikanischen Marine im Pazifik gewesen war, hat es in Nürnberg offen zugegeben – wenn der „uneingeschränkte" U-Boot-Krieg von Dönitz ein Verbrechen war, dann waren er und seine Untergebenen genauso schuldig. Und zwar, wie er hinzufügte, vom ersten Kriegstage an! Bei ihren Bombardierungen unserer Städte haben die Engländer und Amerikaner ungleich mehr Zivilisten getötet als meine Luftwaffe. Ganz zu schweigen vom Feuersturm von Tokio und den zwei Atombomben, die über Hiroshima und Nagasaki abgeworfen wurden. Und dabei rede ich nur von den Jahren 1939 bis 1945, nicht von den sieben folgenden Jahrzehnten, die auch mitnichten immer von Licht und Lieblichkeit erfüllt waren.

In den Jahrzehnten seit meinem Tod haben unzählige – deutsche wie ausländische – Schreiberlinge sich angemaßt, den Weg zu verurteilen, den ich gegangen bin. Dabei ist endloser Quatsch herausgekommen. Ich hätte Künstler werden und niemals in die Politik gehen sollen, sagen sie. Ich hätte nicht versuchen sollen, unsere Niederlage zu rächen und die Schmach von Versailles zu tilgen, sagen sie. Ich hätte die Juden nicht verfolgen sollen, sagen sie. Ich hätte die deutsche Demokratie nicht zerstören sollen. Ich hätte den Versailler Vertrag nicht zerreißen sollen. Ich hätte unsere Wehrmacht nicht wiederaufbauen sollen. Ich hätte Österreich nicht anschließen sollen. Ich hätte die Tschechoslowakei nicht auseinandernehmen sollen. Ich hätte nicht gegen Polen in den Krieg ziehen sollen. Ich hätte die Engländer in Dünkirchen nicht davonkommen lassen sollen. Ich hätte früher in Russland einmarschieren sollen (oder auch gar nicht). Ich hätte den Vereinigten Staaten nicht den Krieg erklären sollen. Ich hätte der 6. Armee nicht befehlen sollen, Stalingrad zu halten. Ich hätte den Angriff auf Kursk nicht aufschieben sollen. Ich hätte eine freundlichere, sanftere neue Ordnung anstreben sollen. Ich hätte die Juden nicht vernichten sollen. Ich hätte meine Generäle nicht davon abhalten sollen, zu „manövrieren“ (also sich zurückzuziehen). Ich hätte früher das Handtuch werfen und mich „dem Unausweichlichen beugen“ sollen. Als ob irgendetwas „unausweichlich“ wäre, solange man sich ihm nicht beugt! Viele dieser Ideen kamen von Dummköpfen, die in ihrem Leben nie die Verantwortung für irgendwen und irgendwas hatten. Andere waren undurchführbar. Und allesamt laufen sie darauf hinaus, dass ich nicht der hätte sein sollen, der ich war: Adolf Hitler.

Gewiss, ich bin tot. Aber an immer mehr Orten entfaltet mein Licht neuen Glanz.

Nachwort

von Martin van Creveld

Ich bin Jude und Israeli. Und ich bin stolz darauf. Meine Großeltern, meine Eltern und die meisten meiner Tanten und Onkel überlebten den Holocaust in ihrer niederländischen Heimat. Ein paar meiner Verwandten starben in Auschwitz. Einige wurden in verschiedene Lager deportiert, kamen aber mehr oder weniger unbeschadet an Körper und Geist wieder nach Hause zurück. Alle Überlebenden hatten Familienangehörige und Freunde verloren. Sie alle waren rechtlich benachteiligt, von der Polizei verfolgt, um ihren Besitz gebracht und aus ihren Häusern geworfen worden.

Aber das war nur der Anfang. Nachdem sie aus dem Lager geflohen waren, in das man sie gesperrt hatte, waren in den letzten achtzehn Monaten des Krieges viele von ihnen gezwungen, in den Untergrund zu gehen; sie versteckten sich und wurden wie Ratten gejagt. Wenn die meisten von ihnen dem Schlimmsten entgingen und überlebten, dann hatten sie das nicht den deutschen Besatzungsbehörden zu verdanken. Genauso wenig schuldeten sie der niederländischen Verwaltung und Polizei Dankbarkeit, die den Deutschen oft nach ihrem besten Vermögen zur Hand gingen. Was meine Verwandten rettete, waren Glück und ihr eigener Einfallsreichtum ebenso wie die unglaubliche Tapferkeit und Großzügigkeit einiger Nichtjuden, darunter manchmal völlig Fremde, die entweder taten, was sie konnten, oder im richtigen Moment beide Augen zudrückten. Dazu gehörten auch ein paar Deutsche, unter anderem ein enger Vertrauter des Führers.

Viel später schrieben etliche der geretteten Überlebenden und ihrer Retter ihre Memoiren. Andere erzählten mir ihre Geschichten. Einige Details sind wahrhaft erschütternd. Was soll man beispielsweise zu den Erlebnissen meiner Großeltern sagen, die sich in einem Loch zwischen einer Zimmerdecke und dem Boden des darüberliegenden Stockwerks versteckten und von dort aus hören konnten, wie ihr Vermieter, der ihnen Unterschlupf gewährt hatte, von den Deutschen festgenommen und verprügelt wurde? Oder über meine Tante und meinen Onkel, die – nachdem man sie gewarnt hatte, sie seien verraten worden und die Polizei suche nach einem jungen Paar mit einer kleinen Tochter – gezwungen waren, das besagte Mädchen unter dem Bett zurückzulassen, in einem Haus, das demnächst durchsucht werden würde? Glücklicherweise schlief die Kleine, blieb ruhig und überlebte. Aber das war nicht das Ende der Geschichte. Um ihr Leben zu retten, übergaben sie das Mädchen an ein nichtjüdisches Paar. Dem wiederum wuchs sie sehr ans Herz, und nach Kriegsende weigerten sich die beiden anfangs, das Kind zurückzugeben. Letztendlich taten sie es doch. Aber: Was für eine Tragödie für beide Seiten.

Im Haus meiner Kindheit in der Nähe von Tel Aviv wurde der Holocaust selten erwähnt. Erst viele Jahre später hörte ich die Geschichten meiner Eltern. Meine Mutter entging der Verhaftung und Deportation, indem sie sich zusammen mit einem ihrer Cousins unter dem Fußboden einer hölzernen Duschkabine versteckte; später versuchte dieser Cousin, zusammen mit einem seiner Brüder in die Schweiz zu gelangen, wurde an der Grenze abgewiesen und endete in Auschwitz. Mein Vater lebte unter falschem Namen und mit gefälschten Papieren. Zweimal wurde er von holländischen SS-Männern angehalten, und einmal bestellte ihn der deutsche Ortskommandant ein. Jedes Mal kam er mit Lug und Trug durch. Fünf Jahre nach dem Krieg, als sie die Niederlande verließen und in das zerbrechliche und bettelarme Israel der damaligen Zeit zogen, wollten meine Eltern so gut wie möglich sicherstellen, dass meine Geschwister und ich niemals würden durchmachen müssen, was sie erlitten hatten. Insbesondere meine Mutter dachte in diesen Maßstäben. Als sie Anfang 1967 eine Entschädigung erhielten, luden sie von dem Geld einige ihrer Helfer nach Israel ein. So ein Mensch war meine Mutter, und mein Vater, der 99 Jahre alt wurde, war genauso.

Ich glaube, mein erstes Buch über Hitler und den Nationalsozialismus las ich 1962, als ich sechzehn Jahre alt war. Der Autor war Uri Avnery, der unorthodoxe Besitzer, Herausgeber und Chefredakteur einer extrem (wie man heute sagt) politisch inkorrekten Wochenzeitung namens *Haolam Hazeh* („Diese Welt"). Das Buch hieß *Tzlav Hakeres* („Das Hakenkreuz"). Es war so fesselnd, dass ich noch heute, mehr als ein halbes Jahrhundert später, ganze Sätze zitieren kann. Bezeichnenderweise sollte es nicht nur eine Darstellung liefern, was passiert war. Es sollte vielmehr davor warnen, was der Autor als Aufstieg eines *israelischen* Chauvinismus und Militarismus ansah. Diese Warnung war keineswegs fehl am Platze, wie die Ereignisse nach dem Krieg von 1967 zeigen sollten.

Seitdem hat mein Interesse am Nationalsozialismus und seinem Führer nie mehr nachgelassen. Ich las und las und las. Ich sah mir auch Filme an, besuchte einige der im Buch erwähnten Orte und forschte – auch in Archiven – über Aspekte der geschichtlichen Zeitabschnitte, die mich interessierten. Wie so viele andere wollte auch ich verstehen, was passiert war und warum es passiert war, was von der Geschichte davongespült worden und was noch immer virulent war. Vor allem aber hoffte ich, den Schlüssel zu diesem Mann zu finden. Es *musste* einfach irgendeine Information geben, vielleicht in einem Panzerschrank auf dem Grund eines Sees oder tief unten in einem Salzbergwerk versteckt, die das Rätsel lösen würde: Wie konnte ein Mensch so abgrundtief böse geboren werden? Und wie konnte er, obwohl er so böse war, Millionen und Abermillionen ganz normaler Menschen hinter sich bringen, so als ob er der Messias sei? Wie so viele andere bin auch ich gescheitert.

Etliche Male versuchte ich, meine eigene Biografie des Führers zu schreiben, wie es so viele andere getan haben. Etliche Male gab ich auf, weil ich überzeugt war, dass es nichts von Bedeutung gab, was nicht schon zigmal vorher von anderen geschrieben worden war. Dann, an einem bewölkten Freitagmorgen im Frühjahr 2015, als ich gerade das Haus aufräumte, kam mir eine Idee. Um Hitler wirklich zu verstehen, musste ich den ausgetretenen Pfad verlassen. Anstatt von außen über ihn zu schreiben, musste ich mich darauf konzentrieren, wie er sich selbst sah; mit anderen Worten: Ich musste meiner Arbeit die Form einer Lebenserinnerung oder Autobiografie geben. Sie würde in gewisser Weise Richard Louries herausragendem Buch *Stalin. Die geheimen Aufzeichnungen des Jossif Wissarionowitsch Dschugaschwili* von 1999 ähneln, das nach meinem Dafürhalten (und dem einiger anderer) das bestmögliche psychologische Porträt des Protagonisten enthält.

Der 1940 geborene Lourie ist ein amerikanischer Jude, Journalist und Schriftsteller. Ich hingegen bin ein israelischer Historiker, der sich an etwas versucht, was man wohl am besten als alternative Geschichtsschreibung bezeichnen kann. Dabei fühlte ich mich verpflichtet, deutlich näher an den belegbaren Tatsachen zu bleiben, als er es tat. Ich habe keine Handlung erfunden; die Handlung kann jeder überall nachlesen. Abgesehen von der Beschreibung der Hölle und Hitlers Leben darin im Prolog habe ich keine Menschen, Ereignisse, Episoden, Anekdoten oder Gespräche erwähnt, für die es keine stichhaltigen Nachweise in den Quellen gibt, die Historiker normalerweise benutzen. Auf Grundlage meiner Forschung und meiner Auffassung von Hitler habe ich ihm jedoch gestattet, Gedanken zu äußern, die er – eingesperrt in der Hölle, wo er für immer bleiben möge – sehr wahrscheinlich haben *würde*. Die meisten dieser Gedankengänge drehen sich darum, wie die Dinge lagen, als er noch lebendig und handlungsfähig war. Einige jedoch, und durchaus nicht die unwichtigsten, befassen sich mit Entwicklungen, die nach seinem Tod stattgefunden haben.

Als Historiker, ja als Mensch halte ich es für meine oberste Verpflichtung, nach der Wahrheit zu suchen und sie, so gut ich kann, festzuhalten. In diesem speziellen Fall hat die Wahrheit, nach der ich suche, nichts mit der „objektiven“ Welt zu tun. Ich habe vielmehr versucht, die *subjektive* Wahrheit zu enthüllen, so wie sie in den Augen eines einzigen Mannes aussah (oder hinsichtlich der Welt nach 1945 wahrscheinlich ausgesehen hätte). Eines Mannes, der ungeachtet dessen, was er ansonsten gewesen sein oder getan haben mag, im Alleingang – sofern jemand dazu imstande ist – der Menschheit das angetan hat, was vielleicht für immer die größte und tödlichste Katastrophe in ihrer langen, blutigen Geschichte bleiben wird. Eines Mannes, dessen Name mehr als jeder andere ein Synonym für das Böse bleiben wird, solange es Menschen auf dieser Erde gibt. Ist das nicht das Ziel eines jeden Historikers, der sein Geld wert ist, oder sollte es zumindest sein? Es gibt nur einen Unterschied. Ich habe die Methode gewählt, so weit wie nur möglich in seine Haut zu schlüpfen, um zu verstehen, was ihn antrieb. Sogar so weit, dass ich die erste Person verwendet habe. Wo es Lücken gab, habe ich das Wissen und Verständnis gebraucht, das ich zu haben glaubte, um sie zu füllen.

Meine Bücher sind eine Sache. Ich selbst bin eine andere. Dieses Buch habe ich nicht geschrieben, um meine eigenen Vorstellungen zu verbreiten. Ich habe stattdessen versucht, Hitlers Handlungen, Ansichten und Gedanken zu verstehen, so wie er sie meiner Ansicht nach unter dem Eindruck der Vergangenheit und Gegenwart aus der Hölle heraus erklären würde. Ob ich dieser Zielsetzung gerecht geworden bin – das möge der Leser entscheiden.

Danksagungen

Es war überraschend leicht, dieses Buch zu schreiben. Tatsächlich begann es beinahe, sich selbst zu schreiben, nachdem ich den Entschluss gefasst hatte. Wie kann es sein, so frage ich mich, dass eine so einfache Idee nie jemand anderem gekommen ist? Nichtsdestoweniger schulde ich einigen Leuten meinen Dank; eine Schuld, der ich gerne nachkomme.

Der jüngst verstorbene Uri Avnery, der viele Jahre lang ein berühmter israelischer Journalist und fröhlicher Querulant war, ermutigte mich dazu, meine Sorgen zu vergessen und das Projekt voranzubringen. Prof. Avihu Zakai von der Hebräischen Universität Jerusalem war der erste, der sich meine frühen Ausführungen anhörte. Später, nachdem er das Manuskript gelesen hatte, griff er auf sein umfassendes Wissen zurück und machte einige sehr nützliche Vorschläge, wie die Hölle aussehen könnte. Prof. em. Moshe Zimmermann, ebenfalls von der Hebräischen Universität, las die Druckfahnen und machte weitere wichtige Anmerkungen. Gleiches taten meine Freunde an der Universität München, Brigadegeneral a. D. Dr. Erich Vad und Prof. Martin Wagener. Oberst a. D. Dr. Moshe Ben David, der beste Freund, den man sich wünschen kann, hat das Manuskript viele, viele Male mit mir diskutiert. Nicht zuletzt möchte ich unserem Hausarzt danken, Dr. Mark Zimmermann, der in einem Augenblick tiefer Verzweiflung für mich da war.

Was soll ich sagen? Ich danke euch allen.

Martin van Creveld, August 2018

Über den Autor

MARTIN VAN CREVELD, emeritierter Professor der Geschichte an der Hebräischen Universität in Jerusalem, ist einer der bekanntesten internationalen Experten für Militärgeschichte und Strategie. Er wurde in den Niederlanden geboren, wuchs in Israel und England auf und begann seine Universitätslaufbahn im Jahr 1971. Er ist der Autor von mehr als dreißig Büchern, die in diverse Sprachen übersetzt worden sind. Zu seinen bemerkenswertesten Werken gehören *The Changing Face of War* [dt. *Gesichter des Krieges*], *Supplying War*, *Command in War* und *The Transformation of War* [dt. *Die Zukunft des Krieges*], die allgemein als die wichtigsten Werke über die Zukunft bewaffneter Konflikte wie auch als kritische Darstellung der israelischen Verteidigungsstreitkräfte betrachtet werden. In seinem jüngsten deutschsprachig bei ARES erschienenen Buch *Pussycats* [dt. *Wir Weicheier*] äußerte Creveld harsche Kritik an der forcierten Erziehung hin zur Wehrlosigkeit und Pflichtvergessenheit in der gesamten westlichen Welt.

Professor van Creveld hat Verteidigungseinrichtungen zahlreicher Regierungen einschließlich jener der Vereinigten Staaten von Amerika, Kanadas und Schwedens beraten. Er war der zweite zivile Experte, der jemals vom israelischen Generalstab eingeladen wurde, und hat an praktisch jedem Institut, das sich mit strategischen militärischen Studien beschäftigt, Vorträge gehalten oder gelehrt. Creveld ist in Sendungen des CNN, der BBC und anderer internationaler Medien aufgetreten und hat für Hunderte von Zeitschriften und Zeitungen, darunter *Newsweek* und die *International Herald Tribune*, geschrieben oder Interviews beigesteuert.

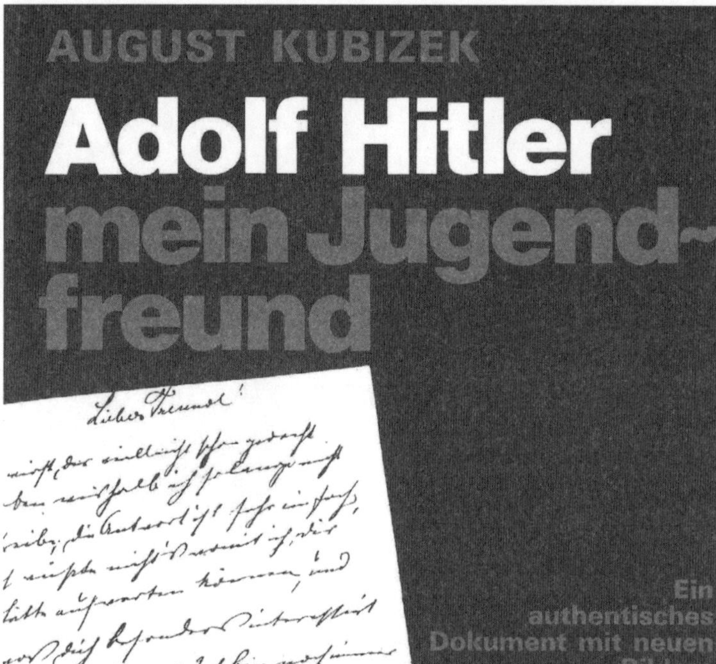

ISBN 978-3-7020-0971-7

Aus unserem Programm

ISBN 978-3-902475-17-6

ISBN 978-3-902475-97-8

ISBN 978-3-902732-67-5

ARES VERLAG

www.ares-verlag.com